Wendelin Foerster, Alfons Hilka

Sämtliche Werke, nach allen bekannten Handschriften

Wendelin Foerster, Alfons Hilka

Sämtliche Werke, nach allen bekannten Handschriften

ISBN/EAN: 9783743657106

Hergestellt in Europa, USA, Kanada, Australien, Japan

Cover: Foto ©Thomas Meinert / pixelio.de

Weitere Bücher finden Sie auf **www.hansebooks.com**

CHRISTIAN von TROYES

SÄMTLICHE WERKE

NACH ALLEN BEKANNTEN HANDSCHRIFTEN

HERAUSGEGEBEN

VON

WENDELIN FOERSTER

ERSTER BAND

CLIGES

HALLE

MAX NIEMEYER

1884

CLIGES

VON

CHRISTIAN VON TROYES

ZUM ERSTEN MALE

HERAUSGEGEBEN

VON

WENDELIN FOERSTER

HALLE

MAX NIEMEYER

1884

EINLEITUNG.

Die oft citirten Anfangsverse des Cliges:

Cil qui fift d' Erec et d' Enide,
Et les comandemanz Ovide
Et l'art d'amors an romanz mift
Et le mors de l'efpaule fift,
5 Del roi Marc et d' Ifeut la blonde,
Et de la hupe et de l'aronde
Et del roffignol la muance,
Un novel conte recomance
D'un vaflet qui an Grece fu
10 Del lignage le roi Artu.

lassen mit genügender Sicherheit die Stelle bestimmen, welche
diesem Gedicht unter den übrigen Werken des Dichters anzuweisen
ist. Da von den dort angeführten Werken Christians einzig das
Anfangswerk, der Roman von Erec und Enide, auf uns gekommen ist, so ergibt sich für die uns erhaltenen Gedichte folgende
Reihenfolge: Erec, Cliges, Karrenritter und Löwenritter,
endlich Perceval. Hiebei ist absichtlich das Wilhelmleben
ausser Acht gelassen worden, nicht etwa deshalb, weil dasselbe
dem Dichter des Cliges sicher abgesprochen werden müsste. Allein
die ganze Frage bedarf einer eingehenden Untersuchung, die bis
jetzt von keinem derjenigen, welche die Autorschaft Christians kurzer
Hand zurückgewiesen haben, angestellt worden ist, und die ich in
der Einleitung dieses Schlufsbandes meiner Christianausgabe geben
werde. Hier sei nur im vornhinein bemerkt, dafs der Einwand,
welcher auf die Verschiedenheit des Stoffes und der Darstellung
gebaut ist, nicht entscheidend sein kann: erstere erklärt eine möglicher Weise später eingetretene Gesinnungsänderung des Dichters,
die zweite ist die blosse Folge der ersteren; so dass ein Argument

dieser Art überhaupt nur von sekundärem Werthe sein könnte, als
Stütze eines anderen, positiven Arguments, wie denn ein solches
— abgesehen von direkten Zeugen pro oder contra, die nicht vorliegen — die Verschiedenheit der Sprache, durch eine Untersuchung der Reime sichergestellt, u. ä. wäre. Dass gewisse Reime,
wie sie die Pariser Handschrift des Wilhelmlebens, nach der das
fragliche Gedicht seiner Zeit von dem um die altfranzösische
Litteraturgeschichte hochverdienten Francisque Michel gedruckt
ist, nicht christianisch sind, zeigt die flüchtigste Vergleichung; allein
eine Vergleichung der Cambridger Handschrift desselben Gedichts
zeigt uns, dass die meisten auf Rechnung des Compilators jener
grossen Sammelhandschrift zu setzen, dem Verfasser mithin fremd
sind. Wenn man nun bei den übrigen Christiantexten sieht, wie
so manche Stellen (Reime* ebensogut als Zeilenmitte) erst durch
eine Vergleichung von fünf oder sechs oder noch mehr Handschriften emendirt werden können, so ist am Ende das Uebrig-
bleiben von zwei oder drei Unebenheiten bei dem Zustande der
Ueberlieferung durch bloss zwei, dazu späte, Handschriften, noch
kein stichhaltiger Grund, an der Autorschaft Christians zu zweifeln,
da das direkte Zeugniss des Textes selbst (*Crestiiens se viaut antremetre*) eine Gleichheit des Namens wenigstens von vornherein
sichert.

Jene durch die Eingangsverse des Cliges und andere äussere
Umstände aufgestellte Reihenfolge wird bestätigt durch eine Ver-

---

* Als Beleg dafür gelte Chev. lion 262, wo sich der für Christian un-
möglicher Reim *revenisse : servise* findet, ohne dass Jemand bei einem so oft
durchgenommenen Texte einen Anstoss daran genommen hätte. So fehlt denn
bei Holland jede Angabe einer Variante, während solche an vielen Stellen,
wo sie mehr oder weniger gleichgiltig sind, gegeben werden. Hätten wir
nur die drei ganz oder theilweise von Holland benutzten Handschriften, so
wäre die Stelle nie zu bessern; aber gerade die drei anderen, worunter der
Vaticanus (der noch übrigen siebenten fehlt der Anfang), sichern:

> Par son ostel m'an revenisse
> An guerredon, se je poïsse,

und bringen so die christianische Form *poïsse,* an der die Kopisten Anstoss
genommen haben mochten, wieder zu ihrem' Rechte. Eine andere Stelle
desselben Textes, 5976, welche Tobler (Versbau [2] 43) beschäftigt, ist sogar nur
durch zwei Handschriften zu bessern: *An cui je me fi et fiai.* — Gerade dieser
Text erhält durch eine Vergleichung aller Handschriften eine an vielen Stellen
von dem jetzt bekannten Texte bedeutend abweichende Gestalt.

gleichung der Texte selbst. Erec verräth sich durchaus als Anfangswerk, und es muss eine beträchtliche Zahl von Jahren ver-
gangen sein, bevor sich der Dichter jene Höhe der Vollendung
angeeignet hat, welche wir in dem Löwenritter bewundert haben,
und die wir jetzt bereits im Cliges vorfinden.

Eine bestimmte Angabe über die Zeit der Abfassung des
Cliges findet sich in dem Gedichte nicht, selbst Anspielungen,
die wenigstens im Allgemeinen einen Anhaltspunkt bieten könnten,
vermissen wir. Sicher ist nur, dass er vor dem Karren- und
Löwenritter gedichtet ist, und da diese beiden zwischen 1164
und 1174 verfasst sein müssen*, so ist damit die eine Grenze für
Cliges gefunden. Da sich für Erec keine Zeitbestimmung ermitteln
lässt, so müssen wir von einer Begrenzung nach der andern Seite
hin absehen. Vielleicht möchte Jemand in der Heirat des byzan-
tinischen Kaisers Alis (Alexius) mit der deutschen Kaiserstochter
Fenice (Φοινίχη), was freilich nicht sonderlich deutsch klingt,
eine Anspielung auf irgend ein zeitgenössisches Ereignis sehen.
Die Geschichte lehrt uns aber nur, dass (wenn wir in den Grenzen
des XII. Jahrhunderts bleiben) Manuel (1143—1180) sich im Jahre
1146 mit Bertha von Sulzbach, Schwägerin des römisch-deutschen
Königs Konrad IV. vermählt hat. Wenn wir nun (was aber nicht
der Fall ist) etwas Bestimmtes über die Vorlage des Verfassers,
den Codex der Kathedralbibliothek von Beauvais (vgl. V. 20. 21 des
Cliges), wüssten, insbesondere wenn wir bestimmen könnten, dass
dort anstatt des Ehepaares Alis-Fenice ein anderes sich vorgefunden

---

* Im Löwenritter findet sich, wie bereits Holland in seinem Chrestien
S. 106. 107 und dann in der Anmerkung zu V. 3698—3707 des Ivain bemerkt hat, eine Anspielung auf den Karrenritter (die Wegführung der Gemahlin Artus' durch Meleagant), so dass, wenn nicht beide etwa gleichzeitig
sind, der Karrenritter älter sein muss. Nun ist dieser auf Veranlassung einer
Gräfin von Champagne geschrieben worden. Diese kann aber nur (s.
Holland S. 11. 12) Marie von Frankreich, die Tochter Ludwigs VII., sein,
welche Heinrich I. (geb. 1127, gest. 1181), Grafen von Champagne, im Jahre
1164 (wegen dieser Daten ist d'Arbois de Jubainville, Histoire des ducs et
des contes de Champagne, III (1861), S. 9, 82 und 111 einzusehen) geheiratet hat.
Mithin muss der Karrenritter nach diesem Jahre geschrieben sein. Bei den
nahen Beziehungen zwischen diesem und dem Löwenritter sei noch für letzteren
auf 594 des Textes verwiesen, wo die Redensart: *apres mangier* .. *chascuns
veit Noradin tuër* nur Sinn hat, so lange Nureddin (herrscht 1146 bis Mai 1173,
wo er stirbt) noch gelebt hat, so dass für beide Gedichte mit ziemlicher
Sicherheit der Zeitraum 1164—1173 angesetzt werden kann.

habe, und dass also diese Spezialisirung eine Erfindung Christians ist, dann könnte man jene Heirat Manuels, die den damaligen Zeitgenossen aufgefallen sein mag, heranziehen. Aber in diesem Falle müsste diese Heirat noch frisch im Andenken der Leute gewesen sein, und dann ist die Jahreszahl 1146 für den Cliges doch zu früh, da dann zwanzig Jahre zwischen diesem und dem Karren- und Löwenritter liegen müssten, was aus inneren Gründen unwahrscheinlich ist. Wie gross müsste dann erst der Abstand zwischen Erec und Cliges angenommen werden!

Der Hauptheld unseres Romans heisst Cliges (sprich: *Kližés*), was nicht ganz unnütz zu bemerken ist, da er noch immer in der falschen Form *Cliget* citirt wird. Das richtige zeigt einerseits die Schreibung der guten Handschriften (nur die späte, pikardische T hat *Cliget*), lehrt aber zwingend die Vergleichung der Stellen, in denen unser Wort im Reime vorkommt; so 2381. 3548. 4210. 5596 (: *aprés*), 2858 (: *mes* = magis), 4150 (: *adés*).*

Inhaltsangabe des Cliges.

Der Inhalt des Romans ist der folgende:

Der Verfasser des Erec und des Tristan, der Uebersetzer von Ovid's Remedia amoris und Ars amandi, der Dichter der Sagen von Pelops, Tereus, Philomele und Prokne beginnt einen neuen Roman, der in zwei Theile zerfällt, nämlich zuerst die Geschichte des Vaters des Helden und dann die des letzteren. Den Stoff hat Christian einem Buche aus der Kathedralbibliothek von Beauvais entlehnt. Die Bücher sind es, welche die Thaten des Alterthums uns überliefern. Den Preis der Ritterlichkeit und Wissenschaft, den die Griechen einst besessen, und der auf die Römer übergegangen war, ist nun Frankreich zu Theil geworden (1—44). Ein mächtiger Kaiser von Byzanz, Alexander, und dessen Gemahlin Tantalis hatten zwei Söhne, Alexander und Alis (Alexius). Jener, der erstgeborene, hatte von Artus und seiner Tafelrunde gehört und wollte von Niemand andern den Ritterschlag empfangen. Mit vieler Mühe presst er seinem Vater die Erlaubnis ab, nach England zu ziehen, — selbst die Zusicherung der Regierungsübergabe vermag ihn nicht zurückzuhalten. Mit Schätzen beladen und den Ermahnungen des Vaters, vor allem der Freigebigkeit zu pflegen,

---

* S. meine Anmerkung zu Richars li biaus (1874) V. 11.

versehen, nimmt Alexander, von einer Schaar von Altersgenossen
umgeben, Abschied von den Eltern und der Heimat und sticht in
die See. Die Ueberfahrt dauert den ganzen April und einen Theil
des Mai. Sie landen in Southampton (*au port desoz Hantone*)
und begeben sich gleich tags darauf nach Winchester (*Guincestre*),
wo Artus Hof hielt. Sie stellen sich dem Könige vor, der sie
huldreich aufnimmt (45—384). Alexander macht die Bekanntschaft
Gauvains und gewinnt alle Herzen durch seine Freigebigkeit. Artus
will nun bald darauf nach der Bretaigne (Armorika) ziehen und
ernennt auf den Rath der Seinen den Grafen Engrés von Windsor
(*Guinesores*) zum Statthalter von England (385—440). Alexander
begleitet den König, in dessen Schiff er mit der Königin und dem
Hoffräulein Soredamors, der Schwester Gauvains, die bisher stets
der Minne abhold gewesen, hinüberfährt. Amor rächt sich an
Soredamors, die in Liebe zu Alexander erglüht und in rührende
Klagen ausbricht. Wenn sie wüsste, dass Alexander von Amor in
gleicher Weise behandelt worden! (441—540). Die Königin gewahrt den Zustand der Liebenden, den sie jedoch der Seefahrt
zuschreibt. Alexander ist stets im Dienste der Königin, um so in
der Nähe seiner Geliebten zu verweilen, der er sich jedoch nicht
zu erschliessen wagt. Dessen Liebesklage. Liebespfeil. Schönheit
der Geliebten (541—872). Nicht minder härmt sich Soredamors,
von Liebessehnsucht verzehrt, ab. Deren Liebesklage. Spielen mit
dem Namen Soredamors (963 ff.). Die Liebende kann sich doch
nicht selbst antragen, so bleibt ihr nichts als Hangen und Bangen
(873—1046). So verging der Sommer, bis anfangs Oktober Boten
von Dover, London und Canterbury kamen mit der Kunde, dass
der Statthalter Engrés sich empört und in London festgesetzt habe.
Artus sammelt grosse Heeresmacht, setzt nach England über, um
den Verräther, der schlimmer als Ganelon, zu züchtigen, und
lagert am Meeresstrande. Alexander mit seinen zwölf Genossen
soll auf sein Bitten zum Ritter geschlagen werden. Von der Königin
erhält er ein weissseidenes Pfaid, das Soredamors mit Gold- und
Silberfäden genäht hatte. Darunter hatte sie stellenweise ihr gold-
blondes Haar gemischt, um zu sehen, ob es jemand von den
Goldfäden unterscheiden könnte. Wenn dies Alexander wüsste!
Nachdem sie zu Rittern geschlagen, zog Artus mit seinem Heer
nach London. Engrés inzwischen hatte seine Leute gesammelt,
und da er sich in London, wo er gehasst war, nicht halten konnte,

entwich er mit seinen Streitkräften heimlich nachts und warf sich
in das Schloss Windsor, das er übermassen befestigt hatte, woselbst
er von Artus, dessen Heer sich an der Themse gelagert, be-
lagert wird (1047—1260). Die Belagerten, wie zum Hohn nur mit
Lanzen bewaffnet, reiten zur Kurzweil aus. Alexander ruft seine
Genossen: Cornix (1281), Licorides, Nabunal von Mykenä,
Acoriondes von Athen, Ferolin von Saloniki, Charquedon
(wohl mit S Calcedon zu lesen) von Afrika, Parmenides von
Francagel, Torin, Pinabel, Nerius und Neriolis herbei und
stürzt sich auf die Feinde. Der Kampfeslärm lockt andere herbei,
die Belagerten werden zurückgejagt. Alexander, der sich mit Ruhm
bedeckt hatte, schenkte vier von ihm gefangen genommene Ritter
der Königin, die sie aber dem Könige ausliefern muss, der sie
später vor den Augen der Belagerten viertheilen lässt. Zum Lohn
wird Alexanders Haufen um 500 Ritter und 1000 Reisige vermehrt
und ihm das beste Königreich in Wales zugesagt. Die Belagerer
sammeln sich zum Sturm auf die Burg, der aber abgeschlagen wird.
Bei Anbruch der Nacht ziehen sich die Belagerer zurück. Artus
lässt verkündigen, dass derjenige, durch welchen das Schloss ein-
genommen werden wird, eine kostbare Trinkschale von Gold erhalten solle, und wenn er ein Ritter sei, jede andere Belohnung
beanspruchen könne (1261—1552). Alexander ging an demselben
Abend zur Königin, neben der er mit Soredamors allein sitzt.
Die Königin bemerkt das Goldhaar in dem Hemd Alexanders,
der über Aufforderung der Königin aus Soredamors' Mund den
eigentlichen Sachverhalt erfährt und die Nacht hindurch im Genuss
des Goldhaars schwelgt. Die Belagerten, den sicheren Untergang
vor Augen, planen einen Ausfall und wollen vor Tagesanbruch das
schlafende Heer überrumpeln. Allein der Mond geht plötzlich auf
und spiegelt sich in den Schilden und Helmen der heimlich in fünf
Haufen Anrückenden wieder, so dass sie von den Wachen erblickt
werden. Deren Geschrei weckt das ganze Heer. Man wird hand-
gemein, die Angreifer werden gänzlich geschlagen und Engrés ent-
weicht mit sieben Begleitern insgeheim nach seinem Schloss.
Alexander, der sich vor allen anderen hervorgethan hatte, bemerkt dies und fordert dreissig Ritter (sechs Griechen und vier-
undzwanzig Waliser), die er herankommen sieht, auf, ihre Rüstungen
mit jenen der getödteten Feinde zu vertauschen und so durch
Kriegslist in das Schloss zu dringen (1553—1858). Gesagt, gethan.

Der Pförtner lässt sie ein und nachdem sie die drei Mauern
durchschritten, treffen sie oben im Hofraum die Geflüchteten, die
bis auf die zuletzt mit dem Grafen gekommenen Ritter (acht an
der Zahl) bereits Rüstung und Waffen abgelegt hatten. Alles wird
niedergemacht, darunter fünf von den Gewappneten. Engrés
setzt sich verzweifelt zur Wehr, und tödtet unter anderen den
Griechen Macedor. Kampf zwischen Engrés und Alexander;
ersterer flüchtet mit einigen andern, sieben an der Zahl, in den
Thurm, Alexander mit den seinigen ihnen auf den Fersen so dicht
nach, dass sich die Flüchtenden nicht einsperren können. Inzwischen waffnen sich die Belagerten unten im Orte (*borc*), um
dem im Thurm eingeschlossenen Grafen zu Hülfe zu kommen.
Allein Nabunal postirt zwanzig Mann an den Eingang zur Feste,
die er abschliessen lässt, um die zu Hülfe eilenden abzuhalten,
während die übrigen zehn an der Thurmpforte kämpfen, so dass
der Graf dieselbe nicht schliessen kann. An der Aussenpforte,
vor der die zu Hülfe geeilten rathlos stehen, bleiben nunmehr vier
Mann zurück, die übrigen sechzehn eilen den zehn am Thurm
kämpfenden, die inzwischen in denselben eingedrungen sind, zur Hülfe.
Unterdess ist es Tag geworden. Der Graf, eine Streitaxt in der
Hand, haut wüthend, an einen Pfosten gelehnt, um sich und schlägt
die anstürmenden, die auf sechzehn, dann auf dreizehn Mann zu-
sammenschmelzen, nieder. Alexander, ausser sich vor Ingrimm,
erfasst einen langen, wuchtigen Balken, mit dem er dem Grafen
einen Hieb versetzt, dass ihm die Streitaxt entfällt (1859—2056).
Der Graf und die übrig gebliebenen werden gefangen genommen.
Von all dem, was im Schloss vorgegangen, wissen die Belagerer
nicht das geringste. Die zurückgebliebenen Griechen finden auf
dem Schlachtfeld die Schilde, die Alexander und seine Genossen
weggeworfen hatten und erheben nun grosse Wehklage, ihren Tod
beweinend. Und doch sind sie, bis auf Neriolis, der hier gefallen,
alle am Leben. Den klagenden Griechen schliesst sich das übrige
Heer an: vor allen andern jammert Soredamors, doch wird dies
in der allgemeinen Trauer nicht beachtet. Inzwischen binden die
Sieger die Gefangenen, die sie den draussen an der Feste stehenden
zeigen, die auf Alexanders Rath sich zu Artus begeben, um
seine Gnade zu erflehn. So erfährt Artus das Geschehene und begiebt sich nach dem Schlosse, wo ihm der gefangene Graf ausge-
liefert wird. Freude des Wiedersehens. Alexander empfängt die

Trinkschale als Siegespreis, und möchte die Hand Soredamors als
Preis fordern, wenn er deren Weigerung nicht fürchtete. Er begiebt
sich zur Königin, die die Geliebten längst durchschaut hatte, und
nun mit denselben allein eine Unterredung beginnt. Auf das Zureden
der Königin sprechen sich die Liebenden gegenseitig aus, worauf
die Heirath stattfindet. So ward Cliges geboren, der Held dieser
Geschichte (2057—2388).

Inzwischen ist der Kaiser von Constantinopel gestorben und
eine Gesandschaft begibt sich nach Brittanien, um Alexander zu
holen. In einem Seesturm ertrinkt dieselbe bis auf einen Schurken,
der dem jüngern Alis zugethan ist und ohne weiteres nach Griechen-
land zurückkehrt mit der Kunde, bis auf ihn wären alle samt
Alexander auf der Rückfahrt untergegangen. Alis wird gekrönt.
Auf diese Nachricht hin schifft sich Alexander mit Frau und
Kind und vierzig Rittern (die von Artus angebotene Heeresmacht
schlägt er aus) in Shoreham (Sorham 2440) ein und legt sich im
Hafen von Athen, in welcher Stadt Alis sich gerade aufhält, vor
Anker. Acoriondes reklamirt als Gesandter bei diesem im Namen
Alexanders die Krone und erklärt Alis, der sich weigert, den
Krieg. Auf Zureden der Grossen schliesst dieser einen Vertrag
mit seinem Bruder, auf Grund dessen dieser die Herrschaft über-
nimmt, Alis aber den Titel und die Krone behält und sich ver-
pflichtet, nicht zu heirathen, um so Cliges' Thronfolge zu sichern.
Darauf geschah es, dass Alexander und bald darauf Sore-
damors starben, doch hat ersterer seinem Sohn Cliges früher das
Versprechen abgenommen, Artus zu besuchen (2389—2623). Lange
Zeit verhält sich Alis ruhig, bis er auf das Drängen der Grossen
zu heirathen sich entschliesst und durch eine Gesandschaft den
Kaiser von Deutschland, der sich gerade in Regensburg
(Reneborc 2666) aufhält, um die Hand seiner Tochter ersucht. Dieser
sagt zu, doch müsse Alis mit Heeresmacht dieselbe holen, um sie dem
Sachsenherzog, dem sie früher versprochen worden, streitig machen
zu können. Alis sammelt ein Heer und kommt in Köln (2699)
an. Beschreibung der Schönheit Fenice'ns, der Braut, desgleichen
jener Cliges'. Es genügt, dass die beiden einander sehen, um
In heisser Liebe zu einander zu entbrennen. Der Neffe des Sachsen-
herzogs kommt an das kaiserliche Hoflager in Köln, um das Recht
seines Oheims zu reklamiren. Aus Uebermuth fordert er Cliges
heraus, wird jedoch von demselben besiegt. Fenice, von Liebes-

sehnen verzehrt, vertraut sich nach langem Bitten und Drängen
ihrer Hofmeisterin (*mestre*) Thessala, ihrer ehemaligen Amme, an.
Diese hatte ihren Namen von ihrer Heimath, dem berühmten Lande
der Zauberei. Fenice gesteht ihre Liebe zu Cliges und klagt,
dass sie die Frau seines Oheims werden solle. Sie wolle nicht
so schamlos sein, wie Iselt und ihren Leib dem Geliebten und
dem Gemahl zugleich preisgeben. Die Ehre gehe ihr über Liebe und
Leben. Thessala verspricht Hülfe: sie werde Alis vor der Brautnacht einen Trank verabreichen, der ihm die Macht nehmen wird,
Fenice anders als im Traum zu besitzen (2624—3216). Die
Hochzeit findet statt und während des Hochzeitsschmauses reicht
Cliges, der bei Tische dient, ahnungslos den von Thessala berei-
teten Trank seinem Oheim, der die Brautnacht wirklich so ver-
bringt, wie Thessala es ihrer Herrin versprochen hatte. Nicht
lange darauf macht sich Alis mit der Neuvermählten von seinem
Schwiegervater begleitet auf den Rückweg. So kommen sie nach
Regensburg und lagern sich an der Donau (*Dunöe*) auf den
Wiesen neben dem Schwarzwald, während auf der andern Seite
der Sachsenherzog mit starker Heeresmacht bereit ist, dem Paare
die Rückkehr streitig zu machen. Sein Neffe lauert im Hinterhalte
und überfällt Cliges, der mit drei Begleitern ausgeritten war, wird
aber von diesem erschlagen. Der Sachsenherzog will den Tod
seines Neffen rächen, einer seiner Ritter verspricht ihm Cliges'
Kopf. Inzwischen entspinnt sich zwischen den beiden Parteien ein
Handgemenge, in dem jener Ritter von Cliges besiegt und ent-
hauptet wird. Dieser nimmt dessen Helm und Schild und reitet
auf die Sachsen zu, die dem vermeintlichen Besieger Cliges' zu-
jubeln. Dieser gibt sich zu erkennen, der Kampf entbrennt, wobei
Cliges den Herzog aus dem Sattel wirft, und dessen kostbaren
Araber erbeutet (3217—3620). Während dessen ward Fenice
durch einen Handstreich aus dem verlassenen Lager durch die
Sachsen entführt und der Herzog, der es insgeheim erfahren,
schliesst bis zum folgenden Tag Waffenstillstand. Die Kämpfenden
trennen sich und kehren in ihre Lager zurück: nur Cliges war
auf einer Anhöhe allein zurückgeblieben und sieht plötzlich,
wie zwölf Ritter eine Frau entführen. Er jagt ihnen nach, und
wird von denselben seines Pferdes wegen für den Herzog selbst
gehalten. Sechs reiten auf ihn zu, ihm die frohe Kunde zu bringen,
während der Rest mit Fenice langsam weiterreitet. Cliges, muthig

wie eine Löwin, der die Jungen genommen, besiegt die sechs einen
nach dem anderen, jagt den übrigen nach und kann nun vor den
Augen der Geliebten seine Tapferkeit erproben. Cliges befreit
dieselbe, ein einziger Sachse entkommt und meldet dem Herzog
das Geschehene. Der Sieger führt Fenice zurück, doch die
Liebenden sprechen sich in ihrer Blödigkeit gegen einander nicht
aus. Sie kommen wieder in ihrem Lager an und verwandeln die
hier über Fenice'ns Raub und Cliges' vermeintlichen Tod herr-
schende Bestürzung in eitel Freude. Der Herzog verzehrt indessen
seinen Ingrimm und seine Schande und fordert durch einen Boten
Cliges zum Einzelkampf heraus; siege dieser, so soll Alis mit
Fenice ruhig abziehen, im Gegentheil bleibe die Sache auf dem
status quo ante. Nur mit Mühe erhält Cliges die Zustimmung der
beiden Kaiser zu diesem Zweikampf (3621—4036). Im Angesicht
der beiden Heere findet dieser statt, bei dem beide Gegner ihr
Bestes thun. Als unter einem Hieb des Herzogs Cliges in's Knie
sinkt, schreit Fenice voll Schreck laut auf und fällt in Ohnmacht.
Dieser Schrei verleiht Cliges neue Kräfte, er setzt dem Herzog
so hart zu, dass dieser an einen Vergleich denkt. Er wolle mit
Rücksicht auf des Gegners Jugend vom Kampf abstehen; allein
Cliges zwingt ihn zu einer öffentlichen Erklärung. So endet der
Kampf. Die Sachsen ziehen mit Schande bedeckt ab, die Griechen
setzen, nachdem sie vom deutschen Kaiser Abschied genommen,
die Heimreise fort. Aber Cliges denkt an sein dem Vater ge-
gebenes Versprechen, an Artus' Hof zu gehen und erzwingt fast
gewaltsam Urlaub von Alis. Mit Schätzen beladen, von Genossen
begleitet macht er sich mit vier Pferden (weiss, gelb, roth und
schwarz) auf. Thränenreicher Abschied von Fenice, die in
Griechenland ankommt und als Kaiserin hoch geehrt wird. Allein
sie denkt nur an Cliges und seine Abschiedsworte („ich und all
mein Hab ist euer"). Liebt er sie also doch? Langer Monolog,
voller Sehnsucht und Liebespein (4037—4574). Cliges aber kam
inzwischen, nachdem er übers Meer gesetzt, nach Wallingford
(*Galinguefort* 4579) und erfuhr, dass Artus ein vierzehntägiges
Turnier nach dem nahen Oxford (*Ossenefort*) ausgeschrieben hatte.
Bis dahin liess er sich drei Rüstungen (schwarz, roth, grün) aus
London unter der Hand kommen, so dass er deren mit seiner
eigenen (weiss) vier hatte. Am festgesetzten Tag begann das Turnier
Sagremor, der von Cliges (in schwarzer Rüstung auf schwarzem

Rappen) aus dem Sattel gehoben wird. Cliges hat den Preis, doch ohne sich zu erkennen zu geben, stiehlt er sich nach Hause und lässt die grüne Rüstung am Thor aushängen. Inzwischen frägt und sucht alles nach dem schwarzen Ritter — doch Niemand kann über ihn Auskunft geben (4575—4758). Am andern Morgen reitet Lancelot zuerst in die Schranken, wird aber wieder von Cliges (grüne Rüstung und Fuchs) besiegt; ebenso am dritten Tag Perceval (Cliges hat rothe Rüstung und gelben Spanier): Cliges gelingt es jedesmal, unerkannt zu entkommen. Am vierten Tag messen sich Gauvain und der Unbekannte (Cliges weisse Rüstung und Araber) und Artus trennt endlich die ebenbürtigen Gegner und hebt das Turnier auf. Cliges wird im Triumph an den Hof geführt und gibt sich zu erkennen. Er bleibt daselbst und besteht manches Abenteuer — aber die Sehnsucht nach Fenice lässt ihm keine Ruhe: als der Frühling wieder gekommen, nimmt er Abschied und kehrt nach Constantinopel zurück (4759—5114), wo er mit Jubel empfangen wird. Obwohl er täglich mit Fenice allein und vertraulich verkehrt, so vergeht doch lange Zeit, bis endlich in einem trauten Zwiegespräch die Beiden einander ihre Gefühle gestehen. Nun erfährt Cliges zugleich, dass seine Geliebte noch unberührt sei, sich aber ihm nur hingeben wolle, wenn sie ganz sein, und nicht zugleich eines andern sei, damit man ihnen nicht Tristans und Iselts Fehler nachsage. Cliges schlägt vor, nach Brittanien zu fliehen, was Fenice mit Hinweis auf Tristan und Iselt zurückweist, ihrerseits aber bereit ist, sich krank und dann todt zu stellen, worauf sie Cliges nachts aus dem Sarge holen solle. Fenice rechnet auf die Unterstützung Thessala's, die ihr zugesagt wird, während Cliges seinen Sklaven Jehan, den berühmtesten aller Bildhauer, aufsucht, der die Herstellung eines eigens vorgerichteten Sarges übernimmt und seinen Herrn, der ihm dafür die Freiheit schenkt, ein abseits einsam gelegenes Wunderhaus zeigt, das er für sich gebaut hatte, und wo die Liebenden in voller Sicherheit, von Niemand gesehen, leben können (5115—5655). Bei ihrer Rückkehr nach der Stadt erfahren sie bereits Fenice'ns plötzliche Erkrankung, die den Hof und die Stadt in die tiefste Trauer versetzt hat. Sie lässt Niemand vor und verschmäht ärztliche Hülfe so lange, bis sich Thessala den Harn einer todtkranken Frau verschafft hat, den sie den Aerzten zur Beurtheilung schickt, die dann Fenice'ns Krankheit

für tödtlich erklären. Ein besonders bereitetes Tränklein versetzt
sie in einen todähnlichen, aber vorübergehenden Zustand. Ihren
Tod beklagt der Kaiser und die Stadt (5656—5814). Gerade in
diesem Augenblicke kommen drei Aerzte von Salerno nach der
Stadt, erfahren den Grund des allgemeinen Jammers, wie die
Kaiserin jeden Arzt zurückgewiesen und gestorben wäre. Da ge-
denken sie Salomon's, den seine Frau durch ihren Scheintod
betrogen hatte, und begeben sich nach dem Hofe, wo der Oberste
der Aerzte geradewegs auf den Leichnam zugeht und durch
Betasten desselben sich überzeugt, dass die vermeintliche Todte
am Leben sei. Er verspricht dem Kaiser, sie sicher ins Leben
zurückzurufen. Dieser stellt ihm jegliche Belohnung in Aussicht,
aber ebenso den Tod am Galgen, wenn er gelogen. Der Arzt,
seiner Sache sicher, nimmt dies an, lässt den Saal räumen und
bleibt mit seinen zwei Begleitern vor dem Leichnam zurück, den
sie aus dem Leichentuch, in das er hineingenäht ist, herausreissen.
Zuerst versuchen sie durch gütliches Zureden und listige Vor-
spiegelungen dieselbe zum Sprechen zu bewegen [zu unserm
grossen Staunen, da die durch einen Schlaftrunk auf eine bestimmte
Zahl von Stunden erstarrte doch wirklich bewusstlos ist, vergl.
V. 6224—6227, was der so kundige Arzt doch errathen konnte], aber
fvergebens. Ebenso wenig fruchten Drohungen noch deren Aus-
ührung. Fenice wird mit Riemen bis aufs Blut geschlagen und ihr
endlich geschmolzenes Blei in die Hand gegossen, und schon sind
sie daran, die Märtyrerin über einem gelinden Feuer zu braten,
als die vor dem Saal harrenden Weiber, die durch eine Oeffnung in
der Thür das Schreckliche sehen, Lärm schlagen, worauf die Menschen-
menge die Thür erbricht und eindringt; darunter Thessàla, welche die
Gemarterte wieder in den Sarg legte und zudeckte. Die erzürnten
Weiber aber werfen die Aerzte ohne weiteres zu den Fenstern
hinaus, so dass sie im Hof zerschellen (5815—6050). Während
Cliges vor Schmerz ausser sich ist, holt Thessala eine Salbe, mit
der sie sachte die Wunden einreibt. Hierauf wird Fenice wieder
in ein weisses Tuch von syrischer Seide eingeschlagen. Jehan, der
im Auftrag des Kaisers den Sarg liefern sollte, besorgt alles nöthige.
Fenice wird mit grossem Pomp in der Peterskirche beigesetzt.
Allgemeines Jammern, — vor allen ist Cliges untröstlich, der die
Nacht nicht erwarten kann, um zu erfahren, ob sie noch am Leben
sei. Aber dreissig Ritter halten die Nachtwache bei grosser Kerzen-

beleuchtung, doch schlafen sie bald ein. Cliges eilt mit Jehan nach dem Kirchhof, der verschlossen ist, und steigt über die hohe Mauer, dank' einem hier stehenden Baum, worauf er Jehan das Thor öffnet. Jehan öffnet die Grube, aus der Cliges die Geliebte holt, worauf das Grab wieder geschlossen wird. Die theure, süsse Last wird nach dem Wunderthurm Jehans gebracht, wo Cliges vor Verzweiflung ausser sich ist, als er die Geliebte, die noch unter der Wirkung des Schlaftrunkes ist, unbeweglich und starr findet. Allein bald kommt sie zu sich und hört nun die verzweifelnde Klage Cliges'. Sie seufzt tief auf und tröstet, kaum hörbar, den Geliebten. Vielleicht könnte sie genesen, wenn Thessala herkommen könnte (6051—6280). Diese, von Jehan herbeigeholt, kommt eiligst an und verspricht, sie vor Ablauf von vierzehn Tagen zu heilen. Cliges geht nun regelmässig nach dem Thurm, offen vor aller Augen; denn einen Habicht hat er dort in der Mause, den er, wie er sagt, besucht. Fenice ist inzwischen genesen und die Liebenden leben in ungetrübter Lust und Freude. So verging ein Jahr und mehr als zwei Monate, bis Fenice im Lenzesrausch die Nachtigall draussen schlagen hörte. Sie klagt Cliges, der sie umschlungen hielt, dass sie seit mehr als fünfzehn Monaten weder Sonne noch Mond gesehen und wie ihr wenigstens ein Garten wohl thäte. Sofort verspricht dieser Alles und beräth mit Jehan, was zu thun, der ohne weiteres die Liebenden an eine unsichtbare Thür führt, die er öffnet und die in einen schönen Baumgarten führt. [Dies hätte Jehan auch früher thun können.] In demselben ist ein Baum in voller Blüthe, dessen Aeste so kunstvoll geführt sind, dass sie ringsum zum Boden reichen und eine schöne, dichte Laube bilden, durch die auch zur Mittagszeit kein Sonnenstrahl dringt; hier lässt Fenice ihr Bett aufschlagen. Der Garten ist von einer hohen Mauer umgeben, die mit dem Thurm zusammenhängt. Hier schwelgt nun Fenice im Besitze ihres Geliebten, als bei Anbruch der Jagdzeit Bertran, ein thracischer Ritter, auf die Beize auszog. Sein Sperber hatte eine Lerche verfehlt und flog unterhalb des Thurms in den Garten. Sofort geht er an die Mauer, die zu erklimmen ihm endlich gelingt und erblickt — Cliges und Fenice Arm in Arm schlafend. Er traut seinen Sinnen nicht und staunt, hier das Spiegelbild der gestorbenen Kaiserin zu finden, als plötzlich Fenice durch eine herabgefallene Birne aufwacht: „Wir sind verloren! Sieh da Bertran! dass er uns

nicht verrathe"! Da weiss er nun, dass es wirklich die Kaiserin ist
und macht sich eilig von dannen; aber Cliges ergriff ein bereit liegen-
des Schwert, eilt ihm nach und haut ihm das Bein unter dem Knie
rund ab. Gleichwohl entkommt Bertran, den seine Begleiter jenseits
der Mauer auffangen. ‚Sie möchten ihn nicht fragen, ruft er; schnell
zum Kaiser!' So ziehen sie denn geradewegs an den Hof, wo er
dem Kaiser das Gesehene erzählt. Man eilt nach dem Thurm,
den sie verlassen finden; denn das Liebespaar wandte sich unter
Thessala's Leitung und Schutz auf die Flucht. Der Kaiser aber
droht dem gefesselten Jehan, der sich damit entschuldigt, dass er
als Sklave seinem Herrn in Allem gehorchen musste. Dieser aber
sei in seinem Rechte gewesen und der Tod werde ihn nicht ab-
halten, die Wahrheit zu sagen. Alis sei Cliges gegenüber mein-
eidig geworden, als er Fenice geheirathet. Wenn er in ihn tödte,
so werde Cliges seinen Tod zu rächen wissen (6281—6586). Seinen
Herrn aber werde er nicht verrathen. Zudem sei Alis ohne Grund
eifersüchtig, denn er habe, durch einen Zaubertrank betrogen, seine
eigene Frau nie besessen. Fenice aber habe aus Liebe zu Cliges
sich todt gestellt und dieser sie in Jehans Haus aufgenommen.
Schäumend vor Wuth und erdrückt von der Schande, befiehlt er,
den Fliehenden nachzusetzen. Allein diese entkommen, dank den
Künsten Thessala's, und gehen zu Artus, bei dem Cliges über Alis
Klage führt. Ein grosses Heer und eine mächtige Flotte wird aus-
gerüstet, um gegen Constantinopel zu ziehen, als Boten aus Griechenland kommen, darunter Jehan, welche den Tod Alis' melden und
Cliges auffordern, zurückzukehren und sich zum Kaiser krönen zu
lassen. So wird denn das Heer entlassen, Cliges kehrt mit Fenice zurück, worauf sie gekrönt werden. Cliges hatte Fenice
geheirathet, allein sie blieb seine innig geliebte, ja ihre Liebe
wuchs noch immerzu, und nie misstraute er derselben, obwohl er
sie nicht eingeschlossen hielt, wie es stets mit den späteren
Kaiserinnen geschah; denn seither fürchtete jeder Kaiser, seine
Frau möchte ihn betrügen, wenn er erzählen hörte, wie Fenice
den Alis seiner Zeit betrogen. „Und so wird wie in einem Ge-
fängnis jede Kaiserin in Constantinopel, wer sie auch immer sei,
mag sie auch noch so reich und vornehm sein, in engem Ge-
wahrsam gehalten; denn der kaiserliche Ehegemahl traut derselben
nicht, so lange er Fenice'ns gedenkt, und er lässt sie deshalb
stets im Zimmer hüten, nicht so sehr wegen des Sonnenbrandes,

als vielmehr aus Furcht, und nie wird ein Mann bei ihr sein, der nicht von Kindheit an entmannt ist. Denn von diesen steht nicht zu befürchten, dass die Liebe sie je in ihre Bande schlage. Hier endet Christians Werk" (6587—6784).

Die Sage.

Der Verfasser selbst erzählt V. 20. 21, dass er den Stoff seiner Erzählung einem Buche entnommen, das sich in der Kathedralbibliothek zu Beauvais befand. Welcher Art war dieses Buch? Ist uns dasselbe erhalten? Und was stand in demselben? Ein ähnliches Werk ist nicht auf uns gekommen, oder wenigstens bis jetzt nicht aufgefunden worden, und so sind wir lediglich auf Muthmassungen angewiesen. — Dieses Buch dürfte, nach Analogien zu schliessen, eine lateinische Erzählung, etwa in der Art des Apollonius von Tyrus, und diese wieder eine Bearbeitung eines griechischen Romans, gewesen sein. Denn nach dem Orient, speciell nach Griechenland, weisen mehrere Anhaltspunkte hin: die Oertlichkeiten, Constantinopel und das griechische Kaiserreich, die griechischen Namen: Alexander, Alexius, Fenice, die Namen der meisten Begleiter Alexanders (V. 1281 fgg.), der Name der Zauberin Thessala (vgl. Lucan), das durch seine Zaubereien im griechischen und römischen Alterthum berühmte Thessalien (V. 3006 fgg.), vgl. Apuleius u. a., endlich die Sitte, die Frauen einzuschliessen und sie durch Eunuchen behüten zu lassen.

An der bestimmten Aussage Christian's, dass er eine geschriebene, alte Quelle benutzt habe, zu zweifeln, liegt nicht der geringste Anlass vor; allein wir würden sehr irre gehen, wenn wir annähmen, dass dieses Buch die ganze Geschichte von Cliges in der Ausführung enthalten habe, wie wir sie in dem französischen Kunstepos finden, so dass der Verfasser nichts anderes gethan hätte, als der Quelle Schritt für Schritt zu folgen, sie höchstens etwas auszuschmücken und etwa die kunstvollen Monologe und Dialoge einzuflechten, wie dies derselbe Christian allerdings in einem andern Fall gethan zu haben bestimmt aussagt, nemlich beim Karrenritter. V. 24 fg. heisst es hier:

> Del chevalier de la charrete
> Comance Creftiiens fon livre.
> Matiere et fans l' an done et livre
> La conteffe, et il f'antremet

De panſer ſi que rien n'i met
Fors ſa painne et ſ'antancion.

Hier haben wir es mit der Quelle eines der keltischen Sage, die
vor kurzem in Mode gekommen war, entnommenen Romans zu
thun, und Alles, was sich um diese Anfänge dreht, steckt in tiefstem
Dunkel, in das bis jetzt nicht der bescheidenste Lichtstrahl ge-
drungen ist. Aber auch hier finden wir das Verhältnis ganz
anders, wenn wir den Löwenritter zur Vergleichung heranziehen.
Dieser gehört auch der bretonischen Sage an; allein hier lässt sich
unschwer dasjenige, was der Dichter fertig vorgefunden, von dem-
jenigen scheiden, was er von eigenem dazu gethan hat. Sehen
wir schärfer zu, so finden wir, dass, abgesehen von der Oertlichkeit
(Broceliande u. s. f.) und den Namen der handelnden Personen, keine
Spur von keltischem Stoff zu finden ist, und — vielleicht ist dies
ein nicht zu unterschätzendes Moment — es fehlt auch thatsächlich
jede Erwähnung und Anspielung auf eine vom Dichter benutzte
Quelle. Der Kern des Löwenritters ist vielmehr ein alter Bekannter,
der aus weiter Ferne auf vielen Umwegen nach Frankreich gekommen war, nemlich die Sage von der leicht getrösteten Wittwe,
die in der Variante der „Matrone von Ephesus" am bekanntesten
ist. Um diesen Kern ist alles andere gewickelt. Aber welch eine
wahrhaft geniale Kunst, diesen abgedroschenen, plumpen Stoff zu
behandeln! Wenn wir sehen, wie der Dichter es versteht, den
Knoten derart zu schürzen, dass wir, ohne uns dessen bewusst zu
werden, dazu geführt werden, die Wittwe und ihren Schmerz ernst
zu nehmen, wie wir deren Seelenkampf, den der Dichter in unüber-
troffener Weise dargestellt hat, verfolgen, durch welch sinnige Combi-
nationen es ihm gelingt, phychologisch die binnen drei Tagen
vor sich gehende Wandlung zu motiviren, so dass wir, nicht etwa
empört und abgestossen, es sogar als ganz natürlich betrachten,
dass die tiefbetrübte Wittwe den Mörder ihres inniggeliebten Ge-
mahls (man beachte, wie der Dichter sich durch diese Modification
sein kitzliches Thema noch bedeutend der Vorlage gegenüber er-
schwert hat) am vierten Tage heirathet, so muss man sagen, dass
Christian mehr gethan hat, als der Schleifer, der aus einem un-
scheinbaren Stein den flimmernden und funkelnden Diamant heraus-
schält. Um diesen Kern gruppirt nun Christian den König Artus
und seinen Hof, er führt uns an die Zauberquelle im Wald Broceliande, er führt uns Riesen im Kampfe vor, lässt uns in die

(schon damals existirende) Sklaverei der Fabriken (hier eine
Seidenweberei) einen flüchtigen Blick werfen — aber all dies ist
nichts als Beiwerk, angethan, um sich gewogene Leser zu verschaffen,
die alle den modernsten aller Stoffe, die grösste „actualité“, nemlich
die Artussage, heissgierig verlangten. Allein um dem Roman die
richtige Länge zu geben, greift der Dichter zu einem von ihm bereits
früher (Erec) behandelten Thema, dem „Verliegen“ des Ritters, das
er diesmal (mit Erec verglichen) auf den Kopf stellt und so lässt
er den glücklichen Bräutigam, eben dass er sich nicht „verliege“,
gleich nach der Hochzeit in die Welt auf Abenteuer ziehen.

Dies glaubte ich vorausschicken zu müssen, um das richtige
Verständnis für die Lösung der Cliges-Vorlage zu schaffen. In
diesem Roman, der mit dem Löwenritter die höchste Vollendung
der Kunst, die das höfische Epos in Frankreich erlangt hat, uns
repräsentirt, finden wir, ganz wie im Löwenritter, einen uralten,
wohlbekannten Stoff als Kern vor, nemlich die Geschichte vom
„betrogenen Ehemann“, und diese, nehme ich an, fand Christian
in jenem (lateinischen, glaube ich) Buch der Peterskirche. Alles
andere ist Beigabe und Zuwerk des Dichters, wie die in der
Eigenart der Anlage auffallende Uebereinstimmung mit Ivain zeigt.
Gab er uns in diesem eine „Rettung“ der ‚Matrone von Ephesus‘,
so wagt er hier eine noch kühnere, schwierere, „Rettung“, nemlich die der ‚betrügenden Frau‘. Auch hier wird der verletzend
rohe Kern derartig modificirt, dass der ‚betrogene Ehemann‘ von
Anfang bis zu Ende unsere vollste Verachtung besitzt, während
mit einem staunenswerthen, wahrhaft genialen Raffinement es dem
Dichter gelingt, uns Fenice von Anfang bis zu Ende sympathisch
darzustellen, für die wir — ob wir wollen oder nicht — Partei er-
greifen müssen, mögen wir auch noch so strenge, rücksichtslose
Sittenrichter sein. Fenice liebt Cliges, bevor sie noch Alis geheiratet hat, denselben Alis, der ihren Geliebten durch diese Heirath,
die einen Meineid effectuirt, um die Kaiserkrone bringt. Sie be-
trügt diesen ihr aufgedrungenen Ehemann, aber sie hütet treu ihre
Keuschheit, ihrem Geliebten ihren Leib so lange versagend, als sie
vor den Augen der Menschen ein Makel treffen kann.

Um zu specialisiren, so glaube ich, dass in der Vorlage
Christians die Erzählung gestanden, wie Fenice, die Frau Alis‘,
sich in Cliges verliebt, wie sie sich scheintodt stellt, wie sie von
den salernischen Aerzten gemartert wird und dann endlich mit

Cliges vereint lebt, bis der Betrug zu Tage kommt, die Liebenden sich flüchten, und nach Alis Tode zurückkehren. Auch die darauf zurückgeführte Haremeinschliessung hat wohl in der Vorlage bereits gestanden. Ob zugleich die durch den Zaubertrank erreichte Impotenz des Ehemannes, ist nicht ganz sicher, sie kann in der Vorlage gestanden haben, um das Liebespaar unbefleckt einander in die Arme zu legen, oder vom Dichter hinzugefügt zu sein, um das Thema seinen Ideen gemäss zu modificiren. Wie man sieht, hat dieses Thema mit Artus und der Bretaigne nichts gemein: allein, wie in Ivain, so hat auch hier (und hier unter grösseren Schwierigkeiten, da die griechische Provenienz, die der Erzählung gewahrt geblieben ist, im Wege stand) der Dichter ohne weiteres den Stoff mit der Artussage verquickt, um der tyrannisch herrschenden Mode nachzukommen. Doch ist hier die Verbindung eine ziemlich lose, mehr Einschachtelung, als Amalgamirung. Auf diesen Umstand ist auch ein Compositionsfehler zurückzuführen, den freilich wir allein empfinden können, den aber Christian und seine Leser nicht ahnten, nemlich die Zweitheilung des Romans. Denn eigentlich liegen uns zwei ganz verschiedene und getrennte Erzählungen vor, die Alexanders (V. 45—2382) und jene Cliges' (2383 bis Ende). Die erste wäre sehr trocken und frostig, wenn der Dichter nicht das liebliche Bild Soredamor's uns entgegengezaubert und uns nicht die feine, psychologische Schilderung des Seelenzustandes der beiden Liebenden (hierin ist Christian ein unerreichtes Muster) gegeben hätte. Allein diese Composition war damals ganz gewöhnlich, und der Leser hätte eine Lücke gefühlt, wenn er nicht auch den Roman des Vaters des Haupthelden bekommen hätte.

Wir haben es demnach im Cliges nicht mit einer langen, nur durch eine Liebesgeschichte aufgefrischten, Aneinanderreihung von insipiden Abenteuern zu thun, wie im Erec und der grossen Mehrzahl der Artusromane, finden vielmehr die wahrhaft künstlerische Bearbeitung eines alten, genial modificirten und complicirten, kurzen Stoffes, der mit aller einem Meister zu Gebote stehenden Phantasie ausgeschmückt zugleich ein moral-psychologisches Problem vor den Augen der entzückten Leser consequent durchführt. Ich glaube auch, dass wir es sehr zu beklagen haben, dass Christians Tristan verloren ist. Nicht der Fabel wegen: die können wir durch die erhaltenen Texte, zumal durch die nordische Saga sehr genau. Allein man kann dem Verfasser des Cliges und des Löwenritters es zu-

rauen, dass er den Stoff ebenso originell modificirt und vertieft
haben mag.

Allein dies griechische Gewand, dass unserem Roman umhangen
st, und in dem er unserm Dichter bekannt geworden, ist auch
eine Zuthat, und wir kommen auf eine Sage des Orients. Einen
bestimmten Zeugen für dieselbe kann ich nicht angeben, wohl aber
assen sich die Hauptzüge zerstreut an einzelnen Orten nachweisen.
Unter den endlosen Versionen, in denen der ,betrogene Ehemann'
auftaucht, ist es jene, deren Held Salomon ist, welche das erste
Glied jener Entwicklungsreihe vorstellt, deren kunstreichste Stufe
uns im Cliges vorliegt. Dass diese Sage von Salomon in Frankreich bekannt gewesen, zeigt die regelmässige Erwähnung desselben
neben Constantin (über den A. Tobler Jahrb. XIII, 104 einzusehen ist, vgl. noch meine Anmerkung zu Elie de St. Gille, 1793
und G. Paris, Rom. IX, 436) und Simson, neben denen sich einzeln
auch Marc, Absalon, Hippocrates, Aristot'eles, Artus, sogar
Adam vorfinden. So ist Salomon als betrogener Ehemann angeführt in
Amadas und Idoine 5877, Set Sage 425, Méon, Nouv. Rec. II, 20,
Digby-Stengel 86, 38, Jubinal Jongl. Trouv. 81 (= Nouv. Rec. II, 332),
Graf v. Poitiers 17, Veilchenroman 67, Bible Guiot 2134, ohne dass
ich eine spezielle Angabe dabei fände; eine solche finde ich nur
in unserm Cliges selbst, V. 5876:

> Lors lor fovint de Salemon,
> Que fa fame tant le haï,
> Qu'an guife de mort le traï.

An guife de mort (die Handschrift A allein bietet das deutlichere
Que come morte le traï) ist von ihrem Scheintod zu verstehen,
wie denn folgende mir noch bekannte Anspielung an Deutlichkeit
nichts zu wünschen übrig lässt (Elie de s. Gille 1793):

> Salemons fi prift feme dont fovent me ramenbre,
> Quatre iors fe fift morte en fon palais meefme,
> Que onques ne crola ne puing ne pie ne menbre;
> Puis en fift uns vafaus toute fa confienche.

Wir sind so auf die bekannte Dichtung Salomon und Marcolf
geführt, die in Frankreich wohl gekannt gewesen sein muss, wenn man
auch bis jetzt eine französische Version nicht nachzuweisen vermag.
Die deutsche Strophenredaction zeigt in der ersten Entführung
Salme's durch den Spielmann, der sie zu König Fore bringt,
die einzige analoge Situation, welche unserm Cliges entspricht.

b*

Salme hatte vom König Fore, der durch ihre Hülfe entflohen war,
das Versprechen erhalten, durch einen Spielmann geholt zu werden.
Dieser kommt nach einem halben Jahre und steckt ihr, als sie zur
Messe geht, ein Zauberkraut zu. Nach dem Gottesdienst nimmt
sie es in den Mund und fällt wie tot nieder. Morolf ahnt
den Betrug und versucht trotz der Einwendungen des vertrauens-
seligen Salman (Salomon), die Königin wieder zu beleben, indem er ihr geschmolzenes Gold durch die Hand giesst
== Cliges 5997 fgg. (Blei). Allein sie bleibt scheintot und wird
am dritten Tage (im Elie de s. Gille nach vier Tagen) von dem
Spielmann entführt. Dieselbe Geschichte findet sich in der deutschen
Spruchdichtung: nur sind es hier zwei Spielleute, und Morolf giesst
der Königin (hierin mit Cliges ganz übereinstimmend) geschmolzenes
Blei durch die Hand.*

Wenn wir das Cliges und der eben erwähnten Episode Salomon's
gemeinsame herausheben, so ist dessen nicht viel, es beschränkt sich
auf folg. Punkte: dem gehassten Ehemann wird, wird die Frau, mit
ihrer Einwilligung, dadurch entführt, dass sie durch ein Mittel scheintot
gemacht, ihre Wiederbelebung durch geschmolzenes Blei vergebens
versucht, und sie später aus dem Sarge geholt wird. Dies bildet
in Salomon bloss eine Episode, während es der Grundkern des
französischen Gedichtes ist. Dadurch stellt sich unser Stoff in etwas
wenigstens näher der Geschichte, welche Shakespeare in Romeo und
Julie verarbeitet hat** und die auf Bandello (II, 9) zurückgeführt
wird, wenn auch hier die Combination noch weiterliegend ist. Das
Uebereinstimmende ist auch hier der Scheintot, durch den ein
Mädchen (diesmal nicht die Frau dem Manne) ihren Eltern entführt
werden soll. Dieser Einfall, sich durch Scheintot einer unange-
nehmen Lage zu entziehen, ist uralt, wir finden ihn bereits, freilich
in verschiedener Anwendung, in dem griechischen Roman des Xe-
nophon Ephesios (Anthia bei Perilaos), und wieder ganz verschieden
bei Chariton (Kallirrhoe und Chaireas).***

---

* Salomon und Markolf, herausg. von F. Vogt I, XXII ==
Str. 109—147; a. a. O. S. LXI, s. F. v. d. Hagen, Deutsche Gedichte des
Mittelalters I, 62. 63, vgl. noch Wesselofsky in Jagic' Arch. für slav. Phil.
VI, 409 (Gütige Mittheilung von R. Köhler).

** S. W. L. Holland, Crestien von Troies (1854) S. 57; vgl. auch S. 49
(unten).

*** S. Dunlop-Liebrecht S. 26. 269 f. und 24 fg. Holland a. a. O.

Schicksale des französischen Romans.

Christians Roman wurde bald nach seinem Erscheinen sehr
bekannt und muss sich in Frankreich grosser Beliebtheit erfreut
haben; dafür spricht einerseits die ungewöhnliche Zahl von Handschriften, die auf uns gekommen sind, und die zahlreichen Anspielungen, die wir in französischen Gedichten finden. Holland*
hat die meisten derselben bereits beigebracht, die eine oder andre
kann ich noch hinzufügen. Bei Holland finden sich die folgenden:

α) Erwähnung des Cliges.

1. Huon de Meri, Tornoiement Antecrist, S. 59:

As mains ouvertes de largefce
Qu'orent Cliges et Lancelot,

womit auf Cliges V. 192 fgg., 407 fgg. angespielt wird.

2. Daselbst S. 70:

Bien ait ma dame Cortoifie
. . . qui . . . .
Mon feignor Gauvain afaita
Et de fa mamele alaita
Cliges, Yvain et Lancelos.

3. Richart le Biel 11:

Ains li contes de Lanfelot . . . .
Ne de Cliget ne de Clipois
Ne valurent pas un liegois.

4. Birnenroman 61 fgg.:

Je fui Cliges li amoureus et vez ci m'amie Fenice
Qui del dart d'Amor doucereus eft navree foz fa pelice.
Molt en eft li fers favoreus et li dieus ne fu mie nice
Qui par le tret du dart toz feus prift for nos deus chaftel et lice.

Anspielung auf die fast zu Tode gehetzte Allegorie mit dem Liebespfeil 693—859, die sehr berühmt und bewundert worden sein
muss, vgl. z. B. Lai de l'Ombre S. 46, Rosenroman I, S. 55 fg.,
Barb. IV, 327 fg. Tourn. Antec. 77, vgl. noch Enée, R. d. Troie.

5. Daselbst 73:

Par traïtors defaut ce ne puet nus refpondre,
Tote amors ne lor chaut fors des amanz confondre.
Le plonc firent tot chaut es mains Fenice fondre.

Anspielung auf V. 5994—6006.

* a. a. O. S. 51 fg.

6. Jubinal, Jongleurs S. 145:
Et Cliges enama Fenice.

7. In asketischem Eifer warnt vor der schädlichen Roman-
litteratur der Verfasser einer Prosa-Uebersetzung der Vie des Pères,
welche für die Gräfin von Champagne, Blanche von Navarra, die
Tochter Sancho's VI., des Weisen, geschrieben ist. Dieser Ausfall
findet sich in dem aus 108 Achtsilbnern bestehenden Prologe
und ist zuerst von F. Michel in seiner Histoire des ducs de
Normandie (1840) S. XLVIII nach einer Handschrift der Stadtbibliothek von Lyon (773′ olim oder 698) herangezogen und von
Holland S. 55 wiederholt worden. Nach einer Handschrift der Pariser
Nationalbibliothek (1038, alt 7331) hat dieselbe Stelle d'Arbois de
Jubainville in seiner bereits früher genannten Histoire des ducs et
des contes de Champagne VI, 452 abgedruckt.

Gentil conteſſe de Champaigne,
Fille au bon roy Sanſſe d'Eſpaigne,
Je n'ai mie en moi grant ſcience;
Et nepourquant voſtre excellence
Qui ne ſeit pas a correcier
Me fiſt ceſte oevre comencier.
Par vos encomençai ceſte oevre
Por cuers de creſtïens eſmuevre
A bien penſer et a bien faire
Et por eaus de pechié retraire.
Les autres dames de ceſt mont
Qui plus penſent a val qu'a mont
Si font les mençonges rimer
Et les paroles alimer
Pour les cuers miauz enroïllier
Et por honeſté avillier.
Dame, de ce n'avez vos cure!
De mençonge qui cuers oſcure
Et corrompent la clarté d'ame *
N'en aiez ** cure, douce dame,
Laiſſiez Cliges et Perceval,
Qui les cuers perce et trait a val,***
Et les romanz de vanité.

* Da *P* giebt: Corrompent la clarte de lame, so ist wohl zu lesen: Et corron
la clarte de l'ame.   ** auez *P*.   *** *P*: Qui les cuers tue et met a mal.

β) Erwähnung der Fenice. 1. s. α) 4. 2. s. α) 5. 3. s. α) 6.
4. Raoul von Houdenc im Meraugis rühmt die Schönheit seiner
Heldin Lidoine:

> Fenice, la feme d'Alis*
> N'ot onques aufi grant beaute.

γ) Erwähnung des Alis s. β) 4.

δ) Erwähnung der Soredamors. Ihr zu Ehren gibt Sarrasin
im Turnier von Hen, wo die Gestalten der Christianschen Romane
auftreten, diesen Namen einer Dame, s. S. 234, 235, 237.

ε) Erwähnung der Thessala. Veilchenroman S. 29.

> Plus favoit la vielle d'engien
> Qu'entre Theffale ne Brangien
> Ne fourent onques . . . .

Diesen Citaten füge ich hinzu die Nennung des Cliges in
Perceval 13909, 14237, wo ihn der Fortsetzer eine Rolle spielen
lässt, die kaum in den Intentionen Christians gewesen sein dürfte.
Besser ergeht es ihm im Lancelot-Rigomer, dessen Verfasser
Jehan einen Clices oder Cliges (beide Formen kommen unter-
schiedslos vor) unter den Artusrittern anführt und ihm eine eigene
Episode widmet. So wird er 7098 unter vielen Rittern genannt,
das Abenteuer mit den Särgen in der Kapelle auf dem Friedhof
findet sich 9147—9528 fgg.,** und dass wir es wirklich mit dem
uns bekannten Cliges zu thun haben, zeigt V. 9249:

> Clices qui de Grefe fu nes.

Sonst finde ich nur noch den Namen Soredamors, der der Or-
goillose d'Amors im Blancandin 1816 beigegeben wird, dessen
Verfasser bei seiner Heldin sicher das Christiansche Vorbild vor
Augen hatte.

Ebenso ist es mir wahrscheinlich, dass der Verfasser des
Guillaume de Palerne den Cliges gekannt und nachgeahmt hat.

Dass Cliges (aber wohl nur in der französischen Gestalt)
nach Südfrankreich gekommen, ist im Vorhinein anzunehmen; bestätigt wird es durch die Anspielungen in provenzalischen

---

* In der Ausgabe S. 12 steht das falsche feme Aëlis. Fenice'ns Mann
heisst Alis (= Alexius).

** 9469—9501 gehören nicht an diese Stelle.

Texten. Im Jaufré (bei Raynouard, Lex. rom. I, 49ᵃ) wird Cliges
unter andern bekannten Artusrittern genannt:

Cliges, us cavaliers prefans,

wie Holland richtig den Fehler des Rayn.'schen Druckes (Eliges),
der sich auch in den Handschriften findet, gebessert hat. Fenice
wird erwähnt in demselben Jaufré an einer schon von Fauriel in
Hist. de la Poésie prov. III, 501 citirten, aber erst von Holland
a. a. O. 57 richtig gedeuteten Stelle (Hofmann (1868 II, 3) S. 347):

Aitals amor mi fobreporta

Con fes Fenifa, qui per morta

Se fes febelir per Cliges,*

Que puis amet** lonc temps apres,

eine deutliche Anspielung auf ihren Scheintot und das dabei statt-
gefundene Begräbnis.

Dasselbe gilt von der Stelle in Flamenca 669:

L'autre comtava de Feniffa

Con tranfir la fes fa noiriffa,

mit dem bestimmten Hinweis auf Thessala, die ihr den Schlaftrunk
bereitet.

Bei weitem zahlreicher sind die Anspielungen auf Cliges in
der mittelhochdeutschen Litteratur,*** wobei es zweifelhaft erscheinen kann, ob damit lediglich auf das in Deutschland bekannte
französische Gedicht angespielt ist oder dessen mittelhoch-
deutsche Bearbeitungen gemeint sind. Denn solcher hat es sicher
zwei gegeben, einen Clies von Ulrich von Türheim und einen
anderen von Konrat Fleck, vgl. die Angaben Rudolfs von Ems
in seinem Wilhelm von Orlens und in seinem Alexander.

Auf das französische Gedicht beziehen sich die Anspielungen bei
Wolfram von Eschenbach in Parzival (begonnen vor 1205,
vollendet gegen 1215). Die Stellen lauten nach Lachmann's
Ausgabe:

586, 26.   Frou Minne, ir teilt ouch iwern vâr

Sûrdamûr durch Alexandern.

712, 3.   Artûs ûz wîsem munde

Sprach an derselben stunde:

---

* Fauriel: clergues.
** Fauriel: uifquet.
*** Ich weiss dem von Holland a. a. O. Beigebrachten nichts Neues hin-
zuzufügen.

Ôwê, liebiu niftel mîn,
Das dîn jugent sô hôher minne schîn
Tuot! daz muoz dir werden sûr.
Als tet dîn swester Sûrdâmûr
Durch der Kriechen lampriure.

Auf Cligcs selbst bezieht H. v. d. Hagen Minnesinger IV, S. 197,
Anm. 8, Parz. 334, 11:

Dô sprach der Krieche Clîas.

„Heinrich von dem Türlin", sagt Sommer, Flore und
Blanscheflur S. XXXIV, „nennt im 51. Abschnitte der Krone zwei
Clies, einen von Jandus, den andern von Climon, unter den Rittern
der Tafelrunde". Man sehe V. 2298 und 2330 (S. 29 in der Aus-
gabe von Scholl, der übrigens Elîes* von Landuz, und Elis von
Climon aufgenommen hat.

Thomasin von Zirclar kennt in seinem Welschen Gast
(gedichtet 1215—1216) auch einen Cliges, da er V. 1038 unter
den würdigen Vorbildern für Jungfrauen Sordamor nennt:

Si suln ouch Pênelopê
Der vrouwen volgn und Oenonê,
Galjêna und Blanscheflôr
. . unde Sôrdamôr.

V. 1042 empfiehlt derselbe Dichter den Clies den Jünglingen
als Muster:

Juncherren suln von Gâwein
hœren Clîes, Êrec, Îwein,

wo einige Handschriften Elies haben.

Man bezieht diese Anspielungen auf das französische Gedicht, weil sich deutsche Bearbeitungen erst später nachweisen
lassen. Rudolf von Ems (starb zwischen 1250 und 1254) rühmt
wiederholt in seinem Wilhelm von Orlens (vor 1241) des
Ulrich von Türheim (lebte noch um die Mitte des 13. Jahrhunderts)
Gedicht Clîes. Die Stellen lauten nach Wackernagel, Altdeutsches
Lesebuch, 1839 S. 605:

Daz süeze wort Minne
Hât in vremde sinne
In menge wîs geteilet sich;

---

* Es ist dies derselbe, paläographisch leicht zu erklärende, Fehler, den
auch die Handschriften des Jaufré machen, vgl. ebenso die Stelle bei Thomasin.

>   Daz hat mîn vriunt hêr Uolrich
>   Von Türheim mit wîsheit
>   An Clîes wîslich geseit;
>
> und v. d. Hagen, Minnesinger IV, 612:
>
>   Wan liezet iuch dô rihten
>   Den wîsen Turheimære
>   Der wol guotiu mære
>   Ze meisterschefte tihten kann?
>   Der hât Artûse einen man
>   Von Kriechen niulîche
>   Gesant in sîniu rîche
>   Mit sô guoter sprüche kraft,
>   Daz ich mich der meisterschaft
>   Und der hôhen wîsheit,
>   Die er an Clîes hât geleit
>   Niht gelîchen wil, noch sol.

Allein derselbe Rudolf von Ems nennt an anderer Stelle den
Konrad Fleck (der um 1230 dichtete) als Verfasser eines Clies;
die Stelle steht im Alexander, v. d. Hagen Minnesinger IV, 867:

>   Ein zwîc der kunst gestôzen hât
>   Her Vlec der guote Kuonrât,
>   Daz ist ouch lobebære
>   Dô er beschiet daz mære
>   Wie Flôren unde Blanscheflûr
>   Was süeze und underwîlen sûr
>   Ir liepliche geselleschaft,
>   Und wie der strengen Minne kraft
>   Cliesen twanc . . .

Endlich finden sich zwei Anspielungen auf Clies bei Rudolf
von Rotenburg (um die Mitte des 13. Jahrh.) bei v. d. Hagen,
a. a. O. I, 78. 84.

>   III, 10: Elies und ein küniginne
>   Minten sich unz an den tôt
>   V, 50:   Elies leit vil manigen tac
>   Von liebe grôze swære,

(wo Clies statt Elies zu lesen); beide Stellen lassen sich der Zeit
des Verfassers nach auf die deutschen Bearbeitungen beziehen,
ohne dass dazu ein zwingender Anlass vorläge.

Mit dem mittelenglischen Sir Cleges hat unser Cliges nichts
zu thun, wie Holland a. a. O. 62 fg. dargethan hat.

Ich habe nur noch eine französische Prosaauflösung des
Christianschen Gedichtes zu erwähnen, welche sich in einer Handschrift der Leipziger Stadtbibliothek (Rep. N. 108) befindet und
welche ich im Anhang meiner Ausgabe zum ersten Male bekannt
mache. Dieselbe ist, wie die Subscription zeigt, im Jahre 1454
verfasst und eine im Stile ihrer Zeit gehaltene, geschmacklose Ver-
wässerung und Verstümmelung des alten Gedichtes, für dessen
Text sie vollständig wertlos ist. Die Subscription lautet: Duquel
(der erstgeborne Sohn des Cliges und der Fenice, der vom Ueber-
arbeiter eigenmächtig hinzugefügt ist) nous ne ferons nulle mention,
mais atant finerons cefte prefente hiftoire, tranfmuee de rime en
profe le xxvj° jour de mars iiij° et liiij. .

Die Handschrift ist Papier, Folio, mit Original-Lederband mit
Schliessen, auf der Aussenseite des Oberdeckels ist ein viereckiges
Stück Pergament, mit einer durchsichtigen Hornplatte bedeckt und
mit Messingstreifen eingerahmt, darauf der Titel: Le liure de
Alixandre empereur de Conftantinoble et de Cliges fon filz. Papier-
grösse: 0·297 hoch, 0·21 breit, Einbanddeckel: 0·312 hoch, 0·221 breit.
Wasserzeichen im Papier: aufrecht stehender Anker, unter dem,
unmittelbar in der Mitte anliegend, ein kleines Kreuz. Sehr flüchtige,
oft schwer zu entziffernde Cursiv, oft mit starken, mir sonsther nicht
bekannten Kürzungen.

Die Handschriften und ihr Verhältnis zu einander.

Von Handschriften des französischen Gedichtes sind folgende
bekannt geworden: ,

I. Pariser Handschriften, sämmtlich auf der Nationalbibliothek.

1. S = 1374, Anfang XIII. Jahrh., f. 21ᵛ a — 64ᵛ b; Schluss
(V. 6713 bis Ende 6784) fehlt, indem ein Blatt am Ende des
Cliges herausgerissen ist. Die Handschrift ist in Südfrankreich geschrieben, von einem Copisten, der mitunter die Vorlage gar nicht
verstand, sich aber auch dann begnügt, die Zeichen der Vorlage
mechanisch nachzumalen, so dass viele Verse vollständig sinnlos sind.

2. A = 794, Anfang XIII. Jahrh., f. 54ʳ b — 79ʳ c, dieselbe
Handschrift, aus welcher Holland den Löwenritter und Jonckbloet
den Karrenritter publicirt haben. Der Schreiber heisst Guiot, wie
aus der Schlussnotiz desselben am Ende des Löwenritters hervorgeht:

> Explycit li chevaliers au lyeon.
> Cil qui l'efcrift Guioz ot non,
> Devant noftre dame del Val
> Eft fes oftex tot a eftal.

Der in Paris wohnende Copist muss seiner Sprache nach einer an der Grenze der Ile de France und der Champagne liegenden Gegend angehören.   Siehe die Beschreibung bei Leroux, Brut I, XXXV fg.

3. *P* = 375, XIII. Jahrh., f. 267^v a — 281^v a, die grosse Sammelhandschrift, aus der F. Michel den Wilhelm von Engelland herausgegeben hat, vgl. seine Beschreibung dieser Handschrift ebendaselbst (Chroniques anglo-normandes) III, VI fgg.   Dieser mächtige Sammelband ist von einem Perrot de Nesle in Gemeinschaft mit Jean Madot geschrieben und geordnet, welche die einzelnen Stücke numerirt und mit gereimten Inhaltsangaben versehen haben. Das unseren Cliges resumirende Stück ist von F. Michel a. a. O. XXI fg. und darnach von Holland a. a. O. 50 fg. abgedruckt worden. Es lautet also:

> Li doufime branque del livre
> Parole et demouftre a delivre
> Et de Cliget et de Feniffe.
> Ains que li matere feniffe,
> Porés oïr con faitement
> Il f'entr'amerent loiaument.
> Feniche Cliget tant ama
> C'ainc home feme tant n'ama;
> Bien i parut, c'ainc tant d'amer
> N'eut nule feme por amer.
> Ne pooient eftre a fejour
> Por parler, par nuit ne par jour.
> Feniffe, cui bone amor mort,
> Fift aufi que f'eüft la mort,
> Au cuer, fi f'eft laffe clamee;
> A tere eft kaüe pafmee.
> Ainc por batre ne por confondre,
> Ne por le plonc c'on li fift fondre
> Es paumes, nus ne f'aperçut
> Que vive fuft: fi les deçut

Cele qui blance fu com laine;
On n'i fent ne fe ni alaine.
Portee en fu et mife en terre.
Or nos raconte li matere
Que Cligés, qui bien l'engien fot,
Qu'il n'eut le cuer nice ne fot,
Qui qu'il en poift ne cui c'anuit,
L'eft alés deffouir par nuit.
Vive le trueve, grant joie ot;
Et ele aufi, quant ele l'ot
Et voit, fu toute refpafee;
Toute ot fa grant dolor pafee.
Dius, qui tous maus fait refpafer,
Nos otroit fi bien trefpaffer
K'el lieu foions ou il a mis
Ses amies et fes amis!

Nach der Orthographie der Handschrift und den Reimen der
Inhaltsangaben ist dieser Compilator ein Pikarde. Mehrere Ortschaften
des Namens Nesles oder Nesle liegen in diesem Sprachgebiet.

4. $C = 12560$, XIII. Jahrh., f. 83^v a — 122^r b. Der Schluss
(V. 6759—6784) fehlt, indem die Hälfte des Blattes derart weggeschnitten ist, dass nur der Anfangsbuchstabe jeder Zeile übrig
geblieben ist. Es scheinen zwei Schreiber daran gearbeitet zu
haben; wenigstens halte ich die Schrift auf 110^v a Z. 16 bis 113^r b
(ganz), dann 113^v b—115^v b (ganz), endlich 117^r a bis Ende für
eine vom Rest des Textes verschiedene.

5. $R = 1420$, Ende XIII. Jahrh., f. 30—55. Der Schluss
(6725 und Rest) fehlt. Schlechte, stark durchcorrigirte Handschrift
mit zahllosen Rasuren, die oft ganze Zeilen treffen, und dann über-
schrieben sind. Ich glaube drei verschiedene Hände geschieden
zu haben, und in meiner Collation jede Rasur und jede Hand
notirt. Bei der Textconstituirung stellte sich dies alles als wertlos
dar; ich habe daher die Varia lectio damit verschont. — Ile de
France gehört die Mundart des Kopisten an, der aber eine pikardisch gefärbte Vorlage abschrieb.

6. $B = 1450$, XIII. Jahrh., f. 188^r b—207^v a. Die Beschreibung der Handschrift, aus der Leroux de Lincy den Brut herausgegeben hat, sieh in dieser Ausgabe I, xviij fgg. Grosser Sammelband, stark geänderter und interpolirter Text, pikardisch.

ll. Handschrift in Turin.

7. $T = $ L, I, 13, XIV. Jahrh., f. 108^r — 128^r (siehe Pasini, No. XXXII, S. 468—471), dieselbe Handschrift, aus der ich Richart le Biel herausgegeben habe; siehe die Beschreibung derselben S. VI fg. dieser Ausgabe. Die Mundart des Copisten gehört dem östlichen Theil des pikardischen Dialekts, wahrscheinlich dem Hennegau an. Der Copist hat eigenmächtige, ‹sehr beträchtliche Kürzungen vorgenommen (weit über 400 Verse fehlen), die ihn als Feind aller Monologe und allgemeiner so wie Liebes-Betrachtungen erscheinen lassen.

III. Handschrift in Tours.

8. $M = $ 942, aus Marmoutier, früher Anfang des XIII. Jahrh., kleines, etwas breites 8^0 Format, 34 Zeilen auf der Seite, kleine Schrift. Die Handschrift beginnt auf f. 1^v mit Vers 719, und bricht f. 59^v am Schluss der Seite mit V. 4996 ab; da nun 1^r leer ist, und f. 1^v gleich mit 719 beginnt, so muss dem Schreiber ein akephaler Codex vorgelegen haben. Diese Handschrift hat in einer Feuersbrunst ziemlich gelitten, indem die Ränder der Blätter verbrannt sind, wobei öfters der Text selbst beschädigt ist. Der Copist gehört dem südlichen Theil der normannischen Mundart, vielleicht Anjou an.

IV. Die Reste einer

9. Handschrift befinden sich in Oxford, von der mir Kunde und kurze Proben von P. Meyer im Jahre 1873 zu Theil wurden. Ich konnte die sämmtlichen von Einbanddeckeln abgelösten Reste durch die Liberalität der Verwaltung der Bodlejana hier in Bonn mit Musse benutzen, doch kamen dieselben so spät, dass ich sie beim Druck des Textes nicht mehr benutzen konnte.

Sämmtliche Fragmente gehören einer Handschrift des XIV. Jahrh. mit runden Buchstabenformen an; sie sind auf Papierrahmen aufgezogen und in ein Bändchen gebunden, das die Signatur Mich. MS. 569* trägt. In der jetzigen Gestalt umfasst die neue Handschrift eilf Blätter, die entweder einen oder mehrere Streifen enthalten; die Reihenfolge derselben entspricht nicht der Reihenfolge der Verse im Texte.

1. f. 1^r* der jetzigen Anordnung enthält einen Querstreifen,

---

* Man vergesse nicht, dass Recto und Verso in der folg. Beschreibung sich nur auf die jetzige, durch den Buchbinder oft irrig hergestellte Lage beziehen.

der zwei Spalten enthält, also f. 1ra $= 3373 - 3382$, f. 1rb $= 3416 - 3425$, f. 1va $= 3286 - 3295$, f. 1vb $= 3329 - 3338$.

2. ein Längsstreifen, und zwar enthält die Rectoseite die Schlussworte der Verse $5351 - 5394$; die vordere Hälfte der Zeilen bildet 7^r (ebenfalls ein Längsstreifen), so dass 7^r und 2^r eine einzige Spalte der ursprünglichen Handschrift ausmachen (doch ist 7^r um vier Zeilen kürzer, so dass bloss die Zeilen $5351 - 5390$ vollständig sind). $2^v = 5486 - 5529$, enthält, da es das Verso der vorigen Rectoseite ist, wiederum nur die vordere Hälfte der Verszeilen, die sich aber mit 7^v kombinirt ergänzen.

3. ist gleichfalls ein Längsstreifen, der sich [wie $2 + 7$ ebenso] mit 6 kombinirt und je eine ganze Spalte der ursprünglichen Handschrift wiederherstellt, es ist also 3^r (erste Hälfte der Spalte) $+ 6^r$ (die Schlusshälfte) $= 5442 - 5484$, und ebenso 6^v (erste Hälfte) $+ 3^v$ (zweite Hälfte) $= 5395 - 5441$.* Doch ist 3^r oben um eine Zeile kürzer, so dass es erst mit 5443 beginnt.

4. ist die Hälfte eines Querstreifens, also nur je eine Spalte; es entspricht $4^r = 3391 - 3398$ (doch fehlt 3391 die obere und 3398 die untere Breithälfte der Spalte); $4^v = 3347 - 3354$ (die obere Hälfte der ersten Zeile ist weggeschnitten).

5. ist ein Querstreifen mit je zwei Zeilen; $5^r \alpha = 4585 - 4594$ (obere Hälfte der ersten Zeile weggeschnitten; den zwei letzten Zeilen fehlt der Anfang); 5rb $= 4627 - 4636$ (die untere Hälfte der letzten abgeschnitten); 5va $= 4498 - 4507$ (die obere Hälfte der ersten und die untere Hälfte der letzten Zeile abgeschnitten); 5vb $= 4543 - 4551$.

6. s. zu 3.

7. s. zu 2.

8. ein Querstreifen von ungewöhnlicher Länge, der auf der Rectoseite drei ganze Spalten und die erste Hälfte einer vierten hat, während die Versoseite drei ganze Spalten hat. Wir haben es mithin mit dem (leider nicht der ganzen Breite nach erhaltenen) Querstreifen von zwei (gefalteten) Handschriftenblättern zu thun, und bei näherem Zusehen finden wir wirklich zwischen 5rb und 5^rc und ebenso zwischen 5va und 5vb den Bug, trotzdem er vom letzten Buchbinder energisch ausgebügelt worden ist.

---

* $5397 - 5400$ hat Oxford ausgelassen.

Es entspricht 8^r a $= 4604$—4612*; 8^r b $= 4646$—4653; 8^r c (der jetzigen Lade) $= 4009$—4016; 8^r d (enthält nur die ersten drei oder vier Buchstaben jeder Zeile) $= 4052$—4060. 8^v a $= 4138$—4145; 8^v b $= 4518$—4525; 8^v c $= 4561$—4568. Vgl. 10.

9. ist ein Längsstreifen, dessen Rectoseite $= 6349$—6382 (die untere Hälfte der letzten Zeile abgeschnitten) und Verso $= 6272$—6305, aber so dass dem Recto die letzten Buchstaben jeder Zeile und dem Verso die ersteren fehlen.

10. ist ein Querstreifen, von dem dasselbe zu sagen ist, was oben bei 8. bemerkt worden; der Bug ist hier zwischen 10^r a und 10^r b auf der Rectoseite und zwischen 10^v b und 10^v c auf dem Verso. Es entsprechen 10^r a $= 4636$—4645; 10^r b $= 4000$—4008; 10^r c $= 4042$—4051; und ebenso 10^v a $= 4086$—4094; 10^v b $= 4128$—4137; 10^v c $= 4507$ (die obere Hälfte der ersten Zeile weggeschnitten) —4517; 10^v d (enthält nur die vier oder fünf ersten Buchstaben des Spaltenstückes) $= 4552$—4560.

Wenn wir die erhaltenen Stücke von 8 und 10 vergleichen, so sehen wir sofort, dass sie den gleichen Partien des Textes angehören, und wenn wir, dem Bug entsprechend, die zwei Stücke, und zwar 10^r auf 8^r aufeinandersetzen, so finden wir, dass die beiden Streifen aufeinanderpassen, da auch die Versostücke einander entsprechen.

11. ist ein Längsstreifen, dessen Recto $= 6232$—6263 (der untere Rand der Spalte ist intakt) und Verso $= 9394$—6428. Mit 9. zusammengehalten, sehen wir, dass die beiden Streifen zu demselben Blatt der ursprünglichen Handschrift gehören, das in drei Längsstreifen zerschnitten worden, von dem der erste und der dritte vorliegt. —

Eine weitere Vergleichung der einzelnen Fragmente zeigt uns, dass 1^r a und 4^r zusammengehören (ebenso 1^v a und 4^v), dass aber zwischen den beiden Fragmenten das Zwischenstück fehlt.

Ferner schliesst sich 5^v a an 10^v c, 5^v b an 10^v d, und deren Kehrseite (5^r a an die erste Spalte vor 10^r a, die aber fehlt und) 5^r b an 10^r a, ebenso gehören 1^v b und 4^v und deren Rückseiten 1^r a und 4^r zusammen, aber so, dass sie durch ein mittleres, fehlendes, Stück zu ergänzen sind. Desgleichen bilden $7^r + 2^r$ und

---

* 4606 ist vom Schreiber ausgelassen.

$6^v + 3^v$ die Rectoseite eines Blattes, dessen Kehrseite aus $3^r + 6^r$ und $2^v + 7^v$ gebildet wird.

Es folgt daraus, dass sich die noch (mit Lücken) erhaltenen Blätter der urspr. Handschrift, welche zweispaltig (und zwar im Süden, sogar wahrscheinlich von einem des französischen wohl kundigen Italiener) geschrieben war, reconstruiren lassen und dass sie der Buchbinder am besten in der leicht zu ermittelnden Zusammenstellung nochmals aufziehen sollte.

Im ganzen sind also in den Oxforder Fragmenten enthalten: 3286—3295. 3329—3338. 3347—3354. 3373—3382. 3391— 3398. 3416—3425. 4000—4008. 4009—4016. 4042—4051. 4052—4060. 4086—4094. 4128—4137. 4138—4145. 4498— 4507. 4507—4517. 4518—4525. 4543—4551. 4552—4560. 4561—4568. 4585—4594. 4604—4612. 4627—4636. 4636— 4645. 4646—4653. 5351—5394. 5395—5441. 5442—5484. 5486—5529. 6232—6263. 6272—6305. 6349—6382. 6394—6428.

Zur Illustrierung der Mundart des Schreibers lasse ich einige grössere, zusammenhängende Stücke diplomatisch abdrucken, während ich von dem übrigen Theil alle Sinnvarianten genau notire.

3286—3295. 90. ne. 91. tr. eia pou. 93. face ont. 95. les autres le. **3329—3338.** 34. La nuit av. fa f. 35. Sil | ie ai m. 36. Qui. **3347—3354** (*die 5 ersten Buchstaben fehlen jedesmal*). **3373—3382.** 74. filen puez. 78. ne lobliera. 80. amence. 81. 7 a fes marches ia g. 82. a fes. **3391— 3398.** 92. o riche conp. 95. *keine 'Initiale.* 96. De fi quareines bor. **3416—3425.** 16. Lez un. 17. nel. 21. Vn petieç. 22. fabefe fi facline. 24. Et n. un poi. **4000—4016.** 4000. meiffe. 2. 3. *unleserlich.* 5. plore (—1). 6. ont 7. Qncois (*so*). **4042—4051.** 42. ferement. 43. fi h. 45. 46. *unleserlich.* 51. 7 mais ainç que ... **4052—4060** (*nur jedesmal die vier ersten Buchstaben*). 54. *ausgelassen.* 56. J'afih|. 59. Q^a el c|. **4086—4094.** 88. M. auant uient en. 89. 90. *fast unleserlich.* 93. donc ici que affes p. 94. Dun genoil feft ag. **4128—4145.** 30. primes. 31. qui. 32. uaffal. 34. Et. 38. mi laffaffe. 39. (*Raum für Initiale frei*). 41. defraifnier. 42. q'n faire li eftuet (+1). **4498—4525.** 500. a feig'or tot fon buen. 1. : .. ffieç t. 2. lui ne chaut g. 5. 7. 6. Porec. 7. Autretant con. 9. 10. (*zusammen eine Zeile*) Pris eft m. c. qui ne fe muet. 11. 7 fe li uns eirre. 12. tote uoies. 14. Defcorone font (+1). 15. por a. proiere. 16. Rimenaffe. 19. Auffi. 20. ia ne. 21. Ke uoil. 23. Q^ancoif diura. 25. qui. **4543—4568.** 46. Mals uais. 48. (*ausgelassen*). 50. 7 par der. 51. iffi (52—60 *nur die* 4—5 *ersten Buchstaben*). 53. 7 fait). 62. S. li eftuet. 63. (*undeutlich*). **4585—4594.** 86. q'l lot (—1). 91. oc fine fort. 92. eft de gafiges fort. **4604—4612.** 6 (*ausgelassen*). 8. Se aucun. 9. faura. **4627—4653.** 28. Quil i. 29. (*Raum für Initiale freigelassen*) [V]n.

31. artu o tot les liue.   32. Q'lleuç ot entre les liuens.   33. Diuerſ oc ſine
fort.   37. demore en.   39. 40. (undeutlich).   45. .... torneierꝛ 9mencier.
47. ioſte.   51. 7 des.

5351--5529 (nur bedeutsamere Abbreviaturen werden wiedergegeben).

M.ſſire 7 m . ſſerianç ſereç
Bon miert quanque uos me ſereç
Ne iames ne ſerai denpire
Dame ſe uos nen eſtes ſire
Vn poureſ lieus oſcurſ 7 ſales
Miert pl's cler que toteſ ces ſales
Quant ſereç enſenble o mei
Se ie uos ai 7 ie uos uei
Dame ſerai de toz les biens
5360 De tot le mont ſil(?) eſteit miens
      .7 ſe la choſe eſt pte'ſ ſaite
      Ja en mal reſera ret͠ite   .
      Ne ia nuls nen porra meſdire
      9 quidera ꝑ tot lenpire
      Que ie ſeie en t'rre porrie
      7 teſala qui ma norie
      Ma maiſtre en cui ml't me cᵉi
      Maidera bien per bŏe ſoi
      Cliges qui ſamie entendi
5370 Quele eſt ml't ſage 7 ml't mi ſi
      Reſpont dame ſil pveit eſtᵉ
      7 uos cuideç que uoſtre meſtᵉ
      Voſ en deie en ſei 9ſellier
      Ni a que de laparell er
      7 del ſaire haſtiuement
      Meſ ſe nos faiſon ſagement
      7 la fuſſon ſanç recourier
      (ausgelassen)
      Q' meruelles talle 7 deboiſſe
5380 Neſt t'rre o len ne le conoiſſe
      Per* leſ ouᵉſ que il a ſaitec
      7 deboiſſeeſ 7 port͠ites
      Johan a nŏ ſi eſt miſers
      Nul meſtier neſt tant ſeit diuers
      . . . . han i uoleit entendre
      Q' a lui ſe puet nus pᵉndre
      Kar enuers lui ſont tut novice
      Con enfes qui a ſa norice
      7 aſſeſ oures contᵉſaire
5390 . . . pᵉs qᵘnquil puent ſaire
      . . . . de romme

⎯⎯ ⎯⎯⎯⎯

* Die bekannte Abkürzung.

. . . . eal homme
. . . . efprouer
. . . . er
. . . . . . fi eir franchirai
. . . a uers lui ne guanchirai
(5397—5400 *übersprungen.*)
5401 Cele refpont or feit iffi
A tant cliges fors fen iffi
Per fon congie fi fen ala
7 cele manda teffala
Sa meft° quelot amenee
De la t'rre dont el fu nee
7 teffala uint eniclore
Que ni targe ne ni demore
Mes el ne fet por q̄i la mande
5410 A priue confeil li demande
Que ele veut 7 que li plaift
Cele ne li ceile ne taift
De fon penfe nif une rien
Meft° fait ele ie fai bien
Q̔ la chofe que ie uos die
Nen iert par uos auant ioie
b) Kar ml't uos ai bien efprouee
a) 7 plus uos ai fage trouee
Tant maueç fait que ml't uof eim
5420 De touç mes maus a uos me cleim
De gie ne princ allors confeil
Vos faueç bien porq̄i ie ueil
7 que i pēc 7 que ie uoil
Rien ne puēt ueer mi oil
Fors une fole . . . me plaife
Mef ie nen aurai ia mon aife
Sanceis ml't chier ne le 9p
7 fi a troue mon per
Kar fe iel ueil il me reueut
5430 Se ie me duiel il fe redeut
De ma dolor 7 de mangoiffe
Or meftuet . . . uos reconoiffe
Vn penfer . . un parlement
A cui . . . . tant folement
Nos fommes pris 7 acorde
Lors li a dit 7 recorde
Q'le fe u . . . malade feindre
7 dit que tant fe uoldra pleindre
Q . . la fin morte fe fera
5440 7 cliges la nuit lenblera
Si feront toç . . . . . .

c*

. . . .
. . li po'reit aueir duree
Maiſe ſele eſteit aſſeuree
Que ele len uolſiſt aidier
Autreſi 9 por ſohaiſdier
Sereit faite ceſte beſongne
Meſ trop me targe 7 eſlongne
Ma ioie 7 ma bõe auenture
5450 A tant ſa meſt⁰ laſeure
Quele len aidera del tot
Ja nen iert c'eme ne redot
7 dit que tel peine i metra
Puis quele ſen entremetra
Que ia niert nuſ hom qui la ueic
Que tot certeinement ne croie
Que larbıe ſoit del cors ſeurce
Kar ele laura abeuree
Dnn beure qui la ſera freide
5460 Deſcoloree pale 7 reide
7 ſanç parolle 7 ſanç aleine
7 ſi iert tote uiue 7 ſaine
Ne bien ne mal ne ſentira
Ne ia rien ne li gᵉuera
Dun ior 7 dune nuit entiere
Ne en ſepulcre ne en biere.
[Q]vant ſeniſce at tot ente'du
      Si li a dit 7 reſpondu
Maiſt⁰ en ur'e garde me met
5470 De mei ſor uos ne ment⁰met
Je ſui a uos penſeç de mei
7 diteſ aſ genç que ci uei
Que nul ni ait qui ne ſen uoiſe
Malade ſui ſi me ſont noiſe
Cele lor dit comme aſaitie
Seignors madame eſt deſhatie
Si uelt que tuit uos en uoiſieç
Kar trop parleç 7 trop noiſieç
7 la noiſe li eſt mauuaiſe
5480 Ele naura repos ne aiſe
Tant . . . ſereç en ſa chanbre
Vnques mais dont il me rem'bre
Dont . . . . . o ie loiſſe pleindre
Tant eſt li mals plus ſort 7 gᵉindre

5485 (abgeschnitten). 7. L. quant ele. 8. Cl auoit ia m. 90. A ſon oſtel
priueement. 1. Johan ſi li a dit brement. 2. Johan ſec tu q. ie. 2. Tu
7ieſ m. ſ. 7 ie tiſire. 3. d. o v. 4. O t. c. o. 7. aſ. dont. 9. feront.
501. deſirreit. 4. O . . ce que ſr. me v. 7. n'iert abgekürzt: nie t 10. ma-

leit (—1). 12. Treſtot me diteſ voſtre aſaire. 15. nel me. 16. tot ne lae
maſſeures. 17. en ſei. 21. Q. ie nel uos j. 7 p. 3. ia nul ior que ſerai v.
5. (Ha *fehlt.*) 6. que je. 7. uos uoil. 8. un oil. 9. Nec v. que moceiſſes.
6232—6263. 2. ſen. 4. conſorter (—1). 7. . . 1 duel. 8. trop es v.
9. eſpgnies. 40. uies ch. 2. M. tu es. 9. Quant. 50. Q. ie uos ai morte
o . . . 1. donc] dã. 53. Ar mamie. 61. arme gait. 4. a lautre aquele.
6272—6305 (*der Anfang jeder Zeile fehlt*). 2. . . . a force p. 4. |ē ſe v.
7. poeit. 8. |ſt caenz ma m. 80. |et nule peine. 4. |iohaneraç. 8. retienge.
97. ent~aiç. 8. ſeç. **6049—6382** (*die letzten Buchstaben der längeren
Zeilen fehlen*). 49. Fen. a en. 50. Inqᵃu nou. 7. Li. 60. Grã. 1. peuſſe.
2. Ne ui lune ne ſoil l|. 4. peuſt. 5. ſors auro|. 6. Kar cloſe ſus. 7. Et
ſe (un *fehlt*). 70. li meç. 1. Q'ı . . . iohan conſ. en'. 4. Q' . . ans ioh. es
ue|. **6394—6428** (*der Anfang der Zeilen fehlt*). 6. ſens meu. 8. de re-
clus. 402. ont vne. 3. 7 bien ſollue. 13. ſi haut· 14. chaut. 5. parſſer
(*r mit Schwanz unten, viell. aus z gebessert*). 7. |cec mener 7 d. 9. |r ior
ſon lit. 24. |r ſus ne m. 5. |t e aſie.

V. Noch ein Fragment befindet sich auf der Riccardiana in
Florenz, das Romania VIII, 267 abgedruckt ist und worüber
folgende Auskunft gegeben wird: M. Wesselofsky nous a commu-
niqué (Rom. VII, 327) un fragment des Novas del papagay, qui se
trouve écrit sur le dernier feuillet du ms. n⁰ 2756 de la Riccardienne
de Florence. Il ajoutait dans sa lettre d'envoi: „Ce fragment, qui est clos
dans le ms. par une ligne transversale, est suivi d'un autre, contenant
en treize lignes, des vers écrits comme prose". Diese Zeilen gehören,
wie ich in Ztschr. f. r. Phil. III, 314 bemerkt habe, dem Cliges an
und zwar entsprechen sie V. 339—349. 351—355. 363. 366—370.
373. 375. 376, meist verdorben, von einem Italiener geschrieben.

Das Handschriftenverhältnis war der Gegenstand lang-
wieriger, minutiöser Untersuchungen, und trotz aller darauf ange-
wandten Mühe und Zeit, war das Resultat, wie von vornherein bei
der grossen Verbreitung des Romans und seiner Abschriften vorauszusehen war, kein völlig befriedigendes. Zwar ergeben sich sehr
rasch bestimmte Gruppirungen, die bis auf wenige Ausnahmen
konstant bleiben; allein das Verhältnis dieser zusammengehörigen
Zeugen einer grossen Familie ist im Einzelnen ein so schwankendes
und wandelbares, dass eine sichere, engere Fixirung misslang. Die
oben erwähnten Ausnahmen betrafen eine Handschrift (*B*), die wie
ein Pendel zwischen den beiden sich ergebenden Familien her-
schwankt, bald einige hundert Zeilen rechts, dann wieder links
gehend, das eine oder andre mal wieder, wie es scheint, sogar
allein die ursprüngliche Leseart wahrend; andere wieder, wie *T*,

die in der ersten Hälfte immer mit *CR* gegangen waren, schlagen sich plötzlich in der zweiten Hälfte zur ersten Familie, ohne deshalb ihre Verbindung mit der anderen ganz aufzugeben. Dies sind Thatsachen, die, so unangenehm sie auch für die Mechanik der Textconstitution sein mögen, einfach anerkannt und mit ihren Folgen angenommen werden mussten. Es ist dies die unabweichliche Folge des Umstands, dass wir überall nur die letzten Ausläufer einer sehr langen Kette von Copien haben, die selbst wieder durch vieler Leser Hände gegangen, manche Correktur erfahren haben, während obendrein schon von Haus aus die Copisten, anstatt ihre Vorlage mit der Rücksicht und Achtung, die sie den lateinischen oder griechischen Texten entgegentrugen, sich meistens verpflichtet fühlen, den ihnen irgendwie nicht zusagenden Text ohne weiteres zu ändern, ja in vielen Fällen ohne jeden Grund, nur in Folge des dem Menschen innewohnenden Triebes des Besserwissens, zu ändern, so dass dann zwei verschiedene, oft an und für sich gleich gute Lesarten vorliegen. Zu all dem kommen die vielen, meist nicht sicher zu bestimmenden Fälle, wo der Copist die Lücken seiner Handschrift aus einer andern, die einer verschiedenen Familie angehört, ausfüllt, oder, wie es mit *T* geschehen sein kann, seine nach der einen Vorlage angefangene Abschrift nach einer zweiten beendigt, oder gleich von Anfang an zwei verschiedene Vorlagen vor sich gehabt hat, die er gleichzeitig benutzt. Dazu kommt endlich auch noch der Fall (wohl bei *R*), dass der Besitzer einer Handschrift dieselbe nach einem ausgeliehenen Exemplare entweder ganz oder partieenweise durchcorrigiert, welcher Text dann einem Copisten wiederum als Vorlage gedient haben kann. Derartige Untersuchungen sind sehr lehrreich, da sie uns zeigen, wie schwierig und unsicher derlei Arbeiten und ebenso der darauf aufgebaute Text sind, — ganz anders, als es bei den alten griechischen oder lateinischen Texten in der Regel ist, wo sich die Handschriften mühelos unterordnen lassen. Dies erklärt sich ohne weiteres aus der Verschiedenheit des Standpunktes, den die Schreiber in dem einen und dem andern Falle ihrer Vorlage gegenüber einnehmen. — Ich habe einen mehrere Bogen fassenden Abschnitt über das verschiedenartige Verhalten der Handschriften ausgearbeitet, und dabei besonders versucht, die Unterabtheilungen nach Abwägung aller Möglichkeit festzustellen: da es mir nicht gelungen ist, ein auch nur annäherungsweise reines Schema herauszuschälen (das Tableau

ändert sich immer wieder, manchmal einige hundert Zeilen con-
stant bleibend, öfter fast von dutzend zu dutzend Versen schwankend), hab ich diesen Theil unterdrückt, mich begnügend, einige
der bezeichnendsten Stellen herauszuheben, sowohl solche, welche
die Zusammengehörigkeit gewisser Handschriften beweisen, als auch
ganz besonders solche, welche im einzelnen davon abweichen.
Denn wenn ein Anderer diese Arbeit seinerseits (hoffentlich hat er
mehr Glück als ich, wozu aber wenig Aussicht vorhanden ist, wenn
nicht ältere, weniger umgemodelte Handschriften noch gefunden
werden sollten) vornehmen will, so muss er doch aus meiner
Varia lectio alle Fälle selbst ausziehen, um deren Combination
nach neuen Gesichtspunkten zu versuchen. Das schlimmste bei
der ganzen Sache besteht darin, dass es sehr wenige Stellen giebt,
wo grobe Fehler und· Missverständnisse einzelner Handschriften
eine sichere Handhabe bieten. Die Copisten verstehen zu gut ihr
Französisch, und haben leider soviel Technik in der Gewalt, dass
sie in solchen Fällen dem Sinne nach ändern, und so beide Lesearten möglich sind. In einigen wenigen Fällen ist man wohl
im Stande, den Grund dieser Aenderung zu entdecken, wenn auch
das daraus sich ergebende Resultat ein ziemlich geringes ist; doch
genügt es völlig, um die Handschriften zu gruppiren, wobei meistens
auch die auf Grund der Lücken oder Interpolationen, Umstellungen
und den Lesarten aufgestellte Sonderung damit übereinstimmt.

Die Handschriften scheiden sich in zwei Gruppen, die
bessere α: $S,AM(B)$ und β: CTR; doch hat B eine Mittelstellung, abgesehen davon, dass es der Zeuge einer energischen
Textbearbeitung ist. Desgleichen ist die anfänglich gesicherte
Stellung von T nach einiger Zeit geändert, indem er endlich
stellenweise mit α geht, während M und besonders P umgekehrt sehr
oft nach β sich schlagen. Aber auch R ist ein unsicherer Zeuge,
wie· dies von vornherein der äussere Zustand der Handschrift
(s. Beschreibung) vermuthen lässt; allein die Rasuren und Correc-
turen thaten dies nicht allein; vieles muss in der Vorlage bereits
gestanden haben.

Dies das allgemeine Resultat, das an einzelnen bezeichnenden
Fällen gezeigt werden soll.

Eines der sichersten Beweismittel ist die Gemeinsamkeit interpolirter Stellen; allein es ist bei den einzelnen Fällen meist nur sub-
jektiv zu bestimmen, ob die Verse wirklich interpolirt sind oder

ob sie die eine Gruppe, ·d. h. die ihnen zu Grunde liegende gemeinsame Vorlage einfach ausgelassen hat. So fehlen der Gruppe α die Verse 1341. 2, 1691. 2, 1749. 50, 2627. 8, von denen die beiden ersten Stellen den Zusammenhang fördern, während die beiden letzten nicht notwendig sind, aber gleichwohl (trotz der von mir im Text gesetzten Klammern) sich vertheidigen lassen. 1749. 50 sind eine an *lances* von 1748 sich wohl anschliessende Ausführung, und 2627. 8 ein allen französischen Romanen, sowohl den Chansons de Geste, als auch den Abenteuerromanen eigenthümlicher, fast sprichwörtlicher Gemeinplatz. Umgekehrt fehlen der Gruppe β die Zeilen 2721. 2, die für den Zusammenhang und die grammatische Construktion unentbehrlich sind.

Den drei Handschriften *SAP* der Gruppe α sind gemeinsam die Lücken: 1357—62 (sehr gute Verse, die aber mit Hinblick auf 1353 entbehrt werden könnten; doch wird mit 1357—9 ein neues, wohl passendes Moment 'Lob Alexanders' eingeführt), 1609. 10, 1633. 4, die beide fehlen können; aber im ersten Falle enthält jeder Vers einen einzelnen, bestimmten Punkt, der den Zusammenhang fördert; im anderen Falle sind beide Zeilen zu entbehren, da 1633 nur eine Ausführung von *quant il est an eise* (1631) ist, und 1634 ohne weiteres entbehrt werden kann.

Eine andere Lücke 3201. 2 ist *SAM* derselben Gruppe α gemeinsam, welche Verse im Texte zwar in Klammern gesetzt sind, allein in den Zusammenhang sehr wohl passen und die bisher nicht gebrachte, für die Erzählung (vgl. z. B. 5244. 5) wichtige Anwendung der in 3196. 7 aufgezählten Zaubermittel enthalten. So steht es fast mit allen ähnlichen Stellen, so dass die Entscheidung, ob Interpolation oder Lücke, aus dem auf anderem Wege gefundenen Handschriftenverhältnis selbst bestimmt werden muss, anstatt diesen zur Stütze zu dienen. Ich führe nur noch 5259—62 an, welche Zeilen unbeschadet des Zusammenhangs ohne weiteres fehlen können, und daher von mir in Klammer gesetzt sind, da dieselben sowohl *S* (α) als *T* (β) fehlen. Allein, die Existenz dieser Verse als gesichert zugegeben, lassen sie sich sehr wohl erklären; sie sind die exemplificirende Ausführung des bereits in 5251. 2 liegenden Gedankens, die Specialisirung des *essanpleire*, und dass diese der Sprechenden, resp. dem Dichter geläufig ist, zeigt die ähnliche Stelle 3147. Nur wäre der Uebergang zum folgenden Gedanken, der auch eine sich aus dem Tristan-Isoltbeispiel ergebende nothwendige Folge enthält (damit Fenice ihren Leib rein erhielt, wehrte sie zuerst Alis ab, nunmehr muss sie dasselbe Cliges anthun), mit *Meis* nicht ganz passend; daher auch wirklich drei (*ACR*) von den vier diese Stelle bietenden Handschriften die nächsten zwei Zeilen sinnentsprechend bessern. Allein *meis* braucht nur nicht in der gewöhnlichen, abgeschwächten Bedeutung 'aber' genommen zu werden; es heist eigentlich 'vielmehr' und dieses passt ausgezeichnet. Um die Sache noch verwickelter zu machen, hat aber *P*, trotzdem er diese Zeilen enthält, die Fassung (*Meis*) von *STB*, so dass er ebensowohl die ursprüngliche Leseart, bei der *ACR* ihren Anstoss durch Aenderung von 5263. 4, *STB* dagegen durch Weglassen der im Weg stehenden Zeilen (die zudem die Wiederholung eines früher schon benutzten Gedankens enthalten) behoben, bewahrt haben kann. — Wenn man, von der Stelle ganz abstrahirend, rein auf Grund des Handschriftenverhältnisses entscheiden wollte, ist man nicht weniger in Verlegenheit: denn *APCR*, welche die fraglichen Zeilen haben, zerfallen ja in *AP* = α, und *CR* = β, während ebenso *STB*, denen sie fehlen, sich scheiden *S* = α, *T* = β, *B* (aus beiden combinirt).

Hier führe ich noch die andern, hierher gehörigen Stellen an, ohne mich in eine Besprechung derselben einlassen zu können: 1751. 2 (nicht nothwendig, aber ebensowenig störend, vgl. das Fehlen der zwei vorausgehenden Zeilen in *SAMP*) in *SA*, 2797. 8 (nothwendig, *S* flickt obendrein) in *SB*, ebenso 6033. 4 (unentbehrlich) in *SB*, 5529. 30 (?) in *SABT*, 295. 6 (?) in *AB*, 1389. 90 (nothwendig) daselbst, 4883. 4 (?) in *AM*, 1567. 8 (?) in *PC*, 4989. 90 (?) in *PB*, 4203. 4 (nothwendig) in *PMBCT*, 1091. 2 (nothwendig) in *CTR* (*S* flickt), 3673 — 6 (?) in *MBCTR*, 2337. 8 (nothwendig) in *BCR* (*B* hat daher 2339 *Quele* geändert), 2743. 4 (unnütz, aber gut gestützt) daselbst, 3853. 4 (nothwendig) in *CT*, 4067 — 72 (nothwendig) daselbst, 3361. 2 (gute Verse) in *BT*, ebenso 4757. 8 (?) und 5973. 4 daselbst. Denselben *BT* fehlen noch 4461. 2, statt deren sie aber andere Verse bieten.

Dagegen ist 6766[a. b.] sicher Interpolation in *PB*, ebenso 4153[a. b.], wo *CTB*(*R*) zwei Verse einschieben, *A* fast ähnliches bietet, *M* den ersten davon hat. 6633 fg. fehlt ein Vers in *PR*, statt dessen ein anderer eingeschoben und ein dritter geändert wird, ähnlich 6404, wo *PBC* eine Zeile auslassen, und durch eine andere ersetzen.

Wenn also die Untersuchung von Lücken in unserm Falle

keine festen Grundlagen uns verschaffte, so stimmen doch die Resultate derselben vollständig mit den Ergebnissen überein, welche die übrigen, noch heranzuziehenden Faktoren uns verschaffen.

Die Umstellungen von Zeilen seien nur nebenbei erwähnt: *APC* 351. 2, *APB* 983. 4, *AB* 3527. 8, *AT* 4915. 6, *PB* 6315. 6, *PC* 5343. 4, 5417. 8, *APBCTR* 3453. 4, *PBCTR* 3009. 10, *PCTR* 5923. 4, *BCTR* 1636. 5, *CR* 771. 2.

Wir kommen zu dem wichtigsten Faktor, der Gemeinsamkeit von groben, auf Missverständnissen beruhenden F e h l e r n, wo ein z u f ä l l i g e s Zusammentreffen ohne weiteres ausgeschlossen ist, müssen aber gleich von vornherein bemerken, dass auch hier nur sehr magere Resultate sich ergeben.

Gerade solche Stellen, wo seltene, von den Kopisten nicht verstandene Vokabeln vorkommen, erweisen sich als irrelevant, so bei *quainses* 4553, wo *CT* die ihm unverständliche Stelle (*T* sogar den ganzen Excurs) lieber auslässt, *APRBM* die ursprüngliche Leseart entweder rein oder noch leicht erkenntlich aufweisen, was sogar von der sinnlosen Aenderung in *S* gilt.

Nicht besser geht es mit *anteimes* 6603, das *ACR* erhalten haben, während *P* frei mit *ensorquetot*, *SB* mit *ja soit* umschreiben, und *T* ganz ändert. Es muss sich mithin das betreffende Wort noch in die letzten Ausläufer der Ueberlieferung hinein erhalten haben.

Ich verweise noch auf *machet* 6432, das *BC* allein wahren. *A* hat *maslet* geändert, *PTR* das naheliegende, aber in dieser Nachbarschaft ganz sinnlose *moschet*, während *S* resolut ändert.

Ebenso werthlos ist *englove* 5793, das *TPB* bieten oder noch erkennen lassen, *C* lässt die Zeile aus und flickt eine neue nach 5794 ein; *AR* lassen das ihnen unbekannte Reimwort aus und ändern in gleicher Weise den Reim, indem sie das erste Synonym von *englove* (*Morz covoiteuse*, *morz englove*) ans Ende stellen. Hierin dürfte jeder selbständig vorgegangen sein, denn der darauf folgende Reimvers ist in beiden ganz verschieden.

Allein es gibt doch bezeichnende Stellen, die die oben auf anderem Wege gefundene Gruppierung stützen, womit dann die überwiegende Masse der einfachen Varianten übereinstimmt. Auf die zahlreichen Unconsequenzen wird nach Gebühr hingewiesen.

Sehen wir 3295 an, so heisst es da, Cliges solle die Herkunft des Zaubertrankes nicht verrathen, sondern sagen, *que par avantur avint Qu'antre les presanz le trovastes*; dies geben, dem Sinne wohl entsprechend *SAMP*. Dagegen β (*BCTR*) haben *Qu'en la despense*, wobei man nicht recht weiss, was Cliges, der bloss aufwartet, in der Speisekammer zu suchen hatte.

Z. 1784: Alexander trifft derartig einen Feind,

> Que l'ame fors del cors li ofte,
> Et li ofteus remeft fanz ofte.

Der Reim *oste* (1785) verlockt den Dichter, die Metapher des *ostel* mit dem Gast auf den Leib und die Seele zu übertragen. Während dies in *SAMP* steht, haben *BCTR* am *ostel* Anstoss genommen und ersetzen es durch das weniger passende *cors*, wobei das Bild hinzugedacht werden muss.

Deutlicher zeigen 1159. 60 α:

> Soredamors, de leus an leus,
> S'avoit antrecofu par leus

das Verhältnis, wo β:

> Soredamors ce m'eft. avis,
> S'avoit antecofu par fis

geben, also in der ersten Zeile einen Lückenbüsser, in der zweiten Zeile gleichfalls, wenn *par fis* 'fürwahr' heisst, wobei ein pikardischer, dem Christian fremder Reim eingeführt wird, während es, wenn *par fis* = *per filos* heissen soll, falsch ist.

Ebenso gehen 2285. 6 auseinander:

> A l'affeoir del fondemant
> Qui ne comance hardemant,

geben *S(A)MP*, während *BCTR* ändern:

> Bien fai qui au comancemant
> N'anprant auques de hardemant.

Dass *SAMP* sich gegen (*B*)*CTR* stellen, zeigen hundert der bezeichnendsten Lesarten, die nur durch eine gemeinsame Quelle erklärt werden können; so z. B. 1775 fg., wo 1775. 6 *SAMP* gegen *BTR,C*, dann 1777 *SAMP* gegen *BCTR*, 1778 (*S*)*A* | *MP* gegen *BCTR* stehen.

Allein dem entgegen theilen sich an andern Stellen die Handschriften derart, dass einzelne Vertreter von α abbröckeln und zu β treten. Zwar 2536, wo *SAP* haben:

> ... qu'il li fovaingne
> De la guerre Polinicés
> Qu'il prift ancontre Etioclés,

wie die Sage lehrt, während $M + \beta$ die beiden Eigennamen um-
stellt, können mehrere Abschreiber dieselbe Aenderung vorgenommen
haben, und so in ähnlichen Fällen. Dagegen 2851 *Ne plus que les*
voiz qui s'asanblent, geben $(S)AM(B)T$ das einzig mögliche *voiz*,
während *PCR* das sinnlose *li feu* bieten, mithin als eigene unter-
geordnete Gruppe sich abzweigen.

Ebenso 5642, wo *PCR Quant par tot ensamble este orent* bieten
gegen *Quant tote la tor veu orent* von *SBT* (*A* hat eine kleine Lücke,
M fehlt).

Da *T*, wie wir sehen werden, von α an vielen Stellen beeinflusst ist, lässt sich bis jetzt noch immer ein Schema entwerfen, wo
$\alpha = SAMP$ und $\beta = (B)CTR$, wobei in vielen Fällen *P* zu β
gehört, mithin im Abhängigkeitsverhältnis dazu steht. Vgl. besonders
5234, wo $P + \beta$ *entracordomes* gegen *S* (*entrauerons*), *entrauenomes*
A (*M* fehlt), *B* (*entraueromes*) steht. Ebenso 5992 *Qui parmi les*
plaies li sort, wie $(S)AB$ (*M* fehlt) gegen *espaules* von *PCTR*,
wobei die Lesart von *S*: *les pales* den Anlass zur Verderbnis zeigt.
Vgl. noch 5916, und besonders die Fälle, wo sich z. B. *A* zu derselben Combination $(\beta + P)$ schlägt; z. B. 5213. 5386. 5423. 5432.
5489. 5490. 5569. 5623 u. a., Stellen, wo meist *T* sich zu *S* schlägt.

Dieses *T*, das durch hunderte von Stellen von *CR* gekettet
wird, trennt sich oft von ihnen und tritt besonders zu *A* in nahe
Verwandtschaft; vgl. z. B. 1335 *si se fierent an l'aigue a bruie*,
während *T en lost*, *A an loste* bietet, alle andern *laigue* oder *leue*
oder ähnliches haben. So haben *AT* 4512 allein *saparoille* für *tote*
voie der andern. 5645 hat *AT sanz bole* für das richtige *par la gole*
der übrigen. Entscheidend ist vor allem 6253, wo in der Zeile:

Que ma vie vos ai tolue

T marme und *A* ein daraus verlesenes *mamie* bietet, alle andern
ma uie haben; vgl. 1966. 4595. 4605. 7. 8. 4636. 4642 u. s. f.
Allein derselbe *T* stimmt dann wieder sehr oft mit *R* überein, und
zwar gegen alle anderen, so 2097 (*re*)*conurent*, während die andern
auseinandergehen, ganz besonders 2098, wo *TR* einen und denselben, von den andern verschiedenen Vers haben, und 5799, wo
lumiere in *TR* dem *biaute* aller andern gegenübersteht, ebenso 6213
s'esveille und ähnliche.

So tritt *T* selbst zur ganzen α-Gruppe, wie z. B. 4520, wo diese
remuer hat, die andern *oster* bieten; vgl. 4515 *meniere* gegen *proiere*
von *CR*.

Ich könnte nach Belieben die Stellen, welche das aus der Concordanz der Lesearten sich im Grossen und Ganzen sicher darbietende Schema in Einzelfällen durchbrechen, vermehren; allein da ich dafür keine sichere Erklärung, die sich bildlich durch einen Stammbaum darstellen liesse, finden kann, genügt es auf diese Widersprüche nachdrücklich hingewiesen zu haben.

Aus der Vergleichung der einzelnen Stellen erhellt sofort, dass S die beste Ueberlieferung repräsentirt, und dass daher die zu ihm gehörigen Handschriften, die wichtigste Gruppe repräsentiren, während CTR einer bestimmten, übergearbeiteten Redaction angehören, B sicher aus beiden combinirt, mithin für uns an und für sich werthlos ist, höchstens dass er die Lesart einer Familie, zu der er an einer Stelle gerade gehört, stützt. S dankt seine Vorzüge einem doppelten Umstande: er stammt aus einer vorzüglichen Quelle, und sein Schreiber, der die Vorlage nur mühsam verstand, schrieb rein mechanisch ab, sich jeder gefährlichen 'Besserung' enthaltend. Wo er einmal ändert, so verräth er sich sofort durch die Plumpheit derselben. Er ist die einzige Handschrift, die nicht zwischen α und β herumschwankt, und musste als Richtschnur unserer Ausgabe gelten. Als allgemeine Regel galt: wenn AMP mit demselben übereinstimmten, war die Leseart aufzunehmen, ebenso dann, wenn A, was sehr selten der Fall ist, oder M und besonders P, was oft eintritt, zu β gehören, oder im Verlauf des Textes T sich zu α schlägt. Oft ist es S allein, der die richtige Leseart bewahrt hat, z. B. 3671: „*Li dus nos siut*", *chascuns le dit* (reimt mit *petit*), während alle andern (bis auf A) haben: *Car tuit dient: li dus nos siut* (nur A: *Que ce soit li dus qui les sit* d. h. *siut*), ein Reim also, der dem Dichter vollkommen fremd ist.

Allein mit der Anwendung einer rein mechanischen Formel ist es bei der Constituirung eines so überlieferten Textes mit nichten gethan: es bleiben nur zu viel Fälle übrig, wo nach der Abwägung der handschriftlichen Ueberlieferung noch alle anderen Kriterien zur Hilfe hervorgezogen werden mussten, wobei es mitunter nicht fehlen konnte, dass es Stellen giebt, wo das subjektive Gefühl des Einzelnen anders entscheiden dürfte, als es im Texte geschehen.

Bis jetzt war von O, der zuletzt hinzugekommenen Handschrift keine Rede. Was bei dem geringen Alter derselben vorauszusehen war, hat eine Vergleichung derselben bestätigt. O ist ebenso wenig consequent, wie irgend eine der andern Handschriften, von

S abgesehen; sie stellt sich ganz nahe zu β, besonders in Fällen, wo *P* hinzutritt. Auffallend ist der gemeinsame Fehler mit *A* in Vers 6253 (*OA*: *mamie*). Die bezeichnende Stelle 3295, wo *α* und β scharf auseinandergehen (*α*: *presanz*, β: *despense*), ist in *O* mit *autres* umschrieben. Allein die Zugehörigkeit zu *CR* ist durch die consequente Uebereinstimmung der Lesearten so gesichert, dass daraus kein Schluss auf eine andere Herkunft gezogen werden kann.

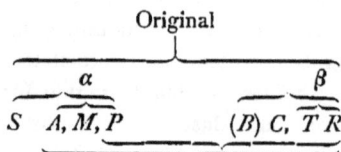

Original

$$S \quad \overbrace{A, M, P} \qquad \overbrace{(B)\ C, \widehat{T\ R}}$$
$$\underbrace{\quad \alpha \quad} \qquad \underbrace{\quad \beta \quad}$$

Varia lectio.

Was meine Varia lectio anlangt, so fürchte ich eher zu viel, als zu wenig gegeben zu haben. Es sind vorerst alle Sinnvarianten gegeben, auch solche Abweichungen, die für den Text der betreffenden Stelle werthlos waren, um so die Zugehörigkeit von neuen, etwa noch hinzutretenden, selbst kleinen Handschriftenfragmenten leicht und sicher bestimmen zu lassen. *S* ist seiner Wichtigkeit halber selbst bei den sinnlosesten Lesearten angegeben, und nach vollendeter Textbearbeitung eigens zu diesem Zwecke nochmals verglichen worden. Die orthographischen Varianten sind zwar absichtlich (sie hätten den Band mehr als verdoppelt) ferngehalten, doch hab ich an einzelnen Stellen, wo dialektisch scharf geschiedene Formen mir in irgend einer Hinsicht lehrreich zu sein schienen, von diesem Grundsatz Abstand genommen.*

Was die Genauigkeit der V. L. anbelangt, so glaube ich nicht an irgend eine Unfehlbarkeit — sie ist überhaupt unmöglich, wenn man die gewaltige Masse des verschiedenartigen Materials,

---

* Wenn bei einer Lesart der V. L. mehrere Handschriftensigeln stehen, so gilt nur das erste für die Orthographie des Wortes. Dies auch der Grund, dass die Anordnung der Handschriften nicht regelmässig nach deren Werth erfolgt ist, da ich, um nicht orthographisch imaginäre Lesearten zu bieten, jene Handschrift an die Spitze stellen musste, deren Orthographie mir vorlag. Wenn ferner z. B. *BCTR* steht, so stimmen alle Handschriften; wenn aber ein Komma dazwischen ist, z. B. *BC,TR*, so weichen *TR* in etwas ab, das dann in runden Klammern nachfolgt.

das mehr als zur Hälfte bloss collationirt, nicht copirt worden ist,
ins Auge fasst, auch abgesehen davon, dass ich bei der Textbearbeitung selbst zu den Originalien nicht mehr zurückgreifen konnte.
Allein, und dies mag einige Gewähr trotz all dem bieten, meine
Varia lectio ist nach Fertigstellung sowohl derselben als des Textes
nochmals Zeile für Zeile, Wort für Wort von Neuem mit meinen
Abschriften und Collationen verglichen worden. An einzelnen besonders wichtigen Stellen, wo Zweifel aufstiegen, fand ich freund-
liche Hilfe, die in Paris die Stellen verglich.

Die Interpunktion

veranlasst mich noch zu einer Bemerkung. Es ist bekannt, dass
die logische und syntaktische Verbindung der einzelnen Sätze im
Altfranzösischen in manchen Punkten von der unsrigen abweicht,
besonders darin, dass eine gewisse Freiheit der blossen Juxtaposition
von Sätzen herrscht, die wir nach unserem Gefühl inniger verbinden
oder schärfer abtrennen würden. Ich habe mich in solchen Fällen
meist des Komma bedient, hätte aber, wie ich von befreundeter
Seite mit Recht belehrt werde, zur Förderung der Deutlichkeit,
besser das Kolon oder Semikolon anwenden sollen.

Die Sprache des Dichters und die dialektisch-orthographische Einkleidung dieser Ausgabe.

Nach der für die einzelnen Bände der Gesammtausgabe der Werke
Christians aufgestellten Disposition hätte die systematische Darstellung der
Sprache Christians auf Grund einer Untersuchung der Reime erst im letzten
Bande gegeben werden sollen, der bei dem geringen Umfang des Wilhelmlebens dafür reichlich Raum bot. Dies wäre auch der naturgemässe Ort
gewesen, da eine solche Reimuntersuchung nur auf Grund eines kritischen
Textes der Werke des Dichters unternommen werden soll. Allein hier
befinden wir uns in einem circulus vitiosus: einerseits soll man die Reimuntersuchung nach Vollendung der Gesammtausgabe vornehmen, andrerseits
wieder ist die Reimuntersuchung die nothwendige Vorbedingung für die orthographische Einkleidung des Textes dieser Ausgabe selbst.

Was nun eine solche orthographische Uniformirung anlangt, so dürfte
es nicht unpassend sein, hier einiges über die Berechtigung derselben, dann
über ihre Möglichkeit und den philologischen Werth derselben vorauszu-
schicken. Dieselbe bleibt ein für alle Mal eine reine, conventionelle Fiktion,
und hat keinen absoluten, sondern nur einen relativen, sagen wir didaktischen
oder pädagogischen Werth. Denn es wird uns noch lange Zeit und wenn
nicht neue, bessere Quellen für die altfranzösische Dialektforschung erschlossen
werden, wozu keine wie immer beschaffene Aussicht vorliegt, überhaupt nie

gelingen, eine sichere, echte, der Wirklichkeit entsprechende Uniformirung
zu erreichen, und dies aus mehreren Gründen. Erstens welches Ziel soll eine
solche Uniformirung haben? Soll sie versuchen, die Sprache des Verfassers
in genauer Transscription durch ein phonetisches Zeichensystem wiederzu-
geben? Mögen uns noch so viele Assonanzen oder Reime zu Gebote
stehen, so erfahren wir aus denselben doch immer nur sicheres über einzelne
betonte Vokale, sehr wenig (oder durch Assonanzen so gut wie gar nichts)
über die Consonanten, und verschwindend wenig über die Formenlehre des
Verfassers. Wenn also die Reime auf eine grosse Zahl von Fragen keine
Antwort geben, so müssen wir uns nach andern Hilfsmitteln umsehen, deren
wir überhaupt nur noch zwei haben, nämlich 1. die Heranziehung und
Durcharbeitung dialektischer, der Zeit und dem Orte nach genau bestimmter
Sprachdenkmäler, also im vorliegenden Falle der Urkunden (der ideal
günstigste Fall, dass wir des Verfassers Autographon eines Textes finden
sollten, wird sich wohl nnr in den allerseltensten Fällen vorfinden oder wenigstens kaum sicher beweisen lassen) und 2. da auch diese Art von Sprachquellen
nur über eine beschränkte Zahl von Fällen — es ist dies die unabwendbare
Folge der Eigenart dieser Quellen — Auskunft geben können, so erübrigt
uns nur das dankbare, aber überaus schwierige Instrument der comparativ-
speculativen philologischen Reconstruction auf Grund des Rückschlusses, und
dieses Hilfsmittel ist es einzig und allein, das uns zu immer grösseren Hoff-
nungen für die Zukunft berechtigt, die in dem Masse steigen, als die Publi-
kation der Urkunden, die philologische Untersuchung der litterarischen Denkmäler und die vergleichende historische Grammatik des Altromanischen
überhaupt abgeschlossen, respektive immer mehr vervollkommet sein werden.
Daraus folgt aber mit zwingender Nothwendigkeit, dass selbst eine Uniformirung, die z. B. den heutigen Ansprüchen der Wissenschaft durchaus ge-
nügen würde (und jeder Eingeweihte weiss, wie schwer oder fast unmöglich
es ist, auch nur dieses Ziel zu erreichen), ganz sicher in einer Zahl von Jahren
(die eventuell sehr klein sein kann, wie uns concrete Fälle der letzten Jahre
zeigen) antiquirt sein muss, da die immer weiter gehende Forschung eine
mehr oder minder beträchtliche Zahl von orthographischen Fixirungen als unhaltbar, rein hypothetisch oder thatsächlich irrig, andere von uns verworfene
Schreibungen dagegen wieder als berechtigt nachgewiesen haben wird.

   Welchen Zweck hat es also, diese Uniformirung überhaupt anzustreben,
wenn sie a priori auf jeden Fall unhaltbar ist? Sie mag deshalb ein vorzüg-
liches Mittel des philologischen Unterrichts unserer Seminarien sein, aber eine
wissenschaftliche Begründung hat dieselbe nicht.

   Allein es kommt noch ein neues Moment hinzu. Welches Ziel soll
überhaupt eine solche Uniformirung haben? Will sie uns das Autographon
des Verfassers ersetzen? Wenn ja, welche Vorstellung haben wir denn vor
diesem Autographon? Glauben wir wirklich, dass unsere uniformirten Texte
demselben auch nur im entferntesten gleichen? Jedermann weiss, dass das
Gegentheil der Fall ist. Dieses von uns als letztes Ziel der Kritik angestrebte
Autographon war ganz bestimmt ebenso wenig uniformirt, wie es überhaupt
eine Urkunde oder eine Handschrift ist; nicht nur, dass es für dieselben
Laute zwei, drei oder noch mehr Bezeichnungen gehabt hat, werden sich

ganz sicher auch wirklich verschiedene Formen, Doppelformen, darin vorgefunden haben, wie in vielen Fällen selbst die Reime es offen bekunden. Welche der zwei oder mehr Formen soll man an einem bestimmten Ort einführen? Es folgt also mit zwingender Nothwendigkeit, dass die Erreichung dieses Zieles der Reconstruction des Autographons überhaupt chimärisch ist.

Wir können uns aber ein höheres Ziel setzen, die Reconstruction der wirklichen Aussprache des Verfassers durch eigene Zeichen, d. h. ein phonetisches Alphabet. Aber auch hier erreichen wir im günstigsten Falle ein Mosaikbild, einiges richtige untermischt mit anderem zweifelhaften oder unrichtigen. Allein selbst die (nicht vorhandene) Ausführbarkeit zugegeben, was würde man z. B. von dem Herausgeber V. Hugo's sagen, der denselben (sei es auch noch so richtig, wie ein Phonograph) phonetisch transskribirte? Zum Glück nun ist der Unterschied zwischen dem gesprochenen Laut und dem geschriebenen Zeichen in dem Masse geringer, je höher wir in der Zeit heraufrücken; allein im Kern bleibt die Sache dieselbe.

Aus dem Gesagten erhellt wohl zur Genüge, was sich als die beste Methode für die Herausgabe eines altfr. Textes empfiehlt. Es ist dies die möglichst genaue Wiedergabe der ältesten handschriftlichen Niederschrift, gleichgiltig ob dieselbe in dem Dialekt und der Zeit des Verfassers verfasst ist oder nicht. Gestattet, aber besser unter dem Text angebracht, ist eine Emendation der sinnverdorbenen Stellen, nicht aber eine Regularisirung der grammatischen Formen oder einzelner Laute, am allerwenigsten etwa eine Uniformirung bloss der im Reime befindlichen Wörter oder Silben, da wir die mosaikartige Herstellung eines Zerrbildes nicht empfehlen können. Wenn diese Methode der einfachen Wiedergabe der ältesten Niederschrift für den in éinem Codex allein uns überlieferten Text eines Ineditums ohne Widerrede die einzig empfehlenswerthe ist, was soll aber der Herausgeber bei einem Texte thun, der in sechs oder mehr Handschriften auf uns gekommen, die alle der Zeit und dem Dialekte nach verschieden sind? Hier ist sogleich ein Unterschied zu machen: der Herausgeber des Rolandsliedes z. B., wird ganz anders vorgehen können, als der Herausgeber des Christian, um so mehr, wenn die einzelnen Handschriften des ersteren bereits genau abgedruckt sind. Dann kann seine Ausgabe die höchsten Ziele der Kritik im Auge haben, um so leichter, als ein so alter, wichtiger Text immer wieder neue Herausgeber finden wird, die den Text — der Zeit der Ausgabe entsprechend — nach dem jeweiligen Stand der Wissenschaft verschieden behandeln werden. Allein bei einer Editio princeps des kritischen Textes der Werke Christian's ist bei dem Umstande, dass auf stets neue wiederkehrende Ausgaben vor der Zeit nicht zu rechnen ist, eine conservativere oder stabilere Art der Herausgabe um so empfehlenswerther, als an einen getreuen Abdruck sämtlicher Handschriften bei der Masse und dem Umfange derselben (jetzt wenigstens) nicht zu denken ist. Als solche bot sich bloss die Zugrundelegung der ältesten Handschrift, deren dialektische Orthographirung der Mundart des Verfassers verhältnissmässig am nächsten stand. So hätte sich z. B. eine im Dialekte der Ile de France abgefasste Handschrift dazu wohl geeignet, während z. B. eine pikardische bei dem grossen Widerstreit der Reime mit der Orthographie, z. B. iée : le und ähnliches, nicht gepasst hätte.

Nun wollte es der Zufall, dass im vorliegenden Fall das thatsächliche
Verhältnis ein überaus günstiges ist, da sich unter den Handschriften eine
findet, die sowohl der Zeit als der Mundart ihres Schreibers nach dem
Dichter ziemlich nahe steht. So hätte ich es im vorliegenden Falle vorge-
zogen, als orthographische Grundlage meiner Edition eben diese Handschrift zu Grunde zu legen, welche bis auf geringfügige, leicht erkenntliche
Abweichungen im Dialekte der westlichen Champagne, d. h. dem Dialekte des
Verfassers selbst, wie sich auf Grund der uns zur Verfügung stehenden Hilfsmittel nachweisen lässt, abgefasst ist, nämlich die Pariser Handschrift No. 794,
unser *A*. Damit wäre wenigstens soviel erreicht, dass der äussere Habitus
und die Reime der Sprache des Verfassers entsprechen würden, und selbst
der Umstand, dass die Handschrift um vielleicht fünfzig Jahre jünger ist, als
Christian, würde nicht ins Gewicht fallen, da ja die Orthographie stets hinter
der gesprochenen Sprache um einen beträchtlichen Zeitraum zurückbleibt und
derselben nachhinkt. Wenn wir nun obendrein alle Aufschlüsse, die uns die
Reime gewähren, noch zur Ausmerzung des Discordanten verwendeten, so
hätten wir eine Orthographie, die zwar sicher nicht die faktische Christians
gewesen ist (diese ist überhaupt nicht reconstruirbar), welche aber dieselbe
Berechtigung hätte, wie die seinige. Alle zweifelhaften Fälle, welche sich
durch die Reime nicht entscheiden lassen, wären ohne weiteres dirimirt durch
den Copisten *A*, in dessen Schreibung wir also factische, nicht etwa phantastische
oder hypothetische Orthographie der Champagne hätten. Dass diese au
solchem Wege erlangte Orthographie keine systematische, streng durchgeführte
von Widersprüchen freie wäre, weiss jeder, der sich den Löwen- und Karren
ritter in den nach *A* gegebenen Ausgaben Hollands und Jonckbloets nähe
angesehen.

Dies war denn auch wirklich das Ziel, das ich mir mit freiwilliger Be
schränkung bei dieser Editio princeps des Cliges gesteckt hatte, nachdem ich
mir über die thatsächlichen Vorbedingungen und Unterlagen dieser Ausgab
klar geworden war. Allein es erwies sich als undurchführbar durch den zu
fälligen Umstand, dass ich *A* nicht copirt, sondern nur nach den Sinnvariante
nach collationirt hatte (im Jahre 1872 konnte ich die dialektische Partie nich
so kennen, wie zehn Jahre später), und das Ansuchen um eine auch nu
vierzehntägige Verleihung der Handschrift nach Bonn rundweg abgeschlage
worden war. Zwar hätte ein Abstecher nach dem so nahen Paris ebenso ge
holfen, allein der Druck des seit zwei Jahren im Manuskript druckfertigen Clige
begann zu einer Zeit, wo die Zahl meiner Lebenstage nach menschlicher Vo
aussicht gezählt war und ich nicht einmal meinen Herd, geschweige der
die deutsche Heimath verlassen konnte. Man verzeihe es aber der menscl
lichen Schwäche des Herausgebers, dass er nicht mit einfacher Resignatio
sein Manuskript im Pulte liegen gelassen, sondern vor seinem wahrschei
lichen Ende noch wenigstens den Grundstein legen wollte zu seiner seit 18;
geplanten Ausgabe.

Mit der Verweigerung der Pariser Handschrift war aber die Sachla
anders geworden.* Ich konnte zwar die Orthographie von *A* nach dem Iva

---

* Ich werde die erste, sich darbietende Gelegenheit benutzen, um *A*
für die Orthographie auszuziehen und die Varianten zu veröffentlichen.

und Lancelot theoretisch für jeden Laut feststellen, aber die an der jeweiligen Stelle im Codex wirklich vorhandene Orthographie konnte ich nicht errathen. Da mir nun einmal diese sichere Grundlage genommen war, und ich dadurch zur rein theoretischen Reconstruction der Orthographie gezwungen wurde, entschloss ich mich ohne längeres Zaudern, 1. die Orthographie von *A* nach den mir vorliegenden Stücken derselben genau zu bestimmen, 2. alle durch eine Untersuchung der Reime gewonnenen Resultate in derselben consequent durchzuführen, wobei ich den oben erwähnten circulus vitiosus einer Benutzung von nicht kritisch gesicherten Reimen möglichst dadurch verengerte, dass mir Cliges und drei Viertel des Ivain kritisch vorlagen, und für alle irgend zweifelhaften Reime der gesammte Apparat eingesehen wurde, 3. da aber eine Reihe von Fällen, von denen der wichtigste die Vocalisirung oder der Ausfall des l Cons., bei der Correktur des *A* durch die Reime unsicher blieben, oder *A* älteres bot, als die Reime, so war ich gezwungen, so sehr ich dies perhorrescirte, auch den Rückschluss und die Heranziehung anderer gereimter Denkmäler zur Hilfe zu nehmen. Endlich 4. hielt ich es für meine Pflicht, alle gedruckten, und mir zugänglichen Urkunden der Champagne durchzuarbeiten und die Resultate dieser Untersuchung für meine Orthographie zu verwerthen. Bei dem allen stellte ich mir als Grundsatz auf die consequente Durchführung des einmal sicher gefundenen oder auch nur erschlossenen Factums, wobei ich insofern vor eigenmächtiger Graphie geschützt war, als ich das Princip mir auferlegte, keine Schreibung aufzunehmen, die nicht durch *A* oder alte Urkunden sich belegen liesse, so dass ich nicht davor zurückschreckte, in diesem einem einzigen Fall, wenn sich für ein lautliches Factum kein einziges Beispiel einer entsprechenden Orthographie beibringen liess, gestützt auf diese schriftlichen Zeugen, selbst die, der Lautlehre nach zu alterthümliche, Schreibung beizubehalten.

Ich bin also durch die Umstände gezwungen worden, die von mir theoretisch nicht gebilligte Uniformirung vornehmen zu müssen, habe sie aber mit solchen Cautelen umgeben, dass ich jedesmal wirkliche Orthographie der Champagne gebe, nicht eine künstlich von mir gemachte. Die Begründung dieser Orthographie ist im folgenden gegeben, wobei ich sämmtliche in irgend welcher Hinsicht zweifelhafte Fälle genau verzeichne und so alle schwachen Punkte (leider blieben solche übrig) meinerseits selbst bezeichne. Daher erwarte ich auch von der sachlichen und competenten Kritik, dass sie weniger mit allgemeinen Sätzen, als mit eindringlichem Eingehen auf alle Einzelheiten der Orthographie mir Belehrung verschaffe, die mich in den Stand setze, die andern, noch ausstehenden Bände um so vollkommener zu bearbeiten. An Urkunden lag mir folgendes vor:*

I. Datirte Urkunden.

A. Bibliothèque de l'Ecole des Chartes.

1. XVI, 143 Troyes 1230. — 2. XXVIII, 558 Joinville's Urkunden 239—1315. — 3. XVIII, 55 Chalons s. M. 1244—1247. — 4. VIII, 256 Troyes

* Das meiste davon verdanke ich der freundlichen Mittheilung des besten Kenners der altfranzösischen Dialekte, Professor Suchier. Eine an D'Arbois le Jubainville gerichtete Anfrage blieb unbeantwortet.

d*

1245. — 5. VI, 192 Villeneuve au Chemin? 1269. — 6. XVII, 200. 431
Provins 1271 fg. — 7. XVII, 466 Tonnerre 1283. 1292. — 8. XIX, 456
Sens 1294.

B. Musée des Archives Dép.

9. S. 138 Marie de Chimay (ist nicht im Dialekte der Champagne geschrieben) 1241. — S. 147 Reims 1248.

C. Revue des Soc. Sav.

11. IV, 5, 539 Vendeuvre (nach einer Copie des 18. Jahrh.) 1271.

D. Teulet.'

12. No. 2075 Provins 1230. — 13. No. 2170 S. Florentin 1231. —
14. No. 2134 Chalons s. M. 1231. — 15. No. 2910 Troyes 1241. — 16. No. 2967
S. Menehould 1242. — 17. No. 3022 Champagne 1243. — 18. No. 3354
Champagne 1245. — 19. No. 3385 Rethel 1245. — 20. No. 3513 Dormans
1246. — 21. No. 3919 Champ. 1250, ebenso 22. No. 3943 1251; 23. No. 3950
1251; 24. No. 3964 1251; 25. No. 3970 1251; 26. No. 3991 1251. 1252;
27. No. 3992 1251. 1252; 28. No. 3993 1252; 29. No. 3994 1252; 30. No. 4007
1252; 31. No. 4015 1252; 32. No. 4018 1252; 33. No. 4019 1252. —
34. No. 4118 Nogent s. M. 1254. — 35. No. 4182 Champagne 1255, ebenso
36. No. 4184 1255. — 37. No. 4189 Langres 1255, ebenso 38. No. 4190
1255; 39. No. 4191 1255; 40. No. 4194 1255. — 41. No. 4302 Meaux 1256. —
42. No. 4410 Champ. 1258, ebenso 43. No. 4387 1257; 44. No. 4409 1258;
45. No. 4410 1258. — 46. No. 4421 Nevers 1258, ebenso 47. No. 4422 1258. —
48. No. 4482 Tournan 1259. — 49. No. 4506 Chatillon 1259. — 50. No. 4621
Sens 1260. — 51. No. 4661 ?.

E. D'Arbois de Jubainville Trois sceaux inédits, P. 1879.

52. No. 3 Troyes 1239.

F. Ders., Histoire des ducs et des contes de Champagne, Vol. VII
53. Livre des Vassaux (éd. Longnon) 1172—1222.

G. BEdC.

54. XXVII, 285 Péage de Sens.

H. Litterarische Denkmäler.

55. Guiot de Provins. — (56. Paraphrase des Psalmes Eructavit, Bibl
nat. 2094, für Marie de France geschrieben, unedirt, vgl. d'Arbois, Hist. IV, 642
57. Paraphrase der Bibel, Bibl. nat. 12456. 12457, für Marie de France ge
schrieben, unedirt; vgl. a. a. O.)

I. Cartulaire de Troyes von Lalore.

58. Die lateinischen Urkunden wurden auf die lautliche Gestalt de
franz. Eigennamen hin durchgenommen.

Als brauchbare Vorarbeit diente mir E. Metzke's Dissertation: „De
Dialect von Ile-de-France im XIII. und XIV. Jahrhundert" (I. Breslau 188(
II. Herrig's Archiv LXV, 57 fg.), da sie mir für die sprachliche Begrenzun
des Westens der Champagne gut gesichtetes und verwerthetes Material zu
Vergleichung bot.*

---

* Die von Metzke a. a. O. ausgezogenen, in unser Gebiet gehörige
Urkunden sind nicht nochmals ausgezogen worden, sondern aus seiner Arbe

Anzuführen ist noch d e W a i l l y's 'Mémoire sur la langue de Joinville'
in BEdC XXIX, 329, und ebendas. XLIV, 12 fgg., welches wohl geordnetes
Material bietet, was man von den allgemeinen 'Observations sur la langue
de Reims' in Mém. de l'Institut XXVIII, 288 nicht sagen kann. Der
Verfasser hätte besser gethan, den wichtigen Text (es ist derselbe Text,
von dem das Musée des Arch. Dép. S. 147 ein kurzes Specimen giebt) einfach zu publiciren, statt uns seine abgerissenen Bemerkungen über denselben
mitzutheilen.

   Da der für die Einleitung des Cliges bestimmte Raum mehr als um
das dreifache überschritten sein wird, so muss ich mich im folg. begnügen,
statt einer vollständigen und systematischen Untersuchung über den Dialekt
der Champagne und der angrenzenden Orte, wie ich sie für mich ausgearbeitet
habe, im folgenden nur die wichtigsten Resultate mitzutheilen, und auch diese
immer nur in steter Rücksicht auf den Zweck dieses Excurses, nemlich die
Begründung der von mir angenommenen Orthographie. Ich werde daher
jedesmal die durch die Reime gewonnenen Resultate kurz anführen, * dazu
das Verhalten der Handschrift *A* und der Urkunden (*U*) stellen ünd meine Entscheidung hierauf, wenn möglich, motiviren. Einen grössern Spielraum werde
ich dem letzteren Theil geben müssen in jenen Fällen, wo die Reime eine
Auskunft nicht geben können, also besonders bei den vortonigen Vocalen
und den Consonanten. Einiges von dem im Folgenden behandelten ist bereits
von L ü c k i n g in seinen „Altfranzösischen Mundarten" (1877) bemerkt
worden, der die Reime des Löwenritters für seine dialektischen Untersuchungen
ausgezogen hat. Ich nahm, wie es sich gebührt, stets auf seine Ausführungen
Rücksicht, ohne in eine systematische Würdigung oder eventuelle Widerlegung
derselben mich hier einlassen zu können.

   Die Sprache des Verfassers eines längern, gereimten Gedichtes lässt
sich unschwer aus den Reimen bestimmen; es muss sich dann zeigen, ob derselbe einen bestimmten, scharf ausgeprägten Dialekt gebraucht, oder sich der
Schriftsprache unterworfen hat, die schon im XII. Jahrhundert sich von Paris
aus dem Lande nach und nach aufzudrängen begann, wobei es vorkommen
kann, dass einem aus einer der an der Peripherie gelegenen Provinz stammenden
Schriftsteller, der reines f r a n z ö s i s c h schreiben will, mitunter, unbewusst,
dialektische Reime entschlüpfen.

   A priori betrachtet, kann Christian entweder den Dialekt der C h a m-
pagne, speciell den von T r o y e s gebraucht, oder er kann jenen der Ile de
France als Richtschnur genommen haben. Die Untersuchung der Reime
bestimmt sofort mit voller Sicherheit das erstere, wiewohl wir freilich eine

---

benutzt. — Dialektisch interessant ist auch die Falknerei dez Königs D a n c u s
(Paris 1883), dessen Handschrift bestimmt der Champagne angehört.
   * Hier sei bemerkt, dass der Prolog der Monser Handschrift des P e r-
c e v a l sich durch die Reime sofort als unchristianisch verräth. Dagegen zeigt
der Schluss des K a r r e n r i t t e r s keinen einzigen Reim, der nicht Christianisch
wäre, bis auf das Reimen von *Lancelot* : *-ot* (3. Impf.), das aber nur ein un-
genauer Reim ist, da in den (besonders nordöstlichen und östlichen) Urkunden
ebenso betontes *oi* und *o* abwechseln, also der Ton noch auf dem *o* gewesen ist.

ganz scharfe Scheidung (T r o y e s) nicht vornehmen können, wie sich weiter
unten zeigen wird. Eine genügende Einzeluntersuchung des Dialektes der
Champagne liegt bis jetzt nicht vor; ich war deshalb gezwungen, eine solche
selbst vorzunehmen und habe zu diesem Zwecke das bis jetzt gedruckte, ur-
kundliche Material ausgezogen. Dazu mussten, da über viele Punkte der
Laut- und Formenlehre die Urkunden keine Auskunft geben können, auf die
bekannten dialektischen Eigenheiten anderer, dem Osten sicher angehörenden,
litterarischen Denkmäler Rücksicht genommen werden. — Die dadurch gewonnenen Resultate, mit den Christian'schen Reimen zusammengehalten,
liessen keinen Zweifel an der Eigenart seiner Sprache offen: *ensaingne,
daingne,* also *ī+N+I = ai, painne, plainne, mainne,* also *ī, ē+n = ai, ō* in
offener Silbe *= eu,* in geschlossener *= ǫ, vaigne, taigne, praigne,* dann
alomes, veomes, ebenso *verromes,* dann 2. Fut. und Präs. Conj. *-oiz,* ferner
poïsse gegen *-eüsse* der andern Verba weisen nach dem O. (oder No.) von
Frankreich, während *ē+I = i, ō+I = ui, iée, moi, toi, soi* u. ä. es der Ile de
France hinführen. Man muss freilich gestehen, dass die Zahl der bezeichnenden, dialektischen Reime eine äusserst geringe ist, allein sie genügt, um
die Mittelstellung des Dialektes zwischen Osten und Ile de France zu sichern,
auch wenn wir den Geburtsort des Dichters nicht kennen würden, so dass
wir dennoch auf die C h a m p a g n e geschlossen hätten. Eine Vergleichung
der Urkunden der alten Champagne lässt sofort erkennen, dass die Provinz
keinen einheitlichen Sprachcharakter hat, sondern der Osten derselben dem
lothringischen resp. franche-comtéschen Dialekt sich nähert, während der Wester
in demselben Verhältnisse zur Ile de France steht. Gerade die Urkunden
aus Troyes (leider haben wir überhaupt nur verhältnismässig junge Texte zur
Verfügung, daher die gebotenen Formen nicht immer massgebend sind, da
im Verlaufe eines Jahrhunderts der Dialekt selbst sich geändert, als auch von
den Nachbardialekten beeinflusst sein kann) zeigen diese Zwitterstellung; in
den gedruckten Sammlungen zeigen die einen gradezu lothringischen Typus
während andere wieder mehr mit den Urkunden aus Sens stimmen, also un
gefähr wie z. B. in Luxemburg, dessen Urkunden sich ebenfalls in zwe
verschiedene Gruppen je nach ihrem Dialekte scheiden lassen. — Doch er
giebt sich aus der Vergleichung sowohl der Reime Christians und de
francischen Dichter, als durch die Vergleichung der Urkunden beider Pro
vinzen, dass beide Dialekte einander ganz nahe stehen und von Haus au
durchaus einheitlich gewesen sind.   •

    Ich bezeichne mit *E* Erec, *C* Cliges, *I* Ivain oder den Löwenritter, .
Lancelot oder den Karrenritter und *P* Perceval. Aus den oben erwähnte
Gründen ist die vollständige Angabe der Stellen unterlassen worden, au
naheliegenden Gründen entnehme ich die Beispiele bei sichern Thatsache
C und *I.*

    1. Betontes *a.* Die Reime lehren reines *a,* also reimt *-a, -age, -abl*
-ace, -asse nur mit sich selbst, nicht mit *-ai, -aige, -aule, -aice, -aisse. Vaa*ʼ
giebt in der Regel *va,* vereinzelt *vait C* 5284. *barge* (nicht *berge*) *C* 18
6695; wegen *lacrima = lerme* s. § 12. γ; *mālum* ebenso wie *-alem* in den b
kannten Adjektiven giebt nur *mal* (nie *mel*), *mortal I* 3659, *peitral C* 493
leal C 4567, *anperial C* 5136, *igal I* 6445, *orinal C* 5734 u. ä. *Oitave* g

sichert durch *I* 2575 als Lehnwort. Beachte *favarge* : *large* *C* 4079, nicht von *fábrica*, das *forge* giebt, sondern Verbalsubstantiv von *favargier*, *favergier* = **fabercare* aus lat. *fabricare*. Ebenso *A*; -*aige*, und seltener -*ai* haben nur die *U* des Ostens.

2. *a* + *N* + Cons.; der Reim -*ame* lehrt: *fame* (*femina*), reimend mit *ame* (*anima*) *I* 5737 u. s. f., mit *dame* (*domina*) *I* 1651. 2489 u. s. f. *Dáme* reimt ebenso mit *flame* *I* 4457, *eschame* (*scamnum*) *I* 1143, *jame* (** gamba*) *C* 6049. Wie *fēmina* = *fame*, so ist auch *gemma* = *jame*, vgl. *jame* : *dame* *E* 2400, *L* 16. Der francische (so bezeichne ich die Mundart der Ile de France) Wandel von *ar* + Cons. in *er*, z. B. *pertir*, *espergne* u. ä. findet sich nie.

3. Die Reime *fame* : *sane* (*synodum*) *E* 4004, und : *regne* *E* 1900, das also *rane* zu sprechen ist, sichern (abgesehen dass sie unrein sind $\perp$ *n* : $\perp$ *m*, was sonst bei Christian nie vorkommt) die Wandlung eines secundären -*ene* in -*ane*. Damit ist zusammenzuhalten *barbacane* : *assane* (von *assener*) *I* 4870, *forsane* (von *forsener*) : *depane* (von *pannum*) *I* 2805,. wodurch auch *pranent* = **prendunt* u. ä. gesichert wird. Damit stimmen überein *A* und *U*. Ebenso ist *same* (*sēminat*) zu erschliessen, wenn es auch nicht im Reim vorkommt.

4. Hier ist die Entwicklung des unbestimmten *on* (*homo*) 'man' durch die Mittelstufe *en* zu *an* anzureihen (dagegen ist stärker betontes *homo* 'Mensch' als *hon* durch Reime gesichert, s. § 10 Schluss), und mit der Entwicklung eines primären romanischen *e* + auslautenden Nasal zu *an* zusammenzuhalten; denn da *an* (*homo*) : *Caradigan* *E* 1510, : *Tristan* *C* 3148 reimt, andrerseits primäres *an* mit jedem andern -*en*, z. B. : *sen* (Sinn) *I* 1203, 2125 u. s. f., so ist für alle diese Fälle die Orthographie *an* (Aussprache *ăn*) gesichert. Bei *A* überwiegt *an*, seltener *en*, die *U* des W. ebenso, jene des O. mehr *e*, manche dem lothringischen nahe, ausschliesslich. Vgl. *volanté* S. LXVII. Die von den Grammatikern des XVI. Jahrhunderts behauptete Verschiedenheit der Aussprache von *an* und *en* ist francisch und champagnisch unhaltbar, und wird bei den Nichtparisern dialektisch, bei den Parisern Abhängigkeit vom Schriftbild sein.

5. Dasselbe gilt von *e* + *N* + Cons., mag darauf eine tonlose Silbe folgen oder nicht. Es reimt also -*ant* : -*ent* *I* 361 u. s. f., -*anz* : *enz* *I* 3083 u. s. f., *renc* ('Reihe') : *banc* *I* 2069, : *sanc* *I* 3207, ebenso wie *chanbre* : *menbre* (*memorat*) *I* 1257 u. s. f., *prendre* : *espandre* *I* 393, *revenge* (*vindicat*) : *estrange* *I* 641, *franche* : *trenche* *I* 3369, *losenge* : *estrange* *I* 6297.

Lücking a. a. O. (S. 122) macht die Beobachtung, dass *flans*, *rens*, *bans* (von *flanc*, *renc*, *banc*) nur unter sich reimen, und nicht mit *tens* (*tempus*), *sens* (*sensus* und Sinn), *pens* und *espens* (*penso*), dass mithin die beiden *n* bei Christian noch verschieden lauteten, das erste offenbar guttural, das zweite dental. Dies lautet sehr bestechend, kann aber nicht als ganz sicher gelten, weil die Zahl der hierher gehörigen Reime für beide Fälle eine verschwindend kleine ist und mithin das Nichtvorkommen des oben erwähnten Zusammentreffens bloss zufällig ist; vgl. obendrein *lon*(*c*)*s* : *bárons* *C* 2711; ähnlich *C* 853. 4467. 5319, *I* 2581, da doch für *on* dasselbe gelten müsste. Jeden Zweifel hebt aber *pens* : *fran*(*c*)*s* *C* 5497, *tens* : *ren*(*c*)*s* *C* 4642, eine Mahnung, aus dem Schweigen der Reime nicht zu viel herauslesen zu wollen. Wenn aber

Lücking dann bei *banc* : *vant* I 2203 Schwierigkeiten findet, da hier offenbar
die beiden unverträglichen *n* mit einander reimen, und sich damit tröstet, es
sei eine blosse Assonanz, mithin auch für *n* nicht beweisend, da auch der
andere Consonant nicht reime, so ist dem nicht so; denn hier sind die beiden
n völlig gleichartig, und *banc* ist nichts anderes, als ein Missverständnis des
Copisten von *A* (nach Hollands Bezeichnung). Drei und zwar die besten
Handschriften geben *ban* (it. *bando*), und lassen damit ein tadelloses *van* (lat.
vannum) reimen, während Guest *ban* : *vent*, und die zwei letzten *bans* (plur.)
: *rans* ('Reihe'), also den perhorrescirten Reim liefern. Sicher ist, dass *ban* :
van zu lesen. *

5 a. *a+l+*Cons. in *basme* (*balsamum*) s. § 22. α.

6. *ę*. Die beiden ursprünglich getrennten *e* sind selbstverständlich in
ę zusammengefallen. Der Reim sichert *espece*, *Grece*, *espęs*, -*sse* (nicht das
bekannte, aber noch unerklärte *espois*, das einem **spīcsus* entsprechen würde)
L 663, 3010, ebenso *fres* und nicht *frois*, also *frīs*(*c*) E 6890, während
fresche I 1357, 2361 die einzige Form ist. Wegen *fautre*, *jaude* (**gūlda*)
C 1989 s. § 22. γ, wegen *chevol* (*capīllum*) § 9; auffälliger Weise nur *cele* (*cēlat*)
C 1048, I 1412, nicht *çoile*, das ich daher ausschliessen sollte.

7. *ę* (der aus lat. *a* in offener Silbe entwickelte Laut, der später, man
weiss nicht auf welchem Wege, zu *ę* geworden, in älterer Zeit sicher von *ęę*
verschieden gewesen). Es reimt regelmässig nur mit sich selbst; doch kommen
dazu von den bekannten Wörtern, deren *ę* auf eine andere Quelle als *a* zurückgeht, folgende: *de* (*dǎum*), *Grę* (*Græcum*) C 305. 3624. 4212; vgl. noch
§ 22. δ unter *ę+l+*Cons.; ferner *Kęs* (der Seneschal) L 162. 4781. 5215, I 2178,
Pęre (*Pětrum*) C 6098, L 3452. Dagegen kennt Christian nicht *ęre* als Im-
perfectum, sondern nur die Formen mit *iǐ*, so dass die sich anderswo findende
Differenzirung des Futurs und Imperfects wegfällt. Regelmässig dagegen sind,
wie bekannt, *seı*, *sęt* von *sapere*, *cruęl* (**crudalis*). Falsch ist *es*: *remes*
I 3885, wo alle anderen Handschriften ausser der Hollandschen *oef*: *nuef*
bieten. — Nur im Osten *ei* st. *ę*.

Christian kennt nur *mal*, *igal*, *leal* u. s. f., aber *el* (**al*(*i*)*um*), *tel*, *ostel*,
mortel u. s. f.; s. o. *Eve* (*aqua*) findet sich im Reime nicht vor, aber ebenso
wenig eine andere Form; s. *ai*.

8. *i*. Hier treffen zusammen lat. *ī* und *ę̆*+*l*. Vgl. *dit* : *lit* (*lěctum*)
I 1038, : *respit* I 4027 u. s. f.; *pri* (**prěco*) : *li* E 1360, : *di* C 994. 2617. 4968,
: *ensi* I 3727, : *ci* I 4289 u. s. f.; immer *prie* (*prěcat*) : *die* I 2291 u. s. f. Dagegen ebenso regelmässig nur *otroi* : *moi* E 652. 1057, C 99, *otroies* : *soies*
I 5679, *otroie* : *voie* C 2661. 4003, *otroit* : *droit* C 1077, daher auffällig *ocient* :
contralient I 3263, *dient* : *alïent* (*adlīgant*) C 2824, also die rein lautliche Entwicklung gestört. Der Reim sichert *ait* 3. Conj. von *aidier*, z. B. I 3621,
daher der Reim *dist* : *aist* I 6467 auch ohne die handschriftlichen Varianten
leicht zu bessern wäre.

---

* Der Reim *grant* : *banc* im Wilhelmsleben S. 123 ist Eigenthum der
pikardischen Copisten; die Cambridger Handschrift giebt das tadellose: *Cor-
li menor et li greignor*, | *Si trouai le cor mon seignor* | *Desouz un lit e*
si lou pris.

Gegenüber *eüsse, pleüsse* u. s. f. kennt Christian sonst nur *poïsse* C 5606, *I* 434. 6729, *poïst I* 3994, P 3003, *poïssent* L 5058, so dass das vereinzelte, freilich wohl gesicherte *peüst* C 908 sehr absticht. Ebenso *U*, so *poisse* bei Joinville, und 44.

Regelmässig ist *li* (fem.) von *lui* (masc.) geschieden, vgl. *li I* 51. 233. 1758. 1833. 2631 u. s. f. gegen *lui I* 522. 564. 2119. 4893. 5357 u. s. f.

Servĭtium kommt, wie bekannt, in allen alten, sorgfältigen Texten nur in der Form *servise* vor, während *service* später ist, und sich meist in pikardischen Texten findet. Christian kennt nur *servise*, z. B. C 113, *I* 1253. 2116. 2423. 6686 u. s. f. Daher der auch sonst verdächtige Reim *revenisse : servise I* 261 unmöglich, wo statt seiner *poïsse* zu lesen, siehe oben S. II Anm.

Sĕkvere kommt im Reim überhaupt nicht vor, vgl. § 19. — Eine Diphthongirung des *i* in *ī+u* kommt selbstverständlich hier nicht vor. Im Reim nur *meïsmes*, nie *meesmes*.

9. *ǫ* : immer *defǫrs, fǫrs* (nicht *fuers*) *I* 53. 398. 1117 u. s. f., *mǫt* (nie *mot*), *regǫrt, gǫrt* (nicht *gǫrt*) P 2516. 2524, *ǫt* (*habuit*), *pǫt* (*pǫtuit*), *plǫt* (*placuit*) u. s. f., nie -*out* oder -*eut*; gesichert durch zahlreiche Reime: *I* 429. 1007. 1734. 3382. 6260 u. s. f.

fors geben alle meine Urkuuden (bis auf 40 *defuers*), ebenso alle bei Metzke I, 29 fg.

Paucum giebt stets *pǫ*, nicht *pou* oder *poi*; *po* : *lo* (*laudo*) E 3143, *relo* (*laudo*) C 3291, P 1725, ebenso *chaillǫ* : *pavǫ* E 2401, *clavos* nur *clǫs* : *anclǫs* (*clausum*) *I* 961, **blau* ebenso *blǫe* : *loe* (*laudat*) C 739, *blǫes* : *jǫes I* 6119, *jǫe* : *desclǫe I* 3493, *jǫes* : *rǫes* (*rŏtas*) P 9069.

Durch Reim gesichert ist das auch sonst her bekannte *chevǫl* (statt *chevel* = *capillum*) C 1161. 1644, L 1480, Plural *chevǫs* L 1353, *I* 1463.

Ebenso reimt Guiot *lo* (*laudo*) : *po* 1376, aber Rustebuef *pou* : *Pou* (*Paulum*) s. Metzke II, 78 fg. — Auch *chevol* ist für Rustebuef gesichert.

In *U* beachte *blou* 3, *pou* 16.

10. *ǫ*. Geschlossenes *ǫ* haben, wie bekannt, *cǫrt, tǫrner, estrǫs, aïllǫrs, cǫc, gǫle, ǫle* (*ŏlla* Topf) *I* 3361, *Pantecǫste* (wohl durch Volksetymologie, vgl. die so oft vorkommende Bemerkung *I* 5. 6; freilich hat schon der alte Brandan *Pentecuste* : *custe* 586), zu denen kommen die auch sonsther bekannten (s. meine Bemerkung R. St. III, 182) *aprǫche I* 881. 1961. u. s. f. und *demǫre I* 160. 2453. 2633. 5199. 6147 u. s. f., wo *ǫ* auch sonst vielfach nachgewiesen ist. *cǫpe* : *açǫpe* C 1540 ist richtig, da *çǫper* im Altfr. (trotz jetzigem *chopper*, das *souper* lauten müsste). Was nun die Diphthogirung von *ǫ* anlangt, so unterbleibt sie selbstverständlich stets in geschlossener Silbe, also nur: *tǫr* (*tornum*), *jǫr, cǫrt, cǫrs, cǫst* (**cōnsuit*), *mǫrne* u. s. f. Allein merkwürdiger Weise sind bei Christian andererseits die Fälle in offener Silbe nicht alle diphthongirt, wie man erwarten sollte; sondern die einschlägigen Fälle zerfallen ebenso wie bei Rustebuef und Guiot v. Provins in zwei Gruppen:

α) regelmässige Diphthongirung in -*ōsum*, **prōdum* = *preu, neveu, veu* (*vōtum* und *vōto*), *neu* (*nōdum*), *deus* (*dŭōs*), *queus* (*cōtem*), *seus* (*sōlus*); siehe § 16, wo auch *lŭpum* behandelt ist.

β) *ǫ* bleibt unverändert 1) in den bekannten *nǫs, vǫs, espǫs, jalǫs*; vgl.

vos : *ros* (*rŭssum*) *E* 2533, *I* 1969, damit vgl. *jalos* : *vos E* 3288, *I* 2501, *C* 6606, *espos* : *vos I* 6745; ebenso *golóse* u. ä. Am auffälligsten ist, dass während -*ōsum* = *eus*, dagegen *ōrem* nur = *or*, vgl. *I* 2353. 2763. 6499. 6739 u. s. f., was mithin auf den Einfluss des *r* zurückzuführen ist.

2) wenn auf *ǫ* ein weibliches *e* kommt (also nachtoniges *a* verhindert die Diphthongirung; ähnliches ist aus andern romanischen Sprachen bekannt); also *seus*, aber *sole* (*sōla*) : *gole* (*gŭla*) *I* 1413, während *gǫle* : *ǫle* (*ōlla*) *I* 3361. Es ist mithin immer *sole*, *solement* zu schreiben. Das Masculinum *sōlum* kommt im Reim nie vor, ich habe es analogisch gleichfalls *seul* geschrieben, wie der Copist von *A*, dessen Orthographie fast ausnahmslos mit diesen aus den Reimen gewonnenen Resultaten stimmt; aber streng phonetisch wäre *sol*, so immer *U* des Ostens. — Ebenso wird wohl *cǫe* (*cōda*), *nǫe* (*nōdat*), *sǫe* (*sŭa*) u. ä. undiphthongirt bleiben, wie *A* immer hat; die Reime können hier nichts entscheiden, da diese Lautgruppe nur mit sich selbst reimt. Aus demselben Grunde schreibe ich *mǫre* (vgl. *devǫrent* : *cǫrent* (*cŭrrunt*) *C* 1756), und da mit demselben *desǫre* (*desŭper*) reimt *P* 4267, vgl. *C* 2855, ebenso *desore*, trotzdem hier -*ŭp*- in anderen Dialekten *ǫv*, *ǫu* gab, aus dem sich sonst *deseure* entwickelte; aus demselben Grunde schreibe ich *sor* (*sŭper*).

Gewöhnlichem -*ons* der 1. Pluralis steht entgegen die dialektische Form -*omes* in folgenden Fällen : *avomes I* 5255. 6269, beidemal mit *somes* reimend, das aber seinerseits mit *homes C* 366. 5622, *I* 2035 reimt; *savomes C* 5863, *veomes I* 5321, *alomes L* 2260, *portomes P* 3714. Ebenso im Futur: *verromes P* 5660, *consantiromes L* 3285 (so Cangé, *coroceromes* Tarbé, Aum., *correcomes* Vat. — Esc. fehlt). — *U* schwanken zwischen -*ons* und -*omes*.

Die 1. Plur. Impf. und Präs. Conj. kommt im Reime nicht vor, so dass die der Champagne eigenthümliche Form -*iens*, die *A* und *U* regelmässig bieten, nicht nachgewiesen werden kann.

Die Reime sichern das regelmässige *chalonge* : *mançonge E* 1766, *C* 1399, so dass das analogische *chalanges* : *losanges P* 3383 des Monser Manuskripts falsch ist und mit den andern Hss. *chalonges* : *mançonges* gelesen werden muss.

Homo giebt als betontes Subst. nur *hon*, durch Reime gesichert, z. B. *I* 327. 569 u. s. f., als schwach betontes ‚man' immer *an* oder *l'an C* 3148, dem Dialekte entsprechend; s. § 4. Ebenso *A* und *U*, wo *an* über *en* überwiegt. Es konnte nur noch die Frage entstehen, ob ich dieses gesicherte *an* analogisch überall durchführen oder bei darauf folgendem Vocal in der ältern Form *en* streng lautlich wahren sollte. Allein *A* und *U* geben auch bei *an* (*inde*) + Voc. ebenso wie bei *an* (*in*) sehr oft, einzelne regelmässig *an*, das ich daher überall durchführte. So *U* 12. 14. 20. 43. 54. — Die diphthongirte Form *huem*, die in *U* des O. sich findet, kommt im Reim (etwa mit *buen*, *suen*, *tuen*) nicht vor.

11. Zu *u* ist nichts besonderes zu bemerken. Wegen *eüsse* u. ä. gegen *poïsse* s. oben. *fŏcum* giebt natürlich *feu*, nicht *fu*, s. § 16. Wegen *ruie* = *rūtat* s. § 18. Die Form *aucuen* (statt *aucun*), die in *U* des O. erscheint, findet sich nicht.

12. *ai* (sowohl männlicher als weiblicher Ausgang). α) -*ai* im Auslaut reimt nur mit sich selbst; desgleichen

β) ai + Cons., nur dass auf alle Werke Christians folgende Ausnahmen fallen: *apres : eslais* E 786, : *pais (pacem)* E 1706, *Cliges : mais* C 2858, *pres* : *mauvais* P 2365, *apres : palais* P 9820, *ades : mais* P 9580.*

γ) ai + zwei Cons. reimt nur mit sich selbst; Ausnahmen bloss: *resne* : *fraisne* E 3938, I 6101, *est : plaist* L 290. Hier mag auch *lerme : terme* E 6173, C 4005, I 1471. 2701 erwähnt werden, wenn es direkt auf *lairme* zurückgeht; es kann aber ebenso gut aus *larme* durch Einfluss des *r* entstanden sein (francisch); ebenso Guiot 1260. 2240.

δ) ai + drei Cons. reimt regelmässig mit *ę : repaistre : estre* C 2251; sieh noch: 946. 4901. 5372; 3192, : *fenestre* I 2871, *maistre : estre* I 5209, P 1496. 2518. 6948. 9554. 9576.

Die laůtlichen Thatsachen liegen daher nicht so einfach, wie es nach Lücking, der die Reime unter *β)* nicht kannte, den Anschein haben könnte. Sicher ist nur, dass *ai* vor dreifacher Consonanz bereits den Laut *ę* hatte, wozu noch Fälle wie *fręsne* u. ä. zu ziehen sind und dass es andrerseits im Auslaut diese Aussprache nie hatte, sondern noch sicher Diphthong war. Freilich das letztere ist auch nicht a priori sicher; denn *-ai* kann nur deswegen immer mit sich selbst reimen, weil es im Altfr. kein auf *-ę* auslautendes Wort giebt. Wenn also *ai* auch *ę* gesprochen worden wäre, so konnte es doch noch nicht anfangs mit *ę* reimen. Wir müssen uns also nach andern Kriterien umsehen. Einmal sehen wir, und ich verweise auf meinen Excurs im Aiol S. XLI, Anm., dass *ai*, nachdem es auf dem regelmässigen Weg der Angleichung zu *ęi* geworden, am frühesten dort zu *ę* werden musste, wo harte Consonanten im Wege standen und daher die Vereinfachung zu *ę* beschleunigen.** Allein *ai* vor einfachem Consonanten kann noch nicht schlechterdings *ę* geworden sein, da die Zahl der hierher gehörigen Reime in *ę* eine verschwindend kleine ist im Verhältnis zu der Masse derjenigen, wo *ai +* Cons. mit sich selbst reimt; wir müssen vielmehr schliessen, dass *ai* zwar bereits *ęi* geworden, und das zweite, unbetonte Element desselben auf dem Weg war, immer schwächer zu lauten, dass aber im Gefühle des Dichters die ältere Aussprache die gewöhnliche war. Wie steht es aber mit dem *-ai* im Auslaut? Die nicht unbeträchtliche, wenn auch in den einzelnen Texten nur ganz sporadisch auftretende Zahl von Reimen mit *ę**** zeigt, dass der Laut im Laufe der Zeit nicht nur *-ęi* geworden sein muss, sondern dem regel-

---

* Wie man sieht, findet sich unter den zahlreichen (55) Reimen von *I* kein einziger Fall. Dies mag uns vorsichtig machen in Schlüssen, wie sie regelmässig gemacht werden, z. B. im vorliegenden Fall etwa: da alle Werke Christians bereits *ai+*Cons. = *ę* kennen, *I* aber nicht, so ist es das älteste! Dasselbe gilt von *L*.

** Daraus folgt, dass der von Lücking S. 117 aus den Assonanzen des Am. Am. gezogene Schluss, dass *ai* in *maistre, lairmes* noch *ai* gewesen, während es im Auslaut bereits *ę* gewesen, nicht richtig sein kann; dafür vielmehr eine andere Erklärung (verschiedene Schichten, der Zeit nach verschieden) gesucht werden muss. — Vgl. ähnliche Reime Chev. 2 Esp. S. XXXV, wo *remese : braise* zu streichen, da *brese* (*brasa) das ursprüngliche ist, daher der Reim identisch.

*** Vgl. die vorhergehende Anmerkung. Man wird noch andere Stellen beibringen können; ich habe mir noch Romanç. fç. 123 notirt.

mässigen Schicksal, im Auslaut geschlossen gesprochen zu werden, nicht ent-
gangen ist. Allein diese Texte gehören alle dem XIII., die meisten dem
XIV. Jahrhundert an, und können mithin hier bei Christian nicht herangezogen werden.

Wenn wir die Orthographie derjenigen Christianhandschrift, die dem
Dialekte des Dichters am nächsten steht, *A*, zur Vergleichung heranziehen,
so sehen wir, dass der Copist bei -*ai* (mit zwei oder drei Ausnahmen) immer,
bei -*aie*, -*aie*- ausnahmslos *ai* schreibt, bei *ai* + Cons. zwischen *ai*, *ei* und
e so schwankt, dass ersteres überwiegt und *e* zurücktritt (regelmässig nur in
Monosyllaben wie *mais*), während *e* + 3 Cons. Regel ist, so dass er in Rücksicht darauf, dass er um etliche 60 Jahre jünger ist als Christian, mit dem
von uns oben aufgestellten Thatbestand völlig übereinstimmt.

Zu all dem kommt, dass hier auch dialektische Unterschiede im Spiele
sein können, so dass die Reime anderer Gegenden für unsern Verfasser durchaus nicht massgebend zu sein brauchen. *

Wir müssen uns, besonders wegen -*ai*, noch nach einem andern Kriterium
umsehen und wollen dasjenige hier beibringen, was sich aus den Angaben
der ältesten französischen Grammatiker für unsern Gegenstand verwerthen lässt.

Wenn wir die Zeugnisse bei Thurot, de la prononciation française
S. 293 fgg. untersuchen, so finden wir, dass im XVI. Jahrhundert Meigret
noch *ái-e* spricht (was seine heimathliche Aussprache gewesen sein wird),
während Péletier und Baif zwischen -*ẹi-e*, *ẹ-e* schwanken, Ramus *ẹi-e* spricht,
während Beza alle drei Aussprachen kennt, die erstere als dialektisch den
Orléansern zuschiebt, und sich selbst für -*ẹi-e* entscheidet. Während also
diese Zeugnisse für den vier Jahrhunderte ältern Christian die Aussprache
ái-e ohne weiteres sichern, so liegt die Sache bei -*ai* nicht so einfach. Hier
ist der Laut nicht mehr durch ein folgendes, weibliches *e* geschützt, vielmehr
ist er dem energischen Einfluss des Auslauts unterworfen und muss daher
früher sich zu *ẹi* entwickelt haben, als -*aie*. Ob dies bereits bei Christian
geschehen, lässt sich mit Sicherheit überhaupt nicht entscheiden. Sicher ist
nur, dass auch hier durch die Grammatiker in einer so späten Zeit noch die
diphthongische Aussprache *ẹi* (S. 302—307) bestimmt bezeugt ist, daher ich
mich bei dem um vier Jahrhunderte älteren Christian für *ai* entscheide. —
Dass *ai* + Cons. im XVI. Jahrhundert längst zu *ẹ* geworden, braucht nicht besonders erwähnt zu werden.

Die Orthographie der Handschriften kann hier wenig entscheiden, da
das Schwanken zwischen phonetischer und historischer Schreibung zu gross
ist. Ich habe den Reimen gemäss deshalb immer -*ai*, -*aie* geschrieben, dagegen *ei* + Cons. (nur dass in *C* 2858 *mes* dem Reime entsprechend gesetzt ist),
und *e* + dreifacher Cons. Doch habe ich im Anlaut *ei* statt *ai* in *U* gar
nicht, in *A* nur sporadisch bei *ait* (*habeat*) die Schreibung *eit* oder *et*,
aber immer *aigre*, *aigue* gefunden, daher ich z. B. *aigre* behielt, trotzdem ich
besser *eigre*, wie *cidier* hätte schreiben sollen.

---

* Auf einen, gerade *ai* betreffenden dialektischen Unterschied macht
Suchier aufmerksam Aucassin[2] S. 60. Mit Christian stimmen überein Rustebuef und Guiot de Provins.

Hier ist die unserm Dichter zukommende Form von *aqua* zu erwähnen.
Leider kommt das Wort im Reime überhaupt nicht vor, was wohl darauf
schliessen lässt, dass er nicht *eve* gebraucht hat, wozu sich Reime wie *leve*
(*lavat*) von selbst ergeben. Wenn er dagegen *iaue* oder *aigue* sprach,
standen ihm keine Reimworte zu Gebote. Aber wofür sollte ich mich entscheiden? *A* schwankt, es giebt *eve* und *aigue*, während die *U* im W.
ebenso, z. B. *eiue* 54 (Sens), wenn es = *eve*, sonst wäre eine dritte Form *aive*
vorhanden; ebenso die francischen Reimtexte. Der N. giebt 3 (Chalons s. M.)
eaue, dasselbe Ord. 683. 684 (Provins) bei Metzke S. 76 Mitte 43 hat *iaue*,
ebenso Ord. 598. 599. 601. 605 (Sens) bei Metzke S. 76, dasselbe ist pariserisch;
andre schwanken: 53 giebt *eue* S. 71. 76, aber *iaue* S. 111. Wenn wir die
heutigen Ortsnamen und die Patoisformen heranziehen, so ist die Scheidung
ebenso wenig sicher, da *eve, iaue* (*eaue*) und *aigue* einander oft ziemlich nahe
liegen. Ich hatte anfangs auf Grund von *S*, der immer *aigue* giebt und *A*,
der zwischen *eve* und *aigue* schwankt, die Form *aigue* in den Text aufgenommen und diese blieb aus Versehen stehen, auch nachdem ich aus den
Urkunden sie als der eigentlichen Champagne fremd erkannt hatte. Heute
würde ich überall *iaue* setzen.

gaires ist gesichert durch Reime mit: *repaires* und *afaires*, mithin in
der regelmässigen Form. Allein *L* 2163 geben zwei Handschriften (Vat. und
Tarbé) *gueres* im Reime mit *pierres* (*pĕtras*), während Cangé (Jonckbloet) *gieres*
und Esc. *quieres* geben (der fünften Handschrift fehlt die erste Hälfte). Nun
ist zwar eine Nebenform *guieres* nicht unbekannt, aber unserm Dialekte fremd
und mit den obigen Reimen im Widerspruche. Es ist daher *gieres* „also"
zu lesen, während *quieres* eine Nebenform von *kieles* = '*sodes*' ist, dessen
Herkunft noch dunkel ist.

13. -*ail* aus *a*+*l̃* reimt nur mit sich selbst, nie mit urspr. -*eil* oder gar
-*el*. Ueber vortoniges -*aill* s. § 21.

14. *ai* vor Nasalen. Die Reime sichern das Zusammenfallen von *a*+*n*
(nicht -*m*) und *ẹ*+*n* und zwar sowohl vor einfachem, als vor palatalem Nasal.
Dass sich dagegen *a*+*m* nur im Reime mit sich selbst findet, dürfte darin
seinen Grund haben, dass es kein regelmässig entwickeltes Wort mit *ẹ̃*+ einfachem -*m* im franz. giebt. Beispiele zahllos, so in *I*: *vilain* : *plein* (*plenum*) 90,
frein : *main* 2269, *sain* : *fein* (*fēnum*) 5349, *demain* : *mein* (**mīno*) 1571, *mains*
(*mīnus*) : *mains* 1487, *sormeint* : *ataint* 3033, *graindre* : *feindre* 3095 u. s. f. —
fontainne : *peinne* 369, *semainne* : *peinne* (*poena*) 2479, *vilainne* : *demeinne*
5599, *semainne* : *meinne* (**mīnat*) 5805 u. s. f. Dasselbe gilt vor einem pala-
talisirten Nasal: *ataing* : *preing* (**prendio*) *I* 5035, ebenso *vaing* (*vĕnio*), *taing*,
desdaing (*digno*) : *baing* *C* 469, *Bretaingne* : *preingne* *C* 77, *veingne* (*vĕniat*) :
plaingne *C* 3078, *meingne* (**mīn-iam*) : *remaingne* (*maneat*) *C* 5297, *Bretaingne* :
anseingne *I* 2. *E* 6505, *preingne* : *Bretaingne* *I* 2545, vgl. *L* 1, : *remaingne* *I* 2101, : *montaingne* *I* 3849; vgl. *paingne* (*pĕctinem*) : *sovaingne*
L 1385 u. s. f.

Mithin wurden *praingne, vaingne* u. ä. mit *Bretaingne* gleich ausgesprochen,
und zwar ist *a*(*i*) nicht in *e* verwandelt, sondern umgekehrt *e*(*i*) durch den
Einfluss des Nasals in *a*, ein wichtiger dialektischer Zug. Die einem andern
Dialekt angehörige Entwicklung eines solchen *ei*+*N* in *oi* ist Christian fremd.

Wenn eine der Handschriften einen solchen Reim bietet, wie z. B. *I* 2509 (ich vermisse den Reim bei Lücking) *essoine* : *remoigne* (*remaneat*), so ist er sicher verderbt; so an dieser Stelle, wo alle anderen Handschriften die richtige Lesart mit *enseigne* geben, mithin *ensaingne* : *remaingne* reimt. — Der Copist von *A* stimmt auch hier mit den Reimen; die vereinzelten *moinne, poinne* müssen, wie Lücking S. 118 mit Recht bemerkt, der Mundart des Copisten einer andern Vorlage angehören. Ich habe in allen diesen Fällen überall *ai* geschrieben. Damit stimmt Rustebuef u. s. f. überein. Die *U* haben *ai* und *oi*, statt des ersteren auch schon *ei* oder gar *e*; z. B. 53. *plain* (*plēnum*) 95, *avaine* 100, *Saine* 145 neben *mein* (*manum*) 57 und *avene* 105 u. s. f. Es erklärt sich durch die spätere Zeit der *U*. No. 54 (Sens) hat meist *ein* 286, *seint* 292, *foreins, semeine, meint* 293, *mein, pein, polein* 296, zweimal *e* in *remenent* 288, *douene* 295. Für Jobin findet sich *Vileins* S 241 (1186), *Vilen* S. 242 (1187). Während dies = *a+n*, giebt dort *ę+n* ein *oi*, so *moine* 286, 27. *demoinne, moin* 19, No. 52 hat *peinne*.

ę + n gab zwar sicher zuerst *ein*, da aber dieses die Handschriften mit *ain* schreiben, so wird dies durch den Einfluss des folgenden *n* geschehen sein. Wäre dieses *ein* nie zu *ain* geworden, so hätte man keinen Grund gehabt, alle *ein* mit *ain* zu schreiben, wenn dies nicht die Aussprache bezeichnete. Es ist also nicht *plein* an *main* angeglichen, weil etwa letzteres bereits *mein* gesprochen worden wäre. Wäre *main* schon damals zu *mein*, also später zu *mē* geworden, so musste dieses heutzutage *mā* lauten. — Im O. wird dieses *ein* bekanntlich *oin*, hat also verschiedene Eutwicklung, die mit den Fällen *ę+Cons.* identisch ist. Die späteren Urkunden von Troyes, die überhaupt viel lothringischen Einfluss zeigen, schwanken zwischen *oin* und *ain*. — Ob zu Zeiten Christians noch zwischen *ain* und *ein* ein Unterschied in der Aussprache bestanden hat (ich neige zu dieser Ansicht, trotz einiger Schreibungen *ein, en* in *U*; *ain* und *ein* war im XVI. Jahrhundert noch *ēi*, s. Thurot 321. 342) oder nicht, schien mir für die Orthographie gleichgültig zu sein; ich folge der traditionellen Schreibung von *A* und andrer Handschriften.

Die Formen *vaing, taing, praing* (1. Präs.), dann *vaingne, taingne, praingne* (1. Präs. Conj.) sind der Champagne eigenthümlich, finden sich aber ebenso bei Rustebuef, bei dem jedoch Reime mit *oi+ñ* hineinspielen, was Christian vollständig fremd ist. *U* geben: 1. *retaig* (wie *doig, semoig*), 3. *taigne, praigne*, 13. *retaing*, 19. *teign*, 20. *retaing*, 22. *praignent*, 54. *veigne* (209), *veignent* (297), *vegne* (297), aber 12. *retiegn* (neben *doign*), 27. *tiengne*, 34. *Seigne*, 53. *tiengne* (229), *viegnent* (132).

15. *ié*. Die Reime auf *ié* entsprechen genau den Lautgesetzen; so auch *fesnier C* 3014 = *fascinare*; Fälle wie *deduiez* : *finez E* 4674 sind verlesen (l. *fuiez*) oder verdorben. Bemerkenswerth ist nur *ociêz* : *chastiêz I* 1669, da dasselbe *chastier I* 135. 625 mit *iér* reimt. Da es aber durch die Handschriften gesichert ist, so ist in *ociez* die Entwicklung eines die Kluft zwischen *i* und *e* vermittelnden halbconsonantischen *i*-lautes anzunehmen, nebenbei der einzige Fall in dem sonst so sorgfältigen Christian; doch vgl. ebenso *huier L* 5859 § 18 bei *ui*. — Bekannt ist die betonte Form *gié* (*ēgo*) *C* 4679 u. s. f. Das Imperfekt von *esse* lautet 3. Pers. *iére* (nicht *ęre*) *E* 3309. 4029, *L* 4131, *ierent C* 5822, das Futur ebenso *iert E* 4805, alle Stellen im Reime.

Feminin stets *-ié-e*, nie *l-e*.   Die mehrfachen Ausnahmen einzelner Hand-schriften gehören den Copisten an.

Selbstverständlich findet sich nur *ie* in *sachiez* u. ä., *-issiez*, *-riiez* (2. Fut.). Das Bartsch'sche Gesetz ist genau beobachtet.

Das Suffix *ianum* = *ien* reimt nur mit *ié*, also *Uri-ien I* 1015, *Cresti-ien C* 6784, ebenso *anci-ien* u. s. w. — Vortonig *A* und *U crestiantè* Jobin S. 287. *ĕ+u* in **strĕpum* hat bereits die Form mit späterem *r*, also *estrier*, s. § 24.

15a.   Ein Diphthong *ia* kommt nicht vor, ebensowenig wie *io*; *iaus* aus *ellus* reimt nur mit sich selbst, s. § 22 unter *l*.

16.   *eu* geht bei Christian auf zwei Quellen zurück, auf α) ọ und auf β) ọ+u.

α) Die hierher gehörigen Fälle sind bereits unter § 10 α) aufgezählt worden.   Reime für *-eus* (*ōsum*); *outrageus : jeus E* 235, *angoisseus : seus E* 2681, *vergondeus : deus C* 4195, *venimeus : feus I* 3353, *corageus : jeus I* 6152, *angoisseus : seus I* 677, *oiseus : feus P* 3747, ebenso 4692. 5264. 6043. 9668. 9689; für *preu : leu E* 5070, *C* 639. 2985, *I* 853. 1324. 3175. 5157, : *feu I* 2191; für *neveu : jeu C* 3446, : *leu C* 2140, für *veu* (*vōto*) : *jeu L* 696, *veu* (*vōtum*) : *neveu C* 2690; für *neu* (*nōdum*) vgl. *preuz : neuz E* 1183; für *deus : leus C* 2840, 5623, *I* 6363, : *jeus I* 3123; für *queus* (*cōtis*) : *preuz C* 4252; für *seus* (*sōlus*) : *deus C* 4506, *I* 2955. 4493. 5551, *P* 3395. 3427. 6357, : *jeus E* 2820.

β) Hierher die bekannten Wörter *feu* (nicht *fu*), *leu* (nicht *lieu*), *jeu*. Wie man sieht, ist also ursprünglich ọu und ọu zusammengefallen in dem Laut *éu*.

Den Reimen α) gegenüber muss *talentos : jalos L* 1085 einem Copisten angehören (so Cangé, während Aum., Tarbé fehlt, Vat. anders, Esc. *geloz : iertilloz*).

Dunkel ist die bekannte Stelle in *I* 1405, wo Cangé *cue : alue* hat, das Lücking S. 201 mit *cŏcum* erklärt.   Allein *cŏcum* giebt bekanntlich nur *cọu*, später *queu*.   Freilich könnte dies trotzdem mit **allŏdum* reimen, da dieses Wort eine doppelte Entwicklung aufweist, einmal ọ diphthongirt, dann *alue(f)*, oder ọ+u (wie *nīdum* = *nīu*), dann *alọu*, woraus je nach dem Dialekte *alọ* oder *aleu* geworden ist.   Allein der Sinn weist *coquum* zurück.   Die Hand-schriften nutzen nicht sonderlich: Paris 1450 hat *coe : aloe* (also = Cangé), Vat. *iceu : lieu*, während Aum., P. 12603 ändern, Guest die zwei Zeilen aus-gelassen hat.   Leider kommt *alodum* sonst im Reime nicht vor; da, wenn die Form *alọ* gesichert wäre, *co* gelesen werden müsste, das dann nur *ço* (*ecce hoc*) sein kann, was einige darin vermuthet haben.   Auch dies kommt im Reime nicht vor.   Nach der Entwicklung der übrigen ọ+u erwartete man aber bei Christian *aleu*.   In *U* finde ich das Wort bloss in 53, wo es regelmässig *alueu* lautet, einmal (184) *aluel* geschrieben.   *ço* in der Form *ceu* findet sich regelmässig im Bernart.

Hier erwähne ich noch das Wort *lŭpum*, das regelmässig *lọ+u*, also *lọu* geben muss, welche Form anderswo reichlich belegt ist.   Bei Christian kommt es nur zweimal im Reim vor: *nos* (*nōs*) : *los E* 4412 (alle Hand-schriften), *los : rọs I* 301 (alle Handschriften *lous : rous*, nur eine das unmög-liche *los : gros*).   Was ist *rọs*? *rŭssum* passt gar nicht, denn einmal sind die Zähne nicht roth; und selbst wenn es 'gelb' bedeuten sollte, so erwartet man vielmehr bei einem solchen Waldmenschen ein scharfes, blendend weisses Gebiss, wie bei dem Eber. Dies scheint auch das Nachbarwort *agu* zu verlangen. Allein ein *ros* giebt es ausserdem nur eines, *rōsus* (von *rōdere*), was kaum 'gewetzt, scharf' bedeuten kann. So wird man sich bei *ros* (*rŭssus*) beruhigen müssen. Sicher ist aber durch die beiden Reime die auffällige Form *lo*, so dass ich Cl. 3851 nicht hätte *lou* schreiben sollen. Aber regelmässig *lŭpa* = *love* C 5794.

Formen von *consuere* kommen im Reim nicht vor; sie können *ou* (*eu*) oder *o* bieten; nach dem bis jetzt entwickelten dürfte Christian auch hier, da die Silbe keine romanisch offene ist, *o* gesprochen haben, daher die Schreibung von *A* in C 1158 (*queusdre*) in *cosdre* umzuändern sein wird. Vgl. über dies *eu* Metzke II, 75. *U* geben *lous* 54 (292), 53. *Pisselou* (53), *Chantelou* (57).

16a. *oi*. Es giebt von Haus aus drei verschiedene *oi*, nemlich α) *oi*, β) *oi* und γ) *oi* aus älterem *ei*. Die ersteren zwei sind bei Christian noch scharf geschieden und reimen nie zusammen.

α) *oi*: aus den Reimen lernen wir nichts neues; es sind ausnahmslos die bekannten Wörter, wie *croiz*, *voiz*, *doiz*, *conois*, *angoisse*, *froisse* (von *froissier* = *frŭstiare*), *esloisse* (von *esloissier* = *exlŭxiare*, *deboissier* u. s. f. Ebenso weiss man, dass *moille*, *roille* ein *o* haben (s. R. St. III, 183 fg.), was hier z. B. durch *agenoille* : *moille* C 4294 gesichert ist.

β) auch bei *oi* sind die durch die Lautlehre gegebenen Thatsachen durch die Reime gesichert; zu erwähnen ist nur, dass, während regelmässig *oi* nur mit sich selbst reimt, vereinzelt ein Reim mit

γ) *oi* aus *ei* sich findet, so *envoie* : *joie* C 1173, *joie* : *otroie* C 4003, *joie* : *coie* I 4683 (nicht *cervoise* : *envoise* I 591, wie Lücking S. 204 sagt, da hier *ei* : *ei*). Dieselben Reime finden sich bei Rustebuef und Guiot v. Provins.

Dem Dialekt der Champagne eigenthümlich ist *ei* + *l̃* = *oil*, wie *A* immer schreibt. Die Reime können dies nicht erweisen, da dieser Laut von *oil* ganz verschieden ist, mithin nie mit ihm reimen kann, und es in der Champagne kein anderes *oil* geben kann (*o* + *l* + *l* = *uel*, s. § 17. β).

A hat immer *oi*; in *U* finden wir diese Lautgruppe überhaupt nur in 43 *consoil*, 10. 51 aber *conseil*, vgl. Metzke II, 62 und *consueill* das. 75. Francisch ist -*eil*, Lothringen, Franche-Comté, Burgund haben -*oil*.

Dagegen sichern die Reime für Christian -*oiz* in 2. Pl. Fut., so -*oiz*: I 4275, P 5391. 5875. 8543, ebenso 2. Conj. Präs. *parloiz* : *droiz* E 167. Das einzige *avrez* P 2696 (wozu ich die Varianten nicht habe) ist sehr verdächtig. -*oiz* im Reim bei Rustebuef, vgl. noch Metzke 63 fg. Die daselbst aus *U* angeführten -*oiz* in 2. Präs. Conj. sind nicht „umgekehrte Schreibung", sondern analogische Formen, gebildet nach -*oiz* 2. Präs. Conj. der *A*-verba, wo lat. -*ētis* regelmässig zu *oiz* entwickelt ist.

chevoistre, nicht *chevestre* zeigen die Reime E 3496, I 2500.

17. *ué* α) vor gew. Consonanten nichts zu bemerken; *fors* bleibt, s. zu *o*. β) *ue* vor *l* + *l* bleibt rein, *duel*, *vuel*, *oel*, *orguel* u. ä. gesichert durch die Schreibung von *A*, da die Lautgruppe nur mit sich selbst reimen kann. γ) *ue* + *n* gesichert bei den auch sonst bekannten *cuens*, *tuens*, *suens* nur indirekt durch Schreibung von *A* und fremden Texten, für *buens* durch Reime

mit den drei vorausgenannten, z. B. *I* 17. 517. 1207. 2109. 2971 u. s. f. Damit stimmt der Dialekt der Champagne, während Christian das sonst hier vorauszusetzende östliche *huem* (*hŏmo*) nicht kennt; er hat nur *hon*, wie viele Reime beweisen, z. B. *I* 327. 569 u. s. w. Auch hier ist die Frage berechtigt, ob nicht zwar regelm. masc. *buens*, aber fem. *bone* gelautet hat (vgl. zu § 10. *β*, 2), das später analogisch freilich *buene* geben musste. *U* geben *ue*: 1 *cuens*, aber *bone*, 4 *cuens*, *suens*, 14 *suen*, aber *bone*, 15 *boene*, 20 *bones*, 27 *boen*, *soen*, 30 *cuens*, 52 *boens*, 53 *cuens* (sehr oft), einmal *vicueins* (73), 54 *viscuens*. Auffallend, dass *boens* (nicht *buens*) in *A* und *U* überwiegt. *A* hat *boene* Partenop. schreibt meist *buene*); da aber *boen* und *suen* reimen, so ist der Unterschied bloss orthographisch, wahrscheinlich durch lat. *bonus* veranlasst. Nur *hom* in *U*.

Die Schreibung von *A* und andren Handschriften zeigt, dass dieser Laut *ue* im Anlaut stets *oe* geschrieben wird, also *oel* (*ŏculum*), aber sofort *l'uel*, wie es in den Inlaut tritt. Also einmal diese Schreibung, andrerseits Reime, wie *:uel* : *oel* *I* 1103 u. s. f. zeigen mit positiver Sicherheit, dass wir es hier mit einer rein orthographischen, durchaus nicht lautlichen Eigenheit zu thun haben. Der Grund dazu liegt auf der Hand; ein *uel* müsste von jedem *vel*, nicht aber *ü̯l* gelesen werden. Eine andere Frage ist es, warum man zur Vertretung des unbrauchbaren *u* das lautlich ziemlich fernliegende *l* genommen hat. Aber welchen andern Buchstaben konnte man wählen? Das einzige *i* bot sich als der nächste lautliche Vertreter; allein *i* wäre ebenso gelesen worden; vielleicht war obendrein der Unterschied zwischen *i* und *l* den Copisten ein so energischer, dass man *o* mit Rücksicht auf die latein. Ätymologie wählte, also *oel* (st. *uel*) wegen *oculus*.

Anm. 1. Der Copist *A* schreibt oft *boens* statt *buens*.

Anm. 2. Eine eigene Untersuchung verdienen diejenigen Dialekte, deren Texte *oe* ausnahmslos (In- und Anlaut) statt des ihnen unbekannten *ue* schreiben.

Anm. 3. Einmal *juevre* (*jŏvenem*) : *descuevre* C 2861.

18. *ui*. Die Reime lehren uns die bekannten Thatsachen, die wir a priori für die Champagne festsetzen; also: *ŏ*+*I*, *ū*+*i*, *ŏ* (*ǖ*)+*ī* (Umlaut) = *ui*; mithin *nuit*, *fui*, *tuit*, *dui* (lat. *dŭo* = *dǔī*), *fŭit* (*fūgit*), *cuit* (*cōgito*), *onui* (*cognōvi*). Zu *ŏ* gehört ebenso *pluie* (*plŏvia* aus *plŭvia* durch Ablaut), wie *jūvenis* ein *jŏvenis* giebt, daher *juene*.

Desgl. ist sicher *truis* : *puis* *I* 357. 2027 u. s. f. *truisse* : *puisse* *I* 3031. 775 u. s. f. — Oestliches *pues* (*pŏs*[*t*]) weder bei Christian noch *U*.

3. Präs. Conj. lautet nur regelmässig *puisse*, wie viele Reime zeigen, ie findet sich das spätere *puist*. — *estuide* : *cuide* E 4, C 3352.

Luite (*lūcta*) reimt : *ipocrite* *I* 2737, : *confite* C 3363, das einzige Wort, ei dem mithin die natürliche Accentverschiebung gesichert ist, vgl. Metzke I, 69. Dass bei allen übrigen Wörtern dasselbe bereits geschehen sei, ist wenig wahrscheinlich; man vgl. z. B. wo der Hiatus zwischen *u* und *e* durch *in i* gehoben wird, wie *ruie* : *enuie* C 1907, : *fuie* 3429, einmal *ruient*, ebenso *uient* E 119, P 7389, ebenso vortonig *huier* : *escuier* L 5859 (vgl. zu § 15).

19. *Iu* kommt bei Christian im Reim nicht vor, wiewohl der Laut bei ihm noch vorgekommen sein muss, vgl. *siut* (*sekuit*). Der Conj. lautet *sive* : *ve* (*ẽqua*) P 8515. Vgl. wegen *sēkuere* Metzke II, 69 fg. Die dort angeführten

Reime lassen wohl auf *sivre*, nicht *siure* schliessen. Bei Christian kommt es
im Reime überhaupt nicht vor, trotzdem Reime auf *-ivre* nicht selten sind.
Sollte er *siure* gesprochen haben? *A* schreibt *siure, siudre*. — Dieses *iu*
halte ich auch für nothwendig, um das spätere *suivre* erklären zu können; denn
iu verwandelt sich, wie sonst überall auch hier, in *ui*, während das *v* durch
Analogie von *sive, sivons, sivez, sivent* hineingekommen ist, während umgekehrt diese Formen ihr *ui* analogisch von *siu, siut, siure* entlehnten. — Wie
lautet **legua*? Ich finde es nur einmal im Reime mit *vles* (*vītas*) : *liues E* 5350
(alle Handschriften; nur Cangé schreibt *lies*). Mithin ist *liue* zu schreiben,
wie *A* regelmässig hat; ebenso wohl auch *triue*. Nie reimen sie mit dem so
leicht darbietenden Reim *-ive*.

Für die **Vortonigen Vocale** lassen die Reime im Stich; ich kann
mich hier nur auf *A* und *U* stützen, die aber bei dem steten Schwanken für
sich allein nichts entscheiden.

21. *a* wird in ursprünglich offener Silbe in *e* geschwächt, also *meniere,
menoir, guehaignier, peor, eü* u. ä., *cheï* gegen *remasist, chascun* u. s. f., wo
a durch die geschlossene Silbe geschützt ist. Allein *A* geht weiter und hat
auch *memeles* u. ä., wo ich ihm nicht folgen mochte. Die Schreibung *guehaignier* scheint mir die Aussprache des *ai* mit *a* zu sichern, da sonst zwei
auf einander folgende *e* einen Missklang hervorrufen würden. *A* giebt immer
aparcevoir, aber *hernois*. Hier ist eine Frage zu berühren, die auch bei den
folgenden Vocalen immer herangezogen werden sollte, ob nemlich Christian
in Fällen wie *cheï* : *esbahi* reichen Reim beabsichtigt hat oder nicht, da er
durch *chaï* sofort gegeben wäre. Ich wagte es nicht, die überwiegende
Schreibung deshalb aufzugeben.*

Was *ai* anlangt, so ist *ai+* betonter Vocal durch die Orthographie stets
gesichert, also nur *essaia, delaier, plaiez, saiete* u. s. f. Was aber *ai+*Cons.+ '
anlangt, so musste hier *ei* um so mehr geschrieben werden, als ebenso unter
dem Ton verfahren wird, und der vortonige Diphthong der Schwächung noch
mehr ausgesetzt ist, als unter dem schützenden Ton; wie denn auch *A*
bereits öfters *lessier* neben gewöhnlichem *leissier* u. ä. bietet. Wenn daher
auf ein vortoniges *ai* mehrfache Consonanz folgt, ist einfaches *e* wahrschein-

---

* Auch abgesehen von rein lautlichen Varianten, die reiche Reime her-
stellen würden, ist das Capitel der reichen Reime in der Christian'schen Text-
überlieferung ein dunkler Punkt, zu dessen Lösung ich bis jetzt den Schlüssel
nicht gefunden habe. Es giebt hunderte von Stellen, an denen oft gerade
die besten Handschriften nur genügende, andere mindere aber prächtige, reiche
Reime darbieten, während der Sinn bei beiden Lesearten nichts zu wünschen
übrig lässt. Was soll in den Text eingesetzt werden? Die Mechanik des
Textmachens verlangt den genügenden, die so oft bewährte glänzende Vers
technik des Dichters den reichen Reim. Einmal muss man sich sagen, das
Christian aus soviel davon versteht, wie ein verbesserter Copist; dem Einwand
ferner, kein Copist hätte einen in der Vorlage vorgefundenen reichen Rein
verschlechtert, muss man entgegenhalten, dass es dann überhaupt, von direkten
Lesefehlern und Missverständnissen abgesehen, keine Varianten geben könnte.
Und doch wie viele absolut klare Stellen sind von den Schreibern ohne jeden
innern Grund geändert worden! Mithin kann sich ein solcher auch damit
die Langeweile des Abschreibens kürzen, dass er auch reiche Reime durc'
andre zu ersetzen sich bemüht, nur um überhaupt zu ändern.

licher, daher ich überall *aresnier, mesniee* schreiben konnte. — Eine eigene Bemerkung verdient noch das Suffix *-ationem*, das regelmässig *-eison* geschrieben wird, während in *A* einigemal das spätere *-ison* bereits auftaucht. Schwierigkeiten macht vortoniges *aign* und *aill*. Da bei ersterem sich nur *acompaignier* findet, dagegen bei *ateignant, deignoit, seignor* die Schreibung mit *ei* überwiegt, habe ich diese Schreibung beibehalten. Ebenso schreibe ich nach der überwiegenden Schreibung *einçois* (*A* hat einigemal sogar *encois*), *einsi* (ebenso *A* öfter *ensi*) u. ä. und nicht *ainçois, ainsi*; ebenso *daigne*, aber *deignoit* (*A* schwankt), da *ai* vortonig früher die Abschwächung erfahren musste, als unter dem Ton. Das Schwanken ist noch grösser in *travaillier* neben *traveillier* (woraus im *N. travillier*) wird, und hier hätte ich die geschwächte Form durchführen können, wenn auch ebenso die Möglichkeit der analogischen Beeinflussung durch die betonten Formen für Christian bereits möglich ist. Allein nie anders als mit *aill* geschrieben sind die zweisilbigen Wörter (*aill_*) und deren franz. Composita, ganz regelmässig, da hier die vortonige Silbe *aill* nicht durch die vorausgehende, nebentonige Silbe wie in ‿*aill_* erdrückt wird; also zwar *tràveilliér, bàteilliér*, aber nur *faillir, saillir, baillir* und ebenso *tressaillir, assaillir*. Bei *tressaillir* *C* 644 hätte ich mich durch den Reim *anpalir* nicht bewegen lassen sollen, *tressalir* zu schreiben, da *A* diese Schreibung überhaupt nicht kennt.

Vortoniges *o* wird zu *e* geschwächt, wie in *seror, enor* u. ä., daher um so eher in *vilenie, chancenete, correcier* u. ä., wenn auch an *felenie, felenesse* gezweifelt werden kann, da hier einmal die mehrfachen *e* misslautend sein und die Existenz des selbständigen *felon* die ältere Form *o* bei dem als Derivatum gefühlten Wort schützen konnte. — Ueber *le, les* ist zu bemerken, dass alle Hss. und *U* nur *les* geben. Um so grösser ist das Schwanken beim Sing. *A* hat nur *le*, *S* meist *lo*; *U* überwiegt stark *le*, dann kommt *lo* I. 13. 20. 26. 33. 34. 37, endlich *lou*, nur in 16. 27. 36. 54; einige *U* schwanken. Hätte ich nicht das alterthümliche *lo* einführen müssen? Ich halte dies für östlichen Einfluss und wählte deshalb mit *A* die Form *le*. — Ebenso *A nel* (*U* auch *nou*, östlich). Ferner hat *A* zwar *si* (*sic*) 'und', aber regelmässig *sel* = *si le*, wohl in Angleichung an den Plural *ses* = *si les*, oder weil es fast unbetont ist, wie denn auch andre Hss. sogar statt *si* selbst oft ein *se* setzen.

Neben *enor* findet sich vereinzelt *anor*, wie neben regelmässigen *enui*, ein oder das anderemal ein *anui* unterläuft. Dagegen ist *anemi*, wohl wegen der Dissimulation, die vorherrschende Form.

Stets *foïr, foï* (von *fugire*), aber *fuiez, fuiant*, d. h. wo auf das *u* ein jotacistisches *I* folgt.

Regelmässig ist *on* geschwächt in *volantiers, volanté*, wobei die Schreibung *an* über *en* in *A* und *U* überwiegt, vgl. § 4.

Für aus älterem *ei* entstandenes *oi* zeigt *A*, dass vortonig die ältere Lautstufe geblieben ist, also *leisir, corteisie, anveisié, dameisele, acreissoit, reiaume, veisin*, weshalb ich auch *peisson* und ä. mit *ei* schreibe. Dagegen *esploitier, droiture* u. ä. *oi* die regelm. Schreibung, was lehrt, dass dieselben nicht direkt aus älterem **explicitare, *directura*, sondern von dem fertigen franz. *esploit, droit* abgeleitet o. doch durch diese beeinflusst sind. Doch liess sich das theoretisch richtige *ei* bei *espleitier* mit Bezug auf *C* 217 *meitié* : *esploitié* rechtfertigen, ebenso *C* 95, wo es mit *covoitier* reimt, das bald mit *oi*, bald mit *ei* sich findet. Für *moitié* findet sich meist *meitié*, aber einigemal das jüngere *mitié*, ähnlich *damisele*, ebenso für *aproismier* (*oi* urspr.) ein durch die Mittelstufe *apreism-* gegangenes *aprismant*. Regelmässig *proier, proiere, anvoier, anploier, avoier, tornoiemant, otroier* u. ä. neben *pria, anvea, anplea, avea, veage, veant* (doch auch *preier*), d. h. *oi* steht dann, wie die betonte Silbe mit *ié* beginnt, sonst vor *a* immer *e*. Regelmässig schreibt *A* statt des betonten *oi* in *oil* (aus älterem *eil*) vortonig *ei*, also *consoil, aparoil, voil* (*vigilo*) u. ä., aber *conseillier, esveillier, apareillié* u. s. f.; ebenso immer *paveillon, torbeillon*. — *A* hat regelmässig *conoissance, conoissons* u. s. f., doch auch sporadisch das umgelautete *conuissance, conuissoit*, was sich auch in den betonten Silben (hier eher berechtigt) einigemal findet. Ich schreibe stets *oi*. — Was *ui* anlangt, so schwanken *apoier* und *apuier, voidier* und *vuidier, poissanz* mit *puissanz*, so dass *ui* überwiegt; ich hätte nach den vorher behandelten Analogien stets nur *oi*, weil v o r t o n i g, schreiben sollen. Dagegen findet sich nur *cuidier, luisant* u. ä., ebenso *cuiriée* (also vom fertigen *cuir* abgeleitet).

Consonanten.

22. Für die Vocalisirung des *L* (ebenso *l* als $\bar{l}$) + Cons. lehren die Reime folgendes:

α) *a* + *L* + Cons. reimt regelmässig mit sich selbst, mag *a* primär oder secundär sein. Vgl. γ) und *ι*). Reime mit *au* können sich nicht vorfinden, da es zu der Zeit kein anderes *au* mehr gab. Ausfall sichert *ba(l)sme* : *blasme I* 1401, noch einmal : *pasme*. Beachte *hira* (*heraldum) *I* 2202, *L* 5572 statt des erwarteten *hiraut*.

β) *ę* + *L* + Cons. reimt nur mit sich selbst.

γ) *ué* + *L* + Cons. reimt mit *ié* + *l* + Cons., vgl. *iauz* (*oculos*) : *miauz* (*melius*) *C* 260, *I* 4177. Zweifelhaft ist *ciaus* (*caelos*) : *moiaus* (‚Eidotter‘ von *moiuel*) *I* 4066, nicht wegen der lautlichen Unterlage, sondern weil das Wort nicht gestützt ist und dem Sinne wenig entspricht. Es ist auf Grund der Ueberlieferung *miaus* (d. h. *miels* 'Honig') zu lesen. — Beachte *jaude* (*gĭlda) : *chaude C* 1989, *fautre* (*fĭltrum) : *autre C* 3544. 3765, *I* 3225. Wegen *Iseuz* : *preuz C* 5262 siehe δ).

δ) *ę* + *L* + Cons.; wir haben Reime, die für *ęu* + Cons. zu sprechen scheinen, so *deus* (*dĕus*) : *ostęls L* 940, : *tęls P* 1392. 8977. *Greus* (*Graecos*) : *cruęls C* 3528; allein folgende Reime sichern den Ausfall des *l*, vgl. *tels* : *K'és* (der Seneschal) *L* 5270, *ostęls* : *remęs E* 5650, *naselz* : *assez E* 5927, so dass, da *Gré, dé* durch Reim gesichert sind (siehe § 7), umgekehrt kein Reim, der *Greu, deu* stützen würde, sich vorfindet, auch in den ersten Reimen Ausfall des *l* anzunehmen sein dürfte. — *Iseuz* : *preuz C* 5261 zeigt, dass wir es in *Iselt* nicht mit *ę* zu thun haben.

ε) Für *i* + *L* + Cons. finde ich nur *periz* (*perīculum*) : *anpererriz C* 5859, kein Reim für *vīlis* u. ä.; vgl. ϑ).

ζ) Für *ǫ* + *L* + Cons. sichern die Reime ebenso den Ausfall des *l*, vgl. *fols* : *los E* 1217, *P* 7959. 8478, : *os* (*auso) *C* 627, *cols* (*cŏllos*) : *os* (*ŏssum*) *E* 5930, *cols* (*colapos*) : *repos E* 892, *anclos I* 217. 4199, *dos* (*dŏssum) *I* 6117.

η) ϱ+L+Cons. reimt regelmässig nur mit sich selbst, nur ein Wort (*dote* :) *escolte E* 5665, *C* 4661 (ebenso Guiot 864), nie etwa *molt* : *tot*, trotzdem sich viele Reime darboten. Hierher gehört nicht *boche* : *coche I* 289, da letzteres nicht, wie Lücking S. 256 annimmt, *colche* ist, sondern das neufr. *souche*, altfr. *çoche*. — *sõlus* giebt *seus*, siehe oben.

ϑ) Für *u* + *l* + Cons. sichern den Ausfall des *l* Reime wie *nuls* : *plus C* 331. 3019, *I* 2287. 3547, : *refus I* 5716; ein Diphthong *üu* ist unsprechbar, und auch ein *iu* machte ziemliche Schwierigkeiten (man bedenke, wie ältere *iu* entweder zu *ui* oder zu *ieu* werden), so dass der Analogie nach auch für *i*+*l*+Cons. Ausfall anzunehmen wäre, auch wenn der Reim *periz* : *anpererriz C* 5859 nicht vorläge.

ι) *oi* (aus älterem *ei*) + *l* + Cons. reimt nur mit sich selbst; *assauz* (*adsaltus*) : *vermauz P* 5503 in Mons ist verdorben.

Wie man sieht, geben die Reime nicht auf alle Fragen genügende Auskunft, daher wir uns auch hier anderswo umsehen müssen. Wir dürfen dabei zweierlei nicht vergessen, 1. dass die Schicksale des *l* je nach der N a t u r des vorausgehenden Vocals in ihrer Entwicklung überhaupt v e r s c h i e d e n sein können und dass sie obendrein z e i t l i c h n i c h t z u s a m m e n z u f a l l e n brauchen; 2. dass a priori anzunehmen, dass die einzelnen französischen Dialekte dieselbe Lautgruppe verschieden behandelt haben werden.

Wenn wir, von Christian absehend, die ältesten Texte überhaupt in Bezug auf ihre Orthographie untersuchen, so finden wir, dass *l* vor *a* am frühesten mit *u* geschrieben sich findet, während noch alle andern *l* intakt geblieben sind. Damit stimmt ebenso die Graphie der ältern l a t e i n i s c h e n Urkunden, die bei den französischen Eigennamen dieselbe Erscheinung zeigen. Damit stimmt ferner die Thatsache, dass gewisse romanische Sprachen (vgl. rätorom.) ebenso wie indogermanische zwar *l*+Cons. nach *a*, aber nicht nach den übrigen Vocalen vocalisiren. Selbstverständlich ist also überall α) *au*+ Cons. zu schreiben, womit auch der Copist von *A* u. s. f. und die Urkunden (die freilich sämmtlich jünger sind als Christian) übereinstimmen. Dasselbe gilt von β) *ϱ*+*l*+Cons., da die Champagne zu denjenigen Dialekten gehört, die *ϱ* in *ia* umbrechen, welches *a* ebenso die Vocalisirung beschleunigt hat, daher *iau*+Cons., wie *A* und Urkunden zeigen. Dasselbe geschah mit γ) *üé*+*l*+Cons., dass also *üau*+Cons. hätte geben sollen, also einen dem Altfranz., das überhaupt Triphthonge perhorrescirt, fremden Laut, der durch Schwächung des *ü* in *i* sich entwickelte zu *iau*+Cons. Richtig reimen auch diese beiden *idu* miteinander, nicht aber mit *du*. *A* und Urkunden stimmen überein. δ) *A* und Urkunden haben fast ausschliesslich *eus*, *ex* neben seltenem *els*; ich habe trotz der Reime mich dieser herrschenden Graphie fügen zu sollen geglaubt, da die Möglichkeit von Nebenformen nicht auszuschliessen ist. In ζ) und ϑ) habe ich, da Reime, *A* und Urkunden (diese letzteren schwanken) übereinstimmten, das *l* immer unterdrückt. Bei η) spricht die Graphie der Urkunden und von *A*, die entweder *l* oder *u* schreiben, gegen die vereinzelten zwei Reime, daher ich überall *u* schrieb. Was ι) anlangt, so stimmt *A* und Urkunden überein, dass *oil*+*s* = *auz* (*z* wegen *l̄*) ist, und man wundert sich nicht wenig zu sehen, dass im ganzen Christian sich kein einziger Reim (wegen *assauz* : *vermauz P* 5503 s. oben zu ι) findet.

Sollte *au*+Cons. aus *a*+*l*, weil früher entwickelt als das letztere, bereits *ou* sich genähert haben, so dass der akustische Effekt dem sorgfältigen Christian die Reime verbot? Eher bin ich geneigt, anzunehmen, dass es ein reiner Zufall ist, um so eher, als die Zahl der Reime auf *-auz* eine geringe ist. Allein die Uebereinstimmung von *A* und *U* in der Schreibung *auz* machte mir dieselbe zur Pflicht.

Eine absichtliche Inconsequenz habe ich mir bei ε) zu Schulden kommen lassen, wo die Reime bei *i*+*l*+Cons. für den Ausfall des *l* plädiren. Ich habe zwar demgemäss *fiz* (*filius*) u. ä. geschrieben, wo eine Zweideutigkeit ausgeschlossen war, wagte aber dasselbe nicht bei *vilis*, da hier *vis* in der Schrift mit *vivus* zusammenfällt, und die Handschriften stets *vils*, *vix* bieten. Hier *C* 1801. 6240 schrieb ich daher *vius*. — *C* 1568 besser *fis* gegen *A*.

Die bei Christian vermissten, aber vorauszusetzenden Reime von *ę*+*l*+ Cons. und *a*+*l*+Cons. (*iau* : *au*) finden sich bei Rustebuef (vgl. Metzke II, 77), und bei Guiot 2078. Ein Reim wie *diaut* (*dolet*) : *apiaut* (*apęlt*), *diaus* (*dolus) : *biaus*, die wir als richtig voraussetzen müssen, findet sich weder bei Christian, noch bei Guiot und Rustebuef. Doch vgl. γ).

In *U* findet sich *Theobaudus* (J. 1089) u. ä., während *Lonsoudi* (1144), *Lonsout* (1181), *Restoudus* (1145), *Lonsodo* (1168) sich erst viel später vorfinden. Dieses *au* findet sich im ganzen 12. Jahrh., *ou* fand ich sehr selten, z. B. *Giroudus* (Jobin S. 222) in einem leider nicht datirten Document. Für *-ellus* zeigten *U* fast ausschliesslich *-iaus*, für *ęls* meist *eus* oder *?x* (so *A*), sehr selten *es*, öfter *quiex*, *tiex* (auch *A*) (vgl. Metzke II, 80), welche letztere Formen ich noch immer nicht zu erklären vermag. Für *il*+Cons. meist *iu*, so *fiuz* 40. 46. 47, *fiz* 39, *fis* 54. Für *ęl*+Cons. finde ich nur *ou*, doch giebt es wenig Beispiele, *ęl*+ Cons., *ou* oder *ol* (andre Entwicklung in *morre* = *molere*). Füz *vŏlit*, das Metzke gar nicht erwähnt, also in seinen Texten nicht angetroffen haben wird, finde ich *veult* 1, *vuelt* 13, aber *viaut* 14. 20. 54 (Sens), *quiaut* (*colligit*) 54, daselbst auch *miauz* (*mēlius*). Dies genügt, um *A's* Schreibung zu stützen, wobei bemerkt werden muss, dass Beispiele für *ęl*+Cons. in den meisten Urkunden sich gar nicht vorfinden.

Da ich aber regelmässig der Reime wegen in *ęl*+Cons. das *l* auslasse, wie sollte ich mich derselben Lautgruppe gegenüber verhalten, wenn sie vortonig war? Dieselbe Schreibung anzunehmen, verbot mir die Orthographie von *A* und *U*, die dann nie dies *l* auslassen, es sei denn in Fällen wie *vosist*, wo also die betonte Form *vost* ausschlaggebend ist. Ich habe deshalb immer *ou*+Cons. geschrieben, mag das *l* vocalisirt oder ausgefallen sein; im letzteren Falle kann *u* immer noch die frühzeitig eingetretene, geschlossene Aussprache des vortonigen *o* bezeichnen.

Um mit *l* abzuschliefsen, behandle ich hier die einschlägigen Formen des Artikels und des Pronomens. *A* und *U* stimmen überein in *al* = *au*, *dels* = *des*, während für den Rest grosses Schwanken herrscht. *A* hat nur *as*, ebenso fast immer *U* (*aus* finde ich nur 29. 52), *A* nur *el* (*U* nur *ou*, weil später), nur *del* (*dou* finde ich nur in der Ueberschrift des *I*), während hier *U* fast immer *dou* (weil später) hat, neben sporadischem *do* 10, *du* 13. 15; *del* geben 18. 20. 31. 46, und viele Urkunden zwischen zwei oder drei 'ormen schwanken. So in 53 (Livre des Vassaux) *dou* und *deu* gleich häufig, *'el* nur S. 73. 213, *du* 59.

Noch verwirrender ist die Schreibung von *els* und *cels*, für die die *l*eime nichts lehren. *A* hat nur *ax, aus*, während *U* zwischen gew. *ax, us, aux, auls* schwanken, wozu *as* 4 und *es* 45, *ex* 10, *eux* 1. 13, also ganz poradisch, hinzutreten. Es ist mithin stets *aus* zu schreiben. Dasselbe *l*öchte man ohne weiteres für *çaus* annehmen, aber *A* und *U* haben zwar *l*uch oft *cax* 1. 13 (regelmässig), *caus* 12. 22. 32. 33. 34, *caux* 14. 20. 36, *ciaus* 16, *ciaux* 20, *ceaus* 48. 50, gegenüber *cex* und *celx* 13 (vereinzelt), *cels* . 20. 31. 36, *ceus* 12. 23. 25. 30. 35, 37. 43. 49, *ceulx* 11, *ces* 4, so dass *l*an eine verschiedene Entwicklung anzunehmen geneigt wäre (z. B. *çaus* etont, wie *aus* es immer ist; *ce(l)s* unbetont, wie manche Schreibungen in *l* vermuthen lassen); allein mir ist es wahrscheinlicher, dass viele Copisten eshalb vor *caus* zurückschreckten, um ein Verlesen mit gutturalem *caus* zu erhindern, da für *k* und *ts* nur ein Zeichen (*c*) vorlag; ferner liegt in vielen *'*ällen sicher eine Verwechslung mit *cez*, das bereits *ces* (der Singular sogar *e*, oft in *A*) geschrieben wird, so dass die Copisten den Unterschied zwischen *ist* und *cil* vernachlässigen. — Lat. *-ll-* ist stets vereinfacht, also nur *ele, bele, ile* u. s. f.

23. Dass *l̃* ebenso wie *l* vokalisirt, haben wir schon gehört; also wie oben *ssauz : travaus* C 1518 reimte, ebenso *genolz : volz* I 5511, C 379. 4370 u. ä. Was inlautendes *l̃* anderer Texte betrifft, so ist hier der Reim *volent (bülliunt) : colent* I 6201 zu erwähnen, ebenso wie *duelent : vuelent ·'*6203 u. ä., aber *saillent : travaillent* C 1723. 1982 u. s. f. Ein in den Aus-*l*ut tretendes *l̃* wird zu einfachem *l*, da eine Aussprache *lj* ohne folgenden *l*achschlagvocal unmöglich ist; daher reimt *-l̃ : -l*, z. B. *peril : il* C 2414. *l*790, I 3603. 5253, ebenso *peril : fil (filii)* I 3937, und dass hier nich *fil̃*, *l*eigt *fil : il* I 4265 u. s. f. Ebenso ist gesichert *essil* C 1080. 5228, *nombril* *·'* 1082 u. s. w. Dasselbe zeigt die Schreibung von *duel, vuel, orguel* u. a., *l*enn auch der Reim selbst nichts verrathen kann, da ein Wort *-uel* = lat. *l*lum sich nicht vorfindet, mit dem unser obiges *-uel* reimen könnte; allein *l*ier stimmt die Schreibung von *A* mit den oben erwähnten Reimen auf *-il̃* *l*il, wozu dann Beza S. 63 zu vergleichen, dessen Ausführungen vollständig *l*ir Christian gelten. Aber *vail (valeo) : travail* C 167, *fail : travail* 775 u. s. f., *l*lso auch *vaillant* und dgl., ebenso zwar *bolent*, aber *boillant* u. s. f.

Im Inlaut steht einmal regelmässig, wie erwähnt, *vuelent, duelent*, aber *l*uelle : *duelle : fuelle* I 459. 4129 u. s. f., ebenso *fille : essille* I 703, : *aville* *l* 4131, C 2671, dagegen *mile (milia) : vile (villa)* I 1277, C 2706.

24. *r*. Wir haben gesehen, dass lat. *-ll-* stets mit einfachem *l* zu *l*chreiben ist; wie steht es mit lat. *-rr-*? Auch hier ist a priori dasselbe an-unehmen, was Reime wie *devorent : corent (currunt)* C 1756 bestätigen. \llein wie steht es mit secundärem franz. *-rr*, das *α*) einmal auf lat. Dental+*r*, *l*) Dental+Voc.+*r*, dann *γ*) auf lat. *r*+Voc.+*r* zurückgeht? Es ist klar, *l*ass dies *rr* sicher eine Zeit lang gesprochen worden ist, nachdem lat. *-rr*-ängst vereinfacht worden. Hier ist die Schreibung der Handschriften, auch on *A*, ziemlich schwankend; doch sieht man, dass in *α*) einfaches *r* über-*l*iegt, während bei *β*) regelmässig *rr* geschrieben wird. Was lehren die

Reime? α) lat. *-tr-* reimt mit lat. *-r-* regelmässig; vgl. *repaire* : *apaire*
C 1663. 2680, *-riere* (*rĕtro*) *I* 283. 953. 1905. 2571 u. s. f., *pere* : *amere* C 2135,
frere (*fratrem*) : *conpere* C 468, *:avere I* 4405, ebenso noch *lere* (*latro*):
ere (*arat*), *piere* (*pĕtra*) : *fiere* u. s. w.   β) *croire* : *voire* C 2105, : *foire*
I 419, : *despoire I* 1427, *provoire* : *noire* C 4682, *porent* (*pŏtuerunt*) : *orent*
(*habuerunt*) C 1967, *I* 4155 u. s. f.   Fast alle Reime auf *-ire* sind rein, d. h.
sie gehen auf reines lat. *r* zurück; ebenso reimt andererseits *-irre* (lat. ĭd+
Voc.+*r*) in *I* 1555. 5467. 6061 u. s. f. mit sich selbst.   Allein es reimt trotzdem
ocirre : *dire* C 5525, *desirre* : *sospire* C 575, *dire* : *rire* C 1574 einerseits, dann
fi(s)rent : *servirent* C 567. 2003. 5767 u. s. f.   *vi(d)rent* : *fi(s)rent* C 4837, : *saillirent I* 651 u. s. f., so dass auch hier einfaches *r* für Christian angenommen
werden muss.   *A* freilich hat fast immer *rr*, ganz besonders vortonig, so dass
ich demselben folgte, auch in *comanderre*, *amerre*, *lerre*, aber *pere*, *frere*,
mere, *rire* u. s. f.
        Endlich der Reim *-erre* führt auf doppeltes *r* nicht nur in *querre* (zahl-
lose Reime), sondern auch in *terre*, *guerre* (ebenso).   Dagegen spricht nicht
anserre (*sĕrat*) : *querre* C 4718, da **serrare* gemeinromanisch ist; *sĕrat* hätte
ja *siere* geben müssen.   Allein streng genommen sind auch diese Reime nicht
sicher beweisend, denn da *corent* (= *cŭrrunt*) gesichert ist, so wird ebenso
terra ein *tere* geben, und ebenso nun *quer(e)re*, das ursprünglich *rr* hatte
später *quere*.   Man beachte, dass es kein Wort im altfranz. auf *ere* (*ai* reim
noch nicht mit *e* vor einfachem Consonant) geben kann, daher die Reime die
Frage offen lassen.
        Der Reim sichert jüngeres *estrier* (statt *estrieu*) *E* 866, C 3587, *P* 6951
der einzige Fall bei Christian, vgl. zu *ié*; ferner *juevre* (*jŭvenem*) C 2861 und
traïtes E 3346, C 1226; *mūla* giebt regelmässig *mule*, neben dem *mur*,
E 5132, *L* 2782 gesichert ist.   Nichtbeachtung eines *r* zeigt nur *E* 198
cainturs : *Aturs*; doch ist es wahrscheinlicher, dass hier Christian die latei
nische Form (*Arturus*), welche im Französischen wohl des schwierigere:
Reimens wegen verschmäht worden ist, wiedergiebt; vgl. ebenso *Artur* ir
Reim Rou III, 11362, Lai du Corn 5. 105. 122. 125. 147.
        25. Während auslautendes *-m* nach *o*. sich in *n* verwandelt, also etyn
-om ohne weiteres mit etym. *-on* reimt, z. B. *nom* : *non* C 963. 1393. 272:
2900, reimt ausnahmslos lat. *-dm-* nur mit sich selbst, nie mit *-an-*; we:
halb ich im ersten Falle immer *-n*, im zweiten immer *-m* schreibe; bei folger
dem Consonanten natürlich nur *n*, also *aint* (*amet*), *reclains* (von *clame*,
wie *renons*.   Ein doppeltes *m* kennen weder die Reime noch *A*; also *homes*
somes C 365. 5621, *prodome* : *Rome* C 3611 u. s. f., wenn auch deshalb d
Nasalirung des *o* nicht ausgeschlossen ist.
        Schwanken kann man, wie die Abkürzung der Handschrift in ·Fälle
wie *aīme* aufgelöst werden soll, da sich hier für die Schrift sowohl *n* w
in *plaīne* = *plainne*, ebenso *ainme* darbot; da aber *A* einigemal *aimme* au
geschrieben hat, bin ich demselben gefolgt.
        Ich schreibe ferner regelmässig in Gruppen wie *-aigne* stets (mit *A*) e
aingne, aber nur unter dem Ton, da *A* vortonig die Formen wie *aignoit* vo
zieht, was sich auch lautlich rechtfertigen lässt.
        Ich schreibe mit *A* stets *n* vor einer Labialis, also *sanble*, *Chanpaing*

u. s. w. *A* schreibt für *dont* meist *dom*, selten *don*, vgl. *U dom* 36. 54,
don 36. Da *m* nach *o* gleich *n*, so schreibe ich consequent *don*.

26. *s* vor *m* ist stumm in *mei(s)mes*, das mit *primes*, *veimes* u. s. f.
reimt, z. B. *E* 1131, *L* 1270, *I* 685. 4987 u. s f., sonst giebt es nur zwei Fälle,
beide vor Dentalen: *visde* : *Enide E* 3115, *ametiste* : *crisolite E* 6760. Ich
habe im Reimwort das *s* weggelassen, aber sonst mit den Handschriften und
U stets *s* gesetzt.

27. Christian scheidet scharf zwischen *-s* und *-z* im Reime; zu letzterem
gehört α) *-t+s*, β) *-s* nach *ī*, vereinzelt nach *l*, γ) *-s* nach *n̄*, δ) *-s* nach *r(n)*,
vereinzelt nach lat. *rr*, ε) *-s* nach lat. *nn* oder vereinzelt *n*, η) *-s* nach Labialen in gewissen Wörtern, dann ϑ) *-ç* in den bekannten Wörtern, wo lat.
c kein *i* entwickelt und an den vorausgehenden Vocal, mit dem es sich zum
Diphthong verbindet, abgegeben hat, wozu ι) auch Wörter kommen, wo *ç*
gleichwol ein solches *i* abgegeben hat.

α) Beispiele nicht nöthig. Für interdentales, früh ausgefallenes *d*, wie
in *rai (radium)* u. s. f. sichern die Reime *-s*, z. B. *C* 860; *enuis* : *nuiz I* 4830
ist vereinzelt neben *enuis C* 514 u. ä. *Tapiz E* 473 entspricht auch im Singular *tapit E* 2620.

β) *assauz* : *travauz C* 1518 u. s. f., die nie mit *ciaus* (** caelos*) u. s. f.
reimen; *periz* : *anpererriz C* 5859 u. s. f., *genoilz* : *volz I* 5511 s. zu § 23.
Selbst vereinzelt nach einfachem *l*, vgl. *nasez* : *assez E* 5927, *seneschauz* : *bauz*
(wenn es **baldus*, nicht *balbus* ist) *I* 2079 (vgl. altfranz. *seneschaudie*) neben
regelmässigem *seneschaus I* 3659 (im Reime steht bloss Sing. *seneschal*),
noauz : *blïauz E* 1594, *cendauz* : *blïauz E* 1955.

γ) *conpainz* : *sainz I* 1295. 2529, : *atainz I* 6295 u. s. f., *besoinz* : *joinz*
L 3043 u. s. f.

δ) Die bekannten *jorz*, *torz* (**törnum*), *corz* (*cornu*), *forz* (*fürnum*),
estorz (*stürm*), Beispiele unnöthig; auffällig aber *torz* (*türris*) : *jorz E* 1886,
P 3878.

ε) Bekannt *anz* (*annus*), Beispiele unnöthig. Dazu *Jehanz C* 5519. 6080,
6284, aber auch *paisanz I* 174 (vgl. *paisant* und die vielen hieher gehörigen
Fälle; aber Christian hat im Reim nur *-n*).

η) Nach Labialen, in andern Denkmälern viel häufiger, im Christian
nur *sez* (*sapis*, die regelmässige Form auch anderer sprachlich sorgfältiger
Denkmäler) : *hez L* 383, *I* 6563 u. s. f., *doiz* (*dēbes*) : *croiz* (*crēdis*) *L* 5034,
rez (*trābes*) : *prez C* 1700. 3399, *P* 5527 (die Reime kennen im Singular
nur *tré C* 2257. 3636); aber *cer(f)s C* 3857, *ser(f)s C* 5383, *nai(f)s*
4678 u. s. f.

ϑ) Die bekannten *pietriz*, *cerviz*, *tortiz*, *coleïz*, *viz C* 5617, *faz* (*facio*),
solaz u. s. f.

ι) Die bekannten *voiz*, *croiz*, *doiz*, *foiz* (*vīcem*), *Biauvaiz C* 21, während
bacem wie in andern Texten auch hier schwankt, *paiz* : *fraiz C* 4950 neben
gewöhnlichem *pais* : *mais E* 1274, *I* 6787 u. s. f.

Aber nur *despis* (*despīcis*) *L* 3249, *fais* (*facis*) (nicht *fez I* 1214, wie
das Reimwort *lais* bereits zeigt) u. s. f., ebenso nur das gemeinfranz. *palais*
C 5769, *irais C* 860 u. s. f. Gar nicht unterbringen lässt sich *envoiz* (2. Conj.
Präs. von *envoiier*) : *voiz* (*vīdes*) *I* 2772 (alle Handschriften so bis auf eine,

die *laies* : *envoies* änderte). Ich habe 862 mit *A festua* geschrieben, da sich diese Form auch anderswo regelmässig findet.

28. Intervocalisch sind weiches *s* (*s*), scharfes *s* (*ss*) und *ç* im Reime scharf geschieden; *revenisse* : *servise* *I* 261 ist verdorben s. o. Nur *nuise* : *truisse* *L* 3393 geben alle Handschriften. Den Laut -*ç*- bezeichnen nach dem Ton *A* und einige *U* regelmässig mit -*sc*-, was ich nicht hätte in *ç* ändern sollen, wenn ich auch eine Erklärung der Schreibung nicht zu geben vermag; denn auch andere Handschriften des *O* zeigen diese Eigenthümlichkeit. Metzke kennt sie nicht.

Doppel-*s* verwende ich zur Bezeichnung des scharfen *s* im Innern auch bei Compositis, also *assaillir*, während *A* schwankt.

29. *A* lässt oft zwischen *n* und *r* das eingeschobene *d* aus, und stimmt damit mit den meisten Urkunden überein, wie denn bekanntlich dieses *d* im Osten nicht eingeschoben wird. Allein die Reime bestätigen dies nicht, so dass Christian, wenn *d* wirklich in seiner Mundart fehlte, doch von diesem Provinzialismus zurückschreckend, die Form der Ile de France u. der angrenzenden westlichen Champagne (ebenso Guiot) gebraucht hat. Vgl. *çan*[*d*]*re* : *pandre* *C* 6538, *man*[*d*]*re* : *Alixandre* *C* 873, : *tan*[*d*]*re* *C* 5987, *repon*[*d*]*re* : *respondre* *C* 4623 u. s. f. Ebenso *prandre* gesichert (nicht *panre*, wie es oft *A*, und und fast alle *U* zeigen). Es ist daher überall, wo ich mit *A* das *d* weggelassen, dasselbe einzusetzen. — Zwischen *l* und *r* hat *A* immer *d*, während die *U* auch hier meist (regelm. im O.) *lr*, *rr*, selbst *r* geben. — Beachte *gal* (**waldum*) *C* 1737 statt des gew. *gaut*, *pavp* *E* 2401 statt *pavot*. Wegen *hira* s. al.

30. Die Reime sichern *descrivre* *C* 816. 2737, *boivre* *C* 5721. 6632, *I* 2873, *oitovre* *C* 1053. Es reimt *tanve* (*tenvem* schon im Latein) : *chanve* *P* 2358.

31. *ǧ* und *č* sind im Reim selbstverständlich geschieden; nur ein Reim *sache* (*sapiam*) : *damage* *E* 1000 (gestützt durch alle Handschriften, bis au; zwei pikardische; die eine giebt *place*, die andere *manace*) ist dagegen; vgl Rustebuef *sache* : *outrage*, siehe Metzke II, 82. Später sind die Reime sorg·, fältiger von Christian behandelt worden. Der Reim sichert *guige* (nicht di(sonsther bekannte Nebenform *guiche*).

Da ich *en* immer *an* schreibe, so musste ich den Laut *ǧ* in allen ana l logen Fällen statt mit *g* durch *j* wiedergeben, also *argent* = *arjant*. Einige mal ist mit *A g* geschrieben, wo sonst *j* gewöhnlich ist, z. B. *geue* *C* 1363 das man nach *jeue* *C* 2998 ändern wird.

32. Declination.

α) Masculina der zweiten: *Artus* Nom. *C* 4733, *I* 2694. 5835 u. s. *Artu* (C. obliq.) *C* 10. 145. 2606. 4588. 4644, *I* 3899 u. s. f. — *lis* *C* 4913 h: stammhaftes *s*, dagegen nur *fil* (*filium*), nicht *fiz*. — *mervoille* ist masc. in *C* 83(fem. 2732 vgl. *memoire*. — *debonaire* ist seiner Entstehung gemäss unveränderlic *C* 358. 668. 898, *I* 3387. 5942 u. s. f., so dass es besser *de bon' aire* g(schrieben worden wäre; allein davon ein *debonairement*, wie von einem Ad — Wie andere, ältere Texte *autre*, *maistre* u. ä. im Nom. der lat. Abstammur gemäss ohne *s* lassen, so hier *mestre* *C* 4902, *I* 5209 (Vocativ, s. u Ebenso kann *Alixandre* schwanken; ohne *s* stände es *C* 57 und 6701; ab

in erster Stelle braucht es syntaktisch kein Nom. zu sein, an der zweiten
reimt es mit *Flandre*, das ebenso in der Pluralform *Flandres* vorkommt. Da
aber im Innern der Zeile ausnahmslos *-s* vorkommt (*C* 59. 237. 402. 575. 1181.
1208. 1343. 1359. 2201. 2452), so ist auch 6701 *Alixandres* : *Flandres* zu
schreiben.

Anmerkung. Die Reime sichern dem Adj. in unpersönl. Sätzen die
Neutrumform, so in *C* 2902. 2969. 3255. 5331.

β) Masculina der dritten (Subst. und Adj. Compar.): die Reime zeigen,
dass *pere, frere, anperere, sire* u. ä. nie ein *s* annehmen: *C* 59. 2467. 2575.
2976. 4216. 4235. 5354. *I* 263. 353. 601. 1661. 4405. 5217. 5362 u. s. f. (dagegen nur *traïtes E* 3346, *C* 1226, *compainz I* 1295. 2529 u. s. f.). Ebenso im
Innern der Zeile, z. B. *C* 2421. 2429. 2499, aber hier auch ebenso gut mit *s*
C 137. 973. 1076. 2589. 3168. 4338. 5214 u. s. f.

Anmerkung. Die Reime sichern dem Vocativ ausnahmslos die reine
Nominativform; so *amis C* 369. 373 u. s. f., *I* 1058. 2018, *sire I* 263. 601.
1297 u. s. f.

γ) Feminina der dritten haben selbstverständlich ausnahmslos n o c h
das urspr.* *-s*, sowohl Subst. als Adj., z. B. *noi(f)s C* 4036, *clartez* 720,
fontez 2162, *nuisanz* 1713, *avenanz* 2658 u. s. f. Hierher gehört auch *Iseuz
isüldis) 5261. Ebenso regelmässig fehlt es bei *suer (söror) I* 3973. 4709. 5816,
nandre C 606 u. s. f. — *queuz (cōtis)* hat sog. stammhaftes *s C* 4252. — *Amors*
ist als Liebesgott masc., personificirt, als Abstrakt fem.

Artikel s. § 21 u. 22 Ende.

30. Verbum. 1. Pl. Präsens Ind. *-omes* neben *ons*, s. § 10; Impf.
Ind. 1. Pl. *-iens* s. § 10; 3. Pl. *-ient*, das meist *U* haben, fehlt in *A*; 2. Pl.
Conj. Präs. und Fut. *-oiz* s. § 16 a. Sonst *aler*] 3. Ps. *va*, selten *vait*, s.
§ 1; 3. Conj. *aille C* 79 und *aut C* 902; aber nur *voise* (nie *voist*) *C* 6519;
pooir] Conj. Impf. *poïsse* s. § 8; 1. Ps. *praing, vaing, taing* und 1. Ps.
Conj. *praingne, vaingne, taingne* s. § 14; 3. Pl. Pf. *firent* u. s. f., s. § 24;
orent, porent u. s. f. s. § 9.

---

* Damit stelle ich mich der herrschenden Ansicht (nur Tobler wider-
sprach GGA. 1872, 889) entgegen, dass das *-s* erst später im frz. durch
Analogie der Masc. angehängt sei. So G. Paris im Alexis S. 113 fg. auf Grund
der Schreibung der Hildesheimer Hs. und des Oxf. Ps., Lebinski S. 39 ff. aus den
Reimen in Brandan, Phil. von Thaon und der Schreibung der QLdR. Sich
auf in England geschriebene Texte zu beziehen, um den continentalen Sprach-
gebrauch zu erfahren, scheint mir wenig methodisch und die spätere Analogie
mit dem masc. *-s* obendrein unglücklich zu sein. Für mich ist bei dem thatsächlichen ursprünglichen Verhältnis zwischen Provenzalisch und Altfranzösisch
das Zusammentreffen des provenzalischen Zustandes (Fem. der 3. mit *-s* schon
im Boëci) schon allein massgebend und die sorgfältigen Reime Christians beweisen n o c h das Fortbestehen derselben, während die Reimer nach ihm
bereits zu schwanken beginnen. Die Angleichung aber ging aus von den
Adjectiven, wie *granz, tels, quels* u. ä., die, häufig im Gebrauch, von Einfluss
auf die sie begleitenden Nomina mit ähnlicher Endung waren.

Am Ende des Bandes findet man ausser den Berichtigungen einige Anmerkungen, welche einerseits meine Entscheidung bei verschiedenen zweifelhaften Stellen rechtfertigen sollen, andrerseits unbekannte Wörter behandeln. Mehr konnte ich mit Rücksicht auf den Umfang, den die vorliegende Ausgabe nothwendigerweise angenommen hat, nicht geben.

Als nächster Band ist der Löwenritter in Aussicht genommen, dessen kritischer Text zu drei Vierteln bereits druckfertig vorliegt.

Zum Schlusse meinen besten Dank allen denen, die mich bei der Ausführung dieses Unternehmens irgendwie unterstützt haben. Meines Freundes, Prof. Suchier, der mir auch bei der Frage der Orthographie der Ausgabe manch lehrreichen Wink gegeben, sowie R. Köhler's, des Meisters der vergleichenden Sagenforschung, ist bereits an geeigneter Stelle gedacht worden. Die Leiter der Bibliotheken von Turin, Paris und Tours, die Herren Com. Gorresio, Delisle und Dorange haben mir jede wünschenswerthe Erleichterung mit bekannter Liberalität zugestanden. Dass ich die Oxforder Fragmente durch die Liberalität des Oberbibliothekars der Bodlejana, Herrn Nicholson, in Bonn benutzen konnte, hab ich bereits bemerkt; ebenso konnte ich durch die Vermittlung des königl. preussischen Unterrichtsministeriums die Handschrift S nachträglich nochmals mit meiner Collation vergleichen. Eine später wegen der Handschrift A gestellte Bitte ist leider durch die Weigerung der Pariser Bibliothek gescheitert. Ganz besonders bin ich noch dem Magistrat der Stadt Leipzig und dem Oberbibliothekar der Leipziger Stadtbibliothek, Herrn Dr. Wustmann, zu besonderm Dank dafür verpflichtet, dass ich eine Abschrift des Prosatextes und später nochmals die Correcturbogen desselben mit der Handschrift in Bonn vergleichen durfte. Herr Prof. Körting aber war es, der mich durch die Uebersendung seiner Abschrift der mir unbekannten Leipziger Prosaauflösung überrascht hat.

Bonn am Rhein, Januar 1884.   W. FOERSTER.

CIL qui fiſt d'Erec et d'Enide,
Et les comandemanz Ovide
Et l'art d'amors an romanz miſt
Et le mors de l'eſpaule fiſt,
5 Del roi Marc et d'Iſeut la blonde,
Et de la hupe et de l'aronde
Et del roſſignol la muance,
Un novel conte recomance
D'un vaſlet qui an Grece fu
10 Del lignage le roi Artu.
Meis ainz que de lui rien vos die,
Orroiz de ſon pere la vie,
Don il fu et de quel lignage.
Tant fu preuz et de fier corage,
15 Que por pris et por los conquerre
Ala de Grece an Angleterre,
Qui lors eſtoit Bretaingne dite.
Ceſte eſtoire trovons eſcrite,
Que conter vos vuel et retreire,
20 An un des livres de l'aumeire
Mon ſeignor ſaint Pere a Biauveiz.
De la fu li contes eſtreiz,
Don ceſt romanz fiſt Creſtiiens.
Li livres eſt mout anciiens,

25 Qui tefmoingne l'eftoire a voire;
Por ce feit ele. miauz a croire.
Par les livres que nos avons
Les feiz des anciiens favons
Et del fiecle qui fu jadis. —

30 Ce nos ont noftre livre apris,
Que Grece ot de chevalerie
Le premier los et de clergie.
Puis vint chevalerie a Rome
Et de la clergie la fome,

35 Qui or eft an France venue.
Deus doint qu'ele i foit retenue,
Et que li leus li abeliffe
Tant que ja meis de France n'iffe
L'enors qui f'i eft areftee.

40 Deus l'avoit as autres preftee:
Car des Grejois ne des Romains
Ne dit an meis ne plus ne mains;
D'aus eft la parole remefe
Et eftainte la vive brefe.

45 CRESTIIENS comance fon conte,
Si con l'eftoire nos reconte,
Qui treite d'un anpereor
Poiffant de richece et d'enor,
Qui tint Grece et Coftantinoble.

50 Anpererriz i ot mout noble,

---

26. De tant *P.* | Por ce fi fift meulz a c. *S* (— 1). **28.** faiz as *S*
29. E dune cle *S.* **30.** nos liures *S*; Or uos ert par ceft liure apris *F*
31. Q̀uan *A*, Quen *B.* **34.** E ia de c. *S.* **35.** ore *TRP.* **36.** doinf
PT, | i *fehlt B.* | maintenue *AR.* **37.** Tant *CTR.* | embeliffe *CTR*
38. Si *CTR.* | ia de F. ne niffe *S.* **39.** Lonor *PB* Lonours *R* Lounou
T. Lono *S.* | quiffi *B* qui i *S.* **40.** as grigois *PR*, a .i. roi *C*,
Romme *T.* | paree *B* donec *P* apreftee *T*; Dont ele eft prifee et dotee *S*
41. Que *C* Mes *SPTR.* | francois ne *B.* | et des r. *S.* **42.** Ne dirai ore *A*
(+ 1). | Ne dirons or *T* Ne di ore *P* Ne uoi dire *S* Ne dift li conte
p. *B.* **44.** Eftainte en eft *ST*, *R* (en *fehlt* — 1). | brifee *S.* **46.** *S*
come *S* (+ 1). | li liures *APB.* | le *CTR*, li *B.* | raconte *B.* **47.** Quil *B.*
Qui traite eft *C* Queftraite eft *T* Qui trez fu *A.* | trete dont *S.* **48.** Ml
ot *T.* **49.** Quil *TR.* **50.** Empereis *B* empereriz *A* enperreis *T* empreer
P. | ot cointe. et n. *A.*

Don l'anperere ot deus anfanz.
Meis ainz fu li premiers ſi granz,
Que ́li autres neiſſance eüſt,
Que li premiers, se li pleüſt,
55 Poïſt chevaliers devenir
Et tot l'anpire maintenir.
Li premiers ot non Alixandre,
Alis fu apelez li mandre.
Alixandres ot non li pere,
60 Et Tantalis ot non la mere.
De l'anpererriz Tantalis,
De l'anpereor et d'Alis
La parole a tant leiſſerai,
D'Alixandre vos parlerai,
65 Qui tant fu corageus et ſiers
· Que il ne deigna chevaliers
Devenir en ſa region.
Oï ot feire manſſion
Del roi Artu qui lors regnoit
70 Et des barons que il tenoit
An ſa conpaignie toz jorz,
Par qu'eſtoit dotee ſa corz
Et renomee par le monde.
Comant que la fins li reſponde,

51. lempereor R (+ 1). 52. primers S. 53. neiſſ. euſt *fehlt B.*
4. ſil C. | lui PBT. 55. Peuſt PBT. 56. tot le roiaume S (+ 1). |
t le royaume CTR. 58. Aliz R. Ali B. | mendres *alle mit* -s, maindres
'. 60. Tantaliz R. Tentalus P. Encantalis S. 61. Del empereour
ıntalis T. Cantal'. S. 62. Et de BS | emperor B | et *fehlt S. | R stellt*
m 62. 61. 63. *fehlt in* T, *der den vorigen Versanfang hier falsch*
iederholt: Lempereour. *Am Ende der Spalte ist von sehr später Hand ein*
'ers geschmiedet: a. Et pour che que kauſe mieuls ay; *dieselbe Hand*
'hrieb vor 64: b. | L. p. uos l. CR, uos finerai S. | leſſeron A. 64. con-
:rai B, conteron A. 65. orgilleus et ſ. P. 66. ne *fehlt A* (— 1).
7. la r. S. 68. ot R *in rasura.* | Sot oye fiere mention S (+ 1). | Or
:uueil fere mention C. 69. artus APBR, artruc S. | lor uiuoit S. | qui
ſurt tenoit T. 70. quil R (— 1). | auuit T. 71. ſa *fehlt* T, *dafür*
eſtous. 72. P. quoi eſtoit dutee R (+1). | P. quoi d. eſt C, T (Pour). |
. quo ert renome ſa torz S. | la c. T. 73. F. rerome. plemode. S.
4. lenſes T lains S. | i B, len AT.

75 Et comant que il l'an avaingne,
N'eſt riens nule qui le detaingne
Qu'aler ne ſ'an vuelle an Bretaingne.
Meis ainz eſt droiz que congié praingne
A ſon pere, que il ſ'an aille
80 An Bretaingne n'an Cornoaille. .
Por congié prandre et demander
Va a l'anpereor parler
Alixandres, li biaus, li preuz,
Ja li dira, queus eſt ſes veuz
85 Et que il viaut feire et anprandre.
„Biaus pere, por enor aprandre
Et por conquerre pris et los,
Un don, ſeit il, querre vos os,
Que je vuel que vos me doigniez,
90 Ne ja ne le me porloigniez,
Se otroiier le me devez."
De ce ne cuide eſtre grevez
L'anperere ne po ne bien;
L'enor ſon fil ſor tote rien
95 Doit il voloir et covoitier.
Mout cuideroit bien eſploitier,
— Cuideroit? et ſi feroit il —
S'il acreiſſoit l'enor ſon fil.
„Biaus fiz, ſeit il, je vos otroi
100 Voſtre pleiſir, et dites moi

75. quil S (— 1). | q. lui en PCT, q. li en R. | il li en B bei fehlenden que. **76.** r. nee A. | nule fehlt R (— 2). | li R, len PT, les S. | reteigne PBCR deſteigne S. **77.** Que aler TR, S (+ 1). | Que il ne ſen alt B. | ſer fehlt TR ; El mont que nan uoiſt an b. A. **78.** Mais ains conuient B **79.** quil il B, et quil T quil R (— 1). | able. S. **80.** u en T ne C. S **82.** Vait PCR, Vint T. | parlar S. **84.** Si li R, Se lui T. | quil S qu T. | volz T, ſiuieuz S. **85.** li uet ſ. canpandre S. **86.** apandre S. **87.** e pris P. **89.** ie fehlt S (— 1). **90.** Que ia T. | ne men p. R (— 1). Ne que ia nel me p. B. | poulouignie C. **91.** oſtʳoier S, otrijer T. | deue in rasura R. **92.** De cou P. | cuidezⁱ R. | E nen cuidiez e. creuez S **93.** poi BCTR, poy S, peu P. **94.** ſour T, ſus S. **95.** Voit S, Vel B. | amer et B. | et u. et coitier T. **97. 98** in S umgestellt. **97.** et ne R. | Quid. uoir? ſi B, Cuid. il ſe S. **99.** Si diſt bieauz fiz S. | iel C **100.** am Rande R.

Que vos volez que je vos doingne."
Or a bien feite fa befoingne
Li vaflez, et mout an fu liez,
Quant li dons li fu otroiiez,
105 Qu'il tant defirroit a avoir.
„Sire, feit il, volez favoir
Que vos m'avez acreanté?
Je vuel avoir a grant planté
De voftre or et de voftre arjant
110 Et conpaignons de voftre jant
Teus con je les voudrai eflire;
Car iffir vuel de voftre anpire,
S'irai prefanter mon fervife
Au roi qui Bretaingne juftife,
115 Por ce que chevalier me face.
Ja n'avrai armee la face
Ne hiaume el chief, jel vos plevis,
A nul jor que je foie vis,
Tant que li rois Artus me çaingne
120 L'efpee, fe feire le daingne;
Que d'autrui ne vuel armes prandre."
L'anperere fanz plus atandre
Refpont: „Biaus fiz, por deu ne dites!
Cift païs eft voftre toz quites
125 Et Coftantinoble la riche.
Ne me devez tenir por chiche,
Quant fi bel don vos vuel doner.
Par tans vos ferai coroner,

101. uoles uos *B.* **2.** Ore *R.* **3.** qui ml't *A.* **4.** cift d. *S.* |
t o. *SPR.* **5.** Que *S,* Que il *PR.* | defire *P.* | a *fehlt R.* **5. 6.** *stellt*
n C und ändert 5: Que ie tant defirre a auoir. **7.** agraante *T.*
. et *fehlt S* (— 1). **11.** T. come le uoudrei efliure *S.* | les *fehlt R.*
'. Que *S.* | de *von später Hand S.* | uo *B.* **13.** E ueil p.
r *S.* **15.** Proier que *P.* | ma face *S.* **16.** armee narai *P.* | ma
ce *S.* **17.** Nyaume *T.* | en ch. *CP* u chie *S.* | ie *TR,* io *B,*
S. **18.** tant come foie *S* (+1). **19.** teigne *S.* **20.** Efpee
9. | fil *AT.* **21.** Car *AB.* Ja *P.* | dautre *B.* | arme *PBC.* **23.** Li
t *B.* | nel *PR.* **24.** Icift *B* Chilz *T* | uostres *SPCT.* | toz *fehlt B,*
(— 1). **26.** a chiche *PBCR.* | par niche *T.* **27.** bon don *S.* | *der Vers*
hlt B. **28.** Demain *A.* | *darnach schiebt B ein:* Et greffe uos ferai doner.

Et chevaliers feroiz demain.

130　Tote Grece iert an voftre main:
　　　Et de voz barons recevez,
　　　Si con reçoivre les devez,
　　　Les feiremanz et les homages.
　　　Qui ce refufe, n'eft pas fages."

135　L I vaflez antant la promeffe,
　　　　Que l'andemain apres la meffe
　　　Le viaut fes peres adober,
　　　Et dit qu'il iert mauveis ou ber
　　　An autre païs que el fuen.

140　„Se vos volez feire mon buen ·
　　　De ce, don je vos ai requis,
　　　Donc me donez et veir et gris
　　　Et buens chevaus et dras de foie;
　　　Car einçois que chevaliers foie,

145　Voudrai fervir le roi Artu.
　　　N'ai pas ançor fi grant vertu
　　　Que je poïffe armes porter.
　　　Nus ne m'an porroit enorter
　　　Par proiiere ne par lofange

150　Que je n'aille an la terre eftrange
　　　Veoir le roi et les barons,
　　　De cui fi granz eft li renons
　　　De corteifie et de proëce.

---

129. feres *PBT*.　　**30.** eft *C* ert *SBR*; Tout iert lors en la u.
31. Et tos *P*. | noz *A*. | recevrez *AB*.　　**32.** recheuoir *TC*. | deures *A*
Einfint com fere le d. *S*.　**33.** Le ferement e *S*.　**34.** Se ce refufes nes *A*
il neft *A*. | refu *S* (— 1). | **37.** Le uoloit *P*. | pere *PB*, *S* (— 1). | coroner *A*
38. Si *P*. | dift *SBT*. | eft *C*. | que il ert m. ber *T*.　**39.** eu *S*. | fon *T*, fo
B, fen *S*.　**40.** Si ne *T*. | feire v. *A*. | bon *TS*, boen *BC*.　**41.** que ie *AP*
42. Or *A*. | e verz e *S*.　**43.** bons *SBTR*.　**44.** Que *S*. | que io *B* (+
45. Vaurai *B*. | artruc. *S*.　**46.** Qar nai mie *B*.　**47.** Que or *B*
peuffe *PBT*, puiffe *RS*.　**48.** nel me *R*, ne me *PBC*. | enhorter *R*, p
ofter *T*, retorner *A*, enor(er *spät*) *S*.　**49.** *fehlt S*. | Pour ... po
T. | parole ne *B*, pormetre ne *P*.　**50.** ie *fehlt R* (— 1) *B*. | nen aille *P*
ne men a. *B*. | la *fehlt PB*, *S*(— 1).　*Darnach schiebt S einen Flickve*
ein: Neft reins que me deftenge.　　**51.** Veir *SP*. | les rois *SP*. | et
ABT. | borjois *S*.　**52.** qui *SR*, coi *B*. | eft fi grans li *PS*. | il eft fi g. r.
53. largece *B*.

Maint haut home par lor perece
155 Perdent grant los, que il porroient
Avoir, fe par le monde erroient.
Ne f'acordent pas bien anfanble
Repos et los, fi con moi fanble;
Car de rien nule ne f'alofe
160 Riches hon qui toz jorz repofe.
Proëce eft feis a mauveis home,
Et a preuz eft mauveftiez fome,
Einfi font contreire et divers.
Et cil eft a fon avoir fers,
165 Qui toz jorz le garde et acroift.
Biaus pere, tant com il me loift
Los aquerre, fe je tant vail,
J'i vuel metre painne et travail."
D E cefte chofe fanz dotance
170 L'anperere a joie et pefance.
Joie a por ce que il antant
Que fes fiz a proëce antant,
Et pefance de l'autre part
Por ce que de lui fe depart;
175 Meis por l'otroi qu'il an a feit,
Quelque pefance qu'il an eit,
Li covient fon buen confantir,
Qu'anperere ne doit mantir.
„Biaus fiz, feit il, leiffier ne doi,

---

154. por S. | perife S, proeche TB. **55.** granz S. | quauoir p. A.
56. fi SR. | mont B. | efroient B, eftoient C, = aloient ST; Se par la terre
cheminoient A. **58.** me R. **59.** = Que ST. | nule fehlt R (— 2), nule
-ien AB. | riens ST. **60.** toftans P. **61. 62.** fehlen A. **61.** feis]
fens T. **62.** as prous BP, al preuz RC. | eft fehlt S (— 1). **63.** Iffi
R, Eyfint S, Einfint C. **64.** cift B. **65.** lamaffe et APB. **66.** laift
S. **67.** conquerre A. **68.** Ge R, Ju i S (+ 1), I APB. | Weil ie T.
39. Dicefte B. A c. T. | a fanz BCR. | toute uoie P. **70.** A li peres
S. | ot j. A, a fehlt BCR; Ot lempereres mlt' grant ioie P. **71. 72.**
fehlen P. **71.** de ce ABC. | a fehlt S. | a tant C. **72.** a honor R.
74. De ce A. | cou P. | fe part S (— 1), fen p. R (— 1). **75.** = qu'll ll BC,
que ly S, que il T, quil R (— 1). **76.** Quelle p. T, Quel p. R (— 1),
Que la p. S. | que il ait B, quil annet S. **77.** couint S. | boen C, bon SBT.
78. Que e. R (+ 1), S (+ 1). **79.** dift il B.

180 Puis qu'a enor tandre vos voi,
     Que ne face voſtre pleiſir.
     An mes trefors poëz ſeiſir
     D'or et d'arjant plainnes deus barges;
     Meis gardez que mout ſoiiez larges
185 Et cortois et bien afeitiez."
     Or eſt li vaſlez bien heitiez,
     Quant ſes pere tant li promet
     Qu'a bandon ſon treſor li met
     Et ſi li enorte et comande
190 Que largemant doint et deſpande,
     Et ſi li dit reiſon por quoi.
     „Biaus fiz, feit il, de ce me croi,
     Que largece eſt dame et reïne,
     Qui totes vertuz anlumine,
195 Ne n'eſt mie grief a prover.
     An quel leu porroit l'an trover
     Home, tant ſoit poiſſanz ne riches,
     Ne ſoit blaſmez, ſe il eſt chiches?
     Qui a tant d'autre bien ſanz grace,
200 Que largece loër ne face?
     Par li feit prodome largece,
     Ce que ne puet feire hautece
     Ne corteiſie ne ſavoirs
     Ne gentillece ne avoirs

---

180. Dus qua *B*. Quant a *PCTR*, torner *S*.   82. coifir
T.   84. Mes ml't couient que *A*.   85. 86. *stellt um A*.   86. uaſſaus
T; Or gardes bien soies haities *B*.   87. Li ualles ot quil li pramet *B*.
88. Que a *S* (+ 1) | ſes trefors *A*.   89. Et ſi lenore et li c. *A*, Et ſe ly
moſtre *S*, Se li amonneſte *T*.   90. doinſt *T*, doine *R*, doigne *P*. | eſpande *P*.
91. ſe *T*. | diſt *TB*.   92. entent a moi *P*.   93. Car *PTR*. | et *fehlt ST*.
94. Qui treſtot le mont *B*.   95. Ne *fehlt S*, *R* (— 1), Nil *B*, Ce *P*. |
gens a *T*. | a nomer *B*, a eſprouer *S*.   96. leu *CR*, liu *B*, lieu *T*. |
lon *S*, len *R*, on *PBT*, en *C*; A quel bien cil ſe puet torner *A*.   97. ſoit
fehlt T. | ſaiges ne *B*, et tant *T*. | Ja tant ne ſoit p. *A*.   98. honiz *A*. |
quant il *P*.   99. atent *C*, eſt tant *R*, tant eſt *T*, Ki a i tant *B*, autrui *C* de
B. | Ne nus tant ait maluaiſe graſce *S*, Tot bien ſont a celui damace *P*.
200. largete *S*. | loez *S*, loier *C*.   1. lui *CR*, foi *AB*, Por ce *S*.   2. Cou
P, Ce *fehlt S*, Plus que *B*. | = proece *B*, autre proeſce *S*, *der darnach
einschiebt*: Mais largemet met ſon auoir.   3. ſauoir *SA*.   4. *fehlt S*.
gentiliſe *R*. | auoir *A*.

205 Ne force ne chevalerie
Ne hardemanz ne feignorie
Ne biautez ne nule autre chofe.
Meis tot aufi come la rofe
Eſt plus que nule autre flors bele,
210 Quant ele neiſt frefche et novele:
Einfi la ou largece vient,
Defor totes vertuz fe tient,
Et les bontez que ele trueve
An prodome qui bien fe prueve
215 Feit a cinc çanz dobles monter.
Tant a an largece a conter,
Que n'an diroie la meitié."
Bien a li vaflez efpleitié
De quanqu'il a quis et rové,
220 Que fes pere li a trové
Tot quanqu'il li vint a creante.
Mout fu l'anpererriz dolante,
Quant de la voie oï parler,
Ou fes fiz an devoit aler;
225 Meis qui qu'an eit duel ne pefance,
Ne qui que li tort a anfance,
Et qui que li blafme et deflot,
Li vaflez au plus toſt que pot
Comande fes nes aprefter,

206. Ne proefce *A.*   **7.** nul *B*; Ne li eſtuet mie autre cofe *P.*
3. enfi *T*, aufint *S*, Mais autrefi *P.*   **9.** = plus de *SCR.* | fleur *BPCR*, totes
ʋutres flors *S* (+1); Eſt de toutes flours la plus bielle *T.*   **10.** ne n. *S* (+1).
1. Enfi *T*, Alfi *PBCR*, Aufint *S* | lai ont *S.* | auient *A.*   **12.** Defus *S.* | tote
ʋertu *B.*   **13.** la bonte *B*; E les e li autres q. e. t. *S.*   **14.** El *TR* | quant
PCTR. | fefproue *S,* lefprueue *C.*   **15.** Fait elle a cent *T*, Fet a u9 dobles
notrer *S.*   **17.** ne *S.* | mitie *A,* moitie *Rest.*   **19.** a troue *S.*   **20.** Car *AB.* |
ʋoue *A,* done *S.*   **21.** Tot ce quil *A;* De ce que li *S.* | quanque *PBR.* |
ʋient *CR,* fu *PB, fehlt S.* | creancé *S,* talente *R.* | T. quanques il li ot grae *T.*
22. Lors *P.* | eſt *R.* | lempeeʋris *P,* lempererrit *C,* lemperere adole *T,* lem-
ʋereres irez *S.* | Li empereis fu d. *B,* Lemp. f. m. d. *A.*   **24.** an *fehlt R* (— 1). |
ʋoloit *T.*   **25.** qui en *D,* qui ennait *S.* | ne] u *D,* e *S,* et *Г.*   **26.** V *D.* |
ʋue qui *P,* que que *R,* quoy qui *T;* qui qui *B.* | le *P.* | tor *S.* | penfance *B.*
27. Ne *AP.* | qui qui *TP.* | le *P.* | ou *R,* ne lot *A,* doloit *S.*   **28.** quil
ʋPCTR.   **29.** Comanda *PBCTR.*

230 Que il n'a cure d'arefter
An fon païs plus longuemant.
Les nes par fon comandemant
Furent chargiees cele nuit
De vin, de char et de befcuit.

235 L ES nes font chargiees au port,
      Et l'andemain a grant deport
Vint Alixandres el fablon,
Anfanble o lui fi conpaignon
Qui lié eftoient de la voie.

240 Li anperere les convoie
Et l'anpererriz cui mout poife.
Au port truevent lez la faloife
Les mariniers dedanz les nes.
La mers fu peifible et foés,

245 Li vanz douz et li eirs ferains.
Alixandres toz premerains,
Quant de fon pere fu partiz,
Au congié de l'anpererriz,
Qui le cuer ot dolant el vantre,

250 Del batel an la nef f'an antre;
Et fi conpaignon avuec lui,
Anfanble quatre, troi et dui,
Tancent d'antrer fanz atandue.
Tantoft fu la voile tandue

---

230. Car *APBC.* | not *C.* | ni uialt plus a. *AP.*   **31.** Kaler en ueut
hafiiuement *P.*   **34.** De pain *P.* | et *fehlt S* (— 1). | de pain cuit *S.*
34. 35. 36. *in rasura R.*   **35.** Ses *S.*   **36.** A l. *S.* | defport *SR.*   **37.** el] u *T,*
au *S.*   **38.** = Et auuec lui *A,* = Ouuecques (lui *fehlt,* — 1) *S,* Auolques l.
B. | o *fehlt C.*   **39.** liet *P,* lies *S.*   **40.** les i *C* (+ 1), les hi
R (+ 1).   **41.** qui *SC,* que *B,* qui il *R* (+ 1). | en poife *S* (+ 1).
42. A un port lez lefofoie *S.*   **43.** maroniers *PTB.* | lor nes *B.* | la nef *R.*
44. La mer *SPR.* | Lorez *A.* | beffibles *S.* | et *fehlt B.* | suef *R.*   **45.** ert,
et *T.* | fu dolz li ers foreine *S.* | tens f. *C.*   **46.** tot *S.*   **48.** Congie
prent a *P.*   **49.** ot] a *A.* | el] u *T,* a *S;* Qui dol. ot le c. *P.*   **50.** De
la nef el batel *AR.* | fen *fehlt T* (— 1); Au b. an la nef fen nentrent *S.*
51. *fehlt S.* | auole *B,* apres *P.*   **52.** ·IIII·IIII· dui *S.* | I font entre
tot dui et dui *P.*   **53.** Tendent *B.* | dautre *S.* | Entrent tout ens *T,* Quant
furent ens *P.* | fanz] en *R.*   **54.** Et lor voille fu toz t. *T,* Fu en haut li
v. t. *P,* T. lor u. fu t. *R.*

255 Et la barge defaancree.
Cil do terre cui pas n'agree
Del vaflet que aler an voient,
Tant com il pueent le convoient
De la veüe de lor iauz,
260 Et por ce qu'il les puiffent miauz
Et plus longuemant efgarder,
S'an vont tuit anfanble monter
Lez la marine an un haut pui,
D'iluec efgardent lor enui
265 Tant com il le pueent veoir.
Lor enui efgardent por voir,
Que del vaflet mout lor enuie,
Que damedeus a port conduie
Sanz anconbrier et fanz peril.
270 An la mer furent tot avril
Et une partie de mai.
Sanz grant peril et fanz efmai
Vindrent au port defoz Hantone.
Un jor antre vefpres et none
275 Gietent lor ancre, port ont pris.
Li vaflet qui n'orent apris
A fofrir mefeife ne painne
An mer qui ne lor fu pas fainne
Orent longuemant demoré,
280 Tant que tuit font defcoloré,

255. dedefentre S.´ **56.** = dou pais S. | qui SBC, quil R. **57.** Des uaflez SPBC, vgl. 267. **58.** = les SPBCR. **59.** ialz A, yelz T, ielz R, iels B, ieuz S, cuz C. | Daigue douce leuent lor iex. P. **60.** Et fehlt P, que SA. | les] fehlt TR, lor B, il A, elles S (+ 1). | peuffent PTR. **61.** agarder. B. **62.** enfanle tuit T. | tot B. | Si fen uont e. m. P. **63.** pent. S. **64.** agardent B. | Defes que eles gardent lor amj. S. **65. 66.** fehlen R. **65.** come eles les pooient S (+ 2). | les porent B. | le fehlt, plus u. A. **66.** ami SA. | agardent S. **67.** = Car SPB. | des uallez BC, de laler S. **68.** Cui P, Qui R. | al B; Et dex a droit port le conduie A. Dex proient qua p. les c. S. **70.** tuit RS. | an A. S (+1). **71.** En lune S. **72.** grant fehlt R (— 1). | Sanz em combrer S. **73.** Sen v. B. | fos H. B. **75.** lor fehlt A. | ancrez TB. | fi ont p. p. A, font p. p. B. **76.** enfant S. **77.** E fofrit et doloir e p. S. **78.** lor ne R. **79.** foiorne B. **80.** treftuit (ohne font) PBCTR.

Et afebli furent et vain
Tuit li plus fort et li plus fain.
Et neporquant grant joie font,
Quant de la mer efchapé font
285   Et venu la ou il voloient,
Por ce que formant fe doloient.
Defoz Hantone fe remainnent
La nuit et grant joie demainnent,
Et font demander et anquerre,
290   Se li rois eft an Angleterre.
L'an lor dit qu'il eft a Guinceftre, *Y'*
Et que mout toft i porront eftre,
S'il vuelent movoir par matin,
Meis qu'il taingnent le droit chemin.
295   Cefte novele mout lor pleift,
Et l'andemain, quant li jorz neift,
Li vaflet par matin f'efvoillent,
Si f'atornent et aparoillent.
Et quant il furent atorné,
300   Defoz Hantone font torné
Et ont le droit chemin tenu
Tant qu'a Guinceftre font venu,
Ou li rois eftoit a fejor.
Einçois qu'il fuft prime de jor,
305   Furent a cort venu li Gre.
Au pié defçandent del degré;

---

281. afoibli *T,* enpali *R.*   **82.** tout '*PBT.*   **83.** nonporquant *BT.*
85. Auenu lay *S.* | foloient *B.*   **87.** Par defos *H. B,* Le foir a *H. P.* |
fera meignent *S.* | ne fe remuent *R* (+ 1). | fe *fehlt PB.*   **88.** *fehlt*
S. mlt' grant *P* (et *fehlt*).   **90.** iert *BCR.* | en cele terre *B.*   **91.** dift *alle*
ausser S. | ert *CR,* font *B.* | Winceftre *P,* uinceftre *SR.*   **92.** que *fehlt B.* |
molt *fehlt S.* | porroient *SB, R* (+1).   **93.** Se il *ST.* | uoloient *R* (+ 1),
mouoient *S.* | leuer *A.* | le matin *B.* | par *fehlt T.*   **94.** Et fil tienent *A,*
E que teniffent lor d. *S* (+ 1).   **95. 96.** *fehlen AB.*   **96.** A *TR,* Que *C,*
Lendemain lues que *P.* | laube nait *S.*   **97.** le matin *B.*   **299. 300.**
stellt um R.   **99.** Et *fehlt R* (— 1).   **300.** Defus *T,* De *AP,* san
sont *AP.*   **1.** Si *AB,* Et tout le *C.* | lor droit *S.*   **2.** T. que auinfcetre
S (+ 1).   **3.** foior *B.*   **4.** que *S.* | tierce *CTR,* ore *S.* | del *R.*   **5.** guin-
ceftre degre (gre *unterpunctirt*) *T.* | greu *S,* grei *B.*   **6.** A *PBR,* En
pies *S.* | de lor gre *P,* de leftrieu *S.*

Li efcuier et li cheval
Remeftrent an la cort a val, *ᵈʳ·ᵗ⁻*
Et li vaflet montent a mont
310 Devant le meillor roi del mont,
Qui onques fuft ne ja meis foit.
Et quant li rois venir les voit,
Mout li pleifent et abeliffent.
Meis ainz que devant lui veniffent,
315 Oftent les mantiaus de lor cos,
Que l'an ne les tenift por fos.
Einfi treftuit defafublé
An font devant le roi alé.
Et li baron treftuit fe teifent,
320 Car li vaflet formant lor pleifent,
Por ce que biaus et janz les voient;
Ne cuident pas que il ne foient
Tuit de contes ou de roi fil;
Et por voir fi eftoient il,
325 Et mout ierent de bel aage,
Jant et bien feit de lor corfage;
Et les robes que il veftoient
D'un drap et d'une taille eftoient,
D'un fanblant et d'une color.
330 Doze furent fanz lor feignor,
Don je tant vos dirai fanz plus
Que miaudre de lui ne fu nus.

---

307. Lor — lor *CTR.* **8.** Remeftront *S*, Remefent *PT*, Remainent
ℱ. | tor *S.* **11.** ne que *R* (+ 1), ne ia ne foit *T.* **12.** Et *fehlt S* (— 1).
3. apellifent *S*, enbeliffent *CTR.* **14.** = pres de lui *SB.* **15.** lor m. *PBCTR.*
6. on *SBT.* | nes i *C.* | etigne *S* (+ 1). | Con ne les en *P.* **17.** Iffi
ʹR, Enft' *S.* | treftout *TB.* **18.** Sen *T.* **19.** Tuit li baron les efgar-
loient *A*, *B* (agard.). | forment fe t. *C.* **20. 21.** *stellt A um.* **20.** = Que
ℱCT. | enfant *S.* | ml't lor pleifoient *AB.* **21.** Et por *S* (+ 1). | cou *P.*
23. 1. roi, 2. contes *PCT*: conte *STR*, rois *P*; ou] et *ABT.* **24.** par fei
ℱ, poroc *B.* **25.** Car *B.* | Mlt' par font bel de lor a. *A.* | eage *BT.*
26. lor] = lonc *AC*, grant *R*, e de tot fage *S*; Et gent cortois de corage *B.*
27. lor *B.* | = auoient *PS*, portoient *B.* **28.** taille] robe *C*, color *S*
+ 1). **30.** lez lor *C.* **31.** Don ie uos dirai tant *A*, *B* (ia *statt* tant).
32. Cainc *P*, Quainz *R*, Qonc *C*, Ainc *B.* | meldres uallez *CTRB.* |
uft *SP.*

Meis ſanz outrage et ſanz deſroi
Deſſublez fu devant le roi
335 Et fu mout biaus et bien tailliez.
Devant lui ſ'eſt agenoilliez,
Et tuit li autre por enor
S'agenoillent lez lor ſeignor.

340 A LIXANDRES le roi ſalue,
Qui la langue avoit eſmolue
A bien parler et ſagemant.
„Rois, feit il, ſe de vos ne mant
Renomee qui vos renome,
Des que deus fiſt le premier home,
345 Ne naſqui de voſtre poiſſance
Rois qui an deu eüſt creance.
Rois, li renons qui de vos cort
M'a amené a voſtre cort
Por vos ſervir et enorer,
350 Et ſ'i voudrai tant demorer,
Se mes ſerviſes vos eſt biaus,
Que chevaliers ſoie noviaus
De voſtre main, non de l'autrui.
Car ſe je par vos ne le ſui,
355 Ne ſerai chevaliers clamez.
Se vos tant mon ſerviſe amez,
Que chevalier me voilliez feire,
Retenez moi, rois deboneire,
Et mes conpaignons qui ci ſont.“
360 Li rois tot maintenant reſpont:
„Amis, feit il, ne refus mie

333. = fenz orguel *APB*. **34.** uint *S*. **35.** Il *R*, Qui *A*. **36.** Deuant le roi *S* (+ 1). | Et fu ml't bien aparillies *B*. **37.** par *ACR*. | Deuant le roi com a fignor *B*. **38.** tot par amor. *B*. **40.** Qui bien a la 1. eſmeue *B*. **41.** Por (2. *Hand*) *R*. | parler bien *TR*, p. iſſi (*ohne* et) *B*. **42.** fe dex nos *S*, il de uos ne demant *P*. **43.** La renome *S*. | Renomee eſt *P*. **45.** Ne quiſt *S* (— 1). **46.** Rois *fehlt P*, Nus *B*. | ſa creance *P*. **47. 48.** *stellt um B*; **47.** le non *S* (— 1). **48.** mene *S* (— 1). **49.** vos] *fehlt P*. | et por *P*. **50.** *fehlt S*, Mais iou *B*. **51. 52.** *stellen um APC*; **52.** ferai *P*. **54.** ſe io de *B*, ſe de par *T*, ſe de la uoſtre *A*. | nel *A*, *R* (—1). **55.** Neſtre *S* (— 1). **56.** Se mon feru. tant am. *P*. **57.** uoloiez *R* (+ 1), uolis *S*. **58.** Netemez *S*.

Ne vos ne voſtre conpaignie,
Meis bien vcignant ſoiiez vos tuit!
Car bien ſanblez, et je le cuit
365 Que vos ſoiiez, fil a hauz homes.
Don eſtes vos?" — „De Grece ſomes."
„De Grece?" — „Voire." — „Qui'ſt tes perc?"
„Par ma foi, ſire, l'anperere."
„Et comant as non, biaus amis?"
370 „Alixandre me fu nons mis
La ou je reçui ſel et creſme
Et creſtianté et bateſme."
„Alixandre, biaus amis chiers!
Je vos retaing mout volantiers
375 Et mout me pleiſt et mout me heite;
Car mout m'avez grant enor feite,
Quant venuz eſtes a ma cort.
Mout vuel que l'an vos i enort
Con franc vaſſal et ſage et douz.
380 Trop avez eſté a genouz,
Relevez ſus, jel vos comant,
Et ſoiiez des ore an avant
De ma cort et de moi privez,
Qu'a buen port eſtes arivez."
385 A   tant ſe lievent li Grejois,
     Lié ſont, quant ſi les a li rois
Deboneiremant retenuz.
Bien eſt Alixandres venuz,

362. compaignon S.   **63.** uenu ſ. treſtruit S.   **64.** Que uos S. |
t fehlt S (— 1).   **65.** Que mout B, Que fil S. | eſtes CT. | fil de AC. | de
ilt' haut home S.   **67.** uoire fehlt C (— 1), uoir et B. · | kiſt P, qui est
ː, SATR (alle +1), eſt fehlt B, | uos peres S.   **68.** Par foi ſire li e. A.
ⅰ9. Coment auez S.   **70.** nom SC.   **71.** La on S. | recuic P, rechieuch
ⁿ. | ſel eſcreme S.   **72.** creſtiente PBCTR. | bauteſme SC, bapteſme ABPR.
4. retieng SAT, retieig C, retien BP, recoif R.   **76.** = Que STR, Et CB. |
os maues T.   **77.** Que S. | uenu TR.   **78.** on TP. | Et m. u. con B. | Que
ien u9 que lon u9 honor S.   **79.** Come S (+ 1). | — naſlet ABCTR. |
ʳeu et douz C, ſage et pros B.   **81.** Or leuez S, Si leues T. | io B, ie T.
ⅰ2. Si foies B. | hore C.   **83.** De moi et de ma cort CR. | moi] mes A.
ⅰ4. A SB.   **85.** ſont leue li boriois B.   **87.** = receuz SB.

Car a rien qu'il vuelle ne faut,
390 N'an la cort n'a baron fi haut,
Qui bel ne l'apiaut et acuelle.
Cil n'eft pas fos ne ne f'orguelle
Ne ne fe feit noble ne cointe.
A mon feignor Gauvain f'acointe
395 Et as autres par un et un.
Mout fe feit amer a chafcun,
Nes mes fire Gauvains tant l'aimme
Qu'ami et conpaignon le claimme.
An la vile chiés un borjois
400 Orent pris oftel li Grejois,
Le meillor qu'il porent avoir.
Alixandres ot grant avoir
De Coftantinoble aporté:
A ce que li ot enorté
405 Li anperere et confeillié,
Que fon cuer eûft efveillié
A bien doner et a defpandre,
Voudra for tote rien antandre.
Mout i antant et mout f'an painne,
410 Bele vie a fon oftel mainne
Et largemant done et defpant,
Si com a fa richece apant
Et fi con fes cuers li confoille.
Tote la corz f'an efmervoille,

389. Que S. | a fehlt ST. | li faut TS (S: Que nen que il uint ne li
faut). 90. tan aut S. 91. = bien SP. | nes B. | lappielle T, nel apele
P. | le prant a confoil S. 92. Il CT, Nil RB. | fi fox quil f'o B. || Et cil
qui pas ne fan o. A. | Cil de nient ne forgoille S (— 1). 93. Nil SB. |
Ne nus ne le uoit nobles T (+ 1), Ne plus nan eft nobles A. | 9inte S.
95. 96. fehlen T. 97. 98. fehlen S. 97. Mefmes fire A, Meefme
mes'. T (+ 1). | ywains P, triftrans T. | tant fehlt T, R (— 1). 98. Qªnmi C,
Ami T. 400. Furent a B. | grezois SAC, grigois PBT, greiois R.
4. Et TR. | cou P. 5. Lempereres CTR, Lemperere P (— 1), Lanpere q,
confeillie S (— 1). 6. Que facort eft affueillie S (— 1). 7. A a bien
S. | a vor d. fehlt S. 8. Vaura B. | fus totes riens S, | f'an] fe R, i B; met
grant p. A. 12. largece B. | Si come a richo me apant S. 13. Et com-
ment B. | fon cuer S, li cuers TR, | len A. 14. Treftoute ATR, Et tote CB. |
fen m. ACT, fe m. B, fefm. R, setremeruoille S.

415 Ou ce que il defpant eft pris;
Qu'il done a toz chevaus de pris,
Que de fa terre ot amenez.
Tant feft Alixaudres penez
Et tant feit par fon bel fervife,
420 Que mout l'aimme li rois et prife
Et li baron et la reïne.
Li rois Artus an cel termine
S'an voft an Bretaingne paffer.
Toz fes barons fift amaffer,
425 Por confoil querre et demander,
A cui il porra comander
Angleterre tant qu'il revaingne,
Qui la gart an peis et maintaingne.
Par le confoil a toz anfanble
430 Fu comandee, ce me fanble,
ᵼAu conte Angrés de Guinefores;
Car il ne cuidoient ancores,
Qu'il eüft baron plus de foi
An tote la terre le roi.
435 Quant cil ot la terre an fa main,
Li rois Artus mut l'andemain
Et la reïne et fes puceles.
An Bretaingne öent les noveles
Que li rois vient et fi baron,
440 S'an font grant joie li Breton.

---

415. Ou tot cil quil *R.*   **16.** Il *SB,* Que il *T.* | chiaus *T.* || A tous
ᵼne ceuaus *P.*   **17.** Cot *B.* | ot *fehlt B* (— 1).   **18.** trauillies et p. *B.* |
ᵼnez *S.* || Al s. t. p. *P.*   **20.** Q. li r. laime m. *P.*   **21. 22.** *fehlen T.*
ᵼ. Or *T.* | wet *T,* ualt *B.*   **24.** les *BCT.* | Et f. fes b. a. *PTR.* | feit
ᵼT.   **25.** c. prendre *PTR.*   **26.** qui *SPBR.* | porroit *CT.*   **28.** li *S.* |
pais *B.* | an pes la gart *A.*   **29—32** *in rasura R.*   **29.** de *APTR.*
ᵼ. comandeee fi comoi *S* (+ 2).   **31.** Le *T.* | Engres *SPBCR.* | Guime-
ᵼe *T,* Guineffore *P,* Guinefort *S.*   **32.** Que *S.* | fauoient *PC.* | encore *PT,*
lores *CB,* quelot *S.*   **33.** Que *B.* | barons *CR.* | Q. i euft plus b. d. f.
(+ 1), En nul baron auft p. d. f. *S* (+ 1).   **35.** il *PCTR.* | tint *A.* |
ᵼie la tere ot *B.*   **36.** uint *B.* | A. m. l. *in rasura R.*   **07.** les *TR.* ||
ᵼ r. et fes dameifeles *AB.*   **38.** uont *CR,* dient u. *P.*   **39.** uint *S.*
ᵼ. Si *R,* Ml't *A.* | Si en *B* (grant *fehlt*). | Gr. i. en fifent *P.*

N la nef ou li rois paſſa
Vaſlez ne pucele n'antra
Fors Alixandre ſeulemant,
Et la reïne voiremant
445 | I amena Soredamors
     | Qui deſdeigneuſe eſtoit d'amors.
Onques n'avoit oï parler
D'ome qu'ele deignaſt amer,
Tant eüst biauté ne proëce
450 Ne ſeignorie ne hautece.
Et neporquant la dameiſele
Eſtoit tant avenanz et bele,
Que bien deüſt d'amors aprandre,
Se li pleüſt a ce antandre ;
455 Meis onques n'i voſt metre antante.
Or la fera Amors dolante,
Et mout ſe cuide bien vangier
Del grant orguel et del dangier
Qu'ele li a toz jorz mené.
460 Bien a Amors droit aſſené,
Qu'el cuer l'a de son dart ferue ;
Sovant paliſt, ſovant treſſue
Et mal gre ſuen amer l'eſtuet.
A grant painne tenir ſe puet
465 Que vers Alixandre n'eſgart,

---

441. eſta *P*, entra *T*.   **42.** pucelles *S*.   **43.** Alixandres *T*.
44. uraiement *P*.   **45.** Qui amainne *T*, Ou lui mena *S*.   **46.** ere *S*.
de amors *C* (+ 1). | ainques nama par amours *T*.   **47.** Nonques *PCTR*.
nanuoit len oy p. *S* (+ 1).   **48.** daignant *S*, vauſiſt *PT*.   **49.** bonte *T*,
deli *B*. | ne] de *B*.   **50.** De . . . de riquece *B*.   *Darnach ſchiebt S ein.*
Ne force ne cheualerie | Ne hardemant ne ſeignorie, *ungeſchickte Wieder-*
holung von VV. 205. 206.   **52.** a grant meruelle bele *B*.   **53.** Qui *B*.
peuſt *TR*. | mlt' bien len deuſt a. *B*.   **54.** *fehlt S*. | Si *R*, Sil *C*. | ce] lu
R. || Se il li pl. a e. *P*, Sele ia i daignaſt e. *B*.   **55.** ni uelt *R*, ni ualt *B*
ne uouot *S*. || Nonques ni u. m. *B*. | ſentente *S* (+ 2), *B*.   **57.** = Qui *S*
Car *B*. | uenchier *C*, uaſchier *S*.   **59.** Que *R* (— 1), Que de *S*. | menee *A*
60. a] la *A*. | droit Am. *SB*. | aſſenee *A*.   **61.** El *A*. | Que un col}
S (+ 1). | droitement f. *T*.   **62.** ▬ et ſi tr. *SC*, *R* (*fehlt* ſi, — 1), ẟt colo
mue *B*.   **63.** leſtoit *R*. || Et maugret li leſtuet rougir *T*.   **64.** ſen *B*.
poyt *S*. | ſe p. tenir *T*.   **65.** Quant *S*. | ne gart *R*.

Meis mout eftuet qu'ele fe gart
De mon feignor Gauvain fon frere.
Chieremant achate et conpere
Son grant orguel et fon defdaing.
470 Amors li a chaufé un baing
Qui mout l'efchaufe et mout la cuift.
Or li eft buen et or li nuift,
Or le viaut et or le refufe,
Ses iauz de traïfon ancufe
475 Et dit: „Oel! vos m'avez traïe,
Par vos m'a mes cuers anhaïe,
Qui me foloit eftre de foi.
Or me grieve ce que je voi.
Grieve? Non feit, einçois me fiet.
480 Et fe je voi rien qui me griet,
Don n'ai je mes iauz an baillie?
Bien me feroit force faillie
Et po me devroie prifier,
Se mes iauz ne puis juftifier
485 Et feire autre part efgarder.
Einfi me porrai bien garder
D'amor qui juftifier me viaut.
Cui iauz ne voit, ne cuers ne diaut;
Se je nel voi, riens ne m'an iert.

466. Meis *fehlt A.* | eftoit *S*, couient *C*, li eftuet *APB*. | quel *P*, que *B*.
l. la chaufe *R*, li calfe *B*. | li *APBT*. | muft *A.*   **72.** lui . . . lui *R*. | bons
r *S*, bon et mlt' *B*. | enuit *S*.   **73.** et *fehlt S* (— 1) *R* (ore . . ore, + 1).
4. De tr. f. i. *P.* | euz *CS*, els *B*, elz *R*, ielz *T*, iez *P*. | acufe *PCT*.
5. oeil *C*, euz *S*, oilz *R*.   **76.** Pour *T.* | met mon cors *S*. | en haie.
lle Hdd. (*T* haye, *S* ahie).   **77.** Q. foliez *R*. | me]li *T*. | efter *S*, deft re *B*.
9. Grieue *fehlt S*. | nel *A*. | ainz *R*(—1). || No feit ce croi anc. m. f. *S*.
0. qui menoit *S.*   **81.** aie m. *R.* | Nay ie donc *S*. | bien ioie falie *B*.
2. foit *S* (—1). | O ie, que mi oel mont traie *B*.   **83.** Mais *B*. | por-
ie *PR*.   **84.** Se nes pooie i. *A*, Se ne puis mes els caftier *B*.   **86.** En-
nt *SC*, Iffi *R*. | porroye g. *S*, puis ie b. g. *P*.   **87.** Damors *STR*.   **88.** Qui
', Que *SCTR*, Car cui *A*. | oil *SPTR*. | uout *S*, uoient *P*. | ne] *fehlt AP*,
: *B*, a *C*. | duet *T*, deut *P*, deult *C*, doelt *R*, delt *B*, dout *S*. | Car cui i.
. u. c. n. d. *A*. *Es könnte auch heissen* Que cui ialz ne uoit, cuers ne
ialt, *wenn man* Que *von SCTR mit der andern Familie combinirt.*
9. ne uoil *R*. | rien *RB*.

2*

490   Il ne me prie ne requiert.
      S'il m'amaſt, il m'eüſt requiſe,
      Et puis qu'il ne m'aimme ne priſe,
      Amerai le je, ſ'il ne m'aimme?
      Se ſa biautez mes iauz reclaimme
495   Et mi oel traient a reclaim,
      Dirai je por ce que je l'aim?
      Nenil, car ce ſeroit mançonge.
      Por ce n'a il an moi chalonge,
      Ne plus ne mains n'i puis clamer.
500   L'an ne puet pas des iauz amer.
      Et que m'ont donc forfeit mi oel,
      S'il eſgardent ce que je vuel?
      Quel coupe et quel tort i ont il?
      Doi les an je blaſmer? Nenil.
505   Cui donc? Moi, qui les ai an garde.
      Mes iauz a nule rien n'eſgarde,
      S'au cuer ne pleiſt et atalante.
      Choſe, qui me ſeïſt dolante,
      Ne deüſt pas mes cuers voloir.
510   Sa volantez me feit doloir —
      Doloir? Par foi, donc ſui je fole,
      Quant par lui vuel ce qui m'afole.
      Volanté don me vaingne enuis,
      Doi je bien oſter, ſe je puis.
515   Se je puis? Fole, qu'ai je dit!

490. priſe SR. | ne ne q. T. ‖ Ja n. m. p. il ne r. ABCR.   **91. 92.**
fehlen A.   **91.** Se il T (+ 1).   **92.** Des quil BC. | ne ne priſe T'(+1) B.
93. Emeralege S.   **95.** uoient A, uienent P. | le A, au PC.   **97.** Naie P,
Noni S. | que R. | mecongi S, menchongne T.   **98.** Per ce S, Donques B. |
calongne T.   **99.** Ni p. ni S. | ne B. | puet ABR, doit C, doy T.
500. Quen C, Con PB, Car on T (pas fehlt). | pot S. | de ieu S.   **1—8**
fehlen T.   **1.** man S.   **3.** Quex corpes A (i fehlt). | Q. blafme S. | blaſme
i o. il R.   **5.** Qui SR. | ai] a S.   **6.** Mi oel AS. | riens S. | M. elz en
nul leu neſgardent R.   **7.** Se au S (+ 1).   **8.** La choſe S (me fehlt).
9. pas fehlt R (— 1). | pas vor uol. A.   **11. 12.** fehlen P.   **11.** par fin B. |
tant ſui S.   **12.** Quar S. | uoi B, ai R, eſt S. | que SR. | Se ie weil coſe
q. m. T.   **13.** Volantez A, Voluntiers S.   **14.** b. laier P, eſkieuwer TR,
S. | je] fehlt S (— 1), ionques R.   **15.** puis] ſui S.

Donc porroie je mout petit,
Se de moi poiffance n'avoie.
Cuide m' Amors metre a la voie,
Qui les autres fiaut defvoiier?
520 Autrui li covient anvoiier;
Car je ne fui de rien a lui,
Ja n'i ferai n'onques n'i fui
Ne ja n'amerai f'acointance."
Einfi a li meïfme tance.
525 Une ore aimme et une autre het.
Tant fe dote, qu'ele ne fet,
Li queus li vaille miauz a prandre.
Vers Amor fe cuide defandre;
Meis ne li a meftier defanfe.
530 Deus, que ne fet que vers li panfe
Alixandres de l'autre part!
Amors igaumant lor depart
Tel liureifon com il lor doit.
Mout lor feit bien reifon et droit,
535 Que li uns l'autre aimme et covoite.
Cefte amors fuft leaus et droite,
Se li uns de l'autre feüft,
Quel volanté chafcuns eüft;

516. D. me priferoie m. p. R (+1).   18. Me cuide T, Cuide moi A,
. amors moi R. | traire B. | SPBC schreiben mamors, indem sie die Syna-
iphe graphisch ausdrücken. a] an AR. | la fehlt A.   19. Qui] Ou R,
P. | fait PTR, feu S, deuoir S.   20. Autre SCR. | aueier AB.   21. wieder-
olt in R. | Que ST. | riens S. || Ja ne fui io noient a l. B.   22. Ne B. |
en ferej S. | onques B. | ne S.   23. Je n'ai cure de S.   24. lui C,
ni AR. | meifmes TC, memes R (— 1).   25. Cune PTR. | une [vor altre]
hlt A (— 1), T (— 1), R (— 1), S (et fehlt auch, — 2). | En une hore aime,
1 autre het C, Que une o. a. laltre h. B.   27. Le quel A. | le S. | aprendre
lle Hdd.   28. amors SCTR. | eouient S.   29. M. il ni a B. | ne def.
(+ 1).   30. D. cor AB, D. quele S (+ 1). | lui SPCTR. | que ele p. B.
2. ingalment PBT, iuelment R, oelment S. | les B.   33. Tele raifon S. |
omme lor ST. | el lor P.   34. M. par lor ST, M. lor par R. | lor] li A. |
ien fehlt STR.   35. Car AB, Quant CTR. | mlt' couoite B.   36. fu
', eft AT. | froide B. || Se eft a. l. et d. S, Am. fuft raifonable et
. P.   37. Ne (cor. in Se) luns d. l. o f. S.   38. Que la u. chafcus
aut S (+ 1).

Meis cil ne fet que cele viaut
540 Ne cele de quoi cil fe diaut.

L A reïne garde f'an prant
Et voit l'un et l'autre fovant
Defcolorer et anpalir
Et fofpirer et treffalir,
545 Meis ne fet por quoi il le font
Fors que por la mer ou il font.
Efpoir bien f'an aparceüft,
Se la mers ne la deceüft;
Meis la mers l'angingne et deçoit
550 Si qu'an la mer l'amor ne voit;
Qu'an la mer font et d'amer vient,
Et c'eft amors li maus quis tient.
Et de cez trois ne fet blafmer
La reïne fors que la mer;
555 Car li dui le tierz li ancufent
Et par le tierz li dui f'efcufent,
Qui del forfeit font entechié.
Sovant conpere autrui pechié
Teus qui n'i a coupe ne tort.
560 Einfi la reïne mout fort
La mer ancoupe et fi la blafme;
Meis a tort l'an met fus le blafme,
Car la mers n'i a rien forfeit.
Mout a Soredamors mal treit

---

539. cele S. | ele B, il S. | que chai celle uel't C (+ 1). **40.** cift R. |
Ice de que ele fe deut S. **41.** fe PB. **42.** E. u. cafcun menu f. P, Qui
lun et lautre u. f. A. **43.** apalir T. **44.** Et treffuer P. | enpalir R. |
Ne fet dō ce puet auenir A. **45.** Ne A. | fot S. | que B. | les R. **46.** Se
por P. | lamour T, lamor (corr. lamer) C. | non v. il f. P. **47.** E. illi f'a S.
48. len SB. **49.** mer SBT. | lengane T, lengaine R. **50.** Que por
S. | que en C (+¸1). | lamer ne R. **51.** An A. | Quant lamer font B.
dēmer C. || Que en la mer funt tant uient S (— 1), Quant lamer font et
da. u. B. **52.** Ce eft a. S, feft TR, fehlt APC. | amers P, damors A. | eft
li PC, uient li A. | qui C, que S, quels R, ques PTR. **53.** Mes STR.
55. le ters li dui bien B. | li fehlt R (— 1). | acufent P. **56.** facufent T,
fencufent R. **57.** Qui dun S. **59.** coupes TB, blafme R. **61.** et
fehlt CTR. **62.** li SA. | a la mer le b. TR. **63.** Que SBTR. | riens
ST. **64.** Tant P.

565 Tant qu'au port eſt la nes venuc.
Del roi eſt bien choſe ſeüc,
Que li Breton grant joic an firent
Et mout volantiers le ſervirent
Come lor ſeignor droiturier.

570 Del roi Artu parler ne quier
A ceſte foiz plus longuemant:
Einçois m'orroiz dire, comant
Amors les deus amanz travaille,
Vers cui il a priſe bataille.

575 ALIXANDRES aimme et deſire
Celi qui por ſ'amor ſoſpire;
Meis il nel ſet ne ne ſavra
De ſi a tant qu'il an avra
Maint mal et maint enui ſofert.

580 Por ſ'amor la reïne ſert
Et les puceles de la chanbre,
Meis celi don plus li remanbre
N'oſe aparler ne areſnier.
S'ele oſaſt vers lui deſreſnier

585 Le droit que ele i cuide avoir,
Volantiers li feïſt ſavoir;
Meis ele n'oſe ne ne doit.
Et ce que li uns l'autre voit,
Ne plus n'oſent dire ne feire,

590 Lor torne mout a grant contreire,
Et l'amors an croiſt et alume.

565. qua *R.* ‖ Que la nes eſt a p. u. *P.* | neſ *CTR.* **66.** Li rois *S.* |
ſu *SP.* | chaſe *S.* **67.** Car *A.* | en *fehlt SBR.* | = ſont *SCTR.* **68.** = molt
fehlt SCTR. | ſeruiront *SCTR.* **69.** Si com *P.* | le *R.* **73.** vrais *T.* |
enſans *P.* **74.** = A *STR.* | ques *R,* qui *SB.* | ele *SP.* | ont *B.* **76.** Cele
SCT, Celui *B.* | por cui a. *A.* | cui *fehlt S.* | ſamor *doppelt S* (+ 1). **77.** no *S,*
ne *ATR.* ‖ Et ſi ne le ſet *B.* **78.** Juſqua *CTR,* Duſqua *B,* Dusques a *P.* |
que il *BCTR.* ‖ que maint mal en aura *A.* | en *fehlt R* (— 1). **79.** ahan ſoſ.
TR. | Et maint enui por li ſ. *A.* **82.** Et *P.* | cele *CTR.* **83.** parler *S.*
84. Sil *TR.* | li *P.* **85.** quele *S* (— 1), quil *T,* *P* (— 1), *R* (— 2), que *C.* |
i] *fehlt SR,* uers lui *C.* | cuidaſt *T.* **86.** ſeïloit *S.* **87.** il nen *P,* *T*
(ne). | noſet *S.* **88.** ueut *S.* **89.** Ac *S.* | noſe *PT,* nan puet. *A.* | fere
ne dire. *S.* **90.** Lors *C,* Si lor *S* (— 1, mlt' *fehlt*). **591—608** *fehlen T.*
91. Et li amor croiſt *B.* | Plus enc. l'a. *P.* | acroist *A.*

　　　　Meis de toz amanz eſt coſtume
　　　　Que volantiers peiſſent lor iauz
　　　　D'eſgarder, ſ'il ne pueent miauz,
595　　Et cuident por ce qu'il lor pleiſt
　　　　Ce don lor amors croiſt et neiſt,
　　　　Qu'aidier lor doie, ſi lor nuiſt:
　　　　Tot auſi con cil plus ſe cuiſt,
　　　　Qui au feu ſ'aproche et acoſte,
600　　Que cil qui arrieres ſ'an oſte.
　　　　Adés croiſt lor amors et monte;
　　　　Meis li uns a de l'autre honte,
　　　　Si ſe çoile et cuevre chaſcuns,
　　　　Que il n'an pert flame ne funs
605　　Del charbon qui eſt ſoz la çandre.
　　　　Por ce n'eſt pas la chalors mandre,
　　　　Einçois dure la chalors plus
　　　　Defoz la çandre que deſus.
　　　　Mout ſont andui an grant angoiſſe;
610　　Meis por ce que l'an ne conoiſſe
　　　　Lor conplainte ne aparçoive,
　　　　Eſtuet chaſcun que il deçoive
　　　　Par faus ſanblant totes les janz;
　　　　Meis la nuit eſt la plainte granz,
615　　Que chaſcuns feit a lui meiſmes.
　　　　D'Alixandre vos dirai primes,
　　　　Comant il ſe plaint et demante.

592. Car *P*, Que *R*. | toz mauſt eſt *S*.　　**93.** poiſent *S*.　　**94.** ſi
AR. | liſne pooient *S* (+ 1).　　**95.** cuide *S*. | que *SR*.　　**96.** E *S*, Ce eſt *R*,
Cadont *P*. | lor *fehlt AP*, *B* (lamors, — 1). | acroiſt *A*, alume *P*. | et naiſt
fehlt R (— 1).　　**97.** Que *S*. | doy *S*. | et *R* (— 1). | nus *S*.　　**98.** auſint
SR. | il *B*. | qui ſe *A*, qui plus ſe *R* (+ 1).　　**99.** Que *S*. | del *P*. | ſ'a.
cruaute *S*.　　**600.** Eſt *A*.　　1. Adonc *S*. | lamors et ſi *AB*.　　2. Et
caſcuns *B*.　　3. ſen *B*. | cele *R*. | cueure et coile *A*. | Si ſe toire ch. *S* (— 2).
4. Si quan *A*, Quil *P*, *R* (— 1), il *fehlt S*. | ni *SPBR*. | ne fl. *P*, ⌐ fl. *S* (— 1).
5. El c. *P*, Comme li c. *S* (+ 2). | ſor *A*.　　7. Ains li *B*, Mlt' li *C*, Mes
mlt' *R*. | colors *P*.　　8. Defor *A*.　　9. a grant *CT*.　　10. Et *A*, Que *S*, Car *TR*. |
que on *PT*. | quan ne les c. *A*.　　11. Ne l. c. nap. *A*. | complaintes *CR*. |
nen a. *B*.　　12. chaſcuns *ST*. | Couient a c. quil d. *P*.　　13. samblans *TR*. |
tote *SBT*. | la gent *S*.　　14. M. par n. *P*, La n. e. l. compl. *T*. | la lait
S (— 1). | grant *S*.　　15. ſoi *PBC*.　　17. compleint *S* (+ 1). | gamente *T*.

Amors celi li reprcſante,
Por cui ſi fort ſe ſant grevé,
620 Que de ſon cuer l'a eſgené,
Ne nel leiſſe an lit repoſer:
Tant li delite a remanbrer
La biauté et la contenance
Celi, ou n'a point d'eſperance,
625 Que ja biens l'an doie venir.
„Por fol, ſeit il, me puis tenir —
Por fol? Voiremant ſui je ſos,
Quant ce que je pans dire n'os;
Car toſt · me torneroit a pis.
630 An folie ai mon panſer mis.
Don ne me vient il miauz panſer
Que ſol me ſeïſſe apeler?
Ja n'iert ſeü ce que je vuel.
Si celerai ce don me duel
635 Ne n'oſerai de mes dolors
Aïe querre ne ſecors?
Fos eſt qui ſant anfermeté,
S'il ne quiert, par quoi eit ſanté,
Se il la puet trover nul leu.
640 Meis teus cuide ſeire ſon preu
Et porquerre ce que il viaut,
Qui porchace don il ſe diaut.

618. cele *R*, celui *C*. | iceſt liure pr. *S*.   19. Par *P*. | qui *BS*,
ꞁuoi *R*. | ſe ſent ſi fort *AP*, ſe ſ. ſi agreve *B*.   20. Que en ſon cuer *TR*,
ꞁui ens cor *S*(— 1). | la eſleue *A*, la ia ueue *P*, la ia naure *CT*, li a
aure *S*, ſe ſent naure *R*.   21. Ne le *T*, Si nel lait *P*. | el lit *B*.   22. T.
e *ST*. | au r. *T*.   23. corteſie. *S*.   24. Cele *C*, *S* (— 1), De cele *R*. |
ꞁu il *C*. | nule eſp. *P*.   25. ja] a *P*. | bien *SPB*. | li *P*. | doiue *TP*. | auenir
ꞁBTR.   26. men *B*.   29. Que *SCB*. | tornera *R*.   30. Sa *CP*, Se
B, A *T*. | coer *B*.   31. Donc me couient *A*, Dont ne le me u. mix *P*,
ꞁt dont me u. *T*. | ne *fehlt SR* (— 1). | men *B*. | paſer *S*, pener *B*, celer *P*.
ꞁ2. men *BP*. | clamer *C*.   33. 34. *fehlen P*.   34. Se *TR*, Tant *A*, Ain
ꞁ. | io dont mon doel *B*.   35. Si *P*. ‖ Ne ne ſaurai *A*.   36. Aie *B*,
ꞁyuwe *T*.   37. enfremete *T*. | Foz qui ſon anſe met *S*(—2).   38. Qui
ꞁlB, | nan *A*. | porkiert *CTR*. | par *fehlt SCTR*. | quil *SBCT*. ‖ ſentente *S*, q.
ide et ſante *A*, porq. ſa ſante *R*(— 1).   39—42 *fehlen SCTR*.   39. Et *B*. |
ꞁil le — en n. l. *P*.   41. il] mius *BP*.   42. dom *A*. | ce d. ſe d. *B*.

Et qui ne la cuide trover,
Por quoi iroit confoil rover?
645 ̲Il fe travailleroit an vain.
Je fant le mien mal fi grevain
Que ja n'an avrai garifon
Par mecine ne par poifon
Ne par herbe ne par racine.
650 A chafcun mal n'a pas mecine.
Li miens eft fi anracinez
Qu'il ne puet eftre mecinez.
Ne puet? Je cuit que j'ai manti.
Des que primes ceft mal fanti,
655 Se l'ofaffe moftrer ne dire,
Poïffe je parler au mire
Qui del tot me poïft aidier.
Meis mout m'eft gries a anpleidier,
Efpoir n'i deigneroit antandre
660 Ne nul loiier n'an voudroit prandre.
N'eft donc mervoille, fe m'efmai;
Car mout ai mal et fi ne fai,
Queus maus ce eft, qui me juftife,
Ne fai don la dolors m'eft prife.
665 Ne fai? Si faz, jel cuit favoir,

643. 44. *fehlen P.*   **43.** le *AT.* | poroit t. *T.*   **44.** P. quen *B.* |
demander *S* (+ I).   **45.** Si fen *BCTR*, Si me trauilleroie *P.* | en uant *S.*
46. fenc *P*, fench *T.* | mal *fehlt R* (— I). | Je fant mon m. fy engreue *S.*
47. uenrai a. g. *S* (+ I). | Q. n. puis auoir g. *P*, Ja n. auroie g. *T.*
48. Por — por *AT.* | madecine *S* (+ I), emplaftre *P.*   **49.** por — por *AT.*
50. E chafcuns mais na pas racine *S*, Cafcuns maus na pas fa m. *P.*
51. miens mals *RS.* | fi *fehlt R.* | racinez *S.*   **52.** Que *SR.*   **53. 54.** *ist von
später Hand kreuzweise durchstrichen T.*   **53.** ie m. *T.* | Je cuit fait il q. *P.*
54. Tres *T.* | premiers *PB.* | ce m (m *ist verwischt, das übrige fehlt*) *T.*
55. 56. *umgestellt R.*   **55.** penfer *P.* | = moftrer lofaffe *SCTR.* | et d. *A.*
56. Peuffe *PBT.* | a *SCT.*   **57.** Que *S.* | de tot *AB*, mlt'' bien *R*, m. toft *P.* |
men *SR.* | porroit *ABT.* | Que bie men puit a. *S* (— 2).   **58.** trop *STR.* |
eft *CP.* | gres *S*, grief *ABCTR*, maus *P.* | aplaidier *C*, effaier *STR.* | acoin-
tier *P.*   **59.** Quefpoir *BT*, Que efpoir *S* (porroit).   **60.** Ne mon *T.* | ne
ST, ni *B.*   **61.** Donc neft *AB*, E donc *S*, Seft m. fe ie m. *T.*   **62.** grant
mal ai *P*, Quant ie grant mal eiffi mefai *S.*   **63.** qui] pri *S.*   **65.** Nel
A. | Ne fez *S*, Certes fi faic *P.* | fi fau ie *S.* | ie fai de uoir *P.*

Ceft mal me feit Amors avoir.
Comant? Set donc Amors mal feire?
Don n'eft il douz et deboneire?
Je cuidoie que il n'eüft
670 An Amor rien qui buen ne fuft,
Meis je l'ai trop felon trové. *bon*
Nel fet qui ne l'a efprové,
De queus jeus Amors f'antremet.
Fos eft qui devers lui fe met,
675 Qu'il viaut toz jorz grever les fuens.
Par foi, fes jeus n'eft mie buens.
Mauveis joër fe feit a lui,
Car fes jeus me fera enui.
Que ferai donc? Retreirai m'an?
680 Je cuit que je feroie fan,
Meis ne fai, comant je le face.
⁊ S'Amors me chaftie et manace
Por moi aprandre et anfeignier,
Doi je mon meftre defdeignier?
685 Fos eft qui fon meftre defdaingne.
Ce qu'amors m'aprant et anfaingne,
Doi je garder et maintenir;
Car toft m'an puet granz biens venir.
Meis trop me bat, ice m'efmaie.
690 Ja n'i pert il ne cos ne plaie, *retrahere*

---

666. Ce *CT.* **67.** felt *B.* | traire *R.* **68.** eft *C.* | Neft ele douce *P.* | ne deb. *T.* **70.** amors *ST.* | riens *ST.* | bons *B*, douc *P.* **71.** M. or *B.* | molt *A*, tot *B.* | M. feleneffe lai trouee *P.* **72.** Ne *R.* | qui] fe *C.* | Quant ie premiers lai efprouee *P.* **73.** Qui des ius damor f. *P.* **74.** Faus *B.* | li *P.* **75.** Qui *SB.* | uialt *fehlt S* (— 1). **76.** cis *P*, chilz *T*, li *B.* **77. 78.** *fehlen S.* **77.** me fait *BTR*, feroit *P.* **78.** Quant *P.* | chilz *T.* | feroit *P*, fait tot *B.* || Je cuit quil *A*, Qui de fes *R* (+ 1). **79.** requerrai *P.* **81.** Mes neft fet comme *S.* | M. ie ne f. c. le f. *P.* **82.** caftoie *P*, chafce *S·* **83.** moi *fehlt A.* | et por *A.* **84.** Ne ray *S.* **86.** Ce que a. *S* (+ 1). **87.** Doner *S.* | retenir *P* (D. iou uolentiers), *R.* **88.** Que *S* (toft *fehlt*), *TR.* | tous *T.* | granz *fehlt STR.* | porroie *S.* | auenir *ABTR.* | Toft m. puet g. b. a. *B*, Granz b. m. poroit a. *A.* **89.** fait *S*, tarde *B* (*vielleicht zu beffern* darde). | ice *fehlt S* (— 2). | ce *B*, et trop *T*, ce men efm. *C.* **90.** Et fi *T* (il *fehlt*). | cop *SBCTR.*

Et ſi te plains? Don n'as tu tort?
Nenil, qu'il m'a navré ſi fort
Que juſqu'au cuer m'a ſon dart treit,
N'ancor ne l'a a lui retreit.
695 Comant le t'a donc treit el cors,
Quant la plaie ne pert de fors?
Ce me diras, ſavoir le vuel!
Par ou le t'a il treit? Par l'uel.
Par l'uel? Si ne le t'a crevé?
700 An l'uel ne m'a il rien grevé,
Meis el cuer me grieve formant.
Or me di donc reiſon, comant
Li darz eſt parmi l'uel paſſez,
Qu'il n'an eſt bleciez ne quaſſez.
705 Se li darz parmi l'uel i antre,
Li cuers por quoi ſe diaut el vantre,
Que li iauz auſi ne ſ'an diaut,
Qui le premier cop an requiaut?
De ce ſai je bien reiſon randre:
710 Li iauz n'a ſoing de rien antandre
Ne rien n'i puet ſeire a nul fuer,
Meis c'eſt li mireors au cuer,
Et par ceſt mireor treſpaſſe,
Si qu'il ne le blece ne quaſſe,
715 Li feus don li cuers eſt eſpris.

691—760 *fehlen T.* 91. ſe *P.* | ten *P,* ne te *B*(+ 1), man *A.* | plaing *A.* | as *CR,* nai *A.* | ge *A.* 92. Naie *PCR.* | ta *B.* | a mort *C,* de mort *S.* 93. iuſqua *R,* duſquau *P.* ‖ Q' iu que ancore ma ſ. d. ſeru *S.* 94. Mes ne la pas *A.* | Encor *SB.* | ne len uueil le recrere *S.* 95. ta il *P.* 96. ni *B,* nen *C,* napert *R.* | dehors *P.* 97. 98. *fehlen B.* 97. Or le me di *P.* 98. *P.* ont *SR,* Comant *A.* | le ti *C,* il ta *R*(— 1), 99. Et l. *B.* | ſi nel *R* (— 1), et ſi nel *P.* ‖ uoire ſura creue *S.* 700. A l. *A.* | riens *C, fehlt A*(— 1), point *R,* pain *S.* 1. au c. *ABP,* uoier *S.* 3. Car li d. eſt par l. *P.* 4. Que il neſt *BS.* | Si ne neſt malmis *P.* | ne neſt q. *S*(+ 1). 5. Quant *P.* | i *fehlt S*(— 1) *R*(— 1). 6. ſan *A.* | en u. *R.* | Por q. ſe d. li cors ou u. *S.* 7. = Se *S,* Si *R.* | ſe *SR.* 10. na rien a el *B.* 11. riens *S.* | ne *SAR.* | nul ſait *S.* 12. mireoirs *P,* miroers *C,* miroiers *R.* del c. *P.* | Mais il eſt mire or trepaſſe an coir *S.* 13. ce *ACR,* oel *S.* | i paſſe *P.* 14. que il *S.* | ne li *B,* nel *PR,* ne *SA.* | ne ne *AP,* nel *R*(— 1). 15. Li fues *S,* Li ſens *PBCR,* Le ſan *A.* | qui eſt el c. e. *P.* | apris *B.*

Don n'eſt li cuers el vantre mis,
Auſi con la chandoile eſpriſe,
Qui dedanz la lanterne eſt miſe?
Se la chandoile an departez,
720 Ja n'an iſtra nule clartez;
Meis tant con la chandoile dure,
N'eſt mie la lanterne oſcure,
Et la flame qui par mi luist
Ne l'anpire ne ne li nuiſt.
725 Autreſi eſt de la verriere:
Ja n'iert tant forz ne tant antiere,
Que li rais del ſoloil n'i paſt,
Sanz ce que de rien ne la quaſt;
Ne ja li voirres tant clers n'iert,
730 Se autre clartez ne ſ'i fiert,
Que por la ſoe voie an miauz.
Ce meïſmes ſachiez des iauz
Con del voirre et de la lanterne;
Car es iauz ſe fiert la luiſerne,
735 Ou li cuers ſe remire, et voit
L'uevre de fors, queus qu'ele ſoit,
Si voit maintes oevres diverſes,
Les unes verz, les autres perſes,
L'une vermoille, l'autre bloe, *vſſrꝯ*

---

716. eſt *A.*   17. Si *B.* | come *R* (+ 1), *S.* | la] *fehlt S,* de le *B.* | eſt
priſe *S.*   18. Eſt *A.* | l. miſe *A.*   19. *beginnt M.*   19. 20 *schiebt P*
nach 22 *ein.* | oſtes *S* (— 1).   21. M. *fehlt P.* | come *S* (+ 1), *P.* | i dure *CS.*
22. Ne eſt pas *A.*   23. Ne *R,* Que *S.* | dedanz luiſt *A.*   25. Autreſint *M,*
Autretel *PCR,* Autel *S* (— 1). | uereire *S,* uerrine *A.*   26. ſi — ſi *M,* tant
— ſi *B,* ſi — enterine *A;* | enteire *S.*   27. paſſe *S.*   28. riens *S.* | quaſſe *S.*
29. Mais *B.* | uoire *B,* ueirres *M,* uerres *R* (*ebenso alle* 732). | ſi *A.*   30. Si
R. | Saltre *S* (— 1) *MC, B* (— 1). | autres *P.* | clarte *SMBR.* | afiert *MBC.*
31. Que ia *P.* | par *AB.* | le *A,* ce *SR,* cou *P.* | ſuen *AM.* | uoie] ueien *M,*
uie ie *S,* i uoie *BCR,* i uoions *P.* | an] *fehlt M* (— 1) *PBC,* len *SAR.* | le
nielz *R* (+ 1).   32. *fehlt S.*   32. Tout autretel *CR.* | eſt il *R.*   33. 9me
S (+ 1), Et *A,* Que *PC.*   34. Quer (*immer*) *M.* | as ielz *MC.* | luiſſerne *S,*
luſerne *BR.*   35. E *S;* | ſi *S.* | uait *S.* | La v li c. rem. *P.*   36. La lu-
niere *A.* | dehors *MR.* | qui que le *S,* quele quele *R* (+ 1).   37. Ni not *S.* |
antes *P.* | choſes *SP.*   39. et lautre *AP.* | bloie *SM.*

740 Si blafme l'une et l'autre loe,
     L'une tient vil et l'autre chiere.
     Meis teus li moftre bele chiere
     El mireor, quant il l'esgarde,
     Qui le traïft, f'il ne f'i garde.
745 Moi a li miens mout deceü;
     Car an lui a mes cuers veü
     Un rai don je fui anconbrez,
     Qui dedanz lui f'eft aonbrez,
     Et por lui m'eft mes cuers failliz.
750 De mon ami fui mal bailliz,
     Qui por mon anemi m'oblie.
     Reter le puis de felonie,
     Car il a mout vers moi mefpris.
     Je cuidoie avoir trois amis,
755 Mon cuer et mes deus iauz anfanble;
     Meis il me heent, ce me fanble.
     Ou troverai je meis ami,
     Quant cift troi me font anemi,
     Qui de moi font et fi m'ocïent?
760 Mi ferjant an moi trop fe fient,
     Qui tote lor volanté font
     Et de la moie cure n'ont.
     Or fai je bien de verité
     Par cez qui m'ont deferité,
765 Qu'amors de buen feignor porrift

740. lun *SBC.* | Lune bl. *A* (— 1).   41. uile *R.*   42. tel *MR.* | li]
il *A.*   43. que il *S.* | il efgarde *R*, il les garde *B.*   44. Quil *BC.* | fen
B, fe *CR.*   45. M. et les miens mont *A.* | tot d. *B.* || Moi (Mais *S*) ont
li mien oil (ou il *S*, mi doi oel *P*) deceu *SPR.*   46. Que *S*, Parmi aus *P.*
en els *R*, an eulz *S.* | cors *S.*   47. Vns rais *S.* | il eft *P.*   48. moi *SB*,
els *R.* | an ombrez *A.*   49. Que *CR.* | par *SP.* | eft *R*, a *P.* | cors *S.*
50. anui *C.* || Dont mlt' me tieng a m. *P.*   51. Quant *P.* | par *AR.*
52. Blasmer (*R*) len puiffe de follie *S.*   53. Que *S.* | = trop *SPCR.*
54. cuide *S* (— 1).   55. cors *S.* | Mes cuers et mi doi oel *B.*
56. me chet *S* (— 1), mont trai *M.*   57. Ha, dex ou font mes mi a. *A.*
58. cil *B*, ci *M.* | font mi a. *A.*   59. fi (2. *manus*) moi occient *R* (+ 1).
60. trop en moi *P.* || tant fafient *B.*   61. Que *S*, Car *B.* | totes *S.*   62. Ne
CM. | point ne font. *A.*   64. P. euz *S.*   65. fon bon *S*, par bon *B.* |
perift *APM.*

Par mauveis ferjant qu'il norrift.
Qui mauveis ferjant aconpaingne,
Ne puet faillir qu'il ne f'an plaingne,
Quanqu'il avaingne, ou toft ou tart.
770 Or vos reparlerai del dart
Qui m'eft comandez et bailliez,
Comant il eft feiz et tailliez.
Meis je dot mout que je n'i faille;
Car tant an eft riche la taille,
775 Que n'eft mervoille, fe j'i fail.
Et fi metrai tot mon travail
A dire ce que moi an fanble.
La coche et li penon anfanble
Sont fi pres, qui bien les ravife,
780 Que il n'i a qu'une devife
Aufi con d'une greve eftroite;
Meis ele eft fi polie et droite,
Qu'an la coche fanz demander
N'a rien qui face a amander.
785 Li penon font fi coloré,
Con f'il ierent d'or ou doré.
Meis doreüre n'i feit rien;
Car li penon, ce fai je bien,

766. fergans PBM. | qui le n. S(+ 1). 67. maluaife gent B. | acom-
)aignent B. | Que a mauues ome acompaignie S(+ 1). 68. pot S. | eftre
Ś (que), B, muer PR. | plaignent B. 69. Que quil B, Quant que ce foit
Ś. | erstes ou fehlt A. | tempre v t. PB. 70. dun d. S. 71. 72 stellen
ım CR. 71. Quil C. 73. Car io mout dolt B. | trop CR. 74. Car
alt' P. | lentaille M. || Qui tant aimes riches batailles S. 75. niert MBC,
:rt R. | ge i SC(+ 1), ie ni R(+ 1). | Neft m: fe ie i fail A. 76. grant
. S, pain et t. P. 77. E dyre S. | que il (quil R — 1) men femble CR.
|f8. chofe S, floiche A. 79. que B. | auife SPM. 80. Quil ni a
nais PR. 81. rue C, uoie P. 82. Que fi eft p. SR, C (Qui), alle (— 1). |
ant p. P. | palie e doite S. 83. rote A. | amender B. || Que en lanche
fanz d. S, Se nus le me veut d. P. 84. riens MC. || Il ni a riens a
.. P (amender in rafura). 85. penons M, caueil P. 86. Comme
Ś(+ 1). | eftoient A, fuffent S. | tuit dore A, dor emere S. 87. Mais
ehlt M. | falt BR, vaut P, feroit SM. 88. penons M, li caueil P, Que
an (darüber li paon) S. | fage b. R, fauez b. A.

Eftoient plus luifant ancores.
790 Li penon funt-les treces fores
Que je vi l'autre jor an mer,
C'eft li darz qui me feit amer.
Deus, con tres precieus avoir,
Qui tel trefor porroit avoir!
795 Por qu'avroit an tote fa vie
De nule autre richece anvie?
Androit de moi jurer porroie,
Que rien plus ne defirreroie;
Que feul les penons et la coche
800 Ne donroie por Antioche.
Et quant cez deus chofes tant pris,
Qui porroit efligier le pris
De ce que vaut li remenanz,
Qui tant eft biaus et avenanz
805 Et tant chiers et tant precieus,
Que defirranz et anvieus
Sui ancor de moi remirer
El front, que deus a feit tant cler,
Que nule rien n'i feroit glace
810 Ne efmeraude ne topace?
Meis an tot ce n'a rien a dire,
Qui la clarté des iauz remire;
Car a toz ces qui les efgardent

789. luifanz oncores *M.* | que ors *S*, encor. *R.*   **90.** Je cuit, ce font
P. | ont *B.* | les penes *B*, li chauel *S*, li cheuoil *R.* | for *SR.*   **92.** que
moi *R.*   **93.** D. c. eft precial euoir *S.*   **94.** ceft *MB.*   **95.** P. quoi
auroit *SMP*, P. quanque auroit *R.* | en *fehlt SP.* | en cefte uie *M.* | tot
R (+ 1).   **96.** altre *fehlt P* (— 1), chofe *S* (— 1), proece *B.*   **97.** de *fehlt*
S, R (— 1). | uire *M.* | le p. *S.*   **98.** Q. ia *B.* | riens *SMPR.* | tant *M.* | de-
firoie *B, R* (— 1), demanderoie *SP.*   **99.** Quer *MP*, Ne *S*, Mais *R.* | fols
M. | pignons de la koce *P.* | la floiche *A*, le che *S* (+ 1).   **800.** Nes *C.* |
randeroie *S* (+ 1). | pas Antioche *S.*   **1.** Ce que *SCR*, Car iou *P.* | en
ces *S.* | an pris *A.*   **3.** qui ueit loromant *S* (— 1).   **4.** Car itant biax *B.*
5. boens *A*, riche *M.* || eft precieus et dous *P.*   **6.** defireus *P.* || E defranz
et amorous *S* (— 1).   **7.** Nui *S.* | encore *SR* (+ 1) *M.* | mirer *M.*   **8.** Le *A*,
Ce *S.* | d. a f. t. c. *in rasura R.*   **9.** rien nule *SCR.* | grace *S.*
10. neftoupafce *M.*   **11.** En tot icou neft *P.* | riens que dire *S.*   **12.** Que
S. | biaute *SB.*   **13.** Qui *S.* | agardent *B.*

Sanblent deus chandoiles qui ardent.
815 Et qui a langue fi delivre,
Qui poïlt la façon defcrivre
Del nes bien feit et del cler vis,
Ou la rofe cuevre le lis,
Einfi qu'un po le lis efface,
820 Por miauz anluminer la face,
Et de la bochete riant,
Que deus fift tel a efciant
Por ce que nus ne la veïft,
Qui ne cuidaft qu'ele reïft?
825 Et quel font li dant an la boche?
Li uns fi pres de l'autre toche,
Qu'il fanble que tuit f'antretaingnent ;
Et por ce que miauz i avaingnent,
I fift nature un petit d'uevre ;
830 Que qui verroit, quant la boche oevre,
Ne diroit mie que li dant
Ne fuffent d'ivoire ou d'arjant.
Tant a a dire et a retreire
An chafcune chofe portreire
835 Et el manton et es oroilles,
Que ne feroit pas granz mervoilles,
Se aucune chofe i trefpas.
De la gorge ne di je pas
Que vers li ne foit criftaus trobles.

814. Refemblent ch. *CR.* **15.** boche *A.* | fe *B.* **16.** Quil *PR.* | aft *M*, *B* (*hinter* la f.). | la face p. d. *A.* **17.** Del — del *P*], Le — le *le übrigen.* neis *M*, nies *R.* | cler le uis *B.* **18.** Com *A.* | ofcure *A.*). Si *SP.* | cun petit *S.* | que *P*, com *B*, come *A.* | por *C*, *fehlt A.* | li lis *AB*, (li l. un poi), le uis *S.* **20.** bien *A.* | fa f. *R.* **22.** tele *Msc.* (*fehlt* — I). | enfiant *B.* **23.** nus qui la *PB.* **24.** Qui *fehlt PB* (*dafür* quele). | refift *P*, rifift *B.* **25.** Queles f. les danz *S.* | de la b. *P.* **26.** Lune p. a *S.* | de l. fi p. *A.* **27.** Qui fanblent queles f. *S.* | que il f. *A*, il f. *R* (— I). **30.** Quar *R*, Et *B*, *fehlt A.* | lan ueoit *S.* | con la boete o. *A.* **33.** T. ai *SM.* | oi d. et r. *S.* **34.** a port. *AMPBC.* **35.** Que — e *P.* | en-en *C.* | es foreille *S.* **36.** Quil *A*, Ce *S.* | feront *C.* | grant merueilles , merueille *S.* || Qui font tant beles a m. *P.* **37.** Si *MR*, daucune *B.* | en *CR.* || Je cuit bien que iou i t. *P.* **38.** goule *P*, cole *B*, boche *SAR.* | ut ie *R.* **39.** lie *M*, lui *SBCR.* | torbles *PB*, t^ubles *MC.*

840 Et li cos eſt a quatre doblés
    Plus blans qu'ivoires ſoz la trece.
    Tant com il a des la chevece
    Juſqu'au fermail d'antroverture,
    Vi del piz nu ſanz coverture
845 Plus blanc que n'eſt la nois negiee.
    Bien fuſt ma dolors alegiee,
    Se tot le dart veü eüſſe.
    Mout volantiers, ſe je ſeüſſe,
    Deïſſe, queus an eſt la fleche:
850 Ne la vi pas, n'an moi ne peche,
    Se la façon dire ne ſai
    De choſe que veüe n'ai.
    Ne m'an moſtra Amors adons
    Fors que la coche et les penons.
855 Car la fleche iert el coivre miſe,
    C'eſt li blïauz et la chemiſe,
    Don la pucele eſtoit veſtue.
    Par foi, c'eſt li maus qui me tue,
    Ce eſt li darz, ce eſt li reis,
860 Don trop vilainemant m'ireis.
    Mout fui vilains, qui m'an corroz.
    Ja meis feſtuz n'an ſera roz
    Por deffiance ne por guerre,

---

840. Et ſes *P.* | ert *R.* | en q. *S.* | Li cors eſt plus blans *A.*   **41.** que
uoirres *C*, que iure *S*, que neſt lis *M.* | terre *S.* || P. clere diuoire eſt la t. *A*
42. de *SMPR.*   **43.** Dus qal *B*, Deſi *R*, Jusque *S*, Jusques *P.* ⌈ au ſain *SR.* ⸱
a droiture *P.*   **44.** Vi le pis *P*, Vi go du pu ſ. *S.*   **45.** blans *SPBC.* | l:
neif *B*, noiſ *CR*, flors *S.*   **46.** la d. *B.*   **48.** Mult *M.* | ſe le *C.* | peuſſe *I* |
49. Deſiſſe *B*, Deuiſaſſe quele eſt *S.* | ſleyche *S*, ſloiche *A* (*manus 2. in rasura* ⸜
flecche *R.* | Mais ne le ui *P.* | poiche *A*, pecche *R.* | A cui pas en moy n ⸜
peiche *S* (— 1).   **51.** Ne *SB.* | nan *AB.*   **52.** De la ch. q. ueil nei *M*, Por co ¹
que ueue ne lai *P.*   **53.** me *SBR.* | adon *SP.*   **54.** flece *B.* | le pignon *I* |
le panon *S.*   **55.** Que *SC.* | fleke *P*, fleiche *S*, flecche *R.* | ert *AR*, eſt *SI*
meſt *B.* | el (*fehlt M* — 1), coer *B*, en couert *C*, en uautre *S.* || C. la ſ. et ⸜
el keuure eſt miſe *P.*   **56.** Sos le bialt *B.*   **57.** Que la p. auoit ⸍|
58. *fehlt S.* | Certes ceſt li dars *P.*   **59.** Ceſt la colors *P.*   **60.** Donc *A* ⸱
61. = Trop *SCT,R* (*ras.*), Si faic que ſols *P.* | quant *M.* | = me *SCTR.*
coruz *R.*   **62.** Ia li feſtu *S*, Ia uoir .i. ſ. ni ert *R.* | veſtus *P.* | ne *S.*
ruz *R*, roiz *S*, tous *P.*   **63.** Par *R.* | deſirete *P.*

.

Que je doie vers Amor querre.
865 Or face Amors de moi fon buen,
Si com il doit feire del fuen;
Car je le vuel et fi me pleift,
Ja ne quier que cift maus me leift.
Miauz vuel qu'einfi toz jorz me taingne,
870 Que de nelui fantez me vaingne,
Se de la ne vient la fantez,
Don venue eft l'anfermetez."

G RANZ eft la conplainte Alixandre,
Meis cele ne reft mie mandre,
875 Que la dameifele demainne.
Tote nuit eft an fi grant painne,
Qu'ele ne dort ne ne repofe,
Amors li a el cors anclofe
Une tançon et une rage,
880 Qui mout li troble fon corage
Et qui fi l'angoiffe et deftraint,
Que tote nuit plore et fe plaint
Et fe degete et fi treffaut,
A po que li cuers ne li faut.
885 Et quant ele a tant travaillié
Et fangloti et baaillié

---

864. u. a. deie q. *M*, Q. face u. a. conquerre *P*.   **65.** Or f. de
. tot fon *AMB*.   **66.** Si come d. *ST*, Com ele *C*, Si que io doi *B*.
7. Que *S*.   **68.** Ne quier mais *P*. | quer *M*, q'r *B*. | cis max *BP*, ceft
als *M*, chilz maus *T*. | plaift *T*. | Ja naurei uers lui maluais pleit *S*.
9. aim *R*. | quainfint *C*, que fi *B*, que (*fehlt R*) t. i. queinfi me t. *M*(+1)*R*. |
maigne *P*. | Meuz ueut que en la fin me preigne *S*.   **70.** nuli *R*, nului *BT*,
ille *S*, nul leu *C*, dune autre *P*. | Ne que la fantez ne me u. *M*.
1. Donc *M*. | u. meft *C*, eft uenue *SA*. | lanfertez *AC*.   **73.** grant *SMR*. |
S. | la pleinte dalixandre *C*, lanconpeuz al. *S*.   **74.** Meis] E *S*. | nen eft *T*,
: fu *S*, icele neft *B*.   **76.** Tot le ior *B*. | fu *S*. | Car keue eft *P*.   **77.** ne ne
r. *A*(+1).   **78.** a] eft *SA*. | ancor anchofe *S*.   **79.** tancons *A*, cancon
| E une tou con *S*(+1).   **80.** Que *S*. | torble le *B*.   **81.** fi] *fehlt A*(—1),
't *T*. | qui *fehlt M*. | Qui ml't l. *P*, Q. 1. ml't *S*, Si 1. ml't *R*. | et la de-
aint *MP*.   **82.** Que *fehlt SR*. | fi plore *B*, et pleure *T*. | et fi fe *R*,
ffi fe *S*. | fe *fehlt B*,*C*(—1)*T*, complaint *P*.   **83.** Et fi fe *B*. | fi *fehlt*
MR(—1)*B*, *dafür* fe *T*.   **84.** Por *BT*. | po] coi *T*. | cors *S*.   **86.** Tant *A*. |
glouti *B*, feglouti *P*, treffailli *CTR*, treffue e baille *S*(— 1).

3*

Et treſſailli et ſoſpiré,
Lors a an ſon-cuer remiré,
Qui cil eſtoit et de queus mors,
890 Por cui la deſtraignoit Amors.
Et quant ele ſ'eſt bien refeite
De panſer quanque li anheite,
Lors ſe reſtant et ſe retorne,
Son panſer a folie atorne,
895 Tot ſon panſer que ele a feit.
Lors recomance un autre pleit
Et dit: „Fole! qu'ai je a feire,
Se ciſt vaſlez eſt deboneire
Et ſages et cortois et preuz?
900 Tot ce li eſt enors et preuz.
Et de ſa biauté moi que chaut?
Sa biautez avuec lui ſ'an aut.
Si fera ele mal gre mien,
Ja ne l'an vuel je tolir rien.
905 Tolir? Non voir! ce ne faz mon.
S'il avoit le ſan Salemon,
Et ſe nature an lui eūſt
Tant mis qu'ele plus ne peūſt
De biauté metre an cors humain,

---

887. Tant *C.* | ſangloti *C*, tragloti *S*, tranſgloti *R*, traueillie *T.*
88. ra *T.* | cors *S.* | ſospire *B.*   **89.** Que *SC.* | al *S.* | quel amor *S*(+ 1).
91. ſa bien *B.* | deferte *S.*   **92.** Del *M*, A *B.* | quanqes il li h. *B*, quant
que lieſte *S*(—1), qnel a la nit treite *M*, quanqui li haite *T*(—1), a cou qui
li h. *P.* | an h. *A.*   **93.** Si *S.* | reſtrait *S*, repent *C*, fareſtut *P*, feſtent *R.* | et]
ſi *PB*, lors *R.* | redote *S*, torne *PB.*   **94.** Le *C*, An *A.* | penſe *T.* | Et
treſtot *M*, Maintenant *R*, El torner *P*, Al torner grant *B.* | torne *SCT.* **95.** Tot
le *MP.* | penſe *MBTR.* | que il *B*, quele aueit *M.* | derechiel lot *S.* | Treſtout
quanque ele en a ſ. *C.*   **96.** Lors ſi *BR*, Si *AMCT.* | comance *SB.* | un
fehlt S(—2) *R.*   **97.** diſt *SPBT.* | que ai *ST*, quauez a *C.*   **98.** chilz *T*
cil *R*, cis *PB.*   **99.** Et faces *B*, larges *AMP.* | douz *C.*   *Nach* **900** *wiederhol*
B die Zeilen 896. 897 (Et ſi d. ſ. q. i. ſait).   **1.** quen *T.* | que me caut *P*
2. en a. *MBC.*   **3.** ſaura *S.* | Il lemportera m. m. *P.*   **4.** u. ia tolir *P*
u. retenir *S.* | *P stellt diese* 2 *Zeilen um* (4. 3).   **5.** No tenir *S*(+ 1). | T
uoir non *B*, T. nel uoel *P.* | faz] uuel *AR.*   **6.** ſant *S*, ſanz *R*, ſens *MPBCT*
7. n. mis euſt *A.*   **8.** comme ele p. ſeult *C*, que nuls que plus ne p. *S*(+1).
Itant me9 que *R*, An lui tant que *A.*   **9.** bonte *T.*

910 Si m'eüft deus mis an la main
Le pooir de tot depecier:
Ne l'an querroie corrocier,
Meis volantiers, fe je pooie,
Plus fage et plus bel le feroic.
915 Par foi! donc ne le he je mie.
Et fui je donc por ce f'amie?
Nenil, ne qu'a un autre fui.
Por quoi pans je donc plus a lui,
Se plus d'un autre ne m'agree?
920 Ne fai, tote an fui efgarce;
Car onques meis ne panfai tant
A nul home el fiecle vivant,
Et mon vuel toz jorz le verroie,
Ja mes iauz partir n'an querroie,
925 Tant m'abelift, quant je le voi.
Eft ce amors? Oïl, ce croi.
Ja tant fovant nel reclamaffe,
Se plus d'un autre ne l'amaffe.
Or l'aim, bien foit acreanté —
930 Si n'an ferai ma volanté?
Oïl, meis que ne li defpleife.
Cefte volantez eft mauveife;

910. Se T, Et fi P (fehlt deus). | Et fe cuft dex mis en famey S (+1).
ier M, pooier C. | defpecier C. 12. Je nel uoudroie R. 13. fauoie
B, peuwiffe T. 14. et fehlt T. | preu le T. | la f. B. | fefiffe T.
ont PBTR. | la B. | hai T, has B, haz C, haic P. 16. Non. fui ie
T, Non. et fui (ferei M + 1) ie MC. | donques S (+1), por itant A.
s T. | Naie plus P. | Nan un ne .a.i. S. 18. Et por AMB. | que B. |
d. T. | donques S (+1) P, fehlt MB. | plus fehlt AP. 19. Si R, Ne T.
iufint efgrace S. Nach diesem Vers schiebt M ein 928. 927.
ue S, Quant P. 22. en C. | fiegle A, al monde B, qui fu S. 23. A
Que S. | la u. T, lauerroie B. 24. partir m. els B. | Jamais ior
uolroie P. 25. menbelift MC, me belift R, me delit S. | la uoi B.
fche T, Fait ce S. | Nenil B, dit S (— 1). | io croi B, par foi SP.
a plus P, Je cuit pas tant n. r. M. | ne te clamafes S. | remanbraffe A.
neffe S. 29. Que R. | laing T, lont S. | or foit A. | acraante MR,
ite T, receu S. 30. ne MPTR, en SA. | fera P. 31. O ie C, Cil
1), Voire A. | quil AB. | lui ne d. P. | defplaiffe R, defpleiffe M,
ce M. 32. meft B.

Meis Amors m'a ſi anvaïe
Que ſole ſui et eſbaïe,
935 Ne deſanſe rien ne m'i vaut,
Si m'eſtuet ſofrir ſon aſſaut.
Ja me ſui je ſi ſagemant
Vers lui gardee longuemant,
Ainc meis por lui ne vos rien ſeire;
940 Meis or li ſui trop deboneire.
Et quel gre m'an doit il ſavoir,
Quant par Amor ne puet avoir
De moi ſerviſe ne bonté?
Par ſorce a mon orguel donté,
945 Si m'eſtuet a ſon pleiſir eſtre.
Or vuel amer, or ſui a meſtre,
Or m'aprandra Amors — Et quoi?
Conſeitemant ſervir le doi.
De ce ſui je mout bien apriſe,
950 Mout ſui ſage de ſon ſerviſe,
Que nus ne m'an porroit reprandre,
Ja plus ne m'an covient aprandre.
Amors voudroit et je le vuel,
Que ſage fuſſe et ſanz orguel
955 Et deboneire et acointable,
Vers toz por un ſeul amiable.
Amerai les je toz por un?
Bel ſanblant doi ſeire a chaſcun,
Meis Amors ne m'anſaingne mie,
960 Que ſoie a toz veraie amie.

---

933. anhaie *A*, eſmaie *B*, ca uoie *S*. **34.** en ſui *ACT*. **35.** Que *BC*.
riens *SMT*. | me *SM*. **36.** meſtoit *S*. | mon a. *B*. **937—1038** *fehlen* ?
37. tant ſ. *S*. **39.** Einz *SAC*, Vn *M*. | uoil *SMPBR*, uueil *C*. | riens *M*.
ne ne u. ſ. *S*. **40.** mlt' d. *PBC*. **41.** Mes *M*, Et q̄ il *C*. | il *fehlt* *C*
42. nen *MP*. | poit *S*, puis *B*. **44.** Por ce *S*. **45.** meſtois *S*. **46.**
ſui *P*. **47.** Qui *MB*, Que *C*, Et que *P* (et *fehlt*). | amer *M*. **48.** la *B*
49. trop *C,R* (*in ras*. 3. *manus*), tres *P*, *fehlt* *S*(— 1). **50.** Si *MPBR*.
mon ſ. *SP*. **51.** me p. aprendre *R*. **52.** me *R*. **53.** la *B*. **54.** Qu
ſoie *P*. | et *fehlt* *BCR*. **56.** Et u. t. *C*, A tos *P*. | par *B*. | amable *C*
57. ge les *C*. **58.** Biau *C*, Beau *M*. | puis *SR*. | a *fehlt* *BC*. **60.** Qu
toz ſoie *A*, Que a tous ſ. *P*. | ſ. a chaſcun *C*. | uraie *PC*. | Que ſoi ie p;
.1. a toz amie *S*(+1).

Amors nc m'aprant fe bien non.
Por neant n'ai je pas ceft non
Que Soredamors fui clamee.
Amer doi, fi doi eftre amee,
965 Si le vuel par mon non prover,
Se la reifon i puis trover.
Aucune chofe fenefie
Ce que la premiere partie
An mon non eft la color d'or;
970 Car li meillor font li plus for.
Por ce taing mon non a meillor,
Qu'il comance par la color,
A cui li miaudres ors f'acorde.
Et la fins Amor me recorde;
975 Car qui par mon droit non m'apele,
Color d'amors me renovele.
Et l'une meitiez l'autre dore
De doreüre clere et fore;
Qu'autretant dit Soredamors
980 Come fororee d'amors.
Mout m'a donc Amors enoree,
Quant il de lui m'a fororee.
Doreüre d'or n'eft fi fine
Come cele qui m'anlumine.
985 Et je metrai an ce ma cure,
Que de lui foie doreüre,
Ne ja meis ne m'an clamerai.
Or aim et toz jorz amerai.
Cui? Voir, ci a bele demande!

---

961. fi bien (non *fehlt*) S (— 1). **62.** ce C, le SP. **63.** Qui C.
15. 66 *stellt um* C. **65.** ceft non PB. **66.** Quamors doi an mon non
rouer A. **67.** fignifie R. **69.** De M, A C. | Eft en m. n. P. | a (*statt*
·ft) C. | li B, de AMPC. **70.** Et A. | mieldre M. | plufor A. **72.** Quan
non non a de la color A. **73.** qui S, coi B. **74.** la fine APB, la
in M. | amors APBCR. | mes B. | Que laf me anor macorde S. **75.** Car cil
jui B (droit *fehlt*). **76.** Toz iorz AMPBC. | mon non me B. **78.** La d. B. |
ine et M. **79.** Et autant A. | tant *fehlt* B (— 1). | vaut S. **83. 84** *setzen nach*
·80 APB. **81.** M. par S. | donc *fehlt* SB. | fort hon. B. **82.** ma de lui P.
·4. Come eft BR. | cefte AB. **85.** en lui AM. **86.** aim t. i. et a. S.

990 Celui que Amors me comande,
Car ja autres‑m'amor n'avra.
Cui chaut, quant il ne le favra,
Se je meïfmes ne li di?
Que ferai je, fe ne le pri?
995 Qui de la chofe a defirrier,
Bien la doit requerre et proiier.
Comant? Proierai le je donques?
Nenil. Por quoi? Ce n'avint onques
Que fame tel forfeit feïft,
1000 Que d'amer home requeïft,
Se plus d'autre ne fu defvec.
Bien feroie fole provee,
Se je difoie de ma boche
Chofe qui tornaft a reproche.
1005 Quant par ma boche le favroit,
Je cuit que plus vil m'an avroit,
Si me reprocheroit fovant
Que proiié l'an avroie avant.
Ja ne foit amors fi vilainne
1010 Que je pri ceftui premerainne,
Des qu'avoir m'an devroit plus vil.
Ha, deus! comant le favra il
Des que je ne l'an ferai cert?

990. Ceftui *A*, Mes celui *CR*. | qui *B*, qua A. *M*, quamors *C*. **91.** Que
SCR, *fehlt B*. | autre *S*. | nauera *B*. **93.** meifme *B*. **94.** feroie fc *A*.
fe ge nel *R*, fe ge le *SM*. | lem *B*, li *AP*. | di *P*. **95.** Quant *M*. | ai *M*.
fe defier *S* (defier *auch C*, —1). **96.** le *PB*, len *M*. | dei *M*. | querre *S*. |
et] ou *C*. | porchacier *S*. **97.** preere *M*. | li *P*. | lem p. io *B*. **98.** Naie
PR, Nanin *S*. | quei *M*. **99.** forfen *MBC*. **1000.** damors *SA*. **1.** que
autre ne fuft d. *S* (+1). **2.** = Trop *SCR*. *Nach* **1003** *schiebt S ein:*
Par fanblant ne par moz couerz (= **1041**) *ohne Reimvers*. **4.** qui me
tort *MP*, don ieuffe r. *A*. **5.** Que *P*, Se *SM*. | de ma *AB*. | la *B*. | fauoit *S*.
6. Afez toft *S,R* (*fehlt*. toft, — 1). | que *fehlt M* (uile). | tendroit *C*
7. Sil *M*. | men *R*. | reproueroit *P*. **8.** Que ie *AC*, Ce que *SR*. | p. lau-
roie *SCR*, laueroie *P*, lan ai proie *A*. **10.** iel *B*. | proie *B,R* (+1).
celui *S*, ia *B*. | ceftui prie *M* (+1). **11.** Puis *P*, Que toz iorz m. auroi
p. u. *S*, Plus chiere m. d. auoir *A*. **12.** A! *B*, Et *SM*. | fauroit *C*.
Dex c. le porra fauoir *A*. **13.** Puis *SP*.

Ancor n'ai je gueires fofert,
1015 Por quoi tant demanter me doive.
J'atandrai tant qu'il f'aparçoive,
Se ja f'an doit aparcevoir.
Bien le favra, ce cuit de voir,
S'il onques d'amors f'antremift
1020 Ou fe par parole an aprift.
Aprift? Or ai je dit oifcufe.
Amors n'eft pas fi gracieufe
Que par parole an foit nus fages,
S'avuec n'i eft li buens ufages.
1025 Par moi meïfmes le fai bien:
Car onques n'an poi favoir rien
Par lofange ne par parole,
S'an ai mout efté a efcole
Et par maintes foiz lofangiee;
1030 Meis toz jorz m'an fui eftrangiee,
Si le me feit chier conparer,
Qu'or an fai plus que bues d'arer.
Meis d'une chofe me defpoir
Que cil n'ama onques efpoir;
1035 Et f'il n'aimme ne n'a amé,
Donc ai je an la mer femé,

1014. Oncuor *M.*   **15.** Por *fehlt S* (— 1). | quil *B*, que *SM.* | defmen-
tir *B.*   **16.** Tant at. *SCR.* | f *fehlt C.*   **17. 18** *stellt um M.*   **17.** Car ia ne li
ferai fauoir *A.*   **18.** Par tiens *R.* | faurai *P*, porra *R*, li ferai *SB.* | ie cuit
PB, bien *R*, *fehlt R,S* (— 2). | fauoir *SBR.* || Bien fan faura aparceuoir. *A.*
19. Se *P.* | damor *B.*   **20.** Ou fil *A.*   **21.** dift *C.* | wifeufe *P*, afenfe *S.*
22. angoiffeufe *C.*   **24.** Se auec *C*, Se auoec *P*, Se ouoques *M* (+ 1), Si
ouec *R.* | neft *P.* | buens *fehlt MCR.* | corages *B.* || *S:* fanz ce ně neft nul-
gages.   **25.** Por *S.*   **26.** Que *S*, Qui *P.*   **27.** P. parole n. p. lofange *B*,
darnach schiebt B den Vers **1030** ein: Mais a tos iors li fui eftrange.   **28.** Si
nei *MB.* | efte ml't *CB.* | ml't *fehlt P* (a mainte e.). | Neniai ml't efte defcole *S.*
29. (*fehlt P.*) mainte *A*, Et fouantes foiz *SCR.* | Et par mainte fois a pa-
role *B.*   **30** *fehlt B* (*der ihn nach* **1027** *schob*). eft.] garie *S* (— 1). *Nach*
30 *schiebt P als Ersatz für* **1029** *ein:* Mlt' ai hai fa compaignie.   **31.** Or
SR, Sel *A*, Et fel *C.* | le *fehlt AMC.* | meftoyt *S.* | fi chier *AM*, fi *B*, *fehlt*
S (— 1).   **32.** Or *P.* | boef *MR.* | Puis que ne fait bois dantre *S.*   **34.** Que
nunefait mie fauoir *S.*   **35.** nil n'a amie. *P.* | Sil maime et ie fui famie. *S* (—1).
36. ge *C*, *fehlt M.* | = lareine *MCR.* | Dont ne fet il damor demie. *P*, Siant
ait grant uilanie. *S* (— 1).

Ou femance ne puet reprandre,
Si n'i a plus que de l'atandre
Et del fofrir tant que je voie,
1040 Se jel porrai metre an la voie
Par fanblant et par moz coverz.
Tant ferai que il fera cerz
De m'amor, fe reçoivre l'ofe.
Or n'i a donc plus de la chofe,
1045 Meis que je l'aim et foie fui,
S'il ne m'aimme, j'amerai lui."

EINSI fe plaint et cil et cele,
Et li uns vers l'autre fe cele,
Le jor ont mal et la nuit pis.
1050 An tel dolor ont, ce m'eft vis,
An Bretaingne lonc tans efté,
Tant que vint a la fin d'efté.
Tot droit a l'antree d'oitovre
Vindrent meffage devers Dovre
1055 De Londres et de Cantorbire
Au roi unes noveles dire,
Qui mout li troblent fon corage.
Ce li ont conté li meffage,
Que trop puet an Bretaingne efter,
1060 Que cil li voudra contrefter,

1037. 1038 *fehlen S.*   **37.** Por cou nel p⁹ encor reprendre. *P.*
38. Or *P,* Que *R.* | que] mais *R.* | Neant plus quel feroit an cendre *A,B* (Ne
— quele). **39.** Or *AB,* V *P.* | de *M.* | Sofrir meftoit *ST.* **40.** Se ie le *T,*
Sel *MB.* | porreie *AMB.* | a *PBC.* | la *fehlt AT.* **41.** femblanz *MCR.* | v par *P.*
42. Dont *P.* | en ferai quil *SB.* | quil an *AT.* **43.** fil *BT,* fe il *P.* | re-
querre *AT,* faparceuoir *S,* prendre *P.* **44.** = Donc *SCTR.* | = a il *PCTR.* |
nule autre chofe *A.* | D. maime plus de la glofe *S.* **45. 46** *fehlen P.*
45. For *S.* **48.** vers] a *BC,* de *S.* **49.** = Sont la nuit m. et le ior p. *SCTR.*
50. A *A.* | font *P.* | Telle dolor foffrent tot dis *S.* **51.** En B. ont *SP.* | lonc
fehlt S (tant, —1). **52.** en *ABTR.* **53.** leiffue *M.* | doctoure *BR,* doctobre *T,*
droiture *S,* dautoune *P.* **54.** M. v. *P,* Vint uns meffages *ATR,* Quns m.
uint *M.* | par effoune *P.* **55.** Cantorbile *C.* | De Landre e de Conftantinoble *S.*
56. une nouele *SP,* Artus nouele *R.* **57.** torble *P.* | = Qui li ont troble
SCT,R (a troble). | le *SR.* | uifage *S.* **58.** Cil *A.* | a *M.* | le m. *A.*
59. Quil ne *P.* | t. ont *S.* | efte *S.* **60.** Quer *M.* | le *P,* .j. *S.* | con-
quefter *SPBR.*

Cui fa terre avoit comandee,
Et f'avoit ja grant oft mandee
De fa jant et de fes amis,
Si f'eftoit dedanz Londres mis
1065 Por la cité contretenir,
Quel hore qu'il deüft venir.
Q UANT li rois oï la novele,
Treftoz fes barons an apele.
Iriez et plains de mautalant,
1070 Por ce que miauz les antalant
De confondre le traïtor,
Dit que toz li blafmes eft lor
De fon tribol et de fa guerre,
Car par aus bailla il fa terre
1075 Et mift an la main au felon
Qui pires eft de Guenelon.
N'i a un feul qui bien n'otroit
Que li rois a reifon et droit,
Car ce li confeillierent il;
1080 Meis cil an iert mis a effil
Et fache bien de verité
Que an chaftel ne an cité
Ne porra garantir fon cors,
Qu'a force ne l'an traient fors.
1085 Einfi le roi tuit affeürent
Et afïent formant et jurent

1061. Qui *MPBCR*. 62. Et fi *ST* (ia *fehlt*), Quil a. *M*. | fa g. *P*. 63. De fes ianz *S*, De fa terre *AMB*. 65. P. lerite *S*. 66. A lore que *A*, Quelque h. d. *C*, = Quel chofe *TR*, Por chofe *S*. | que *A*, quen *MTR*, qui *S, fehlt C*. | deuroit *A*, doie *S*. | auenir *T*(+1) *S* (a *über der Zeile*, 1. *manus*). 67. ot cefte *S*(fot)*CT*. 70. *fehlt S*. | Et quil facent m. fon t. *A*. 72. Lors dit *A*, Dift *SPCT*. | toz *fehlt SAB*. | eft tot lor *SB*. 73. triboul *T*, triboil *R*, traboil *M*, tribout *S*. 74. Que *S*. | els *MCR*, yalz *T*. | leffa il *SCTR*. 75. *fehlt S*. 76. eft pires *M,B* (pire). | iert *C*. | que *S*. | Ganellon *SPCR*. 77. que *B*. 79. Que *SBC*. 80. il *SAB*. | an] qui *T*. | eft *C*. | a] en *AMBCTR*. 81. Mes *S*. | fachiez *MR*, Puet bien fauoir *T*. | par u. *B*. 82. nenfemetez *S*. 84. traie *SAC*. | le *P*. 85. Einfint tuit le roi *CTR*. | tuit *fehlt S*. | roi en af. *P*. | afeurerent *S*. 86. Et fi li *B*, Entalente forment *T*. | afierent *S*, aficent *BR*, fiancent *M, fehlt T*. | forment *fehlt SB*. | iurerent *S*.

Que le traïtor li randront
Ou ja meis terre ne tandront.
Et li rois par tote Bretaingne
1090 Fait criër que nus n'i remaingne,
Qui puiffe armes porter an oft,
Que apres lui ne vaingne toft.

TOTE Bretaingne eft efmeüe,
Onques teus oz ne fu veüe
1095 Con li rois Artus afanbla.
A l'efmovoir des nes fanbla
Qu'an la mer fuft treftoz li mondes,
Car n'i paroient nes les ondes,
Si eftoient des nes covertes.
1100 Cefte guerre fera a certes.
An la mer fanble por la noife
Que tote Bretaingne f'an voife.
Ja font outre les nes paffees,
Et les janz qui font amaffees
1105 Se vont lojant par le rivage.
Alixandre vint an corage
Que il aille le roi proiier
Que il le face chevalier;
Car fe ja meis doit los aquerre,
1110 Il l'aquerra an cefte guerre.
Ses conpaignons avuec lui prant,
Si con fa volantez l'efprant
De feire ce qu'il a panfé,

1088. terres *M.* | nen *S.*   90. ne *T.*   91. 92 *fehlen CTR, geflickt S.*
91. armes puift *P.* | Quil ne nale auec lui *S*(—2).   92. nen aille *B.* | Por
uanchier de fes anemis *S.*   93. T. fu B. *B*, T. B. fu illuec meuee *S*(+2).
96. Quant totes les nees fafenblent. Sanbloit *S.*   97. Que — toz *PS.*
98. Que *CT*, Qui *S.* | il ni pareit *M.* | pas les *S.* | Con ne pooit ueir l. o. *P.*
99. Qui *C.* | Si les orent *AB.*   100. = chofe *SBCTR.*   1. Quen *MBCTR.* |
p9 la n. *B.*   2. Treftoute *C.*   3. oltre *fehlt A.* | oltre la mer *S.* | totes
paffees *A.*   4. la gent *M.* | affemblecs *S.*   5. San *SR.* | logier *M.* | lez le *A.*
6. uient *M.* | a c. *P.*   7. ira *M.*   9. 10 *fehlen M.*   9. Et *CT,* Que
SPR. | fil *BCTR.* | doit iamais *B.* | conquerre *BT.*   10. terre *A.*   11. 12
stellt um B.   12. Si que *P,* Si come fe fe cor *S.* | le prant *A,* lemprent *P,*
li aprent *S*(+1).   13. A *C,* Por *B.* | qua anpanfe *S* (que a. +1) *A.*

Au tref le roi an font alé.
1115 Devant fon tref feoit li rois.
Quant il vit venir les Grejois,
Ses a devant lui apelez.
„Seignor, feit il, ne me celez,
Queus befoinz vos amena ça?“
1120 Alixandres por toz parla,
Si li a dit fon defirrier.
„Venuz, feit il, vos fui proiier,
Si con mon feignor proiier doi,
Por mes conpaignons et por moi,
1125 Que vos nos façoiz chevaliers.“
Li rois refpont: „Mout volantiers,
Ne ja refpiz n'an fera pris,
Puis que vos m'an avez requis.“
Lors comande a porter li rois
1130 A treze chevaliers hernois.
Feit eft ce que li rois comande:
Chafcuns le fuen hernois demande.
Et an baille a chafcun le fuen,
Beles armes et cheval buen.
1135 Chafcuns a le fuen hernois pris.
Tuit li doze furent d'un pris,
Armes et robes et cheval;
Meis autant valut par igal
Li hernois au cors Alixandre,

1114. Deuant le r. *M.* | paffe *T, fehlt C* (—2). | eft *A.* | font ale *R* (*in rasura*). 15. le t. *R.* | fe fiet *M,* feftut *A.* | li rois *fehlt S* (—2). 16. uoit *MPCR.* 17. Sis *MBR.* 18. dift il *P.* | nel *A.* | or entendez *S.* 19. Quel)efoing *MC.* | ameinne *SBC.* 20. A. primers *S,* primes *P.* 21. Se *T.* 22. = uos fui fait il *SPTR.* 23. Si que *P,* Si come f. *S.* 25. me *S.* | achiez *T,* faciez *M,* facies *B,* facez *R.* 26. i a dit *B.* 27. = Que *AMP.* | efpit ne *SM.* | nen fera (*in ras.*) refpiz *R.* | quis *P.* 28. Des *CR,* De ce que *M.* | le m. *SP,* (m'an *fehlt*) mauez *M.* 29. Fors *B* 30. ·XII· *SCTR,* nus ces *B.* | conrois *P.* 32. del *B.* | conroi *P.* | domande *S.* 33. 34 *fehlen T.* 33. Li rois b. *A.* | len *MR,* on *PB.* | a *fehlt P.* 34. Boennes *C.* 35. 36 *tellt um T.* 36. Tot *PB,* Tout *T.* | = de pris *ATR.* 37. Reubes et a. *P.* 38. Autretant *P.* | ualeit *M,* valent *P.* | egal *M,* ingal *PBT,* cigal *S.* 30 *setzt S nach* 40, *und lautet dort:* Li auoirs au roi A.

1140 Qui le vofift prifier ou vandre,
Con tuit li autre doze firent.
Droit for la mer fe defveftirent,
Si fe laverent et beignierent;
Car il ne voftrent ne deignierent
1145 Que l'an lor chaufaft autre eftuve,
De la mer firent baing et cuve.

L A reïne la chofe fet,
Qui Alixandre pas ne het,
Ainz l'aimme mout et loe et prife,
1150 Feire li viaut un grant fervife,
Mout eft plus granz qu'ele ne cuide.
Treftoz fes efcrins cerche et vuide
Tant qu'une chemife an a treite
De foie blanche mout bien feite,
1155 Mout deliëe et mout fotil.
Es coftures n'avoit nul fil,
Ne fuft d'or ou d'arjant au mains.
Au queudre avoit mifes fes mains
Soredamors, de leus an leus,
1160 S'avoit antrecofu par leus
Lez l'or de fon chief un chevol
Et as deus manches et au col,
Por favoir et por efprover,
Se ja porroit home trover,
1165 Qui l'un de l'autre devifaft,
Tant cleremant i avifaft;

1140. les P, | et B. 42. Come li S. 43. Si fe b. et l. M. 44. Que S,
Quil — ne ne d. B. | uoldrent MC, voudrent S, vaurent B, vorrent T.
45. on B, nus T. | Quan l. ch. eue an e. A, vaurent B. 47. lafaire fet R.
48. Que S. 50. bel ABCTR. 51. Affez plus P. | fu BCTR, fehlt MP. |
biaus R. | que ele M, que len ne S. 52. Tos fes S(— 1)P. | cerka P.
54. f. fu b. A. | m.] et A, et m. R. 55. Et m. B, Forment P. | m. fehlt B. |
delie MPTR, deljie B. 56. En S,As P, Que es T, Et es R. | cofture S. |
nul fehlt TR, un AB. 58. keudre T, coudre SPC, cofdre BR, cofture M. |
mife SMTR. 59. ce meft auis BCTR. 60. Si auoit P. | ëftre cofu M, en
mi coufu T, encoufu P, | par fis BCTR. 61. De fon noble ch. T. 62. a la
manche BR,CT (en). 63. efcouter A. 64. ame t. C. 65. Qui] F.S.
lun et S. | en dev. CR. | auifaft S(— 1). 66. Si B. | rauifaft MCR.

Car autaut ou plus que li ors
Eftoit li chevos clers et fors.
La reïne prant la chemife,
1170 Si l'a Alixandre tramife.
He deus! con grant joie an eüft
Alixandres, fe il feüft,
Que la reïne li anvoie!
Mout an reüft cele grant joie,
1175 Qui fon chevol i avoit mis,
S'cle feüft que fes amis
La deüft avoir ne porter.
Mout f'an poïft reconforter;
Car ele n'amaft mie tant
1180 De fes chevos le remenant
Con celui qu'Alixandres ot.
Meis cil ne cele ne le fot:
C'eft granz enuiz, quant il nel fevent.
Au port, ou li vaflet fe levent,
1185 Vint li meffages la reïne,
Le vaflet trueve an la marine,
S'a la chemife prefantee
Celui cui ele mout agree,
Et por ce plus chiere la tint,
1190 Que devers la reïne vint.
Meis f'il feüft le foreplus,
Ancor l'amaft il affez plus,
Car an efchange n'an preïft

1167. et pl. *MT.* | con *A.*   **68.** cheuels *MR*, cheueuz *C*, cheueus *S*,
heuiaus *T*, cauex *B.*   **69.** Sore damors *A.* | prift *CTR.*   **71.** Ha *PB*,
.t *AMC.* | tant g. *M.*   **72.** fil le *AB*, fe il lo *S*(+1).   **74.** euft *B*, auft *S.* |
e ioie *B.*   **75.** Que *B.* | cheual *R*, cheuiel *T.*   **76.** fis *M.*   **77.** Lo *S.* |
t p. *MBCR.*   **78.** fe *C.* | deuft *ABT.*   **80.** remanant *alle ausser A.*
·l. Come — qualixandre ot *A.*   **82.** et cele *B.* | nen fet (feit *M*, fēt *B*)
iot *MBCR.*   **83.** Seft *C*, Ce eft *B.* | dolor *B.* ǀ que *AM*(*B*). | il ne *SM.* |
uil le f. *B.*   **85. 86. 87** *in rasura R.*   **85.** uallez a la r. *S.*   **86.** Les
aflez *SMR*, Alixandre ert *T.* | gaudine *B*, foz la riue *S.*   **88.** mius *B.*
·9. Mais *CT.* | tient *S.*   **90.** de par *SMC.* | uient *S.*   **91.** Et *CR.* | fil
n *M*, fe il *PT.* | forplus *MP.*   **92.** Il l. encor *B.*   **03.** a *TR*, nul *S.* |
a (*aus* la *ist* na *gemacht*) *C.*

Tot le monde, einçois an feïft
1195 Saintüeire, fi con je cuit,
Si l'aoraft et jor et nuit.

ALIXANDRES plus ne demore,
Qu'il ne fe vefte an icele ore.

Quant veftuz fu et atornez,
1200 Au tref le roi eft retornez
Et tuit fi conpaignon anfanble.
La reïne, fi con moi fanble,
Fu au tref venue feoir,
Por ce qu'ele voloit veoir
1205 Les noviaus chevaliers venir.
Por biaus les pooit an tenir;
Meis de toz li plus biaus eftoit
Alixandres au cors adroit.
Chevalier font, a tant m'an teis,
1210 Del roi parlerai des or meis
Et de l'oft qui a Londres vint.
Li plus des janz a lui fe tint,
Encontre lui an ra grant maffe.
Li cuens Angrés fes janz amaffe,
1215 Quanque vers lui an pot torner
Par prometre ne par doner.
Quant il ot fa jant affanblee,
Par nuit f'an foï an anblee;
Car de pluifors eftoit haïz,
1220 Si redotoit eftre traïz,

1194. Treftot *BCTR.* | mont *MBR.* | ains *BT*, ainz *R*, einz *C.* | qu
li meift *A.* **95. 96** *fehlen A.* **95.** Vne ymage *P.* **96.** Et *S.* **97.** ni *B*
98. Que il *B* (cele). **99.** fu ueftus *PB.* **1200.** fan eft alez *A*, en fon
ale *S.* | Seft al t. al r. r. *B.* **3.** el *M.* | feier *M.* | Se fu u. au t. f. *P*, S
eftoit u. f. *B.* **4.** ueier *M.* **6.** poift *A*, poit *S*, poet *M.* | len toz t. *A.*
7. 8. *fehlen P.* **8.** aldroit *B.* **9.** des or *ABCTR.* | me *S.* **10.** D
loft *BCTR.* | ne p. or mais *P.* **11.** Et dou roi *BCTR.* **12.** fiens auol
lui uint *B.* **13.** = Et c. *AM.* | rot *B*, ua *P*, ia *S*, a *T*, ot *R.* **14.** f
gent *BT.* **15.** poft *S*, puet *MPTR.* | trouer *C.* **16.** Por — por *A.* | proiier
T. | et *M* (— 1). **17.** amaffee *MBT.* **18.** fuit *M*, fuient *BR.* | a e. *P?*
par c. *S*, tot a celee *M.* **19.** plus hors *M*, pl9 ors *S.* | genz ert h. *A*
20. redotot *M*, recuidoit *C*, cremoit bien *B.*

Meis einçois que il f'an foïft,
Quanque il pot a Londres prift
De vitaille, d'or et d'arjant,
Si departi tot a fa jant.
1225 Au roi font les noveles dites,
Que foïz f'an eft li traïtes,
Avuec lui tote fa bataille,
Et que tant avoit de vitaille
Et d'avoir pris an la cité,
1230 Qu'apovri et deferité
Sont li borjois et confondu.
Et li rois a tant refpondu
Que ja reançon ne prandra
Del traïtor, ainz le pandra,
1235 Se prandre ne baillier le puet.
Maintenant tote l'oz f'efmuet
Tant qu'il vindrent a Guinefores.
A cel jor, comant qu'il foit ores,
Qui le chaftel vofift defandre,
1240 Ne fuft mie legiers a prandre;
Car li traïtres le ferma,
Des que la traïfon fofcha,
De trebles murs et de foffez,
Et f'avoit les murs adoffez
1245 De forz gloes par de derriere,

1221. fuift *BT.*   **23.** et dor *M.*   **24.** Si le d. a *CTR.*   **26.** fuis *B,*
ys *T,* fui *M.* | traitres *SCR.*   **28.** Et quant quil *S.*   **30.** Que tuit
ent *C,* Q. tout furent *T.* | defyrete *T,* defirite *B.*   **31.** Li b. et tuit *C,T*
ut). **32.** Li r. atant a r. *T.*   **33.** reencon *SPC,* reenchon *T,* raencon *R,*
enchon *M,* raancon *B.* | nen *CT,* ni *S, fehlt M*(—1). | aura *S.*   **35.** Si *R,*
1 *T.* | p. o b. *M,* b. et p. *P.* | tenir le *A.* | ne puet *B.*   **36.** fe muet *SMTR.*
l. Et funt uenu *M.* | Gineffore *P,* Windefores *B.*   **38.** A ce *A.* | que f. *B.* |
res *C,* ore *P.*   **40.** fuft il pas *TR.*   **41.** Que *SB.* | traitor *MP.* |
ma *T,* fermerent *P.*   **42.** Quant il *B,* Tant con *MCR,* T. que *T,* Tan-
ft que *P* (la *fehlt*). | fofca *B,* foucha *A,* fot ia *S,* dura *CTR.* | penferent *P.*
3. dobles *A,* forz *S* (— 1). | treble mur *MPCR.* | foffe *P.*   **44.** auoit *M.* |
mur adoffe *P.*   **45.** fort *S,* ml't fors *P,* granz *M,* aguz (*nachgestellt*) *A.* |
ies *M,* aiges *B,* cuc *S,* engins *CTR,* peus *P,* pex aguz *A.* ! et de dar-
re *A.* | dariere *S,* derrieres *M.*

Crestien de Troies I. Cligés.   4

Qu'il ne cheïſſent par perriere.
Au ſermer avoit mis grant coſt,
Tot juing et juignet et aoſt,
A ſeire murs et roilleïz
1250 Et foſſez et ponz torneïz,
Tranchiees et barres et lices
Et portes de ſer coleïces
Et grant tor de pierre quarree.
Onques n'i ot porte ſermee
1255 Ne por peor ne por aſſaut.
Li chaſtiaus ſiſt an un pui haut
Et par deſoz li cort Tamiſe.
Sor la riviere eſt l'oz aſſiſe,
Ne cel jor ne lor lut antandre
1260 S'a logier non et as trez tandre.
L'OZ eſt ſor Tamiſe logiee,
Tote la pree eſt herbergiee
Des paveillons verz et vermauz,
Es colors ſe fiert li ſolauz,
1265 S'an reflanboie la riviere
Plus d'une grant liue pleniere.
Cil del chaſtel par le gravier
Furent venu eſbanoïier
Seulement les lances es poinz,

1246. Que il ne chaiſet _S_ | por _M_ (perrieres) _T_, par derriere _A_, ariers ɔ
47. A ſ. _SM._ | goſt _M._   **48.** ioing _TR_, iung _M._ | ioigniet _T_, ioignet _A_
iuinet _M._ | auoſt _M._   **49.** Por ſ. _M._ | roellis _B_, roilliz _C_, roeilliz _R_, tool
liez _S_. | Miſt au ſeire le r. _A._ **50.** pont _AR._ **51.** Et t. b. _B._ **53.** = gran
tors _SM_, forz tours _T_, fort tor _C_, forte tor _R_ (+1). | pierres quarrees _SM._
De piere forte tor qaree _B._ **54.** ferree _CTR_, portes ſermees _M_, refne tiree _J_
56. ſiet _S_. | en _fehlt C_. | poi _MBC_, en haut _C,R_ (+1). **57.** Et _fehlt A_ (−1).
p. deuant _BCTR_. | uint _B_. | tramiſſe _S._ **58.** Or _A_, Sos _B_, Sus _S_, Les _T_.
la riue _S_. | ſu _S_. **59.** E _A_, Mais _R_, Ainc _PB_. | ce _A._ **60.** Sa loges _P._
a trez _SP_. | Sas (Sa _TR_, Sau _C_) tres non et as (au _C_) loges t. _BCT_
61. = ſeſt _SMP_. | fos _B_. | for la pree _A_. | alogiez _S_. | Sour t. eſt loſt hie
begie _T_. **62.** Tote tamiſe _A_. | en eſt logie _T_. **63.** uiez _A_, clers _B_, ilz
64. As _S._ **65** _ist in C wiederholt._ | Si en _T_, Si _AMPB_. | reflambe _T_, r
flablie _S_, reflambioit _P_. | larmeure _S._ **66.** grant _fehlt S_. | lieue _M_, lieuwe
lue _R_, loy _S_ (−2). | planiere _C._ **67.** Cist _S._ **68.** Serent alee _R_. | eſbanijer
elbenaier _C._   **69.** Lor l. ſolement _B_.

1270 Les efcuz devant les piz joinz,
Que plus d'armes n'i aporterent.
A ces defors fanblant moftrerent
Que gueires ne les redotoient,
Quant defarmé venu eftoient. —
1275 Alixandres de l'autre part
Des chevaliers fe prift efgart,
Qui devant aus vont çanbelant.
D'afanbler a aus a talant,
S'an apele fes conpaignons
1280 L'un apres l'autre par lor nons.
Premiers Cornix qu'il ama mout,
Apres Licorides l'eftout
Et puis Nabunal de Micenes
Et Acoriondes d'Athenes
1285 Et Ferolin de Salenique
Et Charquedon devers Aufrique,
Parmenides de Francagel,
Torin le fort et Pinabel,
Neriüs et Neriolis.
1290 „Seignor, feit il, talanz m'eft pris,
Que de l'efcu et de la lance
Aille a çaus feire une acointance,

1270. Lor *P.* | lor piz *AM.* | Deu. lor p. lor e. i. *B.*   71. Car *A.* |
armes plus *P.*   76. Se p. des ch. *B.* | regart *MB.*   77. Que *S.* | chem-
illant *T*, cāpelant *S.*   78. a a els t. *M.*˙| ot *P.*   79. Si apela *B.*
il. 82. *fehlen B.*   81. Premier *MC*, Primes *PR.* | corium *M*, cornin *C*,
ornu *P*, coron *R*, coreu T.   82. Et puis *CTR.* | licoride *P*, liacordes *S*,
ii acorde *A.*   83. Apres *SM.* | nabuual *M*, nebunal *A*, nabonal *B*, nar-
inal *R*, nabugal *P.* | micaines *B*, michaines *T.*   84. Et *fehlt R* (— 1). |
coriunde *P*, acoriundes *T*, acoriunde *M*, acormandes *S*, acarionde *C*, la-
hariondes *R*, acoridomes *A.* | dathaines *B*, daatenes *S.*   85. Et *fehlt M.* |
:riolis *M*, ferulin *C*, fernulim *T*, fremillion *R.*   86. carchedol *P*, calcedor
⅃CTR, calcedon *S*, cachedor *M.* | afrique *BR*, fanfuque *S.*   87. Parmenidos
ꞌBR, Permenidos *CT*, Parmenedon *M*, Par ni cuidons *S.* | et *MBCTR.* |
anta guel *S*, franchegel *A*, franquagel *TR*, frenabel *M.*   88. Torni *A*,
oruj *S*, Toruon *M*, Coron *C*, Torons *T*, Conain *R*, Roron. *B* | ll fors *T*,
. le for *P.* | pinagel *PBCTR.*   89. Neruis *SA*, Nerion *P*, Et Neruis *T.* | dan
ere oljt. *S*, leriolis *PR*, feriolis *M*, reliolis *B.*   90. dift *B.*   92. A chiaus
ꞓ la fache a. *T.* | cez *A.* | une *fehlt B* (—1). | contence *C.*

4*

Qui devant nos behorder vienent.
Bien voi que. por mauveis nos tienent
1295 Et po nos prifent, ce m'eft vis,
Quant behorder devant noz vis
Sont ci venu tuit defarmé.
De novel fomes adobé,
Ancor n'avomes feit eftrainne
1300 A chevalier ne a quintainne.
Trop avons noz lances premieres
Longuemant gardees antieres.
Noftre efcu por quoi furent feit?
Ancor ne font troé ne freit.
1305 C'eft uns avoirs qui rien ne vaut,
S'an eftor non et an affaut.
Paffons le gué, fes affaillons."
Tuit dïent: „Ne vos an faillons."
Ce dit chafcuns: „Se deus me faut,
1310 N'eft voftre amis qui ci vos faut."
Maintenant les efpees çaingnent,
Lor chevaus çanglent et eftraingnent,
Montent et pranent lor efcuz.
Quant il orent as cos panduz
1315 Les efcuz et les lances prifes

1293. nos] moi *A.* | bohordant *PBC.*   94. nos] uos *S,* me *A, fehl*
M (— 1).   95. vos *S.* | criement *BCTR.*   96. deuant v9 uienent *S.*   97. E
font *S.* | ca *BCT, fehlt S.*   98. fommes nous arme *T.*   99. Nencor *R*
Vncore *M,* Si nauons encor *B.* | nauons *MR,S*(— 1), nauons nous *T.* | faite *R.*
eftreine *C,* eftraigne *MBR,* eftraintes *T.*   300. Na *MC.* | na a q. *M.* | quinteine
C, quinteigne *S,* qnintaigne *MB,* quintainnes *T.*   2. G. l. *B.* | premieres 7
3. por ce *M,* coment *B.*   4. troue *R,* trauwet *T.*   5. honors *S.*   6. S
. . . a *A.* | Son oftor *S,* Fors en eftor *CTR.* | tornei non *M.* | non] neft *PB*
fehlt CTR. | et] = o *SMP,* ne *B.*   7. les gues *TR,* al gue *B,* laige *P.*   8. i
ne nosB. | falrons *BTR.* | Si ka ces premiers ne faillons *P.*   9. E dift *S,* Tu
li dient *B.* | dex noş *BT.* | gart *S.*   10. noftre *PBC.* | qui uos en f. *STR*
11. Meigtenant *M.* | lor *SAB.*   12. Et lor *S* (+1). | Cenglent les c. et e. *M*
13. 14 *fehlen P.*   13. prenent *M,* pnent *C,* preignent *S,* prendent *T*
pernont *R,* pendent *B.* | les *MCR.*   14. Q. les *SABCTR.* | ont a lor c. .
16. Lor . . .' lor *B.* | efpees le lanches *T.* | Maintenant ont *S,* Quant
orent *P.*

De colors paintes par devifes,
El gué tuit an un frois f'efleiffent:
Et cil de la les lances beiffent,
Ses vont ifnelemant ferir;
1320 Meis cil lor forent bien merir,
Qui nes efpargnent ne refufent
Ne por aus plain pié ne reüfent,
Ainz fiert chafcuns fi bien le fuen,
Qu'il n'i a chevalier fi buen,
1325 N'eftuiffe vuidier les arçons.
Nes tindrent mie por garçons,
Por mauveis ne por efperduz.
N'ont pas lor premiers cos perduz,
Que treze an ont defchevalez.
1330 Jusqu'an l'oft eft li bruiz alez
De lor cos, de lor chapleïz.
Par tans fuft buens li fereïz,
Se cil les ofaffent atandre.
Par l'oft corent les armes prandre,
1335 Si fe fierent an l'aigue a bruie:
Et cil fe metent a la fuie,
Qui lor remenance n'i voient.

1316. color *SB*. | taintes *BCT*, *fehlt S.* | par itel deuife *S.* 17. Au *C.* |
iit *hinter* frois *A*, tot *BTR*. | fais *T*, fnns *B*, treftot de front *M.* | En leue
t.i. fes lances. *S* (— 2). 18. lor 1. *BCTR*. 19. iriement *CR*, ireement *B.* |
] efuait *S.* 20. Et *B, fehlt CTR.* | foient *S*, feuent *PB*, refeuent *CTR.*
1. Quil *CTR.* | de neent *C.* | Cil qui de amet ne refufe *S.* 22. Et *B,*
·hlt *MTR.* | els toz *MR*, yalz tous *T.* | ne refufent *PB*, reculent *T*, recu-
nt *C.* | Ne plein pie po en feure aillent *S.* 23. feri *P.* | fi b. ch. *M.* | fi
·hlt *S.* | bien *fehlt S* (— 2) *P.* | fien *T.* 24. Que *STR*, Quainz *A.* | ne fiet
il'rs fi bien *T.* 25. Neftueit a *S.* 26. Ne les *M.* | tindre *S*, tienent
IBCR, trueuent *T.* | mie com *T*, pas por *M.* 27. et por *T.* 28. Non *M,*
i ont mie lor coz. *T.* | pas *fehlt R* (— 1). 29. Car *PMCTR.* | doze *M,*
:x *S*, .xiiij. *R* (+1). | defchiuallez *SR*, defcheuachez *M*, deffeles *P* (— 1).
0. Dufca *P*, Dufquen *B*, En loft en *SA.* | criz *A.* | leues *B.* 31. Des lances *B.* |
del ch. *SM,B*(des)*CT.* | fereis *P.* 32. tant f. grant *S.* | capleis *P*, poi-
1eiz *CR.* 34. 35 *fehlen C.* 34. En loft *P.* | lor *B*, as *R.* 35. leue *SMB,*
eue *R*, en loft *T*, an lofte *A.* | abriue *R*, a bruit *A.* 36. Et cil de la
rnent en f. *B*, Chafcuns de ces dela fanfuit *A*, Cil comencent lor fuie
)rendre *C.* 37. remaindre *R* (— 1). | ne *B.*

Et li Greu aprés les convoient
Ferant de lances et d'efpees,
1340 Affez i ot teftes coupees,
Meis d'aus n'i ot un feul plaiié.
Cel jor fe font bien effaiié,
Meis Alixandres ot le pris,
Qui par fon cors liiez et pris
1345 Quatre chevaliers an amainne.
Et li mort gifent an l'arainne,
Qu'affez i ot des decolez,
Des plaiiez et des afolez.

A LIXANDRES par corteifie
1350 Sa premiere chevalerie
Done et prefante la reïne,
Ne viaut que d'aus eüft faifine
Li rois, car toft les feïft pandre.
La reïne les a feit prandre
1355 Et fes fift garder an prifon
Come retez de traïfon.
Par l'oft parolent des Grejois,
Tuit dïent que mout eft cortois
Alixandres et bien apris
1360 Des chevaliers qu'il avoit pris,
Quant au roi nes avoit randuz,
Qu'il les eüft ars ou panduz.
Meis li rois ne f'an geue pas,
A la reïne eneflepas

1338. Li grezois C, Li grigois T. | mlt' grief l. c. P. 39. Fierent PTR.
40. ont P. 41. 42 fehlen SAMP. 42. fi B. | affaije T. 43. Meis
fehlt S. | A. en ot SMC. 44. Car AP, Que BC. 45. mainne ST (— 1). |
An mainne .iiij. ch. A. 46. les morz iefent M. | gifent eftraiers A. 47. de
SBTR. | afoles P. 48. Et de ... de T,R (zweites des, +1). | decoles P
51. a la M. 52. uot T, uout S, uolt MC, ualt B, uelt R. | pas quer
euft M, quautres en ait A. 53. que SBC. | toz SMPB. | faift R, feroit T.
Car toft les feift li r. p. A. 54. fez A. 55. Et les TR, Si les M, Et f
les P. | fait BCTR. | metre en p. P, metre en fa p. B. 57—62 fehlen SA
58. Et d. B. | funt M. 59. Et qualixandre eft M.. 60. que il a B. 61. Qu
au C, Quau T(—1), Des quil nes a al r. r. B. 62. Qui T, Car il l. c
tos p. B. 63. fe R. | ieie M, ioie S, iue BR, loe T. | Li r. ne fafeure pas l
64. enelepas C, ifnelepas PR, inielle pas T.

1365 Mande que a lui parler vaingne
Ne fes traïtors ne retaingne;
Car a randre li covandra,
Ou outre fon gre les tandra.
La reïne eft au roi venue,
1370 La parole ont antr'aus tenue
Des traïtors fi com il durent.
Et truit li Grejois remés furent
El tref la reïne as puceles,
Mout parolent li doze a eles;
1375 Meis Alixandres mot ne dift.
Soredamors garde f'an prift,
Qui pres de lui fe fu affife.
A fa meiffele a fa main mife
Et fanble que mout foit panfis.
1380 Einfi ont mout longuemant fis
Tant qu'a fon braz et a fon col
Vit Soredamors le chevol,
Don ele ot la cofture feite.
Un po plus pres de lui f'eft treite,
1385 Car ore a aucune acheifon,
Don metre le puet a reifon;
Meis ainz fe panfe, an quel maniere
Ele l'areifnera premiere

1365. Manda *B*. | parler a l. *MCTR*.   **66.** Et fes prifons pas *BCT,R*
Les — 1).   **67.** Qua r. il li *T*. | les c. *S*.   **68.** Et *B*, *fehlt S*(— 1). | for fon
;re *CT*, f. f. pois *BR*. | retenrra *BCTR*.   **70.** en ont t. *S* (— 1). | Entrels
mt p. t. *MC*, Sa (Sont *TR*, Seft *B*) entraus p. t. *PBTR*.   **72.** treftuit li
;reu *C*. | uenu *SB*.   **73.** Al *B*, En la cambre o les p. *T*(— 1).   **74.** par-
oient *C*, Li doze parolent a c. *M*.   **75.** ni *M*.   **77. 78.** *umgestellt S*.
'7. Que *B*, Car *SP*. | fuft *B*.   **78.** Affauaiffelle *S* (a *fehlt*), A fa face *MT*,
Jelez fa cuiffe *A*. | aueit *M*. | a f. m. remife *T*.   **79.** quil feit mult *M*. | fuft *C*.
3O. Issi *SR*, Ainfi *M*, Einfint *C*, Et fi *T*. | a *B*, ot *CTR*. | m. l. ont *P*.
3l. col et a f. braz *R*.   **82.** fon ch. *T*, le cheuaz *R*.   **83.** De quele *B*. |
.). tele la contraire fit *S*.   **84.** fa traite *B*, fe mift *S*.   **85.** chertaine *B*. |
:, auroit a. ochoifon *S*, C. ur auoit droite *T*, C. or a ueue *R*, Quele a ore
Jien *P*.   **86.** Dont el *C*, Quele *P*, Par coi *B*, Por quoi *R*. | le puet
netre *PBCR*. | De parler a lui par raifon *T*.   **87.** M. el fe p. *M*, M. ele
. *P*, M. ainz porpenfe *R*, Mes el ne fet *A*.

Et queus li premiers moz fera,
1390 Se par fon non l'apelera;
S'an prant confoil a li meïmes:
„Que dirai je, feit ele, primes?
Apelerai le par fon non
Ou par ami? Ami? Je non.
1395 Comant donc? Par fon non l'apele! ?
Deus! ja'ft la parole fi bele
Et tant douce d'ami nomer.
Se je l'ofoie ami clamer —
Ofoie? Qui le me chalonge?
1400 Ce que je cuit dire mançonge.
Mançonge? Ne fai que fera,
Meis fe je mant, moi pefera.
Por ce feit bien a confantir,
Que je n'an querroie mantir.
1405 Deus! ja ne mantiroit il mie,
S'il me clamoit fa douce amie!
Et je mantiroie de lui?
Bien devriiens voir dire andui.
Meis fe je mant, fuens iert li torz.
1410 Et por quoi m'eft fes nons fi forz,
Que je li vuel forenon metre?
Ce m'eft avis, trop i a letre,

1389. 90. *fehlen AB, stellt um M.* 91. Si *P.* | a lie *M*, a foi *CR*,
pᵃr foi *S.* 93. Lapelerai ge p. *R*, A. lo gie p. *S*(+1). 95. don *SA*,
dont *BT.* | Couient que *P.* 96. Dex *fehlt MPC*, Fex *R.* | ineft *S*, ieft *B*,
ia eft *AMPCTR.* | fi *fehlt AT*, tant *MC.* 97. fi *BCTR.* | clamer *C.* | ami
a n.' *A.* 98. lofaffe *APC.* | nomer *C* (+1 Se ie iffi lof. n.). 99. Ofaffe *A*,
O: foit ce *T*, Or foit que il *P.* | et qui *B.* 400. criem *PBR*, criench *T*,
dout *C.* | Mis amis eft il fanz menchonge. 1. ne cuit *S.* | quel *MR*, quex *C.*
3. Par *B.* 4. Car *A.* | ia *MPBCT.* | querrei *M*(—1), cuide ie *T*, nel uol-
droie *R.* | pᵃrtrir *S.* 5. nen *MBC.* 6. ma fa *T*(+1), ᵘˡ fa *C.* | mapeloit
CT, me deignoit *MPB*, me deignaft *R.* | clamer (*statt* fa dolce) *MPBR.*
8. deurions *BC*, deurion *MR*, deueriens *T*, deurons *S*(—1), deuffons *P.*
9. Et *SAR.* | fi *R*, foi *S.* | miens *B.* | eft *MPBC* 10. Mais *AC.* | quei *M*,
que *B*, qui *S.* | fis *M*, chilz *T.* 11. Car *A*, Quer *M.* | uueille *C*, weille *T*
uoille *R.* | fornon *APCTR* (*A ergänzt die fehlende Silbe durch* uoir f., *P
durch* en f.). 12. uis que *MBT.*

S'arefteroie toft an mi.
Meis fe je l'apeloie ami,
1415 Ceft non diroie je bien tot.
Por ce qu'a l'autre faillir dot,
Voudroie avoir de mon fanc mis,
Qu'il eüft non ,mes douz amis'."
A N ceft panfé tant fe fejorne,
1420 Que la reïne f'an retorne
Del roi qui mandee l'avoit.
Alixandres venir la voit,
Contre li va, fi li demande,
Que li rois a feire comande
1425 De fes prifons et qu'il an iert.
„Amis, feit ele, il me requiert,
Que je li rande a fa devife,
Si l'an leis feire fa juftife.
De ce f'eft il mout correciez,
1430 Que je ne li ai ja bailliez,
Si m'eftuet que je li anvoi,
Qu'autre delivrance n'i voi."
Einfi ont celui jor paffé
Et l'andemain font amaffé
1435 Li buen chevalier, li leal,
Devant le paveillon real,
Por droit et por jugemant dire,

1413. 14. *stellt um* B.   13. Narefteroie B. | tot S, trop T, pas B.
4. Et B. | lapalloye S.   15. 16. *stellt um* C.   15. Che T. | mot CTR.
'e *fehlt* S (— 1). | biens S. | toft T. | Ains diroie bien le mot tot B. 16. Por
ant M. | que S.   17. Voldrei M.   18. *fehlt* S.   18. Quil mape-
aft A. | beaus d. MCTR.   19. cefte M, cefti CT, ceftui BR, toft S. |
panfer SP, penfee R (+1). | tant] uuut S. | fen S, *fehlt* MBCTR. | demore
SM.   20. Et M. | fe T. | La reine en itel oure S (— 1).   23. Et cort
iers lui CR, Et c. a li B, Puis c. uers lui T.   25. Et de f. p. quil P.
26. fet il C. | me *fehlt* S (— 1).   27. ies C.   28. laiffe T (fa *fehlt*). |
oftife SR, iouftife C.   29. De ceft li rois A, De ce eft lyrois S (+1). |
ft il P.   30. nes C. | a M, aye T (+1). | ai enuoiez R. *Nach* 30 *flickt*
B *zwei Zeilen ein:* Si len lais faire fa iuftice Treftot a la foie deuife. 31. ies
1C. | enuoie S.   32. Quant autre M (+1). | d. nauroie S. | Quil les ueauft
uoir de uers foi A.   33. cele nuit B.   34. el demain A.   35. leial S,
oial BCTR.   36. roial SBCTR.

A quel painne et a quel martire
Li quatre traïtor morroient.
1440 Li un dïent qu'efcorchié foient,
Li autre qu'an les pande ou arde.
Et li rois meïfmes efgarde,
Qu'an doit traïtor traïner.
Lors les comande a amener.
1445 Amené font, liier les feit
Et dit que il feront detreit,
Tant qu'antor le chaftel feront
Et que cil dedanz les verront.

QUANT remefe fu la parole,
1450 Li rois Alixandre aparole,
Si l'apele fon ami chier.
„Ami, feit il, mout vos vi hier
Bel affaillir et bel defandre.
Le guerredon vos an vuel randre.
1455 De cinc çanz chevaliers galois
Voftre bataille vos acrois
Et de mil ferjanz de ma terre.
Quant j'avrai fince ma guerre,
Avuec ce que vos ai doné,
1460 Ferai de vos roi coroné
Del meillor reaume de Gales.
Bors et chaftiaus, citez et fales
Vos i donrai an atandue

1440. = Li un iugent *SMP*. **41.** et arde *B*. **42.** Et *fehlt* *T*(—1). |
afgarde *B*, refgarde *S*. **44.** Puis *B*(?),*CTR*. | atorner *C*. **46.** dift *BT*. |
= quil ne *SPBC*. **47.** Jusquan tor *CTR*, Cil q. *B*. | que entor *P*. | iront
T, foient *P*. **48.** Si *SM*, Et fi *P*. | le *A*. | uoient *P*, loiront *S* (les *fehlt*).
49. fu r. *S*. **50.** *A interpolirt:* Li rois qui ueauft quan les afole Sen uint
ou grant palais efter Alixandre fet demander *und jetzt folgt* 51. **51.** apele
A. | Biaus amis mult uos ui bien ier *M*. **52.** dift *AB*. | Contenir cū
boen cheualier *M*. **53.** Biel — bien *T*, Bien — bien *PB*. | Dafaillir et
de bñ d. *M*. **54.** guiardon *S*. | doi *A*. **55.** deus .c. *T*, u9 (*statt* .uº.) *S*.
56. baillie *B*. **57.** la terre *MPBCTR*. **58.** Q. aurai *TR*, Q. ie aurai
fine *SM*. | la g. *B*. **60.** De uos ferai *S*. **62.** Bors caftiax et cites *B*,
Bours et chites caftyaus *T*. **63.** Vos donrai ge *S*. | fans atendue *T*.

Jufqu'a tant que vos iert randue
1465 La terre que tient voftre pore,
Don vos devez eftre anperere."
Alixandres de ceft otroi
Mercie bonemant le roi,
Et fi conpaignon l'an mercïent.
1470 Tuit li baron de la cort dïent,
Qu'an Alixandre eft bien affife
L'enors que li rois li devife.

QUANT Alixandres voit fes janz,
Ses conpaignons et fes ferjanz,
1475 Teus con li rois li viaut doner,
Lors comande grefles foner
Et buifines par tote l'oft.
Buen ne mauveis ne vos an oft,
Que chafcuns fes armes ne praingne,
1480 Cil de Gales et de Bretaingne
Et d'Efcoce et de Cornoaille;
Car de partot fanz nule faille
Fu an l'oft granz force creüe.
Et Tamife fu defcreüe,
1485 Qu'il n'ot pleü de tot efté,
Ainz ot tel fecherece efté
Que li peiffon i furent mort
Et les nes fandues au port,

1464. Jus que *C*, Dufca *P*, Tres quatant *A*, Tant que tote *B*, Tres quau
:our *T*, Jus qual ior *R*. | foit *ST*.   **65.** tint *MBR*, fu *S*. | uoftrez *T*.
'67. de] por *A*. | conroi *P*.   **68.** Mercia *BTR*.   **69.** Et tuit li autre *R*,
Si comp. tuit *S*.   **70.** Tot enfamble li b. d. *B*.   **72.** Li honors *P,R* (+1). |
que il li d. *P*. | reis lor d. *M*, rois i a mife *S*.   **73.** uit *BCTR*.   **74.** S. cheua-
liers *PBR*.   **75.** uot *ST*, uolt *MC*, naut *PB*.   **76.** Si *A*. | commencent *P*. |
grailles *S*, graille f. *P*. | Maintenant couint a f. *BCT,R* (comande).   **77.** Deus
BTR, Les *C*. | boifines *MPCR*, bofines *S*.   **78.** Boens *AB*. | nefun
nen *T*.   **79.** preigne *C*, praigne *PB*, preingne *R*, prengne *T*, prenge *M*.
80. Breteigne *C*, Bretagne *PB*, Bretange *M*.   **81.** cornuaille *B*, cornewaille *R*.
82. Que *MC*, Et *BTR*.   **83.** Eft *S*, Ont *T*. | ioye *T*.   **85.** lefte *M*.
86. *fehlt S*.   **86.** tel] granz *A*.   **87.** piffon *P*, poiffon *ABCTR*. | furent
:ot *P*, eftoient *BCTR*.   **88.** fondues *T*, fechiees *A*.

Si pooit an paſſer a gué

1490 La ou l'aigue avoit plus de le.

Outre Tamiſe eſt l'oz alee,
Li un porpranent la valee
Et li autre montent l'angarde.

Cil del chaſtel ſ'an pranent garde
1495 Et voient venir la mervoille
De l'oſt qui defors ſ'aparoille,
Por le chaſtel confondre et prandre,
Si ſe ratornent del defandre.

Meis ainz que nul aſſaut i eit,
1500 Li rois antor le chaſtel ſeit
Traïner a quatre chevaus
Les traïtors parmi les vaus
Et par tertres et par larriz.

Li cuens Angrés eſt mout marriz,
1505 Quant anviron ſon chaſtel voit
Traïner çaus que chiers avoit.

Et li autre mout ſ'an eſmaient,
Meis por eſmai que il an aient
N'ont nul talant que il ſe randent.
1510 Meſtier lor eſt qu'il ſe defandent,
Car bien moſtre li rois a toz
Son mautalant et ſon corroz,
Et bien voient, ſ'il les tenoit,
Qu'a honte morir les feroit.

1489. poet *M* (*st.* poeit), poiſt *A*, pooient p. *CT*, puet on bien *SP.* | au
ρue *SPTR.* **90.** Lai *S.* | li aigue *P*, ele *AC.* | a *P.* | le plus le *A.* **92.** uns
M. | la prec *R* (—1). **93.** Et *fehlt C.* | en l. *C.* **94.** ſe *MPBC.* **95.** uenit
uoient *R.* **96.** defors qui ſ. *S.* | deforſ] ſi ſort ſ. *A.* **97.** deſtruire *B.*
fondre (ſon *unterpunktirt*) *T.* **98.** *fehlt S.* **98.** Cil *AP.* | retornent *R.*
al *BTR*, por *A.* **99.** Eincois *A.* | ni ait *B.* **1502.** uns uaus *TR*
3. terres *TR.* **4.** fu *A.* | Mlt' eſt li c. engres *BCTR.* **5.** = Por itan
que trainer uoit *SA*, Por cou que par deuant lui uoit *P.* **6.** Ceals traine
B, Deuant lui ceuz *S*, Ces d. l. *A.* | qui *S.* | quil mult ameit *M,P* (que)
7. Et tuit *M* (mlt' *fehlt*). **8.** poor *M.* **9.** meſtier *S.* **10.** Meſtiers *A.*
ert *S.* **11.** Que *BC.* **13.** Que *TR*, Car *C.*

1515 QUANT li quatre traïné furent
      Et li manbre par le chanp jurent,
      Lors ancomance li aſſauz;
      Meis toz eſt perduz li travauz,
      Qu'aſſez lor loiſt lancier et treire,
1520 Einçois que rien i puiſſent feire,
      Et neporquant bien ſ'i eſſaient,
      Eſpeſſemant lancent et traient
      Quarriaus et javeloz et darz.
      Granz eſcrois font de totes parz
1525 Les arbaleſtes et les fondes,
      Saietes et pierres reondes
      Volent autreſi meſle meſle
      Conſſeit la pluie avuec la greſle.
      Einſi tote jor ſe travaillent:
1530 Cil defandent et cil aſſaillent,
      Tant que la nuiz les an depart.
      Et li rois de la ſoe part
      Feit an l'oſt criër et ſavoir,
      Quel don devra de lui avoir
1535 Cil par cui li chaſtiaus iert pris,
      Une cope de mout chier pris

P. | autre A. 16. les chans PCTR. 17. L. encomenca C, Lores
.ors recomeuce AMT, L. eſt comancez R. | encaus T, toauz S.
ı AB. | pᵘrduz S. | encals B, aſauz ST. | M. tos en eſt lor li t. P.
ЅAR. | liſt M, laiſt R, lait C, lut A. 20. Ains que BT. | peu-
rſaire B. | A ces mes rien ni porent ſ. A. 21. nonp. BT. |
ſi C, fouent B. | faſaient B, ſe raſſ. P. 22. Eſpauſement S. |
erlos ſetraient B. 23. gaureloz T. | Gujures et engagnes B.
ors B, Grans eſt leſſors T, Grans eſſrois PC, G. aſſaulz R. |
| damedoz parz. M. 25. Des — des BT. | arbaleſtres T.
| rondes T. | Qui ietent les p. r. P. 27. Voloient SR. |
?, auſi AT, auſſint R, ſi S, tot iſſi B. | eſpes et meſle A, e. et
ielle et melle C, melle pelle B, peſle meſle MR, et melle et
r. Chev. Lion 444. meſle meſle Vat., A, Supl., B, peſle m. G,
Aum.] 28. Comme la p. a le g, P. 29. totes genz S.
ſe d.' MPC (et fehlt). 32. foie BT, ſue R. 33. par loſt
:. Qun M. | deura fehlt S(— 2), uoldra A. | celui M. 35. Cil
ra SM. 36. m. haut BCTR, mongrant A, riche P.

Li donra de quinze mars d'or,
La plus riche de fon trefor,
Mout iert buene et riche la cope.

1540 Et qui a voir dire n'açope, ?
Plus la devroit l'an tenir chiere
Por l'uevre que por la matiere,
Mout eft buene la cope d'uevre.
Et qui la verité defcuevre,

1545 Miauz que l'uevre ne que li ors
Valoient les pierres defors.
S'il eft ferjanz, la cope avra,
Par cui li chaftiaus pris fera.
Et f'il eft pris par chevalier,

1550 Ja ne favra querre loiier
Avuec la cope, qu'il ne l'eit,
Se el monde trover fe leit.

Q   UANT cefte chofe fu criëe,
    N'ot pas fa coftume obliëe

1555 Alixandres, qui chafcun foir
Aloit la reïne veoir.
A cel foir i refu alez,
Affis fe furent lez a lez
Antre Alixandre et la reïne.

1560 Devant aus prochiene veifine
Soredamors feule feoit,

1537. donrai *SAP.* | cinccenz *M.* | iou de mon trefor *P.*   **38.** moi
SA. | Ele uaura bien .V. mars dor *P.*   **39.** eft *SM.* | eftoit *CTR,* par eft *B.*
de fin or *C,* de bon or *BTR.*   **40.** R *die ganze Zeile in rasura.* ; na chop.
M, na cope *SBR,* na coupe *CT.* | Et qui delit auroit de cope *A,* Car bie⟨
vous puis dire fans coupe *P.*   **41.** deueit *M.* | on *SPTR.* | auoir *M.*   **43.** er
B. | bielle *TR.* | pome *S.* | dor *S.*   **44.** Et *fehlt T.* | en defc. *T.* | Et q⟨
uorroit defcrire l'oeure *P.*   **45.** li oeure ne li *PS.* | Altretans ou plus *I*
46. Valent *APB.* | de def. *AB,* par deh. *P.*   **48.** qui *B.*   **49.** por ⟨
50. Il *AM.* | nen *BCT.*   **51. 52.** *in Rasur R.*   **51.** que il n'⟨
PBCR. | laift *S.*   **52.** Sele *SR.* | ou *T,* o *S,* al *B.* | laift ⟨
53. chelle *T.* | finee *SA.* | Et quant ce uint uers la uefpree *R.*   **54.** Na *I*
55. que *ST,* ca *P.*   **56.** Venoit *T,* Nalaft *P.*   **57.** A ce *ACT,* Ice .
58. fi *B.*   **59.** Alixandres et *A.*   **60.** procheine *R*, proccinne *M*, pr⟨
caine *B,* prochainne *T.*

Qui fi volantiers l'efgardoit,
Qu'an paradis ne uofift eftre.
La reïne par la main deftre
1565 Tint Alixandre et remira
Le fil d'or qui mout anpira,
Et li cheuos anbeliffoit,
Que que li fiz d'or paliffoit,
Si li fovint par avanture,
1570 Que feite avoit cele cofture
Soredamors et fi f'an rift.
Alixandres garde f'an prift
Et li prie, f'il feit a dire,
Que li die, qui la feit rire.
1575 La reïne au dire fe tarde
Et vers Soredamors regarde,
Si l'a devant li apelee.
Cele i eft volantiers alee,
Si f'agenoille devant li.
1580 Alixandre mout abeli,
Quant fi pres la vit aprochier,
Que il la poïft atochier.
Meis il n'a tant de hardemant,
Qu'il l'oft regarder feulemant,
1585 Ainz li eft toz li fans failliz
Si que pres an eft amuïz.
Et cele reft fi efbaïe
Que de fes iauz n'a nule aïe,

1562. Quer *M*, Que *S*, Quiffi *B*. | tant *TR*, *fehlt C*. | le ueoit *BT*, lefcu-
oit *R*, les cofteoit *C*. 63. pareis *M*. 67. 68. *fehlen PC*. 67. efclariffoit *B*,
nbloiffoit *A*. 68. Qui (*statt* Que que) *TR*. | li ors *B*, le fil dor *MTR*. | em-
aliffoit *BR*, apaliffoit *T*. 70. Qui *R*. | cefte *P*. 71. et *fehlt PT*. | fi li
iift *B*, fi fen fourift *T*, ele fen rift *P*. 73. Et prie li *T,R* (lui), Se li p.
:*B*. | fi *ST*, fe *PB*. | 7 p'rie fil li fet a d. *M*. 74. Quel *AMBC*, Qui *T*. |
ft (la *fehlt*) *M*(— 1). | quel a a rire *P*. | Et la r. au d. t. *S*. 76. Enuers
*". | efgarde *SP*. 77. lui *T*, lie *M*, foi *R*. 79. genoille *M*(— 1). | lui *CR*.
:0. enbeli *MCTR*. 82. aprochier *T* (*unterpunktirt*). 83. not *CR*. 84. re-
arde *M*. | efgarder *PR*. 85. Anceis *MCTR*. | toz *fehlt MCTR*, *dafür* fi *B*. |
uer *R*. | foiz *A*, fuis *P*. 86. Que a pou *B*. | an *fehlt R* (—1). | quil neft *BCT*.
)er *V*. ist in *S* wiederholt, das erste Mal fehlt amuïz. 87. en eft *CT*.

Ainz met an terre fon efgart,
· 1590 Si qu'ele nel tient autre part.
La reïne mout f'an mervoille,
Or la voit pale et or vermoille
Et note bien an fon corage
La contenance et le vifage
1595 De chafcun et d'aus deus anfanble.
Bien aparçoit et voir li fanble
Par les muances des colors,
Que ce font accidant d'amors,
Meis ne lor an viaut feire angoiffe,
1600 Ne feit fanblant qu'ele conoiffe
Rien nule de quanqu'ele voit.
Bien fift ce que feire devoit,
Que chiere ne fanblant n'an fift
Fors tant qu'a la pucele dift:
1605 „Dameifele, regardez ça
Et dites, nel vos celez ja,
Ou la chemife fu cofue,
Que cift chevaliers a veftue,
Et fe vos an antremeïftes
· 1610 Ne del voftre rien i meïftes?"
La pucele a del dire honte,
Neporquant volantiers li conte,

1589. Et S. | met] a R. | a tere B. | regart S.   90. Si quel A, Si que
SPTR. | ne le t. T, ne tingne A, nel torne P, ne garde S, ne cille M, lentent B.
nule part SAP.   91. fefm. PTR, fe m. SBC.   92. Et or la B, Quele P. |
uit AP. | or fehlt B.   93. Si B. | panfe A. | a fon uifage B.   94. Et
la SA. | del uifage CTR, del corage B. | et l'ufage SA.   95. dandols M,
dandeus CR, des .ij. P.   96. uoirs P, bien MCR.   97. et per les c. R (+1).
98. Car P.   99. M. faire ne l. u. P.   1600. Ains B. | que les PC, q'l
ne B. 1. R. ne dift P.   2. a fait SB, fait quanque R. | quele S, que ele A.
feire fehlt SA. | doit B.   3. Quer M, Car P, Quant CTR, Cainc B. | ne P.
Q. ch. ne fift ne famblant T.   4. Mais CTR. | que li p. B. | M. ca la p.
dift tant T.   5. efgardes T(—1).   6. Et d. moi P, nous T. | ne BC, ne
le A. | vos] nos BCR, fehlt APT. | celez uos M.   8. cix P, cis B, cil R,
chilz T.   9. 10. fehlen SAP.   9. Et fonc M.   10. Et dou C. | ni m. BR.
11. ot P. | de PB. | du dire a h. T, art dire et de h. A.   12. Nonporquant
lor A.

Car bien viaut que le voir an oie
Cil qui de l'oïr a tel joie,
1615 Quant cele li conte et devife
La feiture de la chemife,
Que a grant painne fe retarde
La ou il le chevol regarde,
Que il ne l'aore et ancline.
1620 Si conpaignon et la reïne
Qui leanz ierent avuec lui
Li font grant mal et grant enui;
Car por aus leit qu'il ne l'atoche
Et a fes iauz et a fa boche,
1625 Ou mout volantiers le meïft,
S'il ne cuidaft qu'an le veïft.
Liez eft, quant de f'amie a tant,
Meis il ne cuide ne n'atant,
Que ja meis autre bien an eit,
1630 Ses defirriers doter le feit;
Neporquant quant il eft an eife,
Plus de çant mile foiz le beife,
[Quant de la reïne eft tornez.
Or li eft vis que buer fu nez.]
1635 Mout an feit tote nuit grant joie,

1613. Qui B. | uoit q̄ lo uor S. | quele M. | die M. | Car ml't tres bien
t quele uoie C. 14. grant P. 15. ele MPBCTR. 17. Chilz T, Qua mout
B. | Que· ml't — tarde P. 18. ou le cheuolet A. | efgarde MPBCTR,
ҫarde S. 19. Quil CTR (alle —1). | lenore ne S(+1). 21. Que S. |
.nft B, la efteient M, venu erent P. | font enfamble B. 22. fefoient ml't
:. CTR. | fort anui B. | Si faifoient auecques lui S. 23. Que S, Quil B. |
fe CTR,B (l. por als). | que il ne toche S,A (nē), quil nes touche C, qui
t. TR, que nel t. B. 24. Ne — ne TR, Ne — et C. | a fon uis B.
26. fehlen P. 25. lo S, la AB, les CR. 26. que S. | lo S, les C.
Car A, Que B. | ne atant MB, antant S, tant ne quant T. 29. prou B,
1 TR, proie C. | i ait B. 30. Sis M, Mes S. | len P. || Nach 30 schiebt
. Zeilen ein: Auoir en cuide bien fa part. A tant de la roine part. Quant
fu pris li congies. Droit a fa tente eft repairies. 31. Nonporquant T,
1 poroc B, Nequedant A. | il] que S, en MT. | Et n. q. en a a. R, Et
nt il eft uenus en a. P. 32. la AMB, les R. | lacole et b. P (mile fehlt),
cheuol plus de .M. foiz b. S. 33. 34. fehlen SAP (unnütz u. störend).
Lors C. | bor B, boen M, bien T. | fuft BR. 35. 36. fehlen M. || BCTR
'en um 36. 35. 35. de ioie B. | Toute n. en f. ml't g. i. T.

Meis bien ſe garde qu'an nel voie.
Quant il eſt couchiez an ſon lit,
A ce ou n'a point de delit
Se delite an vain et ſolace,
1640 Tote nuit la chemiſe anbrace,
Et quant il le chevol remire,
De tot le mont cuide eſtre ſire.
Bien ſeit amors de ſage fol,
Quant cil ſeit joie d'un chevol
1645 Et ſi ſe delite et deduit,
Meis il changera ceſt deduit
Ainz l'aube clere et le ſoloil.
Li traïtor ſont a conſoil,
Qu'il porront ſeire et devenir,
1650 Lonc tans porront contretenir
Le chaſtel, c'eſt choſe eertainne,
Se au defandre metent painne.
Meis tant ſevent de fier corage
Le roi, qu'an treſtot ſon aage
1655 Tant qu'il l'eit pris n'an tornera,
Adonc morir les covandra.
Et ſe il le chastel li randent,
Por ce nule merci n'atandent.
Einſi l'une et l'autre partie
1660 Lor eſt mauveiſemant partie;
[Car il n'i ont nul reconfort
Et ci et la voient la mort.]

1636. Mais *fehlt* P (*dafür* ne le v.). | que *SR.* | ne loie *S.* **37.** Que. **38.** En *S.* **39.** an uoiſe et *A.* **43.** dun *A.* **44.** cis *B*, ſi *T.* | a i. *M*, ain ci *R*, aime ſi *B*, eſgarde *T.* | un *BR*, ce *T.* **45. 46.** *stellt um A.* **45.** l ſe *P*, Enſi *A*, Einſint *S*, Quil *B*, Et a *R.* | ſe]ſen *M*, li *P*, *fehlt BCTR.* | to nuit *BCTR.* **46.** cel *MCR*, ce *T*, ſon *B*, ſes *S.* | delit *S.* **48.** prenent *S.* a] en *P*, *fehlt S.* **49.** Que *S.* **52.** Sil a *B*, Sau *A* (*dafür* grant p **53.** tant *fehlt R*(—1). | ſouent *S*, ſe uient *C.* | haut *PCT.* **54.** que en to *CT*,*M* (quen). | tres *fehlt R*(— 1). **55.** Jus q. *BT* (Jes q̄ il *R*+1), D q. *C.* | ait *R*, iert *AB.* | ne ſen moura *MBCTR.* **56.** Adont *T*, Et donc. A dol *B*, Ancois *P*, Iluec *A.* | li *PB.* | eſtoura *R*, eſteura *T.* **57.** li] lor ne *AB.* **58.** N. m. de ce *B.* **59.** Ainſi *M*, Einſint *C*, Iſſi *SB* **61. 62.** *fehlen SAP.* **61.** Car cil *C*, Quar ea *R*, Que ci *BT.* | ne la. *B*,*R* (nont) *und* conſort, nen a *T.* **62.** Ici *C*, Et cha *T.* | lor m. *B.*

Meis a ce lor confauz repeire,
Que einçois que li jorz apeire
1665 Iftront del chaftel a celee,
Si troveront l'oft defarmee
Et les chevaliers andormiz,
Qui ancor girront an lor liz.
Einçois qu'il foient efveillié,
1670 Atorné ne apareillié,
Avront tel ocifion feite,
Que toz jorz meis fera retreite
La bataille de cele nuit.
A ceft confoil fe tienent tuit
1675 Li traïtor par defperance,
Car an lor vies n'ont fiance.
Defperance comant qu'il aille
Les anhardift de la bataille,
Qu'il ne voient lor garifon
1680 Fors que de mort ou de prifon.
Teus garifons n'eft mie fainne,
Ne au foïr n'a meftier painne,
N'il ne voient, ou il poïffent
Garantir, fe il f'an foïffent;
1685 Car la mers et lor enemi
Lor font an tor et il an mi.

1663. li *BCR*. 64. = Que demain ainz *SA*. | li *fehlt S*. | peire *A*,
laire *R*. 66. lor d. *P*. | Ancois que li os foit armee *B*. 67. Tos les
ueront en lor lis *B*. 68. gerront *PC*, ierrunt *M*, eront *S*, erent *T*. | Et
s gifans et endormis *B*. 69. Ancois que *PB*, = Einz que il *SA*.
. et *T*, e *R*. 71. Aront *B*, Aurons *TR*, Auron *M*, Arons *P*. | tele *SAC*. |
jfon *T*. 72. Qua *M*, Qui a *C*, Que a *PBT*. | fera mes *M*. | mais *fehlt*
CT. 73. Locifions *A*. | cefte *PR*. 74. cel *SMB*, ce *CT*. 75. def-
ice *A*. 76. Qui *PTR*. | uie *B*. 77. 78. *fehlen T*. 77. queil *M*; 78. hen-
dift *M*, enhardi *B*. | de] en *MPCR*. | la *fehlt M*(—1). 79. Quil ni *S*,
· ne *CTR*, Car ni *B*, Quant ni *M*. 80. Ne mais *B*, Fors de la mort *C*. |
de *B*. 81. Tel garifon *MR*. 82. Ne a *ST*, Nau *PR*, Na *M*. | fuyr *T*,
ir *A*, defendre *R*. | na nul *M*, ni a *P*. 83. Ne ne *MT*, Car ne *B*, Ni
PC, Nau v. *S*. | trueuent *T*. | o il fe p. *SPC*, v fe p. *B*. | peuffent *P*,
ffent *R*, peuwiffent *T*. 84. Aus garir *A*, Yalz garandir *T*. | fan *fehlt*
| fuiffent *BR*, fuyffent *T*. 85. Que *B*. | la mer *MBR*, li mors *P*. | li *T*.
. cil enmi *B*, li e. *T*. | Sont ent. et il font e. *P*.

A lor confoil plus ne fejornent,
Maintenant f'arment et atornent,
Si f'an iffent devers galerne ʳ ᵛ'
1690 Par une anciiene pofterne,
De cele part ou il cuidoient
Que cil de l'oft mains fe dotoient.
Serré et rangié f'an iffirent,
De lor janz cinc batailles firent,
1695 S'ont deus mile ferjanz fanz faille
Bien apareilliez de bataille,
Et mil chevaliers an chafcune.
Cele nuit eftoile ne lune
N'orent el ciel lor rais moftrez;
1700 Meis ainz qu'il veniffent as trez,
Comança la lune a lever,
Et je cuit que por aus grever
Leva ainz qu'ele ne foloit,
Et deus qui nuire lor voloit
1705 Anlumina la nuit ofcure,
Car il n'avoit de lor oft cure,
Ainz les haoit por lor pechié,
Don il eftoient antechié.
Car traïtor et traïfon
1710 Het deus plus qu'autre mefprifon.
Si comanda la lune a luire
Por ce qu'ele lor deüft nuire.

1687. Par *A.* | ni *B.* | demourent *T.*   **89.** Et *S.* | contre *BCTR.* | ifl
rent *R* (+1).   **90.** anciane *B,* anceine *S.*   **91. 92.** *fehlen SMAP (unnüt*
91. Dicele *B.*   **92.** fe gardoient *R.*   **93.** Sarrie *R.* | Sereement rangie fᵒ
iffent *B.* | iffeirent *M.*   **94.** gent *AB.* | fifent *B.*   **95.** Si i ont *T.* | Si ont .
Si ot *SP.* | mil *A,T* (deus *fehlt*), dui mire *M,* quatre mile *R* (+1), .V.M.
.III. M. *BC.*   **96.** a bat. *R.*   **97.** chafcone *R.*   **98.** Cele nuit luift mout cl
la lune *B.*   **99.** u ciel *T,* ocj el *S,* en ciel *C, dafür* encor *M,* onques *P.* | 1
rais el ciel *A.* | Cil orent lor elmes fermes *B.*   **1700.** que *B.* | Mas einz qᵗ
infirent eftrez *S.*   **1.** Comenca cler *M.* | a luire *M,R* (—1).   **2.** por acels nuire ˒
Por ce quele lor deuft nuire *R.*   **3.** plus toft que ne *B.*   **4.** Que *S.* | les *F*
7. Ancois *P.* | haiet *M,* hai *A,* het *P,* het ml't *T.* | par *T,* de *B.* | le
8. Donc *M.* | De q̄ il erent entofcie *B.*   **9.** Et *CT.* | traitors *PT,* traitre (˒
murdrement *B.*   **11. 12.** *fehlen P.*   **11.** = comenca *SMBTR.* | a vor luire *fehlt*
12. Por tant *S.* | deueit *M.*

MOUT lor eſt la lune nuiſanz,
　　Qui luiſt ſor les eſcuz luiſanz,
1715 Et li hiaume mout lor renuiſent,
Qui contre la lune reluiſent;
Car les eſchargueites les voient,
Qui l'oſt eſchargueitier devoient,
Si ſ'eſcrïent par tote l'oſt:
1720 „Sus, chevalier! ſus, levez toſt!
Prenez voz armes, armez vos!
Vez ci les traïtors ſor nos."
Par tote l'oſt as armes ſaillent,
D'armer ſe painnent et travaillent,
1725 Si com a tel beſoing eſtut,
N'onques uns ſeus d'aus ne ſe mut
Tant qu'a leiſir furent armé
Et tuit ſor lor chevaus monté.
Que qu'il ſ'arment, et cil eſploitent,
1730 Qui la bataille mout covoitent,
Por ce que ſorprandre les puiſſent
Einſi que deſarmez les truiſſent,
Et ſont venir par cinc parties

1713. Donc S. | luiſanz R. 14. lor BC. | hialmes R. | luiſanz fehlt — 2). 15. forment l. nuiſent B, reluiſſent S, reluiſent (uiſent unterpunktirt) T. . Quan C. 17. Que CT. | lefcharguetes R (— 1), les eſquergaites B, eſchautes MC. 18. Qui lor R. | eſcharguetier R, eſchauguetier MC. | Qui la it loſt eſquergaitoient B. 20. cheualiers MC. 21. Prendes PBT, Pernez R. | les armes MPC. 22. uos SMPBCT (dasselbe Wort soll nicht reimen). | traitor uienent ſor nos A. 23. Cil maintenant B. 24. Et daus armer 't ſe tr. P, Et ml't ſen p. et t. B. 25. come C. | eſtuet PTR, eſteit M. ?l. Onques AB, Ne onques T. | ſeus fehlt R (—1). | nus daus P, nul dels M, ,s dyalz T. | remuet P, moueit M, muet STR. 27. que SR. | leiſſir M, ir C, loſoir S, dafür tuit R (— 1). | ſe ſunt a. S. 28. Et defor B. | les · SR. | = Tuit ſont ſor lor c. m. A, Tuit ſor les c. ſont m. S. 29. (il = ' real, cil = die Rebellen). Et leitet den Hauptsatz ein). Quoy que T, Coi !ᴰ, Que que BR, Quamquil M, Car C. | cil ſarment CTR, il ſarment PB. | · fehlt TR. | cil fehlt PB. 30. Qui ml't T, Cil qui PB. | ml't fehlt ?,R (— 1). 31. fousprendre T, foprendre B. 32. Einſint C, Iſſi SR, Et AM, Et ce T, Et que tous B. | A stellt um 1729 Por ce que deſarmez ! truiſſent, 1730. Et ſi que ſorprandre les puiſſent. 33. Font il T, ient A, Fuerent P. | uenu P. | en .V. BCR.

Lor janz qu'il orent departies.

1735 Li un delez le bois fe tindrent,
Li autre la riviere vindrent,
Li tierz fe miftrent an le gal,
Et li quart furent an un val,
Et la quinte bataille broche

1740 Lez la tranchiee d'une roche,
Qu'il fe cuidoient de randon
Parmi les trez metre a bandon.
Meis il n'i ont trovee pas
La voie fainne ne le pas,

1745 Car li real lor contredïent,
Qui mout fieremant les deffient
Et la traïfon lor reprochent,
As fers des lances f'antraprochent,
[Si que les efclicent et fraingnent,

1750 As efpees f'antraconpaingnent,]
Si f'antrabatent et adantent,
Li un les autres acravantent,
Et aufi fieremant ou plus

1734. Les R. | gent BT.   35. Et li T, Que li B, Car li PC, Qua
li R, Quer li M. | uns MR. | lez M, uers PBCTR, deuers A. | tienent M
36. deuers la mer R. | uienent M.   37. mifent BT. | anz el gal A, en ligt
SB, en .i. ual T. | P: Li autre reuinrent lingal.   38. La quarte SA, Et
quarte PT. | fu P, fi fu T, uint S. | parmi un val. S. | ingal. T.   39. Ŧ
fehlt und fi broche S.   40. Lonc BT, Delez M. | le trenceis P, le pendar
M. | broce B.   41. Qui MCR. | cuident de raandon S. | Car ele quidoit abar
don B.   42. les prez M, le tref PBC. | meftre C, tot B.   43. ne i trouueret
pas T, ni orent troue p. B, norent troue p. R (—1). | Mas il morit trout
pàs S.   44. Ne u. d. ne p. T, Voie d. ne trefpas P, foine S, deliut
MPBCTR. | ne R (+1), et MBCTR.   45. Que BT. | lor] la S. | contr
dirent CR, contretinrrent T, deffendirent B.   46. durement CT. | efcrient A
ferirent CR, atinrrent T. | Que la uoie lor acoillirent B.   47—74 fehlt
47. Et lor B. | repruichent A.   48. f'entrapruichent A, f'entreprochent
fentratochent T.   49. 50. fehlen SAMP.   49. efclices fen fraingnent
totes les hanftes fragnent B.   50. fentrecompaignent R, fencontrepaignent
51. 52. fehlen SA.   51. fentretrauerfent R (+1), fe trauerfent et atandent B
fentreuienent durement T.   52. agrauentent M. | Li uns uiers lautre craue
tant T.   53. Autrefi A. | Et altrefi forment et plus BT.

Corent li un as autres fus,
1755 Con li lion a proie corent,
Qui quanqu'il ataingnent devorent.
D'anbedeus parz por verité
I ot mout grant mortalité
A cele premiere anvaïe;
1760 Meis as traïtors croift aïe,
Qui mout fieremant fe defandent
Et chieremant lor vies vandent.
Quant plus ne pueent foftenir,
De quatre parz voient venir
1765 Lor batailles por aus fecorre.
Et li real lor leiffent corre,
Tant con pueent efperoner,
Sor les efcuz lor vont doner
Teus cos que avuec les navrez
1770 An ont plus de cinc çanz verfez.
Li Grejois nes efpargnent mie,
Alixandres pas ne f'oblie;
Car de bien feire fe travaille.
El plus efpés de la bataille
1775 Veit cinfi ferir un gloton,
Que ne li valut un boton
Ne li efcuz ne li haubers,

1754. les uns R. | les altres BT. | Coururent li uns lautre fus P.
5. Come lion PTR. 56. Que SM, fehlt PTR, dafür tout dev. 57. par
T. | deus fehlt T, dafür tout par v. M. 58. auft S (ml't fehlt). 60. crut B.
1. Que S. | uiuement R, aigrement B. | fe fehlt S(—1). 62. Ml't ch. P. |
ie B. | rendent T, uiendent R. 63. Car B, Quer M. | ni S, nes M, ne
A. | porent ABR. | tenir A, retenir SMP. 64. Dambefdeus pars P.
5. Lor cheualiers TR. 66. les T. | laient colre B, faillent fore S,
ourent forre P. 67. Quanquil MBTR. | porent AB. 68. Sor lor SP. | fe
ont B. 69. Tel colp B. | quouoques les berfez M. | que parmi les
erfes B, que tout aual les| pres T, quaual les foffez R(—1). 70. I ot S. |
XV. T. | berfes B. 71. Mais cil ne les BTR. | Li greu ne les efpaifnent
ie M. 72. Nalixandre MP. 73. Que S, Qui MBTR. | ferir APBT.
5. iffi S, fi bien M, fi P (dafür .i. mal gl.). | un chevalier enuair BTR. |
1l. en uoit .i. uenir C. 76. Si le fiert par fi grant air BT,R (fehlt fi,
—1). | Si durement le uet ferir C. 77. Que mort ius des arcons (del cheual
) labat BCTR.

Qu'a terre ne l'an port ·anvers.
Quant a celui a triue prife,
1780 A un autre ofre fon fervife,
Ou pas ne le gafte ne pert,
Si feloneffemant le fert,
Que l'ame fors del cors li ofte,
Et li ofteus remeft fanz ofte.
1785 Aprés cez deus au tierz f'acointe,
Un chevalier mout noble et cointe
Fiert fi par anbedeus les flans,
Que d'autre part an faut li fans,
Et l'ame prant congié au cors,
1790 Que cil l'a efpiree fors.
Mout an ocift, mout an afole,
Car aufi con foudres qui vole
Anvaïft toz çaus qu'il requiert.
Cui de lance ou d'efpee fiert,
1795 Nel garantift broingne ne targe.
Si conpaignon refont mout large
De fanc et de cervele efpandre,
Bien i fevent lor cos defpandre.
Et li real tant an effartent,
1800 Qu'il les deronpent et departent

1778. lemporte *P.* | Ne li ualut un cendal pers *A*, N. l. u. un pareifin *S.* | Si quil (Quil *TR*) ne fe plaint (ploye *T*) ne (ne ne *R*) debat *TR*.   **79.** de celui *B.* | treue *S*, trieue *MP*, trieuwe *T*, triues *A*.   **81.** V il pas fa iofte ne p. *B.* | Ou pas ne le pert ne ne gafte *A*.   **82.** lo fiert *S*, le fert *M.* | feleffenement *T*, feleneffement *BR*. | Si cruelmant le fiert an hafte *A*.   **83.** de fon *APB.*   **84.** Enfi (Einfint *C*, Iffint *R*) remeft (remaint *R*) li cors fauz ofte *BCTR*.   **85.** Apres ces croix a quart *S.*   **86.** .I. chl'rs *C.*   **87.** entre .II. *C.*   **88.** de .II. parz *SMCT.* | Quapres li fiers *R.*   **89.** au cors congie *C.*   **90.** Quer *M*, Quar *S*, Et *T.* | quil la *S*, il a *BR*, cil a *P.* | efpirie *T*, apreffee *P.* | hors *PR.* | Que cil a defors empirie *C.*   **91.** *Das zweite* en *fehlt M* (—1).   **92.** enfis *S*, tout auffi *T* (*dafür fehlt* qui). | fondres *T*, foudre *MBCR.*   **93.** Auant *M.* | treftouz cauz *S.* | q̄l *C*, que il *M.* | quiert *S.* | Les enuaift tous et r. *P.*   **94.** Qui *PCR*, *fehlt B.* | et *SB.* | de l'efpee *B.* | Et tant uiftement les requiert *A.*   **95.** Nes *AM*, Ne le garift *T*, Ni remaint efpee *B.*   **96.** fi large *AP.* | Bien reffont fi c. l. *T.*   **97.** chieruyaus *T.*   **98.** i *fehlt S* (—1). | cors defendre *ST.*   **99.** tant bien i fartent *P.* | affartent *R·*   **1800.** Qui *MTR*, Que *SB.* | il les fendent *B.* | partent *M* (—1).

Come vius janz et efgarees.
Tant gift des morz par cez arees,
Et tant a duré li eftorz,
Qu'einçois grant piece qu'il fuft jorz
1805 Fu fi la bataille derote
Que cinc liues dura la rote
Des morz contreval la riviere.
✧·Li cuens Angrés leit fa baniere
An la bataille, fi f'an anble,
1810 Et de fes conpaignons anfanble
An a fet avuec lui menez.
Vers fon chaftel eft retornez
Par une fi coverte voie,
Qu'il ne cuide que nus le voie;
1815 Meis Alixandres l'aparçoit,
Qui fors de l'oft foïr l'an voit,
Et panfe, f'il f'an puet anbler,
Qu'il ira a aus affanbler,
Si que nus ne favra f'alee.
1820 Meis ainz qu'il fuft an la valee,
Vit apres lui tote une fante
Chevaliers venir jufqu'a trante,
Don li fis eftoient Grejois
Et li uint et quatre Galois;
1825 Que tant que venift au befoing,

1801. uix AM, uiex T, uils BC, uil R.   2. Tant en gift mors BTR. |
de MP, fehlt BTR. | les a. SM. | mors geules baees P.   4. Quainz ceis M,
Encois S. | que fuft B. | Cancois quil fuft tant ne quant iors P.   5. de-
froute T.   6. dure T.   8. laift R.   9. An] Ainz R, Fu S. | Et de la
b. T (fi fehlt). | Fu la b. fi fen oble S.   10. fi fenble M, en emble T. | De
fes chl'rs ce me fanble P, Dedens le cors li coers li tramble B.   11. Sin M. |
A affez T. | Et .VII. en a od B. | En a il ouec foi amene R (+1). | menez]
uienent S.   12. le ch. BCTR. | font retorne R.   13. une ml't R.   14. Ou R. |
ne fehlt S. | cuident AR. | les CR, ne le S.   15. Mais fehlt und les ap. R. |
les pierchoit T.   16. fors] bien S, fehlt P (—1) R (—1), MCT. | les R, les
en MCT.   17. panfa B. | fi S.   18. fira R, fera S. | o eus T, a cels M.
19. ne fehlt und faalee R.   20. que fuft B.   21. Voit S. | an une A.
22. Venir chl'rs CTR. | plus de tr. PT. | .II. et .XXX. B.   23. .VII. P. |
Si eftoient li .VIII. g. B.   25. 26. fehlen P.   25. Qui MB. | ains que
BCTR (quil BR). | en euft B.

Le cuidoient fivre de loing.
Quant Alixandres les parçut,
Por aus atandre f'areftut
Et prant garde, quel part cil tornent,
1830 Qui vers le chaftel f'an retornent,
Tant que dedanz les vit antrer.
Lors fe comance a porpanfer
D'un hardemant mout perilleus
Et d'un vice mout merveilleus.
1835 Et quant ot tot fon panfé fcit,
Vers fes conpaignons fe retreit,
Si lor a reconté et dit.
„Scignor, feit il, fanz contredit,
Se vos volez m'amor avoir,
1840 Ou face folie ou favoir,
Creantez moi ma volanté."
Et cil li ont acreanté
Que ja ne li feront contreire
De chofe que il vuelle feire.
1845 „Chanjons, feit il, noz conoiffances,
Prenons des efcuz et des lances
As traïtors qu'ocis avons,
Einfi vers le chaftel irons,
Si cuideront li traïtor
1850 Dedanz que nos foions des lor,

1826. cuiderent *BCTR*, cuident *S*. | fiuir *B*, fieuwir *T*, fiudre *A*, fierre *M*,
fore *S* (— 1), fuccorre *R* (+1).   27. Quant *fehlt AP* (*dafür* apareut). | conut
BCTR.   28. fapereut *B*.   29. il *T*, fe *CR*. | atorne *S*.   30. Que *S*. | Cil qui
CTR (*dafür fehlt* fen).   32. Dont *P*. | Si fen *T*, Si fe *C*. | fi *B*, *fehlt R* (—1). |
comenca a penfer *M*; Lors fe porpanfe coment *S* (—1).   33. trop p. *BTR*.
34. dun uifde *B*, dun uoifdie *R* (*sic*), de uoifdie *T*, dun afere *C*, dune guile *M*,
dun penfer *P*. | mout *fehlt MCTR*.   35. il out (a *B*) fon *MPBCTR*. | panfer
SBT, penfee *R*.   36. fen reueit *M*. | Enuers f. c. fe trait *BC*, Entre f. c. fen
uait *TR*, Lors feft u. f. c. tret *A*.   37. Et fe lor a conte *S*. | raconte *T*.
39. 40. *stellt R um*.   40. Ou foit f. ou foit f. *R*. | *S fehlt* (*steht hinter* 1858).
42. Lors li ont cil *MPBC*, *auch TR* (*aber* tuit).   43. agraante *M*.   43. le *S*.
feront *TR*.   44. De (A *PB*) rien nule quil (que *B*) uoille (uoloit *R*) f. *MPBCTR*.
45. 46. Cangons nos efcus 7 nos lances ‖ Et fi cangons nos conniffances *P*.
46. les — les *A*.   47. Au *SC*. | = que ci *SA*. | =ueons *S*.   48. Tout droit
T. | Vers la ch. nous en alons *B*.   50. De nos *A*. | [que *fehlt*] nous en f. *B*.
del lor *C*.

Et queus que foient les defertes,
Les portes nos feront overtes.
Et favez que nos lor randrons?
Ou morz ou pris toz les randrons,
1855 Se damedeus le nos confant.
Et fe nus de vos fe repant,
Sachoiz qu'an treftot mon aage
Ne l'amerai de buen corage."
    TUIT li otroient fon pleifir.
1860   Les efcuz as morz vont feifir,
Si f'an vienent a tel ator.
Et as defanfes de la tor
Les janz del chaftel monté furent,
Qui les efcuz bien reconurent
1865 Et cuident que de lor janz foient,
Car de l'agueit ne f'apanfoient,
Qui defoz les efcuz fe cuevre.
Li portiers la porte lor ocvre,
Si les a dedanz receüz.
1870 De c'eft gabez et deceüz,
Que de rien ne les areifone,
Ne nus de çaus mot ne li fone,
Ainz vont outre mu et teifant,
Tel fanblant de dolor feifant,
1875 Qu'après aus lor lances traïnent

1852. oluertes *B*.   **53.** Sauez q̄x nōs les lor rendrons *C,M*(quels nos), *R* (que), quels nos lor renderons *P*, Sauez adont que nous ferons *T*, Et f. quel nos lo ferons *S*, Sacies que nous i enterrons *B*.   **54.** pris] uis *MBCTR* | toz *fehlt P*. | prendrons *CR*, penrons *T*, pendrons *M*, prenderons *P*.   **56.** f'au-cuns *B*. | fen *AMCR*. | defment *T*.   **57.** Sache *PBCTR*. | que en tout mon eage *MP,B*(fon)*CT*.   **58.** lēmerai *C*.   **60.** Tant uint les efcuz faifir *S* (−1). **61. 62.** *fehlen P*.   **61.** fe metent an *A*, fen uunt tuit *S*, fefmovent *B*. | cel *S*. | en tel atort *M*.   **62.** Et *fehlt BCTR*. | Jufqua *M*. | et a la (le *B*) tor *BCT,R*(tel ator).   **63.** Li gent *B*.   **64.** Et les *A*.   **65.** quidont *R*. | gent *AB*. **66.** Que *S*. | lengin *B*, la gent *S*. | fe gardoient *BCTR*.   **67.** Que *S*. | cueu-rent *T*. | *R*: Soz fon efcu chafcon fe cuevre.   **68.** Et li *A*(lor *fehlt*). | les portes *A*.   **70.** gabois elt *B*, galuis eft *S*.   **71.** Deuz que *S* (+1), Car *A*. | rie *M*, riens *ST*. | arraifonnent *T*.   **72.** Que *B*. | nuns *S*, uns *A*, nul — di-cels *M*, de cez *A*. | lor *B*. | fonnent *T*.   **73.** Et *A*. | vint *S*, font *R*. | oltre] treftuit *CTR*, encor *S*. | fen vont tot *B*.   **74.** Et tel *A*. | Tel] Grant *B*. | duel *A*. | menant *B*.   **75.** Apres *S*.

Si qu'il fanble que mout fe duellent,
Et vont quel part qu'il onques vuellent,
Tant que les trois murs ont paffez.
1880 La fus truevent ferjanz affez
Et chevaliers avuec le conte,
Don ne vos fai dire le conte.
Meis defarmé eftoient tuit
Fors que tant feulemant li huit
1885 Qui de l'oft repeirié eftoient.
Et cil meïfmes f'apreftoient
De lor armeüres ofter,
Meis trop fe pooient hafter;
Car cil ne fe celerent plus,
1890 Qui for aus font venu la fus,
Ainz leiffent corre les deftriers,
Tuit f'afichent for les eftriers,
Ses anvaïffent et requierent
Si qu'a mort trante et un an fierent,
1895 Einçois que deffiëz.les aient.
Li traïtor niout f'an efmaient,
Si f'efcrïent: „Traï, traï!",
Meis cil ne font pas efbahi,
Car tant con defarmez les truevent,
1900 Lor efpees bien i efpruevent,
Et defoz les efcuz f'anclinent.

1876. faclinent *SB*, faclaînent *T*. 77. Et ml't *A*. | Et font fanblant *S*. |
molt] il *AB*. | ducellēt *C*, doillent *M*, dolent *S*, dolient *R*. 78. Si v. *R*, Por
ce v. *A*. | vint *S*. | v. tant *B*. | cele part *T*. | onques *fehlt ABCT*,*R* (—2). | que
il *B*, v il *T*, que *S*. | fe v. *CR*. | uoillient *R*, uuelent *C*, uolent *S*, uoillent *M*.
79. quil ont les *M*. | tos les m. *BT*. 80. Laffus *CT*, lafus *R*, laiffus *S*, Leffus *A*. |
auoit *B*. 82. Donc *M*. | io ne (*fehlt* vos) *B*. 83. Et *B*. 84. Mes que *M*. |
uit *SM*, wit *T*. 85. Que *S*. 86. meifme *BR*. 88. feroient *S* (—1), fe
poiffent *MC*, fe porent ia *T*, fe pueent ia *A*. 89. Que *SB*. | celeront *AMTR*,
font cele *B*. 90. por *R*. | font v. for els⁻*B*. | laffus *CT*, leffus *A*, *fehlt S* (—2).
91. 92. *stellt B um*. 91. Cil *CT*, Si *B*, Et *R*. | lor *B*. 92. Tot *B*, Touz *C*, Ml't *A*,
Si *PR*. | afichie *SMT*, afichiez *C*. | lor *MT*. | fort es eftriefs *R*. | deftriers *S*.
93. Sis *B*. | Si les vaifent *R*. | enuairent et requiftrent *A*. 94. vint et un *AP*,
.XXXV. *T*. | miftrent *A*. 95. Ainz *R* (—1). | desfie *SMBT*. 96. Et li *B*
(en *fehlt*). 97. Et *M*. 98. Et *B*. | mie *SR*. 99. Qui *B*, Que *T*. | defarme
SPCTR. | le *S*. | trovent *SMR*. 1900. Les *SC*. | efprovent *SMR*.

Nes les trois ont il ſi charmez
De ces qu'il troverent armez,
Qu'il n'an i ont que cinc leiſſiez.
Li cuens Angrés ſ'eſt eſleiſſiez
1905 Et va deſor ſon eſcu d'or
Veant toz ferir Macedor
Si que par terre mort le ruie.
Alixandre mout an enuie,
Quant ſon conpaignon voit ocis,
1910 Par po que il n'anrage vis,
De mautalant li ſans li troble,
Meis force et hardemanz li doble,
Et va ferir de tel angoiſſe
Le conte, que ſa lance froiſſe ;
1915 Car volantiers, ſe il pooit,
La mort ſon ami vangeroit.
Meis de grant force eſtoit li cuens
Et chevaliers hardiz et buens,
Qu'el ſiegle nul meillor n'eüſt,
1920 Se fel et traïtres ne ſuſt.
Cil li reva tel cop doner,
Que ſa lance feit arçoner
Si que tote ſ'eſclice et ſant ;

1901. Neis B (il fehlt), Ne S, Car A. | trois] .VII. R, .VIII. SB | en ont ſi ch. AR, ont ſi bien P, i ont ml't navres T, qui trovent armez S. 2. S: Vnt il ſi tres bien atornez. | Des uit M. | que il trueuent C. 3. Que SCR. | ont] a B. | .II. B, .VI. S. 5. defor] for AB (beide: a or), deſoz S. 6. Voianz CR, Devant PT. | Cacedor M, Calcedor BTR. | B: Ruiſte cop doner C. 7. q. por t. S, qua la t. B. | ruye T, rue SPBCR. 8. forment MBCTR (ohne en). | anue B. 9. uit B; S fehlt uoit ocis. 10. Por APCT, A poi R, A por un pou B. | quil MCTR, fehlt B. | neſrage PB, nen eſrage MT. | touz vis CR. 11. Par B. | li ſancs S, li ſens CR, li vis P. | torble PB, tourble T, troublent C. 12. Et BR. | hardement MC, maltalans B. | double C. 13. Si B. | par BR. | tele C. 15. Que B. 16. vencheroit C. 17. force] coer B. 18. hardiz et] eſtoit ml't CT, eſt. ſi BR. M fehlt 1919—2055. 19. El S, Que el APB(nul fehlt). 20. faux S. | et] v P. | traitor C. 21. Sil S, Si R. | reveſt C, revait BTR, vait vn S. 22. atorⁿer S, eſtroner A. 23. 24. fehlen P. 23. treſtote A, treſtot B, treſtuit R. | leſclice S, eſclice AB, arcone C.

Meis li efcuz ne fe defmant,
1925 Ne li uns l'autre rien n'efloche
Ne plus que feïſt une roche,
Car mout ierent anbedui fort;
Meis ce que li cuens avoit tort
Le grieve formant et anpire.
1930 Li uns d'aus for l'autre f'aïre,
S'ont andui lor efpees treites,
Quant il orent les lances freites.
N'i eüſt meis nul recovrier,
Se longuemant cil dui ovrier
1935 Vofiſſent l'eſtor maintenir;
Maintenant coveniſt fenir,
Le quel que foit, a la parclofe.
Meis li cuens remanoir n'i ofe,
Qu'antor lui voit fa jant ocife,
1940 Qui defarmee fu forprife.
Et cil fieremant les anchaucent,
Qui les reoignent et eſtaucent
Et detranchent et efcervelent
Et traïtor le conte apelent.
1945 Quant f'ot nomer de traïfon,
Vers fa tor fuit a garifon,
Et fes janz avuec lui f'an fuient.
Et lor enemi les conduient,
Qui fieremant aprés f'efleiſſent,

1924. fe] li *T.* | demant *R.* **25.** Mais que li *P.* | uns daus *CR*, uns por *T.* | autre *R.* | rien *fehlt APBCTR.* | ne loche *ST*, ne efl. *A*, nefloce *PR*, ne defloce *B*, ne touche *C.* **26.** Nient *P.* | quil *CR.* | roiche *S*, cloce *B.* **27.** Que *SB.* | erent *fehlt C*(−2), eſtoient *R*(+1). **28.** ce *fehlt T*(−1). **29.** ml't fort *S.* **30.** dels *fehlt SBTR.* | for] defor *S*, enuers *T*, vers *B,R*(−1). | ml't f. *B.* **31.** Si ont *T*, Se funt *S*(+1). | lor] les *SR, fehlt T.* | fraites *B*, traitres *S.* **32.** Car *AB.* | les] lor *ABTR.* **33.** Nil *R.* | Il ni ot *T*, Ne ni ot *PC*, Ne ni ont *B.* **34.** cift *P*, fi *R.* **35.** V Vaufififent *B.* | lueure *TR.* **36.** eſteuſt *BT*, leſteuſt *C.* | morir *SPC*, uenir *BR.* **38.** remendre *S*, renuayr *T.* **39.** Qu *fehlt PCT.* **40.** Que *S.* | foprife *PBT.* **41.** cil fier.] li roial fort *B.* | encalcent *B*, anchofent *S.* **42.** Quil *S.* | reoignent] teignent *S*, detrenchent *T.* | eſtalcent *B*, aftancent *S.* **43.** detr.] traynent *T.* **44.** traitors touz les *CTR.* **45.** foit *P.* | Q. f. n.] Come prouez *CTR.* **46.** fa] la *B.* | cort *S.* | fuient *S*(+1), va *P*, cort *A.* **47.** les j. *S*, la gent *B.* | apres *S.* **49.** Que *S*, Et *AP.* | uers auz *S.*

1950 Un feul d'aus efchaper n'an leiffent
De tres toz çaus que il ataingnent,
Tant en ócïent et eftaingnent,
Que ne cuit pas que plus de fet
An foient venu a recet.

1955 QUANT an la tor furent antré,
A l'antree font arefté,
Car cil qui venoient aprés,
Les orent feüz fi de pres,
Que lor janz fuft dedanz antree,
1960 Se delivre lor fuft l'antree.
Li traïtor bien fe defandent,
Qui fecors de lor jant atandent,
Qui f'armoient el borc aval;
Meis par le confoil Nabunal,
1965 Un Grejois qui mout eftoit fages,
Fu contremandez li meffages,
Si que a tans venir n'i porent;
Car trop affez demoré orent
Par mauveftié et par perece.
1970 La fus an cele forterece
N'avoit antree qu'une feule;
Se il eftopent cele gueule,
N'avront garde que for aus vaingne

1950. Vn tot fol es. *PCT.* | toz fol chl'r ne l. *R.* | ni *B.* **52. 51.** *stellt um P,* **52.** *fehlt S.* **51.** qui *BC,* quil *R.* **52.** eftraingnent *T.* **53.** Que] Je *PT.* | pas ne quit *B.* **55.** an] a *S.* | cor *S,* cort *R.* **57.** Et *B.* **58.** fiui *P,* fieuwis *T,* fuiz *R.* ̄| fi feu *S,* fi feus *B.* | de fi *ATR.* **59.** Car *C.* | gent *B.* | fu *ST.* | i fuft ens *P.* **60.** Sa *B.* **61.** Mais (Et *B*) cil durement *BCR, T:* M. c. fi drument. **62.** focors *B.* | ianz *SR.* **63.** Cil *R.* | au *S,* v *T.* | farment en la vile *B.* **64.** Mais *fehlt AP.* | de N. *AP.* | nebunal *A,* nabulual *B,* naburnal *T,* narbunal *R.* **65.** Vns *S.* **66.** Eft *T.* | contretenuz *A.* | paffages *ABT.* **64. 66. 65. 67.** *geordnet in A,* **68. 67.** *in T.* **67.** Iffi qua *S.* | a tans] a ces *A,* a cief *PR,* laiens *B,* cau caftiel *T.* | entrer *B.* | ne *AT,* nen *PR.* **68.** daffez *P.* **70.** Leiffus *A.* **71.** Not *R.* | entre *S.* | que une *SR.* **72.** Se il] Se li *C,* Si li *R,* Celi *T.* | *P:* Cil eftoupoient fi le g. | geule *P,* gole *SCTR,* goule *B.* **73.** Que (Quil *TR,* Lors *C*) nont paor (nont doute *CR,* ne doutent *T*) q̄ plus (puis *CR*) i v. *PCTR.*

Force, de quoi maus lor avaingne.
1975 Nabunal lor dit et enorte
Que li vint aillent a la porte,
Car toft f'i porroient anbatre,
Por anvaïr et por conbatre,
Teus janz qui les domageroient,
1980 Se force et pooir an avoient.
Li vint la porte fermer aillent,
Li dis devant la tor affaillent,
Que li cuens dedanz ne f'ancloe.
Feit eft ce que Nabunal loe:
1985 Li dis remainnent an l'eftor
Devant l'antree de la tor,
Et li vint a la porte vont,
Par po que trop demoré n'ont;
Car venir voient une jaude
1990 De conbatre anflamee et chaude,
Ou mout avoit arbaleftiers
Et ferjanz de divers meftiers,
Qui portoient diverfes armes.
Li un aportoient jufarmes,
1995 Et li autre haches denoifes,
Lances et efpees turquoifes,
Quarriaus et darz et javeloz.
Ja fuft trop grevains li efcoz,

1974. de] par *PBR*, ne *T.* | cui *C*, que *BT.* | nus maus lor v. *C.*
75. nabuual *B*, nabunaux *S*, nebunal *A*, narbunal *T*, naburnal *R*. **76.** vint]
un *R*. **77. 78.** *stellt um A.* **77.** Que *B.* | ˙ fe p. efbatre *S.* **79.** Tel
gent *B*, Tel qui toft *P.* | les] nos *S.* | dam. *PBTR.* **80.** et] ou *AP.*
81. vint] .X. *A.* | fremer *PT.* **82.** Et li .XII. a la t. *B.* | tor] porte *PCR.*
83. fe cloe *T.* **84.** nebunal *A*, nabuual *B*, naburnal *TR.* **85.** remeftrent
C. | a la tor. *P.* | *B*: Li .XII. daus font fier eftor. **86.** la porte *A.* | par
ator *P.* **87.** Et *fehlt P.* | dis *A*, .IIII. *R.* | en vont *C*, fen v. *P.* **88.** A *PB*,
Pour *T*, Mes por *R.* | | targe *R.* | ont *S.* **89.** Quil voient venir *B.* | gaude
PB, caude *T*, lande *S.* **90.** De gent bien e. *B.* | enflambee *R.* **91.** arba-
leftriers *T.* **93.** Quil *S.* | aportent *CT.* **94.** *fehlt S.* | ghifarmes *T*, gifarmes
PBCR. **95.** hafces *B.* | danefcbes *C*, daneches *TR*, danefques *B*, de voifes *S.*
96. Et l. *T.* | torquoyfes *S*, tyoifes *P*, tiefches *C*, tyefches *R*, tiefques *B*,
traites *T.* **97.** iaureloz *A*, gavreloz *T*, gaveloz *R*, gaulos *PB*, iauelloz *S.*
98. greueus *C*, grevans *T*, greuieuz *R*, gries uenus lefcoz *S.*

Que iſſir les an coveniſt,
2000 Se ceſte janz ſor aus veniſt;
Meis il n'i vindrent mie a tans.
Par le conſoil et par le ſans
Nabunal les adevancirent
Et defors remenoir les firent.
2005 Quant cil voient qu'il ſont forclos,
Si ſé remainnent a repos,
Car par aſſaut, ce voient bien,
N'i porroient forſeire rien.
Lors comance uns diaus et uns criz
2010 De fames et d'anſanz petiz,
De veillarz et de jovanciaus,
Si granz que, s'il tonaſt es ciaus,
Cil del chaſtel rien n'an oïſſent.
Li Grejois mout ſ'an eſjoïſſent,
2015 Car or ſevent tuit de ſeür
Que ja li cuens par nul eür
N'eſchapera, que pris ne ſoit.
·Les quatre d'aus ſont a eſploit
As defanſes des murs monter
2020 Tant ſeulemant por eſgarder,
Que cil defors de nule part
Par nul engin ne par nul art
El chaſtel ſor aus ne ſ'anbatent.

1999. Car *A*, Qui *T*, Quil *C*, Qua *R*. | eſſir *S*, laiſſir *R*, laiſſier *PBT*. | r *PBTR*. | en] i *PBR*. **2000.** i ſorveniſt *C*. L cil *R*. | vendront *CR*. | es *C*. **3.** nebunal *A*, nabuual *B*, naburnal *TR*. | ſes *P*. | adeuanchierent *T*, ⸱auancirent *B*. | *S*: remenoir les firent(*umgestellt*). **4.** Que *P*. | dehors *R*. | manoir *PBCTR*. | *S*: Et ml't toſt les endeuanancirent *S*. **5.** Quant *fehlt* *CTR*. | il *SP*. | q̄l *S*. | bien quil *B*, que il *CTR*. **6.** ſen *S*. | remetent *TR*. ⸱ *B*: Si ſont a pais et a r. **7.** ce v.] v. il *P*. **8.** Ne *S*. | poront ſ. *T*. **11.** De uaſlez *R*. | des *R*. | iouanceus *R*, iovenéchieus *T*. **12.** ſe t. ciaus *C*. **13.** noiant n'ois. *B*. | riens *T*. **15.** Ca *P*. | Cor ſ. il *B*. | or] *T*. | tuit] tot *SP*, bien *BCTR*. | ſegur *B*. **16.** ia *fehlt B*. | por *A*. | ſun *B*. **18.** Li *ABT*. | uont *A*, *fehlt B*, *dafür:* a grant eſp. **19.** Vont deſſens *B*. | del mur *PB*. **20.** por es.] tot eſ prouer *S*. | agarder *B*. ⸱ dehors *R*. | par *SPC*. **22.** engig *C*, engien *T*. | ne] et *B*. | nule *C*. ᛋ. Al *S*, V *T*. | defor *B*, defous *T*. | ne *fehlt BT*. | ſ'abatent *S*.

Avuec les dis qui ſe conbatent
2025 An ſont li ſeze retorné.
Ja fu cleremant ajorné
Et ja orent tant feit li dis,
Que an la tor ſe furent mis;
Et li cuens a tot une hache
2030 Se fu mis delez une eſtache,
Ou mout fieremant ſe defant,
Cui il conſiut, par mi le fant.
Et ſes janz pres de lui ſe rangent,
Au derreien jornel ſe vangent
2035 Si bien que de rien ne ſe faingnent.
Les janz Alixandre ſe plaingnent,
Que d'aus n'i avoit meis que treze,
Qui ore eſtoient dis et ſeze.
Par po qu'Alixandres n'anrage,
2040 Quant de ſa jant voit tel domage,
Qui ſi eſt morte et afeblie;
Meis au vangier pas ne ſ'oblie:
Une eſparre longue et peſant
A lez lui trovee an preſant,
2045 S'an va ſi ferir un gloton,
Que ne li valut un boton

2024. Od *B.* | dis] deis *S*, .xij. *B.* **25.** An *fehlt B.* | ꞉
ſeze] .XII. *S*, .XV. *CR*, altre *B.* **26.** ſuſt *S*, ſuſt *T.* 2
28. Qui *S.* | la tor] leſtour *T.* **29.** otout *T*, otote *R.* 3
dales *PT*, ioſte *B*, felonc *S.* **31.** Qui *T.* | ml't] il *P.* | durem(
S: ſe combatent fieremant (+1). **32.** Qui *BC.* | Cuil *S.* | co(
ſieut *T*, conſiuſt *A.* **33.** ſa gent *B.* | delez *S*, entour *T*, auoec .
BTR, ſanr. *S.* **34.** Ai *R*, Al *B*, Sau *S.* | deſreien *A*, daarain *Bʰ*
darien *S*(—1), darrain *T.* | ior ne *S*, ior quil *PCR*, ior que il *T.*
35. Si *fehlt R*, Sai *P.* | Bien ſai *R*, Sachiez *C.* | de riens *T*, no
36. La *S*, Li gent *B.* | ſan *A.* **37.** Car *ACTR.* | auoit meis]
a remes *P*, a mais m. *C*, a m. iuſqua *T*, ſors que *R.* | XIII] X
38. *fehlt S.* | or *BT.* | X] XX *PBTR.* | XVI] XIII *PBCTʰ*
PB, A *CTR.* | neſrage *PBR.* **40.** Que *S.* | Q. il uit des ſiens
ABCTR. | damage *PBTR.* **41.** Que *S.* | mate *S.* | et] ne *S*(+
daux *S.* | uenchier *C.* **43.** eſparte *B*, barre *AR*, piere *T.* |
PBCTR. **44.** Avoit t. an .ı. pandant *A*, A trouee lez lui *S*
pr.] giſant *BT.* **45.** Si *B*, Si en *R.* | ſi *fehlt R.*

Ne li efcuz ne li haubers,
Qu'a terre ne le port anvers.
Aprés celui le conte anchauce,
2050 Por bien ferir l'efparre hauce,
Si li done tel efparrec
De l'efparre qui fu quarree,
Que la hache li chiet des mains;
Si fu fi eftordiz et vains
2055 Que f'au mur ne fe retenift
N'eüft pié qui le foftenift.

A ceft cop la bataille faut,
Vers le conte Alixandres faut,
Sel prant et cil ne fe remuet.
2060 Des autres plus parler n'eftuet,
Car de legier furent aquis,
Puis qu'il virent lor feignor pris.
Toz les pranent avuec le conte,
Si les an mainnent a grant honte
2065 Si com il defervi l'avoient.
De tot ice mot ne favoient
Lor janz qui eftoient defors;
Meis lor efcuz antre les cors
Orent trové la matinee,
2070 Quant la bataille fu finee,
Si fefoient un duel fi fort
Por lor feignor li Greu a tort,

2048. Qu' *fehlt B.* | labat mort env. *B.* | len *T.*   50. (*fehlt S*)
parte *B,* la barre *A,* le barre *R,* le piere *T.*   51. Se *SPT,* Quil *A.* | dona
?*CTR.* | telle *TR.* | efbarree *R,* colee *T.*   52. lefparte *B,* lefbarre *R,* la
:re *A,* la pierre *T.*   54. Et *S.* | fi] toz *S.* | efpordiz *S.*   55. fe au *S*(+1).
. Ni euft *B.* | quil *B.* | foutenift *C.* | *S:* Nauft pas pie qui lo f.
. cel *A,* ce *R,* che *T.* | mot *B.* | effaut*S.*   59. Sil *CR,* Siel *M,* Si le *B.* |
ft *T.* | et il *S,* fi quil *BCTR,* fi que il *MP.* | remut *T,* moet *MPB.*
'. plus] rien *A.* | dire *AMPBC.* | neftut *T.*   61. conquis *AMPR.*   62. P.
: *P,* Des que *MB,* Quant il *A,R* (il i +1),*T* (il *fehlt*). | conquis *CT.*
. Toz] Si *CTR.* | priftrent *A,* ont pris *BCTR.*   64. Et *ST,* Puis *C,* Plus *R.* |
nainent *BCR.*   66. rien *AC,* riens *M,* nient *TR.*   68. les *S.* | couz *S,*
rs *BT.*   69. trovez *A,* trouvee *T,* torne *S.*   70. li *B.*   71. Sen *R.* |
ont fisent *P.* | firent .1. d. grant et f. *B.* | fi] mult *M.*   72. Sor *S.* |
ı *PB,* gre *S,* grieu *T.*

6*

Por ſon eſcu qu'il reconoiſſent
Treſtuit de ˊduel feire ſ'angoiſſent,
2075 Si ſe paſment ſor ſon eſcu
Et dïent que trop ont veſcu.   \
.   Cornix et Neriüs ſe paſment,
Au revenir lor vies blaſment,
.   Et Torins et Acoriondes,
2080 Des iauz lor coroient a ondes
Les lermes juſque ſor le piz,
Vie et joie lor eſt deſpiz,
Et Parmenides deſor toz
A ſes chevos detreiz et roz.
2085 Ciſt cinc font duel de lor ſeignor
Si grant qu'il ne pueent greignor.
Meis por neant ſe deſconfortent,
En leu de lui un autre an portent,
S'an cuident lor ſeignor porter.
2090 Mout les reſont deſconforter
Li autre eſcu, por quoi il croient
Que li cors lor conpaignons ſoient;

2073. Sor S. | qui M. **74.** Tres *fehlt* S. | Treſtuit *hinter* ſaire CTR
del d. T. | ſanguoiſſoient S. **75. 76.** *fehlen* M. **75.** ſon] lor S. **76.** *zweim*
in S. | quil PB. | ont trop B. **77.** Et C. T. | coruix S, corins P, coruins .
coreus BT, chorus R, corus C. | nereus A, nereins P, neruix S, otreus B,
otrens T, thoreus R. | ſi ſe p. S. **78.** relever MCT. **79.** Corniex ꞓ
Cormiex S, Chorus R, Thorus C, Thoriaus B, Et thorins P, Et toruins .|
Et torons T. | acorindes S, acariondes MCTR (*Satzverbindung ?*). **80.** li B
cheoient C, courent T. | ades ondes R(+1), a grans o. T. | a] les ᶜ
81. Des BC. | l,] els tot B. | iufqua TR, duſques P, contreual BC. | ſor *fe*
T(−1). | les A, lor STR. | pies T. **82.** Joie et uie C. | et *fehlt* B. | deſp
ml't vies T. **83.** parmenidos PBCM, parmenidoz T, parmenidus R. **84.** .ꞏ
Et S. | tirez et roz AB, traiz et deroz MTR. **85.** Sil S, Chil TR, Ces .ꞏ
Treſtot P. | cinc] VI R, *fehlt* P. | de] por PBCTR. **86.** Si grant *fehlt* ꞏ
que PTR, cainc B. | porent A, uirent B. | ſaire grignor P. | forcor B. **87.** M
fehlt CTR. | nient MB. | ſi ſe CTR. **88.** El B, Ken R. | une M. | aportent
89. Sin B, Si C, Et en S(+1). **90.** les] lor P. | reſait AB. | reconforter Jꞏ
T: Ne ſen pueent pas conforter, *dann fehlt* **91. 92.** **91.** par A. | por coi il] ꞏꞏ
parax B. | S: Que .ı. auſtre eſcu por cui il erroient. **92.** Se S. | les cors Jꞏ
compaignon R. | B: Que cil qui il furent mort ſ.

Si fe pafment fus et demantent:
Meis treftuit li efcu lor mantent,
2095 Que des lor n'i ot qu'un ocis,
Qui avoit non Neriolis.
Celui voiremant an eüffent
Porté, fe le voir an fcüffent.
Meis auffi font an grant enui
2100 Des autres come de celui,
Ses ont toz aportez et pris.
De toz fors d'un i ont mefpris,
Meis tot auffi con cil qui fonge,
Qui por verité croit mançonge,
2105 Les fefoient li efcu croire
Que cefte mançonge fuft voire —
Par les efcuz font deceü.
A toz les cors font efmeü,
Si f'an vienent jusqu'a lor tantes,
2110 Ou mout avoit de janz dolantes;
Meis au duel que li Greu fefoient
Treftuit li autre f'amaffoient;
A lor duel ot grant aünee.
Or cuide et croit que mar fuft nee
2115 Soredamors qui ot le cri

2093. fus] tuit *R.* | defmentent *S.* **94.** li] lor *PR.* | lor] li *R.*
5. Car *TR.* | dels *M,* dyalz *T'* (lor *fehlt*). | a *S,* auoit *T.* | un *B.* | fol ocis *M.*
3. Quil *S,* Cil *PB.* | auoit] ot a *PBR.* | non *fehlt S.* | liriolis *M,* lcreolis *P,*
iolis *A,* nereolis *C,* ricrcolis *S.* **97.** voiremant] veraiement *R.* | en cuffent]
creuffent *C,* cn aucient *M,* ont ocis. *S,* reconnurent *T,* connurent *R.* ‖ Par
lui li altre fencufent *B.* | Et celui porte an euffent *A.* **98.** Por ce *SM,*
ir coi *C.* | nen faueient *M.* | *A:* fe la verite en feuffent, *B:* Alfi que fe
: mort i fuffent, *TR:* Pour ce de duel ne fe recrurent. **99.** Et alfi font
B, En unt il aufi *M.* | einfint *S.* | en] a *BC.* **2100.** ceftui *R.* 1. Si *T,* Sis *R.*
Mes de *A.* | dun] un *BT.* | i ont m.] *fehlt T'*(—4), o. entrepris *MPBCR.*
autrefi *AM,* tot *fehlt BC,T'*(—1)*R.* | come *BCR,* que *P.* | ouigne *S.*
le voir *T.* | dit *CTR.* | la m. *T.* **5. 6.** *fqhlen P.* **5.** Lor *MBTR.* |
ifent *A.* | les efcuz *M.* | croirc] hocle *A.* **6.** Car *A.* | chelle *T,* la *A.* |
t *B,* eftoit *R,* font *A.* | uoirc] uerte *A.* **8.** O *MT.* | tort font li c. e. *R.*
vindrent *A.* | dufca *P,* deuant *BCTR.* | les *BCTR.* | portes *C.* **10.** de *fehlt*
(—1). **12.** faffambloient *R,* fi af. *T'*(+1), fe teifoient *AMPBC.* **14.** et
iit] bien *PBCTR.* | fu *MC.* **15.** qui] qant *B.*

Et la plainte de fon ami.

De l'angoiffe et de la dolor

Pert le memoire et la color.

Et ce la grieve mout et blefce

2120 Qu'ele n'ofe de fa deftrefce

Demoftrer fanblant an apert,

An fon cuer a fon duel covert.

· Et fe nus garde f'an preïft,

A fa contenance veïft

2125 Que grant deftrece avoit el cors

Au fanblant qui paroit defors.

Meis tant avoit chafcuns a feire

A la foe dolor retreire,

Que il ne li chaloit d'autrui.

2130 Chafcuns plaignoit le fuen enui;

Car lor paranz et lor amis

Truevent afolez et maumis,

Don la riviere eftoit coverte.

Chafcuns plaignoit la foe perte

2135 Qui li eft prefanz et amere.

La plore li fiz for le pere,

Et ça li pere for le fil,

Sor fon cofin fe pafme cil,

Et cil autre for fon neveu;

2140 Einfi plaingnent an chafcun leu

2116. paine *B*, noife *T*.   17. De la plainte *A*, De la pleure *S*.   18. la *TR*, fa m. *B*, fame morte *A*, la maniere *S*. | la] fa *B*. | a la c. *A*. | dolor *S*. 19. Et lor la g. ml't ef blefce *S*.   20. Que li (i *in* e) noife *B*. | triftece *B*. 22. En plorant *B*. | ot *M*. | don *B*.   24. Et *T*.   25. 26. *umgestellt* *T*. 25. Con *A*. | dolor *B*.   26. parift *S*, apert *C*. | Bien pert a fa color d. *BT,* (*dieser* apert +1, la).   28. foie *PBT*, feue *R*.   29. Quil *BTR*. | il *fehlt P*. de lautrui *PBTR*.   30. fien *PBT*.   31.-34 *fehlen A*.   31. Qui *B*. | *S*: Qu lor amis et lors paranz.   32. Veient *M*. | ochis *T*. | *S*: Tramēt afollent e maumiffent.   33. De coi *B*. | ert *B*.   34. fuie *B*, foie *PT*, fue *R* 35. Car *CTR*. | ele *CTR*, lor *B*. | iert *C*, ert *PTR*. | greuofe *BCTR* 36. (*fehlt S*) Ci *M*, Cha *P*. | por *R,M* (fon).   37. Et la *M*. | por *R,M* (fon) *A*: Plore li peres for le fil, *S*: 7 chafcune plore fon fil, *T*: Et four le per et four le fil.   38. frere *MPCTR*, parent *B*; *S*: Et lor cofins repleignōt ci 39. li altre *B*. | por *R*; *S*: Li autres plorent fon neuon.   40. Einfint *S* Enfi *PT*, Iffi *R*. | plaignoient cafcuns leu *P*; *S*: E. pleint chafcuns lo fuer

Peres et freres et paranz.
Meis defor toz eft aparanz
Li diaus que li Grejois feifoient,
Qui grant joie atandre pooient,
2145 Que a joie tornera toft
Li plus granz diaus de tote l'oft.

L I Greu defors grant duel demainnent,
Et cil qui font dedanz fe painnent,
Comant il lor facent favoir
2150 Ce don porront grant joie avoir.
Lor prifons defarment et l'ient,
Et cil lor requierent et prïent
Que maintenant les chies an praingnent;
Meis cil ne vuelent ne ne daingnent,
2155 Ainz dïent qu'il les garderont
Tant que au roi les bailleront,
Qui fi lor randra les merites,
Que lor defertes feront quites.
Quant defarmez les orent toz,
2160 Por moftrer a lor janz defoz,
Les ont as defanfes montez.
Mout lor defpleift cefte bontez,
Quant lor feignor pris et liié
Virent, ne furent mie lié.

2141. *S*: E plore ⁊ frere ⁊ parant; *ĊTRB*: Sor filz for peres for paranz
ur st. for *R*: por, *B*: lor). 42. Ne mais *P*. | de toz *S*(—1). | for treftouz
TR, for tos *P*. 43. greu demenoient *MPBCTR*. 44. Qua *C*, Don *A*. |
:uoient *P*. 45. Que a] Que *fehlt A*, Quar a *B*, Qua *MPCTR*. | grant
ie *AP*. | retornera *MCTR*, retorra *P*. 46. plus granz] graindres *A*. | d.]
us *S*. 47. grant] lor *P*. | dolor *AB*, roi *S*. | mainnent *AB*. 48. qui font
hlt A. | formant fe p. *A*. | plaingnent *T*. 50. (*fehlt S*) Ce *fehlt A*. | De
ⁱ *CTR*, Par que *B*. | il porront *CT*, il puiffent *BR*. | grant j. porront *A*, joie
M. | grant *fehlt MBCTR*. 51. Les *CTR*, Por *S*. 52. icil lor q. *B*.
1. il *AM*. 56. Defi q̄ il *B*. | que] quil *P*. | le roi *T*, *fehlt B*. | randront
(—1). 57. Al roi qui *B*. | Que *A*. | fi] cil *A*, *fehlt B*. | les] lor *MCTR*,
hlt B, la merite *P*. 58. Que] De *APT*, Que de *S*(+1)*C*, Qui de *R*(+1). |
:ferte *PC*. | feront] erent *R*, iert *C*, totes *A*. | cuite *P*; *B*: Lonc le loier
ans v petites. 59. defarme *PBC*. 60. gent *B*. | dedoz *S*. 61. au *SC*. |
neftres *AR*. 62. defplot *MC*. | cele *M*. 63. pris et] uirent *B*. | liez *M*.
4. Virent] Voient *A*, Sacies *B*. | nen *MPB*. | furent] fan font. *A* | liez *M*.

2165   Alixandres del mur a mont
        Jure deu et les fainz del mont
        Que ja un feul n'en leira vivre,
        Que toz nes ocie a delivre,
        Se tuit au roi ne fe vont randre,
2170   Einçois que il les puiffe prandre.
        „Alez, feit il, je vos comant,
        A mon feignor feüremant,
        Si vos metez an fa merci!
        Nus fors le conte que voi ci
2175   De vos n'i a mort defervie.
        Ja n'i perdroiz manbre ne vie,
        Se an fa merci vos metez.
   *(Se de mort ne vos rachatez
        Seulemant par merci criër,
2180   Mout petit vos poez fiër
        An voz vies ne en voz cors.
        Iffiez tuit defarmé la fors
        Ancontre mon feignor le roi
        Et fi li dites de par moï
2185   Qu'Alixandres vos i anvoie;
        Ne perdroiz mie voftre voie,
        Car tot fon mautalant et f'ire
        Vos pardonra li rois mes fire,
        Tant eft il douz et deboneire.
2190   Et f'autremant le volez feire,

2165. des murs *S.*   **66.** deu et] treftoz *S.* | d. mont] qui font *BCR.*
67. feul *fehlt CTR.* | lara *S*, leffera *CTR.*   **68.** *fteht nach* **2174** *in S.* | nes
(les *S*) ocie] ne les tue *P*; *B*: Sil ne fe rendent a d.   **69.** Se] Et *B*, Si *R.* |
tuit] toz *T*, toft *CR.* | vont] ueut *S.*   **70.** il *fehlt S* (—1). | puiffent *AR*; *P*:
Sans plus atargier ne atendre.   **71.** je] jel *AC.* | j. v. c.] feurement *T.*
72. feuremant] ifnelement *A*, ie le v9 9mant *T.*   **73.** Se *T.*   **74.** qui eft
ci *AMB.*   **76.** perdres *B*, pierdres *T*, perdrez *C*, perdreiz *M.*   **77.** San fe
m. ne *S.* | metez] rendes *B.*   **78.** Et *AT.* | rach.] refcoez *A.*   **79.** Por fo-
lement m. *S.* | par] por *C.*   **80.** petit *nach* poez *BT*; *S*: Petit vos i p. f
81. ne] et *M.* ‖ *S*: En uos meifmes nen v. c.   **82.** Iffons *B.* | defarmez *M*
84. fe *T.* | dites li *R.*   **85.** Qua Al. *M* (+1), Que A *S* (i *fehlt*).   **86.** *M*
Gardez ia nus ne fen defveie.   **87.** Que *B.*   **89.** Que ml't eft *B.* | dolz
frans *MBCR.* | deboinaire *T*, deboennaire *C.*   **90.** Et faut.] Se aut. *CT*
Serranment ne *P.*

A morir vos i`covandra,
Que ja piliez ne m'an prandra."

TUIT anfanble ceft confoil croient,
Jufqu'au tref le roi ne recroient,
2195 Si li font tuit au pié cheü.
Ja eft par tote l'oft feü
Ce que li ont dit et conté.
Li rois monte et tuit font monté,
S'an vienent au chaftel poignant,
2200 Que plus ne le vont porloignant.

ALIXANDRES ift del chaftel
Contre le roi cui mout fu bel,
Si li a le conte randu.
Et li rois n'a plus atandu,
2205 Que lors ne face fa juftife;
Meis mout loe Alixandre et prife,
Et tuit li autre le conjoent,
Qui formant le prifent et loent.
N'i a nul qui joie ne maint.
2210 Por la joie li diaus remaint,
Que il demenoient cinçois.
Meis a la joie des Grejois
Ne fe puet nule joie prandre.
Li rois li feit la cope randre

2191. i] en *P.* **92.** Que] Et *P.* | m'an] leu *PTR.* **93.** ceft] ce *T*;
P: Tot cel confeil enfanle otroient. **94.** Dufquau *PB.* | le] al *B.* | defuoient *B*,
le conuoient *S.* **95.** tuit] ius *P.* | chav *M*, ceu *B*, keu *P.* **96.** Si alenia
per toft foft feu *S.* **97.** Ce que] Quer cil *M*, Que cil *R*, Ice *C*, Car ia *T.* |
ii] cil *B*, il *P*, lor *MT*, quil *C.* | ont] an *S*, au *T.* **98.** et *fehlt SB.* **99.** Si
APCTR, Se *S.* | uienent] uinrent *B*, ne uont *S*, fen uont *P.* | corant *B.*
2200. ne le v.] ni u. *S*(—1), nalerent *A.* | porlinant *M*, atendant *S*; *CR*:
Quiroie ie (*fehlt R*) plus por(po *C*)loignant; *B*: Que uos iroie plus contant; *T*:
Mais il i uienent ml't redoutant (+1). **1.** del] au *S.* **2.** En contre *A.* | mlt
fehlt A. | eft *B.* **3.** Se *T.* **4.** Li r. ni a *S.* **5.** Quil *B*, Qui *T.* | loes *B*,
l *S.* | nen *PBC*, nan *A.* | la *C.* | ioftice *R*, iouftife *C.* **6.** Et *B.* **7.** autre]
baron *M*; *B*: Et treftot li altre alfement. **8.** Qui] Et *ATR*, *fehlt P.* | et
le l. *P*; *S*: Qui ml't durement lamoient; *B*: Le prifent et loent forment.
9. Nen i *PCR.* | nul] un fol *M*, celui *B.* | qui] que *S*, *fehlt MPBCR.* | nen
CR. | ne maint] nauft *S.* **10.** remeft *S*, eftaint *P.* **11.** Que tot *B*, Et cil *S.*
12. Mas la ioie. des giois *S.* **13.** pot *ACT.* | nule] autre *AM.* **14.** Et li
. fift l. c. r. *S.* | prendre *M.*

2215 De quinze mars, qui mout fu riche,
Et fi li dit bien et afiche,
Qu'il n'a nule chofe tant chiere,
Se il feit tant qu'il la requiere,
Fors la corone et la reïne,
2220 Que il ne l'an face feifine.
Alixandres de cefte chofe
Son defirrier dire nan ofe,
Et bien fet qu'il n'i faudroit mie,
Se il li requeroit f'amie;
2225 Meis tant crient qu'il ne defpleüft
Celi qui grant joie an eüft,
Que miauz fe viaut fanz li doloir
Que il l'eüft fanz fon voloir.
Por ce refpit quiert et demande,
2230 Qu'il ne viaut feire fa demande
Tant qu'il an fache fon pleifir;
Meis a la cope d'or feifir
N'a refpit n'atandue quife,
La cope prant et par franchife
2235 Prie mon feignor Gauvain tant
Que de lui cele cope prant;
Meis a mout grant painne l'a prife. —
Quant Soredamors a aprife
D'Alixandre voire novele,

2215. .XV.] cinc cenz *M.* | q. tant fuft *S*; *R schiebt* dor (+1) *nach* mars *ein.*
16. Et li quens li dit et a. *B.* **17.** chofe nule *PCTR.* | tant] fi *MPBCTR*;
S: Que il na nule riens tan ch. **18.** Se] Sil *S*(—1)*B*, Mes *CTR.* | tant fet *M,*
tant face *BCTR.* | qui *M.* | require *M.* **20.** Dont *B.* | len] li *B.* **21.** di-
cele *B.* **22.** pas d. nofe *M.* **23.** faudra *P.* **24.** demande *P*; *B*: Sil
demandoit le cors famie. **25.** Meis *fehlt A.* | tant] il *B.* | quil] que *CR*, que
il *A.* | ne] ne li *R*(+1), li *T. Darnach flickt S zwei Verse ein:* Mais tant
crient quil ni faudroit mie. Se li requeroit mie. **26.** Cele *MC*, Celui *R.*
27. Qui *R*, Quer *M*, Car *P*, Et *B.* | molt mialz *A.* | fen *MBT.* | uoleit *M.* |
fanz li *P*, toz jorz *CT* (*R setzt es nach* Qui), enfi *B*, il *AM, fehlt S*(—2). |
dol.] loier *S.* **28.** (*fehlt S*) fanz] for *A.* **29.** quiert refp. *B.* **30.** ne v.] ne
voift *S*, nofe *T*. **31.** face *P.* **33.** n'at.] ne alonge *BCTR.* | prife *ABCTR.*
34—37 *fehlen A.* **35.** Pria *APT*, Proia *B.* | gaugain *M.* **36.** Quil *B.*
Darnach R ohne Reimvers: Quar ml't auoit en lui franchife. **38.** S.
quant *P.* **39.** De fon ami *MR.* | uoires *CTR*, uraies *B.* | uoueles *BCTR.*

2240 Mout li plot et mout li fu bele.
Quant ele fet que il eft vis,
Tel joie an a, qu'il li eft vis
Que ja meis n'eit pefance une ore;
Mais trop, ce li fanble, demore,
2245 Que il ne vient fi com il fiaut.
Par tans avra ce qu'ele viaut,
Car anbedui par contançon
Sont d'une chofe an cufançon.
MOUT eftoit Alixandre tart
2250 Que feulemant d'un douz regart
De li poïft fes iauz repeftre,
Grant piece a que il vofift eftre
Au tref la reïne venuz,
Se aillors ne fuft detenuz.
2255 Li demoriers mout li defplot;
Au plus tost que il onques pot
Vint a la reïne a fon tre.
La reïne l'a ancontré,
Qui de fon panfer mout favoit
2260 Sanz ce que dit ne li avoit,
Meis bien f'an iert aparceüe.
A l'antrer del tref le falue
Et de lui conjoïr fe painne,

2240. Car ml't *S.* | plaifent *B*, plofent(!) *R.* | et] fi *S.* | molt *fehlt SB.* | font *BCTR.* | beles *BCTR.* **41.** cele *A.* | fot *AMBTR.* | fu *M*, eftat *R*(+1). **42.** ot *ACT.* | quil] qui *S*, ce *CTR.* **43.** n'eit *fehlt M, dafür* une] en ait *M.* **44.** Mais trop, *fehlt B.* | trop] tot *A, nach* fanle *P.* | ce] cou *P, fehlt A*(—1) *TR.* | *Vor* demore *schieben ein B*: que trop, *T*: grant, *R*: quil. **45.** Quant *BCTR.* | foit *S.* **46.** orra *M.* | que il *T.* **47.** Quant *T.* | fanz mefprifon *M*, p. entencon *B*(en *gebessert* cō), *C.* **48.** Sun *M.* | en c.] en cuifefon *R*, acqufation *S*, en grant tancon *A*, en contenchon *MC.* ¹**50.** dolz] feul *PBTR.* **51.** De li] Dont il *R.* | lie *M*; *A*: Se poift a leifir rep. **52.** pieca *R.* | a ia *S.* | quil *S,TR*(—1). **53.** El *AM.* **54.** Sil *SB.* | a loft *T.* | retenuz *PT.* **55.** La *A.* | demore *A,* demores *S*, demorers *PBCT*, demorer *R.* | defpleut *P.* **56.** toz *T.* ¡ peut *P.* **57.** Vint *nach* royne *T*(+1). | a] an *A*, en *BC.* | tref *A.* **58.** Et la tantos la *T.* **59.** penfe *AMBCR.* **61.** Que *S.* | fen] en *P.* | ert] iere *S*, iert *T*, eft *APBC*, feftoit *R* (*ohne* fen). | apiercheuwe *T.* **62.** le] la *SBCR.* | faluwe *T.* **63.** efioir *B.*

Bien fet queus acheifons le mainne.

2265 Por tant qu'an gre fervir le viaut,
Lez lui Soredamors aquiaut,
Et furent il troi feulemant
Loing des autres a parlemant.
La reïne primes comance,

2270 Qui de rien n'eftoit an dotance
Qu'il ne f'amaffent anbedui,
Cil celi et cele celui.
·Bien le cuide de fi favoir
· Et fet que ne pooit avoir

2275 Soredamors meillor ami.
Entr'aus deus fu affife an mi,
Si lor comance une reifon
Qui vint an leu et an feifon.

A LIXANDRE, feit la reïne,
2280 „A Amors eft pire que haïne,
Qui fon ami grieve et confont.
Amant ne fevent que il font,
Quant li uns vers l'autre fe cuevre.
An amor a mout greveufe oevre:

2285 A l'affeoir del fondemant
Qui ne comance hardemant,
A painne an puet venir a chief.

2264. fot *B.* | quele *C,* quel *R,* quex *S,* quels *B,* que *T.* | achefon *C,* acoifons *SB,* achoifon *R,* okifon *T.* | li *ST,* lam. *B.* **65.** ce *AMB CTR.* | quant *S,* qua *MPCTR.* | f. uoloit *S.* **66.** Dales *B.* | li *A,* lie*M.* | Soredamors l. lui *S.* | aquert *T,* lacelt *B,* li foit *S.* **68.** Loinz *C,* Lons *B.* **69.** premiers.*AP,* prime *S.* **70.** Que *S.* | riens *ST.* | a d. *B.* | *A stellt* de rien *nach* neftoit. **71.** Que *MTR.* | ml't ne *MBR,T*(n'am.). | fēmaffent *C,* fantre-amaffent *AP.* | andui *AMPBR.* **72.** Et cil *PBCT.* | celi] cele *MTR,* lui *C.* | celui] lui *PBT.* **73.** la *S.* | cuidoit *PBCT.* | fit *T.* **74.** Et bien f. *A.* | quil *C.* | porroit *MBCTR,* puet *A,P* (pas av.). **76.** *M:* Plus corteis plus beau de celui. **78.** vient *ST.* | leu] tens *C.* ₐ **79.** dift *TR.* **80.** que] de *P.* **83.** vers] de *A.* **84.** amors *ABT.* | gr.] gigofe *S,* greuainne *MC,* cruel *B,* mauuaife *T.* **85.** An *S.* | de *S; A:* ⁊ mlt torne a confondement, *BCTR:* Bien fai (voi *T*) [= Quar cil *R*] qui au comencement. **86.** Quil *S.* | ne *fehlt M.* | com.] le fait *P.* | ardement *S,* hardiement *P,* coardement *M; BCTR:* Nemprent (Ne p. *C*) auques (un po *B*) de hardement (hardiment *B*). **87.** Qua *B.* | em *B.* | a paine *nach* venir *in R.*

L'an dit que il n'i a fi grief
Au trefpaffer come le fuel.
2290 D'amor andotriner vos vuel,
Car bien fai qu'amors vos afole,
Por ce vos ai mis a efcole;
Et gardez ne m'an celez rien,
Qu'aparceüe m'an fui bien
2295 As contenances de chafcun,
Que de deus cuers avez feit un.
Ja vers moi ne vos an covrez!
De ce trop folemant ovrez
Que chafcuns fon panfer ne dit,
2300 Qu'au celer li uns l'autre ocit,
D'amor omecide feroiz.
Or vos lo que ja ne queroiz ?
Force ne volanté d'amor.
Par mariage et par enor
2305 Vos antraconpaigniez anfanble.
Einfi porra, fi con moi fanble,
Voftre amors longuemant durer.
Je vos os bien affeürer,
Se vos an avez buen corage,
2310 J'affanblerái le mariage."

2288. On *PB*, Et *T*. | fi grant fais *S*(+1). **89.** A *MPBCTR*. |
trefpanfer *S*. **90.** Damors *ACTR*. | entroduire *P*. **91. 92.** *setzt um B*.
91. Jo fai bien *B*. | fai] uoi *A*. **92.** ai mis] en met *M*, uuel metre *A*. |
a lefcole *S*, a parole *MBCR*. **93.** Que *T*. | me *MPC*. **94.** Sap. *S*, Qu' *fehlt*
B, Car piercheuwe *T*. | me *MCR*. **95. 96.** *stellt S um*. **95.** Au *C*.
96. doels *M*. **97.** Ne ia v. *P*, Gardez v. *M*. | en *fehlt MP*. | courez] celez
SMPTR. **98.** olures *B*, erres *P*. **2299. 2300.** *fehlen C*. **99.** penfe *MR*.
2300. Quau] Al *B*, Par *P*, Sen *M* (celant), Quar al *R*. | luns *R*; *S*: Car
ce loins lautre oceift. **1.** Damors *SABCTR*, Damer *M*. | omicide *M*, homi-
cide *CR*. | ferez *AR*, fereiz *M*, feres *PB*, feroit *ST*. **2.** lo] di *BT*, pri *C*. |
ia ne] par tens *M*. | ni *C*. | querez *AR*, quereiz *M*, queres *PB*, querroit *T*;
S: Que vos ia lox ni conquerroiz. **3.** Et force *M*. | ne] en *T*(—1),
et *M*. **4.** honor *PTR*, amor *SBC*. **6.** Einfint *C*, Iffi *R*. **7.** logument *M*.
8. Je] Bien *BCTR*. | os] oy *S*, voel *P*. | os bien] en puis *BCTR*. | affez
iurer. *R*. **9.** Car fe *CTR*, Que fe *B*. | buen] le *M*, *fehlt BCTR*.
10. ceft *C*.

QUANT la reïne ot dit fon buen,
    Alixandres redift le fuen.
„Dame, feit il, je ne m'efcus
De rien que vos me metez fus,
2315 Ainz otroi bien quanque vos dites.
Ja d'amor ne quier eftre quites,
Que toz jorz n'i aie m'antante.
Ce me pleift mout et atalante,
Voftre merci, que dit m'avez.
2320 Quant vos ma volanté favez,
Ne fai que plus le vos celaffe.
Mout a grant piece, fe j'ofaffe,
L'eüffe je reconeü,
Car mout m'a li celers neü;
2325 Meis puet cel eftre, an nul androit
Cefte pucele ne voudroit
Que fuffe fuens et ele moie.
S'ele de li rien ne m'otroie,
Totes voies m'otroi a li."
2330 A ceft mot cele treffailli,
Qui ceft prefant pas ne refufe.
Le voloir de fon cuer ancufe
Et par parole et par fanblant,
Car a lui f'otroie an tranblant,
2335 Et dit que ja n'an metra fors

2311. ot] a *SPBC.* **12.** refpont *A.* **13.** ie] pas *B.* | mencus *T*, refus *P*; *S*: D. f. i. lene me chaut. **14.** rien] ce *B.* | metoiz *C.* **15.** Eincois *C*, Anchois *T*, Mais *B.* | bien] *fehlt CT,R* (— 1), (*B*: bien otroi). | quanques *P*, ce que *AMBCTR.* **16.** damors *S.* **17.** Que de tot *B.* **18.** molt] *fehlt S* (—1). **19. 20.** *stellt um B.* **19.** quant *P.* | laves *B*, auez *R.* **20.** De ce que *CTR.* | mon voloir *CTR*, mon penfe en *B.* **21.** que plus] por coi *AR*, que io *BCT.* **22.** Mais g. p. a *BCTR.* | io of. *BCTR.* **23.** Que leuffe reconeu *AP.* | requeneu *C*; Le uos aueffe q̃feu *S.* **24.** *S*: Que li celers ma ml't veu. **25.** Mais bien *T.* | poit *R.* | cel] ce *S, fehlt T.* | en] a *SC.* | ne uoldroit *P.* **26.** Cele *AR.* | nel *MC.* | en nul endroit *P.* **27.** fuens fuffe *CT*, ie fuens fuffe *AMPB.* | et ele] ncle *AM,R* (— 1), ne ele *CT.* **28.** Se ele *M.* | li] lui *C*, li *fehlt M*; *S*: Se de rien a moy ne f'ot. **29.** ge a lui *C.* **30.** cel *P.* **31.** pref.] uoloir *B.* **32.** de fes iex *P.* | acufe *PB.* **34.** Quant *CR*, Qua lui *B* (et en t.) **35.** Si que *A* (defors). | mentra *SM.*

Ne volanté ne cuer ne cors,
Que tote ne foit anterine
Au comandemant la reïne
Et que tot fon`pleifir ne face.
2340 La reïne andeus les anbrace
Et fet a l'un de l'autre don.
An riant dit: „Je t'abandon,
Alixandre, le cors t'amie.
Bien fai qu'au cuer ne fauz tu mie.
2345 Qui qu'an face chiere ne groing,
L'un de vos deus a l'autre doing.
Tien tu le tuen et tu la toe.“
Cele a le fuen et cil la foe,
Cil li tote et cele lui tot. —
2350 A Guinefores fanz redot
Furent au los et a l'otroi
Mon feignor Gauvain et le roi
Le jor feites les efpofailles.
De la richece et des vitailles
2355 Et de la joie et del deduit
Ne favroit nus dire, ce cuit,
Tant qu'as noces plus n'an eüft.
Por tant qu'as plufors defpleüft
Ne vuel parole ufer ne perdre,
2360 Qu'a miauz dire me vuel aerdre.
A Guinefores a un jor
Ot Alixandres tant d'enor

2336. le uoleir *M.*   **37. 38.** *fehlen BCR.*   **37.** ni f. antenue *S.*
i8. A la uolante *APT.*   **39.** Et treftot *AT,R* (Que), Quele tot *B.* | nan *A.*
40. Et l. r. *B* (les *fehlt*). | and. les] les dox *S.*   **41.** de lun a *APBCTR.*
42. Anfimant *A.*   **44.** qua *M,* que a *C*(+1). | fai quau] an ton *S.* **45. 46.**
'mgestellt S.   **45.** croing *M.*   **46.** Lon *SM.* | a] 7 *S.*   **47.** toye *BT.*
48. Cefte *B.* | ait *C.* | cift *B.* | foye *BT.*   **49.** lie *M,* lui *C.* | tot *S.* | et *fehlt M.*
50. Guinefore *B.* | a .j. iour *T.*   **51.** Firent *A.*   **52.** Mis fires Gaugain *M.* |
i rei *M.*   **53.** faites] firent *A,* furent *M,* telz font *T.* | les] ces *C,* lor *A.*
54. la] lor *PBC.* | rich.] noces *BTR.* | et] de *B.* | des] de *TR,* lor *B.*   **56.** Nus
e *T,R* (nen), *C* (nel). | nus] nos *S, fehlt CTR.* | ce] ie *SBT.*   **57.** ca n. *T,*
ua n. *R,* que as n. *S*(+1), quaffes *B.* | i euft *B.*   **58.** tant] ce *MBCTR.* |
a *TR,* que *M,* que a *S*(+1).   **59.** Ni *BCTR.*   **60.** miauz] bien *B.* | me v.]
iils uoel *B,* ne cuit *P.* | aherdre *PR,* ahierdre *T,* aardre *M.*   **61.** a cel *B.*

Et tant de joie con lui plot.
Trois joies et trois enors ot:
2365 L'une fu del chaſtel qu'il priſt,
L'autre de ce que li promiſt
Li rois Artus qu'il li donroit,
Quant ſa guerre finee avroit,
Le meillor reiaume de Gales,
2370 Le jor le fiſt roi an ſes ſales.
La graindre joie fu la tierce
De ce que ſ'amie fu fierce
De l'eſchaquier don il fu rois.
Ainz que fuſſent paſſé cinc mois,
2375 Soredamors ſe trova plainne
De femance d'ome et de grainne,
Si la porta juſqu'a ſon terme.
Tant fu la femance an ſon germe
Que li fruiz vint a ſa nature.
2380 D'anfant plus bele criature
Ne pot eſtre n'avant n'aprés,
L'anfant apelerent Cligés.

NEZ eſt Cligés an cui memoire
Fu miſe an romans ceſte eſtoire.
2385 De lui et de ſon vaſſelage,
Quant il iert venuz a aage,
Que il devra an pris monter,
M'orroiz aſſez dire et conter.
Meis antredeus an Grece avint

2364. et *fehlt* APCTR (*st. dessen* i ot). 66. de ce] face S. 67. que SR.
68. fine S, fenie AT. 70. Cel TR, Ce C. | le] len A, en B. | miſt T.
71. Mais la R. | grande MT, greignor C. | ioie *fehlt* C (— 2) R (*dafür* ſi).
72. ce *fehlt* R (— 1). | ſa fame CT. 73. eſkiekier T, eſchequier BR, eſce-
quier M. | eſt C. 74. quil S. | troi AMBCTR. 75. troue BR, trueue C,
ſenti T. 76. et *fehlt* B. 77. lo S, le BR. | porte T. | ſon] droit
BCTR. 79. a] an A. 80. Enfant T. 81. p. naiſtre P, fu nee BCTR. |
ne loing ne pres A. 82. Par non M. | lapelerent M, apela len CT.
83. Nez] Noz S. | Ce A. | fu B. | a qui B. 84. romans] eſcrit PBCTR,
eſcriſt M; S: Fu 9mencie ceſte eſt. 86. i. v.] venra P. | en MPBC. | tel
e. P, leaige S. 87. Quant il C, Quil T. | deuera T. 88. ades A. | de
lui A. | et *fehlt* AB. 89. entredels M, entretant BCTR, an la fin A, au
tierz ior S (*fehlt* en Gr. — 2).

2390 Qu'a fa fin l'anperere vint,
Qui Costantinoble tenoit.
Morz fu, morir le covenoit,
Qu'il ne pot le terme paffer;
Meis ainz fa mort fift amaffer
2395 Toz les hauz barons de fa terre,
Por Alixandre anvoiier querre,
Son fil qui an Bretaingne eftoit,
Ou mout volantiers f'areftoit.
De Grece muevent li meffage,
2400 Par mer acuellent lor veage,
Si les i prant une tormante
Qui lor nef et lor jant tormante.
An la mer furent tuit noiié
Fors un felon, un renoiié,
2405 Qui amoit Alis le menor
Plus qu'Alixandre le greignor.
Quant il fu de mer efchapez,
An Grece f'an eft retornez
Et dit qu'il avoient efté
2410 Treftuit an la mer tanpefté,
Quant de Bretaingne revenoient
Et lor feignor an amenoient,
N'an iert efchapez meis que il
De la tormante et del peril.
2415 Cil fu creüz de fa mançonge,

2390. Que a *R*(+1); Que l'e. a f. f. *P*. **93.** Quer *M*, Car *T*, Que *R*. |
B. | fon *APR*. | ior trefp. *P*. **94.** e. f. m.] a. fon ior *P*, ainz li couuint *T*.
. Toz *fehlt B*, Treftoz *P*. | plus h. *B*; h. *fehlt S*(—1) *P*. | b.] hommes *T*. |
t. *B*. **97.** *A*: En B. ou il eft. (— 1). **98.** Ou *fehlt B*. | m.] trop
:TR. | feiornoit *MC*, demoroit *TR*, i dem. *B*. **90.** murent *AP*. | me-
es *S*. **2400.** Por uoir *A*. | le uaage *M*. l. i p.] a pris *A*. 2. Que *S*. |
M. | ianz τ lor nes *S*. | genz *CT*. | crauante *S*. 3. Que en *T* (*fehlt* tuit).
amort alix. *S*. **6.** Et plus *R*(+1). | fon feignor *MPBCTR*. **7.** Q. de
m. fu e. *M*, Q. eft de la m. e. *P*. **9.** dient *R*(+1), dist *PBCT*. |
uoient tuit *A*. | auoit *S*(—1). **10.** En la mer treftuit *MB*, Dedanz cele
t *A*. | tormente *M*; *S*: Defconfit τ defbaratez. **11.** **12.** *fehlen P*. **12** (*doppelt*
S). ramenoient *A*. **13.** Non *S*. | ere *S*, eft *AM*, porent efchaper *CTR,B*
t nus). | mais *fehlt B*. quil *CTR*. **14.** ceft torment de ceft p. *B*. **15.** la
P.

Sanz contredit et ſanz chalonge
Pranent Alis, ſi le coronent,
L'anpire de Grece li donent.
Meis ne tarda mie granmant
2420 Qu'Alixandres certainnemant
Sot qu'anperere eſtoit Alis;
Au roi Artus a congié pris,
Qu'il ne voudra mie ſanz guerre
A ſon frere leiſſier ſa terre.
2425 Li rois de rien ne l'i deſtorbe,
Einçois li dit que ſi grant torbe
An maint avuec lui de Galois,
D'Eſcoz et de Cornoalois,
Que ſes frere atandre ne l'oſt,
2430 Quant aſanblee verra l'oſt.
Alixandres, ſe lui pleüſt,
Grant force mené an eüſt,
Meis n'a ſoing de ſa jant conſondre,
Se ſes frere li viaut reſpondre,
2435 Que il li face ſa creante.
Chevaliers an mena quarante
Et Soredamors et ſon fil,
Icez deus leiſſier ne voſt il;
Car mout feiſoient a amer.
2440 A Sorham ſe mirent an mer

2417. Aliх̄ *S.* **18.** ſi li *R* (+1). **19.** targa *PR.* | mie] mes *S* (—1)
B : Natarda pas apres g. **20.** Qu' *fehlt T*; Qua A. *M* (+ 1). **21.** eſtoit
fu *T.* | aliх̄. *S.* **22.** artru *S*, artu *CT*, hertur *R.* **23.** Qui *B*, Car *PCTR*
Quer *M.* **24.** laier *B.* | la t. *MPBCR.* **25.** riens *ST.* | len *MCTR*, le *A*
26. li diſt *CT*, a dit *P.* | qa *B.* | ſi] ml't *S.* **27.** An *fehlt T.* | galyos ?
danois *B.* **28.** Dengles *P.* | cornualois *B*, cornewalois *P*, cornewailloys ?
cornegaleis *M*, cornialoix *S.* **29.** freres *SMR* (*alle* +1). **30.** anfembl
SB. | aura *S.* | tel oſt *B*, ſon oſt *S.* **31.** li *TR.* **32.** g. ſ.] maſſe *CTR*, Force
gent *B.* | menee *APCR*, amene *T.* | en *fehlt T* (—1). **33.** ſes genz *MCTR*
34. Si *T.* | freres *alle ausser B.* **35.** Et quil *TR*, Si quil *BC.* | ſon creant .
36. Conpaignons *MCR.* | mainne *AP*, merra *C.* | ſefante *MPBCT.* **37.** ſor
damor *M.* **38.** Que ces *S*, cez *M.* | ni *MPCTR.* | uoleit *M.* **39.** Qui *S.*
ml't *fehlt M* (—1). | ml't par fiſent *B*; *C*: Au ſerein entrerent en mer (*s. fol*
Vers). **40.** A ſorham *P*, ſchorham *R*, ſorhan *B*, ſorlan *A*, ſorben *T*, ſordın
Au ſerain *M* (*s. vorigen Vers C*). | entrent en la *TR*, monterent ſor *A*; (
Tuit le conuoient au torner.

Au congié de tote la cort,
Buen vant orent, la nes f'an cort
Affez plus toft que cers qui fuit.
Ainz que paffaft li mois, ce cuit,
2445 Priftrent devant Athenes port,
Une cité mout riche et fort.
L'anperere por verité
lert a fejor an la cité
Et f'i avoit grant affanblee
2450 Des hauz barons de la contree.
Tantoft con furent arivé,
Alixandres un fuen privé
Anvoie an la cité favoir,
S'il i porroit recet avoir
2455 Ou f'il li voudront contredire
Qu'il ne foit lor droituriers fire.

D E cefte chofe fu meffages
Uns chevaliers cortois et fages
Qu'an apeloit Acoriondes,
2460 Riches d'avoir et de facondes,
Et f'eftoit mout bien del païs,
Car d'Athenes eftoit naïs.
An la cité d'ancefferie
Avoient mout grant feignorie
2465 Toz jorz fi anceffor eüe.
Quant il ot la chofe feüe,

2441. *C*: Si fen part au gre de la cort. 43. Et vait *BCTR*. | ces *S*,
ens *P*. | qui] que *R*, ne *MPBCT*. | fuift *S*. 44. quil *C*, qui *S*. | li] .j. *P*. |
i nuiz *A*. | ie c. *BT*. 45. athene *MB*. 46. Vne antre *S*. 47. par *PB*. |
n la cite *A*. 48. por uerite *A*. 50. b.] homes *S*. 51. T. quil *T*. | aune *T*.
2. un] uers *S*. 53. Sanuoie *S*. | a *BC*. 54. Se *AMPT*. | i *fehlt R*. |
orra *BCR*, porront *S*. | r.] fon regne *R*; rec. i p. *AMPCT*. 55. fe il *CT*,
fe *R*. | li] le *B*. 56. Que il *P* (lor *fehlt*). 57. Dicefte *B*, A c. *P*.
8. vaillanz χ f. *S*. 59. Con *BCT*, Quant *S*, Quen *MR*, Que on *P*. | apele *P*. |
corionde *APBC*, acariunde *M*, acarionde *TR*. 60. faconde *alle ausser S*.
1—64 *fehlen P*. 61. Si eftoit *MB*. | bien *fehlt C*(—1). | des p. *S*. 62. Quil
fteit d'A. *MB*. 63. Et en la cort *C*. | de chefarye *T*. 64. Avoit *MAC*,
auoit *T*(—1). | il ml't *C*. | grande *MA*. 65. T. tans *B*, Et ont *A*. | eu
IBCTR; *P*: Et fi a. lont eue. 66. ot] a *S*. | lafere *CTR*. | feu *MBCTR*;
I: Q. la verite ont f.

7*

Qu'an la vile eſtoit l'anperere,
De par Alixandre ſon frere
Li va chalongier la corone,
2470 Ne ce mie ne li pardone
Qu'il l'a tenue contre droit.
El paleis eſt venuz tot droit
Et trueve aſſez qui le conjot,
Meis ne reſpont ne ne dit mot
2475 A nul home qui le conjoie,
Einçois atant tant que il oie,
Quel uolanté et quel' corage
Il ont vers lor droit ſeignorage.
Jusqu'a l'anpereor ne fine,
2480 Il nel ſalue ne l'ancline
Ne anpereor ne l'apele.
„Alis, feit il, une novele
De par Alixandre t'aport,
Qui la defors eſt a ceſt port.
2485 Antant que tes frere te mande:
La ſoe choſe te demande,
Ne rien contre reiſon ne quiert.
Soe doit eſtre et ſoe iert
Coſtantinoble que tu tiens.
2490 Ce ne ſeroit reiſons ne biens
Qu'antre vos deus eüſt deſcorde.
Par mon conſoil a lui t'acorde,
Si li rant la corone an peis,
Car bien eſt droiz que tu li leis."

2469. Le S. | uialt A. 70. Et PB. | mie] de rien P. 72. (fehlt
C) R: Cil eſt uenuz a grant eſploit. 73. Il C. | li R. | conioit C, connoit S,
conioiot R. 74. M. il B (ein ne fehlt). | nen r. S. 75. A home nul TR,
A neſun ſeul C. | conoie S. 76. Ancois ſofre B. | voie P. 77. Q. amiſte B.
78. Aront PBCTR. | a lor B. 79. Dufqua P. 80. Il fehlt MR. | Ne le
PBCT, nos S. | ne ne MR. | encline B, nāchine S, nencline PC, li cline M.
81. Ne nemp. PB. 82. Aliẍ. S. | diſt il B. 84. Quer por ueir il eſt M.
cel PBR, ce SACT. 85. E. a ce que il B. 87. Ne c. r. rien n. q. A.
88. (Hiatus). Que B, Car T. | deuoit PC. | bien eſtre A. | ſoe] ſi MPBCTR.
liert M, lert B. 89. Coſtantinobles S. 91. deus fehlt P (ia deſc.). |
diſcordj S. 92. lui] nos B. 93. il uent S. | a p. B. 94. Que SBC. |
il eſt bien R (+1).

2495 ALIS refpont: „Biaus douz amis,
De folie t'ies antremis,
Qui ceft meffage as aporté.
De rien ne m'as reconforté,
Car bien fai que mes frere eft morz.

2500 Ce me feroit granz reconforz,
S'il eftoit vis et jel favoie.
Ja nel crerrai tant que jel voie,
Morz eft piece a, ce poife moi,
Rien que tu dies je ne croi.

2505 Et f'il eft vis, por quoi ne vient?
Ja redoter ne li covient,
Que affez terre ne li doingne.
Fos eft, fe il de moi f'efloingne,
Et f'il me fert, ja n'an iert pire.

2510 De la corone et de l'anpire
N'iert ja nus contre moi tenanz."
Cil ot que n'eft pas avenanz
La refponfe l'anpereor,
Ne leiffe por nule peor

2515 Que fon talant ne li refponde:
„Alis, feit il, deus me confonde,
Se la chofe remaint einfi.
De par ton frere te deffi
Et de par lui fi con je doi

2520 Semoing toz ces que je ci voi,
Que toi leiffent et a lui vaingnent.

2495. Aliх. *S.* | li a dit *B* (dolz *fehlt*). 96. tas *B.* 97. tel m. *B.* |
. *P.* 98. Ne mas de rien *AM,P* (ma). | defconforte *B.* 99. mon frere *C.*
2500. mult gr. confort *M*; *P*: Bien vorroie quil fuft as pors. *A*: Ne croi
pas que il foit as porz. 1. Se il ert *T.* 2. Ie *S*, Mais *P.* | querrai *B*,
roierai *R*(+1), crefrai *A*, erefray *S.* | ius que *CTR.* | iel] ie *S*, uis *B.* |
oie *B.* 4. Riens *MT.* | aies dit ne c. *P.* 5. fe il uit *CT,R* (fil — 1). |
que *B.* 6. retorner *P.* 7. 8. *stellt P um.* 7. Qua *M.* | ie terre affez *CTR,*
a feft're *S.* 8. Fals *B*, Molt eft f. *P.* | fera *MBCTR.* | fil *BTR.* | il *fehlt*
MPC. 9. ia nert p. *R* (—1). 10. iamais *P,R* (*in rusura* 3 *m.*). 12. nert *B.* |
nie *C.* 13. a l'e *P.* 14. Nel *B.* 16. Aliх *S.* 17. reint *C*(*sic*). | iffi *B.*
8. le te dif. *S.* 19. Que *M.* | je] le *M.* | croi *SMP.* 20. ceauz q̄ ceianz *S.*
21. Quil *MA.* | te *MAPC.* | qua *T.* | o moi fen v. *P.*

Reifons eft que a lui fe taingnent,
De lui doivent lor feignor feire.
Qui leaus eft, or i apeire.“

2525   A ceft mot de la cort fe part,
       Et l'anperere d'autre part
Apele ces ou plus fe fie,
De fon frere qui le deffie
Lor quiert confoil et viaut favoir,
2530   S'il puet an aus fiance avoir,
Que fes frere a cefte anvaïe
N'eit par aus force ne aïe.
Einfi viaut efprover chafcun,
Meis il n'an i trueve neis un
2535   Qui de la guerre a lui fe taingne,
Ainz li dïent qu'il li fovaingne
De la guerre Polinicés,
Qu'il prift ancontre Ethioclés,
Qui eftoit fes frere germains,
2540   S'ocift li uns l'autre a fes mains.
„Autel puet de vos avenir,
Se volez guerre maintenir,
Et confondue an iert la terre.“
Por ce loent tel peis aquerre,
2545   Qui foit refnable et droituriere,

.

2522. Que r. *S.* | qua a l. *M,* qua l. *S.*   **23.** De cui *CTR,B* (qui);
M: Quil eft lor fires naturaus.   **24.** la ius *T,* lef ax *S.* | eft] ꝛ *S,* fera *A,*
ꝛ eft *B.* | peire *AB,* o lapaire *S,* v il repaire *T,* a lui repaire *R*; *M:* Or‘ i
parra qui ert leaus.   **25.** A tant fan torne fi fam p. *B.* | la c. fe defp. *S.*
26. Et *fehlt AB.* | de lautre *AB.*   **27.** Apela *R.* | cez *A,* ceaux *S,* cels *Rest.*
28. li *R.*   **29.** Lors *T.* | vot *S.*   **30.** f. en els *CTR.* | cels *P.*   **31.** en *SR.*
32. dels ne *R.* | force] confeil *C.* | na *M.*   **33.** Et fi *A,* Iffi *BR,* Einfint *C.*
vot *ST.* | effaier *C.*   **34.** n. a trouue *T,* ne ni troua *S.* | nifun. *B,* nefun.
CTR, negum. *M,* maif on. *S.*   **35.** Que *R.*   **36.** Tuit *AP.* | prient *B.*
que *TR.*   **37.** P.] q̄thiocles *B,* q̄cliocles *R,* q̄ et. *CT*(+1), que eci. *M*(+1).
38. Quil] Que *P,* Que il *A, fehlt MBCTR.* | fift *P.* | contre *A.* | E.] ancio-
cles *S,* polinices *MBCTR.*   **39.** Il *P.*   **40.** Si fantrociftrent *A.* | a] o *M.*
de *S*(+1). | lor m. *A.*   **41.** Ce repoet *M.*   **42.** Se g. vol. *TR,* Sa bataille
vol. *B*; *AP:* S'il uialt la gu. m.; *M:* Qui g. voldra m.   **43.** Et fin ert de-
ftruite *B.*   **44.** P. ce uos lo *B.* | de pais *S,* la p. *PT.*   **45.** regnable *T*

Et li uns l'autre ne forquiere.
Or ot Alis, fe il ne feit
A fon frere refnable pleit,
Que tuit li baron li faudront,
2550 Et dift que ja pleit ne voudront,
Qu'il ne face par avenant;
Meis il met an fon covenant
Que la corone li remaingne
Comant que li afeires praingne.
2555 POR feire peis ferme et eftable
Alis par un fuen coneftable
Mande Alixandre qu'a lui vaingne
Et tote la terre maintaingne,
Meis que tant li face d'enor
2560 Qu'il eit le non d'anpereor
Et la corone avoir li leift;
Einfi puet eftre, fe lui pleift,
Antr'aus deus cefte acorde feite.
Quant cefte chofe fu retreite
2565 Et Alixandre recontee,   •
Avuec lui eft fa janz montee,
Si font a Athenes venu,
A joie furent receü;
Meis Alixandre ne pleift mie
2570 Que fes frere eit la feignorie
De l'anpire et de la corone,

2546. Ne *ACTR.* | requiere *B.* **47—54.** *fehlen M.* **47.** Lor *B.* |
ıt *S,* fot *B.* | que fil *B*; *P*: Mors eft A. etc. **48.** Vers *B.* | regnable *T.*
℈. fi b. *AP.* | bani *A,* autre *C.* **50.** Si *B,* Il *P.* | plaift *S,* pais *BCTR.* |
ouront *A.* **51. 52** *stellt um T.* **52.** met bien en c. *P.* **55.** feire ferme
A, P. faire *R.* | et *fehlt S*(— ı),*A.* **56.** Alix *S.* **59.** M. itant *B,* tant
ıe *M* **60.** Q. left *A.* | le *fehlt R* (— ı). **61.** Et q̄ la c. li l. *S.* | auoec
A | awec lui *T.* **62.** fil *B.* | li *BTR.* **63. 64.** *stellt C um.*
℈. Entre els *M*, Dentre els *C.* | cefte a.] fu l'a. *B,* li ac. *P,* l'a. *C*
efte *fehlt,* — ı), la concorde *MR,* bien l'a. eft *T,* la chofe bien *A.* **64.** Et
la c. *A.* **65.** A Alix. et reconte *PB,C* (Et?), *TR.* | raconte *D.* **66.** alec *S.*
7. achathenes *S.* **68.** Liement *B.* | i f. *C*; *T*: Et a grant ioie retenu.
℈. freres *B* (*ohne* la); *A*: Quant il ot la parole oie. **71.** *A*: Que fes freres
t la corone.

Se ſa fiance ne li done
Que ja ſame n'eſpoſera,
Meis aprés lui Cligés ſera
2575 De Coſtantinoble anperere.
Einſi ſont acordé li frere.
Alixandres li eſcheviſt
Et cil li otroie et pleviſt
Que ja an treſtot ſon aage
2580 N'avra ſame par mariage.
Acordé ſont, ami remainnent;
Li baron grant joie demainnent,
Alis por anpereor tienent,
Meis devant Alixandre vienent
2585 Li grant aſeire et li petit,
Feit eſt quanque comande et dit,
Et po ſet on ſe par lui non.
Alis n'i a meis que le non,
Que anpereres eſt clamez,
2590 Meis cil eſt ſerviz et amez,
Et qui ne le ſert par amor,
Feire li eſtuet por peor.
Par lui et par autre juſtiſe
Tote la terre a ſa deviſe.
2595 Meis cele qu'an apele mort
N'eſpargne home foible ne fort,
Que toz ne les ocie et tut.
Alixandre morir eſtut,
Qu'uns maus le miſt an ſa priſon,
2600 Don ne pot avoir gariſon;

2573. ia ſa ſ. S(+1). 77. eſceuiſt T, eſt cheuiſt S, eſcheriſt R, eſcha-
riſt M. 78. Alis B. 79. an] a B. 82. Et li b. j. BC, Tuit li b. gr. j. en
m. M. 83. Alix S. 85. Li haut home T(−1). 86. quanque] ce qu'il
MB. | comēce S; ce qualixandres dit A. 87. ſe] fors P. | por AMB.
88. A. nen BCT, na R(−1). | m. q.] ne mais B, fors q. AP. 89 Qu
eſt emperere c. B. 90. fehlt S. 91. ne li M, nel fait R(−1). 92. Serui
AB. | couient ACTR. | cremor PBCTR. 93. lun AM. | et] non R. | lautr
SAMT. 94. T. eſt PBR. | ſa t. T. | a adeuiſe T. 95. acele S(+1)
96. Qui PCR. | h.] fehlt PCR, ne T. 97. Quelle T (toz fehlt). | ocit B, ociſt R
99. Couers m. R(+1). | la mis A. 2600. Que ni B. | puet AM.

Meis ainz que morz le forpreïft,
Son fil manda et fi li dift:
„Biaus fiz Cligés, ja ne favras
Conoiftre con bien tu avras
2605 De proëce ne de vertu,
Se a la cort le roi Artu
Ne te vas efprover einçois
Et as Bretons et as François.
Se avanture la te mainne,
2610 Einfi te contien et demainne
Que tu n'i foies coneüz
Jufqu'a tant qu'as plus efleüz
De la cort efprovez te foies.
De ce te lo que tu me croies,
2615 Et f'an leu viens, ja peor n'aies
Que a ton oncle ne t'effaies,
Mon feignor Gauvain, ce te pri,
Que tu nel metes an obli.“
A PRÉS ceft amoneftemant
2620 Ne vefqui gueires longuemant.
Soredamors tel duel an ot
Que aprés lui vivre ne pot,
De duel fu morte avueques lui.
Alis et Cligés anbedui
2625 An firent duel fi com il durent,
Meis de duel feire fe recrurent.
[Car toz diaus covient trefpaffer,

2601. mort que le M(+1). | fopreift $SPBC$, ne prift R(—2).
Manda f. f. BR, S. f. apela M (et *fehlt*). **4.** Efprouer B. | uauras B,
udras A. **5.** Et de B. | ne] et ST(—1),B. **6.** Sa a M. | al r. B.
tan B, taf S. **8.** as — as] au — au S. | Fr.] englois AP. **9.** le ta-
iine C, le tefmoigne S. **11.** n'i] ne MT. **12.** Trefque S, Defque P. | tant
ias] t. quan S, tous les T. **15.** fe leus uient S, fa ce v. T, fe cauient
C, fil au. R. | ia *fehlt* T(—1). | ne tefmaies A. **16.** tafaies B, ta faijes T.
. gaugain M. | ce] io PBT, or R. | ten P. **18.** ne TR. | meces P.
). *fehlt* S, vefqui mie B. **22.** Que *fehlt* P. | ior uiure ne p. P. **23.** (*fehlt*
ı auec S(—1), enfamble BT, enf. o CR. || *Nach* **24** *schiebt* P *ein:* Qui en
ent ml't grant anui. **25.** An *fehlt* T. | le d. T. **26.** Et du d. T.
f. **28** *sind interpolirt in* $BCTR$, *fehlen in den übrigen.* **27.** Que tot dol B.

Totes chofes covient laffer.]
Mauveis eft diaus a maintenir,
2630 Que nus biens n'an puet avenir.
A neant eft li diaus venuz,
Et l'anperere f'eft tenuz
Lonc tans aprés de fame prandre,
Qu'a leauté voloit antandre;
2635 Meis il n'a cort an tot le monde,
Qui de mauveis confoil foit monde.
Par les mauveis confauz qu'il croient
Li baron fovant fe defvoient
Si que leauté ne maintienent.
2640 Sovant a l'anpereor vienent
Si home qui confoil li donent,
De fame prandre le femonent,
Si l'i enortent et angreffent
Et chafcun jor tant l'an anpreffent
2645 Que par lor grant angreffeté
L'ont de fa fiance jeté,
Et lor voloir lor acreante;
Meis il dit que mout l'eftuet jante
Et bele et fage et riche et noble,
2650 Qui dame iert de Coftantinoble.
Lors li dïent li confeillier
Qu'il fe vуelent apareillier,

2628. Et t. *T.* | c. l.] eftuet l. *B*, c. paffer *R*, ouulier *T* (cov. *fehlt*)
29. li dels a t. *B.* 30. Que ia *P*, Quer *M*, Car *ACT*, Quant *R.* | De que
il ne puet bien *B.* | uenir *PB.* 33. Grant piece *PCTR.* 34. Car l. *B*
A l. *S*, Car a l. *AP.* | volt *P.* | atendre *B*, tendre *A.* 35. M. ainc not *T*
36. Que *SMR.* | del *R*, des *P.* | c. f.] foit nete et *P.* | fuft m. *T.* ‖ *B*: De
tote maluaifte f. m. 37. le m. confoil *ABC,R* (le *fehlt*, — l). | que *B*; *T*
Li baron par confeil q. c. 38. *T*: Mauuais ml't f. fe d. 39. Si que liautn
tuit fi t. *S*; *P*: Icil qui l. ne t. 40. A l'empereor fouent *BCTR.* 41. L
pluifor *BCTR.* 42. pr. f. *AP.* | fermonent *C.* 43—46 *fehlen P.* 43. S
len *B.* | et] li *S.* | anpreffent *A.* 44. Et *fehlt CTR.* | itant *CT* (t. l. *fehlt R*).
apreffent *ABT*, engreffent *S*(li),*C*, denhorter ne ceffent *R.* 45. por] par *M*
46. De fa f. lon gite *S.* 47. Et] *fehlt C* (—l), Cil *P.* | fon v. *B.* 48. fi
dit quil li eft. g. *S*; *A*: M. ml't eftuet quele foit g. 49. b. l, f. 2, r. 3
2, l. et cointe *AB*, *ebenso R* (*aber* l. 2.), 3. 2. (fache) l. *M*, 3. l. 2. *F*
50. eft *C.* 51. mefagier *M.* 52. Que il firont a. *B.* | fe] fen *M.*

S'an iront an tiësche terre,
La fille l'anpereor querre.
2655 Celi li loent que il praingne,
/ Car l'anperere d'Alemaingne
Eſt mout riches et mout poiſſanz
Et ſa fille eſt tant avenanz
Qu'onques an la creſtianté
2660 N'ot pucele de ſa biauté.
L'anperere tot lor otroie,
Et cil ſe metent a la voie
Si come janz bien atornees
Et chevauchent par lor jornees
2665 Tant que l'anpereor troverent
A Reneborc, ſi' li roverent
Que il ſa fille la greignor
Lor doint avuec l'anpereor.

M OUT fu liez de ceſt mandemant
2670 Li anperere et lieemant
Lor a otroiiee ſa fille,
Car de neant ne ſ'an avillc
Ne de rien ſ'enor n'apetiſe,
Meis il dit qu'il l'avoit promiſe
2675 Au duc de Seſſoingne a doncr,
Si ne l'an porroient mener,
Se l'anperere n'i .venoit

2653. Si *PBC*, Sin *R*, Siront *T.* | ent *B.* | iceſte *S*, antioche *T.*
t. ſ. a l. *M.* **55.** Cele *M*, De li *CT.* | li *fehlt S,R*(— 1). | loerent *S,*
ient *T.* | quil la *PCTR.* **56.** Que *B.* **57.** r. hom et p. *B.* **58.** ſi
enans *B*, ml't av. *P.* **59.** an] a *S.* **62.** en la *B.* | v.] iiolie(?) *R.* **63.** gent
:n atornee *B.* **64.** Et *fehlt BCTR*, Et ſi *P.* | ch. tant *T.* | cheuauchie ont
CR. | par *fehlt P.* | iornee *B.* **65.** que il *B.* | troeuent *B.* **66.** renne-
rc *T*, renebors *R*, rainebors *B*, Reïneborc *PC.* | ſi li] ſe li *S*, la il *B*,
li *A.* | trouerent *S*, conterent *T*, troeuent *B.* **68.** Lor *fehlt A.* | doinſt *P*,
naſt *BT*, liuraſt *MCR.* | av.] a oes *M*, aueque *P.* | l'a.] lor ſeignor *MPBCTR*;
Doint a alis lempereor. **69.** tel m. *B*, ce m. *R.* **70.** Lempereres *AMPC,*
mperere *B.* | et] *fehlt ST*, ml't *A*, et ml't *B.* | lieurant *S.* **72.** Que
TR. | il de *AP.* | ſi av. *MBCT*, faville *AP,R*(— 1), ſen meruille *S.*
. ſonor de rien *S.* | de r. *fehlt R* (— 2). **74.** M. ſil *S.* | qui *SR.* | auoit *B.*
. ſaiſſoingne *T*, ſaiſone *S*, ſaixoine *M*, ſanſcoigne *P.* **76.** Se *SATR.* |
R. | poroit len *R*, porront pas *M.* **77.** menoit *B.*

Et fe grant force n'amenoit,
Que li dus`ne li poïft feire
2680 Enui n'anconbrier au repeire.

Q UANT li meffage ont antandu
Que l'anperere a refpondu,
Congié pranent, fi f'an revont,
A lor feignor revenu font,
2685 Si li ont la refponfe dite.

Et l'anperere a jant eflite,
Chevaliers d'armes efprovez,
Les meillors que il a trovez,
Et prant avuec lui fon neveu
2690 Por cui il avoit feit ceft veu
Que ja n'avroit fame an fa vie;
Meis ceft veu ne tandra il mie,
Se venir puet jufqu'a Coloingne.
A un jor de Grece f'efloingne
2695 Et vers Alemaingne f'aproche,
Que por blafme ne por` reproche
Fame a prandre ne leiffera,
Meis f'enors an abeiffera.
Jufqu'a Coloingne ne f'arefte,
2700 Ou l'anperere a une fefte
D'Alemaingne ot fa cort tenue.
Quant a.Coloingne fu venue
La conpaignie des Grejois,

2678. Et fil *A*, Et fa *S.* | tel f. *M.* **79**. ne li] ne len *T*, ne lor *P*,
nel *S.* | poft *S*, peuft *PBTR.* | malfaire *S.* **80**. Force n'e. *M*, Honte
enui *A.* **81**. le m. *C.* **82**. Quant *C.* **83**. fi f. r.] a refpondu *S.* **84**.
fehlt M (— 1), Et a *B.* | l. f.] lempereor *A.* | uenu *AB*, repairie *P.* **85**.
ATR. | prameffe *M.* **86**. Et *fehlt C.* | lempereres *C.* **87**. Ch. les mialz .
88. Tous les *B.* | m.] plus hardiz *A.* | quil *AB.* | pot trouer *S.* **89**.
mainne *A.* | atot lui *S.* **90**. Par *C.* | ceft] tel *AC*, le *BR*, chel *T.* **91**. nau
AB. **92**. cel *B*, ce *CT.* | natandra *SP.* **93**. dufca *P.* | boloigne *S.* **94**.
un j. *BM*, En .XX. iorz *CTR*, Enfi *P.* | fen efl. *P.* **95**. Enuers
96. Car por *P*, Ne por *S.* **98**. fonor *BCT.* | an] i *AMBCTR.* **99**. Dufca
Deuant *A*; *S*: Jufqua bol. fu ue(n)ue, *d. h. S springt von* Cologne *üb*
zwei Zeilen in den V. **2702** *zu* Cologne. **2700. 1.** *fehlen S.* **2700.** Q
CT. 1. ot] a *BCR, fehlt A.* | fa c.] ml't grant *A.* **2.** Or eft a ccl. uenue
3. Chelle compaigne *T.*

Tant i ot Greus et tant Tiois
2705 Qu'il an eſtut fors de la vile
Logier plus de ſeſſante mile.

GRANZ fu l'aſſanblee des janz
Et mout par fu la joie granz
Que li dui anpereor firent
2710 Qui mout volantiers ſ'antrevirent.
El paleis qui mout eſtoit lons
Fu l'aſſanblee des barons.
Et l'anperere maintenant
Manda ſa fille l'avenant.
2715 La pucele ne tarda pas,
El paleis vint eneſlepas
Et fu ſi bele et ſi bien feite,
Con deus meïſmes l'avoit feite,
Cui mout i plot a travaillier
2720 Por feire jant eſmerveillier.
Onques deus qui la façona
Parole a home ne dona,
Qui de biauté dire ſeüſt
Tant qu'an ceſti plus n'an eüſt.
2725 FENICE ot la pucele a non
Et ne fu mie ſanz reiſon,
Car ſi con fenix li oiſiaus
Eſt ſor toz autres li plus biaus

2704. ot] a R. | grius B, griex SMT. 5. an] len S. | couint BTR, tient P. | defors la B. 8. ml't reſu CTR, tormant fu A. | la fehlt M(—1); Et li cors reparſu m. g. 10. Que S, Car B. 14. Mande S. | la uaillant M, elemant A. 15. ne targa PR, natarda BT. 16. Quil ne ueniſt R. | el le pas PTR. 17. Ki T. 18. Que SPT. | lot TR, leuſtABC. | pourite TR,P(+1). 19. Que B, Qui SA. | li p. S. | pot A. | a fehlt B (—1). . Por la gent ſ. A. | g.] geus P, la g. AM, ſiecle BCTR. | ci merv. S, rv. AMCTR, trauillier B. 21. 22. fehlen BCT; R hat statt dessen: Que monde na ſens tant deliure. Qui peuſt penſer ne deſcriure. 21. qui ſi forma P. 23. Nus B, Ne R. 24. que ACTR. | ceſte MCT, cele A. . a fehlt MCT; B: La pucele ſ. ot n. S: F. ot non la p. (—1). 26. Et] is T, Ne PR, Ce A. | ne] li P. | mie] pas B, pas mis P. | ſans grant ɩ. B; nterpolirt nach 25: Qui eſtoit ml't cortoiſe et bele. Ne fu mie diz ſenz ɩ on. Por noiant nauoit pas ceſt non. 27. Qalſi BR, Auſi P. 28. Qui T. | ſor] de MPBCTR. | toz les a. AC. | li fehlt ACT.

N'eftre n'an puet que uns anfanble:
2730 Aufi Fenice, ce me fanble,
N'ot de biauté nule paroille.
Ce fu miracles et mervoille,
Ç'onques a fa paroille ovrer
Ne pot nature recovrer.
2735 Por ce que j'an diroie mains,
Ne braz ne cors ne chief ne mains
Ne vuel par parole defcrivre;
Car fe mil anz avoie a vivre,
Et chafcun jor doblaft mes fans,
2740 Si perdroie je tot mon tans,
Einçois que le voir an deïffe.
Bien fai, fe m'an antremeïffe,
Que tot mon fan i efpuifaffe
Et tote ma painne i gaftaffe,
2745 Que ce feroit painne gaftee.
Tant f'eft la pucele haftee
Que el paleis an eft venue
Chief defcovert et face nue,
Et la luors de fa biauté
2750 Rant el paleis plus grant clarté,
Ne feïffent quatre efcharboncle.
Devant l'anpereor fon oncle.
Eftoit Cligés defafublez.
Un po fu li jorz enublez;

2729. Naiftre *S*, Ne eftre *A*. | ne p. *TR.* | pot *A*. | cuns *AB* (Ne doi
nus eftre), cuns fels *C*.   **30.** Ice *A*. | me ref. *A* (ce *fehlt*).   **31.** parole *S*
33. a] en *TR.* | orer *S*.   **34.** reconter *S*.   **36.** 1. 2. 3.] pies ne 3, 2. *I*
3, 2, 1. *MB,C*(col 2)*TR.*   **37.** par *fehlt S* (—1).   **39.** mi f. *M*, fes f. *S*
40. perderoie *SB* (*ohne* gie), *P* (*ohne* tot), perderoi *T*. | tot *fehlt AP*. | le t. *C*
mon fans *BT*, m. porpans *A*.   **41.** Por ce *S*. | le] io *B*.   **42.** fe ie mentr. *P2*
43. 44. *fehlen BCR* (*interpolirt in den übrigen?*).   **43.** Et *APT*. | fen
SMPT. | apoiaffe *T*, anpleaffe *A*.   **44.** Que *A*. | gietaffe *T*.   **45.** Quer *I*
Et *A*.   **46.** fa *B*, eft *T*.   **47. 48.** *fehlen S*.   **47.** Quer *M*. | Q. ele e
el p. *A,B*(al).   **48.** et] la *T*.   **49.** Mais *B*, Que *S*. | luifors *M*, force *I*
50. plus] fi *PBCTR*.   **51.** Ne] Me *R*, Con *T*, Com ce *C*, Plus *B*, Que n
S(+1). | f.]fuffent *C*, facent *B*. | q. .iii. *P*. | charbocle *S*, efchaboncles *M*
P: Affes plus que .iii. efc.   **52.** oncles *M*.   **53.** Refteit *MC*, Seftut *TI*
54. li j.] luour *T*, li airs *K*, li tens *M*.

2755 Meis tant eftoient bel andui
Antre la pucele et celui,
Qu'uns rais de lor biauté iffoit,
Don li paleis refplandiffoit
Tot autrefi con li folauz
2760 Reluift au main clers et vermauz.
POR la biauté Cligés retreire
Vuel une defcripcion feire,
Don mout briés fera li paffages.
An la flor eftoit fes aages,
2765 Car pres avoit ja de quince anz.
Plus eftoit biaus et avenanz
Que Narcifus qui defoz l'orme
Vit an la fontainne fa forme,
Si l'ama tant, quant il la vit,
2770 Qu'il an fu morz fi com an dit,
Por tant qu'il ne la pot avoir.
Mout ot biauté et po favoir;
Meis Cligés an ot plus grant maffe,
Tant con fins ors le coivre paffe
2775 Et plus que je ne di ancor.
Si chevol fanbloient fin or
Et fa face rofe novele.
Nes ot bien feit et boche bele

2755. Ml't eftoient bel ambedui *BCT*.   **57.** 9 raix *S.* | lor] la *S.* | foient *S.* **58.** Que *R*, Qui *B.* | le *BR.* | refplandifoient *S*, reflambioit *B*, flanbiffeit *M.* **59.** autre (*ohne* fi) *S*, alfement *B*, enfement *CTR.* | come *S.* 0. *AP*: Qui neft ml't clers et ml't vermauz; *ebenso T*: Qui ml't eft c. et . v.; *ähnlich CM*: Raiaft (*M*: Raic) m. cl. et m. v.; *B*: Raift tos cl. et tos v. 2. defcrition *M*, difcfefion *B.* **63.** br.] boens *CTR*, biax *MB*, bien *S*; *A*: ra br. **64.** Quen *T.* **65.** Car *fehlt T*, Car ia av. pr. *A*, Quil av. pr. *B.* | *fehlt BCTR.* | de *fehlt C,BR* (—1). | q.] .XVII. *BR*, .X. ҫ .VII. *CT.* 3. Mes b. eft. *C*, Ml't eft. b. *R*, M. b. e. *B*, Mes tant ert b. *A.* **67.** Plus ie *B.* | d.] for *B.* **68.** Viut *R.* **69.** Et *S*, Quil *BT*, Qui *C.* | fi com (len *M*) dit *AM.* **70.** quant il la uit. *AM.* **71.** P. ce *MBCTR.* | lē *B.* | iet *R.* **73.** en a *BR.* | molt gr. *B.* **74.** li ors *AP.* | coeure *B*, keuure *T*, ure *R.* | et paffe *B.* **75.** nai dit *B.* **76.** cheuuel *C*, cheuiel *T*, cheuel *R*, auoil *S*, cauoil *P*, cauel *B.* | refanbloient dor. *AP*, femblerent f. o. *R*, ffamblent f. o. *T.* **77.** Et la *TR.* | Et fanfance *S.* **78.** ot] *fehlt S*, a *P.* |] la *T.* | bochete *S.*

Et fu de ſi grant eſtature
2780 Con miauz le ſot feire nature,
Que an lui miſt treſtot a un
Ce que par parz done a chaſcun.
An lui fu nature ſi large
Que treſtot miſt an une charge,
2785 Si li dona quanqu'ele pot.
Ce fu Cligés qui an lui ot
San et biauté, largece et force,
Ciſt ot le ſuſt a tot l'eſcorce.
Ciſt ſot plus d'eſcremie et d'arc
2790 Que Triſtanz li niés le roi Marc,
Et plus d'oiſiaus et plus de chiens —
An Cligés ne failli nus biens.

C LIGÉS ſi biaus com il eſtoit
        Devant ſon oncle an piez eſtoit,
2795 Et cil qui ne le conoiſſoient
De lui eſgarder ſ'angoiſſoient.
Et li autre ſi ſ'an rangoiſſent,
Qui la pucele ne conoiſſent,
A mervoille l'eſgardent tuit.
2800 Meis Cligés par amor conduit
Vers li ſes iauz covertemant
Et ramainne ſi ſagemant
Que a l'aler ne au venir

2779. gente *P*, bele *BCT*, boene *A*. | faiture *B*. **80.** Co *M*, Que *C*.
m.] il *B*. | pot *M*. | former *MC*. **81.** Quer *M*, Qui *PT*. | en un. *M*; *B*
Qele miſt en lui tot a un. **82.** d.] met *B*. **83.** Nat. fu en l. *S*. **84.** treſ
fehlt *S* (— 1). **85.** done *S*. | quanque li plot *PC*, ce que li plot *T*, quanqu<
ele ot. *A*. **87.** Sens *PBTR*. | lar.] ualor *B*; *P*: S. larg. biaute et ſ
88. Cis *P*, Cil *S*, Chilz *T*, Il *B*, Si *A*. | otot *MCR*, dedens *P*. **89.** (*fehl*
S) Cil *PR*, Chilz *T*, Il *B*, Si *A*. | et dart. *A*. **90.** triſtrans *P*. | al roi *B*
92. A cl. *S*. | failloit *S*. **94.** Dev. le roi ſon *A* (an p. *fehlt*). | ſeſtoit *B*
95. 96. *R*: conoiſſent: ſangoiſſent, (— 1). **96.** e.] ueer *M*. | ſangreiſſoient *S*
ſe penoient *PB*, ſeſioiſeient *M*. **97. 98.** *fehlen SB*; *ersterer hat dafür* Qu
ſet ni ot ne conoiſſance (= **98**; *ohne Reimvers*). **97.** *fehlt R, am Rand*
steht autre | angoiſſoient (*übrige weggeschnitten*). Et auſi li a. *A*, Et autre{
icil *M*. | ſi] *fehlt AM*, ml't *T*, | ſe r. *C*, ſang. *AM*. **98.** conoiſſoient *R* (+ 1
99. Qua meruoilles *A*. **2800.** Et *MB*. **1.** lie *M*, lui *CR*. | ſi ſagemant *'*
2. Et tant menoit *S*. | bielement *T*. **3.** Qua a *M*. | na a v. *M*.

Ne l'an puet an por fol tenir.
2805 Mout deboneiremant l'efgarde,
Meis de ce ne fe prant il garde
Que la pucele a droit li change,
Par buene amor, non par lofange,
Ses iauz li baille et prant les fuens,
2810 Mout li fanble cift changes buens
Et miaudre affez li fanblaft eftre,
S'ele feüft auques fon eftre.
Meis n'an fet plus que bel le voit
Et f'ele rien amer devoit
2815 Por biauté que an li veïft,
N'eft droiz qu'aillors fon cuer meïft.
Ses iauz et fon cuer i a mis
Et cil li ra le fuen promis.
Promis? meis doné quitemant.
2820 Doné? non a, par foi, je mant,
Car nus fon cuer doner ne puet.
Autremant dire le m'eftuet.
Ne dirai pas fi con cil dïent,
Qui a un cors deus cuers alïent,
2825 Qu'il n'eft voirs n'eftre ne le fanble
Qu'an un cors ait deus cuers anfanble,
Et f'il pooient affanbler,
Ne porroit il voir reffanbler.

2804. Ne le *PBCTR.* | pot *PCM.* | an] nus *B*, hom *S*, on *PT*, len *MCR.*
les *A*. **6.** Et *A*. | prencnt *A*, donc *PCR*, done il *B*, dōnon *T*. **7.** Car *T*. |
oifele *PBCTR.* | li *fehlt PBCTR*. **8.** et par efchange·*C*; *B*: Non par neis
l. **10.** chilz *T*, li *B*. **11.** miaudres *A* (affez *fehlt*). | a eftre *A*. **12.** Sel *P*,
T, Sil *R*. | auq. f. *MBCT*. | a.] point *A*. | de fon *AMPBCTR*. **13.** Meis
A. | ni fot *S*. | pl. mes que *A*. **14.** Et *fehlt S*, Et fe ia r. *PR*, Et fil
home *B*. | de rien *S*. **15.** P. la b. *S*(+1). | qui *S*. | an li] en lui *S*, ele
, ele *P*, *fehlt R*; quele *R*(−1), quan home *A*. **16.** Seft *S*. | qu'] *fehlt B*;
fon c. i m. *S*. **17.** Son cuer z fes iex *P*. **18.** ra] rea *R*, a *SMBCT*. |
uer p. *AR*. **19.** meis] qui *A*. **20.** D. ne la *A*. | p. f. non a *MB*. **21.** Que
| don. f. c. *MT*. **22.** le meftoit. *R*, li eftuet. *T*. **23.** d. mie *S*(+1). |
BR. **24.** a] an *AMPB*. | .n. cuers en .i. cors *P*, *TR*(a)*C*(a. 1. cuer). | alie. *S*.
Qui *STR*, Car il *P*, Nil *B*. | v.] raifon *B*. | ne eftre *MCT*. | le *fehlt*
BCTR. **26.** Quant *S*, Que .i. *MPCTR*. | n̄ *S*. | a *R*. **27.** fi *S*. | pooift
-1). **28.** porroient *S,T*(+1), porroift *R*(−1). | il *fehlt R*. | voir *fehlt S*.

Meis fe vos i pleift a antandre,
2830 Bien vos favroie reifon randre,
Comant dui cuer a un fe tienent
Sanz ce qu'anfanble ne parvienent.
Seul de tant fe tienent a un
Que la volantez de chafcun
2835 De l'un an l'autre fe trefpaffe,
Si vuelent une chofe a maffe,
Et por tant qu'une chofe vuelent
I a de teus qui dire fuelent
Que chafcuns a les cuers andeus;
2840 Meis uns cuers n'eft pas an deus leus.
Bien puet eftre li voloirs uns,
Et f'a adés fon cuer chafcuns,
Aufi con maint home divers
Pueent ou chancenete ou vers
2845 Chanter a une concordance;
Si vos pruis par cefte fanblance
Qu'uns cors ne puet deus cuers avoir
Por autrui volanté favoir,
Ne por ce que li autre fet
2850 Quanque cil aimme et quanqu'il het,
Ne plus que les voiz qui f'affanblent

2829. 30. *stellt um* R. **29.** Mais *fehlt* R(—1). | fil *APBC.* | i *fe*
AP. | pleifoit *A.* | auant e. *P.* **30.** Mais b. R(+1). | ferai *A,* faurai *MPBCT*
la r. r. *T,* le uoir antandre *A,* le u. aprendre *MPBCR.* **31.** cors *T.* **32.** q
enf. *B,* que e. *T.* | ne v. *BT.* **33.** de *fehlt* S. | tienent de chafcun
34. *fehlt* S. **35.** lun coer *B.* | an] a *AMPBCTR.* | fe *fehlt* B. | fentr
paffent *T,* fentrepaffe *R,* fantrespaffe *A.* **36.** Sil *T.* | amaffent. *T.* **37.** |
ce *MBCTR.* | qu' *fehlt* C. **38.** cels *B.* | qui ce d. B(+1). **39.** le cuer *A.*]
ans .ii. *B,* a dels *M,* a deus *R,* as deus *A.* **40.** nus *PBCR,* anz *S*
na *BT.* | pas *etc.*] en .ii. cuers feus *PC,R*(cors), les .ii. c. f. *T,* a .ii.
leuf. *B,* qua un cuer lelf. *M.* **41.** pueent lor v. eftre uns *A.* **42.** S
ad. *R*; *M:* Porce na pas doels cuers ch. **43.** come homes d. *M*(—1), '
home d. *PB.* **44.** P. canconetes et v. *BT,* P. an chancons et an v.
P. v en cans v en v. *P,* Poent chancons notes ou v. *R.* **46.** Ce *S.* | pruef
proef *M.* **48.** autre *S,* autri *C*; *A:* Ce fachiez uos treftuit de uoir. **49.** '
B, Mais *S.* | porec *PCR.* | que *S,* que fe *A,* fe *Rest.* | li uns *A.* | feit
50. Quanquil couoite *A.* | Quanquil aime ne *T.* | heit. *M.* **51.** li feu *P(*
li cans *B,* la morz *S.* | q.]'ne *B.* | affemblent *PR,* fafamble *SB.*

Si qu'une chofe feule fanblent,

Et fi ne pueent eftre a l'un,

Ne puet cors avoir cuer que un.

2855 Meis ci ne m'a meftier demore,

Qu'autre befoingne me cort fore.

De la pucele et de Cligés

M'eftuet parler des ore mes

Et f'orroiz del duc de Seffoingne,

2860 Qui a anvoiié a Coloingne

Un fuen neveu vaflet mout juevre

Qui a l'anpereor defcuevre

Que fes oncles li dus li mande

Qu'a lui triues ne peis n'atande,

2865 Se fa fille ne li anvoie,

Et cil ne fe fit an la voie,

Qui avuec lui mener l'an cuide,

Qu'il ne la trovera pas vuide,

Ainz li iert mout bien defandue,

2870 Se cele ne li eft randue.

BIEN fist li vaflez fon meffage
   Tot fanz orguel et fanz outrage;

Meis ne trueve refpondeor

Ne chevalier n'anpereor.

2875 Quant il vit que tuit fe teifoient

2852. Si que tote une ch. *AMC*, Qui treftos u. c. *B*, Vne meifmc c.
ᶜ(mefme — 1). | feule *fehlt AMPBCR.* | famble *SB.* 53. Et fi ne *fehlt*
TR, fi *fehlt M*(—1), fi ne *fehlt B.* | p.] p. doi cuer *PR*, p. toutes *CT*,
ifent *B.* | eftre] ades *B.* | a l'un *M*, a un *A*, an lon *S*, a chafcun *PBCTR.*
ᴵ. Cors ne p. *P.* | p. .i. cors *B.* | cun *B.* 55. ci ne ma] ci ne na *AR*, ci
ᴵ ma *S*(ce)*PC*, ne mi a *T*, ici na *B*, ci na *M.* | de dem. *M.* 56. Qaltres
ᴵ oins meft corus f. *B*; Quer autre befoins me c. f. *M.* 58. Maftuet *R*,
rres *T*, Me couient *M.* | or *M.* 59. Si o. *AM*, Et o. *P.* 60. enuoiet a
ᶜ ?. 61. v. m. jueure *CR*, joine *S*, uaillant ʒ iuiure *M*; *fehlt T*, *dafür* 2 *m.*
ᴵ ᐧ *XV o. XVI*): que por bon euvre. 62. d.] defcoiure *S*, uint defcᴸure *M*;
ᐧ Qui la befoigne li d. 64. Quen *BR.* | p. ne tr. *AMBT.* 66. Ne *R.* |
ᴵ ᵛ. | fift *BCR.* | fa v. *PB*; *S*: Et cil fil femet en la u. 67. (*fehlt B*)
ᴵᐧ *S.* | l'an] ne *S.* 68. Car il nel t. *P.* | uoide *SM.* Vor 69 *schiebt B* (*als*
ᐧ *satz für* 67) *ein:* Ains li ert ml't bien contredite. 69. Et bien li fera d. *B.*
ᴵ Et *S.* | ele *A.* 71. vaffaus *T.* 72. Et *B.* 73. Nil *B.* | ni *MB.* 74. Ne
J *lt T.* | ne emp. *T.* 75. Et q. vit *A.* | tuit fqueffoient *S.*

8*

Et que par defdaing le feifoient,
De cort fe·part par deffiance.
Meis jovenetez et anfance
Li firent Cligés anhatir
2880 De behorder au departir.
Por behorder es chevaus montent,
D'andeus parz a trois çanz fe content,
Si furent par igal de nonbre.
Toz li paleis vuide et defconbre,
2885 Que n'i remeft ne cil ne cele
Ne chevaliers ne dameifele,
Que tuit n'aillent monter as eftres,
As batailles et as feneftres,
Por veoir et por efgarder
2890 Ces qui devoient behorder.
Neis la pucele i eft montee,
Cele qu'amors avoit dontee
Et a fa volanté conquife,
A une feneftre eft affife,
2895 Ou mout fe delite a feoir
Por tant que d'iluec puet veoir
Celui qui fon cuer a repoft,
Ne n'a talant qu'ele l'an oft,
Car ja n'amera fe lui non;
2900 Meis ne fet comant il a non
Ne qui il eft ne de quel jant,

2876. que *fehlt A.* | p. orgueil *BCTR.* | le] ice *A*; fe taifoient /
77. fen *R.* | fanz d. *C.* **78.** ioueneches *T*, ioliuetes *P*, . ioliutez *R* (—1).
effance *M.* **79.** aatir *alle ausser A.* **81.** as *T.* **82.** Dambes p. *P*, De .ii. |
BTR. | a trois et fencontrent *S*, au iofter facontent *M.* **83.** Et *M.* | cingal ·
ingal *BT.* **84.** T. li pules *B*, Et la fale *A.* **85.** Quil *M*, ll *A*, Nen i *T.* |
ui *B.* | remaint *PBR.* | *erstes* ne *fehlt B.* **86.** cheualier *BR.* **90.** Car *S.* | v
noient *B.* **91.** Nes *MPCT, fehlt R.* | i *fehlt B.* | eftoit *R.* **92.** qui damo
eft *ACTR*, qui amor a *B.* **93.** (*fehlt T*) Et la a *R* (+1). **94.** mife *S* (—1·
Nach **94** *schiebt* T *als Ersatz für* **93** *ein*: Qui eftoit faite par deuil
95. fe] li *SR.* | affeoir *A*, a feier *M*, au f. *P*, aftoir *S.* **96.** Por ce *AMPBCTR*
doilz i poet ueier *M*, mius quide v. *B*; *S*: P. tant *OR* uidan q ne puet vooi
97. quen *B.* | refpot *S.* **98.** Nele *A.* | que *A.* **99.** Que *MPBR*, Ne *A.*
ia *fehlt T.* | chelui *T.* **2900.** Et fi ne fet *P* (il *fehlt*). | fot *S.* **1.** Ne que *S.*
Ne dont *P.*

N'a demander ne li eſt jant,
Si li tarde que ele an oie
Choſe de quoi ſes cuers ſ'eſjoie.
2905 Par la feneſtre eſgarde fors
Les eſcuz ou reluiſt li ors
Et ces qui a lor cos les portent,
Qui au behorder ſe deportent;
Meis ſon panſer et ſon eſgart
2910 A treſtot mis a une part,
Qu'a nule autre rien n'eſt panſive,
A Cligés eſgarder eſtrive,
Sel ſiut as iauz, quel part qu'il aille.
Et cil por li ſe retravaille
2915 De behorder apertemant,
Por ce qu'ele oie ſeulemant
Que il eſt preuz et bien adroiz;
Car totes voies ſera droiz
Qu'ele le lot por ſa proece.
2920 Vers le neveu le duc ſ'adrece
Qui mout aloit lances briſant
Et les Grejois deſconfiſant,
Meis Cligés cui formant enuie
Es eſtriers ſ'afiche et apuie,
2925 Sel va ferir toz eſleiſſiez
Si que maugré ſuen a leiſſiez

2902. (*fehlt S*) Nal *B*, De *M*. **3.** Se *ST*, Mais *B*. | targe *P*, eſt tart
. l*CTR*, tart li eſt *B*. | q. ele noie *S*, q. dire loye. *T*, q. dire en oie *MPBR*,
ele dire oie. *C*. **4.** Tel choſe *PBCTR*. | de quel *M*, dont *PBCTR*. | li
ors *BR*, al cuer *P*. | ait ioie *APTR*. **7.** Et cil *S*. | pendent *T*. **8.** a b.
?. | ml't entendent *T*. **9.** panſe *AMR*. **10.** A tot torne *B*. **11.** Quan *A*,
le a *B*. | nul *AB*. | rien] *fehlt B*, leu *A*. **12.** Qa *S*, Vers *B*, *fehlt C*. |
antıne *S*. | regarde *C*(—1), garde *B*. | naſtriue *S*. | et eſt. *C*, a qui eſt. *B*.
Si *M*. | des i. *A*, ades *R*. **14.** c. qui por *BCTR*. | lui *CR*. | ſe tr. *BCTR*,
en t. *S*. **15.** Del *A*. **16.** Portant *S*. | que loie *M*, que oi *S*. | voirement. *T*.
Dire quil *MBCTR*. | bien *fehlt MBCTR*. | adreit. *M*. **18.** Que *SBCR*. |
oit *B*; *M*: Reiſon ueire ſera 7 dreit. **19.** Que *A*, Quel *B*. | lot] priſt *CT*,
aſt *B*, laint *R*(le *fehlt*, —1). | par *MT*, de *A*. | ſa *fehlt A*; *S*: Que le
plus por ſa p. **22.** deſconiſſant *P*. **23.** cui *fehlt B*. | ſ.]durement *B*, ml't
P. **24.** As *S*. | eſtries *AR*, eſtes *S*; *B*: Par air as e. ſ'ap.; *M*: De ce quil
met en la ſuie. **26.** quil a ambes .ii. l. *B*, que il auoit touz l. *C*.

Les arçons de la fele vuiz,
Au relever fu granz li bruiz.
Li vaſlez relieve, ſi monte,
2930 Qui cuide bien vangier ſa honte;
Meis teus cuide, ſe il li loiſt,
Vangier ſa honte, qui l'acroiſt.
Li vaſlez vers Cligés ſ'eſleiſſe,
Et cil vers lui ſa lance beiſſe,
2935 Sel va ſi duremant requerre
Que de rechief le porte a terre.
Or a cil ſa honte doblee,
S'an eſt tote ſa janz troblee,
Qui bien voient que par cnor
2940 Ne partiront meis de l'eſtor;
Car d'aus n'i a nul ſi vaillant,
Se Cligés le vient ataignant,
Qu'es arçons devant lui remaingne;
S'an ſont mout lié cil d'Alemaingne
2945 Et cil de Grece, quant il voient
Que li lor les Seiſnes convoient,
Qui ſ'an vont come deſconfit.
Et cil les chacent par afit
Tant qu'a une aigue les ataingnent,
2950 Aſſez an i plongent et baingnent.
Cligés el plus parſont del gue
A le neveu le duc verſé

2927. eſtriers *PBT.* | voiz *SM.* 28. li grans *T*(+1). | broiz. *A*
29. v. lieve *R*, vaſſaus ſe l. *T.* | remonte *R.* 30. Et *S.* | bien c. *MPBCTR.*
venchier *C.* | ſon *SPBT.* 31. ſe il] quil *R*(—1). 32. Sa h. v. *B.* | ſon *S.*
lo cr. *S.* 33. vers] a *B.* | ſe leiſſe *M.* 35. Si le va d. *S.* | roidemit *PC,* redi
ment *MR.* 36. dou cheual *S,* des arcons *PBCTR.* 37. Que *S.* 38. Si *T.*
ſu *B.* | ſa g. tote *APR.* 39. Que *BR,* Car *CT,* Et *P.* | amor *P.* 40. Ne
iſtront hui *A,* Ne poent maintenir l'e. *MCTR.* | partira *S.* 41. Que *MB.* | ι
MCTR. 42. le v. Cl. *B.* | va *P.* | conſuiant *A.* 43. Aux *S*; *B*: Que
pas es arc. rem. 44. Si *TR,* Se *M.* | ſ. m.] ſurent *B,* cil *fehlt S*(—1). | d
lamainne *S.* 45. oient *S.* 46. Que le ior *B.* | l. *S.*] l. autres *A, T frei*
Roum, 2 *m.* (*XV. XVIP*) deiuēt. 47. Et *B,* Si *A,* Quil *SR.* 48. il *B.* | l
fehlt S(—1). | eſtrit. *T.* 49. que a *SR*(+1), que en *M.* | eue *AC,* euwe
iaue *R,* aige *P,* grant gue *B,* gue *M.* 50. Si en p. *T,* Sen i p. *CR,* Si
p. *B.* | p. aſſez *BCTR.*

Et tant des autres avuec lui,
Qu'a lor honte et a lor enui
2955 S'an vont fuiant dolant et morne.
Et Cligés a joie retorne,
Qui de deus parz le pris an porte,
Et vint tot droit a une porte,
Qui veiſine eſtoit a l'eſtage,
2960 Ou cele eſtoit qui le paſſage
A l'antrer de la porte prant
D'un douz regart, et cil li rant,
Car des iauz ſe ſont ancontré,
Einſi a li uns l'autre outré.
2965 Meis n'i a Tiois n'Alemant
Qui ſache parler ſeulemant,
Qui ne die: „Deus, qui eſt ciſt
An cui ſi granz biautez floriſt?
Deus, don li eſt ſi toſt venu
2970 Que ſi grant pris a retenu?“
Einſi demande ciſt et cil:
„Qui eſt ciſt anſes, qui eſt il?“,
Tant que par tote la cité
An ſet l'an ja la verité·
2975 Et le ſuen non et le ſon pere
Et le covant que l'anperere
Li avoit ſeit et otroiié,
S'eſt ja tant dit et poploiié

2953. t.] maint *B.*   **54.** Que por le h. 7 por l'a. *B.*   **55.** d.] penſif
?*CTR.*   **57.** Qui *fehlt A.* | dan .11. *CR.* | en aporte *A.*   **58.** uont *S*, vient *T.*
. Q. eftoit v. *AM*, dales *T*, deuers *CR*, Si ſe torne deuers *B.* | a] un *CT*,
: *R*, *fehlt B.* | eftage *CTR.*   **60.** paage *CR.*   **61.** Au paſſer *BCTR.*
. Don *SM*, Vn *T.* | c. le part. *A*, ſe li r. *T.*   **63.** Que *A*, Et *T*, *fehltCR.* i
fehlt T. | entrecontre *PTR*, entre encontre *C*; *B*: Quen regardant ſont enc.
. *S*: Enſis ſe ſunt andui oſtre   **65.** *S*: M. niacax qui ne deīnt.   **67.** Que
| d. D.] demange *P.*   **68.** Qui en *B.* | bonte *C.*   **69.** donc *M.* | ce auenu. *T*,
ce uenu. *A.*   **71.** Enſis *S*, Einſint *C*, Auſſi *TR.* | et cil et cil *S*, cil et cil
'.   **72.** chilz *T*; *S*: Q. eſt icil et qui e. cil.   *Die beiden Verse* **71. 72.**
stellen oder Auſſi *lesen.*   **74.** on *PBT*, en *M*, ſeuent *AC.* | ia . .] tuit . .
la ueire uerte. *M.*   **75.** *S*: De lui auant 7 de ſ. p.   **76.** les couanz *S.*
. S.] Si eſt *PR.* | ja] par *B, fehlt R.* | t.] tot *B.* | d. et] *fehlt P.* | pup-
: *B*, pueploie *A*, publije *T*, depulije *P.*

Que neis icele dire l'ot,

2980 Qui an fon cuer grant joie an ot

Por ce qu'or ne puet ele miе,

Dire qu'amors l'eit efchernie,

Ne de rien ne fe puet clamer;

Car le plus bel li feit amer,

2985 Le plus cortois et le plus preu,

Que l'an poïft trover nul leu;

Meis par force avoir li eftuet

Celui qui pleifir ne li puet,

S'an eft angoiffeufe et deftroite,

2990 Car de celui qu'ele covoite

Ne fe fet a cui confeillier,

S'an panfer non et an veillier.

Et cez deus chofes fi l'ataingnent,

Que mout la paliffent et taingnent,

2995 Si qu'an le voit tot an apert

A la color que ele pert,

Qu'ele n'a pas quanqu'ele viaut,

Que mains jeue qu'ele ne fiaut

Et mains rit et mains f'efbanoie;

3000 Meis bien le cele et bien le noie,

Se nus li demande qu'ele a.

Sa meftre avoit non Theffala

2979. ic.] cele *A*, fenice *B*; *B*: Et tant q. nis fenice lot. ، **80.** a fo c. *SB*, defor toz *MPCTR*. **81.** que *S*. | el *C*(—1). **82.** la *S*. **83.** fen *MI* **84.** Que *ABCTR*. **85.** c.] gentil *BCTR*. **86.** Quan *SM*. | l'an] ne *S*, *feh M*. | peuft *P*, puiffe *BCTR*, porroit *S*. | nuluj. *S*, en nul leu *M,R*(+1 **87.** Et *P*. **88.** plaire *AMBCTR*. **89.** Si *B*. **90.** Que *B*. | qui la conuoite ، **91.** fen *BT*. | a] en *T*. **92.** Sa *AM*, Fors a *P*. | non *fehlt P*. | a v. *AMI* efu. *C*. **93.** fi] ml't *B*. | laceingnent *A*. **94.** Qui *MCTR*, Si *B*. | ml't] fi ؛ *fehlt MBCR*. | la p.] lapleffent *A*, langouffent *T*, la defcolorent *MBCR*. t.] ateingnent *A*, deftraingnent *T*, uenent *S*. **95.** Et *S*; Quele uoit bien *A*. quant *S*, 9 *P*, que *MCTR*, quele *B*. | len *MCTR*, fe *T*, *fehlt B*. **97.** Qu na mie *AMBC*, Quelle na m. *TR*. | quanque u. *TR*, cou quele u. *P*, ce q̃ u. *A*. **98.** Car *PCTR*, Et *MB*. | geue *CR*, jue *T*, manjue *PB*, fefio *S*(+1). | que ne *PB*. **99.** r.] iue *B*. | efb. *ABCTR*. **3000.** choille ؛ coile *AB*, ceile *MC*. **1.** Se n.] Se u9 *S*, Se on *B*, Son *P*. | li *fehlt T*. demandez *S*. | qne ele *PT*. **2.** meftreffe ot *T*. | teffala *MBT*, tefale *S*.

Qui l'avoit norrie d'anfance,
Si favoit mout de nigromance.

3005 Por ce fu Theffala clamee,
Qu'ele fu de Theffaille nee,
Ou font feites les deablies,
Anfeigniees et eftablics.
Les fames qui del païs font

3010 Et charmes et charaies font.

THESSALA voit tainte et palie
Celi qu'amors a an baillie,
Si l'a' a confoil arefniee:
„Deus, feit ele, eftes vos fefniee,

3015 Ma douce dameifele chiere,
Qui fi avez tainte la chiere?
Mout me mervoil que vos avez.
Dites le moi, fe vos favez,
An quel leu cift maus vos tient plus.

3020 Car fe garir vos an doit nus,
A moi vos an poez atandre,
Car bien vos favrai fanté randre.
Je fai bien garir d'idropique,
Si fai garir de l'artetique,

3025 De quinancie et de cuerpous;

3003. 4. *fehlen B.* **3.** deffance *M,* en anf. *AB.* **5.** Et por *B.* | ce eftoit *C*(+1)*R,* ceftoit *T,* cert *B.* | tefale *S,* tefala *M.* | nonmee *MB.* **6.** tefale *S,* effale *T,* teffalle *A,* theffalie *R,* teffaille *M.* **7. 8.** *fehlen R.* **7.** Ou len feut 'ere d. *CT.* **8.** I enfainez 7 eft. *T,* Et enf. 7 baftics *B*; Et les caraudes :ftablics *P*; Lonc tans a qui funt eftablies *C.* **9. 10.** *stellen um PBCTR.* **).** el p. *AB.* **10.** Et] Que *B,* Car *PCTR.* | charmes] carnes *T,* charaies *BC,* :araudes *P,* carautes *M.* | ch.] charraes *S,* carnems *T,* carmes *PB,* charmes *MCR.* | fe. *S.* **11.** uit *B.* **12.** (*wiederholt S*) Cele *STR.* **13.** *B* : Tot par 'i a confel le mainc. **14.** neftes *T.* | faifnie. *SP,* fefnie. *R,* feniee. *C,* blecie. *M,* pas lic. *T* (vos *fehlt*); *B* : Fait ele in eftes uos faine. **16.** Quiffi auoit *B.* '**7.** m'efm. *PT.* **18.** (*fehlt S*) Or me d. *R.* | le *fehlt M.* | uos qui le fauez *M,A*(uos *fehlt*). **19.** Quele part *B.* | cift] li *APBCTR.* **20.** Que *B.* | puet 'us *MCR.* **21.** En *B.* | vos an *fehlt B.* | p. fiance at. *B.* **22.** Que *B.* | aine *P,* raifon *T.* **23.** Je farai *T*(+1). | de dropique *S,* ditropique *A,* ydro-'ique *BCR,* de thifique *T.* **24.** de larcetique *A,* de la retique *C,* de laze-'ique *R,* darimatique *S,* de tyfique *P,* de ydropique *T.* **25.** quinantie *B,* 'uinatike *PC,* q̇natique *R,* quinatigne *T.* | corpous *B,* q̇rpoufe *R,* carpos *C.*

Tant fai d'orine et tant de pous,

Que ja mar avroiz autre mire;

Si fai, fe je l'ofoie dire,

D'anchantemanz et de charaies

3030 Bien efprovees et veraies

Plus qu'onques Medea ne fot,

N'onques meis ne vos an dis mot,

Si vos ai jufque ci norrie;

Meis ne m'an ancufez vos mie,

3035 Car ja rien ne vos an deïffe,

Se certainnemant ne veïffe

Que teus maus vos a anvaïc,

Que meftier avez de m'aïe.

Dameifele, voftre malage

3040 Me dites, fi feroiz que fage,

Einçois que il plus vos forpraingne.

Por ce que de vos garde praingne,

M'a a vos l'anperere mife,

Et je m'an fui fi antremife,

3045 Que mout vos ai gardee fainne.

Or avrai perdue ma painne,

Se de ceft mal ne vos refpas.

Gardez nel me celez vos pas,

Se ce eft maus ou autre chofe."

3050 La pucele apertemant n'ofe

3026. R : fi * Tant fai * durines 7 de pouce (so). | del pous P, darnach interpolirt R : Que uos en dirroie fanz faindre. Ken moi uos poez atendre. **27.** mar en S (ja fehlt). | av.] querres PBC, querries T, querroiz R, querreiz M. | entre mire S. **28.** Et ABCTR, Et fi M. | je fehlt M. **29.** (wiederholt A) Et de carnins T. | charoies CR, charrais M. **30.** et bien vraies PT, 7 verroies R, 7 uerais M. **31.** Ml't p. q̄ B. | nan APBC. **32.** Onques m. PBCT, Mes unques MR. | nan uos dire m. A. **33.** desque C, dufques P, iufca T. **34.** men acufes P, mencufez R(—1); Mes ce ne refufez T; Et ne le mefcrees v. m. B; Mes ne uos refufez nos mie C. **35.** Que B. | ie S. **36.** Se ie certement ne v. C, Deuant que c. u. A. **37.** en baillie S (vgl. **3011**). **38.** Que grant BCTR. | euffez R. | daie BCTR. **39.** malice S. **40.** dires B. **41.** il fehlt M. | foreprenge M, fopreigne PBC, foufprengne T, deftreume (d. h. deftreigne) S. **44.** (fehlt S) fi] bien B. **45.** Tos jors vos B. **46.** Mais or B. | av.] ai B, auroie R(+1). | p.] gaftee A. **47.** ce T. **48.** Or g. A. | ne le T, ne SM. | uos fehlt AT. **49.** Si ceft R(—1). **50.** nofe] fe redote S (Schluss von **3052**).

Defcovrir fa volanté tote,
Por ce que formant fe redote
Qu'ele ne li blaft ne deflot.
Et por ce qu'ele antant et ot,
3055 Que mout fe vante et mout fe prife,
Que d'anchantemant eft aprife,
De charaies et de poifons,
Li dira, queus eft f'acheifons,
Por quoi a pale et taint le vis;
3060 Meis ainz li avra covant mis
Qu'ele toz jorz l'an celera
Ne ja ne li defloera.

MESTRE, feit ele, fanz mantir
„Nul mal ne cuidoie fantir,
3065 Meis je le cuiderai par tans.
Ce feulemant que je i pans
Me feit grant mal et fi m'efmaie.
Meis comant fet qui ne l'effaie,
Que puet eftre ne maus ne biens?
3070 De toz maus eft divers li miens,
Car fe voir dire vos an vuel,
Mout m'abelift et fi m'an duel,
Si me delit an ma mefeife.
Et fe maus puet eftre, qui pleife,
3075 Mes enuiz eft ma volantéz

3051. 52 *fehlen S.* 51. Defcouri *M.* 52. le red. *T,* crient et dote *B.*
53. Que *T.* | blafme *APBCR,* defplaife *T.* | ne] et *MPBCTR,* ou *A.* 54. Et
fehlt S(—1)B. | ce] tant *P.* | que ele *B.* 55. fan ... fen *S.* 56. Quele eft
l. *B.* | dencantemens *T.* | eft] ert *P, fehlt B.* 57. charoies *R,* chareies *M.* |
le puifons *B,* dacheifons *A.* 58. Or d. *C.* | quelle *T,* quele *A,* quel *R.* |
acoifuns *S,* loquifons *PB,* lachefons *CR,* oquoifons *T.* 59. coi] quele*B,* coi
:le *C,R(+1).* | paile *B.* | et t.] *fehlt C.* 60. li] i *B.* | avra] a en *R.* | confel *B.*
31. t. j.] del tot *M.* | l'an] le *PTR,* la *C,* li *MB.* | aidera *M.* 62. Et *AB.* |
lefcouerra *S; P:* Na nul home nen parlera. 64. Ne c. nul mal f. *C,* Mal
1e c. nul f. *B;* mal *fehlt S(—1).* 65. ie le] iel *C.* | recuidere *C,* recheu-
:ai *T,* compai *R.* | p raimf. *S.* 66. Sol. ce *BT.* 67. Que me *R(+1).* |
:. m.] paor *BCTR.* 68. fait mal qui mefmaie *S.* | lafaie *B,* le faye *T.*
39. Qui *SB.* 71. Que *B,* Mais *S.* 72. menbelift *MCR.* | et fi] et ml't
SCR, ce dont *T.* | me *TR.* 73. delite ma *PR. Nach* 74 *schiebt R ein:*
Malades fui por ueritez (*ohne Reimvers*). 75. Mais *T.*

Et ma dolors eſt ma ſantéz.
Ne ſai donc, de quoi je me plaingne,
Car rien ne ſai don maus me vaingne,
Se de ma volanté ne vient,
3080 Mes voloirs eſt, maus ſe devient.
Meis tant ai d'eiſe an mon voloir,
Que doucemant me fet doloir,
Et tant de joie an mon enui,
Que doucemant malade ſui.
3085 THESSALA meſtre, car me dites,
      Ciſt maus don n'eſt il ipocrites,
Qui douz me ſanble et ſi m'angoiſſe?
Ne ne ſai comant je conoiſſe,
Se c'eſt anfermetez ou non.
3090 Meſtre, car m'an dites le non
Et la maniere et la nature.
Meis ſachiez bien que je n'ai cure
De garir an nule maniere,
Car mout an ai l'angoiſſe chiere.«
3095 Theſſala qui mout eſtoit ſage
D'amors et de tot ſon uſage,
Set et antant par ſa parole
Que d'amor eſt ce qui l'aſole;
Por ce que douz l'apele et claimme,

---

76. eſt] et *T.* **77.** Ne ne ſai *MT,* Mais ne ſai *B.* | donc] dont *P, fehlt SMBT.* | de que *B.* | je me] de ce me *S.* **78.** Quant *S,* Que *MB.* | ſent *MAB,* ſeuch *T.* | donc *M.* | uinne *S,* tiegne *C,* baïgne *T; statt dessen R:* Ne ſai dont uient que me mahaïgne. **79.** ne] me *T.* **80.** eſt m.] en mal ⸱*T,* mes mals *R,* eſt qui *P.* | m. ſe d.] m. ſeſdeuient *M,* qui maus dev. *P.* **81.** ai] a *PTR.* | aiſe *B; S (stellt um):* Que tot auſis me fait doloir. **82.** ſolement *C,* ſaïnement *T,* ſaiuement *M* | mi *B; S:* Tant ai deſire mon uoloir. **83.** de j.] a i. *R,* a daiſe *T,* ai j. *P,* ai aiſe *B.* | an] a *S.* **84.** boinement *P.* | malades *CR.* **85.** meſtres *T.* **86.** Cil *R,* Chilz *T,* Tex *B.* | m. ſe il eſt *B.* | idropiques *S,* ydropiqs *MC,* didropiq̃ *T,* ydropites *PB.* **87.** ma ſamble *B* (et *fehlt*). | 7 ml't m. *C; S:* Que ſi metent 7 ſi mengoiſſent. **88.** Je ne *AB,* Ne *C (ein ne fehlt).* | com.] par coi *PTR,* por q̃ *B.* | ie le *C,* iel *AP.* **90.** Meſtres *T.* | me *STR.* **91.** matere *B.* **92.** Et *P.* | ce ſachiez *S* (bien *fehlt*), bien ſ. *B.* **93.** Dou *C.* **94.** ien ai l'a. ml't ch. *PBCTR,* ie ai ml't la dolor ch. *A.* **96.** Damor *AMBC.* | ſun auis *S.* **97.** ant.] conoiſt *S.* | a la p. *B,* a ſa p. *P.* **98.** damors *BTR.* | eſt] uient *PB,* neſt *T.* **99.** Par *R.* | q. duel *T.*

3100 Eſt certainne choſe qu'ele aimme,
Car tuit autre mal ſont amer
Fors ſeul celui qui vient d'amer;
Meis cil retorne ſ'amertume
An douçor et an ſoatume
3105 Et ſovant retorne a contreire.
Meis cele qui bien ſot l'afeire
Li reſpont: „Ja ne dotez rien,
De voſtre mal vos dirai bien
La nature et le non anſanble.
3110 Vos m'avez dit, ſi con moi ſanble,
Que la dolors que vos ſantez
Vos ſanble eſtre joie et ſantez:
De tel nature eſt maus d'amor,
Que il i a joie et dolor.
3115 Donc amez vos, je le vos pruis,
Car douçor an nul mal ne truis
S'an amor non tant ſeulemant.
Tuit autre mal comunemant
Sont toz jorz felon et orrible,
3120 Meis amors eſt douce et peiſible.
Vos amez, tote an ſui certainne,
Ne vos an tieng pas a vilainne;
Meis ce tandrai a vilenie,
Se par anfance ou par folie

3100. Eſt tote c. *B* (choſe *fehlt*); *S*: Neſt ceſte choſe que c e voie.
. Que *B*. 2. F. ſolement *APCTR*. | celui] li mal *P*. | q. v. *fehlt / F CTR*.
3. 4. *fehlen M*. 3. ciſt *C*, cis *P*, chis *T*. | ret.] ſeus t. *PBCTR*. 5. Et
nl't ſouent *B*. | ſe torne *R*, t. *B*, li uient *S*. 6. Meis] Et *M*, *fehlt PBCTR*. |
 out *M*, ſont *S*, fait *R*. | tot l'a. *PBCTR*. 7. ia] ra *S*, or *PBCTR*. | nen *B*,
ian *S*. | dites *B*. 8. uos *fehlt P*. | d. iou b. *P*. 10. m' *fehlt R*. 11. dou-
ors *C*. 13. amors *SACR*. 14. Car *P*, Qui *MBR*, Quil *AT*. | il] *fehlt T*,
nolt *CR*, moet *M*, vient *AB*. | i a] a *R*, de *AMB*. | j.] ioies *R*, dolour *T*. | et
lolors *S*, et douchour *T*, et doucors *CR*, et de dolcors *A*, et de docor *MB*.
5. Dont *BT*. | ice v. p. *CTR*, ſi com io p. *B*. 16. Que *B*. | an dolcor *A*.
n] *fehlt A*; *S*: Quar fors amors nul mal ue cruis. 17. Fors ken a. t. ſ. *P*;
5: Qui face morir docemt. 18. comunalment *C*. 19. tuit iour *R*. | greueus
t orible *P*. 20. doz *M*. | et' *fehlt B*; *S*: M. a. ſeſt tot ior aiſible.
22. por vil. *T*. 23. tendreie *MP*. | io a folie *B*. 24. enſ.] pereſce *A*.
t par cuie *C*; *B*: Se uos par nule uilenie.

3125 Voſtre corage me celez."
„Meſtre, de neant m'apelez,
Qu'ainz ſerai certainne et ſeüre
Que vos ja par nule avanture
N'an parleroiz a rien vivant."
3130 „Dameiſele, certes li vant
An parleront einçois que gié,
Se vos ne m'an donez congié.
Et ſor ce vos fiancerai
Que je vos an avancerai
3135 Si que certainnemant ſavroiz
Que par moi voſtre joie avroiz."
„Meſtre, donc m'avriiez garie;
Meis l'anperere mc marie,
Don mout ſui iriee et dolante,
3140 Por ce que cil qui m'atalante
Eſt niés celui que prandre doi.
Et ſe cil a joie de moi,
Donc ai ge la moie perdue,
Ne n'i a meis nule atandue.
3145 Miauz voudroie eſtre deſmanbree ⌐
Que de nos deus fuſt remanbree
L'amors d'Iſeut et de Triſtan,

3126. Dame uoir *SA*. | por n. *PB*. | m'a.] parlez. *SA*, en parles. *PB*, ma-
parlez. *T*, uos penez. *M*; *R hat den Vers zweimal:* Trop a certes men apelez.
Meſtre de nient mapelez. **27.** Cainc *T*, Quant *AR*, Ainz *M*; *S*: Bien ſoiez
certaine et ſeure. **28.** ia uos *PCT*, ia *fehlt B*, uos *fehlt S*(—1). | niſune *B*.
29. rien] mon *P*; N. p. por nule rien. *C*. **30.** c.] par ſoy *T*; D. iel uos
di bien. *C*. **31.** parleroit *R*, parleroient *P*. | ains *P*; *C*: Einz le diront li
uent que gie. **32.** vos *fehlt P*. | me *M*. | le c. *P*. **33.** Et ſor ce] Eſance *S*,
ſanz ce *M*, ancor *A*. | fierai *S*(—1), affeurai *B*. **34.** je] ia *S*. **35.** Et que
T. | ſaurez *A*, ſauroit *T*, ſauriez *R*. **36.** auroit *T*, auroiez *R*; *A*: Que ien
ferai uoz uolantez. **37.** donc *MR*, dont *BCT*, ml't *A*. | mauez *MPBCR*,
mauerez *S*, maueries *T*. | uos g. *MPBCR*. **39.** Donc *M*. | m.] ie *A*. | iree *S*.
42. ſe c.] ſil *R*(—1). **43.** Dont *B*, Donques *PCTR*. | la m.] mamor *PT*,
lamor *C*, maior (*so*) *C*, ma ioie *S*. **44.** Ne ie *A*, Que *PBCR*, Quil *T*, Si *M*.
ai *APBCR*. | meis *fehlt A*. **45 — 91** *fehlen M*. **45.** Einz *C*, Qains *BTR*.
46. deus *fehlt S*(—1). | racontee *CR*. **47.** dyſelt *B*, diſeut *PCT*, diſot *S*, cõ
de yſout *R*(+2). | triſtran *P*, triſtant *S*.

Don tantes folies dit l'an,
Que honte m'eſt a raconter.
3150 Je ne me porroie acorder
A la vie qu' Iſeuz mena.
Amors an li trop vilena,
Car ſes cors fu a deus ranticrs
Et ſes cuers fu a l'un antiers.
3155 Einſi tote ſa vie uſa
Qu'onques les deus ne refuſa. ✗
Ceſte amors ne fu pas refnable,
Meis la moie eſt toz jorz eſtable,
Ne de mon cors ne de mon cuer
3160 N'iert feite partie a nul fuer.
Ja voir mes cors n'iert garçoniers,
Ja n'i avra deus parçoniers.
Qui a le cuer, ſi eit le cors,
Toz les autres an met defors.
3165 Meis ce ne puis je pas ſavoir,
Comant puiſſe le cors avoir
Cil a cui mes cuers ſ'abandone,
Quant mes peres autrui me done
Ne je ne li os contredire.
3170 Et quant il iert de mon cors ſire,
S'il an feit choſe que ne vuelle,

3148. mainte folie *AB*, tant de folies *T.* | an *T*, lon *S*; *R*: Qui damors traiſtrent maint haan. 49. Et *A.* | hontes *PC.* | en eſt *A.* | del *BR.* | recorder *R*, reconter *AT*, rem̄bree *S.* 50. Ja *A*, Quar *R.* | mi *AP*, men *T.* | adoner *B.* 51. que yſez *C*(+1), q̄ yſout *R*(+1), qiſels *B*, kiſeus *T*, quiſoz *S*, quiſolz *A.* 53. 54. *umgestellt A.* 53. Q̄ⁿ *S*, Et *A*, Que *B.* | li c. *PCTR.* | ert *R.* 54. Que *A.* | li *BCTR.* | cors *S.* | lun] lonc *S*, un *ABCTR.* | rentiers *T.* 56. Nonques *A.* 58. eſt] *fehlt T*, iert *A* (*über der Zeile*). | ſi ueritable *PBCTR.* 59. Car *A*, Que *PBCTR.* | ne] et *BC.* 60. ia fet p. *A*, p. faite *PC.* | fier *S.* 61. 62. *fehlen T.* 61. Voir ia *CR*, v. *fehlt S*, *nach* niert *A.* | mi cuers *R.* | ne niert *S.* | g.] uergoingniez *C*, uergonders *R*, ſi maues *B.* 62. Nil *A*; Que ia i ait *B.* 63. Quaura *T.* | aıt *C*; le c. a *P.* | ſi ait] cil aıt *C*, c. a *AR*, ſaura *T.* 64. Et toz *T.* | def.] ie hors *P*, fors *T.* 65. ice *T*, icou *P.* | repuis *BCR.* | pas *fehlt PBCTR.* 66. Que io *B.* | puiſt *R*(−1), il puet *S*, il puiſt *P.* | dox cors *S.* 67. mes] li *PCTR*, le *B.* | abandone *B.* 68. mon pere *C.* | a autre *CTR.* 69. Et *SB.* 70. cil *P.* | eſt *A.* 71. ch.] rien *PBCTR.* | que ic *PBCTR.*

N'eſt pas droiz que autre i acuelle.
Ne cil ne puet fame eſpoſer
Sanz ſa fiance treſpaſſer,
3175 Ainz avra, ſ'il ne li ſeit tort,
Cligés l'anpire aprés ſa mort.
Meis ſe vos tant ſaviiez d'art
Que ja cil an moi n'eūſt part,
Cui je ſui donee et plevie,
3180 Mout m'avriiez an gre ſervie.
Meſtre, car i metez antante,
Que cil ſa fiance ne mante,
Qui au pere Cligés plevi,
Si com il li ot eſchevi,
3185 Que ja n'avroit fame eſpoſee.
Sa fiance ſera ſauſſee,
Car adés m'eſpoſera il.
Meis je n'ai pas Cligés ſi vil,
Qu'ainz ne voſiſſe eſtre anterree,
3190 Que ja par moi perdiſt danree
De l'enor qui ſoe doit eſtre.
Ja de moi ne puiſſe anſes neſtre,
Par quoi il ſoit deſeritez.
Meſtre, or vos an antremetez
3195 Por ce que toz jorz voſtre ſoie."
Lors li dit ſa meſtre et otroie

3172. pas *fehlt* S(—1). | quatre S, quautre R(—1), quautrui T, que
laltre B, cun autre AP. | i] ſi S. 73. 74. *stellt um* C. 73. Mais cil BTR,
Mais il P; Ne puet pas cil C. 75. laura C. | ſan APBC, ſe R. 76. Cl. la
terre T. 77. itant PT. | ſaues P; S: M. ſe uos ſaiuez tant dire (—1). 78. a
moy T, neuſt eu moi PCR. 79. Que B. 80. Dont P. | maueries PT, mauies
B, mauez S(—1). | a gre PBTR. 81. cor P. 83. Que CTR, Quil B. | lo p. S.
84. com il] 9 hō S. | li ot] meiſme A, miels li PBCTR. | eſcaui B, abiely T
(2. *Hand* XV/XVI *Jhd.*). 85. naura C. 86. ſera] en a BT, en iert A. |
ſ.] ia ſ. B, quaſſee S, paſſee P, treſpaſſee T, reuſee A. 89. Que mialz AB. |
ne v.] ne nuelle A, ualroie B. | enterre B. 90. ia *fehlt* PBCTR. | perde A,
em perdiſt BT, perde une PCR. 91. B: Ne quit que ia enſi doie eſtre.
92. (*Hier beginnt wieder* M) ne puiſt de moi B. | puiſt BT. *Darnach schiebt*
M *ein:* Ce pri a deu le rei celeſtre. 93. Dont B. | cui A, qui R. | il]
cliges B. 94. Meſtrez T. | cor P. | en] *fehlt* APTR. 95. qua C. | iorz *fehlt*
S(—1); B: Par couent que io u. ſ. 96. li *fehlt* R. | diſt CT. | meſtreſſe P.

Que tant fera conjuremanz
Et poifons et anchantemanz,
Que ja de ceft anpereor
3200 Mar avra garde ne peor,
[Des qu'il avra beü del boivre
Que ele li donra a boivre,]
Et fi girront anfanble andui,
Meis ja tant n'iert anfanble lui
3205 Qu'aufli n'i puiffe eftre a feür,
Con f'antr'aus deus avoit un mur;
„Meis feul de tant ne vos enuit,
S'a vos par fonge fe deduit;
Car quant il dormira formant,
3210 Avra de vos joie an dormant
Et cuidera tot antrefeit
Que an veillant fa joie an eit,
Ne ja rien n'an tanra a fonge
Ne a fantofine n'a mançonge.
3215 Einfi a vos fe deduira,
Qu'an dormant veillier cuidera."

3197. encantemens *B.*   **98.** (*fehlt S*) coniuremens *B.*   **99.** diceft *M,*
cel'*PBCTR.*   **3200.** Mal a(*M,* Navra ne *C.* | auroit *T.* | g.] doute *PCTR,*
:me *B.*   1.   **2.** *fehlen SAM.*   **1.** Dus *B.* | dun *BC.*   **2.** Quele *R.* | cele *CT.*
:oiure *R.*   **3.** feront *T; R* (*stellt um*): Que ia compaignie ait o lui.   **4.** ia
rt tant *MT.* | tant *fehlt C*(—1), ia *fehlt P*(—1)*B*(—1). | anf. o lui *A,* fole
·c lui *PBCT,* fole o celui *M; R:* Et fi girrunt enfamble amdui.
Quanfis *S,* Que fi *M,* Que aufli *R.* | ne *alle ausser S, fehlt R.* | puift *PBC,*
ra *R.* | afeure *S.*   **6.** Que *P.* | fentre (aus *fehlt*) *T.* | deus *fehlt R.* | euft
'*R.*   **7.** fole *M.* | itant *AMB,* ditant *P;* de feul tant *R,* del foutant *C,*
fus tant *T.* | ne *fehlt TR*(—1). | vos] li *alle ausser S.* | hēnuift *R,* anuit *T.*
Se *SMPBCTR.* | par fonge *vor* a li *MBCTR.* | vos] li *MPBTR,* lui *C.* |
·uift *R; A:* Quil a an dormant fon deduit.   **10.** Sara *B.* | vos] li *alle*
ser S. | en d.] a talant *A,* fi grant *S; C:* De lui aura j. en d.; *in R ist*
Zeile abgeschnitten.   **11.** Et quil dire *S.*   **12.** Quil *B,* Quen *R*(—1). |
dormant *BR.*   **13.** Et *A.* | rien *fehlt S*(—1).   **14.** Ne an *S,* Na *BC,* A
,*(PTR.* | f.] faufete *MBCTR,* lofange *A.* | n'a] ne a *APBT,* ne au *C,* na
f, na *R*(—1).   **15.** Ancois *S.* | a vos] de uos *P,* de li *BTR,* de lui
'*C; A:* E. toz iorz de lui fera.   **16.** Quant *S.* | v.] ioer *A.*

L A pucele aimme et loe et prife
 Cefte bonté et ceft fervife.
  An buene efperance la met
3220 Sa meftre qui ce li promet
  Et ce li fiance a tenir;
  Que par ce cuidera venir
  A fa joie, que qu'il li tart,
  Que ja tant n'iert de male part
3225 Cligés, f'il fet que ele l'aint
  Et que tel vie por lui maint
  Con de garder fon pucelage,
  Por lui garder fon eritage,
  Qu'il aucune pitié n'an eit,
3230 S'a buene nature retreit
  Et f'il eft teus com eftre doit.
  La pucele fa meftre croit
  Et mout f'i fie et affeüre,
  L'une a l'autre fiance et jure
3235 Que cift confauz iert fi teüz
  Que ja n'iert an avant feüz.
  Einfi la parole eft finee,
  Et quant vint a la matinee,
  L'anperere fa fille mande,
3240 Cele vient, quant il le comande.
  Que vos iroie je contant?

3217—36 *fehlen M.* **17.** aime et l·] ml't loe *B*, aîme ml't *TR*; *S*; l p. cune 7 prife (*so*). **18.** b.] acointance *B*. **19.** Quan *S*. **20.** Ses meftres Sa meftreffe *R*(+1), Cele *B*. | qui tot ce *B*. **21.** Et fi (fe) *alle ausser* **22.** Car *PCTR*, Et *B*. | por *PC*. | ice *BT*. | cuide *BTR*. | ele av. *R*. **23.** c que li *P*, que que li *R*, com quele *B* (li *fehlt*), quanque li *T*. | li] il *A*. **24.** C *TR*. | niert tant *C*. **25.** fe il *B*. | quele *B,R*(—1). **26.** Et *fehlt AT*. | lui t. v. *PBCR*, p. l. tel ioie *T*, p. l. grant ioie *A*. | lui] li *AB*. | demaint ne maint *A*. **27.** C. de *fehlt A*. | g. cuide fon *A*. **28.** g.] faluer *ABT*. **29.** Que *P*, Quaucūne *T*. | pieche *T*. | nait *S*(—1). **30.** Se a b. auetu ɪ. *S*(*so*). | le retraift *R* (3. *m*.). **33.** fi] fe *TR*. **34.** a] et *S*. | f.] pleuift **35.** chilz *T*. | fera *BT*. | fi] *fehlt BT*. | tenuz *SCT*. **36.** Que] Et quil Ne *T*. | nen ert *R*. | en *fehlt BR*, envant *T*. **37. 38.** *fehlen S*. **37.** (*se M wieder ein*). E. *fehlt B*. | lor *PR*. | eft] ont *PR*, ont iffi *B*; *A*: Si la p. f. **40.** Ele *B*. | i uint *MPBCT*. | defquil *MPCR*, puifquil *B*. **41.** M. que *PBCTR*. | je] *fehlt PBCT*, tot *AM*; io a contant *R* (3. *m*.) (+2).

Lor afeire ont aprochié tant
Li dui anpereor anfanble,
Que li mariages affanble,
3245 Et la joie el paleis comance,
Meis n'i vuel feire demorance
A parler de chafcune chofe.
A Theffala qui ne repofe
De poifons feire et atanprer,
3250 Vuel ma parole retorner.
THESSALA trible fa poifon,
Efpeces i met a foifon
Por adoucir et atanprer,
Bien la feit batre et deftanprer,
3255 Et cole tant que tot eft cler
Ne rien n'i a aigre n'amer;
Car les efpeces qui i font
Douce et de buene odor la font.
Quant la poifons fu atornee,
3260 S'ot li jorz feite fa jornee
Et por foper furent affifes
Les tables, et les napes mifes,
Meis le foper met an refpit.
Theffala covient qu'ele efpit,

3242. Ne lor *B*. | ont] *fehlt B*, uont *A*. | ap. ont *M*. | apruichant *A*. |
. t.] porcacant *B*. **43.** *B*: Luns emperere ce me famble. **44.** li barnages
S; *B*: Par mariage al altre afamble. **46.** ni] ne *TR*. **47.** De *A*.
). Des *A*. | poiffons *R*, poifon *MBC*. | atorner *PBCTR*. **51.** triule *P*, trieu-
T, tranpre *A*. | la *MPTR*. **52.** Efpices *S*, Defpifces *T*. | mift *P*. | grant
T. **53.** adolchier *B*, adocier *M*, endocir *R*. | atranprer *A*. **54.** le *R*,
AT. | fœt *S*, fift *PCTR*, feit *M*. | deftranprer *AM*, deftremper *C*, atemprer *R*.
. coler *PBCTR*. | toz *A*, tote *BC*, il *P*. | fu *PR*. | clers *A*, clere *BC*.
. Ne] Que *M*, Et *BC*. | riens *T*. | ni ot *T*, ne fot *P*, ne feit *M*, ni fet *R*;
n'i a] quele neft *C*, ne fu *B*. | aigre] aigres *A*, naigre *C*, qui foit *T*. |
.] namers *A*, nemere *C*, ne amere *B*. **57.** Que *B*. | efpices *SAPCT*,
ieces *R*. **58.** Doz *S*, Dolz *M*, Doltes *A*. | boen *M*. | oldor *A*, oudour *T*. |
ant *S*, font *A*. **59.** at.] bien tupree *C*. **60.** Sa *S*, Ot *TR*, Et *C*. | orz
) *M*. | faiornee *SMAB*; *C*: Et bien confite et atornee. **61.** affis *B*.
. Et t. *B*. | tables] napes *S*. | les *fehlt B*. | napes] tables *S*. | m.] ont mis *B*.
. le] lo *S*, del *MPT*, de *CR*. | feper *S*, forplus *PBT*. **64.** covient] coment *S*,
nent *TR*, quiert comme *C*. | qu'ele] ele *CTR*.

3265 Par quel angin, par quel meſſage
       Ele anvoiera ſon bevrage.
       Au mangier furent tuit aſſis,
      ˙Mes orent eü plus de ſis,
       Et Cligés ſon oncle ſervoit.
3270 Theſſala qui ſervir le voit
       Panſe que ſon ſerviſe pert,
       Qu'a ſon deſeritemant ſert,
       Si l'an enuie mout et poiſe,
       Puis ſ'apanſe come cortoiſe
3275 Que del boivre ſervir fera
       Celui cui joie et preuz ſera.
       Por Cligés mande Theſſala,
       Et cil maintenant i ala,
       Si li a quis et demandé,
3280 Por quoi ele l'avoit mandé.
       „Amis, ſeit ele,ˆa ˙ceſt mangier
       Vuel l'anpereor loſangier
       D'un boivre qu'il avra mout chier,
       Ne a ſoper ne a couchier
3285 Ne vuel qu'anuit meis d'autre boive.
       Je cuit que mout pleiſir li doive,
       Qu'onques de ſi buen ne goſta,
       Ne nus boivres tant ne coſta.
       Et gardez bien, ce vos acoint,

3265. et par $M(+1)$. | meſ.] art M (*und am Rande* meſage ɪ. *m.*
66. Ele *fehlt PT.* | an aura S, enuoïjera ille T. | ſon] le C. | bev.] bo
taige S, beuerage P, meſſage T. **67.** Quant au m. T. | tuit *fehlt* $R(-1)$,7
68. euz AR. | plus de dis. A, iuſquà ſis $BCTR$, duſca .vɪ. P. **72.** Qua
$M(+1)$, Quant T. **73.** Se li T. **74.** Si T, Lors R. | ſapenſa PBR. **75.** Qu
fehlt A. | de S. | an ſera A. **76.** ioie] biens B, ioit S. | en aura $R(+1$
77. Por *fehlt* T. | a mande T. **78.** Et *fehlt PCR.* ¦ tout m. PCR, uolen
tiers B. **79.** Et ſi CTR. ǀ dem.] roue CTR. **80.** P. quel choſe $PBCTR$.
ele] theſſala A. | l'av.] la $ABCTR$, lot P. **81.** diſt A. **82.** lemperere 7
84. al ſ. $PBCTR$. ¦ ſ.] leuer B. | ne] na M. | al $PBCTR$. | couch.] mengie
SM; A: Si uos di bien par ſaint richier. **85.** v.] quir B. | qu'a.] q̄nu ˙
anuit B, que anuit P, que hui T, qⁿn i C. | mes] mas S, *fehlt* P. | altr
$MBTR$. | boiure S. **86.** cuit ml't que CT. | qui R. | plaire MBC, amer A.
le A. **87.** C'] *fehlt PC.* | ſi b.] millor B. | taſta S. **88.** Ne *fehlt* T; Ne n.
Nonques PR. | ſeus boire T. **89.** Mais $PBCTR$. | iel uos a. A.

3290 Que nus autre n'an boive point
Por ce que trop an i a po.
Et ce meïfmes vos relo
Que ja ne fache don il vint,
Meis que par avanture avint
3295 Qu'antre les prefanz le trovaftes
Et por ce que vos efprovaftes
Et fantiftes au vant de l'eir
Des buenes efpeces le fleir,
Et por ce que cler le veïftes,
3300 Le vin an fa cope meïftes,
· . Se par avanture l'anquiert,
'Sachiez que a tant peis an iert.
Meis por chofe que j'aie dite
N'i aiiez ja male fofpite,
3305 Car li boivres eft nez et fains
Et de buenes efpeces plains,
Et puet cel eftre an aucun tans
Vos fera bien, fi con je pans."
Quant il ot que biens l'an vanra,
3310 La poifon prant, fi f'an reva,
Car ne fet qu'il i eit nul mal.
An une cope de criftal
L'a devant l'anpereor mife.

3290. nus] uns *T*, uos *S*, ia *PB*, ia nus *R*(+1). **91.** poi *CTR*, pou *MB*. . Ice *R*. | ce m.] une cofe *B*. | reloi *C*, relou *MB*; *T*: Et bien te cafti fi croi. **93.** Quil *CT*. | ne f. ia *CT*. **94.** Que q̄ *S*, Fors *A*, Tant *B*. | uint *S*. . (*wiederholt A*) Antre *S*; Qu'en la defpenfe *BCTR*. **96.** lefprouaftes *CTR*. **97.** Et] Que *TR*. | au] a *M*. **98.** b.] rices *B*, douches *T*; *S*: Et bones odor lor flair. **99.** cler] quelr *S*, bel *PBR*, biau *T*, boen *C*. **00.** fa] la *STR*. **1.** Sil *MPBCR*. | lo q. *ST*, lan *fehlt R*(—1). **2.** Bien hiez *PBCTR*. | que a t.] qua at.] *M*, que aitant *S*, quatant *PBCR*, que t *T*. | peis] pais *SBR*, pes *MC*, poi *T*. **3.** i'aie] aie *BC*, taie *SR*, uos *A*. | dite] a dire *S*. **4.** Nen *A*, Ne *S*, Naijes uos *T*. | aures *S*. | ia *fehlt* —1). | nule *C*. **5.** Que *B*. | boire *R*. | clers *A*, boins *PBC*, et boins *T*(+1)*R*. Et *fehlt C*. | des *R*. | b.] riches *T*, ml't chieres *C*. **7.** cel *fehlt T*. | quen *T*. | auc.] aucon *M*, aucuns *S*, autre *BCT*. **8.** bien] lie *AMBCT*, ie *R*(+1); Vos en eft miex *P*. **9.** cil *APBCTR*. | oit *C*. | bien *MBC*. *M*. **10.** len porta *A*, fen rala *T*. **12.** ll *in A*. **11.** Quant *S*, Mes *B*. | ne] i . | i] ni *SB*. | a numal *S*. **12.** Verfe an la *A*. **13.** la *vor* mife *T*.

L'anperere a la cope prife,

3315 Qui an fon`neveu mout fe croit,
De la poifon un grant treit boit
Et maintenant la force fant,
Qui del chief el cuer li defçant
Et del cuer li remonte el chief,

3320 Si le cerche de chief an chief,
Tot le cerche fanz rien grever.
Et quant vint as tables ofter,
S'ot l'anperere tant beü
Del boivre qui li ot pleü,

3325 Que ja meis n'an fera delivres,
Chafque nuit iert an dormant ivres,
Et fel fera tant travaillier
Qu'an dormant cuidera veillier.

OR eft l'anperere gabez.
3330 Mout ot evefques et abez
Au lit feignier et beneïr,
Quant ore fu d'aler gefir.
L'anperere, fi com il dut,
Avuec fa fame la nuit jut.

3335 Si com il dut? ai ge manti,
Qu'il ne la beifa ne fanti;
Meis an un lit jurent anfanble:
La pucele de primes tranble,
Quar mout fe dote et mout f'efmaie,

3340 Que la poifons ne foit veraie.

3315. Qua $S(—1)$. | nev. fe, creoit B. **16.** Lampereres la poifons boit ✓
17. en fent T. **18.** el] al B. | cors $AMPTR,C$ (cors el chief). **19.** coi
$AMPCTR$. | el] al B. **20.** (fehlt S) Si] Et AT, Qui C, Bien P, Tot B. | T: H
du chief v cors de rechief. **21.** Tot] Si B, Tant T. | rien lui P. **22.** Et] Qi
$MPBCT$. | as] au S. | napes AB. | leuer $APTR$. **23.** Sout M, Ot CTl
26. 25. A. **25.** Ne A. **26.** Chafcun M. | Par nuit fera A, Toute n. eft C, Nu
et ior ert R, Mais tos iors (tans P) ert PB, Ains iert tous iours T. **27.** Einz A
fe S, le AP. | tant] fi $PBCT$. | mierueillier T. **28.** cuid.] le fera AP. **30.** o
a B. | enuesques B. **31.** benoier S. **32.** ore] or fe fu ale M. | dormir ⁄
33. 34. stellt um B. **34.** La nuit av. fa f. i. $ABCTR$. | la] cele $M(+1)$. | iu
vint S. **35.** iou ai P, or ai B. **36.** beifa] toca BT. **38.** de premiers SC
de peor A, paour T. **39.** Qui $APBCTR$. | molt] forment B. | fe d.] redote M
molt fehlt $B,M(—1)$. | efmaie B. **40.** ver.] preu vraie C, nient vr. T.

Meis ele l'a fi anchanté
Que ja meis n'avra volanté
De li ne d'autre, f'il ne dort.
Meis lors an avra tel deport,
3345 Con l'an puet an fonjant avoir,
Et fi tanra le fonge a voir.
Neporquant cele le refoingne,
Premieremant de lui f'efloingne,
Ne cil aprochier ne la puet,
3350 Car maintenant dormir l'eftuet,
Et dort et fonge et veillier cuide,
S'eft an grant painne et an eftuide
De la pucele lofangier.
Et cele mainne grant dangier
3355 Et fe defant come pucele:
Et il la prie et fi l'apele   .
Mout foavet fa douce amie,
Tenir la cuide, n'an tient mie;
Meis de neant eft an grant eife:
3360 Neant anbrace et neant beife,
Neant tient et neant acole,
Neant voit, a neant parole,
A neant tance, a neant luite.
Mout fu bien la poifons confite,
3365 Qui fi le travaille et demainne.
De neant eft an fi grant painne,

3341. ele la] ela *M*(—1).   42. ia nen ara *B*.   43. lui *C*.   44. Et
P. | avra] a il *BT.*   45. Que *P.* | om *B*, on *PT*, en *C*, an *S*, le *R*.
6. le fien auoir *P.*   47. Non *APBTR.* | fere ceume. *S.*   49. Ne] Et *P*,
·uer *M.*   50. Que m. *B*, Quaraumant *A.* | li eft. *A.*   51. Et] Il *P*, Quil *S.* |
eille et c. *M.*   52. Ses *S*, Si eft *M* (grant *fehlt*). | En g. p. eft *P.* ‖ En g. p.
. en grant eft. *BCTR.*   53. Eft de *R.* | efloignier *R.* ‖ Eft de fenice l. *B.*
4. de *A.* | li maine *B*, li feifoit *A.* | grant] *fehlt AB*, tel *CTR.*   56. cil
MPCTR, cil ml't *B.* | la] li *PBT.* | et *fehlt Ç.* | fi] *fehlt B*, fil *R*; Et il tant
aiteuat lapelle *S.*   57. bonement *MP*, dolcement *APCTR.* | ma d. mie *S.*
9. eft a *AC*, en a *TR*; M. il eft de noiant a aife *B.*   60. Car neant *A.* |
ibrace] tient *A.*   61. 62. *fehlen BT.*   61. tient] uoit *R.* | a n. parole *AR.*
2. tient *R.* | et n. acole *AR.*   63. tance] touche *T.* | lite *T.*   64. ml't fu la
bien c. *A.*   65. Qiffi *B*, Sanfis *S.* | defmoine *S.*   66. an] a *B.* | fi] ml't *S.*

Car por voir cuide et fi f'an prife
Qu'il eit la forterece prife.
Einfi le cuide, einfi le croit,
3370 Et de neant laffe et recroit. —
A une foiz vos ai tot dit,
Qu'onques n'an ot autre delit.
Einfi l'eftovra demener
Toz iorz meis, f'il l'an puet mener;
3375 Meis ainz qu'a fauveté la taingne,
Çuit que granz anconbriers li vaingne;
Car quant il f'an retornera,
Li dus pas ne fejornera,
Cui ele fu primes donee.
3380 Grant force a li dus affanblee,
S'a totes les marches garnies,
Et a la cort font fes efpies
Qui li font favoir chafcun jor
Tot fon afeire et fon ator
3385 Et conbien il fejorneront
Et quant il f'an retorneront,
Par queus leus et par queus trefpas.
L'anperere ne tarda pas
Après les noces longuemant,
3390 De Coloingne part lieemant,

3367. Que *B*, Qua *S*. | por] le *S*. | et *fehlt B*.   **69. 70.** *stellt um A*
69. Anfis — anfis *S*, Iffi = *T*. | *erstes* le *fehlt R*(—1). ‖ Tout enfeuent l
c. et cr. *B*.   **70.** Et deuient laffez *A*, Et enfi fe laffe *B*, Einfint (Ifi *Th*
fe laffe *CR*(—1)*T*. | et fe r. *T*.   **72.** Onques *BC*.   **73.** Anfis *S*, iffi *h*
Einfint *C*.   **74.** fil] ne *R*. | l'an] an *S*.   **75.** Quar *R*. | ancois *B*. | quafiur *h*
que affeur *T*, ken fon pais *PR*.   **76.** Criem *ABCR*, Croi *T*. | que *fehlt* (
granz *fehlt B* (quencombrier). | li] len *TR*. | ne li *BC*.   **79.** el *A*. | prine *h*
premiers *T*, premerains *A*, promife *S*(+1). | primes fu *M*. | fu pr. *fehlt A*
(auoit afte).   **80.** Car g. f. *P*. | Il auoit fort gent a. *B*. | li dus] o lui *A*.
amenee *ACT*, aunee *BR*, mandee *P*.   **81.** Si ot bien *B*. | les] fes *PBCR*.
marges *S*.   **82.** Et ot a *B*. | font] ot *P*, *fehlt B*. | ces *S*, les *A*. | efpices A
83. Que *S*. | li] lor *B*.   **84.** Tot le (lor *PB*) couine (conroy *T*) et to
(lor *P*) l(*fehlt P*)ator *APBCTR*.   **85.** feiornera *M*.   **86.** retornera *M*. ‖ Et
quel point i. f. iront *B*.   **87.** quel leu . . . quel *A*.   **88.** ne targa *PR*, ni
tarda *BC*.   **89.** fes *AMCT*.   **90.** colomne *S*.

Et l'anperere d'Alemaigne
Le conduit a mout grant conpaingne
Por ce que mout crient et refoingne
La force le duc de Seffogne.

3395 LI dui anpereor cheminent,
Jufque. a Reneborc ne finent,
Et furent par une vefpree
Logié for Dunoe an la pree.
Li Grejois furent an lor trez

3400 Delez Noire Foreft es prez.
De l'autre part logié eftoient
Li Seifne qui les efgardoient.
Li niés le duc an une angarde
Remeft toz feus por prandre garde,

3405 S'il porroit feire, nul guehaing
Sor çaus dela ne nul mehaing.
La ou il iert an fon efgart
Vit Cligés chevauchier foi quart
De vaflez qui fe deportoient,

3410 Qui lances et efcuz portoient
Por behorder et por deduire.
Ja lor voudra grever et nuire
Li niés le duc, f'il onques puet.
A tot cinc conpaignons f'efmuet,

3391. de la mainne S. **92.** conduift T, conuoie B. | a] o R. | m. gr.]
iche AB. **93.** crient] doute PR. **94.** le] al CR(—1). **96. 95.** in S.
)5. ne finent ABCT. **96.** Jufqa S(—1), Dufques P, Jufquotre M, Trefcou-
|re A, Jufque outre CR, Tan quil oltre B, Tant que deuant T. | teneborc S,
enebors R, raineborc PB, reineborc M, rëineborc C, refnebors T. | uirent BC,
ienent T, cheminent A. **98.** Logie fehlt B, Sus d. logie C. | foz AMPCTR. |
uno MC, dynoe P, dinoe S, dinoie T. | en une ualee B. **3400.** Dales P,
Deuant T, Deiofte B. | une f. PBTR. **1.** Quer l. M, Et dautre APCR, Et
ar d. T. | logiee R, laighe T. **2.** feignes MR, feffoignois A. | agaiteient M,
ueitoient A, atendoient BT. **3.** le] al B, li R. | an] a S. **4.** R. que nus
e fen prift (prent C) g. MPBCTR, San fu alez p. p. g. A. **5.** gaaign MBC,
aaing TR, fehlt S(—2). **6.** mahaign MBC, maalng R, gaaing S. **7.** Lai
S, Si com B. | eft S. **8.** Vint T. | cheuauchant T. | foi] lui CTR. | Cheu.
it cl. C. **9.** Des R, Li S. **10.** Et B. | efc. et lanc. APR. | auoient PCTR.
l. et fehlt, por aus d. C. **12.** Ja li R, La les T, Il v. S(—1). | uoldre M.
3. le] an B. **14.** O MC. | cinc] .ii. A. | cheualiers P. | fe muet ST.

3415 Si fe font mis a recelee
      Lez le bois an une valee
      Si qu'onques li Grejois nes virent,
      Tant que de la valee iffirent
      Et que li niés le duc f'adrece,
3420 Si fiert Cligés fi qu'il le blece
      Un petitet devers l'efchine.
      Cligés fe beiffe, fi f'ancline
      Si que la lance outre f'an paffe,
      Neporquant un petit le quaffe.
3425 QUANT Cligés fant qu'il eft bleciez,
      Vers le vaflet f'eft adreciez,
      Sel va ferir de tel randon
      Que parmi le cuer a bandon
      Li met fa lance, mort le ruie.
3430 Lors fe metent tuit a la fuie
      Li Seifne qui mout fe redotent,
      Parmi la foreft fe defrotent:
      Et Cligés qui ne fet l'agueit
      Hardemant et folie feit,
3435 Qui de fes conpaignons fe part,
      Si les anchauce cele part,
      Ou la force le duc eftoit,
      Et ja tote l'oz f'apreftoit
      De feire as Greus une anvaïe,
3440 Toz feus les chace fanz aïe.

3415. tot a celee *AMPB'CR.* **16.** Lonc *P.* **17.** le *M*, les *S.* | ne *S* **18.** iffurent *S.* **19.** Tantoft *R.* | le] al *B.* **20.** Et *TR.* | fiert fi cl. *B.* | f qu'il] que il *APC.* **21.** defus 1. *A.* **22.** Mais cl. *PT.* | fabaiffe et acl. *T* un petit facl. *P*, Cl. for fon arcon facl. *B.* | et fi *C.* **24.** Nequedent *BCT*, N< quident *R.* | le] fe *T.* **25.** fent cl. *B*, uoit cl. *S.* | fu *B.* **27.** par *PB* **28.** cors *AMR.* | Q. fa lance tot a b. *B.* **29.** balance *S.* | rue *SPB(* ruwe *T.* | Li mift ens el cors mors le r. *B.* **30.** Or *T.* | fo met *S*(—1). tuit] toft *A.* | Li autre font torne en fue *B.* **31.** figne *S*, feigne *MR.* | molt tant *S*, forment *PB.* | fe] le *ABT.* | dotent *PB.* **33.** ne *fehlt S*(—1). | fot *E* feit *M.* **35.** Car *B*, Quant *CTR.* **36.** Il *TR.* | Les.faifnes cace *B.* **37.** dou *C* **38.** loft *MPTR.* | faparcoit *A.* | Et lor gens tote *B.* **39. 40.** *stellt um E* **39.** Por *B.* | grius *B*, grieus *T*, grezois *M*, feignes *R*, faifnes *P.* | une *feh< MPR.* **40.** T. f.] Toz *fehlt S*, Cliges *T.* | enchauce *ST.* | Ja ert de lor arme garnie *B.*

Et li vaſlet tuit eſperdu
De lor ſeignor qu'il ont perdu
Vienent devant le duc corant,
Si li recontent an plorant
3445 Le domage de ſon neveu.
Li dus ne le tient mie a jeu,
Meis deu et toz ſes ſainz an jure,
Que joie ne buene avanture
An tote ſa vie n'avra
3450 Tant con celui vivant ſavra,
Qui ſon neveu li a ocis,
Et dit que mout iert ſes amis,
Qui le chief l'an aportera,
Et mout le reconfortera.
3455 Lors ſ'eſt uns chevaliers vantez
Que par lui li iert preſantez
Li chiés Cligés, ſe il l'atant. —
Cligés les vaſlez chace tant
Que for les Seiſnes ſ'anbati,
3460 Et cil le voit qui ſ'anhati,
Qu'il an aporteroit la teſte.
Lors ſ'an va, que plus n'i areſte :
Et Cligés ſ'eſt el retor mis
Por eſloignier ſes enemis,
3465 Si revint la toz eſleiſſiez,
Ou ſes conpaignons ot leiſſiez,

3441. Et *fehlt* *T*. | tuit] treſtuit *T*, ſunt *S*. **42.** Pour *T*. **43.** Vinrent *B*, Si uunt *S*. | plorant *SB*. **44.** Le dol li *B*. | rec.] ont conte *APCTR*, content *B*. | tuit dolant *S*, en corant *B*. **45.** L. d.] Le damage *MPT*, le domache *C*, Au d. *S*, Et la perte *B*. **46.** Ne il *R*, Et il *BT*, Mais il *C*. | tint *BT*. | pas *B*. | leu *S*. **47.** dex *MBR*. | dure *R*. **49.** Jamais a nul ior nē ara *B*. **50.** T. que *P*. | uiuant celui *C*, il celui vif *B*, il vif celui *T*. **52.** Car forment eſtoit ſ. a. *B*. **53. 54.** *stellen um APBCTR*. **55.** le] me *S*. **56.** Que ia li ſera *T*. | li] len *M*. | aportez *SM*. **57.** Le chief *MR*, Li chiuallers cl. *S*(+2). | ſil lutant tant *A*. **58.** le uallet *SR*. | chaca *CTR*. **59.** ſus *A*. | ſaignes *S*, ſeignes *R*, ualles *B*. **60.** uit *M*. | ſahati *BT*, ſaati *MPC*, ſenhaſti *S*, lahati *R*. **61.** len *BC*. | aportera *A*. **62.** Or *A*. | ſe part *R*, ſen part *MBCT*. | que plus *fehlt* *S*(—2). | nareſte *R*(—1). **63.** ſa *B*. | al *B*, au *ST*, en *C*. **64.** ſeſt ariers mis *S*. **65.** Sin *B*, Se *S*. | reuient *MT*. **66.** ot]a *B*.

Meis il n'an i a nul trové,
Qu'as trez f'an furent retorné
Por lor avanture conter.
3470 Et l'anperere fift monter
Greus et Tiois comunemant.
Par tote l'oft ifnelemant
S'arment et montent li baron.
Et cil a tant a efperon
3475 Totes voies Cligés chacié,
Toz armez, fon hiaume lacié.
Quant Cligés le voit seul venir,
Qui ainz ne voft apartenir
A recreant de cuer failli,
3480 De parole l'a affailli.
Li chevaliers premieremant
Garçon l'apele eftoutemant,
Que ne pot celer fon corage.
„Garz, feit il, ça leiroiz le gage
3485 De mon feignor que tu as mort.
Se ta tefte avuec moi n'an port,
Donc ne me pris un faus befant.
Au duc an vuel feire prefant,
Car autre gage n'an prandrai,
3490 Por fon neveu tant li randrai,
S'an avra bien eü l'efchange."
Cligés ot que cil le leidange

4567. il *fehlt* A. | nul] un feul A. 68. Au tref T, Quau tref R,
Quau tres C, Car as tres P, Car li troy S. | fen *fehlt* P. | torne S. 69. 70.
umgestellt A. 69. lauanture reconter S. 70. ot fet A. 71. tiois] noir S.
communalment CR, ifnelement P. 72. Por aler la BCTR. | communement P.
73. Tuit arme m. R. 75. Tote uoye S, Tote uoie a T. | chaie M. 76. fon]
ft S, le PBCTR, li M. | haume S, haumes M. | l.] ou cbie T. 77. Que C. |
uit MBR. | foruenir M [*viell.* Cl. (*Acc.*) v. tot l. v. *m. anderer Interp.*]. 78. ainc
BTR, onc MC. | ualt B, uolt C, uelt R, uot T. 79. Na C. | de] na CTR,
ne APB. | cuer] cor M, a APB. 80. De fa p. l'af. P. 83. Quil B, Car
PCTR, Quer M. | puet AMR. 84. lairas BR. 85. tu as] auez C. | mas R.
86. Si ie R. | ton chief A. | o moi ne p. R. 87. Dont T, Don S, Jo B. |
faus] fol S. 88. Adonc S, Li duc R. | en ferai un p. P. | Jo en voil faire
al d. p. B. 89. Que MPCR, Ja A, *fehlt* T. | ne S, ne len T. | rendrai T.
90. ton B. | tant] toi A. 91. Sin BR, Jen M. | aurei M. | molt bien R.
eu] a S, *fehlt* R, en tei M, fon R. | le cange T. 92. leftenge T.

Come fos et mal afeitiez.

„Vaffal, feit il, or vos gueitiez,

3495 Car ma tefte vos chaloing gié,

Ne l'avroiz mie fanz congié."

A tant li uns l'autre requiert,

Cil a failli, et Cligés fiert

Si fort que lui et fon deftrier

3500 Feit tot an un mont trebuchier. *heaß*

Li deftriers chiet for lui anvers

Si roidemant que an travers

L'une des jambes li peçoie.

Cligés for l'erbe qui verdoie

3505 Defçant a pié, fi le defarme,

· Quant defarmé l'ot, fi f'an arme,

Et la tefte li a coupee

De la foe meïfme efpee.

Quant la tefte li ot tranchiee,

3510 An fon fa lance l'a fichiee

Et dit qu'il an fera fervife

Au duc cui il avoit promife

La foe tefte a prefanter,

S'an eftor le puet ancontrer.

3515 N'ot pas bien an fon chief affis

Cligés le hiaume et l'efcu pris,

3493. fel *CT,* fals *B.* | mal] mes *R.* **94.** Vafax *A,* vaffiax *R.* | or]
ʝuer *M.* **95.** (*fehlt* S) Que *AB.* | ie vos chalenge *T.* | calanc *B,* chalen *M,*
ⁱhalan *R,* chalons *C.* | gie] *fehlt T.* **96.** Nen *MBT,* Vos ne *S.* | avreiz *M,*
ⁱres *BT.* | mie] pas *S,* huimais *R.* | fanz bargaigne *T.* **98.** et] mais *CTR.*
͵9. Si roidemant *B.* | que le d. *B.* **3500.** Fift *SR,* A fet *AB.* | t. an un m.]
ⁱ la terre *T,* a terre *B,* tout a t. *CR,* anfanble *S.* | tot *fehlt A.* | trabuchier *S,*
refb. *T.* **1.** Li ceuax *B.* **2.** redement *SMR,* durement *C.* | que] et *T.* |
͵n] de *S.* **4.** larbre *S.* **5.** fi] lors *A.* **6.** Et qant la defarme fi f'a. *B.*
ⁱf. Puis li a la t. c. *B.* | a] ot *T.* **8.** (*fehlt* S) De] O *M.* | fue *R,* foie *BT.* |
ʝe m. la f. efp. *T.* **9.** ot] a *AMBC.* **10.** En fonc *ST,* En fom *B,* Si la *A.* |
a] la *M,* en la *A.* | lance *fehlt S.* | la *fehlt A.* **11.** quil qui *M*(+1). | iufti-
e *S.* **12.** cui] qui *MP.* | lauoit *S.* | *Nach* 12 *schiebt* S *ein:* La prefentee.
͵a prefentee. **13.** tefte] gent *B.* **14.** Sil encor *PR,* Se un cor *M,* Se il *C,*
ʝe ueoir *T.* | le] lor *M.* | puet] pooit *C,* pois *M.* | nancontrer *T,* contrefter *M.*
5. Mult ot b. *M,* Lors auoit *A.* **16.** le] les *S,* fon *BC,* liaume *P.* | et *fehlt*
ʝ. | fon efcu *P.* | prit *S.*

Non pas le fuen, meis le celui,
Qui f'eftoit conbatuz a lui,
Et remontez eftoit lors primes
3520   Sor le deftrier celui meïmes
Et leiffe le fuen eftraiier,
Por les Grejois feire efmaiier,
Quant il vit plus de çant banieres
Et batailles granz et plenieres
3525   De Greus et de Tiois meflees.
Ja comanceront les meflees
Mout feleneffes et crüeus
Antre les Seifnes et les Greus.
Lués que Cligés venir les voit,
3530   Vers les Seifnes f'an va tot droit,
Et cil de lui chacier f'angoiffent,
Qui por les armes nel conoiffent,
Et fes oncles f'an defconforte,
Qui voit la tefte qu'il an porte,
3535   Ne n'eft mervoille, f'il f'an dote.
Tote l'oz aprés lui f'arote:
Et Cligés fe feit tant chacier
Por la meflee comancier,
Que li Seifne venir le voient;

3517. Not *T*; *B*: Le fon? non pas: mais le celui. **18.** Q. comb. f'eft.
a l. *P*. | o lui *M*. **19.** Et feftoit rem. *C*, Eftoit r. *P*, Non pas montes *B*.
bien lors a p. *B*, dont a p. *P*. **20.** Se lo *S*. | cheual celui *MCTR*, celui
cheual *B*. **21.** Si *MAPBTR*. | laiffa *BCR*. **22.** Por le celui *B*. | feire]
plus *MB*, miex *P*. **23.** Car il *B*, Il i a *T*. | vit venir *M*. | banieres *fehlt M*.
24. De lune et de lautre gent *M*. **25.** **26.** *fehlen A*. **25.** Des . . . des *PC*;
M: Des doels genz enfenble meflees. **26.** Ja] La *R*, *fehlt T*. | comencerent *R*,
commencoient *P*. | lor *B*. | affambleez *T*. **27. 28.** *stellt um AB*. **27.** felo-
neffes *SM*. **28.** *A*: De Tyois anfanble et de grex. **29.** Lors *S*, Jus *C*,
Des *MT*, Eftes vos *B*. | venir *fehlt B*. | le *S*. **30.** Envers *B*. | tot *fehlt B*.
31. Et griu *B*. **32.** armes] faines *B*. | ne *S*, nen *T*, le *B*. **33.** fan] fe *BTR*.
34. Qui auoit *S*(+1), Quant uoit *B*, Qui la t. voit *CTR*, Por la tefte *AM*.
que il *AM*. | aporte *R*. *Vor* **35** *schiebt A ein*: An fon la lance et cuide el
croit | Que la tefte son neueu foit. **35.** Ne *fehlt AMPB*. | pas merv. *R*(+1),*M*.
fi *S*, fe il *P*. | en *MBCTR*. | a dote *AB*. **36.** *B*: Enes le pas apres fa-
route. **37.** Et] Mais *T*, *fehlt M*. | fe] fa *B*. | feiffeit *M*. **39.** Que] Et *M*
Quant *ST*. | les v. *B*.

3540 Meis les armes toz les defvoient,
Don il eſt armez et garniz.
Gabez les a et efcharniz,
Car li dus et treſtuit li autre,
Si com il vient lance for fautre,
3545 Dïent: „Noſtre chevaliers vient!
An fon fa lance que il tient
Aporte la teſte Cligés,
Et li Greu le fivent aprés.
Or as chevaus por lui fecorre!"
3550 Lors leiſſent tuit les chevaus corre,
Et Cligés vers les Seiſnes point,
Defoz l'efcu fe clot et joint,
Lance droite, la teſte an fon,
N'ot mic mains cuer d'un lion,
3555 N'eſtoit pas plus d'un autre forz.
D'andeus parz cuident qu'il foit morz
Et Seiſne et Greu et Alemant,
S'an font cil lié et cil dolant;
Meis par tans iert li voirs feüz;
3560 Car Cligés ne f'eſt plus teüz,
Criant f'efleiſſe vers un Seiſne,
Sel fiert de la lance de freifne
A tot la teſte anmi le piz
Si que les eſtriers a guerpiz,
3565 Et crie an haut: „Baron, ferez!

3540. Que _B._ | tot _B_, tant _T._ | le _T._ **41.** Dom _A_, Donc _M_, De qoi _B_ (il _fehlt_). | ert _M._ **42.** _T_: Que tous les fera efcarnis. **43.** Que _B._ **44.** con _M._ | uint _SCR_; _T_: Quil uoit uenir l. f. f. **46.** A _S_, Et en fa l. _T._ **48.** fi _R._ | foet _S_, chacent _APBCT._ **49.** Sour les _T._ | refcorre _M_, requere _S_, felcolre _B._ **50.** A tant laient enfamble colre _B._ | les] lor _PC._ **51.** as Saifnes fen p. _B._ **52.** fenclot _P_, fesclot _R._ | uint _S._ **53. 54.** _stellt um T._ **53.** et la t. _M._ **54.** Ne na mie c. _A._ | cuer mains _S_(mai)_B._ | de lion _P_, de fanfon _ABCTR._ **55.** Ne neftoit _BC_, Ne neft pas _M_, Mais neft pas _P_, Mais niert pas _R._ | plus] meins _MR._ | cons autres _S._ **56.** Danbes _APBCR_, Des deus _T._ | cuide _SC._ | qui _S_, que _B._ **57.** Saines _M_ (_ohne_ Et), Griu et tiois _R._ **58.** Si _CT_, Si en _M_ (cil _fehlt_), Saifne f. l. _B._ | et cil] grigois _B._ | ioyant _T._ **59.** tant _S._ | fera coneuz _M._ **60.** Que _BR._ | pas t. _ABT._ **61.** Senfeigne crie v. _M._ **62.** Et _MBC_, Quil _T._ | dune l. _A._ **63.** O _SMCR._ | le chief _T._ **64.** Si _fehlt MP._ | eftries _A._ | en a g. _M_, a deg. _P._ **65.** Puis _AM._ | feferie b. f. _A._

Je fui Cligés que vos querez.
Or ça, franc chevalier hardi!
Ne n'i eit nul acoardi,
Car noftre eft la premiere jofte,
3570 Coarz hon de tel mes ne gofte."
L'ANPERERE mout f'efjoï,
    Quant fon neveu Cligés oï,
Qui fi les femont et enorte,
Mout f'an efbaudift et conforte;
3575 Et li dus eft mout efbaïz,
C'or fet il bien qu'il eft traïz,
Se la foe force n'eft graindre,
Ses janz feit ferrer et eftraindre.
Et li Greu ferré et rangié
3580 Ne fe font pas d'aus eftrangié,
Car maintenant brochent et poingnent,
D'andeus parz les lances efloingnent,
Si f'antrecontrent et reçoivent
Si com a tel oft feire doivent.
3585 As premeraines acointances
Percent efcuz et froiffent lances,
Tranchent çangles, ronpent eftrier,

3568. (*fehlt* S) ni ait] feiez pas M, foions p. B. | nul] un T. **69.** Que R, *fehlt* A. | en eft A. | B: Nous auons la p. j. || *Darnach in* S *eine Zeile:* ioftes. ioftes. ioftes. **70.** Fel foit qui B. | tex C. || *Darnach in* S *eine Zeile:* La premieres. **73.** Quiffi B, Quanfis S. | efmuet PR. **74.** fe A, fes refbaudift A, enhardiz S, efioift P, B: M. durement fen reconf. **75.** Et *fehlt* S(—1). | ml't eft T, ml't fen efbahi C. **76.** Or S, Quar MBR, Quil C. | or fet bien B, il f. b. C, ore quide R, cuide b. eftre trahi C. | eft] foit R. **77.** B: Se fa f. neft iloc g. **78.** Sa gent BT. **79. 80.** *fehlen* S. **80.** fe] ce R, *fehlt* B. | mie B. | dels CR, des M, defeftrangie T. | eflongie P. **81.** Qui B. durement A. | br. et] enfamble R. **82.** Damdols M, De deus BT, Dedox S, Dambes P. | lor l. BR. | aloignent MPB, anpoignent A. **83.** fentrencontrent C, fantracointent A, fentraprocent B, fentreuienent P, fentrehurterent R(+1), fe requierent T. **84.** Sis S. | come C. | a] en MPBCTR. | tel *fehlt* M. | oft] liu B, befoigne A. | feire *fehlt* A. | le doiv. M. **85.** Et as premieres S. **86.** Fendent B, Froiffent P. | brifent PR, bruifent M. **87.** Ronpent A. | cengles] refnes MPBCTR. | tranchent AT, colpent R fuient B. | eftries SA, eftriers MCTR, deftrier B.

Vuit an remainnent li deftrier
De çaus qui chieent an la place.
3590 Meis comant que chafcuns le face,
Cligés et li dus f'antrevienent,
Les lances eflongiees tienent
Et fierent de fi grant vertu
Li uns l'autre for fon efcu,
3595 Que les lances volent an clices,
Qui forz eftoient et feitices.
Cligés iert a cheval adroiz,
An la fele remeft toz droiz,
Qu'il ne bronche ne ne chancele.
3600 Li dus a guerpie la fele
Et mal gre fuen les arçons vuide.
Cligés prandre et mener l'an cuide
Et mout f'an travaille et efforce,
Meis n'eft mie foe la force;
3605 Car li Seifne eftoient antor,
Qui le refcoent par eſtor.
Cligés neporquant fanz mehaing
Part de l'eftor a tot guehaing;

3588. Voit *S*, Vuiz *AM.* | en] i *AT.* | rem.] ont leffiez *A.* | li] les *M*,
aint *T*, mainz *A.* | deftriers *AMTR*, eftrier *B*; *R*: Eftraiers leffent les d.
8. 90. *stellt um S.* 89. Des que il *M.* | cez qui gifent *A.* 92. Et les
(+1), Lor *B.* | lanc.] renes *M.* | efl.] alongies *PB*, et les lances *M*, et los
:ms *S.* 93. fi] ml't *T.* 94. parmi lefcu *T.* 95. funt en efcl. *M*, funt
onchonnees *T.* 96. erent fortes *M.* | feitices] quarrees *T.* 97. eft *ST*, fu *M*,·
B. | achiual *S*, el cheual *A*, cheualiers *MPBCTR.* | adreit *MC.* 98. fale *R*,
hlt P(—2). | remaint *BT.* | tot dreit *M.* 99. Car il *S.* | nanbrunche *A.* |
anle *PCTR*, baiffe *B*, brandift *M.* | ne *fehlt S.* 3600. Mes li *MR.* | a
.erpi *R*, a uuidiee *AT*, chai de *M.* 1. Qui *PR*, Que *S.* | maugre lui *T.* |
i eftries *A*, la fele *MC*, la laiffe *PTR.* la laie *B.* | voide *SM.* 2. Et Cl.
i m. len. c. *P.* 3. fe *MR*, fi *B.* | ml't feff. *R*(+1); *P*: Sen tr. m. et eff.;
wiederholt statt dieser Zeile V. 3598 (remaint). 4. *leere Zeile in T*; Mes
: neft (nert *P*) mie *PC*, M. f. nen eft pas *R*, M. f. nefteit pas *M.* 5. Que *B*,
'lt P. | faint *S.* | eft.] affembleut *CT*, faffemblent *R*(+1)*P*, fan uont *B.*
Si *B.* | lo *S*, li *APBC.* | refcoftrent *M*, rendirent *P.* | grant eftor *P*, p.
·r *B*, p. uigor *B*; *R*: Lor feignor lieuent de leftor. 7. non p. q. *T*, poi-
nt *M.* | mahaingne *R*; et o gaain *M.* 8. Par *MT.* | a grant g. *T*, et fanz
hain *M*; *R*; Sen part del oft a tot fon gaaingne (f. g. 3. *m. in ras.*).

Car le deſtrier au duc an mainne,
3610 Qui plus eſtoit blans que n'eſt lainne
9 Et valoit avuec un prodome
L'avoir Oteviien de Rome,
Li deſtriers eſtoit arabois.
Grant joie an font Greu et Tiois,
3615 Quant Cligés voient ſus monté,
Qui la valor et la bonté
De l'arabi veü avoient;
Meis d'un agueit ne ſe gardoient,
Ne ja ne ſ'an aparcevront
3620 Tant que grant perte i recevront.
UNE eſpie eſt au duc venue,
Don granz joie li eſt creüe.
„Dus, feit l'eſpie, n'a remés
An totes les tantes as Gres
3625 Home qui ſe puiſſe defandre.
Or puez feire la fille prandre
L'anpereor, ſe tu me croiz,
Tant con les Greus antandre voiz
A l'eſtor et a la bataille.
3630 Çant de tes chevaliers me baille
Et je lor baillerai t'amie.

3609. Que *B*. | ceual *B*. | le d. *TR*; *M:* Quer il en meine le deſtrier
10. ert *A*. eſt *P*. | que nule *APR*, qune *BT*; *M:* Que nus hoens ne porrei
preiſier. *Darnach folgt noch in M:* Il le conduit a ſa main deſtre | Il eſ
toz blans neis la teſte. 11. auole *B*, auecs *R*, o oes *C*, a oes *A*, bien a *M*
12. otevian *MB*, octeuien *P*, otouien *C*, octouien *R*, otheniien *T*, othenien *A*
13. ert *AT*. | arrabiois *A*, arrabioys *T*, aubiois *B*, eſpaneis *M*. 14. Ml't an ſon
lie *A*. | ont gre et nois *S*. 15. uirent *PR*, i uiren *M* (ſus *fehlt*). 16. Car *A*
17. Del larabi ueoit et ueie *S*. | (arrabi *nur T*). | auoit *PB*. 18. dun
don *S*, del *T*. | gardoit *PB*, ſapcoit *S*, rien ne ſauoient *A*. 19. Ne
Dom il *A*. | ſan *fehlt A*. | ſaparceuront *A*, apceuroit *SB*, apceuſſent *CTA*
20. Jus *MR*. | i *fehlt S*. | receuroit *SB*, receuſſent *CTR*. *Nach* 20 *schie*
R (*vgl.* **3659.** 60) *ein:* Mais Cly. fu en une enguarde | Qui de ce ſe pri
ml't bien garde. 22. Donc *MC*. 23. Sire diſt il *A*. | il neſt r. *T*,
na es tres *A*. 24. les gres *P*, al greiois *R*; *A:* As grezois un tot ſeul reme
25. Home] Na home *B*, Nus hons *T*, *fehlt A*. | puiſt *B*. | nes point deſſ.
27. men *B*. 28. T. que *P*. | come greus *CT*; *S:* Toz les greiois at.
29. leſtriſ *PRCTR*, leſtris *M*. 30. Et de *A*. 31. Car *A*. | liuerrai *I*

Par une viez voie enhermie
Les conduirai fi fagemant,
Que de Tiois ne d'Alemant
3635 Ne feront veü n'ancontré
Tant que la pucele an fon tré
Porront prandre et mener fi quite,
Que ja ne lor iert contredite."
De cefte chofe eft liez li dus,
3640 Çant chevaliers fenez et plus
Avuec l'efpie a anvoiiez,
Et cil les a fi avoiiez
Que la pucele an mainnent prife,
Ne n'i ot pas grant force mife,
3645 Car de legier mener l'an porent.
Quant des trez efloigniee l'orent,
Par doze d'aus l'an anvoiierent
Ne gueires ne les convoiierent.
Li doze an mainnent la pucele,
3650 Li autre ont dite la novele
Au duc, que bien ont efploitié.
Li dus n'avoit d'el coveitié,
Si prant triues tot main a main
As Grejois jufqu'a l'andemain.
3655 Triues ont prifes et donees,

3632. Parmi *T.* | enherbie *MC*, herbie *T*, anboschie *S.* **33.** La *S.* | nluemant *A.* **34.** tiois] greiois *R.* **35.** ferons *TR.* **36.** an] a *SB.* 7. Porons *T*, Li poront *B.* | amener *T.* | fi] len *M*, *fehlt BCTR,S* (*fehlt uch* quite). **38.** Que] Et *M*, *fehlt BT.* | lor] vous *T.* | fera *BT*, eult *R* (*sic*). 0. Car bien .C. *T.* | .C. de fes chev. *C*; .C. *fehlt S.* | fenez] et fenift *S*, ardiz *M*, *fehlt PCTR.* | et] o *M*, v *T*, et encor *PR.* **41.** E avec l. anu. *S.* | in a o l. e. *M.* **42.** conuoiez *SCTR.* **44.** Nil *A*, Et *M*, Si *B.* | ont *AMB.* | as] mais *B.* **45.** Legierement *MPBCTR.* **46.** Car *P.* | trez] tref *M*, grius *B*, grieus *T*, grex *S*, grezois *C.* | es loiment *S*, eflongiet il *T.* **47.** *R in* isur.* doz deus . . . erent *und schiebt ein* Et li autre fen retornerent. 8. Et *MBC.* | ge gaires *S.* | ne la *R*, loing nes *A,BC* (nel). | gueerez *S*; s autres fen retornerent *M.* **49.** amenent *R*; *S:* Einz fen uienent tot aintenant. **50.** o. d.] dient *B*, diftrent *M*, en content *R*; *S:* Deuant for r cheuauz corrant. **51.** qui bien ot *M*, quil ont bien *P*; *B:* Comment il rent e. **52.** n'a.] qui not *B*; *M:* Il nauoit dautre. **53.** Puis prift *M.* aintenant *S.* **54.** iusque *M*, dufca *P.*

Les janz le duc font retornees,
Et li Grejois fanz nule atante
Repeirent chafcuns a fa tante.
Meis Cligés feus an une angarde
3660 Remeft, que nus ne f'an prift garde,
Tant que les doze qui venoient
Vit et celi qu'il an menoient
Tot le grant cors et les galos.
Cligés qui viaut aquerre los
3665 Vers aus f'efleiffe eneflepas,
Car por neant ne fuient pas,
Ce fe panfe et li cuers li dit.
Tot maintenant que il les vit
S'efleiffe aprés et cil le voient,
3670 Qui folie cuident et croient.
„Li dus nos fiut, chafcuns le dit,
Contratandons le un petit,
Qui eft toz feus partiz de l'oft
Et fi vient aprés nos mout toft.“
3675 N'i a un feul qui ce ne cuit,
Contre lui vuelent aler tuit,
Meis feus i viaut chafcuns aler.

3656. Li gent *B.* | le d.] au d. *B*, de loft *M.* **57.** Et li greu chafcun:
a fa t. *M.* | nule] plus *B.* **58.** Repaire *SPBCR*; *M*: Sunt repairiez fanz plu:
datente. **59.** fox a *S*, fu en *T*, defor *M.* **60.** Remez *T*, Remaint *B.* | fi *B.*
prant *A.* **61.** vonoient *S*, meneient *M*, aloient *A*, fuioient *T.* **62.** cele *C.*
amenoient *PBR*; *M*: La pucele uit qui ueneient. **63.** Tous *T.* | les gran:
cours *T,R*(troz). | gualos *R*, walos *T*; *M*: Lambleure ¿ puis l. g. **64.** uout ¿
uautra q. *S.* **65.** V. fauz *S*, cels *R*, ceus *P.* | en uenfle pas *S.* **66.** E
MB, fehlt S. | ne furent il *S*, nel fift il *M*; *R*: Car por fauoir ne fauoit i
pas. **67.** Quer il *M.* | li] fis *M*; *B*: Cil fapenfa et il li dit. *R*: Que c¿
ert mais fi c. li d... **68.** Des icelore quil *M*; *darnach schiebt M ein*: l
penfe que ce feit des lor. | Et que ce fufent traitor. **69.** Il point *M.* | ap. ce
qui l. u. *A.* | et *fehlt B*(—1), il *S.* | les *SR.* **70.** Que *R*; *A*: Venir ¿
c. bien et cr. **71.** fet *S*; *alle andern haben folg. Version*: Car tuit dient
li dus nos fiut. *V. L.*: Quer *MP*, Que *BC.* | fit *P*; *nur A*: Que ce foi
li dus qui les fit. **72.** Contre atendole *T.* | loi *C*, lo *S.* **73—76** *fehle*:
MBCTR. **73.** Il *A.* | feft *AP.* **74.** tantoft *P.* **75.** celui *A.* | ne le *A*
76. Ancontre v. *S.* **77.** ualt *PB*, net *S*, wet *T.* | i] ne *PT.* | ch.] clig˙ *B*
R: Mes chafcons i uelt fels a.

Cligés covient a ˈavaler
Un grant val antre deus montaingnes.
3680 Ja meis d'aus ne feüft anfaingnes,
Se cil contre lui ne veniffent
Ou f'il ne le contratandiffent.
Li fis li vienent a l'ancontre,
Meis an lui avront male ancontre.
3685 Avuec la pucele remainnent
Li autre qui foef la mainnent
Le petit pas et l'anbleüre,
Et li fis vont grant aleüre
Poignant adés parmi le val.
3690 Cil qui ot plus ifnel cheval
Vint devant toz criant an haut:
„Dus de Seffoigne, deus te faut!
Dus, recovree avons t'amie.
· Or n'an manront li Grejois mie,
3695 Car ja t'iert bailliee et randue.“
Quant la parole a antandue
Cligés, que cil venoit criant,
N'an ot mie fon cuer riant,
Ainz eft mervoille qu'il n'anrage.
3700 Onques nule befte fauvage,
Lieparz ne tigre ne lions,

3678. Et feus *B.* | commence *BCTR*, a pris *M*, fe prent *P*. | deualer *M*.
79. V's granz vauz *S*. | ente *T*. **80.** Jame *M*. | faut *S*, neuft *M*. | en-
cumes *S*. **81.** Sil *BR*. | cil] *fehlt R*(—1), en *MB*, yalz *T*. | enuers *T*.
32. fil] fe il *BC*, els *M*, il *A*. | nel *SBCR*. | contre at. *SR*. **83.** li *fehlt T*. |
iient *S*(- 1), vindrent *MPBCR*. **84.** il i *T*. | orent *M*. |ˈmal *MBCTR*; *A*: Mes
ar un τ un les enc. **86.** fole *M*. | len *ABT*. **88.** fis] autre *S*. | vont] *fehlt*
ˈ, molt *P*; *B*: Li autre uienent a droiture. **89.** Poinnent *SP*. | ades] apres
ˈl, adroit *B*, vienent *A*. | p. m.] aval *T*. | un *AB*. **90.** plus ot *T*. **91.** V. tot
vant et crie h. *B*. | toz] tout *C, fehlt M*. | efcriant *M*. **92.** te] vos *MPBC*.
ˈ3. Nos uos(*fehlt C*) amenons (ci *C*) voftre amie *MBCTR*. **94.** Ore *R*. |
e la *R*(+2). | mainent *P*. | tyois *C*; *B*: Ja uos ert randue et baillie. **95.** Quer
ˈl, *fehlt T*. | le *S*, ia uos *T*. | nert *S*, ert *T*; *B*: Nel tanra mais li grius a drue.
ˈ7. venoit] ne uoit *S*, li uet *AMBCR*, li (*aus* qi *gebessert*) vont *T*. **98.** Si
ot *S*. | ot] a *AB*. | le *PB*. | ioiant *PC*; *M*: Le cuer ot mornes τ dolant.
ˈ9. Por (Par *MR*) un petit *MBCT,R*(—1). | que il *BC*. | nefrage *PB*, ne
ˈfrage *MT*. **3701.** Lieuparz *S*, Liparz *M*, Lupars *PBT*. | tygres *T*, huiures *A*.

S'ele voit prandre fes feons,
Ne·fu fi ardanz n'anragiee
Ne de conbatre acoragiee,
3705 Con fu Cligés cui il ne chaut
De vivre, f'a f'amie^(w)faut.
Miauz viaut morir que il ne l'eit,
  Mout a grant ire an fon defheit,
Et mout grant hardemant li done,
3710 L'arabi broche et efperone
Et va defor la targe pointe
Au Seifne doner une anpointe
De tel vertu que fanz mantir
Li fift la lance au cuer fantir.
3715 Cift a' Cligés affeüré.
Plus d'un grant arpant mefuré
A l'arabi point et brochié,
Einçois que l'autre eit aprochié,
Car tuit venoient aroté.
3720 Por l'un n'a l'autre redoté,
Car feul a feul jofte a chafcun ;
Ses ancontre par un et un,
Ne li uns n'a de l'autre aïe.

3702. Sel *S*, Sil *R*(—1), Se il *MBCT*. | ueit *SM*, uit *Rest*. | perdre *A*, man-
gier *S*. | fum foon *M*. **3.** fuft *S*. | hardiz ne aragez *R*. | nefragie *T*, nefragiez *MP*.
4. acoragiez *MP*, encoragiez *R*, encoragie *BCT*, ancoragiee *A*. **5. 6.** um-
gestellt in *S*. **5.** Ce *S*. | Cl. fu *T*, Cl. eft *M*. | cui] eu *S*, qui *B*, fi *M*.
car *A*. | ne li *M*, lui ne *A*. **6.** De v. fehlt *S* (dafür Con il —1). | fa] a *S*.
fe *A*, fi a *R*(+1). **7.** quil ne larait *AMB,C* (rait —1), quil nel reait *R*. **8.** Ml'i
par an a ire et d. *B*. | an fon] et grant *MT*. **9.** Et m.] Lire *R*. | grant fehlt
M(—1). **10.** point] broche *P*. **11.** deffus *TR*. | fa t. *M*. | pange *C*. **12.** done
S(—1)*C*. | tele *AB*. | enpangre *C*; *M*: Doner a un faifne u. enp. **13.** que
et *B*, tot *A*. **14.** fait *BCTR*. | el *PBR*. | cors *SB*; al c.] aual *M*; *A*: Qua
cuer li fet le fer f. *Darnach schiebt M ein :* Parmi le cors li a conduit | Li
lance fanz nul contredit. **15.** Cil *BR*, Chieus *T*, Cix *P*. **16.** grant fehlt *AM*
arp. gr. *P*. | tot mefure *A*, a reufe *M*. **17.** A fehlt *M*. | et a br. *M*
18. Ainz *M*. | qua *B*. | quil ait l'a. at. *T*. | ait] feit *M*. | atochie *SBT*. **19.** Que *S*
Qui *B*. | ven. tot *B*. | defrote *A*. **20.** Ne *AT*. | n'a] ne *ACT*, a *P*. | n:
red. *T*(+1), na d. *A*, a red. *C*. **21.** Que *SB*, Tot *P*. **22.** Sis *BR*
Quer *M*. | anc. p.] il ueneient *M*. | par] touz *CR*, tout *T*. | p. un] p mi *S*.
et] a *T*. **23.** Nis *B*, Se *T*. | na] a *A*. | de fehlt *A*. | naie *A*, enuie *C*.

Au fecont feit une anvaïe,

3725 Qui li cuidoit de fon contreire
Noveles dire et joie feire,
Si con li premiers avoit feit;
Meis Cligés n'a cure de pleit
Ne de fa parole efcouter,

3730 Sa lance el cors li va boter,
Qu'au retreire li fans an vole,
Si li tot l'ame et la parole;
Aprés les deus au tierz f'acople,
Qui mout le cuide trover fople

3735 Et lié feire de fon enui.
A efperon vint contre lui,
Meis ainz que mot dire li loife,
Cligés de fa lance une toife
Parmi le cors li a colee.

3740 Au quart redone tel colee
Qu'anmi le chanp pafmé le leiffe.
Aprés le quart au quint fefleiffe,
Et puis au fifte aprés le quint.
De çaus nus ne f'an contretint,

3745 Que toz nes leift teifanz et muz.
Mains an a les autres cremuz
Et plus hardïemant requis,   )
Puis n'ot il garde de cez fis.

3724. (*fehlt S*) enuaier *C*. 25. Que *S*. | le *M*. | quide *B*. 26. Nouelle *SB*. 27. fait auoit *S*. 28. Cl.] il *P*. | not *M*. | defploit *S*, de fon pl. *P*. 29. fa] fi *C*. 30. La *M*. 31. Qua *M*, Au *A*, San *S*. 32. Se *ST*, Quil *A*. tot *T*, toft *A*, tout *S*, tolt *Rest*; *MP*: Larme li t. et la p. 33. ces *A*. tiez *M*. 34. Car *S*, Que *P*. | li *M*. | cuidoit *APC*. | troue *SM*. 36. A efperont *M*, A efporons *T*, As efperons *S*. | uont *M*, uient *PCT*, muet *R*, uinrent *B*. | andui *B*; *A*: Le deftrier broche anc. lui. 37. Mis *S*, Anchois *T*, Mes un fol m. *M*. | mot] rien *P-* | li] nel leffe *M*. 38—41 *fehlen M*. 39. Li a p. le c. c. *SR*. | boutee *T*. 40. redona *B*. | une c. *R*. 42. fe leffe *MR*. 43. al] le *B*. | enpres *M*. 44. De] Daus *B*, Nis *M*, Vns *T*. cax *S*, cels *PCR*, uns *MB*, feus *T*. | nus] v9 *S*, dyalz *T*, fol *MB*. | ne] dels *M*. | nel *M*. | fe contret. *ACTR*, fi c. *B*. 45. Que *fehlt AM*. | nes] les *AM*. | leffe *A*, a morz et abatuz *M*. 46. Mais peu *T*. 47. par hardement *BCR*; *M*: Plus hardiem. uait apres. 48. tels fis *R*, cofis *S*; *M*: Les .VI. que il ne fift uimes.

QUANT de cez fu afeürez,
3750   De honte et de maleürtez
Va prefant feire au remenant,
Qui la pucele an vont menant.
Atainz les a, fi les affaut,
Come lous qui a proie faut
3755 Fameilleus et efgeünez.
·   Or li eft vis que buer fu nez,
Quant il puet feire apertemant
Chevalerie et hardemant
Devant celi qui le feit vivre.
3760 Or eft morz, f'il ne la delivre,
Et cele reft autrefi morte,
Qui por lui mout fe defconforte,
Meis nel fet pas fi pres de li.
Un poindre qui li abeli
3765 A feit Cligés, lance for fautre,
Si fiert un Seifne et puis un autre,
Si qu'anbedeus a un feul poindre
Les a feit a la terre joindre
Et fa lance de freifne froiffe.
3770 Et cil chieent par tel angoiffe,
Qu'il n'ont pooir de relever,
Por lui mal feire ne grever;

3749. Que *B.* | des *B.* | cels *M,* celz *TR, fehlt B*(—1). | ot les
feurtes *P.* **50.** Defhonteus *CR.* | et *fehlt CR.* | demalurez *R*(—1), des
maleurez *C,* de mal haurez *S,* de maleurtez *APBT; M:* Et par bataille
deliurez. **51.** Pr. vait *MCTR.* **52.** Que *S.* | an *fehlt M.* | uit *S.* **53.** Ain-
teint *S,* Atant *T.* | a] ꝗ *S,* voit *T.* | fe les *S,* ꝗ fis a. *M.* **54.** Com *PC.*
lelos *S*(+1), lions *MPBCT,R*(+1). | qui] que *S,* qua *B, fehlt T.* | a *fehlt
M(B).* | afaut *M,* faut *C.* **55.** efgument *S,* cefieunez *M,* en geunez *R.*
56. Or *AR,* Se *S,* Che *T,* Quil *MPBC.* | fuft *PB.* **57.** hardement *M.*
58. *M:* Et uaffelage apertement. **59.** Voiant *B.* | celie *M,* cele *BCTR.*
la *R.* | nuire *S,* iure *A,* ruire *M.* **60.** len d. *C.* **61.** ele *B.* **62.** Car *B.*
63. nel] no *S.* | lui *C.* **64.** ꝗ *S.* | li] ml't *T.* | enbeli *MCTR.* **66.** Et *S,*
Feri *M.* **67.** qua amedols *M* (*fehlt* feul). **68.** fez *AMCR.* | a la] contre
APBCTR. **69. 70.** *stellt um M.* **69.** Que la *M.* | i fr. *P.* **70.** Et *fehlt
P.* | Puis les abat *M.* | chie *S*(—1), cait ius *BC,* chiet morz *R,* caient
mort *P.* | tel] cele *C,* a grant a. *MPR.* **71. 72.** *stellt um M.* **71.** Quil nont]
(*verbrannt* . .)it *M,* Q. not *R,* na *BC.* | dels r. *M.*

Car des cors furent anpirié.
Li autre quatre tuit irié
3775 Vont Cligés ferir tuit anfanble,
Meis il ne bronche ne ne tranble
Ne ne li ont fele tolue.
L'efpee d'acier efmolue
Fors del fuerre ifnelemant fache
3780 Et por ce que buen gre l'an fache
Cele qui a f'amor f'atant,
Voit ancontre un Seifne batant,
Sel fiert de l'efpee efmolue,
Si qu'il li a del bu toluc
3785 La tefte et del col la meitié,
Onques n'an ot autre pitié.
Fenice qui l'efgarde et voit
Ne fet pas que ce Cligés foit,
Ele voudroit que ce fuft il,
3790 Meis por ce qu'il i a peril
Dit qu'ele ne le voudroit mie,
De deus parz li eft buene amie,
Car fa mort crient et f'enor viaut.
Et Cligés a l'efpee aquiaut
3795 Les trois qui fier eftor li randent,

3773. Car] *verbrannt M.* | del *PR*, de lor *MBT*. | font *MBT*. **74.** tot
PB, tant *S*. **75.** ferir Cl. *BC.* | tot *B*. **76.** Mes *fehlt M.* | il] chilz *T*. |
le] nen *A.* | br.] brunche *A*, broche *S*, branle *CR*, brandele *B*, canchielle
T, fe moet point *M.* | *ein* ne *fehlt BT*. **77.** Nil *ABR*, *fehlt M.* | unt
nas *M.* | fele] eftrie *AB*, eftrief *R*, eftrier *C*, eftriers *MT*. | tolu *ABCTR*,
oluz *M.* **78.** Son efpie *T*. | a lacier *BCR*, o le branc *A*. | e.] bien m. *S*,
fmolu *ABCT*, molu *R(—1)*; *M*: Maneis a treit le brant moluz. **79.** Fors
ehlt M. | de *S*. | ifn.] ignel lan fayche *S(—1)*, uiftement le fagche *M(so)*;
T: Ifn. du f. f. **80.** li f. *R.* **81.** Celi a cui d'a. *A.* | atent *R*, entent *T*.
}2. un S.] aus bien comb. *B.* | poignant *S*. **83.** Sil *R*, Se *S*, Et *PBC*. |
nolue *M.* **84.** Que il *A.* | d. but *M*, d. branc *P*. **85.** de *S*. | col] cors *M*,
lu *PBCTR*. **86.** Conques *AMCR*. **87.** les efgardoit *B*. **88.** Cl. ce *T*.
}9. fu *S*. **90.** i a] ria *M*. **91.** Dift *ACTR*. | que ele *MBC,T(+1)R(+1)*.
el *MBC*. **92.** Dambes p. *P*, Dambes deus p. *R(+1)*, Dandeus p. *C*; *M*:
En fon corage eft mult marrie. **93.** Que *B*, Quer *M*. | fanor *S*. | cr.] croit *S*,
et *R*. | fanor *S*, famor *MT*. **95.** .m. *B*. | fort *B*. | li *fehlt B*.

Son efcu li troent et fandent,
Meis n'ont pooir de lui baillier
Ne de fon hauberc defmaillier. ʳᵉᵘˢ
Et quanque Cligés d'aus ataint,
3800 Devant fon cop riens ne remaint,
Que tot ne porfande et deronpe,
S'eft plus tornanz que n'eft la tronpe
Que la corgice mainne et chace.
Proece et amors qui l'anlace
3805 Le feit hardi et conbatant,
Les Seifnes a traveilliez tant
Que toz les a morz et ocis,
Çaus afolez et çaus conquis.
Meis un an leiffa efchaper
3810 Por ce qu'il ierent per a per,
Et por ce que par lui feüft
Li dus fa perte et duel eüft.
Meis ainz que cil de lui partift,
Pria Cligés tant qu'il li dift
3815 Son non, et cil le rala dire
Au duc qui mout an ot grant ire.
OR ot li dus fa mefcheance,
S'an ot grant duel et grant pefance,
Et Cligés Fenice an ramainne,
3820 Qui d'amors le trauaille et painne ;

3796. li *fehlt M.* | l'ont *S,* l'roent *C,* trenchent *T,* percent *MB.* | tot et *M*
97. touchier *T.* **98.** enperier *M.* **99.** Mes *MTR.* | daus] en *A.* **3800.** col *S*
piz *C.* | rien *APR,* pas *T,* coluen *S.* **1.** porfenge *P,* pourfendent *T,* cou
fonde *A,* deffende *M.* | defrõpe *TR.* **2.** Si eft *R*(+1), Plus eft t. *M.* | torn
fehlt S(—2). | que une tr. *M,* t'rope *S,* t⁰pe *C.* **3.** Qui *PBT.* | lefcorgice *A*?
4. lamors *SA.* | le lace *A,* le cache *T.* **5.** La *T.* font *AR.* **6.** tr. a *CR.*
a conuoie *B.* | t.] at(. . *verbrannt*) *M.* **7.** a *fehlt M*(—1). | m. et] a mort *B.*
conquis *AMBCT,R (in ras.).* **8.** Toz *MBTR.* | toz *MBTR.* | ocis *AMBCT*
malmis *R.* **9.** un] cun feul *A,* qun *M,* il *S.* | an] fol *B.* | laiffe *A,* laiffent *S*
laia *B.* **10.** furent *CT.* **11.** p. lui] li dus *M.* **12.** (*fehlt S*) Par lui *M.*
p.] honte *A.* | en euft *R* (+1). **13—16** *fehlen A.* **13.** cil *fehlt MTR.* | li *R.*
fe p. *TR,* partefift *M.* **14.** Parla *M.* | tant Cl. *ST.* | tant ♣] et fi *M,* ?
tant *P.* **15.** Quil fot fon non *P.* | cil] fe *T.* | l. r.] fi lala *MP.* **17.** Ar *P*
Quant *A.* | li d. fot *A.* | mefeftance *M.* **18.** ot] a *BCTR.* | d.] ire *M*
19. amaine *CTR,* meine *M*(—1). **20.** damor *SM.* | la *M.* | et p. *fehlt S*(—2

Meis f'or ne prant a li confeffe,
Lonc tans li iert amors angreffe,
Et celi, f'ele fe reteift,
Que ne die ce que li pleift;
3825 Qu'or puet chafcuns an audiance
Dire a l'autre fa conciance.
Meis tant criement le refufer,
Qu'il n'ofent lor cuers ancufer.
Cil crient que cele le refuft,
3830 Cele ancufee fe refuft,
S'ele ne dotaft la refufe.
Et neporquant des iauz ancufe
Li uns a l'autre fon panfer,
S'il f'an feüffent apanfer.
3835 Des iauz parolent par efgart,
Meis des langues font fi coart,
Que de l'amor qui les juftife
N'ofent parler an nule guife.
Se cele comancier ne l'ofe,
3840 N'eft mervoille, car finple chofe
Doit eftre pucele et coarde.
Meis cil qu'atant et por quoi tarde,
Qui por li eft par tot hardiz

3821. Mes *fehlt* M. | or ST. | nen PCT. | pr.] fe feit M. | lui C.
22. Tos iors B. | loret S. | male et eng. MBC(T)R. **23.** Et a cele A, Et
cele MPBCTR, Et ch' S. | Et c. iert fole T,B (eft). | fe il S, fe ele M.
fen S. | retraift S, teft MAT. **24.** Quil SPR, Quel BC, Cor T, Se el M.
dit M. **25.** Quor M, Or T. | ch.] li uns S, bien dire A. | ch. puet R. **26.** D.]
Luns A. | a cafcun T. **27.** doutent C. | de r. S, du r. T. **28.** Que nofot S. |
coer B. | acufer BT. **29.** Cift M. | quele nel B(—1). | le] nel APC, ne le
R(+1). **30.** acufee P, ancufe T(—1). | ce r. R; S: Et cele aufint li auft.
31. fa r. C, le r. T. **32.** Mais BCTR. | nonp. q. T. | acufe M, facufe P.
34. Mais ne fen B, Si ne M. | ofaffent CTR, ofent B, fofent M. | acufer BT,
entraparler M; S: Si la fauffent... o panfer. **35. 36.** *fehlen* B. **36.** Et
PCTR, De la langue M. | boches A. | fi] il S, eft chafcun c. M. **37.** Quer M. |
de] por B. **39.** (M *verbrannt* .. nmencier) Ne PBCTR. **40.** (M *verbrannt*
.. ueille) quer M. **41.** (M *verbrannt* ... e p.). **42.** (M *verbrannt* ... por
quei demore et tarde.) Et R. | il A. | qu'a.] que fait R. | et *fehlt* A,R(—1).
de coi fe t. A. | t.] rande S. *Darnach wiederholt* B *die zwei Zeilen* 37. (Que
par), **38. 48.** Q. par tot eft p. li h. CR,B(p. li eft h.),T(preus et h.); M:
Quil parlaft por lie eft h.

Et vers li folc acoardiz?

3845 Deus! cefte crieme don li vient,
Qu'une pucele fole crient,
Foible et coarde, finple et coie?
A ce me fanble que je voie
Les chiens foïr devant le lievre
3850 Et la tortre chacier le bievre,
L'aignel le lou, le colon l'aigle,
Einfi fuit li vilains fa maigle,
Don il vit et don il f'ahane,
Einfi fuit li faucons por l'ane
3855 Et li girfauz por le heiron,
Et li gros luz por le veiron,
Et le lion chace li cers,
Si vont les chofes a anvers.
Meis volantez a moi f'aüne,
3860 Que je die reifon aucune,
Por quoi avient a fins amanz,
Que fans lor faut et hardemanz
A dire ce qu'il ont an pans,
Quant il ont eife et leu et tans.

3844. Seft *APCTR*, Or eft p. li ae. *B*. | v.] *fehlt S*, por *MPB*. | li f.
lui f. *C*, cheli *T*; *S*: Et ci foz eft ac. **45.** criente *B*. | donc *M*. **46.** feule
puc. *P*. | tient .l. **47.** Fole *R*. | *erstes* et *fehlt TR*. | et f. *MC*; *A,B* (*alle et
fehlen*): Sinple et co. f. et quoie. **48.** *M*: Or meft bien auis q. ie u. **49.** Le
chien *MP*. | laliure *S*. **50.** turtre *A*, troite *R*, tuutre *C*, troye *T*. | ch.] deuant *P*.
la b. *M*. **51.** Laigle *C*, Laigniax *B*, Leigine *S*. | li colons *AB*, lefcofle *R*
52. (*fehlt S*) Et fi .l, Et or *T*, Iffi *BR*, Eifi *M*, Enfi *P*, Einfint *C*. | fait *P*.
f. m.] faigle *M*(—l). **53. 54.** *fehlen CT*. **53.** d. il] donc il *M*, de qui *B*.
ahane *PR*, hahane *M*, gaaigne *S*. **54.** Anfis *S*, Eifi *M*, Iffi *B*, Et fi .M*
Et iffi *R*(+l). | f.] oftors *MB*. | por *fehlt M*(—l). | lanne *B*, laig'e *S*.
55. le girfaut *M*, grifous *T*, gripons *A*. | chairon *S*. **56.** le *M*. | gros *fehlt A*.
leus *TR*, lus *B*. | l. fuit *A*. **57.** li lyons *T*, li conins *M*. | ch.] che *M*(—l).
le chierf *T*; *S*: Les limaces chache le cers. **58.** Ifi *M*(+l). | unt *S*, font *T*.
ira la ch. *M*. | atrauers *B*. **59.** Ma *S*. | a] an *AMPBCR*. **60.** die] uoie *B*
61. Et p. q. *S*, *P*. quil *M*, Par que *B*. | ce uient *BT*, cauient *AC*, il auient *P*
ce auient *R*(+l). | ax *SPT*. | f.] toz *M*, *fehlt SP*. **62.** *M*: Quil nofent dire
lor talanz. **63. 64.** *umgestellt in M*. **63.** De *TR*. | que *S*; *M*: Or en direi
ce que ie pens. **64.** eife et (*fehlt T*) leu] leu et ore *SP*; *M*: Quant
uienent en leu o en t.

3865 VOS qui d'amors vos feites fage,
Qui les coftumes et l'ufage
De fa cort maintenez a foi,
N'onques ne fauffaftes fa loi,
Que qu'il vos an deüft cheoir,
3870 Dites moi, fe l'an puet veoir
Rien qui por amor abeliffe,
Que l'an n'an treffaille et paliffe?
Ja de ce n'iert contre moi nus,
Que je ne l'an rande conclus.
3875 Car qui n'an palift et treffaut,
Cui fans et memoires n'an faut,
An larrecin porchace et quiert
Ce que par droit ne li afiert.
Serjanz qui fon feignor ne dote
3880 Ne doit remanoir an fa rote
Ne ne doit feire fon fervife.
Seignor ne crient, qui ne le prife,
Et qui nel prife, ne l'a chier,
Ainz fe painne de lui trichier
3885 Et de la foe chofe anbler.

3865. v.] Tous *T*. | fages *S*. **66.** Qui *fehlt S*. | les ufages *S,T*(+1).
7. o f. *C*, foie *R*; *M* (. . nez a f.) *verbrannt*. **68.** Vnques *M* (*Rest verbr*.). |
:n *C*. — **69** (*Man sieht nur* Q) —**72** in *M verbr*. **69.** Coi que *PT*,
ue que *R*. | doie *A*. | caloir *B*. **70.** moi *fehlt ABCTR*. | l'an] nus *P*, fe
p̨ nus *BTR*, fe len p. nes *A*, fe nus hom p. *C*. | fauoir *BCR*, auoir *T*.
. par *R*. | enbeliffe *PBCTR*. **72.** on *PBT*. | ne *PBT*. | tourble *T*, teigne *C*. |
] ne *R*(+1), ou *A*. | enpaliffe *CT*, peliffe *S*. **73.** ceft *M*. | c. m. niert *A*. | (m.
ıs *verbr. M*). **74.** nel rendiffe *M*, ne l. face *BT*. | confus *A*. **75—78**
hlen in *T*, dafür dort folg. 6 Verse: Ca tout fin amant quant il uoient.
: que il aïment et conioient. Ne faille memore et poiffanche. De regehir
r mefeftanche. Et que cafcuns ne taigne et träble. Comme la feuille four
tramble. **75.** Que *B*, Et *M*. | q.] fil *PBCR*, quant *M*. | ne *SPR*, il *M*.
ł. Le memoire et li fens li f. *M*. | Qui *S*, Que *B*, Et *A*. | fes *R*. | memoire
le ausser *A*. | nen *S*. **77.** A l. *P*; *B*: Na point damor en ce quil qiert.
ł. Ne p. dr. rien ne li a. *B*, Ce qui a d. *C*. **79.** Et hoens *M*. **80.** doit
s aler *A*. **81. 82.** *stellt um P*. **81.** Nil *A*. | doit` *fehlt T*. | remanoir en
f. *TR*(+2). **82.** Ne crient f. *B*; *R*: Seriant qui fon feignor ne p. **83.** ne
T(+1). | et ne *C*. | l'a] na *P*; *M*: Seruir le deit et tenir chier. **84.** Et
rder fei de l. t. *M*. | li *R*.

De peor doit ferjanz tranbler,
Quant fes fire l'apele ou mande.
Et qui a amor fe comande,
Son meftre et fon feignor an feit,
3890 S'eft droiz qu'an reverance l'eit
Et mout le crieme et mout l'enort,
S'il viaut bien eftre de fa cort.
Amors fanz crieme et fanz peor
Eft feus fanz flame et fanz chalor,
3895 Jorz fanz foloil, brefche fanz miel,
Eftez fanz flor, iverz fanz giel,
Ciaus fanz lune, livres fanz letre.
Einfi le vuel a neant metre,
Que la ou crieme f'an defoivre
3900 Ne feit amors a ramantoivre.
Qui amer viaut, doter l'eftuet,
Ou fe ce non, amer ne puet;
Meis feul celi qu'il aimme dot
Et por li foit hardiz par tot.
3905 Donc ne faut ne ne mefprant mie
Cligés, f'il redote f'amie.
Meis por ce ne leiffaft il pas,
Qu'il ne l'eüft eneflepas
D'amors arefniee et requife,
3910 Comant que la chofe fuft prife,
S'ele ne fuft fame fon oncle.

3886. feruant *M.*   **87.** ou] et *PT.*   **88.** Et cil ka *P.* | amors *R.*
89. fignor et f. maiftre *P.* | et *fehlt T.*   **90.** remanbrance *APB.*   **91.** Et
que *M.* | mout] quil *A.* | cr.] crient *SR,* ferue *A.* | mout] *fehlt M,* quil *A.*
enort *M.*   **92.** eftre bien *P.*   **94.** Et *B.* | f. flamble *R,* f. chaut *SBC,* ardanz *A.*
95. br.] branche *T,* ree *MPCR,* cire *A.*   **96.** fleurs *C.*   **98.** le uei *M,* fe ueut *P*:
A: Et fa neant le uolez m.   **99.** Car *P.* | cremour *T.* | fe d. *B,* fanz d. *CT*.
Statt dessen M: Et quant len fe uelt departir. Ariere le feit reuenir. (. . .
abgeschnitten) met ml't bien. *Dann sind fünf Verse abgeschnitten, worauf*
Lücke, da die Hdschr. erst **3967** *wieder einsetzt.*   **3900.** Ni *A.*   1. d.] cre-
mir *P,* criembre *A.*   2. Et *B.* | f. c. n.] autrement *A.*   3. celui *C* | qui *T*
4. Et foit p. li *R.* | lui *C.* | foit] eft *S.*   5. f. ne] f. pas *S,* fauffe *ACR*
6. fe il *S*(+1)*BCTR.* | dote *BCTR.*   7. nel *PBTR.* | laiaft *B,* laiffoit *CR*
laiffa *T,* laiffe *S*(—1).   8. Que *R.* | ifnelepas *PCTR.*   9. Damor *ST*:| reprife *B*
10. fu *S,* an fuft *A.*

Por ce ſa plaie li rçoncle
Et plus li grieve et plus li diaut,
Qu'il n'oſe dire ce qu'il viaut.

3915 EINSI vers lor jant ſ'an revienent
Et ſe de rien parole tienent,
N'i ot choſe don lor chauſiſt.
Chaſcuns ſor un blanc cheval ſiſt
Et chevauchierent a eſploit
3920 Vers l'oſt, ou mout grant duel avoit.
Par tote l'oſt de duel forſanent,
Meis a nul voir dire n'aſſanent,
Qu'il dïent que Cligés eſt morz,
De c'eſt li diaus mout granz et forz,
3925 Et por Fenice ſe reſmaient,
Ne cuident que ja meis la raient,
S'eſt por celi et por celui
Tote l'oz an mout grant enui.́
Meis cil ne tarderont meis gueires,
3930 Si changera toz li afeires; ·
Car ja ſont an l'oſt retorné,
S'ont le duel a joie torné.
Joie revient et diaus ſ'an fuit,
A l'ancontre lor vienent tuit,
3935 Si que tote l'oz i aſſanble.
Li dui anpereor anſanble,

3912. (*wiederholt in* S) la *SB.* | li] ne *B.* | raoncle *CR*, raencle *S*,
raoncle *PB.* renoncle *T.* **14.** (*wiederholt in* S) Quant dire noſe *B.* **15.** Tot
inſi a *B* (ſan *fehlt*). | v. lors genz *R*, v. loſt penſant *C* (ſan *fehlt*), ambedoi *P.* |
ın] ſe *R.* **16.** ſil *A.* **17.** que *B.* **18.** blanc deſtrier *R*, boen cheual *A.*
19. cheualchent a grant e. *AB.* **20.** V. lor ganz ont g. d. a. *S.* **22.** (*fehlt*
ⁱ) neſun voir nē a. *T.* **24.** ce eſt *S*(+1)*C*(+1),*T* (gr. li deſconfors.), *PB*
fehlt ml't). | ml't granz le duez *S.* | mout] et *A.* **26.** reaient *R.* **27.** Sceſt
,́ Sift *B*, Ceſt *R.* | cele *R*, celle *S*, celui *C.* | et ceſt *S.* | celi *R.* **28.** an]
C, a *PB*, ot *Ş.* **29.** il *Γ.* | targeront *TR*, targera *P.* **30.** Ains *BCT*,
e *S*, Que *P*, Par tans *R*(+1). | lor a. *P.* **31.** Que *SB*, Quant *R.* | ia]
il *R*; *P*: En joie : lors ſᵗt aſſanle. **32.** Sont *fehlt R.* | d. ont *R.* | atorne
R; *P*: Et ja ſᵗᵒ a loſt retorne. **33.** Joies *B.* | remaint *B*, i rev. *T*, lor
ient *PR.* | en f. *S*, lor f. *R.* **34.** Et a *C.* | li *R.* | nont *C.* **35. 36.** *um-
estellt in S.* **35.** Einſint *CT*, Iſſi *R*, Quenſi *B.* | que *fehlt R.* ; tout *C.* ¹
ıs tote *B.* | i] *AP*, *fehlt T* (reſſanble).

Quant il oïrent la novele
De Cligés et de la pucele,
Ancontre vont a mout grant joie.
3940 Meis a chafcun eft tart qu'il oie,
Comant Cligés avoit trovee
L'anpereriz et recovree.
Cligés lor conte, et cil qui l'oent
Mout f'an mervoillent et mout loent
3945 Sa proece et fon vaffelage.
Meis d'autre part li dus anrage,
Qui jure et afiche et propofe,
Que feul a feul, fe Cligés ofe,
Iert antr'aus deus bataille prife,
3950 Si la fera par tel devife,
Que fe Cligés vaint la bataille,
L'anperere feürs f'an aille
Et la pucele quite an maint.
Et f'il ocit Cligés ou vaint,
3955 Qui maint damage li a feit,
Por ce triues ne peis n'i eit,
Qu'aprés chafcuns fon miauz ne face.
Cefte chofe li dus porchace,
Et feit par un fuen druguemant,
3960 Qui greu favoit et alemant,
As deus anpereors favoir,
Qu'einfi viaut la bataille avoir.

3937. cil *R.* | entendent *R.*   **39.** Enc. els *C.* | j.] paine *S.*   **40.** Mes *fehlt A* (que il); *P*: Et cafcuns qui mix mix li proie.   **41.** *P*: Quil lor die com a trouee.   **42.** Lempererriz *C*, Lempereis *B*, Lemperreis *T*. [recontee *S*. **43.** Et Cl. *BT* (qui *fehlt*).   **44.** (*fehlt S*) fi l. *C.*   **46.** Et *AB.* | li d. d'a p. *B.* | efrage *P*, fefrage *T*, fanrage *B.*   **47.** Quil *S*, Il *C*, Et *BT.* | afie *CT.* pourpofe *T.*   **49.** daus .ii. la *A.*   **52.** quites *R.* | en *B*; *T*: L'e. fans nulle faille.   **53.** La damoifielle *T.* | fa p. *A.* | q.] o lui *A.*   **54.** Mais *TR.* | fe *A.* Cl. ocit *A.* | ocift *SC.* | et *BCR.*   **55.** grant *A*, mainz domages *S.*   **56.** Je p. ce p. ne t. nait. *B.* | triue *PBC.* | i ait *S.*   **57.** fonuel ch. ne f. *S.*   **58.** L. d. c. ch. *B.*   **59.** Et a f. *CTR* (par *fehlt*). | drogemant *B.*   **61.** A d. *R* Andox *S.*   **62.** Seinfint *SC*, Sil welent *T.*

LI meffagiers fift fon meffage
  An l'un et an l'autre langage
3965 Si que bien l'antandirent tuit.
Tote l'oz an fremift et bruit
Et dïent que ja deu ne place,
Que Cligés la bataille face.
Et andui li anpereor
3970 An funt an mout grant effreor;
Meis Cligés as piez lor an chiet
Et prie lor que ne lor griet,
Meis f'ainz fift rien qui lor pleüft,
Que il cefte bataille eüft
3975 An guerredon et an merite.
Et f'ele li eft contredite,
Ja meis n'iert a fon oncle un jor
Ne por fon buen ne por f'enor.
` L'anperere qui tant avoit
3980 Son neveu chier com il devoit
Par la main contre mont l'an lieve
Et dift: „Biaus niés, formant me grieve
Ce que tant vos fai conbatant,
Qu'aprés joie duel an atant.
3985 Lié m'avez feit, nel puis noiier,
Meis mout me grieve a otroiier,
Qu'a la bataille vos anvoi,

3963. dit *A*, fait *SB*. **64.** En greu et en autre *B*; *R*: Tuit fanz orguil
fanz oltrage. **65.** bien *fehlt A*(−1), bien que *S*. **67.** (*beginnt wieder M.*)
3. Meifmes li *M.* **70.** funt] furent *R*, ierent *MBC*, mainnent *T.* | an] a *B*,
hit *T.* | m. tres gr. *P.* | freor *PBCR*, error·*M*, effenor *S*. **71.** as] an *S.* |
et *S*. **72.** lor pr. *PT*, les pr. *M.* | quil *MBR*. **73.** Sonques *T.* | fainc *PB*,
ne *C*, fi ains *R*(+1). | lor] me *S*; *M*: Na foz ciel riens plus li pl. **74.** Fors
e la *M.* | il *fehlt PCR*. | en euft. *MPCR*, aeuft *S*. **75. 76.** *stellt um M*;
la demandot en m. *M.* **77.** Ja *fehlt B*. | niers *M.* | a] o *R*, on *M*,
tor *B.* | un *fehlt ST*. **78.** b.] bien *alle ausser A*, preu *P*. **79.** Mais l'e. *T*
nt *fehlt*). **80.** come *C*. **81.** le l. *BCTR*, leieue *M.* **82.** Et li dit nies *B.* |
ilt pa me g. *M.* **83.** Ce *fehlt B* (io tant). | vos] te *PBCT.* | fai] voi *PB.*
. *fehlt B*; Apres *M*, Que pour *T.* | en ai d. grant *M.* **85.** mas f. ce ne *B*;
: Mult las bien fet nel p. n. **86.** me *fehlt R*(−1), me poife *S*, m'eft grief
BT. **87.** Que *S*, Que a *B.* | la batailla *S.* | vos a.] tenuoi *B.*

Por ce que trop anſant vos voi.
Et tant vos, reſai de fier cuer,
3990   Que je n'os deſdire a nul fuer
Rien qui vos pleiſe a demander;
Que ſolemant por comander
Seroit il ſeit, ce ſachiez bien;
Meis ſe proiiere i valoit rien,
3995   Ja ceſt feis n'anchargeriiez."
„Sire, de neant pleidoiiez,
Feit Cligés; que deus me confonde,
Je n'an prandroie tot le monde,
Que la bataille ne ſeïſſe.
4000   Ne ſai por quoi vos i queïſſe
Lonc reſpit ne longue demore."
L'anperere de pitié plore,
Et Cligés replore de joie,
Quant la bataille li otroie.
4005   La ot ploree mainte lerme,
Ne n'i ot pris reſpit ne terme:
Einçois qu'il ſuſt ore de prime,
Par le ſuen meſſage meïme
Fu la bataille au duc mandee,
4010   Si com il l'avoit demandee.

3988. trop] tant *M.* | iuene *R.* | te v. *B.*   **89.** Mes *A.* | Mais ie uos ſu
tant *PR*, Et que tant (io *B*) uos (te *B*) ſai *BCT,M* (uei). | ſier] haut *A*
90. Mais *B.* | je n. d.] ne uos dirai *S.*   **91.** R. que *TR*, Ce que *MB.*
uos] il te *B.* | plaiſt *MB.* | a *fehlt B*, a comander *M.*   **92.** Car *AMBT.*
demander *M.*   **93.** S. ſet tot uoſtre talent *M.*   **94.** Mes *fehlt M.* | ſe] *fehlt*
B. | painne *T.* | i] mi *T*, ni *SB.* | ualroit *B.* | rien] nient *M.*   **95.** J
uoir *P.* | iceſt *B.* | vos nen c. *T*, ne ch. *M.*   **96.** por nient en *M.* | pledic
SA, maplediez *C*, parleries *PBTR*; *B*: De molt grant noient p., *M*: De nien
me preeriez.   **97.** F. dont Cl. *T.* | que] *fehlt T*, ſe *M*, car *A.*   **98.** Je ne *S*
Se ien *APBCTR.* | panroie *S*, prenoie *APBCTR.*   **99.** nen *B.* | nen preiſſe *A*
4000. p. que *B.* | uos en *BCR*, ie uos *M.* | aleſſe *S*, meiſſe *MPCTR*
3. 4. *stellt um A.*   **3.** repl.] en p. *AMPCTR*, a pl. *R.*   **5.** maintes *S*, tante *A*
6. Mais il ni *B*, Il ni *A*, Et ni *M.* | pris] *fehlt B*, puis *S*, quis *M.*   **7.** Quain
cois *PCR*, Qua einz *M.* | que *PBC.*   **8.** *fehlt S.* | ſuen *fehlt T.* | m. a
duc *T.*   **9.** Li ſu *T*, Fu au d. bat. *P.* | au duc *fehlt T.*

L I dus qui cuide et croit et panfe
Que Cligés n'eit vers lui defanfe,
Que toft mort et conquis ne l'eit,
Ifnelemant armer fe feit.
4015 Cligés cui la bataille tarde
De tot ce ne cuide avoir garde,
Que bien vers lui ne fe defande.
L'anpereor armes demande
Et viaut que chevalier le face.
4020 Et l'anperere por fa grace
Li done armes, et cil les prant,
Cui li cuers de bataille efprant,
Et mout la defirre et covoite,
De lui armer mout toft f'efploite.
4025 Quant armez fu de chief an chief,
L'anperere cui mout fu grief,
Li va l'efpee çaindre au flanc.
Cligés defor l'arabi blanc
S'an monte armez de totes armes,
4030 A fon col pant par les enarmes
Un efcu d'un os d'olifant
Tel qui ne brife ne ne fant,
Ne n'i ot color ne painture,
Tote fu blanche l'armeüre,
4035 Et li deftriers et li hernois
Toz fu plus blans que nule nois.

4011. qui *fehlt* M(—1)A, que R. | croit et cuide PT. | bien et p. A.
2. a lui B; M: Que tant uers lui neit de def. 13. Qui S, Et B. | tot SB,
ıes A. 14. arme M. 16. Et de R(+1). 17. (*wiederholt* S) Quil B. 18. A
emperere A, Lempereres C, Et li dus fes B. *Nach* 18 *schiebt* B *ein*: Li em-
erere dautre part. Eftoit de Cliges en efgart. 19. Quil A. | con ch. B.
0. par AMTR. 21. dona B (et *fehlt*). 22. Qui ioie M, Cui amors P.
3. Et ml't la coiuoite et defirre S. 24. De bien MBCTR. | m. t.] fa tefte
IBCTR, forment A; P: Del armer fe hafte et efp. 25. Q. fu a. B; M: Et
. ot bien arme le ch. 27. Li a MBTR, ra C. | l'e. cainte BCR, ceinte l'e.
IT. 28. deffus T. 29. En T. | bones a. MBCTR. 30. Son efcu prent
BCTR,M (pris). | p.] tint S. 31. Qui eftoit MPBCTR. 32. quil CT. |
uife M, pecoie A (ein ne *fehlt*). 33. Nil B, Il M, Se P. 34. l'arm. ATR.
5. ceuax BR. | her ... (*verbrannt*) M. 36. Si fu A, Si fu touz CR, Fu
s P, Fu treftout T, Fu aufi B, [Eft]eit affez M. | plus *fehlt* BCTR (com
ıe n.). | nule *fehlt* M.

11*

CLIGÉS et li dus font armé,
      S'a li-uns a l'autre mandé,
      Qu'a la mivoie affanbleront
4040 Et d'anbes parz lor janz seront
      Tuit fanz efpees et fanz lances
      Par feiremanz et par fiances,
      Que ja tant hardi n'i avra,
      Tant con la bataille durra,
4045 Qui f'oft movoir por nul afeire
      Ne plus qu'il f'oferoit l'uel treire.
      Par ceft covant font affanblé,
      S'a a chafcun mout tart fanblé,
      Qu'avoir cuide chafcuns la gloire
4050 Et la joie de la victoire.
      Meis ainz que cop feru i eit,
      L'anpererriz mener f'i feit,
      Qui por Cligés eft trefpanfee;
      Meis de ce f'eft bien apanfee,
4055 Que f'il i muert, ele i morra,
      Ja conforz eidier n'i porra,
      Qu'avuec lui morir ne fe leift;
      Car fanz lui vie ne li pleift.
      Quant el chanp furent tuit venu,
4060 Haut et bas, et juene et chenu,

4037. (. . .) ges *M*, Li dus et Cl. *B*. | monte *A*. **38.** Et a lun *M*. | a]
ꝯ *S, fehlt C*. | demande *C*. **39.** Que *SMP*, Qen *BR*. | la] en *MP, fehlt*
R(—1). | mivoie] monioe *CT*. | fafambleront *B*, affanbleroient *A*. **40.** *fehlt S*,
de deus *ABT*, damdoels *M*. | les *T*. | gent *B*. | feroient *A*. **41.** Et tot *B*.
efpee *B*. | lance *B*. **42.** fairement *PBT*. | fiance *B*. **43.** fi h. *B*. **45.** Quil *B*.
fe mueue *P*. | af.] malfaire *APCTR*. **46.** Nient *P*. | oferoit *R*, fe lairoit *P*;
MB: Anceis fe laiferoit l'o. t.; *T*: Anchois fe lairoient detraire. **47.** ce *R*,
tes *S*. | confoil *A*. **48.** Si a *P*, Mult a a *M*. | m. t.] lonc *M*. **49.** Que il auoir
doie l. g. *A*; cuide] deie *M*. | fa *M*. **50.** Et fire eftre *M*. | de] et *R*(—1).
51. f.] meu *B*. | i ait feru *S*. **52.** fe *R*. **53.** ert *B*. | tournentee *T*. **54.** eft
MBCTR; *S*: M. ces ot bien en fapenfee. **55.** fe il m. *AT*, fil m. *R*(—1). |
i *fehlt AT*, il i borra *S*. **56.** conf.] nus *AMBCR*, mais *T*. | aid.] garantir *B*. |
nel p. *B*, ne len *CTR*, ne li *AM*. **57.** Quele o l. *M*. | a m. li pleft *B*;
S: Veant lui nof en lait morir. **58.** vie] uiure *R*, morir *S*; *B*: Ja dex auant
uiure nel left. **59.** el] ou *ST*, en *C*; *P*: Q. il el c. f. v.; *B*: Q. tot f. al c. v.
60. Et h. *P*. | et (*vor* j.) *fehlt ATR* (*alle* —1)*P*; *M*: l'oure riche ienure ꝯ chanu.

Et les gardes i furent mifes,
Lors ont andui les lances prifes,
Si f'antrevienent fanz feintife,
Si que chafcuns fa lance brife
4065 Et des chevaus a terre vienent,
Si que es feles ne fe tienent.
Meis toft refont an piez drecié,
Car de rien ne furent blecié,
Si f'antrevienent fanz delai,
4070 As efpees notent un lai
Sor les hiaumes qui retantiffent,
Si que lor janz f'an efbaïffent,
Et fanble a ces qui les efgardent,
Que li hiaume efpraingnent et ardent.
4075 Et quant les efpees refaillent,
Eftanceles ardanz an faillent
Aufi come de fer qui fume,
Que li fevres bat for l'anclume,
Quant il le treit de la favarge.
4080 Mout font andui li vaffal large
De cos doner a grant planté,
S'a chafcuns buene volanté
De toft randre ce qu'il acroit,
Ne cift ne cil ne f'an recroit,

4062. ont *fehlt* R(— 1). | and.] apres M. | lor 1. ABCM. **63.** Et M. |
fentrefierent P. **64.** Si *fehlt* A. | ch. dax A. | lan bruife M(—1). **65.** Enfi
B, Si *fehlt* A. | que] ques T, qua M, quas PB. | es] as MABCT. | retie-
nent AP. **67—72** *fehlen* CT. **67.** tot font S. | redrecie S. **68.** Que PB. |
ie f. de r. R, noiant ni f. B. | fur.] funt M(—1), fe ft⁵ P. **69.** Puis P. |
:. d.] de uigor. M. **70.** font un eftor M. **71.** haubers SR. **72.** les R. | gent
B. **73.** Il A, Quil M. | agardent B. **74.** lor h. BCTR. | efprendent B,
reftout T. | et] *fehlt* T, v B. **75.** Et] *fehlt* S, Car A. | des S, as B, il
is T. | fafaillent B, fentraffaillent S, treffalent P, falent. T. **77.** Anfis S,
Autreffi T. | com f. T(—1). | li fers MC, de feu S. | qui art S. **78.** Quant S.
79. Lors quant MCT. | le] la B. | tr...] retrait et fache C, fiert et le charge
M, tr. et encarge T. | f.] fauerge S, faunarge A, faufarge R, fornage B.
30. large] faige ST. **81.** De grans c. P. | a gr.] et a B. | grant *fehlt* P.
32. Sa *fehlt* MBCTR. | a b. v. MBCTR. **83.** toft] tot MPBTR, *fehlt* C. |
:e q.] quanquil MPTR, quanque il C. | lacroit S. **84.** chilz ne chilz T, cis
ie cil R, cil ne cift A, cil ne ceft M. | fe CTR. | rec.] doloient B; S: Et
hafcuns rent bien ce quil doit.

4085 Que tot ſanz conte et ſanz meſure
Ne rande chetel eṭ uſure
Li uns a l'autre ſanz reſpit.
Meis le duc vient a grant deſpit   .
Et mout an eſt iriez et chauz,
4090 Quant il as premerains aſſauz
N'avoit Cligés conquis et mort.
Un grant cop merveilleus et ſort
Li done tel, que a ſes piez   *chiet'ſ*
Eſt d'un genoil agenoilliez.
4095 **P**OR le cop don Cligés cheï
L'anperere mout ſ'eſbaï,
N'onques mains eſperduz ne fu,
Que ſe il ſuſt deſoz l'eſcu.
Lors ne ſe puet mie tenir,
4100 Que qu'il l'an deüſt avenir,
Fenice, tant fu eſbaïe,
Qu'ele ne criaſt: „Deus aïe!"
Au plus haut que ele onques pot;
Meis ele ne cria qu'un mot,
4105 Qu'erranmant li ſailli la voiz
Et ſi cheï paſmee an croiz,
Si qu'el vis ſ'eſt un po bleciee.
Dui haut baron l'ont redreciee,

4085. toz *R.* | c.] colpe *S,* cop *C.* | m.] uſure *B.*   **86.** rendre *R.*
ch. ꝗ u.] chaſtel ne u. *S,* ch. ꝗ meſure *R,* c. a m. *B,* a grant plente u. *T.*
ouſure *A.*   **87.** (*A wiederholt*).   **88.** M. il u. au d. *B.* | au d. *AMBR.* |
uint *MBCT.*   **89.** ſu *B.*   **90.** Que *M.* | aſſ. apmeriens *S.* | enchauz *PC.*
91. Cliges *fehlt* *S*(—2). | c.] ochis *T.*   **92.** m.] perillos *B,* orgeilleus *T.*
93. Li a done *B.* | t. qua ſ. *B,* tant qua as *M.*   **95.** donc *M,* que *S.*
96. m. m. ſ.] ſen eſbai *SC.*   **97.** Conques *R,* Gaires *M,* Mais chilz point *T.*
eſbais *B.* | nen *ABC.* | ne ſu eſp. *M.*   **98.** Ne que ſil *T.* | i ſu *S.*   **4099.**
4100. *stellt um A.*   **99.** Mes *A.* | ſem *B.* | pot *APBCR.*   **4100.** Que
que *MBCR,* Coi que *PT.* | lan] il *BC.* | d.] doinece (*sic*) *T,* li doie *B,* len
doie *C.*   1. t.] ſi *B.*   **2.** Que el *M,* Quel *AB.* | ſeſcria *T.* | lors dex a. *B,*
ſainte Marie *A.*   **3.** h.] ſort *A.* | q . . . (*verbr.*) *M.*   **4.** M. e. *verbr. M.* | ni *B.*
5. Qareaumont *S,* Quaranmt *C,* . . . (*verbr.*) maneis *M,* Car atant *A,* Car er-
ranmt *P.* | fuut *S,* faut *P,* cai *BT.*   **6.** *M:* . . . mee chiet a terre en c.
7. Que le *T,* Si ꝗle *S* (vis *fehlt*). | fu *BCR,* eut *T,* eſt *A,* un poi ſeſt *M.*
8. Li *A.* | home *S.* | len ont dr. *B.*

Si l'ont tant an piez foftenue
4110 Qu'ele eft an fon fan revenue.
Meis onques nus qui la veïft,
Quelque fanblant qu'ele feïft,
Ne fot, por qu'ele fe pafma.
Onques nus hon ne l'an blafma,
4115 Einçois l'an ont loee tuit,
Car n'i a un feul qui ne cuit,
Qu'autel feïft ele de lui,
Se il fuft an leu de celui,
Meis de tot ce neant n'i a.
4120 Cligés, quant Fenice cria,
L'oï mout bien et antandi,
La voiz force et cuer li randi,
Si refaut fus ifnelemant
Et vint au duc ireemant,
4125 Si le requiert et anvaïft,
Si que li dus f'an efbaïft.
Car plus le trueve bateillant,
Fort et legier et affaillant,
Que il n'avoit feit, ce li fanble,
4130 Quant il vindrent premiers anfanble,
Et por ce qu'il crient fon affaut
Li dift: „Vaflez, fe deus me faut,
Mout te voi corageus et preu.

4109. Qui *A.* | for fes piez tenue *APTR,C* (les); *M*: ᴢ tant lont iloc
ǀet.; *B*: Si feft tant en fon fens t. **10.** Que en f. f. *AMPCTR.* | eft r. *MPT*,
ǀu r. *ACR*; *B*: Que ele eft for fes pies venue. **11.** M. ainc nus hons *T.*
ǀ2. *wiederholt S* (Q'ias *etc.*); Que que *R*, Que lanf. *S*, Quaf. *M*, Quel f. *AB,T*(—1). |
ǀue ele *AB*, que ele onques fift *M.* **13.** fet *A*, forent *M.* | coi el *AMPR*, que
ǀl *B*, coi elle *T.* (fe *fehlt*). **14.** Ne o. *P* (hom *fehlt*). | nis un *M*, uns feus *A.* |
ǀa *M.* **16.** Quil *B.* **17.** Quatretant *M*, Cautretel ne *T*, Quautant *R*, Quele *A.* |
ǀ. d. l.] ele *fehlt T*, el *M*, e. por lui *B*, aufi p. l. *A.* **18.** (*fehlt S*) ert *B.* |
ǀl liu *PB*; *T*: Comme elle auoit fait de ch. **19.** rien nē i a. *P*, treftot ce
ǀien ni a. *R.* **20.** famie *R.* **22.** Sa *A*; *M*: Vigor ᴢ f. li r. **23.** Et faut
ǀor piez *M.* | ireement *MB.* **24.** Vers le d. vint *P*, Au d. en v. *M.* | ifne-
ǀemt *MB.* **25.** req.] racoit *M.* **26.** Et li d. tous *B,T* (mout), Que li d.
ǀoz *A.* **27.** Qui *PB*, Que *MCTR.* | conbatant *S.* **28.** Fier *T.* | l.] hardi
ǀTR. | conbatant *AMCTR.* **29.** fet *fehlt S*(—1). **30.** primes *PBR*, an-
ǀloi *T.* **33.** proz *M.*

Meis fe ne fuſt por mon neveu
4135 Que je n'oḅliërai ja meis,
Volantiers feïſſe a toi peis
Et la querele te leiſſaſſe,
Que ja meis plus ne m'an meſlaſſe."

DUS, feit Cligés, que vos an pleiſt?
4140 „ Don ne covient que fon droit leiſt
Cil qui recovrer ne le puet?
De deus maus, quant feire l'eſtuet,
Doit an le mains mauveis eſlire.
Quant a moi priſt tançon et ire
4145 Voſtre niés, ne fiſt pas favoir.
Tot autel, ce poez favoir,
Ferai de vos, fe j'onques puis,
Se buene peis an vos ne truis."
Li dus cui fanble que Cligés
4150 Creiſſoit an force tot adés,
Panfe que miauz li vient aſſez,
Ainz qu'il par foit del tot laſſez,
Que an mi fon chemin recroie,

4134. Et *AMR.* | fe nere *S.* | neuoz *M.* **36.** feroie *P*, te leiſſa en p. *M.* **37.** . . . laiſſ. *M (verbr.).* | te l.] deſlaiſſaſſe *S*, te werpiſſe *T.* **38.** Ne *A.* | pl.] riens *T.* | m. m.] m. laſſaſſe *A,M*(mē la . . .), *P*, me l. *R*, ten queſiſſe *T.* **39.** uos . . . *M.* **40.** Dont *PBT,* Donc *MC.* **41.** Hom *B.* | conquerre *M*, defrainier *B.* | la *B*; *T*: Laiſt v on r. ne p. **42.** qu.] que *S.* **43.** Conuient *B.* ן len *SMC*, en *P*, hon *TR.* | greuain *B*, greuant *T.* **44.** t.] corroz *A*; *M*: Q. o moi preiftes ceft ire; *darnach schiebt S ein*; Se il fuft en leu de celui (*vgl.* 4118). **45.** ne f. p.] ce poes *B*; *M*: Neuftes mie grant f. **46.** T. autretel *PBCTR,A* (*fehlt* Tot), T. autrement *M.* | ce *hat S allein.* | p. or *A.* | auoir *B.* **47.** Fere *M.* | fe *fehlt M*(—1). | j'] *fehlt BT*; *B*: Bien le facies *usf.*, *A*: Que de uos f. fonq. p. **48.** Se en uos b. p. *B.* | o uos *M.* **49.** fambloit *PBTR*, femblant (*so*) *C*, fafemble *S*, quidoet (*so*) *M.* | q̄ ch'. *S*, tot ades *M.* **50.** Creuſt *APBT.* | de f. *P*; *M*: Quen force creuſt Cliges *M*(—1). **51.** q. li v. mius *B.* | ualt *R.* **52.** Ancois *P.* | que p. f. *S*, que il fuſt *AB*, quil foit *P.* | de t. *B*, tot *fehlt M*(— 1). | quaſſez *T.* **53.** (*R fehlt*) Quil *APBCR*, Quen *T.* | ne r. *T.* Nach **53** *interpoliren BCT, ähnlich R, etwas anders A, zwei Verse:* **53ᵃ.** 53ᵇ; *M hat den ersten* (53ᵃ), (*der zweite fehlt*): *dafür fehlt ihm der nothwendige* **54.** 53ᵃ. Et qu'il retort d'enmi la voie. 53ᵇ. Qu'il aut del tot a male voie. [*Var. lectio:* a) (*fehlt A*) Et *fehlt R*, V *BT.* | tort de lamie u. *B.* | en mi *R*, dami *C*, de la miv. *T.* b) Ne quil *R.* | naut *A.* | de *R.* | mal v. (*so*) *R*; *darauf folgt in A* (*st. des fehlenden* a): Et quil iſſe de male rote.]

Neporquant pas ne li otroie
4155 La verité tot an apert,
Ainz dit: „Vaflez, jant et apert
Te voi mout et de grant corage,
Meis trop par ies de juene aage:
Por ce me pans et fai de fi,
4160 Que fe je te vainc et oci,
Ja los ne pris n'i aquerroie
Ne ja prodome ne verroie, ˙
Oiant cui regehir deüffe,
Que a toi conbatuz me fuffe,
4165 Qu'enor te feroie et moi honte.
Meis fe tu fez que enors monte,
Granz enors te fera toz jorz,
Ce que folemant deus eftorz
T'ies anvers moi contretenuz.
4170 Or m'eft cuers et talanz venuz,
Que la querele te guerpiffe
Ne que a toi plus ne chanpiffe."
„Dus, feit Cligés, ne vos i vaut.
Oiant toz le diroiz an haut

4154. (*fehlt M, dafür* 53ⁿ), Et non p. *BT.* | pas *fehlt T.* | ne fe defuoie
P, ne fi d. *CR*, ne defnoie *B*, il fe denoie *T*; *A*: Nequedant ne li dit pas
otc. — 54 *wiederholt R* (*st. des fehlenden* 53) *in folg. Form:* Nepor-
|uant pas ne fi defnoie. 55. veritez *T.* | t.] fi *A*; *R*: Grante le tot en a.
R(—1); *P*: Ains li a dift t. en a. 56. En *S*, Si *R*, Et *CT*; Vallez fet il *A*,
|*I*. dift il *P*. | g.] bel *PBCTR*, beaus *M.* ! et] i *S*. 57. m. et de] et de m.
|*UPT*. | fier c. *AP*, bel aage *M*. 58. (*fehlt S*) tr.] ml't *BCT*. | p. i.] te
|'oi . . . . . (de gr. cora [*vgl.* 57] *ausradirt*) *B*; *M*: ʒ as force ʒ mult gr.
orage. 59. men poife *BT*; *M*: Mes por ce que ienure ʒ effant. 60. et]
e *P*, ou *A*. | te uencoie ci *R*, tauoie mort cj. (*so*) *S*; *M*: Es. fe toci. ne
|ant ne quant. 61. Ne *T*. | n'i] ne *ST*, nen *PC*. | aquerrai *C*, conquerrai *MB*.
|'2. Ne fi *T*. | uerrai *MBC*. 63. Quant *S*(—1), Voiant *R*, Ne gent *A*. | qui *BR*. |
|'ioir *R*. 64. o tei *M*, tant *S*(—1). | comb. a t. *B*. 65. Enor tay *S*. | feiffe *T*,
|it *S*. | bonte *S*. 66. Et *MPBCR*, Que *T*. | fes tu q. *P*. | lonor *B*, li h. *P*.
|'7. feroit *P*. 68. Que tu *MPBCTR*. | es .ıı. tors *B*, de tes torz *S*. 69. contre
|ı. *MPCT*, o m. *R*(1). | fi bien t. *M*. 70. Cor *CT* | voloirs v. *P*. 71. . . .
|ue . . . *M*. | reguerpiffe *BC*. 72. Et *APBR*. | a que t. *S*, ca t. *T*, o toi *R*,*M*
|*ibrige verbr.*), plus a toi *A*. | me combatiffe *T*. 73. Nus *B*, Dox *R*, . . . t
|l. *usf. M*. | riens ne uos uaut *MTR*, noiant ne u. *B*. 74. . . . . t toz *M*,
oiant .t. *P*, Si oiant t. *R*(+1). | la d. *B*, li d. *T*, nel dites *R*.

4175 Ne ja n'iert dit ne reconté,
Que vos m'aiiez feite bonté,
Ainz que de vos aie merci.
Oiant treftoz ces qui font ci
Le vos covandra recorder,
4180 S'a moi vos volez acorder."
Li dus oiant toz le recorde,
Einfi ont feit peis et acorde.
Meis comant que li pleiz foit pris,
Cligés ot l'enor et le pris,
4185 Et li Greu mout grant joie an orent;
Meis li Seifne rire n'an porent,
Car bien orent treftuit veü
Lor feignor las et recreü,
Ne ne feit pas a demander,
4190 Que f'il le poïft amander,
Ja cefte acorde ne fuft feite,
Ainz eüft Cligés l'ame treite
Del cors, fe il le poïft feire.
Li dus an Seffoigne repeire
4195 Dolanz et maz et vergondeus,
Car de fes homes n'i a deus,
Qui nel taingnent por mefcheant,
Por failli et por recreant.
Li Seifne o tote lor vergoingne
4200 S'an font retorné an Seffoingne.
Et li Grejois plus ne fejornent,

4175. Que *B* | rae. *BT.* **76.** mauez *SR*, man aiez *A*, mi aies *B*. | fet *AB*.
77. Ne que de moi aiez *MPCTR,B* (a. de m.). **78.** Voiant *SB*, Oianz *R*.
tres *fehlt MPB*. | q. f. içi *PB*, q̄ ie uei ci *M*. **79.** reconter *S*. **80.** Sa
mo u. *S*(—1). | recorder *R*. **81.** oianz *C*. | li *C*; *R*: Li d. la dit oiant toz
halt. **82.** Anfis *S*, Ifi *M*, Einfint *C*. | et] i *S*. | concorde *M*; *B*: Et ont ainfi
faite l'a.; *R*: A ceft mot la bataille falt. **83.** l. p. f.] le pleifeit (su) *M*.
84. lenor out *M*, en ot et los *A*, ot le los *P*. | et p. *A*. **85.** grezois *A* (ohne
ml't). | gr.] de *B*. **86.** iuer *T*. | ne *PBCR*. **87.** Que *S*, Qui *B*. **89.** Il *M*,
Et *B*. | mie *A*. **90.** Quer *MAT*. **91.** nan *SB*. **93.** De *S*. **94.** a fes
faifnes *S*, a feifnes fen *M*. **95.** et m.] mornes *A*, 7 las *B*. **96.** Que *B*.
97. teinne *SMBCT*. | recreant *M*. **98.** Et por vil *T*. | P . . . p.] A . . a *A*.
mefceant *T*, mefcreant *M*. **99.** a t. *APBT*. **4200.** Si *R*. | f. repairie *BR*;
alerent dreit *M*. | a S. *S*. l. ni *B*.

Vers Coſtantinoble retornent
A grant joie et a grant leece,
Car bien lor a par ſa procce
4205 Cligés aquitee la voie.
Or ne les ſiut plus ne convoie
Li anperere d'Alemaingne.
Au congié de la jant griſaingne
Et de ſa fille et de Cligés
4210 Et de l'anpereor aprés
Eſt an Alemaingne remés.
Et li anperere des Gres
S'an va mout bauz et mout heitiez.
Cligés li preuz, li aſeitiez
4215 Panſe au comandemant ſon pere.
Se ſes oncles, li anperere,
Le congié li viaut otroiier,
Requerre l'ira et proiier,
Qu'an Bretaingne le leiſt aler
4220 A ſon oncle et au roi parler,
Car conoiſtre et veoir les viaut.
Devant l'anpereor ſ'aquiaut
Et ſi li prie, ſe lui pleiſt,
Que an Bretaingne aler le leiſt
4225 Veoir ſon oncle et ſes amis.
Mout doucemant l'an a requis,
Meis ſes oncles l'an eſcondit,
Quant il ſa requeſte et ſon dit
Ot tote oïe et eſcoutee.

4202. En *MPBCTR.* | ſen t. *B.* **3. 4.** *fehlen MPBCT.* **3.** O . . . o *R.* |
ꞮIaute *S*(+1). **4.** Que *S.* | proce (*corr. in* parole) *S.* **5.** a aquite *MBCT,* a
ꞯuitie *P.* **6.** Que *S.* | le *B.* | nes ſieut p. ne ne *M; P:* Or neſtuet q̄ pl. les c.
· . . . lem . . . *M.* **8.** . . . la gent . . . *M.* | gaſene *S.* **11. 12.** *fehlen P.*
I. biax *BR,* preuz *C.* **14.** p.] biaus *P.* **15.** as commandemens *T.* **17.** Li v.
c. *S.* **18.** li uelt *BT.* **19.** lo *S,* li *B.* | lait *C.* **20.** et au] lo *SMBCT.*
l. Que *CT.* | le v. *SMBCR; T:* Q' il wet c. ꞯ v. **22.** ſ'a.] ſeoir *T.* **23.** le
ſ. | li *TR; T:* Vait ꞯ prie lui *u. ſ. ſ.* **24.** Quen *MPC*(—1). | len l. *P.* |
it *S; B:* Qaler em b. lalaiſt. **25.** V. le roi *P.* **26.** ſagement *A.* | li a *ST.*
7. lui eſcondiſt *T.* **28.** il] *fehlt S,* ot *MPBCTR.* | ſa parole *T.* | et tot ſ.
S. **29.** Ot] A *S,* Tres *BCT.* | t. uoie aeſcolee *S; PR:* Que il (Quil li *R*)
Ɪoit ia (*fehlt R*—1) racontee (rec. *R*); *M:* L'enſant ſereil la deſeuree.

4230   „Biaus niés, feit il, pas ne m'agree
       Ce que partir volez de moi.
       Ja ceſt congié ne ceſt otroi
       Ne vos donrai, qu'il ne me griet.
       Car mout me pleiſt et mout me ſiet,
4235   Que vos ſoiiez conpainz et ſire
       Avuec moi de tot mon anpire."
       OR n'ot pas choſe qui li ſice
          Cligés, quant ſes oncles li vice
       Ce qu'il li demande et requiert,
4240   Et diſt: „Biaus ſire, a moi n'afiert,
       Ne tant preuz ne ſages ne ſui,
       Que avuec vos n'avuec autrui
       Ceſte conpaignie reçoive,
       Qu'anperere maintenir doive.
4245   Trop ſui anfes et petit ſai.
       Por ce toche an l'or a l'eſſai,
       Qu'an viaut ſavoir, ſe il eſt fins.
       Auſſi vuel je, ce eſt la fins,
       Moi eſſaiier et eſprover
4250   La ou je cuit l'eſſai trover.
       An Bretaingne, ſe je ſui preuz,
       Me porrai tochier a la queuz
       Et a l'eſſai fin et verai,

4232. congie] change *M.* **33.** Nauroiz de moi *A.* | qu'il] qui *S,* que *CT,*
mult *M.* | ne] que *T.* **35.** compag *B,* compaiz *C; M:* Q. u. ſ. de ceſt en-
pire. **36.** *T:* De ma terre et de m. e.; *M:* Si come ie conpainz ⁊ ſire.
37. Or] Lors *MB, fehlt T.* | choſe] cliges *M.* | lui agree *T.* **38.** Cl.] Choſe *M.*
39. que li *M,* que il *T* (li *fehlt*). | et li q. *C.* **40.** Et li diſt *B.* | biaus *fehlt*
B; A: Sire ſet il *etc.* **41.** Ne *fehlt PB.* | ne tant ſ. *PB; M ganz verbr.*
42. (*in M verbrannt, fehlt S*) Quauolc *B,* Quauoec *PC.* | vos] moi *AB.*
nauecques *C,* ne auolc *B,* ne auoec *PR.* **43.** Coste *S,* Nule *PR,* Face *BT,*
O en *C.* | et rec. *BT; M:* [. . .] paignie ne ??eie (creie?). **44.** Quempire *R,*
Que empire *P,* Ne quampire *A,* Que telle hounour *T; M:* [. . .]t terre main-
tenir d'ie. **45.** Trop, *verbr. M.* | effant *M.* **46.** ce] coy *S,* ice *B.* | t. a. l'or ⁊
l'e.] cõ ⁊ la ſay *S,* uoil eſtre al eſſai *B, fehlt T.* **47.** Que lan conoiſſe *A.* | ſi
eſt bien f. *CR: S:* Quant uo et ſauoir ſeueſans; *B:* Sauoir le uoil ce eſt l
fins. **48.** Autreſi *M,* Einſint *C.* | v. je] wege *T.* | ce] cen *A.* | ceſt *M; B*
Aler men uoil *etc.* **49.** M. aſſeir *T.* **51.** En ſaiſſone *B.* **52.** keus *PBT,*
coz *SMR.* **53.** Et ie le ſai *S.* | et fin et vrai *PT; M:* Et al eſaiement uerai

Ou ma proece efproverai.

4255 An Brctaingnc font li prodome
Qu'cnors et proece renome,
Et qui viaut cnor guehaignier,
A çaus fe doit aconpaignier,
Qu'enor i a et fi guchaingne,
4260 Qui a prodome f'aconpaingne.
Por ce le congié vos demant,
Et fachiez bien certainnemant,
Que fe vos ne m'i anvoiiez
Et le don ne m'an otroiiez,
4265 Que j'irai fanz voftre congié."
„Biaus niés, einçois le vos doing gié,
Quant je vos voi de tel menicre,
Que par force ne par proiiere
Ne vos porroie retenir.
4270 Or vos doint deus del revenir
Corage et volanté par tans.
Des que proiiere ne defans
Ne force n'i avroit meftier,
D'or et d'arjant plus d'un feftier
4275 Vuel que vos an facoiz porter,
Et chevaus por vos deporter
Vos donrai tot a voftre eflite."

4254. Se puis illuce m'e. *T*, Se p. fi mi *M*, Se io puis la *B*. | mafaie-
ʼſ *B*. **55.** Quan *AMBCR*. **56.** Que honors *S*(+1), Que enor *M.·*| nome *M*.
⸢7. honor uelt *MA*. **58.** cels *alle ausser· A*, cheus *T*; *M*: O les buens fe
ʼ-it acointier. **59. 60.** *fehlen T ohne Ersatz, und in M, der folgende vier*
⸢*v. dafür hat*: Et fi fai bien de uerite. Que cil deit eftre ml't blafme. Qui
ⁱ⸍ fa ienurefce neft proz. Et por ce tien ie fi mon uoz. **59.** Enor *A*, Que
ⁱⁿor *S*(+1), Car honor *P*. | i *fehlt PR*. | fi i *R*. | ganigne *alle ausser A*.
⸢ l. Et por *M*(uos *fehlt*). **62.** Si *M*. | bien f. *B*. | ueramement *M*. **63.** ne man *A*,
⸢: ne magraiez *M*. **64.** Que *M*. | ne feit otreiez *M*. **65.** ie irai *R*(+1)*M*. |
gre *M*; *T*: Q⸾ f. v. c. irai. **66.** Amis *B*. | donrrai *T*; ainz uos ert il
ae *M*. **67.** Que vos *M*(−1). **68.** Ne *S*. | force] amor *R*. **69.** detenir *M*.
). Ore penft d. *B*. | de *SR*: *M*: Mes dex uos doinft que r. **71.** *B*: Et vol.
ⁱs doint p. t; *M*: Puifſiez a mei. ⱬ cel pur tens. **72.** Puis que *P*.
⸾. *verbr. in M*. Ne] ⱬ ⱬ *B*(+1). | aura *S*, aront *P*. **74.** et dauoir *B*. |
ain un f. *A*, *M*: [. . .] plei[. . .]. **75.** faciez *APBTR*; *M*: [iez porter] *verbr.*
⸾. la porter *S*; *M*: [porter] *verbr.* **77.** tot] ge *S*, io *B*. | v. lite *S*, uo ef. *B*;
⸾: [flite] *verbr.*

N'ot pas bien ſa parole dite,
Quant Cligés li a ancliné.
4280   Tot quanque li a deſtiné
Li anpereres et promis,
Li ſu devant maintenant mis.
CLIGÉS, tant con lui plot et ſiſt,
    D'avoir et de conpaignons priſt,
4285 · Meis a oes le ſuen cors demainne
Quatre chevaus divers an mainne,
Un blanc, un ſor, un ſauve, un noir.
Meis treſpaſſé vos dui avoir
Ce qu'a treſpaſſer ne feit mie.
4290 Cligés a Fenice ſ'amie
Va congié prandre et demander,
Qu'a deu la voudra comander.
Devant li vient, ſi ſ'agenoille
Plorant ſi que des lermes moille
4295 Tot ſon blïaut et ſon hermine,
Et vers terre ſes iauz ancline,
Que de droit eſgarder ne l'oſe,
Auſi come d'aucune choſe
Eit vers li meſpris et forfeit,
4300 Si ſanble que vergoingne an eit.
Et Fenice qui le regarde
Come paoreuſe et coarde

4278. pas *fehlt* C(—1). | la *B*; Et nout p. b. ſa reſon d. *SM.* **79.** Que *MT.* | li] len *MACR.* | a] ot *A*, aueit *M.* | cline *M*, mercie *A.* **80.** T. quant-quil *S*, De ce quil *B*, Por ce que *M.* | a] ot *S.* **81.** et] li a *R*(+1); *B*: Et ce que il li ſu p. **82.** ſu] a *A.* | maint. dev. *AP*; *M*: Quer maneis li ſu dev. m. **83.** li *BR.* **84.** De c. et d'a. *P.* **85.** a oes] auec *SPBT.* | ſien *PBT*, ſon *S.* | deſmorne *S.* **86.** Q. divers *AMCTR.* | chev.] deſtriers *AM.* annoitie *S.* **87.** ſalve] ſaue *M*, ſaus *T*, vair *S*; *B*: 2, 1, 3, 4; *A*: 2, 3, 1, 4. **88.** *fehlt S.* **90.** ſecice *M.* **91.** *iſt in B ausradirt.* congie querre *A.* **92.** voloit *P.* **93.** lie *M*, lui *CT.* | uint *MPC.* **94.** ſi *fehlt AM.* | de ſe *AM.* **95.** hermin *M.* **96.** Enuers *T.* | les *MCR.* | enclin *M.* **97.** Qui a *S.* droit] rien *M.* | regarder *BC.* | ne *fehlt M*(—1). **98.** Einſi *A*, Autreſi *M.* come] con ſe *T*, que ſe *P*, con *MB.* | dauconc *M*, de caſcune *B.* **99.** lui *PBC.* | meſdit *R.* | et] o *MPTR*, ne *B.* | meſſait *PBR.* **4301.** qui] ſi *M* comme *R*(+1). **2.** Si comme *B*, Toute *T.* | paorſe *S*(—1), pereceuſe *P* penſive *C*(—1)*T*(—1)*R*(—1),*B*, foible choſe *A.*

Ne fet, queus afeires le mainne,
Si li a dit a quelque painne:
4305 „Amis, biaus fire, levez fus!
Seez lez moi, ne plorez plus
Et dites moi voftre pleifir.“
„Dame, que dire? que teifir?
Congié vos quier.“ — „Congié? De quoi?“
4310 „Dame, an Bretaingne aler an doi.“
„Donc me dites, por quel befoingne,
Einçois que le congié vos doingne.“
„Dame, mes pere me pria,
Quant il morut et devia,
4315 Que por rien nule ne leiffaffe
Qu'an Bretaingne ne m'an alaffe,
Tantoft con chevaliers feroie.
Por rien nule je ne voudroie
Son comandemant trefpaffer.
4320 Ne m'eftovra gueires laffer
Por aler de ci jufque la.
Jufqu'an Grece mout grant voie a,
Et fe je an Grece an aloie,
Trop me feroit longue la voie
4325 De Coftantinoble an Bretaingne.
Meis droiz eft qu'a vos congié praingne
Com a celi cui je fui toz.“
Mout ot feit fofpirs et fangloz

4303. fot *B.* | quele acoifons *A.* | li *T*, lē *P.* **4.** a *fehlt R*(—1). | juelle p. *T.* **5.** Amis fait elle *S.* | fire] frere *A.* **7.** *verbrannt in M.* **8.** quel ι. quel t. *P; T*: D. nel vous quier plus t.; *M*: [. . .] que tai [. . .]. **9.** et ongie proi *A*; *M*: [congie uos] *verbrannt.* **10.** Car *AB.* | men d. *BT*; *M*: Dame an] *verbr.* **11.** Don *S*, Dont *BT*, Dame *R.* | por] a *BC.* | befoing *B.* *M*: [Donc ι]ne *verbr.* **12.** le] ie *PCT*, *fehlt B,R*(—1). | uos en doing *B.* 3. moi *R, fehlt M*(—1). **14.** *S*: Quant il ca me 9uoia. **15.** nulle rien *S*; riens *MT.* | nule *fehlt T*(—2). | laiaffe *B*, leffage *R.* **16.** Que en *PB*, Que ie an *AT.* | e men a.] nen *PB*, ne realeffe *S*, nalaffe *AT.* **18.** Et por *A* (ie *fehlt*). | nulle ien *S.* **21.** A aler *A.* | defci *A.* | iufquala *BR*, dufques la *P.* **22.** Jufquens *B*, ufque en *R*(+1), Dufquen *P*, En *A.* | m. gr.] trop longue *A.* | piue a. *M*; *S*ι Ml't rant uoie iufq̄(la *unterp.*) greca *A.* **23.** je *fehlt APB.* | man *APB.* **24.** Mult *M.* | ιi *B.* | ma v. *M.* **26.** Meis *fehlt MT.* | que a *T*, qua a *M.* **27.** cele *MC*, elui *SR.* | a qui fui t. *B.* | tot *M*; *S*: fi me fuj toz. **28.** ot fez *A*, ont fait *S*, fait *BCTR*, faifoit *P.* | feglous *PT*, gloz *S*(—1); *M*: Mcint fofpirˉa fet ʒ fanglot.

Au partir celez et coverz,

4330 Qu'ainz nus n'ot tant les iauz overz
Ne tant n'i oï cleremant,
Qu'aparcevoir certainnemant
D'oïr ne de veoir feüſt,
Que antr' aus deus amor eüſt.

4335 Cligés, ja ſoit ce qu'il li poiſt,
S'an part tantoſt com il li loiſt,
Panſis ſ'an va, panſis remaint
L'anpereres et autre maint.
Meis Fenice eſt for toz panſive,

4340 Ele ne trueve fonz ne rive
El panſer, don ele eſt anplie,
Tant li abonde et mouteplie.
Panſive eſt an Grece venue,
La fu a grant enor tenue

4345 Come dame et anpererriz,
Meis ſes cuers et ſes eſperiz
Eſt a Cligés, quel part qu'il tort,,
.Ne ja ne quiert qu'a li retort
Ses cuers, ſe cil ne li raporte,

4350 Qui muert del mal, don il l'a morte.

4329. Al departir forment covers *B*.   **30.** Einz *S*, Caine *P*, Car *CT*,
Mais *BR*, Que *AM*. | uns *A*. | na *B*. | not nus *S*. | oluers *B*.   **31.** Ne qui
tant *P*. | ni] *fehlt P*, i *AM*.   oï] uit nus *S*, ueiſt *M*, oiſt *P*, regart *A*.
32. Quan departir c. *A*. | c.] peuſt nient *M*; Quaperceuance de noient *BT*.
33. ueir *M*, uiir en *T*. | cuſt *M*; *A*: De ucrite ſauoir peuſt.   **34.** Quentre
els *C*, Qentrax .ii. nul *B*.   **35.** que li *CTR*, q̅u̅ *S*. | pleſt *SM*.   **36.** part]
vait *T*. | tandis cō il *MCR*, toudis 9 il *T*, au plus toſt q'l *P*. | tant come illi l. *S*.
37. ſeuait *M*.   **38.** Lempereor *SM*. | remaint (*ohne* et) *T*.   **39.** fenis *T*. | et toz
iorz *S*.   **40.** Cele *MBCTR*. | ne ſ. *T*(+1).   **41.** Au *S*, V *T*. | dont *STR*, de
quel *B*. | remplie *T*; (*verbr. in M*).   **42.** Tant i antant *A*, Ml't abandone *P*.
monteplie *ABC*, muteplie *S*.   **43.** Menſiue *B*, Feniſce *T*; *M* (Gr. v. *verbr.*).
44. a] en *MT*; *A*: A gr. e. i fu t. (*ebenso R*, *wo* i ſu *fehlt* — 2); *S*: A grant
ioie fu receue; *M* [nor t.] *verbr.*   **45.** empeerris *P*, enper[. .] *M*.   **46.** Et *A*.
cuers toz et *M*, c. eſt ſi *T*. | eſpriz *M*, eſperis *T*.   **47.** Apres Cl. *T*. | a] o *M*.
48. nen q. *M*, requier *S*. | qua lui *C*, mais que *B*, aueir *M*.   **49.** nel li *C*,
ne la *R*. | reporte *SR*, aporte *A*; *B*: Se Cl. ne le li r.; *M*: Se il ariere ne lap.
50. moret *M*(+1). | dō ele m. *C*, don il laporte *S*, de quil la m. *B*, dont
elle eſt m. *TR*.

Et s'il garist, ele garra,
Ne ja cil ne le conparra,
Que cele aufi ne le conpert.
An fa color fes maus apert,
4355 Car mout eft palie et changiee.
Mout eft de fa face eftrangiee
La colors frefche et clere et pure,
Qu' affife li avoit nature.
Sovant plore, fovant fofpire,
4360 Mout li eft po de fon anpire
Et de la richece qu'ele a
L'ore que Cligés s'an ala.
Et le congié qu'il prift a li,
Com il chanja, com il pali,
4365 Les lermes et la contenance
A toz jorz an fa remanbrance,
Qu'aufi vint devant li plorer,
Con f'il la deüft aorer,
Hunbles et finples a genouz.
4370 Tot ce li eft pleifanz et douz
A recorder et a retreire.
Aprés por buene boche feire,
Met for fa langue an leu d'efpece
Un douz mot que por tote Grece
4375 Ne voudroit que cil qui le dift

4351. cil R. | cele B, τ ele S(+1). 52. cift MC. | la M. 53. Que ele S,
uele AMCTR, Que cil B. | anfis S, autrefi AMCTR. | cōpoit S. 54. A S. |
l.] face A. | fapert B. 55. Que SBC. | eft et pale C, en eft pale P.
·3. de biaute e. C. 55. 56. sind in S zusammengezogen: Q' ml't eft de
iance eftrangie (ohne Reimvers). 57. clere τ fresche τ p. M; B beide et
tsgelassen, S erstes. 58. Que affis M, Que affife AC | i AMC. 59. plore
C. 60. Et poi li eft B. 61. fa BC. | hautefce M, grant enor A. 62. Lores
M, Leure PT. | an B. 63. a lui C, de li B. 64. Quant S, Coment M. |
il pali S, τ pali M. | enpali R(+1). 65. les contenances B. 66. an] a S,
T. | fes ramenbrances B. 67. Caufis uit S, Qui fi uint R, Com il uint A,
fi uint M, Quele uit CT, Quel la uit B. | plorant S. 68. uaufift B.
J. Vmles B, Humles T, Hombles R. | foples M. 70. Tot fehlt MBT. |
't pl. MBT. 71. reconter AT. 73. fur T, fus R, fos B, foz PC. | .j.
A. | defpice S, defpife B. 74. griffe B; A: Que ele por treftote grece.
. 76. stellt um A. 75. que il neuft d. C, quil ne leuft d. T, el quilla
ift B, (verbrannt M).

An celui fan qu'ele le prift
I eüft panfee faintié,
Qu'ele ne vit d'autre daintié,
Ne autre chofe ne li pleift.

4380 Cift feus moz la foftient et peift
Et tot fon mal li affoage.

D'autre mes ne d'autre bevrage
Ne fe quiert peftre n'abevrer;
Car quant ce vint au deffevrer,

4385 Dift Cligés qu'il eftoit toz fuens.
Cift moz li eft fi douz et buens,
Que de la langue au cuer li toche,
Sel met el cuer et an la boche
Por ce que plus an foit feüre;

4390 Defoz nule autre ferreüre
N'ofe ceft trefor eftoiier,
Nel porroit fi bien aloüer
An autre leu com an fon cuer.
Ja nel metra fors a nul fuer,

4395 Tant crient larrons et robeors;
Meis de neant li vient peors
Et por neant crient les efcobles,
Car cift avoirs n'eft mie mobles,

4376. (*M verbrannt*) En cel fen *C,P* (fens), *B* (fans), En fe fens *R*(—1),
En ce feul *T.* | que ele *PC*, u ele *BT.* **77.** (*verbr. M*) Leuft ia *A*, Quil ni
ot *C*, Quil euft fon *B*, Quil ni euft *T.* | panfe *ABCT.* | de *C*, par *A.* | feitie *S*,
fenitie *M*, faintife *T.* **78.** Ele *S*, (*M verbr.*), Car elle *T.* | deitie *S*,
guife *T.* **79.** Ne a. *verbr. M.* **80.** Cil *A*, Cis *PB*, Chilz *T.* | for *S.* |
monz *S*, moz *fehlt M*(—1). | faole *M.* **81.** toz fes max *A.* **82.** Dautres *M.*
breuage *C*, buurage *T*, bontaige *S.* **83.** naburer *S*, ne abuurer *T*(+1).
84. Car *fehlt R*(—1). | il fe dut d. *M.* **85.** Dift] Et *S*, Li dift *M*(—1),*B*,
Il dift *T*, Dift il *C,R*(—1). | que il *BCT.* | fuens touz *C.* **86.** Cis *PB*, Ceft *M*,
Chilz *T.* | mot *MR.* | et b. et douz *C*, pleifanz et buens *A.* | **87.** al] v *T.*
c.] lor *T.* | le t. *M.* **88.** Sil *R*, Si *SMCT.* | met] garde *P*, quen *MT*, qua *B*,
que *SC.* | el c.] au c. *SC*, la langue *MBT.* | a *B.* **89.** Que por ce *S*(+1). |
plus] mialz *AM.* | en eft f. *A*, li afeure *B*, faole en feit *M.* **90.** Plus que *B.*
couerture *SR*; *M*: Le fent toz iorz o ҩle feit. **91.** ce *R*, cel *PBC*, fon *ST.*
fecroi *T.* | eftuier *BR.* **92.** enuoier *A.* **93.** come *C*, que *B.* **94.** hors *R.*
95. reubaors *P.* **96.** aue poors *M*(so). **97.** c. les efobles *B*, crebroit
efcoflef. *S.* **98.** Que *BCR.* | cil *BC*, chilz *T*, cis *P.*

Ainz eſt auſi com edefiz
4400 Qui ne puet eſtre deſconfiz
Ne par deluge ne par feu
Ne ja ne ſe movra d'un leu.
Meis ele n'an eſt pas certainne,
Por ce met cuſançon et painne
4405 A ancerchier et a aprandre,
A quoi ele ſe porra prandre,
Qu'an pluſors menieres l'eſpont.
A li ſole opoſe et reſpont,
Et feit tel opoſicion:
4410 „Cligés par quel antancion
‚Je ſui toz voſtre‘ me deïſt,
S'amors dire ne li feïſt?
De quoi le puis je juſtiſier?.
Por quoi tant me doie priſier,
4415 Que dame me face de lui?
N'eſt il plus biaus que je ne ſui
E mout plus jantis hon de moi?
Nule rien fors amor n'i voi,
Qui ceſt don me poïſt franchir.
4420 Par moi qui ne li puis ganchir
Proverai que, ſ'il ne m'amaſt,

4399. auſis S. | con adefiz M, comme defis T. **4400.** (fehlt S) Quil B.
| Ne fehlt B. | pour T. | deluiue SP, deluue M, dolouue B, delouure T. |
ıur T. | feuz S, nului B. **2.** Que ia R. | ne fen S, nel A. | morra S, mo-
ra B, mouera A. | de un R, de B, del C. | luj. B; M: Ne ne perdra iames
ın leu. **3.** cele B. **4.** i met A. | cufacon S, cuifecon R, contencon C, con-
ınchon M, foupechon T, et cure A. **5.** A enginnier M. | enpendre T, fo-
endre M. **6.** fan A. | el ſe peuſt entendre M. **7.** En AMTR. | pluifors B,
uiſeurs T, pluis hors S. | manjerros S. | reſpont C, efpont M, leſporrit S.
lui C. | foe S. | pofe T, opofo S; M: Primes op. ⁊ puis r. **9.** verbr. M;
ıotiſion B, opoſcicin S. **10.** verbr. M, tele R. **11.** toz fehlt M (letzte vier
'lben verbr.). | ce me PB, il me R. | deis C, dift PB. **12.** fefift B (verbr.
'). **14.** Par AT. | que BC, quil A. | tant fehlt ABC. | me] le R. | doie]
ıi io B. | tant pr. ABC. **15.** Quil C. **16.** fui S. **17.** Et ml't] Et feſt P,
:ſt il R, Et M (ohne plus). | channx S. | hons T, eſt il M. **18.** riens SCT. |
ıors CT. | ne AC. **19.** Que ABCTR. | cheft T, ce R, tel M. | dont T. | ne
TR. | poit S, peuft MPB, li puis T, puift R(—1). | freschir S. **20.** (fehlt
ı l'or MBC. | le B, fehlt C. | garantir C. **21.** ⁊ bien fai M. | que fil] q̃ ſe
S(+1), ſe il AMCT. | me ramaſt M (ohne ne).

Ja por miens toz ne fe clamaft,
Ne plus que je soe ne fuffe
Tote, ne dire nel deüffe,
4425 S'amors ne m'eüft a lui mife,
Ne redeüft an nule guife
Cligés dire qu'il fuft toz miens,
S'amors ne l'a an fes liiens.
Car f'il ne m'aimme, il ne me dote.
4430 Amors qui me done a lui tote
Efpoir le me redone tot,
Meis ce me refmaie de bot,
Que c'eft une parole ufee,
Si repuis toft eftre amufee;
4435 Car teus i a qui par lofange
Dïent nes a la jant eftrange:
‚Je fui toz voftre et quanque j'ai‘,
Si font plus jangleor que jai.
Donc ne me fai a quoi tenir,
4440 Car ce porroit toft avenir,
Qu'il le dift por moi lofangier.
Meis je li vi color changier

4422. Que *A* (*st.* Ja). | mien *PCR.* | torz *S*, tot *PR*, tou *C*, *fehlt A.*
reclamaft *A*;   *B*: Ja fi toft·miens ...;   *M*: Por nule rien ne fen alaft.
23. Neent plus *MPC*, Nient tres plus *T*, Ne io ia *B*. | que] fi *B*. | ie *fehlt*
B. | ne *fehlt CT*. | foie *PBT*, feue *CR*; *M*: fe ie feuffe.   **24.** ne dire ne
dire *A*, nel dire *S*, ne eftre *PBCTR*, foe eftre *M* (*ohne* ne). | ne d. *SMBCT*.
25. a lui *fehlt S*(−2), o lui *M*, a li *R*.   **26.** Ne ne d. *A*.   **27.** que il *P*,
que tos f. *B*. | fu *S*, *fehlt M*(−1). | toz *vor* m. *fehlt PB*.   **28.** Samor *MC*.
nel tient *B*, ne leuft *R*(+1).   **29.** Que *B*. | ne ne d. *M*.   **30.** a li *R*.
31. Anfi lo *S*. | ra done *A*; *M*: Puis que lui ma done de bot.   **32.** cou *P*,
ice *T*. | mefmaie *PR*, remefmaye *T*. | de bout *C*, tot de bout *PR*, ml't. *T*, del
tot. *B*; *M*: Neft il dreiz que ie laie tot.   **33.** ufee *fehlt S*(−2); *M*: Nenel.
que ceft u. p. u.   **34.** puis *M*. | toz *T*, bien *A*. | eftre tote a. *M*.   **35.** Que
B. | toz *S*, tex *BC*, telz *T*, tels *R*, tiex *A*. | que *BC*; *M*: Certes que neis
p. l.   **36.** nez *T*, nis *PB*, meinz *S*. | eftragne *T*; *M*: Le dient cele g. e.
37. tot *R*, *fehlt BC,M*(−1). | uoftres *S*(+1)*T*(+1),*BC*. | quanques *P*. | ray. *S*.
38. ieingleor *A*, gengleo(u)r *CT*. | gay. *T*, ray *S*.   **39.** Don *A*, Dont *BC*.
a que *B*, au quel *AM*.   **40.** Que *S*, Par *M*. | ce ne p. *C* (*ohne* toft). | tot
S, bien *B*.   **41.** Qui landit *S*, Quil deift *C*. | per *S*. | moi *fehlt M*(−1).
42. le *R*. | chanchier *S*.

Et plorer mout piteufemant.
Les lermes au mien jugemant
4445 Et la chiere honteufe et matc
Ne vindrent mie. de barate,
N'i ot barat ne tricherie.
Li oel ne m'an mantirent mie,
Don je vi les lermes cheoir,
4450 Affez i poi fanblanz veoir
D'amor, fe je neant an fai.
Oïl! tant que mar le panfai,
Mar l'ai apris et retenu,
Car trop m'an eft mefavenu.
4455 Mefavenu? Voire, par foi,
Morte fui, quant celui ne voi,
Qui de mon cuer m'a defrobec,
Tant m'a lofangiee et lobee.
Par fa lobe et par fa lofange
4460 Mes cuers de fon oftel f'eftrangc
Ne ne viaut o moi remenoir,
Tant het mon eftre et mon menoir.
Par foi, donc m'a il mal baillie,
Qui mon cuer a an fa baillie,
4465 Qui me defrobe et tot le mien,
Ne m'aimme pas, je le fai bien.

4443, verbrannt M; pit.] pnr fouent S.   **44**. lermes] les fines S. |
ı.] efcient MBCTR.   **45**. honteufe] piteufe A.   **46**. barete M; S: Nem
ıorent m. dc b.   **47**. Ni ert S. | baret M.   **48**. ne m'an] ne me AR,
ıen BC, ne T. | mentiront S, mentiroient BC, moublijerent T.   **49**. Donc
M. | je vi] me uint S; M: les lermes ui chaier. **50**. puis T. | famblant BTR.
51. Damoi S, Damors PCTR. | je] iou B. **52**. Oie P, Cil S, Or aim CT. |
nal SAMT. | le p.] i panffai A, acointai T; B: Trop en fai io mar le p.
53. Mal B, Car S. | pris R(—1). | maintenu P, tenu S(—1). **54**. Que BR. |
rop] ml't P. **55**. uoire] non eft C. **56**. Morte en fui q. ie ne le v. C.
57—60 fehlen B. **57**. Que R. **58**. Tromp S. | gabee AM. **59**. lobe]
ɔouche T. | et fehlt T. **60**. faftrange R. **61**. a moi reuenir S. **62**. helt R,
·t A. | mon eftre] mon mefire S, moi A(—1). Statt dieser Zeilen **61**. **62**
ıat BT: Ne ne uelt eftre en ma baillie. **63**. dont BT. | cil ABCR, cift P.
34. (fehlt BT) Cant S. **65**. stellt A nach **66**. **65**. Qui] Il R. | de-
obc B, robe M. | et me M. | toft A, tolt PR, tout C, talt B. . **66**. je] ore
R(+1); je le fai] ce fai ie A.

Jel fai? Por quoi ploroit il dons?
Por quoi? Ne fu mie an pardons,
Qu'affez i ot reifon por quoi.
4470 N'an doi neant prandre for moi;
Car de jant qu'an aint et conoiffc
Se part an a mout grant angoiffc.
Quant il leiffa fa conoiffance,
S'il an ot enui ct pefance,
4475 Et f'il plora, ne m'an mervoil.
Meis qui li dona ceft confoil,
Qu'an Bretaingne alaft demorer,
Ne me poïft miauz acorer.
Acorez eft, qui le cuer pert.
4480 Mal doit avoir, qui le defert,
Meis je ne le defervi onques.
Ha, dolante! por quoi m'a donques
Cligés morte fanz nul forfeit?
Meis de neant le met an pleit,
4485 Car je n'i ai nule reifon.
Ja Cligés an nule feifon
Ne m'efloignaft, ce fai je bien,
Se fes cuers fuft parauz au mien.
Ses parauz, je cuit, n'eft il mic.

67.plorroit *R*, plora *MB*. | donc *SR*, don *M*. **68.** Par fei *M*. | nel fift *T*, ce nert *P*. | mie] pas *MBCT*. | pardon *M*. **69.** Affez *APT*. | out *M*. de quoi *A*. **70.** Nel *BT*. | d. mie *BT*. | fur *T*; *P*: Noient nen doi p.; *M*: Quant uint prendre congie a mei. **71.** Que *B*. | des gens *PR*, de gens *T*. | q̄n *R*, 9 *ST*, com *B*. | eint *S*, aime *APBCTR*; *M*: Quer dreiz eft des genz q̄n c. **72.** Sen *R*. | partift *T*, par *M*. | len *MCR*, on *BT*, en *S*. | ml't *fehlt T*. **74.** Si *MC*. | enui] au cuer *M*: | doel z pefance *M*(+1). **75.** fi *S*. | me merueil *R*, mefmierueil *T*. **76.** Meft uis *S*(+1). | cel *P*, ce *C*, tel *MTR*, le *B*. **77.** can be (de *unterp.*) taine *S*. **78.** peuft *MBT*. **79.** *verbrannt M*, lo *S*, fon *A*. | cuer] fuen *C*. **80.** Mais *S*. | le fuen pert *A*. **81—88** *fehlen B*. **81.** nel *R*(−1), ne lo ne d. *S*(+1). **82.** Hay laffe *S*. | nia *S*. **83.** Cl. ma m. *T* (nul *fehlt*). | mort f. nule *R* (*so*). **85.** je] il *MR*. | nen *C*. | ai] a *SMR*. **87.** maloinnat *S*, me laiffaft *T*, daignaft *A*. | fai] q̇ *R*, cuit *A*. | tres bien *A*. **88.** Que *A*. | cuers *m.* z *cursiv über der Zeile C*; cors *M*. | pareil *M*. **89.** Si *TR*, Son *M*, Mes *A*. | pareil *M*. | je c.] le c. *S*, ce c. *CR*, fai quil *M*, laffe *P*, fet ele *A*. | niert *T*, nē eft *M*. | il *fehlt M*.

4490 Et ſe li miens priſt conpaignie
Au ſuen ne ja n'an partira,
Ja ſanz le mien li ſuens n'ira;
Car li miens le ſiut an anblec:
Tel conpaignie ont aſſanblee.

4495 Meis a la verité retreire,
Il ſont mout divers et contreire.
Comant ſont contreire et divers?
Li ſuens eſt ſire, et li miens ſers,
Et li ſers maleoit gre ſuen

4500 Doit feire a ſon ſeignor ſon buen
Et leiſſier toz autres afeires.
Meis moi que chaut? lui n'an eſt gueires
De mon cuer ne de mon ſerviſe.
Mout me grieve ceſte deviſe,

4505 Que li uns eſt ſire des deus.
Por quoi ne puet li miens toz ſeus
Autant come li ſuens par lui,
Si ſuſſent d'un pooir andui?
Pris eſt mes cuers, qu'il ne ſe puet

4510 Movoir, ſe li ſuens ne ſe muet.
Et ſe li ſuens oirre ou ſejorne,

4490. ſa *A.* | li miens] mis cuers *MPBCTR.* | pris *A,* prent *M.* **91.** Aſtien
ſ. | ne ia] iames *MT,* ia *PB.* | n'an] ne ſem *BP.* **92.** li ſuens ſanz le mien
AMBT. **93.** Et *BCTR, fehlt M.* | le ſeut *S,* le ſiuſt *A,* li ſuit *R,* ſen ſuit *T.* |
n *fehlt S*(—1), a *T; M:* ꞇ li ſoens ſūt enſēble. **94.** ot *C.* | enſemble *S*(—1);
M: T. c. ont pris ēſenble. **95.** Car *A.* | verte *T*(—1), uolente *B; S:* Mais allan
nterrentaire. **96.** Sont il *BT.* **97.** 9 ml't *S,* Einſint *C,* Veire *M.* | ſ. c.] certes
ſ. | ꞇ mult d. *M.* **98.** et *fehlt BC.* | eſt ſers *R*(+1); *M:* Sire eſt li ſuens *etc.*
99. ſers] ſuens *M.* | maleit *B,* maloit *R,* malaait *C.* | gre *fehlt A*(—1); *T:*
. maugre lui ſon bon; *M:* .. tot ſanz contredit. **4500.** a *fehlt T,* au
ſignor tot *ACR; M:* Deit il feirierꞇ nenel ce cuit. **1.** laier *B; M:* Ne deit
ꞏas leſſier toz af. **2.** Mes mei cui *M,* Mais que me *BT,* A moi en *A.* |
ꞏh.] uaut *BCTR.* | li *R.* | lui n'an eſt] ne lē eſt *B,* lui ne neſt *M,* lui ne
ʹhaut *CTR,A* (nē). | gairet *S.* **3.** ne] et *BC.* **4.** me] meſt *M.* | gr.] poiſe *A.*
ʹ. Quer *M.* | de *T,* as *R,* dan *S.* | dols *B,* doels *M.* **6.** Comment *B.* |
ot *C.* | li uns *B.* | ſols *R,* ſoels *M,* ſels *R.* **7.** Autretant *MBCTR,* Au-
ınt *S.* | con *MBCTR; M:* ... con poent li dui. **8.** Sil *B,* Se *C.* |
ꞏiſſons *C,* ſuiſſiens *T.* | p.] cuer *R*(—1). **9.** Pus *S,* Pers *M.* | qui *AT,* ſil *M.*
ʹ0. ſe] ſi *R,* quant *A.* **11.** Et ſi *R,* Quant *B,* Se *M*(—1). | oire *B,* erre
LMCR, ere *S,* meure *T.* | o il *B.*

Li miens tote voie f'atorne
De lui fivre et d'aler aprés.
Deus! que ne font li cors fi pres,
4515 Que je par aucune meniere
Ramenaffe mon cuer arriere!
Ramenaffe? Fole mauveife,
Si l'ofteroie de fon eife,
· Einfi le porroie tuër.
4520 La foit! ja nel quier remuër,
Ainz vuel qu'a fon feignor remaingne
Tant que de lui pitiez li praingne;
Qu'einçoif devra il la que ci
De fon ferjant avoir merci,
4525 Por ce qu'il font an terre eftrange.
S'il fet bien fervir de lofange,
Si com an doit fervir a cort,
Riches fera ainz qu'il f'an tort.
Qui viaut de fon feignor bien eftre
4530 Et delez lui feoir a deftre,
Si com or eft us et coftume,
Del chief li doit ofter la plume,
Neis lors quant il n'an i a point.
Meis ci a un mout mauveis point:

4512. totes voies *P*, tote uoies *C*, toz tens uers lui *M*, faparoille *AT*. |
et at. *AT*. **13.** verbrannt *M*; fiudre *M*, fieurre *T*, fegre *S*, feruir *C*. | et] j *S*,
v *T*, fehlt *C*. | aler *S*. **14.** verbrannt *M*; que] cor *P*, core *R*(+1). | cuer *A*.
15. proiere *CR*. **16.** Remenaffe *SR* (*M* verbrannt). | arr. fehlt *S*(—2).
17. 18 stellt *M* um. **17.** Remenaffe *SR*, Qu(?)aftudit *M*. **19.** Auffi *BCTR*,
Atant *M*. | porreies *M*, poroi ie *T*. **20.** ia no *S*, ie nel *P*, ne len *T*, ia
ne len *BCR*. | hofter *C*, ofter *R*, torner *B*; *M*: Or laura mes ꝣ fanz ofter.
21. feinner *S*; *M*: ꝣ a fon feruife remainge. **22.** pite *B*, pitie *MCR*.
23. Qua einz *M*, Anchois *T*, Car ains *P*. **24.** feruant *M*. **25.** foit *B*,
feit *R*. | an] de *S*. **26.** Sor *AP*, Sel *T*. **27.** come *C*. | en *C*, on *B*,
len *M*, lem *R*, hons *T*. **28.** Ml't iert riches *AMBCTR*. | que *PB*. **30.** Et
Et fehlt *M*. | dales *B*. | adeftrie *S*, a fa deftre *M*. **31.** ore *R*, il *AM*. |
us] lois *B*. | ont ore en coftume *M*, vns et core *S*. **32.** Ofter li doit del
cief *BT*. **33—56** fehlen *T*. **33.** Neïs *A*, Nis *MPBC*. | lors] dont *B*,
fehlt *A*. | ne nia *M*, ne me *S*. **34.** ici *AB*, ꝣ ci *M*. | n un molt] alnr
ml't *S*, a molt *B*, a un (ohne m.) *AM,R*(—1).

4535 Quant il l'a plumé par defors,
Et fe il a dedanz le cors
Ne mauveftié ne vilenie,
Ja n'iert tant cortois, qu'il li die,
Ainz li fait cuidier et antandre,
4540 Qu'a lui ne fe porroit nus prandre
De proéce ne de favoir,
Si cuide cil qu'il die voir.
Mal fe conoift, qui autrui croit
De chofe qui an lui ne foit.
4545 Car quant il eft fel et enrievres,
Mauveis et coarz come lievres,
Chiches et fos et contrefeiz
Et vilains an diz et an feiz,
· Le prife par devant et loe
4550 Teus qui derriers li feit la moe;
Meis einfi le loe oiant lui,
Quant il an parole a autrui,
Et f'i feit quainfes que il n'ot
De quanqu' antr'aus deus dïent mot;   ·
4555 Meis f'il cuidoit qu'il ne l'oïft,
Ja ne diroit, don cil joïft.

4535. Quant] Qᵃn C, Con B, Car A. | il] *fehlt MBCR.* | l'a plumé] a
(+1) la p. S, la plume MR, laplanoie B, laplanie C, la planoié P, aplaigne
A. | par] ofte par M, napert R, *fehlt* P. 36. ⁊ fil a R(—1), ⁊ el fera M.
37. Nes M. | ⁊ uilanie M, ne tricerie B. 38. tant hardi R, fi cortois P. |
que il die S. 39. Einz fera A. 40. Qua li R, Que il B, Que uers lui M. |
porra S, puiffe B, poet M. 41. B: De pr. a lui de f. 42. Se S. | qu'il] li B.
43. 44. *fehlen* A. 43. conuift R. | que S. | autre M; B: Mais ne fe connoift
napercoit. 44. qui en] que en M, quen S(—1); B: De cofe nule quil ne
uoit. 45. Que B. | fel 7 entreures S. 46. liures S. 47. *verbrannt* M;
Niches P. | faus B. 48. *verbrannt* M; Et maluais B. | de . . . de CR.
49. Sel B. | loce S. 50. Cil MPBR, *fehlt* C. | derrier P, de rieres R(+1),
lar' B, de tries M, detres S. par defraier C(+1). 51—65 *fehlen* C. 51. fen-
is S, iffi B, haut M, il R, fi P. | fe loe R. | diant S, deuant P. 52. Que
A. | en *fehlt* M(—1). | o autrui M. 53. Et *fehlt* B. | quainfes A, quanfes PR,
janfes B, coinfes M, que nices S. | q̄ il nenot B, quil ne lot M, 7 que foz S.
54. quanq; els dui R, quanq̄s entraus P, quamquil dui M, qanquil B. | un
not M, un fol mot. 55. fis S. | quidaft MR, fauoit B. | qu'il] quan A.
56. dom M, dnt S. | il ioift MPR, fefioift B, inlioit S.

Et fe fes fire viaut mantir,
Il eft toz prez del confantir,
Et quanqu'il dit, por voir afiche,
4560 Ja n'an avra la langue chiche.
Qui les corz et les feignors onge,
Servir le covient de mançonge.
Autel covient que mes cuers face,
· S'avoir viaut de fon feignor grace,
4565 Loberre foit et lofangiers.
Meis Cligés eft teus chevaliers,
Si biaus, fi frans et fi leaus,
Que ja n'iert mançongiers ne faus,
Mes cuers tant le fache loer,
4570 Qu'an lui n'a rien a amander.
Por ce vuel que mes cuers le ferve,
Car li vilains dit an fa verve:
,Qui a prodome fe comande,
Mauveis eft, f'antor lui n'amande'."
4575 EINSI travaille amors Fenice,
    Meis cift travauz li eft delice,
Qu'ele ne puet eftre laffee.
Et Cligés a la mer paffee,
S'eft a Galinguefort venuz,
4580 La f'eft richemant contenuz
A bel oftel a grant defpanfe.

4557. fefire *B*, fifires *M*.   **58.** Chilz *T*, Cil *A*. | corpraz *S*, toz *fehlt A*. | de *BC*. | d. tot conf. *A*.   **59. 60.** *fehlen A*. **59.** quanq; il *R*(+1). | dift *PTR*, ot *B*. **61. 62.** *fehlen M, umgestellt in T*. **61.** cors *SPBT*. | onge] oigne *P*, oingne *T*. **62.** *fehlt S*; li c. *BC*, leftuet *R*. **64.** Se auoir *R*(+1). **65.** Lobierres *R*, Jeberres *S*, Lobeor *M*, Loerez *T*, Lober *B*. | feit *M*, ft⁵ *S*, 7oit (*corr.* doit) *B*. | et foit lof. *B*. **67.** frans] fi's ≡ *R*, ianz *S*, bons *B*, proz *MP*. **68.** Quil nert ia *B*. **69.** M. c.] *nach* fache *B*, Vers moi *AT*. | faige *S*. | lober *A*, blamer *C*. **70.** En lui *BT*, Quer en lui *M*. | riens *AT*, *fehlt M*. | que amander *AT*, qua amender *M*, qamender *R*. **72.** Que *C*. | prodom *R*. | dift *PBT*. | prouerbe *R*(+1). **74.** fi entor *R*(+1), fe de lui *A*. **75.** leamors *S*. **76.** cil *PB*, chilz *T*, fi *R*. | romanz *S*. | deuice *B*. **77.** Qu'ele] Quer *M*, Qui *B*. | nen *CT*. | foolee *M*, faolee *B*. **78.** la mer a *C*; mer] mes *M*. **79.** an *A*. | gualinguefort *S*, galingefort *PBC*, galinqfort *M*, galighefort *T*, gualinforz *R*. **80.** eft *T*. | noblement *B*. **81.** En *M*. | grant *T*, rice *B*, beaus *M*. | oftex 7 en d. *M*. | defpans *S*.

Meis toz jorz a Fenice panfe,
N'onques ne l'antr'oblie une ore.
La ou il fejorne et demore,
4585 Ont tant anquis et demandé
Sa janz cui il l'ot comandé,
Que dit et reconté lor fu,
Que li baron le roi Artu
Et li cors meïfmes le roi
4590 Avoient anpris un tornoi
Es plains devant Offenefort
Qui pres ert de Galinguefort.
Einfi eft anpris li eftorz
Qui devoit durer quinze jorz.
4595 Meis ainz porra mout fejorner
Cligés a son cors atorner,
Se riens li faut andemantiers,
Car plus de quinze jorz antiers
Avoit jufqu'au tornoiemant.
4600 A Londres feit ifnelemant
Trois de fes efcuiiers aler,
Si lor comande a achater
Trois peire d'armes defparoilles,
Unes noires, autres vermoilles,
4605 Les tierces verz, et au repeire
Comande que chafcune peire

82. (*fehlt S*) famie p. *T.* 83. *verbrannt M,* Conques *R,* Onques *S,*
)ue il *AT.* 85. Sont *A.* | tuit *B.* 86. Sa gens *P,* Ses genz *ACT, verbr.*
M, Cil a *R.* | qui *PBCR, verbr. M.* | il] on *T.* | ot *R.* 87.raconte *BCT.* |
i fu *B.* 88. al *B,* au *C.* | artru *S,* h'tu *R.* 89. la court *T.* | mefmes *R*(—1),
neifme *SB.* 90. pris *R*(—1). 91. plainz *M,* prez *R.* | deuers *ATR.* | ofinc-
ort *M,* obfenefort *P,* orfenefort *T,* oxenefort *CR,* galingefort *B.* 92. eft
MPCR, eftoit *B.* | galiguefort *S,* galighefort *T,* galinqfort *M,* gualinfort *R,*
lofenefort *B.* 93. Enfis *S,* Einfint *C,* Ifi *M,* Iffi *R,* Et enfi *T.* | ert *ATR.*
iris *T; B:* Seftoit fi *etc.* 94. Quil *PBTR,* Et *M.* | fi deit dure *M.* | quatre
MACTR. 95. porroit *AT.* | bien *B.* 96. a] et *MPBC,* por *A.* | fatorner *S,*
onreer *M.* 97. rien *APBR.* 98. Que *B.* 99. iufqua *SM.* 4600. fift *S.*
. cuiers *B*(—1). 2. comanda *BT,R*(+1). | a porter *BT,* a aporter *AP,*
1. Troie *S*(+1). | paires *APBT.* | defparalles *S.* 4. autre *S.* 5. tierres *S,*
utres *M.* | nert *S.* | et] mes *AT.* 6. Commanda *BTR,* A commande (que
ehlt) *P.*

　　　Soit coverte de toile nueve,
　　　Que f'aucuns el chemin les trueve,
　　　Ne fache, de quel taint feront
4610　Les armes qu'il aporteront.
　　　Li efcuiier maintenant muevent,
　　　A Londres vienent et fi truevent
　　　Apareillié quanque il quierent.
　　　Toft orent feit, toft repeirierent,
4615　Revenu font plus toft qu'il porent.
　　　Les armes qu'aportees orent
　　　Moftrent Cligés qui mout les loe.
　　　Avuec celes que for Dunoe
　　　Li anperere li dona,
4620　Quant a chevalier l'adoba,
　　　Les a feit repondre et celer.
　　　Qui ci me voudroit demander,
　　　Por quel chofe il les fift repondre,
　　　Ne l'an voudroie pas refpondre,
4625　Car bien vos iert dit et conté,
　　　Quant es chevaus feront monté
　　　Tuit li haut baron de la terre,
　　　Qui i vanront por los aquerre. ⁄
　　　　　U jor qui fu nomez et pris
4630　Ａ　Affanblent li baron de pris.
　　　Li rois Artus a toz les fuens
　　　Qu'efleüz ot antre les buens

4607. Fuft *AT*. | touaille *S*(+1); *B*: . . . de itel oeure.　**8.** Et *S*, Se *MPC*. | faucons *S*, aucuns *BC*, aucons *M*, fi aucuns *R*(+1), fe nus *AT*. | el] o *S*, an *APBCT*. | leftroite *S*.　**9.** faichet *S*, faura *ACTR*. | t.] doint *S*.　**10.** que il p. *MT*.　**13.** quanquil *T*(—1),*PB*. | quiftrent *C*, queroient *B*, i quierent *P*; *M*: Les armes totes apreftees.　**14.** fi repairoient *B*; *C*: Toft repairerent toft reuindrent; *M*: Cil les ont maneis achatees.　**15.** Et venu *T*, Reperie *C*. | toz *ST*. | que *B*.　**16.** que aporte *M*, aportees *B*. | ont *T*.　**17.** *verbr. M*.　**18.** (*verbr. M*) qui *BCTR*. | four *T*, fuz *R*. | dynoe *P*, dinoe *T*, donoe *B*, dune *S*.　**21.** Celi fait *P*. | refpondre *S*.　**22.** ce *SB*, or *T*. | apeler *ATR*.　**23.** il *fehlt B*. | fait *PR*.　**24.** pas] ore *AT*.　**25.** Que *BC*.　**26.** as *PCT*, au *S*, a *R*. | chiual *R*. | es ch.] enfenble *MB*. | iofte *MB*, arme *S*.　**28.** uindrent *MC*, uienent *AT*.　**29.** Un *BR*.　**31.** hᵗus *R*, atrux *S*. | a tot *PB*, o toz *M*, o tout *C*, auoec *AT*, entre *R*.　**32.** Que eflus ot *P*, Que efliz ot *R*, Quil ot eflit *B*, Que il auoit eflit *T*. | antre les] auoec les *A*, des *T*; *M*: Qui en uoleit ueer les buens.

Devers Offenefort fe tint.
Devers Galinguefort f'an vint
4635 Li plus de la chevalerie.
Ne cuidiez pas que je vos die,
Por feire demorer mon conte:
Cil roi i furent et cil conte
Et cift et cil et cift i furent.
4640 Quant li baron affanbler durent,
Si con coftume iert a cel tans,
S'an vint toz feus antre deus rans
Uns chevaliers de grant vertu
Des conpaignons le roi Artu
4645 Por le tornoi ancomancier.
Meis nus ne f'an ofe avancier,
Qui por jofter contre lui vaingne,
N'i a nul qui coiz ne fe taingne.
Et fi a de teus qui demandent:
4650 „Cil chevalier por quoi atandent,
Que des rans ne f'an part aucuns?
Adés comancera li uns.“
Et li autre dïent ancontre:
„Don ne veez vos, quel ancontre

4633. *steht M mit vorgesetztem* a *am Ende der Seite;* offenefor *S,*
ɔxfenefort *R,* oxenefort *B C,* obfenefort *A P,* aufinefort *M.* | fe tient *T,* feint *S,*
'an uint *B.* **34.** galingefort *B,* galinghefort *T,* gualinfort *R.* | fen uient *S,*
euint *A,* reuient *T,* fe tint *B; M mit vorgesetztem* b: Li reis artus quant il
uint. **35.** Le *M.* **36.** Ne *fehlt A T.* | pas] *fehlt M*(—1), uos ore *T,* uos
ɔr *A.* | ie *fehlt T.* **37.** demore en *MPBC,* demorer en *R*(+1). **38.** Cil . .
:il] Quel . . quel *R.* | fu *R*(—1), uindrent *CT.* **39.** Mais *R.* | cil et cil et
:il *AMPTR,* cil et cil et cift *B,* cift et cift *S*(—2). **40.** affemble furent
SBT. **41.** en *M.* | ce *CT; S:* Sî coftume ert jaces caimps. **42.** Se *M,* Si
TR. | uint *fehlt M*(—1). | toz feus] tot fols *M,* poingnant *AT.* | contre *S.* |
lox *S,* doels *M.* | tains *S.* **43.** Un cheualier *M.* **44.** De la mefniee *A.* |
il *B,* au *A.* | hertu *R,* artruc *S.* **45.** lor tornoient c. *S,* le torneier c. *M.* |
ı com. *P,* recommenchier *B,* toft comancier *A.* **46.** ofe] uiaut *S.* **48.** nus
M, un *S,* celui *B.* | qui *fehlt B.* | coi *PBC,* quei *M.* | ne fententiue *S.*
ɪ0. Treftot cil *B,* Cift *P.* | por quei *M,* a quant *AT, fehlt B.* | qatan-
ɪent *B.* **51.** *verbr. M;* de riens *T,* del renc *R.* | fe *SP; S:* Qui rains nes
e part ancous. **53.** li plufor *AT.* **54.** Dont *BT,* Donc *SC, verbr. M.* |
e *fehlt S*(—1).

4655 Nos ont anvoiié cil de la?
     Bien fache qui feü ne l'a,
     Que des quatre meillors qu'an fache
     Eft cift l'une paroille eftache."
     „Qui eft il donc?" „Si nel veez?
4660 C'eft Sagremors li defreez,
     C'eft il, voire! fanz nule dote."
     Cligés qui ce ot et efcote
     Sift for Morel, f'ot armeüre
     Plus noire que more meüre,
4665 Noire fu f'armeüre tote.
     Del ranc as autres fe defrote
     Et point Morel qui fe defroie,
     Ne n'i a un feul qui le voie,
     Qui ne die li uns a l'autre:
4670 „Cift f'an va bien lance for fautre,
     Ci a chevalier bien adroit,
     Mout porte fes armes a droit,
     Mout li fiet bien l'efcuz au col.
     Meis an le puet tenir por fol
4675 De la jofte qu'il a anprife
     Vers un des meillors a devife,
     Que l'an fache an tot ceft païs.

4655. Nont *S*(—1). | enuoiez *A*, tramis *MBCR*. | icil *CR*, | de dela *MB*.
56. fachez *R*. | encontre ira *M*. **57.** .ııı. *P*. | q̄ on *P*. **58.** cis *B*, cil *M*,
ch ilz*T*, ce *SR*. | une *PBCT*. | parole *S*, parelle *B*, parcille *PCTR*, pareil *M*. |
eftaige *S*; *A:* Eft cift li uns queft en la place. **59.** il *fehlt R*(—1), *m. sec.*
suprascr. C, i *M*. | dont *BT*. | fe *B*; *S:* . . . ifuelnez. **60.** faigremors *B*, fe-
gremor *C*, facremors *M*. | li^{de}reeffe *S*. **62.** *C.* qui lot et qui lefcoute *T*, Cil
qni ce oi . . *B*. **63. 64.** *fehlen T.* **63.** f'ot a.] f. l'a. *P*, 7 farmeure *M*; *S:*
Sift for mon el fos armeure. **64.** (*fehlt S*) more] meure *PR*; *M:* Fu plus neire
que more maure (+1). **66.** Des rens *BT*, De renc *R*. | derote *R*, deroute *B*,
derete *S*. **67.** fi *R*. **68.** Ne] Et *M*, Mes *AT*, Lors *P*, *fehlt B*. | un tout fol *B*. |
lo *S*, n'e *M*, ne *B*. **69.** Que *R*. | dient *A*. | li uns] ml't bien *B*. | dax alautre
A(+1). **70.** Chilz *T*, Cil *B*. | uet *A*, uait *SMPCR*; *S:* Cift fen uait biens liuns
alautre. Cift fen uait bien lance for fautre. **71.**Cift eft bien ch. a. *M*. | bien] ml't
APTR. **72.** Bien *M*, Cis *B*. | fes] bien *T*. | endreit *M*. **73.** Bien *PBT*. | li
fehlt S. | bien l'efcuz] bien li efcuz *S*, bien cel efcu *R*(+1), cix efcus *P*, li efcuz
ABT. **74.** on *BT*, hom *R*, len *M*. | le *fehlt Mí*(—1). **75.** uoie *B*. **76.** lun
des *C*, tot le *B*. **77.** lon *S*, on *PT*. | ce *ATR*, fon *C*; *B:* Qui foit en tres tot *etc.*

Meis qui eſt il? Don eſt naïs?
Qui le conoiſt? — Ne gié ne gié.

4680 Meis n'a mie for lui negié,
Ainz eſt plus ſ'armeüre noire,
Que chape a moine n'a provoire."
Einſi antandent au parler,
Et cil leiſſent chevaus aler,

4685 Que plus ne ſe 'vont atardant,
Car mout ſont angrés et ardant
De l'aſanbler et de la joſte.
Cligés fiert ſi qu'il li ajoſte
L'eſcu au braz, le braz au cors.

4690 Toz eſtanduz chiet Sagremors,
Et Cligés va ſanz meſpriſon,
Si li feit fiancier priſon:
Sagremors priſon li fiance.
Maintenant li eſtorz comance,

4695 Si ſ'antrevienent qui ainz ainz.
Cligés ſ'eſt an l'eſtor anpainz
Et va querant joſte et ancontre.
Chevalier devant lui n'ancontre,
Que il ne le praingne ou abate.

4700 D'anbedeus parz le pris achate,
Car la ou il muet au joſter,

4678. il] ciſt *MC*, cis *B*; *T*: Mais chilz qui eſt dont . . .; *A*: Mes
·iſt dom eſt dont . . . **79.** conuiſt *A*. | ie : ie *R*, ju : gie *B*. **80.** M. il na
ias *AB*. | ſur *T*. **81. 82.** *fehlen A*. **81.** Car plus eſt *T*. **82.** n'a] o *M*(—1),
ıu a *R*. **83.** Iſſi *R*, Iſi *M*, 7 (*cor*. En) ſi *C*. | a p. *M.* **84.** laient *B*, laiſſe
ℓ. | cheual *C*. **85.** *verbr. M*, Qui *CR*. | ſen *T*, ſi *B*, ni *S*. **86.** *verbr. M*,
al't] plus *A*. | ſont *fehlt P*. | aigre *T*. | et] i *S*. | ml't ardant *PT*. **87.** De la-
amblee *AT*, Sont daſſanler *P*. **88.** Cl. le *R*(+1),*B*. | acoſte *C*, ioſte *B*,
·*erbr. M*. **90.** Tot *SM*. | eſtendu *M*. | ſagremors *SATR*, ſacremors *M*,
iigremors *C*, ſegremors *C*. **91. 92.** *fehlen A*. **91.** uait *M*, ſait *C*.
ı2. Se *ST*; *C*: A celui *etc*. **93.** ſagremors (*ut supra*). **95.** qui a. a.]
ıt enſanle *P*. **96.** *P*: Cl'. a ch'r naſſanle. **97. 98.** *fehlen P*. **97.** uet *A*,
ait *MCT*. | quorant *M*, querre *TR*. **98.** Ch's *S*. | li *R*, ſei *M*; *B*: Deu. lui
h. *etc*. **99.** Quil *CTR* (*alle* — 1). | lo paine *S*, lëpaingne *T*, prenge (*ohne*
:) *M*(—1). | et *AR*. | bate *S*(—1). **4700.** Damdcels *M*(—1), De .ij. *B*. |
riⁿ *S*. | en ach. *B*. **1.** Que *BCTR*, *fehlt A*. | mut *B*, ſeſmuet *A*, uient *C*,
eit *M*. | al *R*, por *PB*, *fehlt M*.

Tot le tornoi feit arefter.
Ne cil n'eft pas fanz grant proece,
Qui por jofter vers lui f'adrece,
4705 Ainz a plus los de lui atandre,
Que d'un autre chevalier prandre.
Et fe Cligés l'an mainne pris,
De ce folement a grant pris,
Qu'a jofter atandre l'ofa.
4710 Cligés le pris et le los a
De treftot le tornoiemant.
A l'avefprer celeemant
Eft repeiriez a fon oftel,
Por ce que nus ne d'un ne d'el
4715 A parole ne le meïft,
Et por ce que, fe nus feïft
L'oftel as noires armes querre,
An une chanbre les anferre,
Que l'an ne les truiffe ne voie,
4720 Et feit a l'uis devers la voie
Les armes verz metre an prefant,
Si les verront li trefpaffant.
Et fe nus le demande et quiert,
Ne favra, ou fes ofteus iert,
4725 Quant nule anfaingne ne verra
Del noir efcu que il querra.

4702. Fet le t. tot a. *AT*, A fait le t. a. *B*. **3.** Et *BCT*. | chilz *T*. |
mie *B*. | grant *fehlt B*. **4.** por au *SC*. | a lui *B*. **5.** Kaffes vaut mix
.. *P*. | antandre *S*. **6.** don *S*, de un *R*(+1); *M*: Quil naureit dun ...
7. fi *R*. | le *R*. **8.** ce] tant *P*. **9.** Quau *C*, Que a *S*(+1)*A*,*R*(+1). | iofte *A*;
M: Quil atendre a iofter lofa. **12.** Au departir *AT*. | celeiement *S*. **13.** reue-
nuz *AT*. **14.** que nus] quacuns *MP*. | ne d'un] de ce *S*. **15.** En *AMCTR*.
16. cou *P*. | que ,fe nus] que fi nus *R*, que nus ne *T*, fe nus hom *F*.
17. Jofter aunoires *etc. S*. **18.** les] len *S*. **19.** *verbr. M*, Con *T*. | lon *B*,
on *P*, nus *A*. | ne les] nes *A*, nel *B*. | truife *S*, face *B*. | ne ne u. *ABT*.
20. *verbr. M*. **21.** arnoiz *S*, *verbr. M*. | meftre *C*. **22.** uerrant *S*. | li] les
M (*Anfang sammt halbem 1 verbr.*). | trefpafent *M*. **23.** Et *fehlt C*. | fi *R*.
nos *S*. | la *B*, *fehlt TR*,*A*(—1). | enquiert *CTR*. **24.** fara *PB*, fauront *A*,
verbr. M. | fon oftel *M*. **25. 26.** *fehlen A*. **25.** Car *B*. | nus *T*. | nen
MBT, *fehlt S*(—1). | uerront *M*, orra *B*. **26.** efcu] ch'r *S*. | qui le *B*,
quil *R*(—1), quil *S*. | porta *T*, querront *M*.

EINSI Cligés eft an la vile,
Si fe çoile par itel guile.
Et cil qui fi prifon eftoient,
4730 De chief an chief la vile aloient
Demandant le noir chevalier;
Meis nus ne lor fot anfeignier.
Et meïfmes li rois Artus
L'anvoie querre fus et jus.
4735 Meis tuit dïent: „Nos nel veïmes,
Puis que nos del tornoi partimes,
Ne ne favons que il devint."
Vaflet le quierent plus de vint,
Que li rois i a anvoiiez.
4740 Meis Cligés f'eft fi defvoiiez,
Qu'il n'an truevent nule antrefaingne.
Li rois Artus de ce fe faingne,
Quant reconté li fu et dit,
Qu'an ne trueve grant ne petit,
4745 Qui fache anfeignier fon repeire,
Ne plus que f'il fuft a Cefeire
Ou a Tolete ou a Candie.
„Par foi, feit il, ne fai que die,

4727. Anfis *S*, Iffi *CR*, Ifi *M*. | eft Cl. *MPT*. **28.** coille *S*, choille *T*,
:oile *APB*, ceile *M*, cele *SR*, cueure *C*. | cefte *C*. | guife *T*. **29.** fi] fuen *R*,
es prifons *M*, prifon *fehlt S* (—2). **30.** aloient] enueient *MP*; *S*: . . lain
ialorent. **31.** Demandent *A*, Demander *M*. **32.** nus] en *S*. | li *M*. | fet
APBTR, feit *M*. **33. 34.** *fehlen M*. **33.** meifme *B*. | hertus *R*, artrux *S*.
)4. querre et *AR*, querant *T*. **35.** tout *T*. | nus nel nois neʃ *S*; *B*: Et cafcuns
fit . . .; *M*: Anceis dient . . **36.** Ains puis *P*, Einc p. *C*, Vnc p. *M*, Des
ꞌ. *R*. | nos] nus *S*, *fehlt MPBCTR*. | deleftor *S*. | partifent *S*, iffimes *P*,
iepartimes *BT*. **37.** Nus ne *S*. | *ein* ne *fehlt B*. | fauomes *AB*, fet *S*. |
fjuil *A*, quil fe *CR*. **38.** Et u. corent *B*. **39.** Qerre qa li rois enu. *B*. |
uoiez *C*. **40.** deuoiez *R*. **41.** Que il *T*. | Que len ne troue *M*, Que on
en troue *P*. | ne *R*. | voient *S*. | enfengne *T*, enfeine *MP*. **42.** De ce li
ois *MPCTR*, Del ch'r li rois *A*. | artur *C*, h'tus *R*, artrus *S*. | feinne *S*,
mne *M*, fagne *B*. **43.** Car *P*. | raconte *BT*. | li ont *T*. **44.** Que *S*. |
el *C*. | trouoit *AB*. **45.** enf.] enmers *S*. | repair *T*. **46.** Nient *P*. |
lus *fehlt BT*. | iert *C*, ert *R*, eftoit *B*, ʒ *T*. | en C. *AC*; *T*: . . alez en
ir. **47.** toulette *T*, toulete *C*, colie *S*. | quandie *A*. **48.** feit] ant *S*. | quan
ie *APBTR*.

Meis a grant mervoille me tient.
4750 Ce fu fantofme, fe devient,
Qui antre nos a converfé.
Maint chevalier a hui verfé
Et des meillors les foiz an porte,
Qui ne verront oan fa porte
4755 Ne fon païs ne fa contree,
S'avra chafcuns fa foi outree."
Einfi dift li rois fon pleifir,
Don il fe poïft bien teifir.

M OUT ont parlé li baron tuit
4760 Del noir chevalier cele nuit,
Qu'onques d'el parole ne tindrent.
L'andemain as armes revindrent
Tuit fanz femonfe et fanz proiiere.
Por feire la jofte premiere
4765 Eft Lanceloz del Lac failliz,
Qui n'eft mie de cuer failliz.
Lanceloz a la jofte atant:
A tant ez vos Cligés batant
Plus vert que n'eft erbe de pre
4770 Sor un fauve deftrier comé.
La ou Cligés point for le fauve,
N'i a ne chevelu ne chauve,

4749. vient *MPBCTR*. **50.** Cou eft *P.* | fantofmez *T.* | fefdeuient
MC, qui deuient *P.* **51.** entre vos a *S*, hui a od nos *B.* **52.** ch.] cli' *S,*
boen uaffal *M.* | hui v.] noit v. *S*, enuerfe *M.* **53.** Dont auolc lui la foi
enp. *B.* **54.** uefront *C.* | ouan *A*, ce croi *T.* **55.** verbr. *M.* **56.** (*verbr.*
M) Si aura *R*(+1). | la *T.* | otroie *S.* **57. 58.** *fehlen BT.* **57.** Enfi *S,*
Ifi *MPC*, Iffi *M.* | dit *SR*; *M*: Ifi li reis dift (*Rest verbr.*). **58.** Dont *APR,*
Dom *M*, Dun *C.* | peuft *MB.* **60.** Deuoir *S.* | toute n. *T.* **61.** Conque *S,*
Que *B.* | d'el p.] de parole *R*, de parler *T.* dautrui parole *B*, parole dels *S.*
ne fe tinrent *T*, ne tienent *B.* **62.** Et l. *MB.* | uindrent *M*, uienent *B.*
63. Tot *SBR*, Tout *T.* | fainz *C*, fen *S.* | femondre *M*, fentence *B.* | fainz *C*
fen *S.* **65.** Lanfelot *BT.* **66.** (*fehlt in S*) nert mie *M*, ne fu pas *T.* | del *A*
67. Lanfelot *B*, Lancelot *MR.* | a *fehlt M*(—1). | a la j.] premerains *A.* | en-
tent *PT*; *S*: Lance droite la i. a. **68.** es *MB*, ech *R*; *T*: E vous atant C
b.; *A*: Et Cl. eft uenuz atant. **69.** uerz *APR.* | n'eft e.] li he. *M.* | del *R*
70. deftrier faluc *PR.* | coupe *T*, monte *M*; *S*: S. un f. bien atamprer
71. uint *A.* | fur *T.* | la faume *S.* **72.** Ni ot *AT*, Il ni a *M.* | chenclt
SMCT, canclu *B*, cauclu *P.* | ne hianme *S.*

Qui a mervoilles ne l'efgart,
Et de l'une et de l'autre part
4775 Dïent: „Cift eft an toz androiz
Affez plus janz et plus adroiz
De celui d'ier as noires armes,
Tant con pins eft plus biaus que charmes,
Et li loriers plus del feü.
4780 Meis ancor n'avons nos feü,
Qui cil d'ier fu; meis de ceftui
Savrons nos, qui il iert, ancui.
Qui le conoift, fi le nos die."
Chafcuns dit: „Je nel conois mie,
4785 N'onques nel vi au mien cuidier.
Meis plus eft biaus de celui d'ier
Et plus de Lancelot del Lac.
Se cift eftoit armez d'un fac,
Et Lanceloz d'arjant et d'or,
4790 Si feroit cift plus biaus ancor."
Einfi tuit a Cligés fe tienent:
Et cil poingnent, fi f'antrevienent,
Quanqu'il pueent efperoner.
Cligés li va tel cop doner

4773. a merueille *MPBCTR.* **74.** Et de lun *B*, Et dilec *C.*
'5. chilz *T.* **76.** *fehlt B.* **76.** Plus genz affez *APCTR.* | janz] beaus *M.* |
ndroiz *C*, droiz *R*(—1). **77.** Que *M.* | a *S.* | noues *C*; *B*: Plus biax que
il etc. **78.** pins] hus *R.* | de ch. *SM.* **79.** li *fehlt ST.* | ploriers *S.* | plus
iauz *ST.* | de fau *S*, de feheu *T.* **80.** oncor *MC.* | nauon *MB.* | nos *fehlt*
?(—1); *S*: Mais nauons pas encor fau. **81.** Qui fu cil dier *M.* | mes] et *B*,
e *T.* **82.** Ne faurons *T*, Sauromes *A.* | qui il ert *B*, qui il eft *A*, quil
rt *R*(—1), fiel iert *S*, uerite *M.* | hui *AT.* **83.** fe *T.* **84.** Jafcuns *C.* |
ift *PBT.* | ie no *S*, ie nen *MPT*, ie ne *R*, quil nel *A.* | conoift *A.*
5. Nainz mes *A*, Nainc mais *B*, Nencui mes *M*, Ne mais *T*, Ne *C.* | nel
it *A*, ne ui *S*, nel ui mais *C*, *fehlt M*(—1). | a mien *S*, a mon *T*, au fuen *A.*
6. biaus eft *T.* | que celui *S.* **87.** de] que *M.* | lanceloz *C.* | dou lanc. *S.*
8. Si *R.* | cix *P*, chiz *T.* | ueftuz *AP.* | dou fanc. *S.* **89.** (*verbr. M*) lan-
:lot *STR.* | dazur *S.* | et] ou *APB.* **90.** (*verbr. M*) il *T*, cil *R*, cix *P.* |
:nt *CR.* **91.** (*verbr. M*) Eifint *C*, Anfis *S*, Iffi *R*, Et tres *A.* | tot *B.*
2. (*verbrannt M*) cil dui *A* (fi *fehlt*). | poinnent *S*, poignant *APCT*,
·ncent *B.* **93.** (*verbr. M*) Quant quil *S*, Quanque il *R.* | poet *S*, puēt *C*,
·ent *R*, porent *AB.* | efproner *R*, efprouuer *T*, efprorer *S.* **94.** Et cil *B.*

4795 Sor l'efcu d'or a lion paint,
Que jus de la fele l'anpaint,
Et vint for lui por la foi prandre.
Lanceloz ne fe pot defandre,
Si li a prifon fianciee.
4800 Lors eft la noife comanciee
Et li bruiz et li frois des lances.
An Cligés ont tuit lor fiances
Cil qui font devers fa partie;
Car cui il fiert par aatie,
4805 Ja n'iert tant forz ne li covaingne
Que del cheval a terre vaingne.
Cligés cel jor fi bien le fift
Et tant an abati et prift,
Que deus tanz a as fuens pleü
4810 Et deus tanz i a los eü,
Que l'autre jor devant n'i ot.
A l'avefprer plus toft qu'il pot
Eft repeiriez a fon repeire
Et feit ifnelemant fors treire
4815 L'efcu vermoil et l'autre ator.
Les armes qu'il porta le jor
Comande que foient repoftes:

4795. Defor lefcu *M*, Defor fon efcu *B*. | d'or *fehlt MB*. | leon *SR*. | a l. p.] au l. peint *CT*, a or paint *B*, en quartier peint *M*. **96.** fi l'e. *R*(+1); *M*: Q. i. del cheual la enpeint. **97.** uait *M*. | a lui *S*. | fa fei *M*. **98.** Lancelot *MR*. | puet *CR*, poet *M*, fot *T*. **99.** Se *S*. | fiancie *SMAB*, fianchie *T*. **4800.** Ez uos *A*. | la n.] le tornoi *A*, li tornei *M*. | comancie *SAMB*, commenchie *T*. **1.** Et *fehlt P*. | le frois *MR*, lefcrois *A*, li efcrois *P*, efta fors *T*. **2.** Tot ont en Cl. *BT*. **4.** Quer *M*, Ca *S*. | qui *MBCR*, cu *S*. | haatie *SR*, anhatie *A*. **5.** fi forz *PB*. | ne lo concinne *S*, nel conuiegne *C*(—1), que ne couiengne *M*, que qil auigne *B*. **6.** de ch. *M*, del deftrier *AT*. | ne v. *R*(+1); *B*: Q. d. ch. ius nel fouigne; *C*: Que del aterre viepnie. **7.** ce *ST*, le *M*. | ml't bien *T*; *PBC*: Cl. fi bien cel (le *B*) ior le f. **8.** Et *fehlt MCR*. | en] i *R*, en i *MC*. | abatie *A*. **9.** dels tant *R*(—1), doels tanz *M*. | a fuen *S*, affez *C*. **10.** doel tanz *M*, de tous *T*. | i *fehlt MT*. | los] le loz *T*, pris *A*. | recev. *M*. **11.** Que en *M*. | par deuant *B*. | n'i *fehlt MBR*, nen *P*. | not *MB,R*(—1). **12.** A la uefprir *S*, A la viefpre *T*. | toz *T*, tot *S*. | que pot *B*. **13.** Eft reuenuz *AMT*, San repaira *B*. **14.** hors *T*. **15.** merueil *R*. | aftor *S*. **16.** Et celes *A*. **17.** Commanda˙*ABT*. | fuffent *ΛT*. | refpoftes *S*.

Repoftes les a bien li oftes.
Affez le ront cele nuit quis
4820 Li chevalier qu'il avoit pris,
Meis nule novele n'an oent.
As oftels le prifent et loent
Li plufor qui parole an tienent.
L'andemain as armes revienent
4825 Li chevalier delivre et fort.
Des rans devers Offenefort
Part uns vaffaus de grant renon,
Percevaus li Galois ot non.
Lués que Cligés le vit movoir
4830 Et de fon non oï le voir,
Que Perceval l'oï nomer,
Mout defirre a lui afanbler.
Del ranc eft iffuz demanois
Sor un deftrier for efpanois,
4835 Et f'armeüre fu vermoille.
Lors l'efgardent a grant mervoille
Treftuit plus qu'onques meis ne firent
Et dïent qu'onques meis ne virent
Nul chevalier fi avenant,

4818. Rebotes *S*, Repufes *P*. | bien] lues *P*. | li] fes *APCTR*, fis *M*.
19. loront *S*, li ront *B*, relont *R*, lorent *CT*. | la nuit *R*(—1). 20. que il
ot pris *AT*.⁺ 21. nennoient *S*. 22. A loftel *B*. 23. (*verbr. M*) tinrent *PB*.
24. (*verbr. M*) Al matin *B*. | reuinrent *B*. 25. defliure *S*; *P*: Tot li ba-
ron d. τ f. 26. Do ranc *S*, Del renc *CR*. | τ deu's *S*(+1). | obfenefort
AP, onxinefort *C*, oxinefort *B*, oxenefort *R*, *verbr. M*. 27. Vint *P*, Ot *T*. |
un uaffal *SMT*. 28. Perceual *MR*, Perceuals *C*, *P*. c. *S*. | le *M*. | ot] a
SB, *verbr. M*. 29. 30. *stellt T nach* 31. 32. 29. Lors q. *C*. *S*, Puis q.
C. *B*, Des q. *C*. *C*, Quant *C*. *M*, *C*. quant il *T*. | le uoit *T*, la ueu *M*. |
mouer *C*, monter *M*. 30. uer *C*; *M*: Defirros fu de lafembler. 31. 32.
fehlen M. 31. Et *T*. | lot apeler *P*. 32. defierre *C*, i defire *P*. | a lui
aiofter *S*, a affanler *P*. 33. Des rens *T* (*AMP*). | eft] τ *S*. | demenois *S*;
C: Seft del r, iffuz, *M*: S. des r. parti; *B*: Hors del r. fan uint; *AP*: Cl.
ift des r.; *R*: Cl. del r. ift d. 34. ceual *PB*. | for] fift *C*. 35. ver-
mielle *T*. 36. Toz *R*. | lefgarderent *A*, le regardent *MC*, les regardent
T(+1). | tot a *B*. | grant *fehlt AMBC*. | meruielle *T*. 37. Affez plus *MPR*,
ml't plus *B*. | qunqs *M*, que onques *B*. 38. dirent *T*. 39. Nul] .I. *AT*. |
fi] tant *M*.

4840 Et cil poingnent tot maintenant,
Que de demore n'i ot point.
Et li uns et li autre point
Tant qu'es efcuz granz cos fe donent,
Les lances ploient et arçonent,
4845 Qui cortes et groffes eftoient.
Veant toz ces qui l'efgardoient
A Cligés feru Perceval
Si qu'il l'abat jus del cheval
Et prifon fiancier li feit
4850 Sanz grant bataille et fanz grant pleit.
Quant Percevaus ot fiancié,
Lors ont le tornoi comancié,
Si f'antrevienent tuit anfanble.
Cligés a chevalier n'afanble,
4855 Qu'a terre nel face cheoir.
An ceft jor nel pot l'an veoir
Une fole ore fors d'eftor.
Aufi come for une tor
Fierent chafcuns for lui par foi,
4860 N'i fierent pas ne dui ne troi;

4840. Et *fehlt R.* | poiftrent *M*, promet *S*, fentreuienent *R.* | tot] *fehlt*
R, de *MP.* 41. de *fehlt SAM.* | demoree *AM*, demor' *B.* | non i *S.* | ot] a
ABR. | poigt *C*; *B*: Quil ni a de d. p. 42. Et *fehlt R.* | et li a.] enuers
laltre *B*, encontre lautre *R*, uers lautre *M.* | poigt *C*, fe ioint *M.* 43. T.
quas *C*, Si ques *P*, Sour les *T.* | efcuz] cuz *R*(—1). | grant cos *SR.* 44. Les]
Lor *MPBC.* | plient *MR*, ploieient *S*(+1). | archonent *MT*, atronent *S*,
eftrōnent *C.* 45. Que c. *C*, Qui roides *S*, Coftues *T.* 46. Voiant *BTR*,
Deuant *P.* | treftoz cez *A*, toz icels *C*(+1). | qui les ueoient *PBTR*, qui le
ueoient *C*, qui les uoient *A*, quiloc efteient *M.* 47. feru] fet il *S*; *AMBC*: A
feru Cl.; *T*: Feri Cl. fi Piercheual. 48. Si *fehlt MBT.* | qui *M.* | labati
MPBT. | jus *fehlt MP.* | de fon *M.* 49. fianchier prifon *B.* | le *A.* 50. granz
bataillïes *S*, longe bataille *B*, grant parole *AP.* | grant *fehlt B.* 51. lot *BR.*
52. Sont la mellee c. *B.* | leftor rec. *P.* 53. Si] z *M.* | fen reuiēnent *C.*
54. A Cl. *M*(+1). 55. nel] no *S.* | chaoir *SBC*, chaier *M*; *ABT*: Quil nel
(ne *BT*) face a t. ch. 56. A *C*, *fehlt A.* | cel *MPCTR*, icel *A.* | ne *SM.* | pout
M, peut *T.* | l'an] lon *S*, len *MR*, un *C*, on *PT*, an *A.* | ueier *M*; *B*: Onques
nel pot le j. v. 57. hors d. *R*, fanz eftor *A.* 58. Aufis *S*, Tout aufi com *T.* |
fore *M*, for *S*, fur *T.* | uneftor *S.* 59. (*verbr. M*) Fiert *S*(—1), Feroit *T.* |
for lui ch. *PBC.* | por foi *S*, par foi *R*; *A*: I fierent tuit an cel tornoi.
60. (*verbr. M*) Ne fierent *T*, Nierent *S*, Il ni fierent *C*, Ni feroient *P.* | pas]
mie *B.* | ne *fehlt PBC.* | doi *PBT.*

Qu'adonc n'eſtoit us ne coſtume.
De ſon eſcu a feit anclume,
Car tuit i forgent et martelent,
Si li fandent et eſquartelent;
4865 Meis nus n'i fiert qu'il ne li foille
Si qu'eſtrier et fele li toille,
Ne nus qui n'an voſiſt mantir
Ne poïſt dire au departir
Que tot n'eüſt le jor veincu
4870 Li chevaliers au roge eſcu.
Et li meillor et li plus cointe
Voudroient eſtre ſi acointe,
Meis ne puet pas eſtre ſi toſt,
Qu'il ſ'an eſt partiz an repoſt,
4875 Quant eſconſé vit le ſoloil,
Et ſ'a feit ſon eſcu vermoil
Et tot l'autre hernois oſter,
Et feit les blanches aporter,
Don il fu noviaus chevaliers,
4880 Et les armes et li deſtriers
Furent miſes a l'uis devant.
Meis or ſe vont aparcevant

4861. (*verbr.* *M*) Quadon *R*, Car donc *AC*, Car dont *T*, Car il *B*. |
eſtoit (*ohne* n') *ST*. | ıtis *S*. | ne] et *ST*. | codume *S*. **62.** (6 *Silben verbrannt*
M) Auſi fait del eſcu *B*. | a] lor *P*. | englume *PBT*. **63.** (4 *Silb. verbrannt*
M) Que *BT*, Et *C*. | tot *B*, tout *T*. | fierent *C*. **64.** Se *PB*, Tout *T*. |
le *ACT*. | (*verbr.*)t et quartelent *M*, eſcantelent *P*, deſcantelent *B*. **65.** Ne
M. | nul *R*. | q̃ il ni *S*, qui il ne *B*. **66.** Si que eſtrieus *C*(+1), Si que-
ſtriers *AT*, Queſtriers *M*, Ses q̃ſtions *B*. | et] u *P*, o *M*, ou *R*. | ſele] ſi
li *B*. | li] ne li *M*. **67.** Que n. *P*, Se n. *T*, Leſtrier *B*. | qui ne *PBCR*,
ſe il nen *M*. | uelt *M*. | mentuz *S*. **68.** peuſt *PBTR*, pout pas *M*, pot
pas *S*. | deſpartir *S*. **69.** ce iour *T*, cel ior *A*, leſtor *R*. | ueicu *S*. **70.** Le
ch'r *M*. | rogie *R*. **71.** Que *B*. **72.** Valroient *B*, Voldrent *C*(−1), Volent *M*,
Volſiſſent *A*, Vauſiſſent *PT*. | ſi] de lui *M*. **73.** Me *C*, Meis il *B*. | pot *PC*,
pout *M*. | pas eſtre] eſtre pas *PT*, mie eſtre *MC*, eſtre *B*. | tot *S*. **74.** Si *B*,
Car il *A*. | eſt p.] parti *A*. | repot *S*. **75.** eſconſer *R* (vit e.), refconſe *M*,
refconſer *A*, eſtoiier *T*, acoter *C*. | uoit *A*. | li *R*. **76.** Si a *ACR*, Et ſi a *M*. |
!eſcu *M*. | merueil *R*. **77.** ocharnoix *S* (*so*). **78.** Si *D*. | fiſt *R*. | blanches]
ıutres *S*, armes *AT*. **79.** Dom *AM*, Donc *C*, Si *B*. | il] quil *B*. | nouel
:heualier *M*. **80.** le deſtrier *M*, les deſtriers *T*. **81.** Refunt *M*. | miſes]
.ot *B*. | de deuant *B*. **82.** Si *B*. | ore *R*(+1), quil *B*. | ſen *SB*. | ap-
:euont *R*.

Li pluſor, qui le ramantoivent,
Bien dïent et bien ſ'aparçoivent,
4885 Que par un ſeul ont tuit eſté
Deſconfit et deſbareté,
Meis chaſcun jor ſe deffigure
Et de cheval et d'armeüre,
Si ſanble autrui que lui meïmes:
4890 Aparceü ſ'an ſont or primes.
Et mes ſire Gauvains a dit
Que meis tel joſteor ne vit,
Et por ce qu'il voudroit avoir
S'acointance et ſon non ſavoir,
4895 Dit qu'il iert l'andemain premiers
A l'aſanbler des chevaliers.
Meis il ne ſe vante de rien,
Ainz dit qu'il panſe et cuide bien
Que tot le miauz et les vantances
4900 Avra cil au ſerir des lances;
Meis a l'eſpee, puet cel eſtre,
Ne ſera il mie ſes meſtre,
Qu'onques n'an pot meſtre trover.
Or ſe voudra il eſprover

4883. 84. *fehlen AM.* **83.** li *C,* les *T,* ſen *B.* | ramenbroient *B.*
84. aperceuent *CTR; B:* Si quil dïent tot quil creoient. **86.** Deſconfi *B,*
Deſconfiz *M.* | deſbarate *S.* **87.** Et *T.* | chaſcuns *C.* | defigure *S.* **88.** de]
do *S.* | cheuaus *T.* **89.** autre *AM,* autrez *T.* | li *R,* ſoi *T,* il *B.* **90.** ſe
PBCR, fehlt ST. | lont *S.* | ores *S,* ore *T,R(+1); M:* Lores ſen aperchu-
rent p. **91.** Nis *B.* | meſſire *B,* meſires *T,* mi ſires *M.* | galuainz *S,* gau-
wains *T,* gaugain *M.* **92.** Cainc mais *P,* Quonques *MBTR,* Que onques
C(+1). | cheualier *P.* | mes ne vit *A.* **93.** Et *fehlt B.* | que il *B.* | uoldra
M, uaura *B.* | auer *C,* aueir *M.* **94.** Sa 9grance *C.* | ſe *S (so).* | ſauer *C,*
ſaueir *M.* **95.** *(verbr. M)* Diſt *PBT.* | iroit *P,* ſera *B.* | demain *SPB.* |
a p̄mier *S.* **96.** *(verbr. M)* Alacontrer *C.* **4897—4900** *fehlen S.*
97. *(verbr. M).* **98.** Eincois *A.* | dïſt *T.* | qu'il] q(*Rest verbr.*) *M,* et *BCR.* |
dïſt qu'il *fehlen A.* | et ſi *A.* **99.** li meuz *C,* le pris *P,* le los *B,* le *(Rest verbr.)*
M. | les uantences *A,* lauantanche *T.* **4900.** il *M.* | ſerir] ſro(*Rest verbr.*) *M,*
ioſter *P.* | de *T.* | lences *A.* **1.** a la eſpee *R(+1),* as eſpees *T.* | pot *M.* |
ſeleſtre *B,* ce ieſtre *T.* **2.** Nel tenrra pas .G. pour m. *T.* | ſes] ſon *MR,*
mes *C.* **3.** Nonques *C,* Vnques *M.* | ni *B,* ne *AR.* | pout *M,* poi *C.* | *statt*
m. tr. *ist Rasur in B.* **4.** Ore *R(+1),* Mais or *B,* Et *C.* | ſe] me *C.*
uaura *B,* reuoldra *AMR,* reuoldrai *C.* | il *fehlt AMBCR.* | eprouer *C.*

4905 Demain au chevalier eſtrange
Qui chaſcun jor ſes armes change
Et cheval et hernois remue;
Par tans ſera de mainte mue, ∅
S'einſi chaſcun jor par coſtume
4910 Oſte et remet novele plume.
Einſi parole et ramantoit,
Et l'andemain revenir voit
Cligés plus blanc que ſlor de lis,
L'eſcu par les enarmes pris,
4915 Sor l'arabi blanc ſejorné,
Si con la nuit ot atorné.
Gauvains li preuz, li aloſez,
N'eſt gueires el chanp repoſez,
Ainz broche et point, ſi ſ'avanciſt
4920 Et de quanqu'il puet ſ'ajanciſt
De bel joſter, ſe trueve a cui.
Par tans ſeront el chanp andui,
Que Cligés n'ot d'areſter cure,
Qui antandu ot le murmure
4925 De ces qui dïent: „C'eſt Gauvains
Qui n'eſt a pié n'a cheval vains,

4905. cheualie *M.* **6.** ſcharmes *S.* **7.** harnois *BT,* armes *C.* **8.** de
de *S*(+1). | quarte *AT.* **9.** Qant il *B,* Se il *AMPCT,* Sil *R*(—1).
10. Cange *P.* | reprent *MPCR.* **11.** Enſi oſtoit ⁊ remetoit *A,B*(Ainſi),*P*(eſtoit
⁊ remuoit), ⁊ enſi cele ſe remuoit *S*(+1), Enſi parole et ramentoit *T,* Eſi
meſſire .*G.* parloit *C*(+1), Einſi en cele nuit diſcient *M,* Iſſi treſtuit de li
parolent (*so*) *R.* **12.** ſi reuenoit *B,* reu. ueient *M,* r. uoient *R.* **13.** plus]
ſi *B.* | blans *MBCT.* | com *B.* | ſlors *S,* ſlours *T,* ſlos *C.* **14.** leſſenarmes
priſt *S.* **15. 16.** *stellen um AT.* **15.** ſoiorne *B.* **16.** out *M,* lot *BR.* |
apreſte *M.* **17.** Gaugain *M.* **18.** al *B,* au *S,* v *T*; el c.] encē *C.* | demo-
rez *M,* areſtez *A,* ſeiornes *PT.* **19.** Ein *S.* | broiche et poigt *C,* point et
broche *SB.* | et ſ'auanciſt *M,* et eſbaldiſt *B,* ſi ſauance *S,* et ſi ſauance *R.*
20. Et *fehlt B.* | de *fehlt AMBCT,* au *PB.* | quantquil *C*(—1)*T,* quant que
.l *SAMR,* plus toſt que il *B,* mix quil *P.* | pot *APBC.* | ſagenciſt *AMPC,*
genciſt *B,* ſaiance *R,* ſauance *S,* auant ſe miſt *T.* **21.** beau *M,* bien *A.* | ſi *R,*
il *AMPBCT.* | a qui *MBR,* aucun *S.* **22.** ſeront *fehlt M*(—2). | en ch. *MP,*
enſamble *BT.* **23.** Car *APCTR,* Quer *M.* | na *PBCR,* nout *M.* **24.** Quil
BC, Quant *R.* | ot ent. *APCT,M* (out), a ent. *B.* | la *AP.* **25.** De ceaux *S,*
De cez *A,* Que il *T.* | qui *fehlt T.* | ce eſt *T.* | gaugain *M.* **26.** a ch. na
ſie *A.* | uaincⁱ *S* (*so*).

C'eſt cil a cui nus ne ſe prant."

Cligés qui la parole antant,⁻

Anmi le chanp vers lui ſ'eſlance,

4930 Li uns et li autre ſ'avance,

Si ſ'antrevienent d'un eſleis

Plus toſt que cers qui ot les gleis

Des chiens qui aprés lui glatiſſent,

· Les lances as eſcuz ſlatiſſent,

4935 Et li cop donent teus eſſrois,

Que totes juſques es camois

Eſclicent et ſandent et froiſſent,

Et li arçon derier eſloiſſent,

Et ronpent çaingles et peitral,

4940 A terre vienent par igal,

S'ont treites les eſpees nues:

Environ ſont les janz venües

Por la bataille regarder.

Por departir et acorder

4945 Vint li rois Artus devant toz.

Meis mout orent einçois deroz

Les blans haubers et deſmailliez

Et porſanduz et detailliez

Les eſcuz, et les hiaumes ſreiz,

4950 Que parole fuſt de la peiz.

4927. a qui *BR*, ancui *S.* | nul *R.* | nos *S.* | ne *fehlt R*(—1). **28.** Qant Cl. la *B.* **29.** (*verbr. M*) a lui *B.* | ſe lance *APBC.* **30.** (*verbr. M*) contre laltre *B.* | ſe uance *R.* **31.** Si coiement de grant eſl. *S.* **32.** toz *T.* | le glais *A*, (*verbr.*)le cri *M.* **34.** Des *B*, *verbr. M.* | aux *S*, es *Rest.* **35.** tel *AMPCT.* | eſ ſlois *S*, eſcrois *MPBCTR.* **36.** iuſque es *M*, duſques es *P*, deſques es *A*, deſ, es *B*, iuſq ãtãt *C*(+1), iuſquant ʒ *S.* | quamois *S*, chamois *R*, camous *M.* **37.** ſr.] croiſſent *P.* **38.** Et *fehlt MPCTR.* ' Les *MR.*' | archons *MR.* | deriere *B*, derriers⁻*A*, des ſeles *MPCR*, ambedui *T.* | eſloignent *S*, croiſent *B.* **39.** caingles *B*, ceingles *AC*, cengles *SMR*, chaingles *T.* | poitral *SPBC*, poitrail *T.* **40.** ingal *BT*, eigual *S*, egal *M.* **41.** Traites ont *M.* **43.** cele *MBR.* | reſgarder *S*, eſgarder *MR*, agarder *B.* **44.** *fehlt S.* **45.** hertus *R*, artruc *S.* **46.** derrous *T*, corro'm *S.* **47.** Lor *MB.* | haubers blans *PBCTR*, blans *fehlt M.* | et toz *M.* **48.** Et deronpuz *S.* **49.** Lor . . lor *B.* | *zweites* les *fehlt T* (*also* hy-aumes). **50.** Ains que parle fuſt *P*, Ainz quil parlaſſent *M.* | fu da *S.*

QUANT li rois efgardez les ot
Une piece tant con lui plot
Et maint des autres qui difoient
Que de neant mains ne prifoient
4955 Le blanc chevalier tot de plain
D'armes que mon feignor Gauvain,
N'ancor ne favoient a dire,
Li queus iert miaudre, li queus pire,
Ne li queus l'autre outrer deüft,
4960 Se tant conbatre lor leüft,
Que la bataille fuft outree
(Meis le roi ne pleift ne agree
Que plus an facent qu'il ont feit):
Por departir avant_fe treit,
4965 Si lor dift: „Traiiez vos an fus!
Mar i avra cop feru plus.
Meis feites peis, foiiez ami!
Biaus niés Gauvain, je vos an pri;
Que fanz querele et fanz haïne
4970 Ne feit bataille n'aatine
A nul prodome a maintenir.
Meis f'a ma cort voloit venir

4951. efgarde *SBT.* **52**. Tant 9 lui fift et *T.* | li *CR.* **53**. Et des
utres maint *A.* **55. 56**. *fehlen B.* **55**. ch. blanc *T.* **56**. gaugain *M.*
ʻ7. Nencore *A*, Ne oncor *M*, Encor *P.* ‖ fauoit nus *AT*, fevent il *P.* | a *fehlt*
IM. **58**. Li que *S*, Li *fehlt A*(Quiex),*B*(Qui),*P*(Quels). | eft *C*, fuft *M*, fu *R.* |
ʻnaindres *S*, miudres *P*, meldre *C*, mieldre *M*, li mieldre *B.* | li] o li *R*,
li *T*, ne li *AP*, ne *M*(li *fehlt*). | quels *fehlt MBT.* | ert pire *S*(+1).
ʻ9. li quieus *A*, qui oltre *B.* | otreir *C*, otre *M*, ofte *S*, outrier *R*, en *B.* |
. d.] outreyft *T.* **60**. conb.] eftre *B.* | lor] les *T.* | leyft *T*, efteuft *B.*
ʻ1. li *B.* | otroie *S*, finee *APBT.* . **62**. Lors ne plaift le roi *B,PC*(au),*R*(plot),
ʻ(plot au), *M*(p. plus au). | ne plaift] artu pas *A.* | ne a.] nen a. *R*, nagree
ʻ, nacree *M.* **63**. (*verbr. M*). **64**. (*verbr. M*) *T*: Ne wet plus que bataille
ait. **65**. (*verbr. M*) dit *AR.* | triez *C.* **66**. Gardes ni ait *T.* | feru colp *R.*
7. Mais *fehlt S.* | fi foiez a. *S*, et f. a. *R*(+1), io uos em pri *B*, *verbr. M.*
8. niez *S*, niers *C*, *verbr. M.* | galuaign *S*; *B*: Si foies entre uos ami.
9. Quer *M*, Car *ABTR.* | et fanz] fans *T*, ne *AB.* | heine *S.* **70**. Nafiert
ʻ*B.* | nahatine *BT*, nehatine *S*, nen hatine *A*, ne haatine *R*(+1), nataine *MC.*
ʻ. nus *M.* | a *fehlt P.* **72**. fi a ma *R*(+1).

Cil chevaliers o nos deduire,
Ne li devroit grever ne nuire.
4975 Proiiez l'an, niés!" — „Volantiers, fire!"
Cligés ne f'an quiert efcondire,
Bien otroie qu'il i ira,
Quant li tornois departira;
Qu'or a bien le comandemant
4980 Son pere feit outreemant.
Et li rois dit que il n'a cure
De tornoiemant qui trop dure,
Bien le pueent a tant leiffier.
Departi font li chevalier,
4985 Car li rois le viaut et comande.
Cligés por tot fon hernois mande,
Que le roi fivre li covient,
Plus toft qu'il puet a la cort vient,
Meis bien fu atornez einçois,
4990 Veftuz a guife de François.
Maintenant qu'il vint a la cort,
Chafcuns a l'ancontre li cort,
Que uns ne autre n'i arefte,
Ainz an font tel joie et tel fefte,

4973. Cift *ACR*, Cis *B*, Cel *M*, Cix *P*, Li *T.* | o] a *BR*, por *S.*
uos *MP*, lui *S.* **74.** *M*: Mien efcient ia nen iert pire. **75.** Prijes *T.*
lent *B*, li *ATR.* | niers *C*, mieuz *S.* **76.** fe *CR*, len *P.* | volt *P*, poet *M.*
77. otroi *C*, lor otroie *MBR.* | que il *T.* | i] *fehlt MBTR,C*(—2). **78.** le
tornai *C*, le tornei *M*, dau tornoi *S.* | defp. *S.* **79.** Core *CR*, Or *MT*
Car *A.* | bien a *A.* **80.** Fait fon pere *T.* | certainement *R*, otreiment *C*, ou-
troiement *S*, et l'otroyement *T*, a efcient *M.* **81.** Et] Mes *ACT*, Lors *R*, *fehlt*
M. | dift *MT.* | dit li rois *R.* | quil *S*(—1), kil *R*(—1), naueit *M.* **82.** tor-
niement *B.* **83.** puet *S*(—1), puet on *T*, couient *M.* | laier *B.* **85.** Que *S*
Quer *M*, Quant *T.* | wet *T*, ueut *S*, uelt *MBC*, uoit *R.* **86.** Et Cl. *BT.*
por] *fehlt MBT*, tres *P.* | fon *fehlt A*(·—1). | harnois *BT*, harnas *P.* | de
mande *M.* **87.** Car *APBT*, Quer *M.* | li rois *C*, lorroi *S.* | fiudre *A*, forre *S*
fieuwir *T*, feurre *C*, fierre *M.* | lo *C*, le *T.* **88.** Al plus *APBT,R*(+1).
toz *T*, tot *S.* | que pot *B*, quil pot *T.* | la] *fehlt APBT.* | cor *C*, tor *S*; *M*
Qui por malues pas ne le tient. **89. 90.** *fehlen PB.* **89.** Mult *MTR.*
fu bien *MT.* **90.** anguife *S.* **91.** que il *B.* | la] *fehlt R*(—1),*B.* **92.** A
Ch. encontre lui acort. **93.** ne] ni *SR*, | auftres *C*, autres *SATR.* **94.** S
MR, Qui *C.* | an f.] ont fet *AM.*

4995 Com il onques porent greignor,
Et tuit cil l'apelent feignor,
Qu'il avoit pris au tornoiier;
Meis il le viaut a toz noiier
Et dit que treftuit quite foient
5000 De lor foiz, f'il cuident et croient
Que ce fuft il qui les preïft.
N'i a un feul qui ne deïft:
„Ce fuftes vos, bien le favons!
Voftre acointance chiere avons
5005 Et mout vos devriiens amer
Et prifier et feignor clamer,
Qu'a vos n'eft nus de nos parauz.
Tot autrefi con li folauz
Eftaint les eftoiles menues,
5010 Que la clartez n'an pert as nues
La ou li rai del foloil neiffent:
Auffi eftaingnent et abeiffent
Noz proeces devant les voz,
Si foloient eftre les noz
5015 Mout renomees par le monde."
Cligés ne fet qu'il lor refponde,
Que plus le loent tuit anfanble
Qu'il ne devroient, ce li fanble,

4995. Quanquil *M.* | unques *C, fehlt P.* | puent *C*, pueent *AT*, poent *R.* |
grignor *BT*, graignor *R*, grainor *M*, faire g. *P.* 96. tot cil *B*, treftuit *T*,
.ot *P.* | lapelerent *P*; *M*: Mult dient quil a grant uigor (*hiermit bricht M*
ıb). 97. Cil quil ot *P*, Chil quauoit *T.* | a *R.* | torneer *C*; *S*: Que il a. p.
ıntor noj. 98. leuuet *S*, le velt *R*, le vaut *P*, le vot *C*, lor uialt *A*, lor wet *T*,
or ueut *B.* | neer *C*, neier *S*. 99. dift *BT.* | que il tout *T*. 5000. fais *T.* |
ʼjuil *B.* | et] ne *S*. 1. preinft *C*, prefift *PBT.* 2. defift *PBT.* 3. Coftume
ʼos *S.* | fauomes *BT*, fauez *S*. 4. acointanches *T.* | auomes *PBT*, auuns *S*.
ɔ. deurions *PBC*, deurioms *R*, deueriens *T*. 6. proifier *C*, cherir *R*, fignor
B. | feigno *C*, ami *B*. 7. nus] v9 — nos] v9 *S*. 8. Mais tot auffi *PBT.* |
i *fehlt C*(—1). 9. *S*: Efcoint les meifmes (*so*). 10. non pert *S*, nempt *B*,
ie pert *CT*, napert *PR.* | a *S*, es *APBTR.* | rues *B*. 11. Ladirail *S.* | naifont *S*.
2. Aufinfn *S*, Enfi *T*, Tot aufi *P,C*(+1), Tot aufint *R*. | oftoient *S*, baiffent
ᴾ*R*. 13. Nor *S*, Vos *T.* | contre *AB*, toutes *T.* | uos *R*, noes *T*. 14. *fehlt*
S. | noes *T*. 15. Ml't *fehlt S*. | tot le m. *S*. 16. fot *SB*. 17. Car *APBC.* |
i *R*. 18. Que il *A.* | deuoient *P*, deueroient *T*, deuffent *S*, uoldroit *A*.

Meis bel li eſt et ſ'an a honte,
5020 Li ſans an la face li monte
Si que tot vergoignier le voient.
Parmi la ſale le convoient,
Si l'ont devant le roi conduit;
Meis la parole leiſſent tuit
5025 De lui loer et loſangier.
Ja ſu droite ore de mangier,
Si corurent les tables metre
Cil qui ſ'an durent antremetre,
Les tables ont el paleis miſes,
5030 Li un ont les toailles priſes,
Et li autre les bacins tienent,
Qui donent l'aigue a ces qui vienent,
Tuit ont lavé, tuit ſont aſſis.
Et li rois a par la main pris
5035 Cligés, ſi l'aſſiſt devant lui,
Que mout voudra ſavoir ancui
De ſon eſtre, ſ'il onques puet.
Del mangier a parler n'eſtuet,
Qu'auſſi furent li mes plenier
5040 Con ſ'an eüſt buef a denier.
QUANT toz lor mes orent eüz,
   Lors ne ſ'eſt plus li rois teüz.
„Amis, feit il, aprandre vuel,
Se vos leiſſaſtes par orguel
5045 Qu'a ma cort venir ne deignaſtes,

5019. Cant ml't li henuit S(+1). | bel] biau C, bon PB. | et ſ'en] et
ſin SB, ſi en A.   **21.** tot] tuit R. | uergūnier C. | uolent S.   **23.** devant]
daut S. | li C; PB: Par (Et P) deuant le roi ſont c.   **24.** la bataille B.
27. correrent S, coroient C. | as C.   **28.** doivent T, ſorent B.   **29.** ſont
APCT. | eu C, ou S, v T; R: El palois ont les t. m.   **30.** touwailes T,
toaille C.   **31.** bains tinent S.   **32.** Si APBT. | leue ABC. | cez A. | uinent S.
33. Tout T, Tot B. | tuit] ſi AR.   **35.** la ſit S, laſiet C. | ioſte lui B.
36. Qui CTR, Car AB.   **37.** ſe il T(+1).   **38.** magier C. | ne quier S.
39. Canſis S, Car ſi AP. | mies S; R: Q. ſ. li meſ furent. (in ras.).   **40.** Que
P. | ſem R, ſon SPBCT. | bues T, beu S. | a diſner R, au diſner S.
41. tot B. | les R.   **42.** Si B. | li rois plus R. | tenuz C.   **44.** laiaſtes B.
por S.   **45.** uolfiſtes S.

Tantoſt qu'an ceſt païs antraſtes,
Et por quoi ſi vos eſtrangiez
Des janz et voz armes changiez,
Et voſtre non me raprenez
5050 · Et de queus janz vos eſtes nez."
Cligés reſpont: „Ja celé n'iert."
Tot quanque li rois li requiert
Li a dit et reconeü.
Et quant li rois l'a coneü,
5055 Lors l'acole, lors li feit joie,
N'i a nul qui ne le conjoie,
Et mes ſire Gauvains le ſot,
Qui ſor toz l'acole et conjot,
Et tuit li autre le conjoient.
5060 Et tuit cil qui de lui parloient
Dïent que mout eſt biaus et preuz.
Plus que nul de toz ſes neveuz
L'aimme li rois et plus l'enore.
Cligés avuec le roi demore
5065 Juſqu'au novelemant d'eſté,
S'a par tote Bretaingne eſté
Et par France et par Normandie,
S'a feit mainte chevalerie
Tant que bien ſ'i eſt eſſaiiéz;
5070 Meis l'amors don il eſt plaiiez

5046. Tantot *S*, Tantoz *T*, Quant uos *B*. | quant *S*, com *R*, en *B*. | eſt] el *R*. **47.** por que *B*. **48.** De nos *APB.TR.* | et ſi uos eſlongies *B*. **19. 50.** *fehlen B*. **49.** me] v9 *S* (*also* nos). **50.** de] dex *S*. | quel gent *APCR*. **51.** celez *A*. **52.** quant que *S*, ce que *A*. **53.** Dit li a *B*, Si la lit *A*. | requeneu *SC*. **54.** coneu] entendu *S*. **55.** lors li] ſi li *B*, et *S*. | nlt' grant ioie *S*. **56.** Nonia *S*. | nul] celui *A*, un ſeul *PR*. | nel *SAPR*. | oie *C*(—1). **57.** Quant *PBR*. **58.** Qui *fehlt PBR*. | deſor *AR*. | treſtoz *R*. | acollent ⁊ c. *S*, les autres le c. *PB*, grant ioie en ot *R*. | conjot] iot *A*. ⁙9. (*wiederholt S*) Treſtuit lacolent et c. *ATR*, Tot le ſaluent et c. *PB*, 'uit le conioient et acolent *C*. **60.** tot *BT*. | li *R*. | parolent *C*. **62.** nul ?, nus *ceteri*. **63.** Lime *S*. | plus et *C*. | houneure *T*. **64.** ouec *R*, awec *T*, ntor *S*. **65.** Juſqa *R*, Duſqual *P*, Preſqua *C*, De ſi quau *A*. | nouel tans *A*. ⁙8. bretainne *S*. **68.** Ou ſiſt *C*. **69.** ſeſt (*R*—1). | aſſaiez *BR*. **70.** lamor tBCT. | dū *C*, dom *S*, dont *BT*. | il] ſi *P*.

Ne li aliege n'affoage,
La volantez de fon corage
Toz jorz an un panfer le tient:
De Fenice li reffovient,
5075 Qui loing de lui fon cuer travaille.
Talanz li prant que il f'an raille,
Que trop a feit grant confirree
De veoir la plus defirree,
Qu'onques nus poïft defirrer, —
5080 Ne f'an voudra plus confirrer.
De l'aler an Grece f'atorne,
Congié a pris, fi f'an retorne.
Mout an pefa, fi con je croi,
Mon feignor Gauvain et le roi,
5085 Quant plus nel pueent retenir.
Tart li eft qu'il puiffe venir
A celi qu'il aimme et covoite,
Et par terre et par mer efploite,
Si li eft mout longue la voie,
5090 Tant li eft tart que celi voie,
Qui fon cuer li fortreit et tot.
Meis bien li rant et bien li fot
Et bien li reftore fa tote,
Quant ele li redone a fote

5071. li *fehlt A*(—1). | alige *C*, alege *R*, aloge *S*, grieue *B*. | nefoiage *S*, ne afoage *B,R*(+1).   **72.** uolente *ABCT*. | coraige *S*.   **73.** en] a *CT*. | un penfe *PBCR*, uolente *A*. | fe tient *B*, reuient *T*, fe tint *P*.   **74.** refouint *P*. **75.** Que *S*. | loins *T*. | q̄r *R*, cors *S*. | fon c.] fe *A*. | retrauaille *A*.   **76.** Talent *CR*. | quil *R*(—1). | aille *APBCTR*.   **77.** Car *APBCTR*. | ml't *PB*. | confirre *A*, confirent *S*.   **78.** vooir *S*, ueer *C*, voir il *T*.   **79.** (*fehlt S*); nus ne *R*(+1). | puiffe *AB*.   **80.** plus] pas *C*. | confiur² *B*, confiree.   **81.** Du raler *T*, De raler *A*, De realer *R*(+1).   **82.** puis fi *B*. | atorne *S*, torne *B*. **83.** Mais ml't *APBCTR*. | li poife *R*(+1).   **85.** Que *R*. | ne *S*. | porent *BC*, poet *S*.   **86.** Tant *T*. | que il puift *P*. | tart a reuenir *T*.   **87—90** *fehlen B; statt deren hat er folg. zwei interpolirte Zeilen:* A ce que fes coers plus remire. Ml't li eft tart tant la defire.   **87.** cele *CTR*, cou *P*; *P:* .. que fes cuers plus couoite.   **88.** par mer et par terre *PTR*.   **89.** Se *STR*. **90.** Ml't li tarde *A*. | tart *fehlt S*(—1). | cele *CTR*.   **91.** fortrait *C*, fouftrait *T*. | tolt *AP*, taut *B*.   **92.** rient *R* (*so*). | folt *APR*, faut *B*.   **93.** retore *S*. | tolte *BR*, cote *S*, toute *C*, tofte *A*.   **94.** Car *PR*, Et *B*. | cele *B*. | reftore *A*. | a] en *R*, *fehlt A*. | affolte *B*, folte *PR*, foute *C*, fofte *A*.

5095 Le fuen, qu'ele n'aimme pas mains.
Meis il n'an eft mie certains,
N'onques n'i ot pleit ne covant,
Si fe demante duremant.
Et cele aufli fe redemante,
5100 Cui f'amors ocit et tormante,
Ne riens qu'ele puiffe veoir
Ne li puet pleifir ne feoir,
Puis cele ore qu'ele nel vit,
Neis ne fet ele, fe il vit,
5105 Don granz dolors au cuer li toche.
Meis Cligés chafcun jor aproche
Et de ce li eft bien cheü
Que fanz tormant a vant eü,
S'a pris a joie et a deport
5110 Devant Coftantinoble port.
An la cite vint la novele:
S'ele fu l'anpereor bele
Et l'anpererriz çant tanz plus,
De ce mar dotera ja nus.
5115 CLIGÉS, il et fa conpaignie,
Sont repeirié an Grifonie
Droit au port de Coftantinoble.

5095. Le fien P, *fehlt BT.* | qu'ele] Ele B, Quelle fon cuer T, quil
?. | pas] mie pas B, mie C. **97.** Conques TR. | nen A. **98.** fe] fen PBC. |
ementent SC, redemente B. | ml't fouent PC, forment B. **99.** fele S, ele
tTR. | aufins S. | fen ABT. **5100.** Qui B, Quar R. | amors ABR. |
cift SPT. 1. que il S, qui le R, que ele PB. | poift AC, puift PB.
. pot ACR. | pleire AR. | feor S. *Darnach interpolirt S folgende* 6 *Zeilen:*
ors folement cheuallerie. | Ses cuers eft tot ior en famie. | Samie nert pas
einz forprife. | Eins lauoit fi amors fofprife. | Que ne li plaift riens que li
ie. | Amors la forprant et defuoye. **3. 4.** *fehlen* P. **3.** Ne puis B, Des
iis S. | icele A, cel S. | ore] ior S. | qu'ele] que A. | nel] ne S, *fehlt* B.
. Ne TR, Cel C, Nele A, *fehlt* B. | fet] pot B. | ele] el fauoir B,
is A, *fehlt* R. | fil encore uit R. **5.** Donc C, Dont BTR, De S, Ml't P. |
iche S. **6.** chafcun j.] durement A. | aprofche S. **7.** de *fehlt* S. | cen C. |
t PB. | enchau S. **8.** Conques t. T. | a]ont PBR; T: .. norent eu. **9.** Si
S(+1), Sont CTR. | defport S. **10.** Defous T. **12.** Ele S, Si (ele *fehlt*)
. | feu S, fu a R. **13.** tant R. **14.** Ja de R. | ia mar B. | ja] *fehlt* BR.
. il et] auoc C, o PR. | fa grant PR. **16.** Eft repairiez PBCR. **17.** Uunt C. |
] en PB.

Tuit li plus riche et li plus noble
Li vienent au port a l'ancontre.
5120 Et quant l'anperere l'ancontre,
Qui devant toz i fu alez,
Et l'anpererriz lez a lez,
Devant toz le cort acoler
Li anperere et faluër.
5125 Et quant Fenice le falue,
Li uns por l'autre color mue,
Et mervoille eft com il fe tienent
La ou pres aprés f'antrevienent,
Qu'il ne f'antracolent et beifent
5130 De teus baifiers com amor pleifent;
Meis folie fuft et forfans.
Les janz acorrent de toz fans,
Qui a lui veoir fe deduient,
Parmi la vile le conduient
5135 Tuit, qui a pié, qui a cheval,
Jufqu'au paleis anperial.
De la joie qui la fu feite
N'iert ja ci parole retreite
Ne de l'onor ne del fervife;
5140 Meis chafcuns a fa painne mife
A feire quanqu'il cuide et croit,
Que Cligés pleife et bel li foit.
Et fes oncles li abandone

5118. riche S, haut *ceteri.* **19.** (*fehlt* S) uinrent BR. **21.** Que B.
fu] eft B. **22.** lemperere B, lampereres S. **23. 24** *fehlen* B. **23.** cor̄
ua P. **24.** Lempereriz A, Lempereres *Rest.* **25.** Et *fehlt* R(—1). | le] la B̄Ā
26. Li on R. | loremire S. *Darnach schiebt R eine Zeile ein:* Tot lor font
quer remue. **27.** Et *fehlt* P. | eft *fehlt* S. | quon S, quant C, comment ꟷ
fe A. **28.** ou pres *fehlt* S(—2). | pres ap.] faprochent et R(+1). | fentrauier
nent C; P: Adont quant il enfanle u. **30.** De cels C, De cefz R, Dicez A.
qui APBCR. | paifent B. **31.** folz fens T. **32.** La gent C. | i corrent ꟷ
34. cite AC. | fe S, lē B. **35.** Tot B, Tout PT. | que ... que PB̄ꟷ
et ... et A. **36.** (*fehlt* B) Dufquau P, Defquaul C, Jufqua S. | imperial ꟷ
37. li fu C. **38.** Niert ore A, Nen ert mais B. **39—42** *fehlen* A. **40.** fer
tente mife P. **41.** quanque il R(+1), ce quil panfe B. **42.** Qui SB̄ꟷ
Qua P. | Cliges] il li T, li S(—1),R(—1),C. | et qui C. | beau C, biau ꟷ
43. Car A. | li a C(+1).

Tot quanqu'il a, fors la corone,
5145 Bien viaut qu'il praingne a fon pleifir,
Quanqu'il voudra de lui feifir,
Ou foit de terre ou de trefor;
Meis il n'a foing d'arjant ne d'or,
Quant fon panfer defcovrir n'ofe
5150 A celi por cui ne repofe,
Et f'a bien eife et leu del dire,
S'il ne dotaft de l'efcondire;
Que tote jor la puet veoir
Et feul a feul lez li feoir
5155 Sanz contredit et fanz defanfe,
Que nus mal n'i antant ne panfe.

G RANT piece aprés que il revint
Un jor feus an la chanbre vint
Celi qui n'iert pas f'anemie,
5160 Et bien fachiez, ne li fu mie
Li huis a l'ancontre fermez.
Delez li fe fu acotez,
Et tuit fe furent treit an fus
Si que pres d'aus ne fe fift nus,
5165 Qui lor paroles antandift.
Fenice a parole le mift
De Bretaingne premieremant,

5144. Tot *fehlt* C(—1),R. | quanque il R. | a] tient PB. 45. Et bien
(+1), Bien li P(+1). | que il T. | fon *fehlt* T. 46. Quanque il R(+1). |
ɔr lui A, del fuen CR. | feruir A. 47. de terre] dargent AB. | ou foit
'(+1). 48. Quanquil uaura d'a. et d. B. 49. Que S. | dire nofe R(—1);
: Mais il ne penfe a nule cofe. 50. cele CTR. | coi S, qui CR, quil P;
: Fors a celi a qui il nofe. 51. f'a] fi a R(+1), *fehlt* A. | bien] boene A. |
lieu T, et liu P, a a li A; B: Son bon et fon corage dire. 52. B: Car
fe doute defc. 53. 54. *fehlen* B. 53. Car APC. 54. Et tote ades S. |
] lie C. 55. S. encombrier B. 56. Car APC. | nul SBCT. | ni ent. mal
: AP. 57. Vn ior P. | que il] quil R(—1), ce quil ABCT, icou P. | uint
, auint P. 58. (*fehlt* S) Un j.] Que il P. | feus *fehlt* B. | fen uint B.
9. (*wiederholt* B) Cele SCTR. | nier S. 60. fach. bien T. 61. Li uis S,
uis R(—1), Li uns C. | de la cambre B. | fremes T, botez APBR, *fehlt*
'(—2). 62. Dales B. | lui BR, lie C. | acodez S, acotiez R, akeutes PT.
3. tot B. | tant es lis S. 64. Que fi C. | feroit mis S. 66. en parole C. |
n A. | mis S. 67. nouelement B.

Del fan et de l'afeitemant
Mon feignor Gauvain li anquiert,
5170 Tant que es paroles fe fiert
De ce don ele fe cremoit;
Demanda li, fe il amoit
Dame ne pucele el païs.
A ce ne fu mie eftaïs
5175 Cligés ne lanz de ce refpondre,
Ifnelemant li fot efpondre,
Depuis qu'ele l'an apela:
„Dame, feit il, j'amai de la,
Meis n'amai rien qui de la fuft.
5180 Auffi com efcorce fanz fuft
Fu mes cors fanz cuer an Bretaingne.
Puis que je parti d'Alemaingne,
Ne fai que mes cuers fe devint,
Meis que ça aprés vos f'an vint.
5185 Ça fu mes cuers et la mes cors.
N'eftoie pas de Grece fors,
Que mes cuers i eftoit venuz,
Por quoi je fui ça revenuz.
Meis il ne vient ne ne repeire,
5190 Ne je nel puis a moi retreire
Ne je ne quier ne je ne puis.
Et vos comant a efté puis
Qu'an ceft païs fuftes venue?

5168. fens PBT, fanz R. 70. que] quan AR. | es] en P, as S, la A,
fehlt R(—1). | parole APCR. 71. dom SA, dont PBTR, dūc C. | doutoit P,
72. lui PBT. | fil R(—1). | lamoit C. 73. en C, o S, v T. 74. mie] pas
R. | efbahis T, areftiz R, areftis B, reftis SA. 75. neft CT. | las R. | ce
li B, bien APCR. 76. folt C. | defpondre B, refpondre S. 77. Defpuis S
Des AB, Lues P,R(—1), Trus C(—1). | qu'ele] que ele APB. | aparla PBT
78. ic amai C(+1), iamais S. | ca C. 79. riens T. 80. Aufis S, Qaufi C, Que
auffi R(+1). 81. fon cuer S. 82. Defpuis que giffi de lalemaigne PB(+1)
83. foch T, foi ABCR. | mais que T. | fe fehlt T. 84. vos] moi A; C: M
quapres v. ca f. v. (—1). 85. Cha eft li c. ꝫ la li c. T. 86. hors R
87. Car APB, Quant C. | i] fi P. | ert BR. | tenus P, revenus B, retenuz R
88. qui B, cui SR. 90. puis] quir B. | atraire C. 91. 92. stellt B um
91. erstes je fehlt A. | nel APTR. | quier] uoil B. | ne je ne] certes ne
ne A. | nel PTR. 92. a uos R(+1). | a cefte pais S.

Quel joie i avez puis eüe?
5195 Pleift vos la janz, pleift vos la terre?
Je ne vos doi de plus anquerre
Fors tant, fe li païs vos pleift."
„Ainz ne me plot, meis or me neift
Une joie et une pleifance.
5200 Por Pavie ne por Pleifance,
Sachiez, ne la voudroie perdre,
Que mon cuer n'an puis defaerdre,
Ne je ne l'an ferai ja force.
An moi n'a rien fors que l'efcorce,
5205 Que fanz cuer vif et fanz cuer fui.
Onques an Bretaingne ne fui,
Et fi a mes cuers fanz moi feit
An Bretaingne ne fai quel pleit."
„Dame, quant fu voftre cuers la,
5210 Dites moi, quant il i ala,
An quel tans et an quel feifon,
Se c'eft chofe que par reifon
Puiffiez dire moi ne autrui.
Fu il i lors, quant je i fui?"
5215 „Oïl, meis ne le coneüftes.
Tant i fu il, con vos i fuftes,
Et avuec vos f'an departi."

5194. i *fehlt* T. | vous puis T. 95. la gent APCTR, li lius B.
96. requerre AB. 98. Einz SA, Ainc PBTR, Onc C. | mi ... mi T. | or
me plaift B, imift naift S. 5200. Que por P. | paine SP, proiere A. | ne]
et C(—1). | por *fehlt* P. | pleifance A, pefance P. 1. le B. | prandre S.
2. Car APBCR. | ne BCR; nen non c. P. 3. ne B. | veil faire S.
4. riens T, mes A. | fors *fehlt* R(—1). 5. Car APBCR. | fainz C. | vif]
fui S. 6. Nonques A. | em B. 7. Et *fehlt* A. | fanz moi] lonc feior A.
8. Em b. B, Aloignement R. | ne fai qatuit R, fouent maint plait P, oan maint
bon p. B, maint malues p. CT; A: Ne fai fil a bien ou mal fet. 9. qan S. |
v. c. fu PBCTR. · 11. quelle T(+1). | faifoir S. 12. Se] De S. | ce eft C(+1). |
part S. 13. Doiez APCR. | dire a SR, dire na C. | nantrui S(—1),R(—1),C.
14. Fui il lors C, I fu il lors T,B(II), Sil i fu lors AP, Sil i fu donc R. |
que ie ifui S. 15. Cil S. | mais uos PB. | ne li C, ne les S, nel P, nel
TR(—1). | feuftes B, queiftes S(—1). 16. Tant il fu il B, Il i fu lors A. |
quant A. | i f.] veiftes S. 17. auolc B, auec S, awec T, ouec CR, auoec A. |
fenz defpartir S.

„Deus, je ne l'i foi ne ne vi.
Et fe je veü l'i eüffe,
5220 Certes, dame, je li eüffe
Buene conpaignie porté."
„Mout m'eüffiez reconforté.
Et bien le redeüffiez feire,
Que je fuffe mout deboneire
2255 Au voftre cuer, fe lui pleüft
A venir la ou me feüft."
„Dame, certes, a vos vint il."
„A moi? Ne vint pas en effil,
Qu'auffi ala li miens a vos."
5230 „Dame, donc font ci avuec nos
Andui li cuer, fi con vos dites;
Que li miens eft voftre toz quites."
„Amis, et vos ravez le mien,
Si nos antravenomes bien.
5235 Et fachiez bien, fe deus me gart,
Qu'ainz voftre oncles n'ot a moi part,
Que moi ne plot ne lui ne lut.
Onques ancor ne me conut
Si com Adanz conut fa fame.
5240 A tort fui apelee dame,

5218. foi] feuc *P*; *B*: D. que ne foi et que nel ui. **19.** Dex que nel foi fe li feuffe *C*,*T*(ne li foi +1), *R* (fi li), *A* (fe le), *PB* (fe iel). **20.** Dame certes *CR*. | dames *S*. | ne li aufe *S*. **21.** porter *S*, portee *B*. **22.** Si *P*. | meuwiffies *T*, mauffes *S*, meuft or *AC*,*R* (ore +1), *P* (ml't). | reconfortec *SB*. **23.** Amis bien *A*, Et ml't bien *PBR*. | redeuffe *C*, redeufe *R*, deuffiez *AB*, deuffe *P*. **24.** Car *APBC*, Qu *S*. | je] ne *S*. **25.** A *APBR*, En *T*. | lui] li *PCTR*. | fil li leuft *B*. .**26.** A *fehlt PCR*. | lo v *T*. | me] moi *B*, il me *PC*, li mien *R*. | feuft *R*. **27.** Par ma foi dame *B*, Sire c. *PR*. certes *A zweimal.* | a] o *A*. **28.** A] Q⁹ *oder* Q°(?) *C*. | ne v.] not il *APR*. trop deffil *APR*. **29.** Quanfis *S*, Quaufint *R*. | rala *AB*. | a] o *AC*. **30.** dont *BT*, don *A*. | ci] il *S*, or *B*, *fehlt T*. | aweq̃s *T*. | vos *S*, uos *B*. **32.** Quar *R*, Car *APBC*. | tout *T*. **33.** aves *B*. **34.** entrauerons ml't bien *S*, entrameromes *B*, entracordōmes *PCTR*. **36.** Ainz *S*, Cainc *BTR*, Qonc *C*. | uos oncles *P*. en moi *APBCR*. | en moi not p. *B*. **37.** Car *ABC*, Ka *P*. | li *R*. | luft *R*. **38.** Qⅱⅰques *S*. | men quenuit *S*, me quenut *C*, conuft *R*. **39.** andanz quenuit *S*, conuft *R*.

Meis bien fai, qui dame m'apele,
Ne fet que je foie pucele,
Neis voftre oncles ne le fet mie,
Qui beü a de l'andormie
5245 Et veillier cuide, quant il dort,
Si li fanble que fon deport
Eit de moi tot a fa devife
Auffi com antre ses braz gife;
Meis je l'an ai mis au defors.
5250 Voftre eft mes cuers, voftre eft mes cors,
Ne ja nus par mon essanpleire
N'aprandra vilenie a feire;
Car quant mes cuers an vos fe mift,
Le cors vos dona et promift
5255 Si que autre part n'i avra.
Amors por vos fi me navra,
Que ja meis ne cuidai garir
Ne plus que la mers puet tarir.
[Se je vos aim et vos m'amez,
5260 Ja n'an feroiz Triftanz clamez,
Ne je n'an ferai ja Yfeuz,
Car puis ne feroit l'amors preuz.]
Meis une promeffe vos faz
Que ja de moi n'avroiz folaz

5242. (*in S wiederholt* Neis fet *u. s. f.*) fet pas que foie *B*. **43**. Nez *T*, :t *B*. | vos oncles *PB*. | nel *APCR*. | mie *fehlt S*. **44**. Quil *R*. | a beu *4CR*, beura *S*. | deleftordie *P*. **46**. Se *ST*. | que] quil *B*. ¦ fon] fe *B*. !7. A moi et *B*. **48**. Anfins *S*, Alfi *B*. ¦ come *CT*, que *P*. | fi entre *R*(+1), antre *AP*. | mes *AR*. **49**. je l'en] io men *B*, bien len *APCR*, il en *T*. | i] eft *T*. | au] en *B*. | dehors *R*. **50**. Voftres *BT*. | voftres *T*(+2), *fehlt* ?. | eft] et *B*. **51**. iamais *T*. | mon] bon *B*, nul *T*. **52**. Neprandra *S*, Na-irendrai *T*, Naprendrai *R*. **53**. a uos *S*. | feft en uos mis *C*. **54**. Le iou *B*. | done *S*(—1), donai *C*. | pramift *B*, prounift *T*, pramis *C*. **55**. Que a *B*. | quautres ia part *A,C* (part ia). **56**. men naura *S*. **57**. Si que ies *C*. | nen *BTR*. | guarir *R*. **58**. Nient *PT*. | la *fehlt CR*. | mer *ST*. | iorroit tarir *CR*. | t'rir *T*, perir *P*, tenir *B*; *A*: Si mauez fet maint mal ofrir. **59—62** *interpolirt in APCR*. **59**. Si *R*. | ame *R*. **60**. ne *R*. | riftam *R*, triftrans *P*. **61**. ne *CR*. **62**. Ke *R*. **63**. prameffe *B*, prou-ieffe *T*; *ACR*: Quil i auroit blafme ne uice. **64**. nares de moi *B*. | naura *r*; *ACR*: Ja de mon cors naurez delice.

5265   Autre que vos or an avez,
Se apanſer ne vos ſavez,
Comant je poïſſe eſtre anblee
De voſtre oncle et de ſ'aſſanblee,
Si que ja meis ne me retruiſſe,
5270   Ne vos ne moi blaſmer ne puiſſe
Ne ja ne ſ'an ſache a quoi prandre.
   Anuit vos i covient antandre,
Et demain dire me ſavroiz
Le miauz que panſé an avroiz,
5275   Et je auſſi i panſerai.
Demain, quant levee ſerai,
Venez matin a moi parler,
Si dira chaſcuns ſon panſer
Et ferons a oevre venir
5280   Celui que miauz voudrons tenir."
QUANT Cligés ot ſa volanté,
   Si li a tot acreanté
Et dit que mout ſera bien ſeit.
Liee la leiſſe et liez ſ'an veit,
5285   Et voille chaſcuns an ſon lit
La nuit et eſt an grant delit
De panſer ce que miauz li ſanble.
L'andemain revienent anſanble
Maintenant qu'il furent levé,

5265. Autres de vous or en penſes T; or] ſor S. | en] i PC. **66.** Sa-
penſer R(—1). | vous en T (ne fehlt). | poez A. **67.** io me B. | puiſſe R(—1),
S(—1),PBC, peuſſe T. | en emblee PC. **68.** De] A A. | uo oncle B. | et
fehlt C. **69.** me] nous R, vos S. | entruiſe S. **70.** moi ne uos APBCT. |
nen B. **71.** Ne ie ne C, Si que io B. | ſ'an] men BC. | ſaiche S, ſai C. |
cui APC, qui R. **72.** vos i] nos S. | aeitandre S (also wohl a ent).
73. 74 fehlen C. **73.** me] men T, la B. **74.** Quant uos p. B. | en] i PB.
auerois B. **75.** auſins S. **77.** Vendroiz R. | a moi matin P. **78.** Se S,
Et B. **79.** Et ſi P. | ſerons S. | oure SC, fin P. **80.** Cheli T. | qui R.
82. Se T. | li a tot] la iſſi B. | tot acr.] dit et creante R, dit et reconte S.
83. diſt ABT. **84.** le laiſt P, remaint B. | en B. **85.** caſcuns villa T. |
voille] la nuit APBCR. **86.** La n.] Voille AP,C(—1), R(—1), Vellent B. |
et] en T, ſi P. | eſt] iert T, ſont B. | en] a B, chaſcuns an A. | grant fehlt A.
87. que boen A. | lor ſ. B. **88.** A l. vinrent e. B. **89.** qui S.

5290 Et furent a confoil privé,
Si com il lor eftoit meftiers.
Cligés dit et conte premiers
Ce que panfé avoit la nuit:
„Dame, feit il, je pans et cuit
5295 Que miauz feire ne porriens
Que f'an Bretaingne an aliiens,
La ai panfé que vos an maingne.
Or gardez qu'an vos ne remaingne!
Qu'onques ne fu a fi grant joie
5300 Elainne receüe a Troie,
Quant Paris l'i ot amenee,
Qu'ancor ne foit graindre menee
Par tote la terre le roi,
Mon oncle, de vos et de moi.
5305 Et fe ce bien ne vos agree,
Dites moi la voftre panfee,
Car je fui prez, que qu'an avaingne,
Que a voftre panfé me taingne."
Cele refpont: „Et je dirai:
5310 Ja avuec vos einfi n'irai,
Que lors feroit par tot le monde
Auffi come d'Yfeut la blonde
Et de Triftan de nos parlé,

5291. De ce *PB.* | il] dont *B*, que *P.* | ert *B*, eft *P.* **92.** dit et
penfa *C*, conta et dift *T*, reconte tot *S.* **93.** Ce quil auoit p. *ABCTR.*
94. ie croi *AB.* | ce cuit *S.* **95.** Dame fait il mius *B.* | nous ne *T.* | por-
rions *CR.* **96.** Con *S*, Comme *T.* | an *fehlt T,R*(—1). | alions *CR.* **97.** La
fehlt R(—1). | Jai *R.* | empenfe *B.* | an *fehlt B.* | magne *B*, moine *S*, meinne
C, mainne *T.* **98.** Or *fehlt P.* | qu'an] que en *P*, en *B.* | remainne *SCT*,
emagne *B.* **99.** Onques *B.* **5300.** Elle ne *S*, Helene *C*, Helaine *R*,
Eleine *A.* | rec.] roine *C.* | outroie *S.* **1.** parix *S.* **2.** Que plus nen foit de
los m. *A.* **5.** tot ce ne *PB.* **7.** Que *R.* | pries *T.* | quoy *T*, coi *P.* | qu'an]
juant *S*, quil *PBC.* **8.** Qua *AR*, Quau *T*, (*alle*—1),*BC.* | an *S.* | penfer *PT*,
enfee *BC*, confoil *AR.* **9.** iel *T.* | rien nen ferai *B.* **10.** La *S*, Que *P.* |
ffi *R*, eiffi *C*, ofis *S*; *B*: Ja iffi od uos nen irai. **11.** Car *APBCT.* | lorz *T*,
r *B*, lues *P.* **12.** Aufins *S*, Autrefi *CR.* | con *CTR.* | difeult *R*, dyfeft *B*,
leeliffent *T*, difoit *SC.* **13.** ftriftam *S*, triftam *R*, triftant *A*, triften *C.* |
leuons *C* (*so*). | parla *S.*

Quant nos an feriiens alé,
5315 Et ci et la, totes et tuit
Blafmeroient noftre deduit.
Nus nel crerroit ne ne doit croire
La chofe fi com ele eft voire.
De voftre oncle qui crerroit dons,
5320 Que je li fui fi an pardons
Pucele eftorfe et efchapee?
Por trop baude et por eftapee
Me tanroit l'an et vos por fol.
Meis le comandemant faint Pol
5325 Feit buen garder et retenir.
Qui chaftes ne fe viaut tenir,
Sainz Pos a feire li anfaingne
Si fagemant, que il n'an praingne
Ne cri ne blafme ne reproche.
5330 Buen eftoper feit male boche,
Et de ce, f'il ne vos eft grief,
Cuit je mout bien venir a chief;
Que je me voudrai feire morte,
Si con mes panfers le m'aporte,
5335 Malade me ferai par tans,
Et vos refoiiez an efpans
De porveoir ma fepouture.
An ce metez antante et cure,

5314. feriemes *PT*, fentiens *S*, ferrioms *R*, ferions *B*, ferion *C*. | fale *S*. **16.** Blafmeroijt *S*(—1), Blafmerient *T*. | uoftre *B*, le n. *T*. **17.** Nos *S*. | ne *APBCTR*. | querroit *SPBC*, croiroit *R*, diroit *A*. | ne deuroit *APCTR*. **19.** querroit *SPB*, croiroit *R*. ¡ dont *T*. **20.** ie li] ie fi li *AB*, enfi li *P*, li (*ohne* ie) *CTR*. | fui *S*, fuffe *ceteri*. | fi] *fehlt R*(— 1),*APB*. | pardont *T*. **22.** beaude *S*, fole *B*. | por] trop *AP*, *fehlt B*. | eftaplee *P*, defmefuree *B*. **23.** Men *PB*. | on *CT*, lon *S*. | vos] li *R*. **25.** bon *SPBC*, boin *T*. | maintenir *P*; *B*: Doit on bien g. et tenir. **26.** cafte *B*, chafte *AR*. **27.** li] bien *A*. **28.** con ne fen *B*. | ne *ST*. | plaigne *T*, plagne *B*. **29.** (*fehlt S*) reproiche *C*. **30.** Boin *T*, Bon *SPBC*. | eftoupier *R*. | boiche *C*, broce *B*. **31.** cen *C*. | cil *R*. **32.** Puis *A*. | uenir m. b. *B*. | auchef *S*. **33.** Car *ABCR*. | vodroie *R*(+1), vorrai *T*, vaurai *B*. **34.** Si que *P*. ¡ panfez *AB*, penfens *C*. **36.** Que *T*. | referez *C*. | en] et *S*. | apens *P*, porpens *AC*. **37.** fepultere *S*, fepulture *TR*. **38.** A ce *AR*, A cen *C*, A cou *P*, De ce *T*. metrez *C*, aijes *T*. | eftance *S*.

Que feite foit an tel meniere
5340 Et la fepouture et la biere,
Que je n'i muire ne eftaingne,
Ne ja nus garde ne f'an praingne
La nuit, quant vos m'an voudroiz treire.
Et fi me querez tel repeire,
5345 Ou ja nus fors vos ne me voie;
Ne ja nus rien ne me porvoie,
Don j'aie meftier ne befoing,
Fors vos cui je m'otroi et doing.
Ja meis an treftote ma vie
5350 Ne quier d'autre home eftre fervie:
Mes fire et mes ferjanz feroiz,
Buen m'iert quanque vos me feroiz.
Ne ja meis ne ferai d'anpire
Dame, fe vos n'an eftes fire.
5355 Uns povres leus, ofcurs et fales,
M'iert plus clers que totes cez fales,
Quant vos feroiz anfanble o moi.
Se je vos ai et je vos voi,
Dame ferai de toz les biens,
5360 Et' toz li mondes fera miens.
Et fe la chofe eft par fan feite,

5339. 40 *lauten umgestellt* S: Que la fepultere et la biere. | Soyet
l. Soient) fi fait (*l.* faites?) en tel maniere. **39.** Quele foit faite B. | telle
T(+1). **40.** Et *fehlt* T(—1), Que B. **41.** ia ni T, ie ne S. | ni R, e S. |
taigne C(—1), eftanne S. **42.** Ne que P, Et que B. | ne fe SP, nen
R(—1). **43. 44** *geordnet nach PC, die übrigen* **44. 43. 43.** quant]
que T. | vos] hom S. | me SCTR. | voldrez R, vorres PT, valres B, uen-
lrez C, uoudroit S. **44.** fi requerez T, foreq. S. **45.** Ou CR, V PT,
} A (so), Que SB. | for C. | vos *fehlt* S(—1). | ne *fehlt* R(—1). | men-
ioiet S. **46.** Si R. | ia nus] nule A. | riens ACT. | mi B. **47.** Dont
ᴼBTR, Donc C. | ne] et B. **48.** qui BC, a cui P, a qui R. | je *fehlt* PR.
l9. Ne ja P. | en tote P. **50.** famie S. **51.** Mifirez R (*ohne* et), Mes
mis A (*ohne* et). | mi R. **52.** Bien T, Bon SPBC. **54.** neftes R(—1).
5. lius PB, lieus T. | obfcurs CR. | fales] pales AT. **56.** p. qlers S, p.
iaus R, mildre B. | toz R(—1). **57—60** *fehlen* A. **57.** o *fehlt* B.
9. ferrez R. | biens] leus C. **60.** tot CR. **61.** ert S. | fens BR,
ıns T.

Ja ne ſera an mal retreite,
Ne nus n'an porra ja meſdire;
Qu'an cuidera par tot l'anpire
5365 Que je ſoie an terre porrie,
Et Theſſala qui m'a norrie,
Ma meſtre an cui je mout me croi,
M'i aidera par buene foi,
Qu'ele eſt mout ſage et mout m'i fi."
5370 Et Cligés, quant ſ'amie oï,
Reſpont: „Dame, ſe il puet eſtre
Et vos cuidiez que voſtre meſtre
Vos an doie a droit conſeillier,
N'i a que de l'apareillier
5375 Et del feire haſtivemant;
Meis ſe nel feiſons ſagemant,
Alé ſomes ſanz recovrier.
An ceſte vile a un ovrier
Qui mervoilles taille et deboiſſe:
5380 N'eſt terre ou l'an ne le conoiſſe
Par les oevres que il a feites
Et deboiſſiees et portreites, —
Jehanz a non, ſi eſt mes ſers.
Nus meſtiers n'eſt, tant ſoit divers,
5385 Se Jehanz i voloit antandre,

5362. Ja en mal ne ſ. r. *AC,T* (Ja a),*R* (ne *fehlt*, — 1); Ja maluaiſteɔ
nen iert r. *P*. | en ma *S*, a mal *BT*. 63. Car *A*. | nus] nos *S*, ia nus
APBCR. | ne ̇ *S*. | ja *fehlt APBCR*. | meſdire] mais dire *S*, malſ dire *T*.
64. Con *PBCT*, An *S*. 67. meſtreſſe *T*. | qui *B*. | je *fehlt C*(—1),*T*. | me
c.] fie *S*(—1). 68. Mi *ST*, Men *APB*, M'a. *R*(—1),*C*(—1). | par] en *A*.
69. Quil lieſt m. ſ. *S*, Car ml't eſt ſ. *AP*, Car ml't mi croi *B*. 70. Et *fehlt*
APBCT. | Cl. quant] Cl. q. il *T*, quant Cl. *R*, Cl. qui *C*. | ſamie] ſenice *R*.
oï] entandi *APBC*. 71. ſil *C*(—1),*R*, ſenſi *B*. | poet *C*, pooit *R*. 72. metre *S*.
73. doi *C*. | a foi *PBTR*, en foi *C*. 5374—5445 *fehlen B*. 74. que] ſorſ *A*.
76. ſi nos *R*(+1). 77. recoure *S*. 78. *A*: Un meſtre ai que ien uuel proier.
79. Que *S*, Qua *C*. | mierueille *T*, merueille *C*. 80. Noſtre (re *unterp.*) *S*,
Nil neſt *R*. | on *PT*. | nel *B*(—1),*R*. 81. Pour *T*. | quil *R*(—1). 82. deſboi-
ſiez *S*. | portraitres *S*. 83. Jeanz *S*, Joans *R*. | et ſeſt *C*. | meſſires *S*.
84. Neſt nus meſtiers *A*, Nos meſtiers eſt 1 m.; *corr.* nõ eſt meſtiers *S*.
85. Si *S*, Por quoi *R*. | uolet *C*, uoille *R*.

Qu'a lui ne ſ'an porroit nus prandre;
Car vers lui ſont il tuit novice
Com anſes qui eſt a norrice.
As ſoes oevres contrefeire
5390 Ont apris quanqu'il ſevent feire
Cil d'Antioche et cil de Rome, —
Ne an ne ſet plus leal home.
Meis or le voudrai eſprover,
Et ſe je i puis foi trover,
5395 Lui et toz ſes oirs franchirai
Ne ja vers lui ne ganchirai,
Que noſtre conſoil ne li die,
Se il le me jure et afie,
Que leaumant m'an eidera
5400 Ne ja ne m'an deſcoverra.“
CELE reſpont: „Or ſoit einſi.“
  Cligés fors de la chanbre iſſi,
Si priſt congié, ſi ſ'an ala.
Et cele mande Theſſala,
5405 Sa meſtre qu'ele ot amenee
De la terre ou ele ſu nee,
Et Theſſala vint eneſlore,
Qu'ele ne tarde ne demore,
Meis ne ſet por qu'ele la mande.
5410 A privé conſoil li demande,

5386. Que a *APCR.* | li *R.* | ne *fehlt APCR.* | ſe *SAPR.* | poiſt *A*, peuſt
PCR. **87.** anuers *APCTR.* | li *R.* | il *fehlt APCTR.* **88.** Comme *C.* **89.** Au *S,*
A *T.* **92.** Mes *A.* | len *R,* on *PT,* hom *S,* nus *C.* | plus] ſi *T.* **93.** ore
R(+1). | uoudra *C,* uoil ie *S.* **95.** Et lui *P.* | toz *fehlt P,A*(—1). | ſes ers
SC, ſez hoirs *T,* ſon oir *P.* **96.** Que *T.* | vers lui nan *ACT,* mais ne li *P.* |
gancherai *S,* tricherai *A.* **97.** uoſtre *APC.* **98.** Sil ainz *CR*(—1), Se il ce
me *A,* Et ſe il me *T.* **99.** Que il *P,* Quil *CR.* | maidera *S*(— 1),*C*(—1),*P.*
5400. ne *fehlt R*(—1). **1.** Ele *P.* | enſi *AT,* iſſi *SCR.* **2.** *AC*: Atant Cl.
fors ſen iſſi; *T*: Cl. lotroie tout auſſi. **3.** Se *S,* Et *R, fehlt T*; Priſt ſon
congie *T, PC*: Par ſon congie, *A*: Par ſon gre et. **4.** manda *CT.* **5.** La
ATR. **6.** ſa *A.* | dom *A,* dont *TR,* dūc *C,* o *S.* **7.** en es lore *S,* 2. *m.*
corr. en cele hore, *wie C lieſt,* ens en leure *T,* meſmes lore *R.* **8.** ni tarde
C, ne targe *R,* natarge *P.* **9.** Mais el *AC,* Mais or *P.* | ſet pas pour *T.*
quoi la *APCT,* qoi ele la *R*(+1). **10.** En *CR.* | conſoille d. *S.*

Que ele viaut et que li pleiſt.
Cele ne li çoile ne teiſt
De ſon panſer nes une rien.
„Meſtre, feit ele, je ſai bien
5415 Que ja choſe que je vos die
N'iert an avant par vos oïe,
Car mout vos ai bien eſprovee
Et mout vos ai ſage trovee:
Tant m'avez feit que je vos aim.
5420 De toz mes maus a vos me claim
Ne je n'an praing aillors conſoil.
Vos ſavez mout bien que je voil
Et que je pans la ou je ſuel.
Rien ne pueent veoir mi oel
5425 Fors une choſe qui me pleiſe,
Meis je n'an avrai bien ne eiſe,
S'einçois mout chier ne le conper.
Et ſi ai je trové mon per;
Car ſe jel vuel, il me reviaut,
5430 Se je me duel, il ſe rediaut
De ma dolor et de m'angoiſſe.
Or m'eſtuet que je vos conoiſſe
Un panſer et un parlemant,
A quoi nos dui tant ſolemant
5435 Nos ſomes pris et acordé."

5411. Quele *PTR.* | li wet *T*, uoloit *R.* | et *fehlt T.* | quelle li *T*, que il li *P*, quoi li *R*. **12.** coille *S*, choille *T*, cele *CR*. **13.** mon *S.* | penſe *PCR.* | mes *S*, nis *P*, ne *C.* | cele *C*; *T*: neſpargne r. **15.** ia *fehlt A.* | ie ci *A*. **16.** Nen iert *PCTR.* | ennauant por *S*; *PCTR*: par uos auant o., *A*: ia p. u. a. o. **17. 18** *umgestellt in PC.* **17.** Et *PC.* | eſproue *S.* **18.** Car *PC.* | aie *C*(+1). | ſaige troue *S*. **19.** je] ml't *APCR*. **21.** preign *S*, preg *C*, prent *T*. **22.** mout *fehlt APCR.* | por quoi *APCR.* | ie ueil *C*, ie weil *T*, me doil *R*, me deil *P*. **23.** la ou ie ſueil *S*, la v ie ſueil *T*, et que ie voil *PCR,A* (voel). **24.** Riens *T*, Bien *S*. **25.** choſe] ſeule *P*. plaſe *C*. **26.** ne *S.* | iamais aiſe *T*, ia mon aiſe *APR,C* (aſe). **27.** Saincois *A*, Senchois *T*, Sances *C*, Se *S*, Si *R.* | m. ch.] cherement *R.* | ne le comperes *S*. **28.** ſi] ce *S.* | je] ia *A*. **29.** iel] ie *SP*. **32.** que uos rec. *APC,R* (qua), que ie rec. *T.* **33.** Mon . . . mon *A*. **34.** A cui *TR*, Ancois *S.* | deus *T*.

Lors li a dit et recordé
Qu'ele ſe viaut malade faindre
Et dit que tant ſe voudra plaindre,
Qu'a la fin morte ſe fera,
5440 Et la nuit Cligés l'anblera,
Si feront meis toz jorz anſanble.
An autre guiſe, ce li ſanble,
Ne li porroit avoir duree.
Meis ſ'ele eſtoit aſſeüree
5445 Que ele l'an voſiſt eidier,
Auſſi come por ſoheidier
Seroit feite ceſte beſoingne;
„Meis trop me demore et eſloingne
Ma joie et ma buene avanture."
5450 A tant ſa meſtre l'aſſeüre
Qu'ele l'an eidera del tot,
Ja n'an eit crieme ne redot,
Et dit que tel painne i metra
Des qu'ele ſ'an antremetra,
5455 Que ja n'iert meis hon qui la voie,
Que tot certainnemant ne croie
Que l'ame ſoit del cors ſevree,
Quant ele l'avra abevree
D'un boivre qui la fera froide,
5460 Deſcoloree et pale et roide

5436. reconte S. 37. ſeuiaut male froide S; 2 m. corr. ſint male die froide; ſaire (re unterp.) T. 38. diſt TR. 39. Quan AC. 40. Et Cl. la nuit S, Et que Cl. len enb. P. 41. feron C, ferons AP. | toz iors mais PCR. 42. ce] ſe C, ſce S. 43. li] ni T, fehlt A. | porroient A. 45. (B setzt wieder ein.) Quele S(— 1), T. | l'en] ſeu T. | bien aidier T. 46. Auſins S, Autreſi PC. | com P,R(—1), cū C. | par PCR. | ſon aidier C, ſoi aider S, ſoi haitier T. 47. Deuroit feire A. 48. me demore] meſtrange C(—1), li eſtrange P, me tarde AT, men atarde B. | et trop AT,R(+1). | meſlongne T, meſloingne A, alogne B. 49. Sa . . . ſa P. | iope S, corr. 2 m. ioie. 50. Atant] A (Et?) A. | li aſeure A. 52. ne S, mar BR. | en ſerra en r. R. | redolt B. 53.54 stellt T um. 53. diſt B, fehlt T. | quelle ſa p. T. 54. Puis AC. 55. Et C. | ja fehlt T. | nus hon PCR, uns ſeus A, mais nus hons T. | le S. 56. Qui C. 57. larme ST. 58. Car ele CT, Puis quele APR, Des quele B. | abuuree T. 59. Don S, Dune P. | boire SBT, herbe P. | roide ST. 60. (fehlt S) et fehlt ABT. | paile B. | et fehlt B. | froide BT.

Et ſanz parole et ſanz alainne,
Si iert treſtote vive et ſainne,
Ne bien ne mal ne ſantira
Ne ja rien ne li grevera
5465 D'un jor ne d'une nuit antiere
N'an ſepouture ne an biere.

Q UANT Fenice l'ot antandu,
Si li a dit et reſpondu:
„Meſtre, an voſtre garde me met,
5470 De moi ſor vos ne m'antremet.
Je ſui a vos, panſez de moi,
Et dites as janz que ci voi
Que ci n'eit nul qui ne ſ'an voiſe.
Malade ſui, ſi me ſont noiſe.“

5475 Cele lor dit com aſeitiee:
„Seignor, ma dame eſt deſheitiee,
Si viaut que tuit vos an voiſiez,
Que trop parlez et trop noiſiez,
Et la noiſe li eſt mauveiſe.

5480 Ele n'avra repos ne eiſe
Tant con ſeroiz an ceſte chanbre.
Onques meis, don il me remanbre,
N'ot mal don tant l'oïſſe plaindre,
Tant eſt ſes maus plus forz et graindre.

5485 Alez vos an, ne vos enuit.“
Cil ſ'an vont iſnelement tuit,

5462. Si ſert S, Et ſiert B, Et ſi eſtera A. | treſtot C(—1), tote B, fehlt A. **63.** fehlt S. **64.** riens T. | len C. **65.** ne] et PBC. **66.** En B, Ne en TR. | ſepulture CR, ſepoulture T. | nen TR. **67.** l'ot] a tot PCR, a ce B, ot tot A. **68.** Se STR, Lors B. **69.** guarde S; A: Dame del tot an uos me m. **70.** De rien B. **71.** Ce S. **72.** Et fehlt B. | io ci B. **73.** Cun nen PCR, Que nul A, Que il B, Que T. | n'eit] ni ait APBCTR. | nul] un T, fehlt PCR. | qui fehlt B. **74.** fehlt S. **75.** Ele S; Sa meſtre d. R. | diſt T. | comme C. **76.** malhaitie BC. **77.** Si dit et uialt que en A. | uoiſſez R, ailliez AB, iſſiez ST. **78.** Car APBCR. **80.** ne bien ne aiſe B. **81.** cū C, que P. | ſerez SC, ſera T, ſoies PBR. **82.** dom A, dū C, dont BTR, con S. | il] ie PB. | me fehlt R(—1). **83.** dont BTR, dūc C. | tan S, ie APCTR. **84.** ſis R, li C; B: Car caſcun ior ſes max eſt g.; A: Et de tant eſt ma dolors g. **86.** A: Ne parleroiz a li enuit.

Lors que cele l'ot comandé.
Et Cligés a Jehan mandé
A fon oftel ifnelemant,
5490 Si li a dit priveemant:
„Jehan, ne fez que te vuel dire.
Tu es mes fers, je fui tes fire,
Et je te puis doner et vandre
Et ton cors et ton avoir prandre
5495 Come la chofe qui eft moie.
Meis f'an toi croire me pooie
D'un mien afeire que je pans,
A toz jorz meis feroies frans
Et li oir qui de toi neftront."
5500 Jehanz tot maintenant refpont,
Qui mout defirre la franchife.
„Sire, feit il, tot a devife
N'eft chofe que je ne feïffe,
Meis que par tant franc me veïffe
5505 Et ma fame et mes anfanz quites.
Voftre comandemant me dites,
Ne ja n'iert chofe fi grevainne,
Que ja me foit travauz ne painne,
Ne ja ne me grevera rien.
5510 Et fanz ce, maleoit gre mien,

5487. Lues (*A*)*PCR*, Dus *B*. | que ele *PB*, quele *R*(—1). | la *BR*; *A*:
Vont fan lues que lot c.   **88.** a iohan *SR*, rauoit ia *C*, auoit ia *P*.
89. Jehan a lui *P*, Jehans ml't toft *C*. | celeement *BT*, priueement *APCR*.
90. Se *STR*. | celeement *APCR*.   **91.** fez tu *APBCTR*. | te] io *B*, ie *PCTR*.
92. hom *B*. | ie fui] et ie *PCTR*.   **93.** Car *A*. | p. tenir *S*. | et] ou *APCTR*. |
naïdre *S*.   **94.** Engaigier *P*. | et] ou *R*,(*C*). | auoir ueindre ȥ prandre *S* (*so*);
C: Et ton auoir doner ou p.   **96.** Se en t. *P*. | fi en *R*(+1). | fier *AB*.
97. a coi ie p. *AB*.   **98.** meis *fehlt S*. | feroie *S*, feroiens *C*. | toz tienf. *S*(*so*).
99. toi] moi *S*. | uendront *R*, feront *APBCT*.   **5500.** Et J. m. r. *AB*;
fohanz *SR*, Johan *C*.   **1.** mout] grant *S*. | defiroit *BC*.   **3.** Neft il c. ꝗ ne fe-
iffe *B*; *R*: Ferai qanq; uos me dirroiz.   **4.** pour *PBCT*, *fehlt S*(—1). | t.] ce
PBC. | feiffe *B*; *R*: Et nes quanq; deuiferoiz.   **5.** Et *fehlt C*. | et toz mes *C*;
V: Mais que ge foie frans et quites. | *C schiebt eine Zeile ein:* Neft chofe
que ie nen feiffe (*vgl.* **5503**).   **7.** Ne] Que *BR*, *fehlt A*. | la chofe *A*. | tant
r. BR.   **8.** ja] il *A*. | fot *S*.   **9.** Que *B*.   **10.** fenz tot ce (tot 2 *m*.) *S*(+1). |
naleot *C*, maloit *R*(—1), malois *T*(—1). | grez *T*.

Le me covanra il a feire
Et guerpir tot le mien afeire."
„Voire, Jehan, meis c'eſt teus choſe,
Que ma boche dire ne l'oſe,
5515 Se tu ne me plevis et jures
Et del tot ne m'an aſſeüres,
Que tu a ˋfoi m'an eideras
Ne ja ne m'an deſcoverras."
„Volantiers, ſire", feit Jehanz,
5520 Ja n'an ſoiiez vos meſcreanz,
Que ce vos jur je et plevis
Que ja tant con je ſoie vis
Ne dirai choſe que je cuit,
Qui vos griet ne qui vos enuit."
5525 „Ha, Jehan, neis por moi ocire
N'eſt hon cui je l'oſaſſe dire,
Ce don conſoil querre te vuel,
Ainz me leiroie treire l'uel.
[Miauz voudroie qu'an m'oceïſſe,
5530 Que a nul autre le deïſſe]:
Meis tant te truis leal et ſage
Que je te dirai mon corage.
Bien feras, ce cuit, mon pleiſir

5511. couandroit *A*, couiendroit *R*. | a *fehlt T*(—1). **12.** werpir *T*, leſſier *APCR*. | tot guerpir le *B*. | tot mon autre a. *R*. **13.** iohan *CR*. **14.** nen oſe *BC*, ne toche *A*. **15.** nel *P*. | mafies et i. *B*. **16.** Et ml't bien *B*. | le maſeures *PC*. **17.** en ſoi *C*. **18.** deſcoureras *S*; *R*: Et a nul homme nel dirras. **19.** dit *A*. **20.** Ja] *nach* vos *T*. | ne *S*; *R*: Ja mar en ſoiez vos dotans; *A*: Ja mar an ſeroiz m. **21.** Car *APBR*. | ce *S*, ie *AT*, ie le *R*, ie nel *C*, ici *B*, icou *P*. | iur] ior *R*, iur bien *A*. | je et] et vous *T*, et *APBCR*. **22.** Que] Ja *C*. | ie tant con *S*, ia tant que *P*, ia ior que *A*, a nul ior que *CR* (*fehlt* je). | ſoiez *S*. **23.** ferai *B*. **24.** grieue *B*. | ne que *SR*. | qui *fehlt B*. | anuit *BT*, ennuit *CR*. **25.** Ha *fehlt ACR*. | Johan *SCR*. | nis *B*, nes *SA*, ne *T*. | ſoſfrir martire *A*. **26.** hons *T*. | qui *BC*. | loſaiſſe *BT*, loſeſſe *S*. **27.** dont *PBTR*, donc *C*. | te] vos *PBCTR*. | querre conſel *B*. **28.** larroie *R*, trairoie *B*. | creuer *A*. | anqui un o. *B*. **29. 30** *interpolirt in PCR*. **29.** que *PC*. | moceiſſes *C*. **30.** deiſſes *C*; Que ia autre le regehiſſe *P*. **31. 32.** *fehlen A*. **31.** te truis *S*, uos cuit *PC*, uos ſai *Rest*. | leial *S*, loal *C*, loial *BTR*. **32.** Que ſe ie *PCR*. | te *S*, uos *Rest*. | di *PCR*. **33.** Jo cuit bien ſ. *B*. | ferez *PBCT*, feroiz *R*, fetes *S*. | ie *T*.

Et de l'eidier et del teifir."
5535 „Voire, fire, fe deus m'aït!"
A tant Cligés li conte et dit
L'avanture tot an apert.
Et quant il li a defcovert
Le voir, fi con vos le favez,
5540 Qui oï dire le m'avez,
Lors dit Jehanz qu'il l'afeüre
De bien feire la fepouture
Au miauz qu'il f'an favra pener
Et dit qu'il le voudra mener
5545 Veoir une foe meifon,
Et ce qu'onques meis ne vit on
Ne fame ne anfes qu'il eit ^
Mofterra li, que il a feit,
Se lui pleift que avuec lui aille
5550 La ou il oevre et paint et taille
Tot feul a feul fanz plus de jant.
Le plus bel leu et le plus jant
Li mofterra, qu'il veïft onques.
Cligés refpont: „Alons i donques!"
5555 Defoz la vile an un deftor
Avoit Jehanz feite une tor,

5534. Et del celer *C,B* (V de). | et] u *B.* | de *B.* | taifier *S.* **35.** A tant
voire fe *B.* | fi *S.* **36.** Et Cl. lors *B.* | le contes d. *S.* **37.** La uerite *APB,*
Son afaire *R.* **40.** Car *A,* Et que *B.* | d. laues *B.* **41.** Lors li *T.* | dift
PBCT. | iohan *SC, fehlt T.* | que il *T.* | fafeure *S; R:* Tot maintenant li a.
42. Do *S.* | faire bien *TR.* | fepulture *SCT.* **43.** quil faire lo faura *S.*
44. dift *BTR.* | qu'il] que il *SP.* | len *C.* | uelt *R,* veut *P.* | mener *fehlt S,*
der es an den Anfang der folg. Zeile setzt. **45.** fue *R,* foie *PBC,* foye *T;*
S: Mener veoir enfemaifon. **46.** Et *fehlt S.* | que onques *R*(+1). | mais
fehlt PBCTR. | uit] feift *S.* | on.] nus hom. *S*(+1),*BCT,* mais hon *PR.*
47. enfant *ABC.* **48.** lui *PTR.* | ce quil *AB,R (ohne ce,* — 1),*S (ohne ce).* |
aura *S.* **49.** Se il *P,* Se a *S*(+1). | quil ovec *C,* quil a *B,* quauoec *PT.* |
li *R.* | fen aille *T,* toft aille *B.* **50.** et *vor* p. *fehlt B.* | o. et p.] peint et
oure *C,* deboiffe *P.* | paint et *fehlt R*(—1). | detaille *P,* entaille *R.* **52.** Lou
A. | beau *A,* biau *C.* | lou *A.* **54.** Jehan fait il *u. s. f. T. Nach* **54** *schiebt*
P folg. zwei Zeilen ein: Car trop meft tait que ie le voic. | A tant fe me-
tent a le voie. **55.** Fors de la v. *C,* Sous la cite *P.* **56.** Audit fait juanz
vn eftor *S.*

15*

Si ot par mout grant ſan pené.

La a Cligés o lui mené,

Si le mainne par les eſtages,

5560 Qui eſtoient paint a images,

Beles et bien anluminees,

Les chanbres et les cheminees

Li moſtre, et ſus et jus le mainne.

Cligés voit la meiſon ſoutainne,

5565 Que nus n'i maint ne n'i converſe,

D'une chanbre an autre traverſe,

Tant que tot cuide avoir veü,

Si li a mout la torz pleü

Et dit que mout par eſtoit bele,

5570 Bien i ſera la dameiſele

Toz les jorz que ele vivra,

Que ja nus hon ne l'i ſavra.

„Non voir, ſire, ja n'iert ſeü!

Meis cuidiez vos avoir veü

5575 Tote ma tor et mes deduiz?

Ancor i a de teus reduiz,

Que nus hon ne porroit trover.

Et ſe vos i loiſt eſprover

Au miauz que vos ſavroiz cerchier,

5580 Ja tant n'i porroiz reverchier

5557. ſens *ST*; *R*: Ou ml't long tens ſauoit pene, *P*: Qui nil't lot greue et pene. **58.** ot *B*. | o lui *B*, o ſoi *PR*, iehanz *A*. **59.** len *B*. | eſtaiges *SC*. **60.** erent paintes *R*. | imaiges *C*. **61. 62** *stellt R um.* **62.** Ses .. ſes *P*. | chiminees *R*, chiminiees *C*; *darnach schiebt R die folgende Zeile ein:* Et portraites et ſororees. **63.** *erstes* et *fehlt PBC*. | ius et ſus *R*. | len *B*. **64.** vit *TR*. | ſoſtaïne *A*, ſoteine *S*. **65.** vient *PB*. | ne ne *APBCT*. **66.** De une *S*(+1). | en une *S*. | conuerſe *R*. **67.** Tant quil treſtot ueu. *R* (*so*). **68.** Se *SATR*. | le ior *A*. **69.** diſt *BT*. | eſt boene et bele *APC*, eſt clere et b. *R*. **70.** ſa d. *PBC*. **71.** Treſtoz *T*. | quele *ST*,*R*(—1). | uiuera *S*. **72.** Ne nus *C*(—1). | lauentra *S*. **73.** voir *fehlt PCR*. | ni ert *PCR*. | ſeue *APCR*. **74.** Or *A*. | ueue *AR*. **75—88** *fehlen C*. **75.** Tot mon ator *S*. | reduis *B*, deſduiz *S*. **76.** i ai ie *S*(+1). | deduis *B*. **77.** Que ia ne pories trouer *B*. **78.** Et *fehlt T*. | ſe] ſi *BR*. | leiſt *R*, laiſt *S*, plaiſt a *T*. **79. 80** *stellt T um.* **79.** ſaroiz *S*, ſares *PB*, ſariez *T*, i ſaurez *R*(+1), porroiz *A*. | chierq'er *T*. **80.** Ja ni ſ. tant *A*,*B*(ne). | ſares *PB*, ſauroiz *AR*, pories *T*. | rechierq'er *T*, trauerchier *S*.

Ne tant foüs n'eftes et fages,
Que plus troveroiz ci eftages,
Se je ne vos moftre et anfaing.
Sachiez, ci ne faillent li baing
5585 Ne chofe qu'a dame covaingne,
Don il me manbre ne fovaingne.
La dame iert ci mout aeifiee.
Par defoz terre eft efleifiee
Cefte torz, fi con vos verroiz,
5590 Ne ja huis trover n'i porroiz
Ne antree de nule part.
Par tel angin et par tel art
Eft feiz li huis de pierre dure,
Que ja n'i troveroiz jointure."
5595 „Or oi mervoilles, feit Cligés,
Alez avant, j'irai après,
Que tot ce m'eft tart que je voie."
Lors f'eft Jehanz mis a la voie,
Si mainne Cligés par la main

5581. Ne nulz neft tant f. *T*, Ne nus tant foit f. *APBR*. | ne *PBT*; *S*: Ne tant fotix neftes neftes e faiges. **82.** Qui *ABTR*. | puis trouoiz *S*, trouaft *APBTR*. | 2ci *S*, ici *BT*, ceanz *A*; *P*: Que ia i t. plus deftages; *R*: Que ia plus i tr. eft. **83.** Se on *T*(+1), Saincois *A*. | nes uos *B*, ne li *A*, ne les *P*, ne le vos *T*. | et enfeigne *S*, nil't bien *A*. **84.** Che fachies *T*. | ci *S*, nes *T*, il *A*, que il *P*, caians *B*, *fehlt R*. | falent *PBT*, faut *A*. | li] nes li *R*, *fehlt PBT*. | nule rien *A*. **85.** riens *TR*. | qui a *TR,S*(+1), que *B*. **86.** il *fehlt B*. | rambre *B*. | ne] et me *B*; *PR*: l'or cou voel que ma dame i viegne, *A*: Or ni a plus mes que ca ueingne. **87.** La dame ert ci ml't aaife *S*, Car io lai ml't bien aaifie *B*; Car ml't i iert bien a. *P,R* (i *fehlt*, —1), Car nil't eft bele et aeifiee *A*, Car bien eft la tour aayfie *T*. **88.** Et feft p. *A*. | Par *fehlt S*(—1). | terre eft *fehlt A*. | eft] ert *S*, et *BT*. | efleifiee *S*, efleifiee *A*, alaifie *T*, eflaiffee *R*, eflaiffie *PB*. **89.** (*Hier setzt C wieder ein*) torz *A*, *fehlt T*(—1). | fi que ia *P*. | uerrois *B*, uerez *S*, uerrez *AC*, ueez *R*, uerroit *T*. **90.** huis *PB*, us *C*, luis *A*, uos *S*, nus *T*. | ne *T*. | porois *B*, porez *S*, porrez *ACR*, porroit *T*. **91.** Ne *fehlt S*(—1), Nulle e. *T*, Nentree *R*(—1). | par nulle *S*. **92.** Pa *C*. | engien *T*. **93.** Sont fait *PBCR*. | huis *APBT*, us *C*, uns *S*. **04.** trouerez *APBCTR*. **95.** Ar *B*, Ore *R*. | meruoille *APBC*. | dit *S*. **96.** ie yrai a. *S*(+1), et ie apres *AR*. **97.** Car *APBC*. | tout ces *B*, tot cou *P*, mout *A*. | meftuet *R*. | ie ce *A*; *S*: Que tot ceft mont nait q̃ ie uoie. **08.** L. fa *B*, Lors fe met Cl. *P*. **99.** Et *B*. | Sel m. Jehans *P*.

5600   Jufqu'a un huis poli et plain,
Qui toz iert painz et colorez.
Au mur f'eft Jehanz areftez
Et tint Cligés par la main deftre.
„Sire, feit il, huis ne feneftre
5605   N'eft nus qui an ceft mur veïft,
Et cuidiez vos qu'an le poïft
An nule guife trefpaffer
Sanz anpirier et fanz quaffer?"
Cligés refpont que il nel croit
5610   Ne ja nel crerra, f'il nel voit.
Lors dit Jehanz qu'il le verra
Et l'uis del mur li overra.
Jehanz qui avoit feite l'uevre
L'uis del mur li defferre et oevre
5615   Si qu'il nel blece ne ne quaffe,
Et li uns avant l'autre paffe
Et defçandent par une viz
Jufqu'a un eftage voutiz
Ou Jehanz fes oevres feifoit,
5620   Quant riens a feire li pleifoit.

5600. Dufca *P.* | huis *SAPBT*, us *C.* 1. eft tos *B.* | eft *APBCR*; *S*: Qui mlt' ert biex *ʒ* colorez. **2.** Al uis *R*, Al us *C*, lloc *B.* | eft *B*, fet *S.* | acoftez *A*, acoutes *P.* **3.** *ʒ* taint cli' plain deftre *S.* **4.** us ne *C*, huis ne *SAPT*, une *B.* **5.** Eft *BT.* | hom *AP.* | cel *S.* | feuft *A.* **6.** Et *fehlt S.* | con *PCT*, que len *AR*, qui en *S.* | lo] ni *S, fehlt AR.* | peuft *A*, peuwift *T*, peuift *B*; *B*: Et eft il nus qui *etc.* **7.** regarder *S.* **8.** ampuet *S*, repair' *B*, pierre malmetre *PCR.* | et] ou *R.* | fanz *fehlt PCR.* **9.** que il] nenil *R.* | nu *S*, ne *T*, ce *R.* | croi *R.* **10.** ja] cia *S*(+1). | ia nel] ne *R.* | querra *SB*, croira *C*, croirai *R.* | fil] fi ge *R.* | n. v.] miu'oit *S*, n. uoi *R.* **11.** Loes d. i. *PC*, Et i. dift *BT*, Adonc adift *S.* **12.** Et que *R.* | lus *C.* | del m. *fehlt R*(—1). | oluerra *B*; *S*: *ʒ* pluis dmmt li oucirra. **13. 14** *stellt R um.* **13.** Johan *C*, Janz *S*, Si com cil *R.* | ot *R,S*(—2). | fait *PB.* | cele oeure *PB.* | loiure *S.* **14.** de cel mur *P.* | li *fehlt P,S*(—1). | et *fehlt S.* **15.** que *S, fehlt A.* | nu *S*, ne *T*, ne le *ABR.* | brife *T*, malmet *R*(+1),*APC.* | ne (*ein* ne *fehlt*) *C*(—1),*B,S*(—1). **16.** Et *fehlt APBCR.* | apres *R.* | trefpaffe *APB*, fen p. *CR.* **17.** Puis *R.* | ens par un *T.* | huis *T*, uis *B*, vie *S.* **18.** Jufq3 en *S*(+1), Parmi *A.* | une eftache *S*, un eftaige *C.* | uoltiz *CR*, uoftiz *A*, votiz *S*, uautis *B*; *T*: Ce eftoit vns arkes votis. **19.** iohan *CR*, juanz *S.* **20.** riens] il *B.*

„Sire, feit il, ci ou nos fomes
N'ot onques de treftoz les homes
Que deus formaft meis que nos deus,
Et f'eft fi aeifiez li leus,
5625 Con vos verroiz jufqu'a ne gueires.
Ci lo que foit voftre repeires
Et voftre amie i foit repofte.
Teus ofteus eft buens a tel ofte,
Qu'il i a chanbres et eftuves
5630 Et l'eve chaude par les cuves,
Qui vient par conduit defoz terre.
Qui voudroit leu aeifié querre
Por f'amie metre et celer,
Mout li covanroit loing aler,
5635 Ainz qu'il trovaft fi delitable.
Mout le tanroiz a covenable,
Quant vos avroiz par tot efté."
Lors li a Jehanz tot moftré,
Beles chanbres et votes paintes,
5640 Et fi li a moftrees maintes
De fes oevres qui mout li plorent.
Quant tote la tor veü orent,
Lors dift Cligés: „Jehanz amis,
Vos et treftoz voz oirs franchis,

5621. *fehlt* S. **22.** de totes les homes S. **23.** feift B, ait fait PR, a fait C, a fez A. | mes S, fors ceteri. | moi et uos B. **24.** Et eft S, Si eft R. | li] cift AC, chilz T. | lous B, biens S. **25.** vanroiz S. | dufca P. | ne] n'a AC, mi R. | galtes S. **26.** Ci lo que R, Chi voel q̄ P, Ci donques C, An ceft leu A, Chi illuec T, 9ci S(—1), Caiens font B. | foit] iert T, *fehlt* B. | uoftre li rep. B. **27.** refpofte S. **28.** Tel oftel PBCT. | couient PBCTR. **29.** Car il i a caudes e. B. **30.** laigue P, laighe T, liaue R, eue A. **31.** uinent S(+1). | conduis PT. **32.** aaifie] ꝗ effe S, ne aife PB; BR: Qui bien (leu R) ne aife (aefie R) uauroit (uoldroit R) q. **33.** metre famie R. **34.** loin S, loins BT, loig C. **35.** que SC. | trouaft] cli' ueuft S (so). | couenable ACR. **36.** tandroiz S, tenrrez T, tenres PB, tendreit C, tendroit R. | por PCR. | delitable ACR. **37.** aurez CR, ares T; B: Q. par tot aueres e. **38.** Si A. | tout iehan T. **39—42** *fehlen* A. **39.** et] a PR; S: Delles ucujtes ꝗ ch. peintes. **40.** trouees B. **41.** telz T. | plourent T. **42.** Q. par tot enfamble efte PCR. **43.** iohan CR, ichan S, iehan ceteri (keiner — s,z). **44.** Toi B. | treftoz *hinter* oirs B, *fehlt* S. | uos oirs R, uoz eris C (so), tes oirs B, vous afr. T. | eftes frangis S.

5645 Et je fui voftre par la gole.
Ceanz vuel que foit tote folc
M'amie, et ja nel fache nus
Fors moi et vos et li fanz plus."
Jehanz respont: „Voftre merci!
5650 Or avons affez efté ci,
N'i avons ore plus que feire,
Si nos metomes au repeire."
„Bien avez dit, Cligés refpont,
Alons nos an!" Et il f'an vont,
5655 Si font iffu fors de la tor,
An la vile öent au retor
Que li uns a l'autre confoille:
„Vos ne favez, quele mervoille
De ma dame l'anpererriz!
5660 Santé li doint fainz efperiz,
A la jantil dame et la fage,
Qu'ele gift de mout grant malage."
QUANT Cligés antant la murmure,
A la cort vint grant aleüre,
5665 Meis n'i ot joie ne deduit,
Que trifte et mat eftoient tuit
Por l'anpererriz qui fe faint,
Que li maus don ele fe plaint
Ne li grieve ne ne li diaut,

5645. ie *fehlt A.* | uoftres *APCT,* tot uoftre *R,* tiens *B.* | parmi *B.*
gule *R,* goule *B*; tous fans boule *T,* treftoz fanz bole *A.* **46.** Cainz *CR,*
Caians *PB,* Chaijens *T.* | uoil *SPBCR,* wet *T.* **47.** et *fehlt AB.* | ja] mes *A.* |
nu *S.* **48.** uos et moi *A.* | li et vos *R.* | lui *S,* lie *C.* **51.** Si ni a. or p.
a f. *B.* **52.** Or *R,* Mais or *B.* | vous *T.* | metomes *C,* metes *S*(—1), metons
toft *A,* metons *BR,* remetez *T.* | el *ABC*; *P*: Tot aues ueu mon afaire.
53. Cl.] ieh'. *B.* **54.** Ralons *PBC.* | ent *BTR.* | et] lors *APBCTR.* | il] fi *B,*
fehlt APCTR. | reuont *APCTR.* **55.** Et *R.* | fan iffent *B.* | for *S,* hors *R.*
56. oint *C,* oyent *S.* | el *AC.* **58.** con grant m. *APCTR.* **59.** la *T.* | lem-
pereis *BT.* **60.** Santet *T.* | doinft *PCTR.* **61.** Ha! *T.* | boene *APCR.* | et]
a *APBCR.* **62.** Ele *A.* | git *S.* | dun *B,* an *A, fehlt P.* | mlt' de g. *P.*
63. le *ABCTR.* **64.** El palois *R,* Vers la tor *B.* | uient *PCTR.* **65.** ot]
a *B.* **66.** Car *APBC.* | triftre *P.* | et *fehlt B.* | mar furent *S*(—1). **67.** lem-
perreis *BT.* **68.** Que *ST,* Car *A,* Mais *Rest.* **69.** fen d. *C,* fe d. *A; darauf schiebt R ein:* Par tans aura ce quele uelt.

5670 S'a dit a toz qu'ele ne viaut
Que nus hon an fa chanbre vaingne,
Tant con fes maus fi fort la taingne,
Don li cuers li diaut et li chiés,
Se n'eft l'anperere ou fes niés,

5675 Qu'a çaus ne le viaut contredire;
Meis li anperere fes fire
N'i vaingne, ne l'an chaudra il.
An grant painne et an grant peril
l'or Cligés metre li covient,

5680 Meis ce li poife qu'il ne vient,
Que rien fors lui veoir ne quiert.
Cligés par tans devant li iert,
Tant que li avra reconté
Ce qu'il a veü et trové.

5685 Devant li vient, fi li a dit,
Meis mout i demora petit,
Que Fenice, por ce qu'an cuit
Que ce que li pleift li enuit,
A dit an haut: „Fuiiez, fuiiez!

5690 Trop me grevez, trop m'enuiiez,
Que tant fui de mal agrevee,
Ja n'an ferai fainne levee."
Cligés cui ce mout atalante

5670. Ca *P*, Ainz *R*. **71**. Que ia nus *P*. | hom *fehlt* PC. | enz en *C*. |
a *PT*. **72**. cift *AR*. | forz *PC*, grans *B*. | li *PBT*. **73**. fes c. *B*. | cors *S*. |
louft *S*. **74**. Se li rois neft il *A*. **75**. Que *S*, Car *PC*, Ces *A*. | ceuz *S*,
heus *T*, a ceus *P*, .ij. *A*. | ne ueuft *S*(—1), ne lofe *PR*, ne lofe ele *CT*, ne
ofe ele *A*. | efcondire *APBCT*. **76**. ia lemp. *BCR*, fe lemp. *P*. **77**. Ne *S*. |
ieigne *C*, uiegne *TR*, uigne *B*, uine fi *S*, uient a li *A*, uenoit *P*. | li en *S*(+2),
i *R*. | chaut *A*. **78**. A . . . a *A*. | paigne *R*, tort *A*. **79**. le *T*, la *ACR*.
30. M.] *fehlt P,R*(—1), De *A*. | ce] ml't *BR*. | poife li *P*, li tarde *B*. | que
P. **81**. Car *APCR*. | riens *SCTR*. | li ueir *B*. **82**. Par t. Cl. *PC*. | lui *SCT*.
3. quil *APBCTR*. | ait dit et *B*, ait *R*(—1). | raconte *T*, conte *S*(—1),*B*.
4. que il *S*(+1). | ot *C*. **85**. lui *SC*. | uint *APB*. | fe *T*, et fi *S*(+1).
7. Lez *S*, Car *APBCR*. | con *T* (ce *fehlt*, —1), *PBC*, que *S*. **88**. ce] le
. | que] qui *B*, quil *S*. | fiet *B*. **89**. Ha *S*, A! *T*, Li *B*. | an haut] ele *S*.
0. et enuiez *AB*. **91**. Car fi *APBC*, Car ie *T*, Tant *R*. | de ceft m. *R*.
2. f. fanz faine *C*(+1). | clamee *B*. **93**. qui *SBC*. | ce] cou *P*, cift *A*,
·hlt *B*(+1). | mot *T*, moz *A*. | at.] ate *T* (*so*).

S'an veit feifant chiere dolante,

5695 Qu'ainz fi dolante ne veïftes.

Mout pert eftre par defors triftes,

Meis fes cuers eft liez par dedanz,

Qui a fa joie eft atandanz.

L'ANPERERRIZ fanz mal qu'ele cit
5700   Se plaint et malade fe feit,

Et l'anperere qui la croit

De duel feire ne fe recroit,   ?.

Et mires querre li anvoie,

Meis el ne viaut que nus la voie

5705 Ne ne leiffe a li adefer.

Ce puet l'anpereor pefer,

Qu'ele dit que ja n'i avra

Mire fors un qui li favra

Legieremant doner fanté,

5710 Quant lui vanra a volanté.

Cil la fera morir ou vivre,

An celui fe met a delivre

De fa fanté et de fa vie.

De deu cuident que ele die,

5715 Meis mout a autre antancion,

Qu'ele n'antant f'a Cligés non,

C'eft fes deus qui la puet garir

Et qui la puet feire morir.

5694. ua *PBR.* | fuiant *S.* | **95.** Qainc *BT.* | dolant *S*(– 1). | nel *h*
(1 2. *m.*). **96.** puet *A,* en famble *B.* | par *fehlt R*(–1),*B.* | quites *S; P:* Ml'
fanle eftre par fanlant t. **87.** fes oirs *S,* li cuers *B.* | eft *nach* dedans *T.* | ml'
liez *BCR,* fi 1. *A,* tos 1. *P, fehlt T.* | par *fehlt APBCTR.* | ded. eft ioians *T*
98. Qua *S*(—1), Car *A.* | la *T.* **99.** Lemperreis *BT,* Lemperrit *C.* | que *S*
5700. plait *S,* faint *T.* **1.** qui bien la croit *R*(+1) *in rasura* 3. *manus.* **2.** D
rien nule *B.* | ne le mefcroit *B.* | ne fareftuit *S.* **3.** Ses *R.* | mirrez *T.* **4.** el
SAT(+1 *alle*), il *R.* | nel laiffe *R.* | quan la noie *CR.* **5.** Nel *B,* Nele *R.*
nes *PBC,* les *A,* ne fe *R.* | a lui *S,* a foi *C, fehlt R.* **6.** Se part *S.* **7.** An
chois *T.* | dift *BT.* **8.** Sire *S,* Mirre *BT.* | un feul *R*(+1). | le *B.* | aura *S*
10. li *BR,* lui *übrigen.* **11.** Sil *R,* Si *B.* | le *BT.* | face *CR.* | et *B*; mori
haonte *S.* **12.** mift *S.* **13.** Et de fante *A.* **14.** quele lor *P,* quele *R*(—1)
T'lautet: · Et voir dient (*so, Ende fehlt*). **15.** Mais il ont *B.* | autre] male *AB*
16. Qel ne panfe *B; S:* Que ne dift fe ch'. non (*vielleicht:* Que nel dift f
de Cliges uon). **17.** fes] ces *S,* li *BTR,* fe (*so*) *C.* | qui] cil *B.* | le *BT.* | poy
guarie *S.* **18.** qui li *S,* fi le *B.* | plait *S.*

5720
EINSI l'anpererriz fe garde,
Que nus mires ne f'an prant garde,
N'ele ne viaut mangier ne boivre,
Por l'anpercor miauz deçoivre,
Tant que tote eft et pale et perfe.
Et fa meftre antor li converfe,

5725 Qui par mout merveilleufe guile
Cercha tant par tote la vile
Celeemant, que nus nel fot,
Qu'une malade fame i ot
De mortel mal fanz garifon.

5730 Por miauz feire la traïfon,
L'aloit revifiter fovant
Et fi li metoit an covant
Qu'ele la garroit de fon mal
Et chafcun jor un orinal

5735 Li portoit por veoir f'orine,
Tant qu'ele vit que medecine
Ja meis cidier ne li porroit
Et cel jor meïfme morroit.
Icele orine a aportee,

5740 Si l'a eftroitemant gardee
Tant que l'anperere leva.
Maintenant devant lui f'an va,
Si li dift: „Se vos comandez,

5719. Enfint *S*, Einfint *C*, Enfi *ABT*, Iffi *R*. | lempereis *B*.
0. nus m.] uns toz feus *R*. | fe *R*, fi *PBC*. **21.** Ne *S*(—1). | boire *TR*,
·ure *S* (b *aus* p l. *m.*). **22.** (*fehlt S*) mius lemp. *BC*. **23.** quele eft
te *B*. | *erstes* et *fehlt B,C*(—1). **24.** Sa meftreffe *T*. | auec *S*. | lui *SC*.
5. ml't per *S,TR*. | guife *S*. **26.** Tant cherque *BC*, Tant a erre *T*, A
·iis .l. | parmi la *T*, par treftote la *A*. **27.** Et fus et ius *B*. | ne *B*. **28.** Conc
| Vne *S*. | fame mal. *PCTR*. | i *fehlt T*. | fot *T*; *A*: De fon entouchement
·ein pot. **31.** Lalort *S*. | uifiter *S*(—1),*A*. | ml't f. *A*. **32.** fe *T*, fil *S*. |
·oumet *T*. | par c. *T*. **33.** Que *S*(—1),*T*. | guerroit *C*, gate it *S*, garira *T*.
·:. A *APC*, *fehlt S*. | ior] main *PCR*. **35.** portait *T*, porte *P*. | ueir *BT*. |
·iie *S*. **36.** que *S*(—1). | uoit *T*. **37.** porra *ST*. **38.** Et meifmes ce *A*,
·i cel *B*, Et ce *CT*. | meifme *SB*. | morra *T*. **39.** Cele *SAPC*, Celi *T*. | a
·ine *AT*. | en a *C*, a ele *P*, a *fehlt AT*. | raportee *A*, efgardee *S*.
·!. lauoit *S*. | eftroitemant] richemant *S*, eftoiee et *PCT*, eftuiee et *R*.
·Quant l. *R*. | fe leua *R*. **42.** li *BR*. | ala *B*. **43.** Se li *TR*, Sil *S*(—1). |
·*B*, a dit *T*. | fi *R*. | uolez *T*.

Sire, toz voz mires mandez,
5745 Que ma dame a f'orine fcite,
Qui de ceft mal mout fe defheite,
Si viaut que li mire la voient,
Meis que de devant li ne foient.
Li mire vindrent an la fale,
5750 L'orine voient pefme et pale,
Si dift chafcuns ce que li fanble,
Tant que tuit f'acordent anfanble,
Que ja meis ne refpaffera
Ne ja none neis ne verra,
5755 Et fe tant vit, lors au plus tart
An prandra deus l'ame a fa part.
Ce ont a confoil murmuré.
Puis lor a dit et conjuré
L'anperere que voir an dïent.
5760 Cil refpondent qu'il ne fe fient
De neant an fon refpaffer,
N'ele ne puet none paffer,
Que cinçois n'eit l'ame randue.
Quant la parole a antandue
5765 L'anperere, a painne fe tient,
Que pafmez a terre ne vient,
Et maint des autres qui l'oïrent.
Ainz nule janz tel duel ne firent,

5744. Maintenant *T.* | mirres *T*; *S*: Site va nures madez. **45.** Ca *APBCT.* | forine a *P.* **46.** feft *S,* ce *T.* | dehaite *SBT.* **47.** li] vo *I* tot li *R*(+1). | mirre *BT,* nires *S.* | le v. *BT,* lamoie *S.* **48.** Et *B.* | de *fehlt S*(—1), ia *APBC.* | lui *SCR.* *Darnach interpolirt B zwei Zeilen:* Lempe rere les mires mande. | Cil uinrent loes quil le comande. **49.** uienent *PCTK* **50.** uirent *B.* | pafme *T.* | paile *S,* male *ACT.* **51.** Si dit *AR,* Dient *T,* S en dient *B* (ch. *fehlt*). | ce *fehlt T.* | lui *APC,* lor *B,* vous en *T.* **52.** Tan qua ce *APCR,* Et a ce *B,* Tant quil *T.* | tuit enf. *T.* **53.** Que la mener paffera *S*; repaffera *R.* **54.** iamais *B,* que ia *P.* | neis] nes *S, fehlt Rest.* paffera *APCTR.* **55.** Sele *P.* | lors] dont *A.* | a *R.* **56.** Ne *A.* | a] en *I* **57.** a] au *TR.* | Ice ont dit et m. *S.* **58.** Lors *AB.* **59.** li dient *P.* **60.** F cil *SR*(+1). | refponent *A,* li dient *TR.* | qui *S,* que *PB.* **61.** noient *T,* no iant *B,* maint *S*(—1). | repaffent *S.* **62.** Ne ne *A,* Et fi ne *S.* | poit *S,* porra · **63.** Quele *C,T*(—1), Quel *A*(·—2). | einç. *fehlt AT.* **65.** Lempereres a poi C Lemperere a poi *TR*(—1). | poinnes *A.* **66.** Queftendus *T.* **67.** Et ml't K **68.** Ainc *PBCT,* Onques *A.* | nules genz *C,* nulle gent *SBT,* mes gent *A.*

Con lors ot par tot le paleis.
5770 La parole del duel vos leis,
S'orroiz que Theffala porchace,
Qui la poifon deftanpre et brace.
Deftanpree l'a et batue;
Car de loing fe fu porveüe
5775 De tot quanque ele favoit,
Qu'a la poifon meftier avoit.
Un petit ainz ore de none
La poifon a boivre li done.
Auffi toft come l'ot beüe,
5780 Li fu troblee la veüe,
Et ot le vis fi pale et blanc,
Con f'ele eüft perdu le fanc,
Ne pié ne main ne remeüft,
Qui vive efcorchier la deüft,
5785 Ne fe crolle ne ne dit mot,
Et f'antant ele bien et ot
Le duel que l'anperere maine
Et le cri don la fale eft plainne.
Et par tote la vile crïent
5790 Les janz qui plorent et qui dïent:
„Deus, quel enui et quel contreire
Nos a feit la morz deputeire!

5769. Len *C.* | lors] les *T*, le *C*, il *PBR.* | fet *C*, font *R.* **70.** do *S*, de *T.* **71.** Sorrez *R*, Soiez *C*, Sauroiz *S*, Sauez *A*, Or ois *T*; *PB*: Th. porquiert porcace. **72.** Que *PB.* | puifon *BT*, poiffon *S.* | deftranp⁵ *A.* | face *PB.* **3.** Deftrempree *A*, Deftempre *S.* | et la b. *S.* **74.** Qui *S, fehlt A.* | loig *C*, ign *S*, loins *B.* | fen fu *C*, feftoit *P.* | aparceue *A.* **75. 76** *fehlen S.* **5.** tout ice quele *PB*, tout quanquelle *T.* | pot fauoir *T.* **76.** puifon *B*; ᛋ: Que a telle oeure couuenoit. **77.** Et quant uint a ore *PB.* | enz *S.* | ire *T*, lore *A.* **78.** puifon *BT.* | boire *BT.* **79.** Aufint tot come *S*, Tanft com ele *PB*, Maintenant quele *R*, Et lors quant ele *CT*, Et lors des tele *A.* | la *PBCT.* | beuwe *T.* **80.** fu *S*, eft *ceteri.* | torblee *B*, tourblee *T.* | uwe *T.* **81.** Si a *CR*, Et a *A*, Et fa *T.* ! fi] *fehlt S*(—1), plus *PB.* | ile *SR.* **82.** Que *PB*, Come *S*(+1). **85.** Ne] Que *S*, Ne ne *C*, Nele ne (+1), Nel ne *A.* | crofle *A*, croule *C*, muet *R.* | *ein* ne *fehlt AC.* | dift *T*, t *S.* **86.** Si ent. *R*; *S*: Et feftant et fe bien oyt. **87.** doil *S*, dol *B.* | t *PB.* **88.** les cri *S*; *B*: Et la fale d. cafcuns brait. **89.** dient *T.*). Et les granz q¹ ploroient et d. *S*(+1). | crient *T.* **91.** anui *PBCT.* **2.** li mors *PB.*

Morz covoiteuſe, morz englove!
Morz eſt pire que nule love,
5795 Qui ne puet eſtre ſaolee.
Onques meis ſi male golee
Ne poïs tu doner au monde.
Morz, qu'as tu feit? Deus te confonde,
Qui as tote biauté eſtainte!
5800 La meillor choſe et la miauz painte
As ociſe, ſ'ele duraſt,
Qu'onques deus a feire anduraſt.
Trop eſt deus de grant paciance,
Quant il te ſuefre avoir poiſſance
5805 Des ſoes choſes deſpecier.
Or ſe deüſt deus correcier
Et giter fors de ſa baillie,
Que trop as feit grant forſaillie
Et grant orguel et grant outrage."
5810 Einſi toz li pueples anrage,
Tordent lor poinz, batent lor paumes,
Et li clerc i liſent lor ſaumes,

5793. 5794 *fehlen S.*   **93.** Mors couuoitouſe et mors englouue *T*, |
Morn enuieuſe mors engluiue *P*, Mors eſcauue la mors ēgluue *B*, Morz eſt
aſſez pire que loue *C*; Morz trop eſt male et couoiteuſe *A,R* (Que ml't eſt
u. s. f.).   **94.** Mors eſt pire que nulle louue *T*, Mors eſt pire que nule lime
(luue?) *B*, La morz eſt pire que deloue *C*, Mors tu es pire de deluiue *P*,
Et a tot bien contralioſe *R*, Et forprenanz et enuieuſe *A*.   **95.** Que *P*, Ainc
R. | poit *S*, puez *A*.   **96.** *wiederholt in S.*   **97.** pues *T*, pot *SPB*. | tu] *fehlt*
S(—2), la mors *PB*. | doner] haper *PB*. | a ce m. *T*.   **98.** Qua tu fait mort
d. te c. *S*.   **99.** as] a *S*, *stellt hinter* biaute *PB*. | b.] lumiere *TR* (*vgl.* **5842**).
5800. choſe] dame *R*. | la mix tainte *B*, la plus ſainte *APCTR*.   l. A-
hui *R*. | ſele] ſel *R*, ſole *S*.   **2.** (*fehlt S*) Que onques a f. and. *A*.   **3—9**
fehlen T.   **3.** Ml't *PBR*. | deus *fehlt R*(— 1). | reprouance *B*, foſfrance *S*(—1).
4. te *fehlt S*. | ſoiſre *S*, ſoefre *C*, laie *B*, left *R*, laiſt *P*, done *A*. | auoir] tele
S. | puiſſance *A*, puſcance *B*.   **5.** ſues *R*, ſeiues *S*, ſages *B*. | depecier *A*, depe-
chier *B*.   **6.** ſe] ſen *P*, te *R*. | deuroit *BCR*. | corocier *C*, corrocier *S*.
7. gitier *A*, giter *S*, geter *ceteri*. | for *S*, hors *ACR*. | ta *APBR*. | bataille *A*.
8. Car *APBCR*. | trop] ml't *B*. | as] a *S*. | faite *B*(+1). | forſaillie *R*, anui-
aille *A*.   **10.** Enſi *ABT*, Iſſi *CR*, Einſint *S*. | tot *S*. | poiples *S*, peules *T*,
pules *B*. | eſrage *P*, errage *T*, arage *S*. *Danach schiebt T ein:* Pour la dame
cui tient la rage. **11.** Tuerdent *C*. | puins et *PB*. | lor *fehlt PB*.   **12.** clers *S*,
cler *R*. | i] ſi *S*, an *A*, *fehlt T,R*(—1). | lor ſiept *T*. | pſaumes *B*, ſiaumes *CR*

Qui prïent por la buene dame,
Que deus merci li face a l'ame.

5815   A NTRE les lermes et les criz,
       A   Si con tefmoingne li efcriz,
Sont venu troi fificiien
De Salerne mout anciien,
Ou lonc tans avoient efté,

5820   Por le grant duel font arefté
Et fi demandent et anquierent,
Don li criz et les lermes ierent,
Por quoi f'afolent et confondent.
Et cil por ire lor refpondent:

5825   „Deus! feignor, don ne favez vos?
De ce devroit anfanble o nos
Toz li mondes defver a tire,
S'il favoit le grant duel et l'ire
Et le domage et la grant perte

5830   Qu'ui ceft jor nos eft aoverte.
Deus! don eftes vos donc venu,
Quant ne favez qu'eft avenu
Or androit an cefte cité?

5813. Et p. p. *P*, Por lamor a *B*. | lor *R*.   **14.** merci lor f. a *R*, en
it mierci de *T*.   **15.** ces *R*. | larmes *BT*, armes *S*. | fes *R*.   **16.** come
efmoine *S*(+1).   **17.** venuz droit *S*. | fififfijen *T*.   **18.** falarne *C*, falierne
'. | anchijen *T*, antian *S*.   **19.** V *T*, Et *S*, Qui *R*, .J. *B*. | grant t. *B*,
>nguement *A*. | i orent *R*, i auoient *S*(+1), orent *A*.   **20.** grant *fehlt*
!CT. | fe font *ACT*.   **21.** Et fi *S*, Si *APCTR*, Si lor *B*. | et *SB*, et fi
!PCT; a cels qui erent *R*.   **22.** les criz *S*, li cri *APBCT*. | larmes *BT*. |
ienent *SB*.   **23.** cui *A*, que *B*, quil *P*.   **24.** por ire lor *S*, lor dient et
'R, li dient et *B*, lor dient qni lor *A*(+1), qui loient lor *C*, qui feuent
>r *T*. | defpondent *P*.   **25.** Oi dex *S*, A dex *B*. | feignor *fehlt B*. | donc *C*,
ont *BT*, *fehlt S*. | ne *SPCT*, nel *AR*, ne le *B*.   **26.** o] ou *S*, *fehlt BC*.
7. Defuer touz li m. *CR*,*T* (Dieruer tout), *A* (Defirrer toz li monz). | der-
:r *P*. | a t.] auffi *T*; certes defuer *S* (a t. *fehlt*).   **28.** fauoient *P*. | lo *A*,
: *T*, la *B*, le *ceteri*. | grant d.] dolor *B*, grant martire *P*. | et l'ire] *fehlt P*,
'lire *R*, iffi *T*.   **29.** damage *TR*, coros *PB*.   **30.** (*wiederholt S*). Qui hui
(+1), Kui *P*, Quan *ACT*, Qni*'R*, Que *B*. | cet *S*, ce *T*. | eft] et *S*. | aoluerte
', en aperte *T*, auenu *A* (*vgl.* **5832**).   **31.** Dex feinnor *S*(+1)*B*. | dom *A*,
>nt *ceteri*. | vos] *fehlt B*, vot *C*. | donc *fehlt SB*.   **32.** Qui *APTR*. | qui eft
(+1).   **33.** en noftre raine *B*.

Nos vos dirons la verité,
5835 Que aconpaignier vos volons
Au duel, de quoi nos nos dolons.
Ne favez de la mort deftroite,
Qui tot deferte et tot covoite
Et an toz leus le miauz agueite,
5840 Con grant folie ele a hui feite,
Si come ele an eft coftumiere?
D'une clarté, d'une lumiere
Avoit deus le monde alumé.
Ce que morz a acoftumé
5845 Ne puet muër qu'ele ne face.
Toz jorz a fon pooir efface
Le miauz que ele puet trover.
Or viaut fon pooir efprover,
S'a de bien plus pris a un cors,
5850 Qu'ele n'an a leiffié defors.
S'ele eüft tot le monde pris,
N'eüft ele mie feit pis,
Meis que vive leiffaft et fainne
Cefte proie que ele an mainne.
5855 Biauté, corteifie et favoir
Et quanque dame puiffe avoir,
Qu'apartenir doie a bonté,
Nos a toloit et mefconté
La morz qui tanz biens a periz

5834. vos] en *B.* **35. 36** *fehlen T.* **35.** Car *APBR.* **36.** de
que *PB*, dont *S*(— 2). | *ein* nos *fehlt S; dafür m.* 2. *am Rande* ml't.
38. deferte *S,* deftruit *PB,* defirre *ACTR.* **39.** an] a *S.* | li mielz *R,*
les bons *S* (*vgl.* **5847**). | aguaite *R,* agaigte *S.* **40.** *A:* Que felonie a ele
or f. **41—54** *fehlen T.* **41.** come *S.* | cofume *S*(—1). **43.** mond *R,* mont
SAB. | enlumine *S*(+1). **45.** laier *PB,* laiffier *CR.* **46.** pouoir *S,* poer *R.*
enface *C.* **47.** Toz le miez *R.* | quele *SR.* | poit *S,* pot *C.* **48.** uilt *B,*
nent *P,* uolt *C,* uiaut *S* (1 *m., bis auf* a *radirt*). **49.** Se *S.* | plus de bien
PBC,R (del), *A* (Sa pris p. de b.). | a] en *APBR.* **50.** Que elle na *S.*
ait *B.* | laie *B.* | dehors *PR.* **51.** Se ele *C.* | mont *C.* **53. 54** *fehlen A.*
53. laiaft *B.*] **54.** quele *R*(—1), que ore *C.* **56.** puet *A,* poift *S,* puift *P,*
doit *BT,* doie *C.* **57.** Qui a. *S*(+1), Quapiertenir *T,* Qui partenir *C.* | doit
T. | a] en *C.* | biaute *B.* **58.** tolait *S,* toloit *R,* tolu *übrige.* **59.** Na *S.*
tant *S,* toz *APCT,* mieint *R.* | bien *R.*

5860 An ma dame l'anpererriz,
Einfi nos a la morz tuëz."
„Ha! deus, font li mire, tu hez
Cefte cité, bien le favomes,
Quant nos einçois venu n'i fomes.
5865 Se nos fuffiens venu des hier,
Bien fe poïft la morz prifier,
Se a force rien nos toffift."
„Seignor, ma dame ne voffift
Por rien, que vos la veïffiez
5870 Ne qu'a li painne meïffiez.
De buens mires affez i ot,
Meis onques ma dame ne plot
Que uns ne autre la veïft,
Qui de fon mal f'antremeïft.
5875 Non! par ma foi, ce ne fift mon."
Lors lor fovint de Salemon,
Que fa fame tant le haï,
Qu'an guife de mort le traï.
Efpoir autel a cefte feit,
5880 Meis f'il pooient par nul pleit
Tant feire que il la fantiffent,
N'eft hon nez, por cui an mantiffent,
Se barat i pueent veoir,

5860. An] Eft *S*. **61.** Enfint *S*, Eiffi *CR*, Quenfi *B*. **62.** He *T*,
? *B*. | la mire *S*. **63.** fauons *B*; en coi nous fommes *T*. **64.** Que *T*. |
nos] *fehlt S*(—1),*ACTR*, grant *ACTR*. | einç.] pieca *APBCTR*. | ne *TR*. |
ons *B*. **65. 66** *stellt S um*. **65.** nos *fehlt B*(—1); Se uenu i fuffons des
er *PCTR*. **66.** Ml't *ATR*. | fi *S*, fem *B*. | peuft *PBT*. | li mors *B*. |
roifer *R*, prefier *C*. **67.** Sa *S*, Se par *P*. | rien] riens *ST*, ne *B*. | ne nos *S*. |
aufift *B*, tolift *T*. **68.** vofift *T*, uoffit *S*. **69.** *S*: Que uos por riens *u. s. f.*
'0. que a *S*(+1), quen *PCR*, en *BT*. | lui *S*. | ne m. *R*(+1). **71.** Des *A*.
'2. a ma d. *S*(+1). **73.** nus *C*, hons *T*. | autres *SAPCR*, femme *T*.
4. Que *R*, Ne *AT*. | dautrui mal *S*. **75.** ma *fehlt A*. | nen *B*. | fift el *A*. |
ion] non *P*. **77.** Cui *PC*. | itant *B*(—1). | le haï] en hai *PCTR*, hai *B*.
8. Que come morte *A*. | tri. *C*(—1). **79.** atel *S*, alfi *PB*. **80.** fe il pue-
nt *APT*. | fait *T*; *C*: Mais feftre poit p. n. p. **81.** Feire tant *A*, Chofe
int *C*. | quil *R*(—1); *B*: Tant efploitier quil le ueiffent. **82.** Il neft *A*. |
ome *S*(+1), hons *T*. | nez *fehlt BCT*. | qui *B*, quoi *T*, quan *A*. | an] *fehlt A*,
en *BCT*, il *R*. **83.** Sil *C*. ' barat] uie *S*, rien *C*. ' poient *C*, pooient *S*. | ueer *C*.

Que il n'an dïent tot le voir.
5885 Vers la cort ſ'an vont maintenant,
Ou l'an n'oïſt pas deu tonant,
Tel noiſe et tel cri i avoit.
Li meſtre d'aus qui plus ſavoit
S'eſt juſqu'a la biere aprochiez, —
5890 Nus ne li dit: „Mar i tochiez!“
Ne nus arriere ne l'an oſte, —
Et ſor le piz et ſor la coſte
Li met ſa main et ſant ſanz dote,
Qu'ele a el cors ſ'alaine tote,
5895 Bien le ſet et bien l'aparçoit.
L'anpereor devant lui voit,
Qui de duel ſ'afole et ocit,
A voiz ſ'eſcrie, ſi li dit:
„Anperere, conforte toi,
5900 Je ſai certainnemant et voi
Que ceſte dame n'eſt pas morte.
Leiſſe ton duol, ſi te conforte!
Se je vive ne la te rant,
Ou tu m'oci ou tu me pant!“
5905 MAINTENANT apeiſe et acoiſe
Par la ſale tote la noiſe,
Et l'anperere dit au mire,

5884. Quil *CT,R* (—I). | il *fehlt S.* | defiſſent *T,* deiſſent *C.* | treſtot *S,* tuit *R.* **85.** V. la tor *SACR,* El palais *B*; *vgl.* **5664.** | montent *B.* **86.** V *PT,* On *B.* | l'an] on *PT,* ni *B.* | oïſt *B.* **87.** Tele *S*(+I). | cri et t. noiſe *PCT,R* (et *fehlt,* —I). **88.** Li] Le *S,* Li plus *B.* | meſtres *APCTR.* | dels *C.* deus *R,* deuz *S,* dyalz *T, fehlt B.* **89.** Si ſeſt *S,* Eſt *A.* | juſqu'a] de *S,* dufca *PT,* treſqua *C,* droit a *A.* **90.** li *fehlt S*(—I). | diſt *T.* | ni atochiez *A.* **91.** arieres *R.* | lamoſtre *S.* **92.** ſur . . ſur *T.* **93.** ſa] la *APBR.* | ſet *SC,* ſot *T.* **94.** Que ele *SA.* | el cors *fehlt S*(—I). | lalaine ens el cors t. *B,* ſalaine] la vie *PCTR,* lame *A.* **95.** Mľt bien *R.* | le ſot *S.* | bien *fehlt R.* lapeut *S,* lapierchoit *T,* lapercoit *BC.* **96.** *S*: Al empereor tot droit ſe uient (+I). **97.** Que *BC.* | de ſon dol faire ſocit *B.* **98.** A voiz] En haut *APBCR.* ſ'e.] lapele *PBR.* | ſi] et *S*(—I); *T*: A haute vois li crie *z* diſt. **99.** Empereres *SACTR.* **5900.** Je ſa *P.* **2.** *B*: Eſleece toi et c. **3.** Car ſe v. *APCTR.* | ren *CT.* **4.** Ou . . . o *C,* V . . . v *PT.* | mocis *P,* maſole *CTR.* pen *CT;* *B*: Jotroi que mocies pent; *S*: Si moncj o art o me pant (*viell. st.* Si m'oci o m'art o (*oder* a hart) me p.). **5.** ſapaiſe *TR,* abeiſſe *A*; acoiſe — apoiſe *B.* **6.** Par le pales *ABCTR.* **7.** diſt *BCTR.* | amires *S.*

Qu'or li loift comander et dire,
Et fuens iert meis tot a delivre,
5910 S'il feit l'anpererriz revivre,
Sor lui iert fire et comanderre;
Meis panduz fera come lerre,
Se il li a manti de rien.
Et cil li dift: „Je l'otroi bien,
5915 Ne ja de moi n'aiiez merci,
S'a vos parler ne la faz ci.
Tot fanz panfer et fanz cuidier
Feites moi ceft paleis vuidier,
Que uns ne autre n'i remaingne.
5920 Le mal qui la dame mehaingne
M'eftuet veoir priveemant.
Cift dui mire tant folemant
Avuec moi ceanz remanront,
Qui de ma conpaignie font,
5925 Et tuit li autre fors f'an iffent."
Cefte chofe contredeïffent
Jehanz, Cligés et Theffala;
Meis tuit cil qui eftoient la
Lor poïffent a mal torner,
5930 S'il le voffiffent treftorner.
Por ce fe teifent et fi loent
Ce que as autres loer öent,

5908. Que or C(+1), Qui or S(+1), Quil P. | laift C. **9.** fiens B,
fanz S; APCTR: Sa volante u. s. f. **10.** Se l'a. fet reuiure A; S: z lampereres li defliure. **11.** fires S(+1); B: Et for l. maiftre c. **12.** E S.
3. Sil R(—1). | li] y T. **14.** Cil li refpont CT, Et cil refpont ABR. |
otrei C, lotri B; S: .. ce ueil ge bien. **15.** B: Que ia naies de moi m.
6. Se a S(+1). | vos] moi PCTR. | foiz S, fez C, fai T. **18.** moi]
los PB. | widier BT, voidier SC. **19.** uns] nus SC, hons T. | femme T (vgl.
5873). **20.** que BR. | madame T. | mahaigne R, maagne S, mahagne B.
11. ueer C, ueir B. | ml't profement S. **22.** Cil CT. **23. 24** stellen PCTR
m. **23.** Auoi S, Auoec A, Ouec CR, Auolc B, Awe T. | chaijens T,
ainz R, caenz C, caians B, ici A. | remaindront C. **24.** Car A. **25.** li]
il S. | fors fehlt S(—1), hors R, fi P. | en B. **26.** contredefiffent B.
7. Cliges iehanz APCR. **29.** Le APTR. | peuffent BT. **30.** len B,
ehlt S. | uaufiffent B, noffit S(—2). | deftourner T, deftorber B. **31.** tenfent
. **32.** que] qua C.

Si font fors de leanz iſſu.
Et li troi mire ont deſcoſu
5935 Le ſüeire a la dame a force,
Qu'onques n'i ot coutel ne force,
Puis li dïent: „Dame, n'aiiez
Peor ne ne vos eſmaiiez,
Meis parlez tot feüremant.
5940 Nos ſavons bien certainnemant
Que tote eſtes ſainne et heitiee.
Or ſoiiez ſage et aſeitiee
Ne de rien ne vos deſperez;
Que ſe conſoil nos requerez,
5945 Tuit troi vos aſſeürerons
Qu'a noz pooirs vos eiderons,
Ou ſoit de bien ou ſoit de mal.
Mout ſeromes vers vos leal
Et del celer et de l'eidier.
5950 Ne nos feites longues pleidier!
Des que vos metons a deviſe
Noſtre pooir, noſtre ſerviſe,
Nel devez mie refuſer."
Einſi la cuident amuſer
5955 Et deçoivre, meis rien ne vaut;
Qu'ele n'a ſoing ne ne li chaut
Del ſerviſe qu'il li promctent,

5933. Il *S.* | hors *R*, tuit *S.* | de laianz] del paleis *APCTR*, de la cambre *B.* | iſſi *S*, eſſu *C.* **34.** trois *S*, *fehlt T.* | unt *C*, tuit *S.* | deſtoſu *S*, toz deſconſu *T.* **35.** a *fehlt APB.* **36.** Onques *ATR*, Que onc *C*, Que il *B*. **38.** Paor *SB*, Poor *R*, Paour *T.* **39.** tot] tuit *R.* **40.** (*fehlt S*) bien] tot *B*. **41.** tot *B.* | caſtie *S.* **42.** Mes *A.* | feiz *C.* | ſaige *B*, franchie *R*(+1). **43.** Ne *fehlt PCTR.* | riens *T.* | deſeſperez *PCTR.* **44.** Car *APBCR*, Et *T.* | ſe uos c. *B* (nos *fehlt*). **45.** Treſtout *T*, Que tot *B.* | troi] *fehlt T*, droit *S.* | aſſeurons *P*(—1),*B*, en aſſeurons *TR*, aiderons *S.* **46.** Qu'a] Que *BC*, Et toz *S.* noz] nos *SC*, uoſtre *B.* | pooirs] uoloir *B*, por uoir *C.* | vos] en *SB.* | ferons *SB*. **47—52** *fehlen A.* **48.** Molt] Nos *P.* | en ferons *B*, ferons mais *T*, ferons *R*(—1). | loial *SBTR.* **49.** O … o *C*, V … v *P.* **50.** longes *PB*, longhes *T*, lonc *S*(—1). | proier *S.* **51.** Puis que *P.* | nos *SBCTR.* | en d. *T.* **52.** en uo ſeruiſe *B.* **53.** Ne *TR*, En uos nel *S.* | mie *fehlt S.* **54.** Enſint *S*, Iſſi *R.* | enmuſer *C.* **55.** decieure *S*, deceuoir *PCTR*, deſcourir *A.* | ne lor v. *APBCTR.* **56.** Quel nen a *A.* | ſon *C.* | et ne *B*, ein ne *fehlt A.* li uan c. *A.* **57.** De *T.* | qu'il] que *S.*

De grant oiſeuſe ſ'antremetent.

Et quant li ſiſiciieu voient

5960 Que vers li rien n'eſploiteroient

Por loſange ne por proiiere,

Lors la metent fors de la biere,

Si la ſierent et ſi la batent,

Meis de folie ſe debatent,

5965 Que. por ce parole n'an traient.

Lors la manacent et eſmaient

Et dïent, ſ'ele ne parole,

Mout ſe tanra ancui por fole,

Qu'il ſeront de li tel mervoille,

5970 Qu'ainz ne ſu ſeite ſa paroille

De nul cors de fame cheitive.

„Bien ſavons que vos eſtes vive,

Ne parler a nos ne deigniez.

Bien ſavons que vos vos ſeigniez,

5975 Si traïſſiez l'anpereor.

N'aiiez mie de nos peor!

Meis ſe nus vos a correcié,

Ainz que plus vos aiiens blecié,

Voſtre folie deſcovrez,

5980 Que trop vilainnemant ovrez,

Et nos vos ſerons an aïe,

Soit de ſavoir ou de folie."

Ne puet eſtre, rien ne lor vaut.

Lors li redonent un aſſaut

5958. oiſ.] folie *P.* **59—64** *fehlen B.* **59.** ſuſicien *ST.* **60.** Kenuers *P.* | lie *C*, lui *S.* | vers li] nule *R.* | riens *ST.* **61.** Par .. par *APR.* | loſange] promette *S.* **62.** Si la *R.* | metent] gietent *ACTR.* | hors *TR.* **63—66** *fehlen A.* **64.** deſbatent *S.* **65.** *ACTR.* | par *B.* **66.** mancent *C(—1).* **68.** Quele *PR(+1)*, Quel *A*, El *B.* | ſen *T.* | par *S.* **69.** Qu'il] Et *B*, Que il *A.* | lie *C.* | de li *fehlt A.* | tele *A*, tote *S(+1).* **70.** Caine *PB*, Que onc *C(+1)*, De li quainz *A.* | ſaite *fehlt A.* | la *AR.* | parole *S.* **71.** fame haſtie *S.* **73. 74.** *fehlen BT.* **73.** a uos ne deuons *S.* **75.** Ne *T.* | traueillies *PT.* **76.** Naiz *C.* | de nos nule *P.* | paor *SPBT.* **77. 78.** *fehlen T.* **77.** ſe uos eſtes c. *P.* | correciee *A*, corruciez *R.* **78.** Eincois *A.* | plus *fehlt A.* | aions *SPBCR.* | bleciee *AR.* **79.** pleiſir nos *A.* **80.** Car *APBT.* | olures *B.* **82.** Ou *A.* | ou] ſoit *T*, et *B.* **83.** Ne p. e.] Et tout ce *S(—1).* | pot *B.* | riens *ST*, nil *B.* | lor] lo *S.* **84.** randirent *B*, donerent *A.*

5985 Parmi le dos de lor coroies,
S'an perent contreval les roies,
Et tant li batent fa char tandre,
Que il an font le fanc efpandre.

QUANT des coroies l'ont batüe,
5990 Tant que li ont fa char ronpüe
. Et li fans contreval l'an cort,
Qui parmi les plaies li fort,
Neporquant n'i pueent rien feire
Ne fofpir ne parole treire,
5995 Ne ne fe crolle ne ne muet.
Lors dïent que il lor eftuet
Feu et plonc querre, fil fondront,
Et es paumes li giteront.
Einçois que parler ne la facent,
6000 Feu et plonc quierent et porchacent,
Le feu alument, le plonc fondent.
Einfi afolent et confondent
La dame li felon ribaut,
Que le plonc tot boillant et chaut,
6005 Si com il l'ont del feu ofté,
Li ont an la paume colé.

5985. dos] cors *B.* | dunes *R.* | corchies *S; P*: Et tant le batent de
coroies.· **86.** Si *TR,* Sin *BC.* | aual *S(—1).* | r.] tracies *S; P*: Que par le
dos perent les roies. **87.** li *fehlt S(—1).* | la *B.* | *B wiederholt die Zeilen*
87—94 *nach* **94** (= *B¹*). **88.** Quil *T(—1),* Quaual *R.* | fift *B,* | del *C.* |
defcendre *P.* **89.** Tant *B¹.* | lont des c. *R.* **90.** Tant *fehlt R.* | la char li
ont *APCR,B(fa),B¹(la),T(li eft).* | ranpue *S,* defrompue *R.* **91.** l'an] li *ACT,*
en *PBR.* **92.** Qui *fehlt S(—1),* Que *C.* | fes *T.* | plaies li] pales li *S,* efpau-
les *PCT,* efp. li *R(+1).* | cort *S.* **93.** Ne por cou *P,* Ne por cen *C,* Ne por
ce *B¹T,* Ainc por ce *R, fehlt A.* | n'i] Nen *A,* ne *T,* rien ni *R.* | poent *SC,*
porent *ABR.* | riens *ST (fehlt R),* il ancor rien *A.* **94.** fopir *SA. (Nach* **94**
wiederholt B die Verse **87—94**). **95.** Nele *APBT,* Cele *C,* Nel *R.* | fe
fehlt B. | crofle *A.* | *ein* ne *fehlt APCT.* | mot *S.* **96.** que il] quil *R(—1),* qui
S(—1). | eftoient *R,* eftoit *S.* **97.** Fu *B.* | plum *R,* plon *SBC.* | fel *BT,* fi *S,*
quil *A.* | lardront *S.* **98.** En la palme *B,* Ques paumes *A (vgl.* **6006**), Et es
mains *S(—1),* En la main *PCT,* Quen la main *R.* | gitier li uoldront *A,PCR*
(geter),*T*(gieter), li giteront *S(—1),B.* **5999. 6000** *fehlen in S.* **6000.** Fu
B. | plum *R,* plon *SBC.* | querent *CR.* l. fu *B.* | le] et *AR.* | plon *SBC,* plum *R.*
2. Iffi *R,* Ens *C(—1).* | lafollent *ST.* **3.** cruel *R.* **4.** Car *P.* | plon *SBC,*
plunc *R.* **5.** lant *S.* | fu *B.* **6.** (*fehlt S*) anz es paumes *A.* | cole] uerfe *TR,* icte *P.*

N'ancor ne lor eſt pas aſſez
De ce que li plons eſt paſſez
Parmi les paumes d'outre an outre,
6010 Ainz dïent li cuivert avoutre,
Que, ſ'ele ne parole toſt,
Ja androit la metront an roſt
Tant qu'ele iert tote greïlliee.
Cele ſe tciſt ne ne lor viee
6015 Sa char abatre ne mal metre.
Ja la voloient au feu metre
Por roſtir et por greïllier,
Quant des dames plus d'un millier,
Qui devant le paleis eſtoient,
6020 Vienent a la porte et ſi voient
Par un petit d'antroverture
L'angoiſſe et la mal' avanture
Que cil feiſoient a la dame,
Qui el charbon et an la flame
6025 Li feiſoient ſofrir martire.
Por l'uis brifier et deſconfire
Aportent coigniees et mauz.
Granz fu la noiſe et li aſſauz
A la porte brifier et fraindre.

6007. Encor *BT.* | mic *R.* **8.** De ce *fehlt ST.* | eſt parmi paſſez *ST.*
9. la paume *PBCTR.* | doſtre enoſtre *S.* **10.** Et *SC,* Encor *T.* | ſelon *B,*
fel *T,* cruel *C,* cnuert *P,* couert *S.* | aoltre *B,* aoutre *P.* **11.** ſe ele *C*(+1). |
ml't tot *S*(+1). **12.** Or endroit *A,* La droit *T,* Quil *R,* Il *B.* | meteront *T.* |
an] la en *R*(--1), ia toft en *B.* **13.** que ele *A,* que *SB.* | tote ert *S*(—1), bien
fera *B.* | graaillie *B,* greflic *A,* grayllee *T,* greillie *SPCR.* **14.** Sele *S.* | qui
ne *R,* et ne *B,* ne *S*(—1). | vie *APBC,* vec *T,* miec *S.* **15.** defrompre *P,*
rumpre *R.* | ne] ne a *R,* ne au *S,* na *ABC.* | maumeft *S* (ſo). **16.** Il *S.*
al *S,* au *T,* el *APBR,* en *C.* | fu *B.* **17.** et] ne *S.* | graillier *AT,* graaillier *B.*
18. des *SAT,* de *PBCR.* **19.** (*fehlt S*) Qui] La *PBC;* *A*: Des genz ſe
partent et defuoient. **20.** A la p. v. *A.* | et *fehlt APBCT.* **21.** dentruuer-
ture *S,* dentrouureture *T,* de rouerture *A.* **22.** Languiſſe *T,* La honte *B.* |
male a. *SR.* **23.** Que il *P,* Quil *T*(–1). | de *CT.* **24.** Que ou *T,* El ui *S,*
Qui au *APBCR.* | a *APBCR.* **25.** ſoffrir *A,* foſrir *S.* **26.** l'uis *fehlt P.*
bruifier *C.* | et por d. *P;* Por lui honir et d. *S.* **27.** cuignies *B,* congriees *S,*
machnes *T.* | max *B,* maus *PT.* **28.** Atant fu *S*(+1). | afax *B,* afaus *PT.*
29. faindre *ST,* fendre *B.*

6030 S'or pueent les mires ataindre,
     Ja lor fera fanz atandue
     Tote lor defferte randue.

     L ES dames antrent el paleis,
         Totes anfanble a un efleis,
6035 Et Theffala eft an la preffe,
     .Qui de rien nule n'eft angreffe
     Fors qu'a fa dame foit venue.
     Au feu la trueve tote nue,
     Mout anpirice et mout mal mife,
6040 Arriere an la biere l'a mife
     Et defoz le paile coverte.
     Et les dames vont lor defferte
     As trois mires doner et randre,
     N'i voftrent mander ne atandre
6045 Anpereor ne fenefchal,
     Par les feneftres contreval
     Les ont anmi la cort lanciez,
     Si qu'a toz trois ont defpeciez
     Cos et coftez et braz et james, —
6050 Ainz miauz ne firent nules dames.

     O R ont eü mout leidemant
         Li troi mire lor paiemant,
     Que les dames les ont paiiez.

6030. Sil *S*, Seles *B*, Or *T*. | porrent *S* (*also futur.*). | prendre *B*.
31. lor] lo *B*. **32.** lor] la *C*. **33. 34** *fehlen SB*. **33.** el] v *T*. **34.** Tref-
totes enf. *P*: | a un] dun *C*, a *P*. | fais *T*(— 1). **35.** eft] entre *C*. **36.** Que
R, Qui neft *B*. | de nulle riens *S*. **37.** Fors] Mais *C*, Ne mais *B*, Si eft *S*.
qu'a] que *PBT*, a *S*. | foit] *fehlt S*, ait *BT*. | veuwe *T*, neue *B*. **38.** fu
SB. | trueuent *T*. **39.** M.] Forment *B*. | emperie *C*. | mout] *fehlt B,T*(—1).
40. Ariers *C*. | eft en *CT*, lont en *B*. | l'a] *fehlt BCT*, lont *R*. **41.** defos
dun *R*. | pàille *T*. | conuerte *C*. **44.** Quaine ne *R*. | uoldront *R*, vorrent *PT*,
uoudrent *S*, uoelent *B*, couient *C*. | mandre *A*. | ni *SC*, natendre *R*.
45. Nempereor *AT*. | ni *S*. **46.** *T*: Tout parmi la fenieftre aual. **47.** ent
mi *T*; *B*: Les ont tot maintenant l. **48.** que *SAPT*, qua a *R*(+1). | tuit
troi ont *AT*, toz les ont *S*, il ont tos *P*. | pecoiez *ABCTR*; *B*: Que pies et
cors ont p. **49.** Couz *S*, Cors *T*, Coftes *B*. | et pis *B*. | braz] pies *P*. james
PR, ianbes *AC*, iāmes *B*, chambres *S*. **50.** Ainc *PBTR*, Vn *C*. | miauz
fehlt T. | nel *ABC*. | ce nulle d. *T*(*so*). **51.** malement *A*. **53.** Car *AT*. |
lor *SPB*. | paie *S*.

Meis Cligés eſt mout eſmaiiez
6055 Et grant duel a, quant il ot dire
La grant angoiſſe et le martire,
Que ſ'amie a por lui ſoſert,
A bien po que le ſan ne pert;
Car il crient mout, et ſi a droit,
6060 Que morte et aſolee ſoit
Par le tormant que ſeit li ont
Li troi mire qui mort an ſont,
Si ſ'an deſpoire et deſconforte.
Et Theſſala vint, qui aporte
6065 Un mout precïeus oignemant
Don ele a oint mout doucemant
Le cors et les plaies celi.
La ou l'orent anſeveli,‑
An un blanc paile de Sulie,
6070 L'ont les dames ranſevelie;
Meis le vis deſcovert li leiſſent.
Onques la nuit lor criz n'abeiſſent
Ne né ceſſent ne ſin ne pranent,
Par tote la vile forſanent

6054. Mais par Cl. *P*, Mais ml't par eſt Cl. *R* (+1). | molt *fehlt P*.
55. Que *S*, *fehlt T.* | lor ot *T*, lot *C*. 56. la martire *R*, le maleur *S* (+1).
57. li *R*. 58. A bien peu *T*, Par un po *A*, A por un po *B*, A petit *PCR*,
Ml't li ua bien *S* (+1). | que] quant *S*, *fehlt B.* | ſens *PTR*, ſanc *S*, coer *B*.
60. Que afolee u morte *PB*, Quaſolee ou morte *ACT*,*R* (—1). | et] ou *AR*,
v *PBT.* | ne ſoit *ACT.* 61. Por *AT.* 62. uenu ſont *A*, morte lont *S*.
63. Si] Ml't *R*, Et *T.* | ſe *PT.* | deſpere *T.* 64. Et *fehlt S* (—1). | vient
APBCR. | qui] ſi *B.* 65. Vn tres *C.* | ongement *B*, onghement *T*, vingne-
ment *C.* 66. Dun *C*, De quel *B*, Dout *SPTR.* | ele *fehlt B.* | a oint]
loint *S*, enoint *C*, la ointe *B*, oindra *T.* | molt *fehlt B.* 67. Le cos *A.* |
et *fehlt T.* | les eſpaules *T.* | de lui *S.* 68. La v lorent enſeueli *T*, La
ou en la renſeueli *A*,*R* (reſeueli), *P* (La v el), *B* (La ou len la reſ.), *C* (la *fehlt*,
reſ. —1); *S*: Et ariere lan ſeueli. 69. 70 *fehlen S.* 69. un *fehlt C* (—1).
| blanc] chier *R.* 70. reſeuelie *PBR*; *T*: Et ſe ne ſu pas ſort loye. 71. Meis
le vis] Mais la nuit *B*, Le uis tot *P.* | le vis] les yelz *T*, la nuit *B.* | deſ-
couuiers *T*, deſcourent *C.* | li] et *C.* | laiſſe *T.* 72. Nonques *ACTR*; Onques
la nuit] Son uis nonques *B.* | lor] li *B.* | cri *BCTR.* 73—78 *fehlen T.*
73. pernent *R*, prenent *Rest*; *S*: Ne ne ſay ſent nefin neterment. 74. Par
la t. *R.* | ſe ſ. *R* (+2). | ſarment *S* (—1).

6075　Et haut et bas et povre et riche,
　　　Si fanble que chafcuns l'afiche
　　　Qu'il veintra tot de feire duel,
　　　Ne ja nel leiffera fon vuel.
　　　Tote nuit eft li diaus mout granz.
6080　L'andemain vint a cort Jehanz,
　.　Et li anpererc le mande,
　　　Si li dit et prie et comande:
　　　„Jehan, f'onques feïs buene oevre,
　　　Or i met ton fan et defcuevre
6085　An une fepouture ovrer,
　　　Si que l'an ne puiffe trover
　　　Si bele ne fi bien portreite."
　　　Et Jehanz qui l'avoit ja feite
　　　Dit qu'il an a apareillice
6090　Une mout bele et bien tailliee；
　　　Meis onques n'ot antancion
　　　Qu'an i meïft fe cors faint non,
　　　Quant il la comança a feire.
　　　„Or foit an leu de faintüeire
6095　L'anpererriz dedanz anclofe,
　　　Qu'ele eft, ce cuit, mout fainte chofe."

6075. hault et las *R.*   **76.** (*in S wiederholt*) Ce femble *P,* Enfamble
SR. | que] et *S*(— 1). | afiche *R.*   **77.** Qui *S.* | toz *PCR;* v. t.] ne ceffent *B.*
78. nel laifferont *B,* ne ceffara *S.* | lor uoel *B,* fon dol *S.*   **79.** Tote la nuit fu *B.*
dieus *T,* criz *A.* | mout] fi *S, fehlt B; R:* M'lt eft li dels pleniers et granz.
81. Car *P,* Quar *R,* Que *BT.*   **82.** Et fe *T.* | dift *C,* a dit *B,* dit et *fehlt
T*(—1), prie et dit *R,* et *vor* prie *fehlt B.*   **83.** Jehans *T.* | fi onques *R*(+1).
fefis *P.*   **84.** Or moftre *PCTR.* | i *fehlt S*(—1),*B.* | fens *BTR.* | et] fi le *B.*
85. A *S.* | ourer *T,* olurer *B.*   **86.** Tel qui len *C,* Tele quan *AR,* Tele con
PBT. | poiffe *C.*   **87.** bel *C*(—1). | portrait *C,* faite *S*(— 1).   **88.** ia lauoit *P;*
S: Jean dit quil auoit portraite.   **89.** Dift *PBT.* | que il a *P,* qune en a *B;*
S: Et dit quil la ml't bien tallie.   **90.** Une] Vn *C*(—1), Bele *B.* | mout]
fehlt T, bien *BR.* | bele] bel *C,* faite *BR.* | entaillie *T; S:* Et ml't tres bien
apareillie.   **91.** Mais nauoie ent. *S*(—1).   **92.** Que len *R*(+1), Quil *PBCT.*
mefift *P.* | fe] fon *S.* | faint] fainz *ACT,* o *S* (*verlesen aus .s.*).   **93.** il *fehlt
S*(— 1). | comencai *S.*   **94.** faintuarie *R,* faintewere *T,* feigtuare *C,* faint
tuaire *S; A:* Quan ni meift fors faintuaire.   **95.** dedanz] i eft *A.*   **96.** Quel
C, Qui *B,* Ciertes quelle *T,* Quaufi *R.* | eft] ert *T,* eft ele *R,* a efte *S.* | ce
croi *PC, fehlt STR.* | mout] *fehlt R,* iou *P.* | fainte] bone *S.*

„Bien avez dit, feit l'anperere.
Au moſtier mon feignor faint Pere
Iert anſoïe la defors,
6100 Ou l'an anfuet les autres cors;
Car einçois que ele moriſt
Le me pria bien et requiſt
Que je la la feïſſe metre.
Or vos an alez antremetre,
6105 S'aſſeez voſtre ſepouture,
Si con reiſons eſt et droiture,
El plus bel leu del cemetire."
Jehanz reſpont: „Volantiers, ſire."
Tot maintenant Jehanz ſ'an torne,
6110 La ſepouture bien atorne
Et de ce fiſt que bien apris,
Un lit de plume a dedanz mis
Por la pierre qui eſtoit dure
Et plus ancor por la froidure,
6115 Et por ce que ſoef li oelle,
Eſpandi ſus et ſlor et ſuelle.
Et por ce le ſiſt ancor plus,
Que la coute ne veïſt nus,
Qu'il avoit an la foſſe miſe.
6120 Ja ot an ſeit tot le ſerviſe
As egliſes et as paroches,

6097. dit diſt *T*, dit dit *S*. **98.** Au] A *S*. **99.** Ert *BTR*. **6100.** V
on *PT*, La ou *B*. | enſoit *S*, enſuit *R*, enſouye *T*(+1). | morz *S*. 1. Que *S*. |
quele *R*(—1), ele *fehlt S*. | moreiſt *S*. **2.** Le *fehlt B*. | pria ele *B*, porraj
S (*so*). | bien *S*, ml't *übrige*. | req.] diſt *B*. **3.** feiſſe la m. *C*, feſiſſe illuec
m. *P*. **4.** Q'r *C*. **5.** Seelez *A*, Si aſeez *B*, Si fait *S*(—1). | uo *B*. **6.** come
S(+1). | eſt raiſon *B*. **7.** cemetire *A*, cimitire *R*, cimentire *PBC*, ch. *T*,
cemintere *S*. **8.** Et diſt J. *B*. **9.** Atant *S*(—2). | Et J. maint. *ACT*, Dillue-
ques m. *P*. | Jeh.] *fehlt PR*, (*ACT setzen es vor* maint.). | diluec ſen t. *R*.
10. Et bien la ſ. a. *R*; *B*: Al plus bel que il pot latorne. **11.** Mais *B*. |
de cou *P*, o ce *C*. **12.** Que .i. *SR*(+1). **13.** biere *P*. | queſtoit *R*(—1),
qui trop eſt *PC*. | dire *S*. **14.** por] que *R*. **15. 16** *fehlen T*. **15.** ſuef *R*. |
oille *SCR*. **16.** Eſpant deſus *A*. | flors *A*, flos *C*. | foille *SCR*, foelle *B*.
17. Mes *APBC*. | encor le f. por ce *C*. **18.** keute *P*, coutre *S*, colce *B*,
coſe *T*. **19.** Qui la veit *S*. | mis *S*. **20.** out lan *S*, auoit on *T*. | tot *fehlt*
T. **21.** iglifes *SBC*. | perroches *T*, pareiſes *S*, barroches *A*.

Et fonoient adés les cloches
Si con l'an doit feire por mort.
Le cors comandent qu'an an port,
6125 S'iert an la fepouture mis,
Don Jehanz f'eft fi antremis,
Qui mout l'a feite riche et noble.
. An treftote Coftantinoble
Ne remeft ne petiz ne granz,
6130 Qui n'aut aprés le cors ploranz,
Si maudïent la mort et blafment,
Chevalier et vaflet fe pafment,
Et les dames et les puceles
Batent lor piz et lor mameles,
6135 S'ont a la mort prife tançon.
„Morz, feit chafcune, raançon ˎ
De ma dame que ne preïs?
Certes, petit guehaing feïs,
Et a noftre oes font granz les pertes."
6140 Et Cligés refeit duel a certes,
Tel que f'an afole et confont
Plus que tuit li autre ne font,

6122. Si *BCT*, En *SR*. | fonoient *SPCT*, fonoit an *A,B* (on), fonoit *R* (— 1). ades] *fehlt S*, par tot *P*. ˎ cl.] pareifies *S*. **23.** Comme *R*. ˈ com on *PBT*. | faire *doppelt B*. | pour un mort *T*(+1); *S*: Si come len doit por fair mort. **24.** comande *A*, covient *l'BCTR*. | que on *PBT*, que len *CR*. | emport *B*, ne port *S*, aport *APTR*. **25.** Ki ert *T*(+1), Si iert *CR*(+1). **26.** Dont *SPBR*, *fehlt T*. | fen eft *T*, fauoit *B*, fent *S*. | fi] *fehlt SB*, bien *T*, tant *A*. | tremeift *S*. **27.** Que *C*, Car *A*, Et *S*. | fait *S* (—1), fift *R* (—- 1). | et *fehlt B*. **28.** Nen *S*. **29.** Ni *P*, Nen *BCT*, Na *A*. | remift *R*, remes *A*, a remes *PBT*, neft remes *C*. | *erstes* ne *fehlt PBCT*. | petit ne grant *APBTR*. **30.** Que *R*. | nalle *S*. le c.] dolor *B*. | plorant *APTR*, menant *B*. **31—39.** *fehlen T*. **31.** Tot *B*. le cors *S*. **32.** uaflez *C*, dames *R*, dame *S*. **33.** dames] buriois *R*. **34.** lors m. *S*. | memeles *A*. **35.** Si ont *B*. | prinfe *C*, pris *B,P* (—-1). **36.** Mort *SPC*. font il le millor plancon *B*. **37.** prefis *P*; *B*: Nos as tolu conques preis. **38.** malueis ganig i feis *R*(+1). **39.** Et] Car *A*, Mais *P, fehlt CR*. | a] *fehlt S*, En *C*. | noftre] nos *SCR,B* (? noo). | oes *APB*, ves *R*, euz *C, fehlt S*. | en font *S*, i font *B*, font trop *CR*. | grant *R*, grantes *S*, *fehlt B*. **40.** Nes *TR*, Neis *PBC*, Mes *A*. | an fet *AT*, faifoit *C*, fait *PB,R* (—1). | doil *S*, dol *B*. a c.] parfont *T*. **41. 42** *stellt P um*. **41.** Si *B*. | qui *C*, quil *APBTR*. | fafole *T,S* (— 1). | et fen *T*. **42.** *T*: P. que li a. ne f. tuit.

Et mervoille eft que ne f'ocit,
Meis ancor le met an refpit
6145 Tant que l'ore et li termes vaingne,
Que la deffuee et que la taingne,
Et fache f'ele eft vive ou non.
Sor la foffe font li baron
Qui le cors i couchent et metent,
6150 Meis for Jehan ne f'antremetent
De la fepouture affeoir,
Et fi n'i porent il veoir,
Ainz font treftuit pafmé cheü,
S'a Jehanz buen leifir eü
6155 De feire ce que il li fift.
La fepouture fi affift
Que nule autre chofe n'i ot,
Bien la feele et joint et clot.
Adonc fe poïft bien prifier,
6160 Qui fanz mal metre et fanz brifier
Ofter ne deffoindre feüft
Rien que Jehanz mis i eüft.
FENICE eft an la fepouture,
Tant que vint a la nuit ofcure,
6165 Meis trante chevalier la gardent

6143. Et] *fehlt* ST, A C, Grans P. | Merueilles S. | quil APCTR. |
focift SCR, fe deftruit T. **44.** (*fehlt* B) encors S. | le mis S. **45.** et terme
uefne S(so); T: Leure que famie li dift. **46.** (*fehlt* T) Quil APBR, Que
il C. | la] lait PR. | deffoie SR, deffoe C, deffoece B, lait deffouie P. | que]
fehlt PCR, quil AB. **47.** Quil T. | faura A. | fil R. | uiue] morte PR.
49. touchent S. **50.** Meis *fehlt* T. | ne *fehlt* B. | fen entrem. BT. **52.** Et
fi S, Nes T, Ne nes R, Neïs PC, Car il B, Quil A. | n'i] ne la ABT, ne le R,
nel C. | pueent T. | il] *fehlt* BR, nes A. **53.** Ancois B. | tot B. | paume S.
cheut T, che?ut S, chau C. **54.** Si a S(+1). | bien J. T. | buen] *fehlt* T,
grant C. | leiffir SC, loifir PBT. | eut T, au S. **55.** ce quel vol S, tot ce que
lui PB, quant que il li C,A (i st. li), bien quanque il T. | il] bel R, *fehlt* S(—1). |
fift AT. **56.** fi] fus T. **57.** Que onques iointure P. **58.** B. la et S(+1). |
faielle SB. | erstes et *fehlt* PBR. **59.** Adont T, Et lors A, lloc C, Si que
ml't B, Bien P. | peuft PB, peuwift T. | bien] ml't C, adont P, *fehlt* B. |
proifier R. **60.** Que SBR. | maniftre S. | et] ou CTR. | fanz *fehlt* PB. | de-
brifier PB. **61.** Ourir A. | ne] et B, o C. | en feuft C. **62.** Riens T, Ce S. |
mis] fet AR. **63.** Phenice C. **64.** que *fehlt* C(—1). | a] en S. **65.** Et P. |
.XXXX. S(+1). | le SPT, les B.

A dis cierges qui devant ardent,
Qui feifoient grant lumineire.
Enuiié furent de mal treire
Li chevalier et recreü,
6170　S'ont la nuit mangié et beü
Tant que tuit dormirent anfanble.
A la nuit de la cort f'an anble
Cligés et de tote la jant, —
N'i ot chevalier ne ferjant
6175　Qui onques feüft qu'il devint, —
Ne fina jufqu'a Jehan vint
Qui de quanqu'il puet le confoille.
Unes armes li aparoille,
Qui ja meftier ne li avront.
6180　Au cemetire andui f'an vont
Armé, a coite d'efperon,
Meis clos eftoit tot anviron
Li cemetires de haut mur,
Si cuidoient eftre affeür
6185　Li chevalier qui fe dormoient
Et la porte fermee avoient

6166. Et fi a .X. *PB*, Si i a .X. *A*, Si a ades *R*, Si a affez *C*, Si ont illuec *T*. | cirges *SR*, chierges *T*, ch'ges *B*. | deuant] *fehlt APBCTR*. **67.** Qui] Et *ST*, *fehlt A*. | rendoient *R*, giet ant *S*(—1), clarte font *C*, grant clarte *AT*. | grant] et *CT*, et grant *A*; *B*: Por ueoir et por clarte faire. **68.** Eumiez *S*, Ennui *C*(—1). | duel faire *CTR*; *P*: Tot furent laffe *u. s. f.*, *B*: Mais de uellier et *u. s. f.* **69.** Sont li ch. r: *B*, Li ch. font r. *C*. **70.** *S*: Mengie orent et beu (*so*). **71.** que tuit fandorment *APCT*, quendormi fe font *R*. **72.** Et la nuit *C*, A lanuitier *AB*, Anue (?)*R* (*wohl* mie nuit), A tous chialz *T*. | la *fehlt AB*. | femble *R*(—2), enfamble *S*. **73.** et *fehlt S*(—1),*T*. | treftote *T*. | fa *PCTR*. **74.** Ni a *P*. **75.** onques *S*, *fehlt Rest*. | peuft fauoir *R*, pas feuft *B*, feuft pas *A*. | que il *APC*, quelle *T*. | fe d. *PBCT*. | deuenift *S*(+1). **76.** jus] tant *APCT*. | que *T*. | iehans *T*; *S*: Ne fu auis quil deuenift. **77.** Que *R*. | de *fehlt PCTR*. | quanque il *C*, quanques il *PT*, quanque fi *R*. | pot *S*, fet *PCTR*. | li *TR*. **79.** (*fehlt T*) Que *SR*. **80.** Al] *fehlt S*, El *C*. | cimentire *PBC*, chimentiere *T*, *fehlt S*. | Andui arme fan uunt. *S*(—2). *Darnach schiebt T als Ersatz für den fehlenden* **79** *ein:* Comme gent qui grant befoing ont. **81.** A ml't grant c. *B*; *S*: Qui ni font areiftifon. **82.** tous *T*. **83.** Le *S*. | cimintere *S*, cimentires *B*, chimentieres *T*, cimetires *C*. **86.** Qui *S*. | femee *C*, ferme *PB*, freme *T*, fremee *R*, garder *S*. | denoient *S*.

Par dedanz, que nus n'i antraſt.

Cligés ne voit, comant i paſt,

Que par la porte antrer ne puet;

6190 Nequedant antrer li eſtuet,

Qu'amors li enorte et femont.

Au mur fe prant et monte a mont,

Car mout eſtoit forz et legiers.

La dedanz eſtoit uns vergiers,

6195 S'i avoit arbres a planté.

Pres del mur an ot un planté

Einſi que au mur fe tenoit.

Or a Cligés ce qu'il voloit,

Car par cel arbre jus fe miſt.

6200 La premiere chofe qu'il fiſt,

Ala Jehan la porte ovrir.

Les chevaliers voient dormir,

S'ont tot le lumineire eſtaint,

Que nule clartez n'i remaint.

6205 Et Jehanz maintenant defcuevre

La foſſe et la fepouture oevre

Si que de rien ne la mal met.

Cligés an la foſſe fe met,

6187. nus] on *B.* | n'i] i *T.* **88.** uit *B.* | quoment *S,* par ou *PT.* | il *PBCTR.* **89.** Car *ABCTR.* | ni *APB.* | pot *SR.* **90.** Nequedent *P,* Et totes uoies *S*(+2), Et por uoir *A,* Par aillors *B,* Mes ades *C,* Mais outre *T,* Et *R.* | paſſer *BCTR.* | oltre li *R.* | eſtoit *S.* **91.** Que amors *S*(+1), Car a. *B,* Amors *A.* | li enhorte *R,* li anonce *C,* lenorte *B,* le coite *T.* | fomont *B; S*: Q. a. lafement et anorte. **92.** et] fi *P.* | ranpe *A; S*: Au m. fe p. par par le la porte. **93.** Qui *S.* | mout] il *R.* | forz] preuz *A.* **94.** Et la d. auoit *S.* | uns *fehlt S.* **95.** Et fi ot *S,* Ki auoit *T,* Si i a. *R*(+1), Ou a. *A.* **96.** Et pres *S.* | en *fehlt S.* | un *fehlt S*(—1). **97.** Iſſi *R.* | qua au *C; S*: .J. arbre qui ml't bel eſtoit. **98.** quanquil *ACT; S*: Et ml't de branches i auoit. **99.** Que *BC,* Et *S.* **6200.** Et la *S*(+1). **1.** Va a *T.* | iohans *B.* **2.** Li ch'r *T.* | uit tos *B,* uoit toz *A,* font *T.* | endormi *T; S*: Et il a bien veu dormir. *Darnach interpolirt S*: Les ch'rs quil agarderent. | Et bien fermee lauoient. **3.** Si ont *P,* Si a *A,* Sa *B,* Cliges *T,* Tan *S.* | tot] *fehlt AT,P*(—1), tote *C,* toſt *S.* | la *C, fehlt P.* | lumire *C.* | eſtaint *fehlt S, dafür en* oſtent *späte Hand.* **4.** clarte *SBC.* **5—8** *fehlen T.* **5.** qui ot faite loeure *R.* **6.** foſſo *S; R*: La fep. ml't toſt oeure; *P*; La fep. et la f. o. **7.** de riens *S,* uoiant *B.* | le maunet *S.* **8.** mēt *S.*

S'an a f'amie fors portee,
6210 Qui mout eft mate et amortee,
Si l'acole et beife et anbrace,
Ne fet, fe joie ou duel an face,
Que ne fe remue ne muet.
Et Jehanz au plus toft qu'il puet
6215 · A la fepouture reclofe,
Si qu'il n'i pert a nule chofe,
Que l'an i eüft point tochié.
De la tor fe font aprochié
Au plus toft que il onques porent.
6220 Quant dedanz la tor mife l'orent
Es chanbres qui foz terre eftoient,
Adonc la deffeveliffoient,
Et Cligés qui rien ne favoit
De la poifon que ele avoit
6225 Dedanz le cors, qui la feit mue,
Si que ele ne fe remue,
l'or ce cuide qu'ele foit morte,
Si f'an defpoire et defconforte
Et fofpire formant et plore.
6230 Meis par tans iert venue l'ore,
Que la poifons perdra fa force.
Et mout fe travaille et efforce

6209. Si a *S*, Si an a *B*. | fenifce *T*. | fors] hors *R*, haut *T*, *fehlt B*. |
oftee *S*. 10. Qui *fehlt B*. | iert *C*, ert *R*, eftoit *SB*, fu *T*. | mate] defcolore *S*,
uainne *A*, et morne *T*. | et amontee *C*, et matee *T*, *fehlt S*. 11. Forment la
beffe et a. *S*; et *vor* b. *fehlt PB*. 12. fe] fi *R*, v *T*. | duel ou ioie *ABC*.
an *fehlt AB*; enfance *S*. 13. Quele *PCTR*, Quel *B*, El *A*. | fe r.] fefueille
TR, fe crole *PC*, fe muet *A*. | ne ne dit mot *A*. 14. Et *fehlt B*. | a lains
R(—1). | que il *B*, qui *S*. | pot *SA*. 15. fa *T*. | enclofe *R*. 16. Que il *S*. |
ne *APBR*. | a *fehlt S*(—1). 17. Que on *PT*, Conques *B*. | i euft] leuft
C(—1). | point *fehlt A*, on *B*. | atochie *A*; *S*: Et que aunieft touchie.
18. Vers *S*, A *PR*; *T*: Lors fe font au cors a. 19. uenir i porent *BCR*.
puet *S*. 20. Et quant en la *AB*. | lot *S*. 21. (*fehlt S*) En *B*. | en t. *P*.
22. Adont *B*. | deffe nelifoit *S*. 23. Et *fehlt S*(—1),*PT*. | riens *S*, noient
PT. | nen *S*. 24. puifon *BR*, prifon *S*. | quele *R*(—1). 25. De la pui-
fon *B*. 26. Si] Et tient *CTR*, Et vit *P*, Et tele *A*. | quele *S*(—1),*PCTR*, que *A*.
27. Por voire c. *P*, Cuide por voir *CTR*. 28. Si fe *PT*. 29. fopire *SA*.
30. iert] eft *S*. 31. Qui Qui la poifo perdre fa f. *S*. 32. fen *P*. | enforce *B*.

Fenice qui l'ot demantcr,
Que le puiffe reconforter
6235 Ou de parole ou de regart.
A po que li cuers ne li part
De duel qu'ele ot que il demainne.
„Ha, morz, feit il, com ies vilainne,
Quant tu efpargnes et refpites
6240 Les vius chofes et les defpites,
Celes leiz tu durer et vivre;
Morz, ies tu forfenee ou ivre,
Qui m'amie as morte fanz moi?
Ce eft mervoille que je voi:
6245 M'amie eft morte, et je fui vis!
Ha, douce amie, voftre amis
Por quoi vit et morte vos voit?
Or porroit l'an dire par droit,
Que morte eftes an mon fervife
6250 Et que vos ai morte et ocife.
Amie, donc fui je la morz
Qui vos a morte, (n'eft ce torz?)
Que ma vie vos ai tolue
Et f'ai la voftre retenue.
6255 Don n'eftoit moie, douce amie,
Voftre fantez et voftre vie?

6233. Phenice *C.* | demander *S*, regreter *A.* **34.** Que *S*, Qu'ele *Rest.* |)uift *P*, peuft *R*(+1), poiffe *C.* | conforter *ABCT,P*(—1). **35.** Et . . . et *C.*)6. poi *BCT.* | cors *S.* | li] me *T.* **37.** Audoil *S.* | quil *SB.* | quil *SR*(—1).)8. fet il morz *A.* | coñ *S*, ml't *PT.* | iers *C.* **39.** mefpaines *C.* | ne *P* l0. uix *A*, uis *S*, uius *B*, uils *CR*, vilz *T.* **41.** laitu *S*, laiz tu *C*, lais tu *ᴼBTR.* **42.** tu es *A.* | ou] et *SA.* **43.** Quant *AR.* | as] a *S.* | fanmal *S*, por ꞃoi *A.* **44.** Eft ce *S*, Neft ce *PB.* | ce que *R*(+1). **45.** Que mamie *PB.* | ui *fehlt PB*; ce meft vis *S.* **46.** A *B.* **47.** et] quant *T.* **48.** on *PT*, an *A.* | ien dire *T.* | por *S*, a *T.* **49.** Quant *ACR.* | ieftes *ST.* | an] por *PB*, par *A.* **0.** Et *fehlt CR,A*(—1). | que ie *C.* | uos ai *hinter* morte *R.* | et] o *C.* l. dont *PBC*, don *A.* | mort *SC.* **52.** vos ai *CTR,A* (*stellt es hinter* ꞁorte). | nefce *T.* | tort *SC.* **53.** Qui *ATR.* | mamie *A*, marme *T.* | ai ie *T*; 'B: Quant uos ai la uie tolue. **54.** Et fi ai *R*(+1), Si ai *A*, Et ay *T.* | ꞁi *fehlt S.* | uoftre] moie *PB.* | uoftre ai *S*(—1). **55.** (*auf zwei Zeilen* ꞁ *S*) Dont *S*, Donc *ACT*, Se *B.* | n'eftoit] nert *A*, neft *P.* | moie] mien *T*, ie *SB*, ma ioie *AP.* | ma douche a. *T.* **56.** fante *B.*

Et don n'eſtoit voſtre la moie?
Car nule rien fors vos n'amoie,
Une choſe eſtiiens andui.
6260 Or ai je feit ce que je dui,
Que voſtre ame gart an mon cors
Et la moie eſt del voſtre fors,
Et l'une a l'autre, ou qu'ele fuſt,
Conpaignie feire deüſt,
6265 Ne riens nes deüſt departir."
A tant cele giete un foſpir
Et dit foiblemant et an bas:
„Amis, amis! je ne fui pas
Del tot morte, meis po an faut.
6270 De ma vie meis ne me chaut!
Je me cuidai gaber et faindre:
Meis or m'eſtuet a certes plaindre,
Que la morz n'a foing de mon gap.
Mervoille iert, ſe vive an eſchap,
6275 Car mout m'ont li mire blecié,
Ma char ronpue et depecié,
Et neporquant, ſ'il poïſt eſtre,
Que ceanz fuſt o moi ma meſtre,
Ele me feroit tote ſainne,
6280 Se rien i pooit valoir painne."
„Amie, donc ne vos enuit!

6257. dū C, donc ST, dont P, ſe B. | la v. m. S. **58.** Que B, Qui T,
fehlt S(—1). **59.** eſtoioms R, eſtiemes T, eſtions SPBC. **60.** rai ie P,
auez S. | cou P. | je] ne B. **61.** Quant R, Car la A. | arme ST, alme R,
amor C, *fehlt* A. | grant S, gait P, iert C. | an] et T. **62.** eſt *setzt hinter*
voſtre T. | del] de la R(+1). | hors R. **63.** a] et SPBC. **64.** porter APB.
65. Ne *fehlt* R. | ne SR, ne nous TR. | partir T. **66.** Demaintenant C
(*fehlt* cele). | ieta cele PB. | iete SC. **67.** Et dit] Tot C(—1). | ml't ſ. S (et
fehlt), simplement PBC. **69.** De S. | pou SR, poi BCT. | ſen CTR.
70. men T. **71.** me *fehlt* C(—1). **72.** ore R(+1). | eſtuet A. | a force PR.
73. ne na ſ. de gap T; gab AR. **74.** Meruelles ert R(+1,P)iert), M. eſt B,
Chiert m. T. | ſi R. | vive] *fehlt* PBT; ien PT, iou li B. **75.** Que BCR.
trop A. | lont S. **76.** La P. **77.** Et ne porec R. | ſe T. | peuſt T, pooit B, puet
R(—1), poët C. **78.** Quauuec APBC, Que ouec R(+1),T. | moi] nos C; ceanz
setzen APBCR,T (*st. dessen* chi) *vor* ma m. | mon m. R. **79.** Cele ABC.
ſeiſt A. **80.** pooit] deuſt A; CTR: Se ualoir i puet nule p. **81.** donc] dont SB.

Feit Cligés, car ancor anuit
La vos amanrai je ceanz."
„Amis, ainz i ira Jehanz."
6285 Jehanz i va, fi l'a tant quife
Qu'il l'a trové, fi li devife,
Comant il viaut qu'ele f'an vaingne,
Ja effoines ne la detaingne,
Que Fenice et Cligés la mandent
6290 An une tor ou il l'atandent;
Que Fenice eft mout mal baillie,
S'eftuet qu'ele vaingne garnie
D'oignemanz et de leitüeires,
Et fache ne vivra meis gueires,
6295 S'ifnelemant ne la fecort.
Theffala tot maintenant cort
Et prant oignemant et antreit
Et leitüeire qu'ele ot feit,
Si f'eft a Jehan affanblee,
6300 De la vile iffent a celee
Tant qu'a la tor vienent tot droit.
Quant Fenice fa meftre voit,
Lors cuide eftre tote garie,

6282. que B. | enuit SA, ennuit C. 83. amerrai C, en menrai S. | je
fehlt C(—1). 84. Amie T. | anchois PT. | i] fehlt PT,C(—1). 86. troue]
troua A. | fi] puis R. | li] la S. | diuife R. 87. il] el B, ele R(+1), quil P. |
uoife R; S: Si li dift tot que le faueigne. 88. Ja ST, Ne APC, Nule B. |
enfongnez T, effoine P, alonge B. | defteine S, retiegne C; R: Coment fanz
eri et fanz noife (so). 89. 90 fehlen S. 89. Car APTR. | Cliges et F. R.
90. A C. | cort C. | ou] la PB. 91. Que S, Car A, Mais PBCTR.
92. Sestue P, Seftoit R, Se toz T. | quele i P, que uos C, ne T. | ueigniez C,
ient et foit T. | ganie C. 93. Doignement ABCR. | laituaire AB. 94. Bien
T. | fachez SR, fachiez C. | uiuera T(+1). | gaire AB; A: Morte iert fele
lemore g. 95. Si ifn. R(+1), Se ifn. C. | li R; C: ni uenez. 96. Et
. A (tot fehlt); C: Et fe uos ne la fecorez. 97. Si en prant B. | onge-
nens PBTR(C s. 6298). | et fehlt A(—1). | entrais PTR, trais B; C: Thef-
ula maintenant fen uait. 98. laituaires PBTR. | que elle T(+1). | a B. |
iis PBTR; C: Et prent oignement quele a fait. 99. eft AT. | o PCTR.
300. en celee C, a emblee T, en emblee PBR. 1. Et a B. | nuit en
ient R, fan uinrent B, en uienent P. | tot fehlt PB. 2. F. quant T. |
aifte C. 3. garnie T.

Tant l'aimme et croit et tant f'i fie.

6305 Et Cligés l'acole et falue
Et dift: „Bien foiiez vos venue,
Meftre, que je mout aim et pris!
Meftre, por deu, que vos eft vis
Del mal a cefte dameifele?

6310 Que vos an fanble? Garra ele?"
„Oïl, fire, n'an dotez pas
Que je mout bien ne la refpas.
Ja n'iert paffee la quinzainne,
Que je fi ne la face fainne

6315 Qu'onques ne fu nule foiiee
Plus fainne ne plus anveifiee."

THESSALA panfe a li garir,
Et Jehanz veit la tor garnir
De tot quanque il i covient.

6320 Cligés an la tor veit et vient
Hardiemant, tot a veüe,
Qu'un oftor i a mis an mue,
Si dit que il le veit veoir,
Ne nus ne puet aparcevoir,

6325 Qu'il i aut por nule acheifon,
Se por l'oftor folemant non.
Mout i demore nuit et jor.
A Jehan feit garder la tor,
Que nus n'i antre, qu'il ne vuelle.

6304. croit] crient *T.* | fafie *R.* **5.** Et *fehlt AT.* | et la *AT.* **6.** Et dift] Dift il *T*, Dame *S.* **7.** cui *C, fehlt AT.* | vos aim tant *A*, v. ainch ml't *T*; *S*: M. por de que vos eft pris. **8.** Dame por *R*, Pour amour *T*, Car me dites *A* (*ohne* deu). **10.** an *fehlt A.* | garra en *A.* **12.** ml't b.] tote *A.* | la trespas *R.* **13.** Ja einz niert *S.* | nait *R.* | la *fehlt S*; *B*: Ancois que paft cefte q. **14.** fi *stellen vor* faine *PR*, je *fehlt T.* | la vous *T*; *B*: La ferai io plus bele et f. **15.** 16 *stellt um PB.* **15.** Q' onq. *T.* Quele *A*, Com ele *P.* | ne *fehlt PT.* | a nule *T.* **16.** Et p. *P.* | f.] mignote *B.* | ne *fehlt B*, et *P,T*(—1). **17.** paine *BCR.* | au g. *T*(—1). **18.** cort *C.* | feifir *A.* **19.** ce que *AB.* | i] li *T*, lor *BC, fehlt R*(—1). **20.** Cl. ua en *AR.* **22.** Con *SCR.* | hoftor *C*, oftoir *T.* | mais onuiue *S.* **23.** Et fi *C.* | dift *CT.* | quil *C,R*(—1). | **24.** Et *BC*, Mais *P*, Que. *T, fehlt S.* | nel *C*, ne fe *S.* **25. 26** *fehlen C.* **25.** uoift *APT.* | nule] autre *A.* **26. 27** *fehlen S.* **28.** Et *ABCTR.* ichans *ATR.* **29.** qui *B.*

6330 Fenice n'a mal don ſe duelle,
Que bien l'a Theſſala garie.
S'or ſuſt Cligés dus d'Aumarie
Ou de Marroc ou de Tudele,
Nel priſaſt il une cenele
6335 Anvers la joie que il a.
Certes, de rien ne ſ'avilla
Amors, quant il les miſt anſanble;
Car a l'un et a l'autre ſanble,
Quant li uns l'autre acole et beiſe,
6340 Que de lor joie et de lor eiſe
Soit toz li mondes amandez, —
Ne ja plus ne m'an demandez:
Meis n'eſt choſe que li uns vuelle,
Que li autre ne ſ'i acuelle.
6345 Einſi eſt lor voloirs comuns,
Con ſ'il dui ne fuſſent que uns.

T OT cel an et de l'autre aſſez
Deus mois et plus, ce croi, paſſez
A Fenice an la tor eſté.
6350 Au renovelemant d'eſté,
Quant flors et fuelles d'arbres iſſent,
Et cil oiſelet ſ'eſjoïſſent,
Qui font lor joie an lor latin,
Avint que Fenice un matin
6355 Oï chanter le roſſignol.

-

6330. donc C. 31. Car APCR. | ſa meſtre R. | garnie B. 32. dux S, duc C, rois PR. 33. Ne . . ne P. | maıroc S, maroc PBC. 34. Ne APBCR. | il] pas C. | cheniele T. 35. Auers A. | quil R,S(—1). | en a. R. 36. riens TR. | ſauillia R, ſauila C. 38. Que S. 40. Et TR. 41. Eſt C. | tant R. | ſiecles R. 42. plus] rien R. | me S. 43—46 fehlen A. 43. Mais il T, Quel S. | riens T. 44. Que volentiers lautres P. | ſi BCR, li ST, fehlt P. | nacuelle P. 45. Iſſi R, Eiſſi C, Et enſins S. | tot uns B, feus S(—1). 46. Auſi que P. | ſe il C(+1). | ne ſuſt P, neſtoient CR. | cuns R(—1); T: Leur doi conſeil ne ſont q. u. 48. Trois A. | et] ou PTR, treſtuit u C. | ce croi A (hinter mois), ie croi P, fehlt C, ſe croi R, Jo quit (vor deus) B, erent T, auoit S. 49. Ot BR, Qua C. 50. Jufcau nov. S. 51—54 fehlen S. 51. Que A. | flos C, flor B. 52. Que P. | oiſel ſi A. 53. Quil AP. | grant j. R. 54. Et tant T. 55. roiſſegnol B, loſſeignol T.

L'un braz au flanc et l'autre au col
La tenoit Cligés doucemant,
Et ele lui tot anfemant,
Si li a dit: „Biaus amis chiers,
6360   Grant bien me feïft uns vergiers,
Ou je me poïſſe deduire.
Ne vi lune ne foloil luire,
Plus a de quinze mois antiers.
S'eftre poïft, mout volantiers
6365   M'an iftroie la fors au jor,
Qu'anclofe fui an cefte tor.
Se ci pres avoit un vergier,
Ou je m'alaffe efbanoiier,
Mout me feroit grant bien fovant.“
6370   Lors li met Cligés an covant
Qu'a Jehan confoil an querra
Tot maintenant qu'il le verra.
Et maintenant eft avenu
Qu'es vos Jehan leanz venu,
6375   Qui fovant venir i foloit.
De ce que Fenice voloit
L'a Cligés a parole mis.
„Tot eft apareillié et quis,
Feit Jehanz, quanqu'ele comande.
6380   De ce qu'ele viaut et demande

6356. Le *A*, Un *B*. | et *fehlt R*(—1).   **57.** Le *R*, Li *PBCT*.   **58.** chelle *T*. | alfement *B*, maintenant *A*.   **60.** fefift *P*. | uregiers *TR*.   **61.** La ou me *B*. | je *fehlt R*. | peuffe *PB*, peuwiffe *T*, puiffe aler *R*.   **62.** foloil ne lune *SR*.   **64.** pooit *T*, puift *R*, peuft *P*; *B*: Sil uos plaifoit ml't v. **65.** hors *R*.   **66.** Qant c. *B*, Car chofe *S*, Car clofe *T*.   **67.** Et fe *APBCT*, Et fi *R*(+1). | un *fehlt APBCT*. | vregier *T*.   **68.** La iou *B*. | peuffe *T*. **69.** Ml't gr. bien me f. f. *B*; Volentiers i fuiffe fouuent *T*.   **70.** Et cl. li met *T*. | met] a *B*.   **71.** Que *BT*, Ca *S*, corr. 2. *m.* Q⁵ a (+1). | iehans *T*. | prendra *S*; *PR*: fen (*R* fe) confeillera.   **72.** que *AT*.   **73.** Tot *S*.   **74.** Kes *P*, Eft *R*, Ez *C*, Que *SABT*. | vos *fehlt SABT*. | iehanz *SABT*, laienz *stellt vor* iohan *C*, a l. *B*, eft l. *A,S*, eft tantos *T*. | uenuz *S*.   **75.** Car *A*. **77.** a] en *R*.   **78.** Toz *S*, Tous *B*. | appareillies *SB*.   **79.** Jeh.] cli' *S*. | que ele *R*(+1). | demande *BT*.   **80.** tot quan *C*. | que elle *T*(+1). | v.] quiert *P*. | v. et] *fehlt C*(—1). | cōmande *BT*.

Eſt ceſte torz bien aciſiee."
Lors ſe ſeit Fenice mout liee
Et dit a Jehan qu'il l'i maint.
Cil dit que an lui ne remaint.
6385 Lors veit Jehanz ovrir un huis
Tel que je ne vos ſai ne puis
La façon dire ne retreire.
Nus fors Jehan nel ſeüſt feire,
Ne ja nus dire ne ſeüſt,
6390 Que huis ne feneſtre i eüſt,
Tant con li huis n'eſtoit overz,
Si eſtoit celez et coverz.

Q UANT Fenice vit l'uis ovrir
Et le ſoloil leanz ferir,
6395 Qu'ele n'avoit pieça veü,
De joie a tot le ſanc meü
Et dit qu'or ne quiert ele plus,
Des qu'iſſir puet fors del reclus,
N'aillors ne ſe quiert herbergier.
6400 Par l'uis eſt antree el vergier
Qui mout li pleiſt et atalante.
Anmi le vergier ot une ante
De flors chargiee et anfoillue,

6381. Eſt elle *T.* | torz *S,* tor *PBCR,* corz *A, fehlt T.* | bien trop *T.* | aiſee
R(+1). 82. Or en eſt *T.* 83. diſt *BT.* | a] *fehlt PCT,* que la *B.* | iohans *B.* |
qu'il *fehlt B,* que il *PCT.* | le *B,* la *T.* | meint *C,* met *S.* 84. Et cil *C,*
Il *B.* | reſpont *ABT.* | quen *CT.* | lui] moi *AT(PR); PR:* En moi fait iehans
ne remaint. 85. veit] a *S.* | olurir *B,* ouert *S.* 86. je *fehlt P.* | vos *fehlt*
ATR. | ne ne *APT,* ne ie ne *R*(+1); *B:* Tel qua uos na altrui ne p. 88. Nus
hom f. *B.* | ichans *PTR,* lui *B.* | ne *S,* nele *C,* le *R.* | feut *R,* fot *C,* poiſt *A.*
89. ja *fehlt B.* | ne uos *B.* 90. huix *S.* 91. Car pieca mais *B.* | con] cū *C,*
que *P.* | huix *S.* | êſtoit *SATR,* ne ſu *B,* ne ſuſt *C.* | oluers *B,* ouert *C.*
92. Chilz *TR.* | couert *C; B:* Por fenice fu defcouers. 93. uoit *PCTR.* |
hus *C.* | olurir *B.* 94. venir *S,* luiſir *T.* 96. ſanc *ST,* ſan *A,C,* ſens *BR,*
cuer *P.* | perdu *B.* 97. Lors *S,* Or *T.* | diſt *BT.* | qore *R*(+1). 98. Puis *P,*
Quant *AB.* | que ſir p. *S,* que iſſir p. *C*(+1),*R*(+1), que peut iſſir *T,* ueir pot *B,*
el puet iſſir *A.* | hors *PR, fehlt A.* | del] de *SABCT.* | renclus *PBT,* cel us *C.*
6400. Puis eſt *A.* | eſt a.] en entre *T,R*(−−1), ſen entre *C*(−1). | ou *C,* ens
v *T,* an un *A.* 1. plot *C.* ‖ *Vor* 6403 *schieben PBC ein:* Ml't haute et bele
et parcreue. *Dafür fehlt* 6404. 3. ſlos *C,* ſlor *B,* ſlours *T,* riens *R.* | bien
cargiee *B.* | et] j *S.* | bien foillue *AR,* bien tendue *T,* bien ueſtue *PC.*

Et par defus iert eftandue.

6405 Einfi eftoient li raim duit,
Que vers terre pandoient tuit,
Et pres jufqu'a terre beiffoient
Fors la cime don il neiffoient.

La cime aloit contre mont droite,
6410 (Fenice autre leu ne covoite)
Et defoz l'ante eft li praiaus
Mout delitables et mout biaus,
Ne ja n'iert li folauz tant hauz
A midi, quant il eft plus chauz,

6415 Que ja rais i puiffe paffer,
Si le fot Jehanz conpaffer
Et les branches mener et duire.
La fe va Fenice deduire,
Et an for jor i feit fon lit,

6420 La font a joie et a delit.
Et li vergiers eft clos antor
De haut mur qui tient a la tor,
Si que riens nule n'i antraft,
Se par fon la tor n'i montaft.

6404. (*fehlt PBC*) de par fus *S*, par deffus *T*, par de defoz *A*, de-
foz *R*. | ert *R*, eft *T*, *fehlt A*. | lerbe drue *R*(— 1). **5.** Et iffi *R*, Et fi *B*. |
eftoit *R*. | rein *S*. | tuit *T*. **6.** vers] par *A*. **7.** pres *fehlt R*. | dufqua t. *P*,
iufque vers t. *R*, de la t. *A*. | baiffoit *PC*, pendoit *R*. **8.** (*fehlt C*) dont il
PTR, de quoi *B*. | naiffoit *PR*. **9.** eftoit *R*. **11.** Et] Car *CR*, Que *B*. | dede-
foz *S*. | l'ante *fehlt SR*. | eftoit *R*, ert *A*. | praauz *S*, preaus *T*, p¹als *C*.
12. (*fehlt C*) Forment d. et b. *B*. **13.** Ne *fehlt P*. | tant li f. *A*. | foloiz *S*,
foleuz *R*, folax *B*, folaz *C*. | tant] *fehlt A* (*s. vor* li f.), tans *T*, tant en *P*,
fi *B*. | haut *P*, chauz *ABCT*. **14.** A miedi *S*(+1)*B*, En midi *C*, An efte *A*. |
il *fehlt B*. | hauz *ABCT*. **15.** ja] nus *P*, fes *T*. | rains *C*, res *T*, par les
rauers *R*(+ 2). | i puift *P*, i poift *C*, peuft *R*. | trefpaffer *P*. **16.** Enfi *B*,
Bien *T*. | le *fehlt B*. | fout *R*, foit *PB*. **17. 18** *stellt um A*. **17.** Et *fehlt*
SB. | branges *S*. | et mener *B*. | conduire *S*. **18.** fen haut *S*, fe fait *R*.
19. Et] *fehlt S*, Si *ABCTR*. | en fore ior *S*, en for ior *C*, a foior *B*, en
feior *R*, foz lante *A*, illueques *T*. | i fait *BCR*, fi fait *P*, a fait *AT und*
stellen es vor en forjor. | lit] delit *S*(+1). **20.** en ... en *C*. | defduit *S*.
21. ert *AR*, fu *PB*. **22.** haut *fehlt C*. | fi quil *C*. | ioint *R*, vait *T*. **23.** rien
BR. | i *BC*. | montaft *A*. **24.** De *S*. | fon *S*, *fehlt übrigen*. | tor] tor fus
APCT, t. halt *BR*. | ne *PCTR*, i *S*. | entraft *A*.

- 6425 OR eſt Fenice mout a eiſe,
      N'eſt riens nule qui li deſpleiſe,
      Ne ne li faut riens qu'ele vuelle,
      Quant ſoz la flor et ſoz la ſuelle
      Son ami li loiſt anbracier.
- 6430 Au tans que l'an va giboiier
      De l'eſprevier et del brachet,
      Qui quiert l'aloe et le machet,
      Et la quaille et la perdriz trace,
      Avint qu'uns chevaliers de Trace,
- 6435 Bachelers juenes, anveiſiez,
      De chevalerie priſiez,
      Fu un jor an gibiers alez
      Vers cele tor tot lez a lez.
      Bertranz ot non li chevaliers.
- 6440 Efforez fu ſes eſpreviers,
      Qu'a une aloete ot failli.
      Or ſe tanra por mal bailli
      Bertranz, ſ'il pert ſon eſprevier.
      Deſoz la tor an un vergier
- 6445 Le vit deſçandre et aſſeoir
      Et ce li plot mout a veoir;
      Qu'or ne le cuide il mie perdre.

6425. Ore *R.* **26.** Na *R.* | nulle riens *S,R* (rien). | lui *R.* **27. 28**
stellt um A. **27.** Ne li *AT*, Ne rien ne li *R.* | que ele *AT.* **28.** for . . .
for *APB.* | la flos *C*, les flors *A.* | ne *A.* **29.** li laiſt *S*, le laiſt *R.* **30.** El
AC. | que len *AC*, que lem *R*, que lon *SPB*, con *T.* | gibatier *S*, en gibier
ACR, eſbanoijer *T.* **31.** leſpriuier *T.* | braket *P.* **32.** laloue *R*, lolete *S.* | al
boiſonet *S*, et le maſlet *A*, macet *B*, machet *C*, mochet *T*, muschet *R*, mos-
ket *P.* **33.** Et bataille *S*, Qui la q. *R.* | pietris *T*, pertriz *SPB.* | chace *SC.*
34. que uns *R*(+1). **35.** iouenes *BT*, iounes *C*, ioines *S*, iueſnes *R.* | et
valles *T.* **36.** Et de *S*(+1). | preſez *S*, proiſiez *PBCR*; *T*: Ch'rs eſtoit ml't
adres. **37.** Un j. fu *T.* | gibies *B*, gibers *S*, giber *R*, gibier *P*, riuiere *T.*
38 *war in P ausgelassen und von* 1. *m. hinter* **39** *eingeschoben.* **38.** tot
fehlt R(—1). | fu lors alez *S.* **39.** Bertrans *PBTR.* **40.** Et fores *P*,
Eſcapes *B*, Aſſeoia *T.* | eſt *T.* | li e. *C.* **41.** Qui a *P*, Qᵃr *R.* | aloe *PT*,
aloue *R.* | auoit *T*, a *R*(— 1). **42.** por] a *S.* **43.** Sil pert iſſi *B.* **44.** Par
deſor la *B.* | eun *S*, ens .j. *P*, enz eu *C*, anz el *A*, el *B.* **45.** et aſeor *C*,
et adeſoit *S.* **46.** plut *R*, plaiſt *T.* | neor *C.* **47.** Que or *C*, Car or *P*, Core
R, Or *A*, Car *T.* | nel *PCR.* | il *fehlt ATR.* | pas *P*(—1).

Tantoſt ſ'an veit au mur aerdre
Et feit tant que outre ſ'an paſſe.

6450 Soz l'ante vit dormir a maſſe
Fenice et Cligés nu et nu.
„Deus, feit il, que m'eſt avenu!
Queus mervoille eſt ce que je voi?
N'eſt ce Cligés? Oïl, par foi.

6455 N'eſt ce l'anpererriz anſanble?
Nenil, meis ele la reſanble,
Qu'ainc riens autre ſi ne ſanbla.
Tel nes, tel boche, tel front a,
Con l'anpererriz, ma dame, ot.

6460 Onques miauz nature ne ſot
Feire deus choſes d'un ſanblant.
An ceſti ne voi je neant,
Que an ma dame ne veïſſe.
S'ele fuſt vive, je deïſſe

6465 Veraiemant, que ce fuſt ele.“
A tant une poire deſtele,
Si chiet Fenice lez l'oroille.
Cele treſſaut et ſi ſ'eſvoille
Et voit Bertran, ſi crie fort:

6470 „Amis, amis, nos ſomes mort!
Vez ci Bertran! ſ'il vos eſchape,

6448. Tantoſt] Atant *S.* | ſe *APT,* ſi *C.* | ueit] cort *B.* | hauñ *S,*
adieu *T.* | haherdre *S,* ahierdre *T.* **49.** Et ſi *B,* Et a *T.* | coutre *T.* | eu
S, fehlt B. **50.** uoit *PBCTR.* | geſir *SR,* dormir *übrige;* *S:* Soz lancenir
geſr ametre. **51.** et nu et nu *R*(+1), mj. ami *S.* **52.** diſt il *B.* **53.** Quiex
A, Quel *PBCR,* Que *T.* **54.** Neſce *T,* Eſt ce *BC.* **55.** Neſce *T.* **56.** ele]
ceſte *A.* | le *PBT,* li *C.* **57.** (*fehlt S*) Qonc *C,* Que *APBR.* | autre *fehlt*
T. | ſi] tant *BC,* autant *T.* | nel reſſambla *T.* **58.** nes] front *PBCR,* vis *T.* |
front] nes *PCTR,* uis *B.* **60.** mielz *C,PB*(mius),*TR*(*hinter* nature), mais
SA; S: Vnq'mais vſté neſot. **61.** .ij. ch. f. *B.* **62.** ceſte *T.* | noiant *PBR,*
niant *CT.* **63.** Quen *T*(—1). **64. 65** *stellt um S.* **65.** Tot vraiemant *PT,*
Tot uoirement *B.* **66.** un *S*(—1). | pierc *PT.* | deſtelle *T,* deſtoile *SR.*
67. Qui *PR.* | fiert *BT.* | for *AT.* | le roillee *S.* **68.** (*in S auf zwei Zeilen*)
Ele *APCT,* Si quele *B.* | et ſi] ſi ſen *PR,* et *B.* | eſueille *PBR.* **69.** ber-
trant *S,* bertran *übrige.* | et *C.* **70.** Amis cliges *B.* **71.** Veez *R*(+1). | ber-
trant *S.* | ſi *S.* | nos *A,* en *C.*

Cheü fomes an male trape.

Il dira qu'il nos a veüz."

Lors f'eft Bertranz aparceüz

6475 Que c'eft l'anperreriz fanz faille.

Meftiers li eft, que il f'an aille,

Car Cligés avoit aportee

El vergier avuec lui f'efpee,

Si l'avoit devant le lit mife.

6480 Il faut fus, f'a l'efpee prife,

Et Bertranz fuit ifnelemant,

Plus toft qu'il pot au mur fe prant,

Et ja eftoit outre a bien pres,

Quant Cligés eft venuz aprés

6485 Et maintenant hauce l'efpee,

Sil fiert fi qu'il li a copee

La janbe defoz le genoil

Aufi com un raim de fenoil.

Neporquant f'an eft efchapez

6490 Bertranz mal mis et efclopez,

Et fes janz d'autre part le pranent,

Qui de duel et d'ire forfanent,

Quant il le voient afolé,

Si ont anquis et demandé,

6495 Qui eft qui ce li avoit feit.

6472. Chaijens *T*, Entre *B*. | trace *A*. **76.** Or li eft m. *B*. | quil *B*. | il] toft *R*. **77.** Que *S*. **78.** Ou *ST*. | iardin *R*. | auole *B*, ouoc *C*, ouec *R*. | li *R*. **79.** de deuant *A*, par deuant *P*. | fon lit *C*, aus *A*, lui *P*. **80.** Il] Maintenant *R*. | fi la toz prife *T,R* (toz *fehlt*). **82.** que *PBC*. | puet *TR*. **83.** Qui *B*. | ja] oltre *A*. | eft il *T*. | oltre] ia *A*. | a *fehlt BT*. **84.** Et *B*, Mais *R*. | li vient *T*, li uint *A*, le fuï *R*. | enpres *C*, fi depres *A*, de pres *R*, de tant pries *T*. **85.** Qui *B*. **86.** Sil *CR*, Su *S*, Sel *übrige*. | que il *R*(+1), que *S*. **87.** defor *A*, foutre *B*. | genoul *T*. **88.** Auffint *R*, Aufint *S*. | fanoil *SC*, fenoul *T*. **89.** No p. q. *T*, Nequedent *C*. | fi *PT*, fin *B*, feft il *S*. **90.** afollez *ST*. **91.** (*in B wiederholt*) Car *C,R*, Que *P*, Quant *AT*. | les genz *A*, fa gent *ST*(*B¹*). | prenent *SB*, prennent *CT*, pnent *R*, uoient *A*. **92.** Qui] *fehlt R*, Que *S*, Par po que *A*. | dire et de d. *T*. | et de dire *R*, *fehlt A*. | fe f. *T*, ne defuoient *A*; fourfennent *T*, forfenent *BCR*, forfannent *S*. **93.** il] fi *A*. **94.** Enquis li ont *BR*, Si li unt quis *PC*, Maintenant li ont d. *A*; *S*: Sil onquis et d. **95.** iert *C*, ert *R*, ce eft *B*, *fehlt S*, *ebenso* qui. | cou *P*, ice *S*(—1). | a fait *B*.

„Ne me metez, feit il, an pleit,
ʹMeis for mon cheval me montez!
Ja cift afcires n'iert contez
Jufque devant l'anpereor.
6500 Ne doit pas eftre fanz peor,
Qui ce m'a feit, et non eft il,
. Que pres eft de mortel peril."

L ORS l'ont mis for fon palefroi,
Si l'an mainnent a grant effroi
6505 Lor duel faifant parmi la vile,
Aprés aus vont plus de vint mile,
Qui le fivent jufqu'a la cort,
Et toz li peuples i acort,
Et un et autre, qui ainz ainz.
6510 Ja f'eft Bertranz clamez et plainz
Oiant toz a l'anpereor,
Meis an le tient por jangleor
De ce qu'il dift qu'il a veüe
L'anpererriz treftote nue.
6515 La vile an eft tote efbolie,
Li un le tienent a folie,
Cefte novele, quant il l'oent,

6496. men *BC.* | mentes *S.* | dift *B.* **97.** metes *B.* **98.** Ja *fehlt B.* |
cis *B,* chilz *T,* cix *P.* | nert ia *B.* **99.** Dufque *PB,* Jufques *T,* Jufqua *R.*
6500. mie *PBCR.* **1.** et] *fehlt R*(—1), uoir *A,* ie *C.* | non eft] non iert *P,*
cuit neft *C.* **2.** Car *APCT.* | pres] il *S.* | de] en *S.* **3.** Fors *BT,* Hors *R,*
Mort *C.* | fus *S.* **4.** le m. *SR,* lam. *B.* | o *R.* | deuant le roi *S.*
5. Lo *S.* | aual la u. *A.* **6.** Enpres *C.* | aus *AP,* els *C,* yalz *T,* lui *B,* en *S.* |
vont] *fehlt PBC;* a. v.] corent *R.* | de *fehlt S*(—1). | .v. *T,* .xxx. *PBC.*
7. Et *T.* | les uient *S,* le fuient *R,* fan uindrent *A,* fan uienent *B,* fen
iffent *C,* uinrent *T,* ne finent *P.* | dufca *PB,* jufques a *T,* droit a *A.* | tor *S.*
8. Et tot *S,* Tres tot *R,* Nes tous *T,* Mais tos *BC,* Illuec tos *P.* | poiples *S,* peu-
ples *ACR,* peules *T,* pules *PB.* | i *fehlt P.* **9.** un (*Plur.*) *SBTR,* uns *AC.*
10. La *B,* Si *S.* **12.** lan lo *S,* il len *P,* on len *B.* | tint *BC.* | a *ATR.* |
iugleor *S,* gengleour *T,* ieingleor *A,* menteor *R.* **13.** dit *ABCR.* | la u. *S.*
14. Et l. *S.* | tote *S.* ‖ *Darnach interpolirt A zwei Zeilen:* Auoec Cliges le
ch'r. | Defoz une ante en un uregier. *Die Erwähnung Cliges' in der An-*
klage würde gleichwohl gut passen. **15. 16** *stellt um A.* **15.** fu *S.* | tote] fi *T.* |
efboulie *PT,* efboillie *R,* eftormie *B,* ploie *S.* **16.** le tornent *PT,* latornent
C, atornent *R.* **17.** De la n. *A.* | parole *R;* *B:* Quant il cefte n. en oent,
P: De cels qui c. n. o.

Li autre confoillent et loent
L'anpereor, qu'a la tor voife.
6520 Mout eft granz li bruiz et la noife
Des janz qui aprés lui l'efmuevent,
Meis an la tor neant ne truevent,
Que Fenice et Cligés f'an vont,
Et Theffala menee an ont,
6525 Qui les conforte et affeüre
Et dit que fe par avanture
Voient janz aprés aus venir,
Qui vaingnent por aus retenir,
Por neant peor an avroient,
6530 Que ja ne les aprocheroient,
Por mal ne por anconbrier feire,
De tant loing, con l'an porroit treire
D'une fort arbalefte a tor.
Et l'anperere eft an la tor,
6535 Si feit Jehan querre et mander,
Liier le comande et bander
Et dit que il le fera pandre
Ou ardoir et vanter la çandre.
Por la honte qu'il a foferte
6540 Randue l'an iert fa defferte,

6518. conf.] li dient *B*. 19. Que lemperere *B*. 20. bruiz] criz *A(T)*;
M. en eft g. li cris fans faille *T*; A lefmouoir ot ml't grant noife *R*. 21. De la
gent *B*. | auoec *P*. | li *R*, *fehlt B*. | femoment *S*. 22. noient *T*, nient *CT*,
mie *PB*. 23. Car *APCTR*. | Cl. et F. *B*. 24. mene *R*. 26. dient *R*(+1). |
fi *R*. | pᵃraueuenture *S*; *T*: Et lor proumet boinne a. 27. Volent *R*, Les
voient *P* (ianz *fehlt*). 28. uignent *SB*, uiegnent *C*, uienent *T*. | detenir *B*; *R*:
Por els malfaire et r., *P*: Por aus et prendre et r. 29. Que por *P* (en *fehlt*). |
auront *ATR*; *S:* Ja mar pooir ennaient. 30. Car *APC*. | ie *T*. ! nes *C*(—1). |
apceiuent *S*(—1), aparceuront *A*, apiercheuront *T*, apceuroient *B*, apro-
cheront *R*, aproceroient *P*, aproicheroient *C*. 31. encombrer *S*; *B*: Ne mal
ne lor poroient f. 32. loing] *fehlt P*(—1),*B*. | comme *P,S*(+1). | len *AR*,
en *C*, on *PT*, uns ars *B*. | p. loil traire *R*(+1). 33. Dun *T*(—1). | forte *C*. |
arbaleftre *T*, arbelafte *R*. 34. Et *fehlt S*. | Lanpereor *S*. | ert *T*, uint *S*. |
en] a *S*. 35. Qui *APCTR*. | a fait *B*. | q. et demander *R*(+1) 3. *m. in ra-
sura*; amener *B*. 36. Loier *P*, Loiier *T*. | garder *A*; *B*: Les els li c. a b.
37. dift *T*. | quil *T*(—1),*R*(—1). 38. Et *AT*, *fehlt S*(—1). | la] en *R*.
39. 40 *fehlen SB*. 30. fa *CTR*. 40. fa *C*.

(Meis ce iert defferte fanz preu),
Que an fa tor a fon neveu
Avuec fa fame receté.
„Par foi, vos dites verité,
6545 Feit Jehanz, ja n'an mantirai,
Par le voir outre m'an irai,
Et fe je ai de rien mefpris,
Bien eft droiz que je foie pris.
Meis por ce me vuel efcufer,
6550 Que fers ne doit rien refufer,
Que fes droiz fire li comant.
Ce fet l'an bien certainnemant,
Que je fui fuens et la torz foe."
„Non eft, Jehanz, cinçois eft toe."
6555 „Moie, fire? Voire, aprés lui,
Ne je meïfmes miens ne fui
Ne je n'ai chofe qui foit moie,
Se tant non, com il le m'otroie.
Et fe vos tant voliiez dire,
6560 Que vers vos eit mefpris mes fire,
Je fui prez que je l'an defande
Sanz ce que il nel me comande.
Meis ce me done hardemant
De dire tot feüremant

6541. ce eſt *T*, ceſt *R*(—1); *S*: De la deſtre aura tel preu. **42.** Car *APCT*, Quant *R*. | la *A*. | a] en *S*; *B*: Que il fa feme od ſ. n. **43.** Ouec *C*, Et *S*(—1). | rechete *T*, receree *S*; *B*: Auoit en fa tor recite. **45.** mentiroit *S*. **46.** Parmi *P*. | en *P*; *T*: Toute la vrete en dirai, *R*: La uerite uos en dirrai; *A*: Ne ia por uos nel celerai. **47.** Et *fehlt T R*. | fe] ce *B*. | ien *A*, *fehlt R*. | i ai *C*(+1),*TR*. | de riens *T*, ne tant ne quant *R*. **48.** (*fehlt S*) Il *R*. | eſt d.] eſt bien d. *R*, doi eftre *B*. | que foie *C*(—1),*R*, loies et *B*. **49—82** *fehlen A*. **49.** men doi *B*. | efcurer *S*. **50.** rien ne doit fers *CTR*. **51.** fis *S*. | commande *T*. **52.** on *PBT*. | cert.] et fans demande *T*. **53.** je *fehlt T*(—1). | foens *B*, fiens *T*, fon *S*. | la tor *BR*, ele *S*. | foie *PBCT*, fue *R*. **54.** No left *C*; *B*: Jehans non eft *etc.* | toie *PBCT*, tue *R*. **56.** Mais *B*. | foi *S*. **57.** Et fi nait ch. *S*. **58.** com] que *ST*. | chilz *T*. | la *C*, *fehlt R*(—1). **59.** fi *R*. | tant] *S*, ce *BCR*, ce vous *T*, icou *P*. | uoloiez *S*. **60.** euſt *T*(+1). **61.** pres *SB*, pries *T*, preſt *R*. | le *T*. **62.** Sainz *C*. | que il *PC*, que on *B*, quil *T*,*R*(—1), que *S*(—1). | ne le *T*. **63.** done *C*. **C4.** apertement *R*.

6565 Ma volanté et ma gorgiec,
Tel con je l'ai fcite et forgiee,
Que bien fai que morir m'eftuet.
Or foit einfi com eftre puet!

Car fe je muir por mon feignor,
6570 Ne morrai pas a defenor,
Que bien eft feü fanz dotance
Li feiremanz et la fiance,
Que vos pleviftes voftre frere,
Qu'aprés vos feroit anperere
6575 Cligés qui f'an veit an effil, —
Et fe deu pleift, ancor l'iert il.
Et de ce feites a reprandre,
Que fame ne deviiez prandre;
Mcis totes voies la preïftes
6580 Et vers Cligés vos meffeïftes,
N'il n'eft de rien vers vos meffeiz.
Et fe je fui par vos deffeiz,
Que je muire por lui a tort,
S'il vit, il vangera ma mort.
6585 Or feites au miauz que porroiz,
Que, fe je muir, vos i morroiz."

6565. ma gorgie *PT*, ma gregie *C*, ma corgiee *S*, mon corage *B*.
66. Tele comme *S*(+2). | fait *R*; *B*: Encor foit ce forfan et rage. **67.** Car
PCT, Mais *B*. | bien] io *B*. **68.** iffi *SCR*. **69.** Car] Et *S*. | mur *S*;
R: Si mocciez *u. s. f.* **71. 72** *fehlen T.* **71.** Que bien eft fau *S*, Il eft
bien seu *C*, Que bien feuent tot *B*, Mais bien feuent tuit *R*, Mais vos
fauies bien *P*. **72.** Le ferement *SBR*, Les erremens *P*. **73.** *T*: Mais voftre
foy en ot fes peres. **74.** Que apres *S*(+1). **75.** an] a *S*. **76.** dex *SCR*. |
excore *R*(+1). **77.** Por ce *C*(—1). **78.** Que vos *P*. | deuftes *T*. **79.** Et *B*. |
totes uoie *B*, tote uoies *C*. | prefiftes *B*. **80.** vos] en *BC*. | meffefiftes *T*,
mefprefiftes *B*. **81.** Ne fet *S*, Il neft *BC*, Qui niert *T*. | uers uos de rien *CR*. |
meffait *SR*. ‖ *Darnach schiebt S ein:* Et fe ie fui uers uos meffait. **82.** Mes
CT. | por uos *S* (*wohl gemeint:* par vos), por lui *Rest.* **83.** *A setzt wieder*
ein (*fehlt B*). | Et fe *APR*, V fe *T*, O fe *C*. | muir *APCTR*. | li *S*. **85.** Et
ACTR, fehlt B. | au] an *A*, en *C*, ent *BT*, dou *S*, le *D*. | miauz] pis *B*,
m. *hinter* que *gestellt CT*. | que vous *R*(+1). | porrez *APBTR*, porreiz *C*.
86. Car *PT*. | gi *P*, ien *A*. | muer *S*. | i] en *ABT*. | morrez *APBCTR*.

L'ANPERERE d'ire treſſue,
   Quant la parole a antandue
Et l'afit que Jehanz li dit.

6590 „Jehan, feit il, tant de reſpit
Avras, que tes ſire iert trovez,
Qui mauveiſemant ſ'eſt provez
Vers moi qui mout l'avoie chier,
Ne ne l'i panſoie a trichier,
6595 Meis an priſon ſeras tenuz.
Se tu ſez qu'il eſt devenuz,
Di le moi toſt, jel te comant."
„Jel vos dirai, ſire? Et comant
Feroie ſi grant felonie?
6600 Por treire ſors del cors la vie,
Certes ne vos anſeigneroie
Mon ſeignor, ſe je le ſavoie,
Anteimes ce, ſe deus me gart,
Que je ne ſai dire, quel part
6605 Il ſont alé ne plus que vos.
Meis de neant eſtes jalos!
Ne criem pas tant voſtre corroz,
Que bien ne vos die oiant toz,
Comant vos eſtes deceüz,
6610 Et ſi n'an ſerai ja creüz.

6588. Or quant *S*(+1). **89.** la ſin *C*, laſere *R*, le lait *P*; *A*: Et ſet bien que i. a dit. **90.** diſt *B*. | tan *S*. **91.** Ainz *S*, As *B*, Auras tu *T*. | que *fehlt PC*. | ſires *SPBCR*; *T*: que chilz ſoit t. **92.** Que *SR*. **93.** que *S*, et *T*. | lauoi *C*(—1). **94.** Ne ni *S*(—1), Ne ne le *ACTR*. | a *fehlt ABC*. **95.** Et *B*. **97.** moi *fehlt A*. | toſt *fehlt S*. | io te *B*, ie le *S*, et ie le *A* (te *fehlt*). **98.** Jo le uos die? *BT*,*C*(di), Jel uos die *P*(—1),*R*(—1), Jehanz reſpont *A*. | ſire *S*, *fehlt übrigen*. | et ie *APCTR*, jo *B* (*ohne* et). **99.** io ſi *R*(+1). **6600.** hors *PR*, moi *T*. **1.** nel *CT*. | enſeignerce *C*. **2.** ſi bien *R*; je *fehlt S*(—1). | ſauee *C*. **3.** Entaimes *C*, Entemes *R*, Enſorquetot *P*, Ja ſoit *SB*, Mais en quel lieu *T*. | ce] ice *SB*, *fehlt PT*. **4.** io ſace a dire *B*; *T*: Il ſont ale ne de q. p. **5.** Il ſoit *B*, Il eſt *PR*, En ſont *S*. | ales *PB*. | en pluis *S*, nient *P*. | que ſoz. vos *S*(+1); *T*: Je ne le ſai nient plus q. v. **6.** noyant *S*, noiens *T*, tel coſe *B*. | eſt *B*(—1). | ialous *PT*, gelos *C*. **7.** crien *C*, crienc *T*. | toz uos conroz *S*(—1); *A*: Voſtre corroz tant ne redot. . **8.** bien] *fehlt S*, ie *CT*. | uos] *fehlt B*. | dient *S*. | oant *C*, voiant *S*, deuant *B*; *A*: Ne le uos die tot de bot. **9. 10** *ſtellt um A*. **10.** ſe *T*, *fehlt C*(—1). | ne *B*. | ie *ATR*.

Par un boivre que vos beüftes
Angigniez et deceüz fuftes
La nuit, quant vos noces feïftes.
Onques puis, fe vos ne dormiftes,
6615 Et an fonjant ne vos avint,
De li joie ne vos avint,
Meis la nuit fongier vos feifoit,
Et li fonges tant vos pleifoit,
Con f'an veillant vos avenift,
6620 Que antre fes braz vos tenift,
N'autre biens ne vos an venoit:
Ses cuers a Cligés fe tenoit
Tant que por lui morte fe fift,
Si me crut tant qu'il le me dift
6625 Et fi la mift an ma meifon
Don il iert fire par reifon.
Ne vos an devez a moi prandre:
L'an me deüft ardoir ou pandre,
Se je mon feignor ancufaffe
6630 Et fa volanté refufaffe."

QUANT l'anperere ot ramantoivre
La poifon qui li plot a boivre,
Par quoi Theffala le deçut,
Lores a primes f'aparçut,

6611. boire SABT. | feifte S. **13.** Le ior A. | que APBCR. | uoz A. | noeces P. **14.** Conques PBCR. | fe] que B. **15.** Ou APBCTR. | fi en R(+1), fen C. | foingent C, fongart S. | anuint S, anuit T. **16.** Nus delis de lui B, Nuls joies de li R, Ainc de li ioie P. | lie C. | uint PBR,C(—1); T: Neuftes ioie ne deduit. **18.** li] fi R. | fonge B. | uos fehlt S(—1). | faifoit S; P: Et en fon gant u. s. f. **19.** Comme S(+1). | fi en R(+1). | uillant T. **20.** Que] Quele AR, Et S. | fentre B. **21.** Altres B. | bien SR. **22.** Si R. | ornoit R; S: Ses cor fa di fete noit. **23.** li B, fehlt S(—1). **24.** Sine S. | jue il me S, quil me R(—1). **25.** Que la meiffe S; Et fehlt R(—1). | na] la C. **26.** Dont SPB, Donc C. | eft APR. **27.** Ne ne uos d. R. **28.** On B, Con T, Son P, O C. | deift S, deuroit R. **29.** Mon fignor mie ?. | encufaiffe T, accuffafe S, nencufaiffe P, refufaffe A. **30.** Ne CR. | de on uoloir A. | refufaiffe PBT, lencufaffe A. **31.** ot r. fehlt S. **32.** puifon 3T. | que S. | pleuft a R(—1). | au boire T. **33.** Por PC. | que B. | deeut R, defcur S. Darnach schieben PR einen Vers ein: Primes par la pui-on quil but, vgl. **6770.** **34.** Lores a pris fapercut S(—1), Lors au primez

6635 Qu'onques de fa fame n'avoit
Eü joie, bien le favoit,
Se il ne li avint par fonge,
Meis c'eftoit joie de mançonge,
Et dit que f'il n'an prant vanjance
6640 De la honte et de la viutance
Que li traître li a feite,
Qui fa fame li a fortreite,
Ja meis n'avra joie an fa vie.
„Or toft, feit il, jufqu'a Pavie
6645 Et de ça jufqu'an Alemaingne
Chaftiaus ne vile n'i remaingne
Ne citez, ou il ne foit quis.
Qui andeus les amanra pris,
Plus l'avrai que nul home chier.
6650 Or del bien feire et del cerchier
Et fus et jus et pres et loing!"
Lors f'efmuevent a grant befoing,
S'ont an cerchier tot le jor mis,
Meis il i ont de teus amis,
6655 Que einçois, fe il les trovoient,
Jufqu'a recet les conduiroient,

fen apierchut T, Lors primes fot et aparcut ABC, Lors primes faparceuoit R;
Lors primes feft aperceus P. Vor 35 schiebt P ein: Que il a efte deceus.
In R fehlt der entsprechende Reimvers.
6635. Nonques P. **36.** (in R auf rasur 3. m.) bien lapercoit P.
37. Sele PB, Cil R(−1). **38.** Et C, Mos S. | ceftoit] creft S(−1), ce eftoit
R(+1), ce fu AT, ceft tot P, auoit C. **39.** dift BT. | fe il A. | ne B
40. uiltence ATR. **41.** li traites A, fon neuou S(−1). **42.** Que S. | for-
ftraite C, fourtraite T, fait traire S. **44.** dift B (il fehlt, −1). | dufca P
iufquen SCR. **45.** iufqua en R(+1), deuers S. **46.** Vile ne caftel P.
ne PB. **48.** Qui andous C, Qui ans .ij. B, Kandeus P. | les] le mes P
les mes B, 1 . . S (radirt). | amenera R(+1), amerra C, ara B, . . . dra :
(radirt). **49.** lamera S. | nule R. | home] autre B. | chier] charnel S(+2)
50. faire] querre AT. | chierkier T, cerquier B, chekier P, uengier S
52. Sors S, Tuit A. | fen moeuent B, fe mueuent T, fe mouent R. | com :
b. A. **53.** Vont T, fehlt R. | en] au ABC. | chierkier T, cherquier B, cer
chie C, querre A, acerchier ont R(+1). | tous T, coit S. | un an mis B, le
chemins T. **54.** il i] Cliges A. | i] li SR. | ot PBTR, a A. **55.** Qu
ABCTR. | fil R(−1). | il fehlt S(−1). | trouaffent S. **56.** Dufqa B,I
Jufque a S, Jufcau T. | le ABCTR. | menaffent S; A: A fauuete le c.

Que les ramenaſſent ariere.
Treſtote la quinʐainne antiere
Les ont chaciez a quelque painne.
6660 Meis Theſſala qui les an mainne
Les conduiſt ſi feüremant
Par art et par anchantemant,
Que il n'ont crieme ne peor
De tot l'efforz l'anpereor,
6665 N'an vile n'an cité ne giſent,
S'ont quanque vuelent et deviſent
Autreſi ou miauz qu'il ne ſuelent;
Que Theſſala quanque il vuelent
Lor aporte et quiert et porchace,
6670 Ne nus ne les ſiut meis ne chace,
Que tuit ſe ſont mi̱s̱ au retor.
Meis Cligés n'eſt pas a ſejor,
Au roi Artu ſon oncle ala,
Tant le quiſt, que il le trova,
6675 S'a feit a lui plainte et clamor
De ſon oncle l'anpereor
Qui por ſon deſeritemant
Avoit priſe deſleaumant
Fame que prandre ne devoit,
6680 Qu'a ſon pere plevi avoit,

6657. Qui*PC*, Quil *ABTR*. | le *ABTR*. | remenaiſſent *TR*, ame-
naſſent *S*, retornaiſſent *B*. **58.** Tote *S*(—1). | femaine *P*. **59.** chacie *S*,
chierkies *T*. **61.** conduit *PBCTR*. **63.** Quil *CT,A*(—1)*R*(—1). | nen ont *C*,
nont ne *T*. | creme *S*. | poor *CR*, paor *SB*, paour *T*. **64.** toz les ianz *S*,
toz lefforz *R*, tot leſſor *C*. **65.** Ne v. *S*. | ne cite *BC*. **66.** Et ſi ont *A*,
Et ont *T*. | quanquil *PBC*, quamque il *R*(+1), quanque il *A*, tout ce que
il *T*. | vuelent et] *fehlt T*. | diuiſent *R*. **67.** Autreſi et *T*, Autrefunt o *S*,
Auſi v *P*, Enſi et *B*, MI't le font *R*(—1). | quil ne] ſi com il *B*. | ſeulent *R*, ſo-
oient *P*. **68.** Car *APCTR*. | quanquil *T*(—1),*P*. | noloient *P*. **69.** *erstes*
et *fehlt B*. **70.** ne les ſiut] nes ſuit *R,T*(ſieut),*A*(ſilt), nes afaut *C*. | mes *S*,
nes ne *A*, mas ne *R*, plus ne *T*, ne *P* (*also* ne ne *APTR*). | trace *R*.
71. Car *APCTR*. | tot *B*. | el *APBCR*. **72.** mie *APBCTR*. | foior *B*.
73. Quau *P*, Q au *C*(+1), Clyges au *R*. | artrue *S*, artus *APBCR*. | ſon on-
le] ſon q(?)on•he *S*, *fehlt R*. | ſen ua *R*, ala *S*. **74.** la quis *T*. | quil
T(—1),*R*(—1). **75.** faire *S* (*d. h.* faite); a lui fait *APCT*. **77.** deſiretement
BC. **78.** pris *S*(—1). | defloiamant *S*, defloialment *BT*. **80.** Que a
S(+1), Que *B*, Qui *T*. | lauoit *P*.

Que ja n'avroit fame an fa vie.
Et li rois dit que a navie
Devant Coftantinoble ira
Et de chevaliers anplira
6685 Mil nes et de ferjanz trois mile,
Teus que citez ne bors ne vile
Ne chaftiaus, tant foit forz ne hauz,
Ne porra fofrir lor affauz.
Et Cligés n'a pas oblïé,
6690 Que lors n'eit le roi mercïé
De f'aïde qu'il li otroie.
Li rois querre et femondre anvoie
Toz les hauz barons de fa terre
Et feit apareillier et querre
6695 Nes et dromonz, buces et barges.
D'efcuz, de lances et de targes
Et d'armeüre a chevalier
Feit çant nes anplir et chargier.
Por oftoiier feit aparoil
6700 Li rois fi grant, qu'ainc le paroil
N'ot neis Cefar ne Alixandre.

6681. ia *fehlt* S(— 1). **82.** dift *PCT.* | a] od *B.* | n.] paeme S.
85. Mil *fehlt* T. | nes *fehlt* S. | des S. | troi C, .mj.ᶜ T, .mj. gi (*unter-
punktiert*) S. | mille T. **86.** Tiels R. | quen R. | cite R, caftiax B. | nen R. |
bours T, borc SCR. | uille T. **87.** chaftel SR, murs ia B. | fort ne haut
PCR, ne fera bax B. || *Darnach schiebt* S *die Zeile ein:* Ne prifon .n.
88. Qui poiffe C. | lor] noftre C, fon S. | affaut SCR, affax B. **89. 90** *stellt
um* T. **89.** Et *fehlt* B,R(—1). | na pas] ne fu S. | lors] lors oblie B; T: Ce
na il mie oublie. **90.** Le roi enna uoit mercie S; Quil P. | lors] il BR. |
ne lait B. | le roi] loes B; T: Cliges len a ml't mercie. **91.** De laide PT,
De faie B, De fa aie R(+1). | que SR. | otroie] enuoie T, a oftroie S(+1).
92. quiert T. | que[rre et *fehlt*] S(—1). | femonrre T, femonre B. | auoie S.
93. hauz *fehlt* S(—1). | la BTR. **94.** Et *fehlt* S(—1). **95.** Neis C. |
buces] galies A (et *fehlt*), brices R, huces C; et bones b. PT. **96.** Des
efcuz des l. R(+1); De lances et defcus de t. B. **97.** Et darmeures
ST(+1), Darmeures P. | ch'rs S. **98.** .c.] .x. T, ces A. | anplir] torfer PB. |
carchier T. **99.** oftroier S. | fift T. | tele apareillie S(+1). **6700.** granz R. |
quaine P, qᵃüc C(+1), que ABTR | le] la C, fon BTR; S: Li r. conques
not pareille S(—1). **1.** Ne not C, Not ne A, Ne fift P, Neis S, Not on-
ques R, Not BT. | ne A.] ni a. C, neis a. B, ne rois a. T. | alixandres *alle.*

Tote Angleterre et tote Flandre,
Normandie, France et Bretaingne,
Et toz çaus jufqu'as porz d'Efpaingne
. 6705 A feit femondre et amaffer.
Ja devoient la mer paffer,
Quant de Grece vindrent meffage,
Qui refpitierent le paffage
Et le roi et fes janz retindrent.
6710 Avuec les meffages qui vindrent
Fu Jehanz qui bien feit a croire;
Que de chofe, qui ne fuft voire
Et que il de fi ne feüft,
Tefmoinz ne meffages ne fuft.
6715 Li meffage haut home eftoient
De Grece, qui Cligés queroient,
Tant le quiftrent et demanderent,
Qu'a la cort le roi le troverent,
Si li ont dit: „Deus vos faut, fire,
6720 De par toz çaus de voftre anpire!
Grece vos eft abandonee
Et Coftantinoble donee
Por le droit que vos i avez.
Morz eft — meis vos ne le favez —
6725 Voftre oncles del duel que il ot
Por ce que trover ne vos pot.
Tel duel ot que le fan chanja,
Onques puis ne but ne manja,

6702. eingleterre *A*, eng. *übrige.* | totes *S.* | flandres *alle.* **3.** France normandie *B.* **4.** tot *APB*, treftot *CR.* | ceus *S*, chialz *T*, *fehlt übrigen.* | iufqua *CTR*, iufque a *S*(+1), defi quas *AP*, defi as *B.* | port *S*, por *C.* **5.** I fait *R.* | amener *T.* **6.** Sil d. *R.* | uoloient *T.* | al port p. *B.* **7.** uienent *P.* **8.** refpoitirent *C.* **9.** fa gent *CT*, feienz *S*, les g. *B.* **10.** meffagiers *A.* **11.** fift *APBCR.* **12.** Car *APCTR*, Qui *B.* | fu *R*, foit *S.* *Nach diesem Vers bricht S ab.* **13.** fin *PC*, uoir *T.* | quil de uerte *B*, que por ueïite *R*(+1). **14.** meffagiers *A.* | nē *C.* | Teftmoniaft por rien q̄ fuft *R*(—1). **17.** quifent *PBT.* | quil le trouerent *A.* **18.** al roi *PB.* | Et ml't grant ioie an demenerent *A.* **20.** noftre *R.* **22.** Li baron le uos ont d. *B.* **23.** Par *PBC.* **24.** M. c. fi nel fauez *R*(— 2) *und bricht nach diesem Vers ab.* | Mien effient q̄ ne fauez *T.* **25.** Vos o. *P.* | de *T.* **26.** De ce *PB.* **27.** Tel dolor q̄ tos efraga *B.* | fens *T.* **28.** Ainc *PT*, Nainc *B.* | ne ne m. *A* (puis *fehlt*) *PT.*

Si morut come forfenez.
6730 Biaus fire, or vos an revenez!
Que tuit voftre baron vos mandent,
Mout vos defirrent et demandent,
Qu'anpereor vos vuelent feire."
Teus i ot qui de ceft afeire
6735 Furent lié, et fi ot de teus
Qui efloignaffent lor ofteus
Volantiers et mout lor pleüft
Que l'oz vers Grece f'efmeüft;
Meis remefe eft del tot la voie,
6740 Que li rois fa jant an anvoie,
Si fe depart l'oz et retorne.
Et Cligés fe hafte et atorne,
Qu'an Grece f'an viaut retorner,
N'a cure de plus fejorner.
6745 Atornez f'eft, congié a pris
Au roi et a toz fes amis,
Fenice an mainne, fi f'an vont,
Ne finent tant qu'an Grece font,
Ou a grant joie le reçoivent
6750 Si con lor feignor feire doivent,
Et f'amie a fame li donent,
Andeus anfanble les coronent.
De f'amie a feite fa fame,
Meis il l'apele amie et dame,
6755 Que por ce ne pert ele mie,
Que il ne l'aint come f'amie,
Et ele lui tot autrefi,

6729. Ains *B.* | cō huem *A.*   **30.** B. dous f. *T.* | uenes *T.* | Sire por
ce uos en u. *B.*   **31.** Que *B.*   **32.** Tuit *B.* | et atandent *B.* | Si uos prient
tot et commandent *P.*   **33.** Qu *fehlt A.* | em puiffent f. *B.*   **34.** Tel loent
A. | cefte *C.*   **35.** liet *T.* | et fi i ot teus *T.* | et *fehlt und* fen i ot de tex *A.*
36. Qui faparillaiffent lor ueus *B.*   **37.** Mlt' u. fil lor pleuft *T.*   **38.** loz]
loft *T,* los *B.* | de G. *B.*   **40.** Et *B.* | fes genz *A.*   **41.** fen *T,* les *P.*
lues et r. *P.*   **42.** Et fa uoie Cl. atorne *P.*   **45.** eft *BT.*   **49.** Et *A.* | les *A.*
recurent *A.*   **50.** durent *A.*   **53.** dame *A.*   **54.** Car *A.*   **55.** Ne *PBC.*
56. Quil ne lapiaut fa dolce amie *PB.*

Con l'an doit feire fon ami.
Et chafcun jor lor amors crut,
6760 N'onques cil celi ne mefcrut
Ne querela de nule chofe.
Onques ne fu tenue anclofe
Si com ont puis efté tenues
Celes qu'aprés li font venues,
6765 Qu'ainc puis n'i ot anpereor,
N'eüft de fa fame peor,
Qu'ele le deüft decevoir,
Se il oï ramantevoir,
Comant Fenice Alis deçut
6770 Primes par la poifon qu'il but
Et puis par l'autre traïfon.
Por quoi auffi com an prifon
Eft gardee an Coftantinoble,
Ja n'iert tant riche ne tant noble,
6775 L'anpererriz, queus qu'ele foit;
Que l'anperere ne la croit
Tant con de cefti li ramanbre,
Toz jorz la feit garder an chanbre
Plus por peor que por le hafle,

6758. Com el *PB*, Com on *T.* | Com amie doit fon ami *C. Hier
schliesst C; denn vom letzten Blatt* (122ʳ b) *ist die Hälfte weggeschnitten,
so dass nur die Initialen der Zeilen bis zum Schluss übrig geblieben sind.*
59. *fehlt A.* **60.** Ne onques *T.* | de li *A,* chelle *T.* **61.** Ne ainc ne le deuit de
cofe *PB.* **62.** Nonques *A.* | Ne (nient *P*) plus que fuft en mur enclofe *BP.*
64. qui apres font *PB.* **65.** Einz *A.* | Q⁵ *C.* **66.** Que de fa f. neuft paour
T. | *Darnach schiebt BP folg. zwei Verse ein:* Quele ne deuft aufi faire |
Com il (Caues *P*) il oi dire et retraire. *Hierauf hat B folg. vier Verse
allein:* De fenice qui tant baiffa | Por le neuou loncle laiffa | Et por fa
maiftre tefala | Et por ce quele enfi olura, *während P sich wieder AT an-
schliesst und mit* 6767 *weitergeht. C stimmt mit AT, wie aus den erhaltenen
Anfangsbuchstaben* 6767. Q . . ., 68. S . . ., 69. C . . ., 70. P . . ., 71. Et . . .,
72. P . . . *zu ersehen ist.* **6767—6772** *fehlen B.* **67.** le] nel *A.* **70.** puifon
PT. **71.** pour *T.* **72.** Por ce einfi *A.* | en *fehlt T.* **74.** Ia tant nen ert *B.* |
haute *A.* | rice ne noble *B.* | En la chite qui eft ml't noble *T.* **76.** Car *P,
fehlt A*; L'emp. point ne f'i (*statt* la) croit *A.* **77.** Tant que *P.* | celi *A,*
cefte *B.* **79.** halle *PBT.*

6780   Ne ja avuec li n'avra maſle
Qui ne ſoit chaſtrez an anfance.
De çaus n'eſt crieme ne dotance,
Qu'amors les lit an ſon liien.
Ci feniſt l'uevre Creſtiien.

6780. ia *fehlt T, dafür* nauera. | Ia auolc li nē ara m. *B.* | malle *PBT.*
81. Que *C.* | ſanſanche *T.*   **82.** De ce *A.*   **83.** le tiengne *T,* nes lit *P,* ces
ait *B.* | loijen *T.*   **84.** Or commence oeure Creſtien *und es folgt darauf
Yvain. T fügt noch zwei Verse hinzu:* Chi feniſſent li vier damors | Onc̄s
nus hons noy millours.   Explicit de Cliget. | *P hat am Ende:* Chi fine de
Clyget.

Le liure de Alixandre empereur de Constentinoble
et de Cliges son filz.

[f. 2ʳ] **C**ombien que je ne vaille pas a applicquier mon freille entendement au commun stille de transmuer de ryme en prose les fais d'aulcuns nobles anchians . toutes voies je congnoissant que ceulx du tampz present voulentiers se tournent au bon usage de lirre et escouter rommans et histoirez en lieu de passetamps non obstant que je sache mon engin estre non suffisant ⁵ ad ce pour eschieuer voiseuse. me exposerai a transmuer ce present compte en moy rendant obeissant a mon treshault et redoubte prince lui priant et a toux aultres qu'ilz aient mon ygnorance pour excusee et qu'ilz prengnent en pascience mon dur et mal aorne langaige.

Cy s'ensieult l'istoire du noble et vaillant empereur Cliges la quelle est ¹⁰ *deuisee en deux petites parties c'est assauoir la premiere contient les fais du noble Alixandre pere de Cliges et la seconde contient les aduenturez dignes de memore qui aduindrent au dit Cliges filz de Soredamours.*

Cy s'ensieut le premier chapiltre du petit traictie d'Alixandre pere de Cliges et primes conment Alixandre delibera d'aler seruir le roj Artus. ¹⁵

Au tamps que le tresnoble et victorieux roy Artus portoit la couronne du roiaulme de la grant Bretaigne . rengna en Constantinople ung empereur nomme Alixandre qui fu de grant prudence et plain de bonnes vertus. Il eust a femme une haulte dame de noble generacion et de royal lignage nommee Thantalis et tant amoureusement passerent leurz jours ²⁰ en transquilite de ce monde que dieux ottroya a dame nature la ingenieuse [fol. 3ʳ] ouuriere qu'ilz eussent deux beaulx fils desquels le premier du nom de son pere fu nomme Alixandre et le second Alix. Mais Alixandre ja estoit expirie d'enfance puerilite et adolescence en l'aage de jeunesse. ains que Alix fust procree ne venu au monde. ¶ Alixandre estoit bien faconne de toux ²⁵ menbres et lors qu'il eust congnoissance de soy il esleua haultement son franc et gentil corage. et monstra bien qu'il estoit de noble gendre descendu. Il conclud qu'il vouldra suiuir le noble exercice d'armes et pour ce qu'il voit qu'en l'empire de Grece il ne se puelt bonnement vsiter ad ce noble mestier. il dist en soy mesmes qu'il se partira d'illec et s'en ira celle part ou il ³⁰

13. aduindrent au ditz (*z scheint durchstrichen zu sein*). 19. femmie. 28. suiuir.

orra dire que les armes sont le mieulx experimentees. Mais comme il enquist
sur ceste matiere a pluseurs nobles cheualiers l'en ne lui parla que du roy
Artus qui auoit le bruit et la renommee pour ce tampz. pour ce qu'en sa
court conuenoient de jour en jour les milleurs cheualiers de la terre vni-
5 uerselle.

*Comment Alixandre obtinst congie de l'empereur de aler a la court du
roj Artus.*

Alixandre doncques acertene par son enqueste que toux les [fol. 3ᵛ]
milleurs cheualiers du monde estoient en la grant Bretaigne a la
10 court du roy Artus il va deuant l'empereur son pere . et apres la declaracion
de son entreprinse qu'il veult aler en Bretaigne . il fait tant par bons moiens
qu'il obtient de son pere licence . et l'empereur mesmes en est moult joieux .
car il congnoist bien a la disposicion qu'il voit en son filz qu'il paruendra
vne fois a vng grant bien. Il ensengne son filz d'estre humble courtois ser-
15 uitable et dilligent en ses besongnes . disant que s'il puet vne fois pocesser
de ces vertus qu'elles l'esleueront ou souuerain siege de fellicite mondaine et
par consequence au trosne glorieux. Et pour ce dist il que tu es mon filz
ad ce que tu te faces valloir . quant tu vendras a ton tres desire seruice .
je te abandonne nos tresors . et du tout te mets amesmes pour en prendre
20 tant et si largement que bon te samblera. ¶ Encores n'estoient pas fines les
enseignemens du noble empereur . quant l'emperris Thantalis suruind illeuc
laquelle oyant racompter le partement de son filz Alixandre elle chiet toute
pasmee. L'empereur [fol. 4ʳ] la relieue le plus tost qu'il puelt en la rescon-
fortant et priant qu'elle cesse son duel . mais ce ne lui vault riens. Car
25 amours maternelle lui vient au deuant disant couuertement en ceste maniere.
Lasse poure . que deuenras tu quant ton enfant se depart de toy et aler s'en
veult aduentureusement transnageant l'anuyeux chemin es perilleuses vndes de
la large et longue mer. ¶ O que durs sangloux retentissent contre le cuer
de la noble dame Thantalis ad ces parolles. Elle ne scet sa maniere et ja
30 la nature du sexe feminin l'a enclinee a plorer l'angoisseuse de son filz par
grosses larmes. ¶ L'empereur voiant ce en est moult marrj . et pour lui
donner esperance . il lui prent a dire. O toj la dame qui de pitie pleures
sur la departie de ton gendre . pren en toj vne vertu se tu es raisonnable .
car ton filz est assez sage pour soi gouuerner et ce qui le moeut d'aler a la
35 court du roy Artus lui vient et procede d'un noble et bon vouloir et se dieu
et fortune lui sont en ayde a son aduenement il est digne [fol. 4ᵛ] d'estre
promeu a haulte loange bien et honneur dont vous deues auoir grant joie
d'auoir porte fruit de tant grant vallue. Combien que je ne veulz pas dire
qu'il ne faille que amours maternelle s'acquitte au veioir departir son enfant
40 en effusion de soupirs larmes et amonestemens de remaindre. Et pour ce
passer fault ce voiage au mieux que l'en poulra car puis que la conclusion
en est prise je dis moy . que ce lui vendroit d'un trop lasche nice et precheux
corage s'il se retardoit non obstant la certaine amour qu'il a enuers vous.
Petit a petit s'apaisa la dame . et le gentil Alixandre fist emplir et chargier
45 ses nefs de toutes choses a lui necesseres.

40. amonestemems.

Comment Alixandre se parti de Constantinople a grans regrets.

Q uant vint a l'endemain Alixandre ardamment desirant d'estre et
auoir l'ordre de cheualerie de la main du roy Artus il fait par
matin apprester son [fol. 5ʳ] barnage. Puis vient a l'empereur son pere et
Thantalis sa mere . plorant tendrement au prendre congie. Si eussiez veu au 5
prononcement de ce mot adieu . vng pleur doulz et gracieux sourdant d'une
amour certaine que le filz auoit enuers le pere . et d'aultre part le pere et la
mere enuers le · fils. Et pour ce qu'il conuient que la departie se face a
grant paine pucent ilz dire parolle l'un a l'autre. Car l'empereur et la dame
sont aulcunement [. . . .] de ce qu'il fault qu'ilz dient adieu a leur enfant 10
qui s'en va. Toutes voies ilz le conuoient a grosses larmes . jusques aux
dicques de la mer. Ilz la voient paisible . et amiable. En prendent sur ce
bonne esperance. Et dient plus de cent mille fois adieu mon filz . adieu mon
filz et au desrenier adieu. Thantalis embrace son filz et le baise et a chief
de conclusions il la laisse et tourne celle part ou est sa nef au plus grant 15
regret du monde . il treuue ses mariniers prests et sitost qu'il est entre leans
la barge les voilles sont [fol. 5ᵛ] leues. ¶ Les nefs desancrees. Puis aux auirons
ilz s'esluignent joieusement et s'en vont cinglant comme ceulx qui du vent
sont seruis a souhait. ¶ L'empereur et Thantalis les conuoient au plus longues
qu'ilz poeuent requerans dieu qu'il leur donne bonne aduenture. ¶ Atant se 20
taira nostre compte de l'empereur et de Thantalis et maintenant s'entretendra
au racomptement des fais d'Alixandre qui s'en va a grant desir par la mer .
tirant vers la haulte Bretaigne.

Comment Alixandre arriva au port de Hantonne et ala parler au roj
Artus. 25

R acompte l'istoire doncques que Alixandre ja ayant longuement
transnagie les diuers flos de la mer . et ja y aiant vacquie par pluseurz jours et nuys bonne fortune le conduist jusques au port de Hantonne.
¶ Dont les escuiers d'Alixandre qui moult estoient [. . . .] d'auoir eu et
sentu l'air de la marine ce qu'ilz n'auoient point [fol. 6ʳ] acoustume en 30
furent moult joieux. Et non obstant qu'ils fussent n'agueres tristes et des-
plaisans de leur anuyeux et long voiage sitost qu'ilz vindrent a terre ilz furent garis et mirent leurz trauaulz en oubliance. ¶ Et pour la faire briefue
Alixandre a tout sa noble cheualerie entra en Hantonne en la quelle il fist
bonne chiere. Mes il ne oublia pas a enquerir quel part le roy Artus tenoit 35
sa court. Car ce fust la premiere chose qu'il demanda oncques par l'inquisicion duquel il sceut que le roy estoit asses pres d'illec a vne ville nommee
Guincestre. En ceste ville de Hantonne se logea Alixandre celle nuit et fist
a merueillez bonne chiere loant dieu de ce qu'il estoit si bien arriue et delibera en soi que l'endemain il vendra a chief de son entreprise. Comme il 40
fist car l'endemain matin . il s'esmeut de Hantonne et tant bien continua son
chemin qu'enuiron a heure de tierce il se trouua a Guincestre et se logea

8. conuuent. 10. *Es fehlt ein Beiwort:* 'schwach, angegriffen' *o. ä.*
29. *Es fehlt ein Particip, viell.* annuyez.

sus vng bourgois puis se adouba [fol. 6ᵛ] de ses bons abillemens et ala
celle part ou le roy estoit. Alixandre s'adresce vers lui et le salue comme
le font parellement ses escuiers. ¶ Le Roy, Artus couronne et seant en son
siege royal . voit et esgarde ces gentilz enfans de Grece. Et entre les autres
5 choisit Alixandre pour sa beaulte. Il s'esioit de les veoir et quant il a receu
leurz salutacions il leur demande qu'il quierent et quel chose leur fault.
¶ Alixandre lui respont. En verite sire roy pour ce que ta haulte exellence
court par toutes lez regions du monde et qu'il n'est nuls fais d'armes acom-
plis s'il n'y a aulcuns des cheualiers de la table roonde je desirant d'aprendre
10 le noble mestier et gent vsage d'armes me suis embattu humblement a toy
venir seruir se tu me veulz recepuoir . car c'est mon principal veul . et la rien
du monde que plus je desire que d'estre reppute vne fois cheualier de ta
mesnie. ¶ Beau filz dist le roy je suis moult joieux de ta venue et soies
sceur que je seroie plus que [fol. 7ʳ] marri se j'auoye non voulu recep-
15 voir le seruice d'un si beau filz comme toy. Car ton personnage me denotte
et magnifeste que tu viens de bon lieu et que noblesse te admonneste en
cuer de gouuerner ton beau corpssage plus aduenant que nul aultre que je
veisse puis long tamps a. Mais ains que tu facez seruice je te prie dy moy
ton non . ton pays et de quelz marces tu es yci venu. ¶ Bien est raison
20 que je le die sire dist Alixandre. Je suis natif de Constantinople filz ainsne
de monsegneur l'empereur mon pere . et est mon nom Alixandre. De la
venue d'un tel escuier dist le roy je me doibs moult esioir. Et me samble
comme vray est que tu me portes grant honneur quant par ton humilite tu
viens seruir mendre de toy. Atant il s'aproce d'Alixandre et le relieue di-
25 sant. Mon bel ami a bon port soies tu ceans arriue . se dieu plaist tu n'y
perderas riens apren et tu feras que saige. ¶ A ces parolles se leucrent les
aultres Gregois moult esleessies ce qu'ilz veioient le roy daignier faire
bonne chiere a Alixandre leur maistre . qui des aultres cheualiers [fol. 7ᵛ]
lors estans a la court fut grandement festoie et honnoure. Et mesmes a la
30 bien venue de ce gentil escuier ilz joustent dancent et font plente d'esbatemens. Et pour ce que messire Gauayn le voit doulz et debonnaire . et osi
font pluseurs aultres tant que pour ses bons propolz et gracieuses deuises a
quoi il passe les plus aagies de soy. Il n'est jamais sans auoir aulcuns cheualiers de la court en sa compaignie.
35 *Comment le roy Artus se partist pour aler en la petite Bretaigne et*
laissa son roialme au conte de Guinesores.

D e bien en mieulx se gouuerne Alixandre a la court du roy Artus.
Il a largesse de finances et pour ce qu'il veult faire ce que filz
d'empereur doibt il fait pluseurz presens et tant que chascun ne scet dire
40 assez de bien de luy. Car il ne plaint or ne argent ains en despent largement comme son estat le puelt porter . voire et si largement que chascun
s'esmerueille du noble estat qu'il [fol. 8ʳ] demaine. Dont le roy est
moult comptent de lui . et ausi est la reyne . sans ce que Alixandre trouuast
aduenture qu'a compter face. Il fut long tampz a la court du roy auquel

10. hmnublement. 21. monſȷ'.

prist vng jour voulente de soy en aler jouer en la petite Bretaigne. ¶ Si
assambla sez barons et par l'ordenance d'iceux laissa la grant Bretaigne au
conte de Guinesores pour la garder jusques a son retour. ¶ Puis entra en
mer acompaignie de la reyne Soredamours et Alixandre seulement . car de
cheualiers n'auoit il en la barge du roy non plus . mais vous deues sauoir 5
que es aulcuns vesseaux de mer auoit il belle cheualerie et de dames et damoiselles largesse . les voilles furent leues au fort et a chief de conclusions
les marinies tirerent en mer et en peu de heure se trouuerent bien auant.

Comment Alixandre et Soredamours furent espris de l'amour l'un de
l'autre. 10

Comme vous aves oy se parti le roy Artus soudeinement de [fol. 8ᵛ]
Engleterre qui lors estoit nommee la grant Bretaigne menant o soy la
reyne et Soredamours seur au noble et vaillant cheualier messire Gauain.
¶ Dieux lez veulle conduire . ce voiage sera cause d'un tres hault bien . çar
celle qui ne daigna oncques amer cheualier ny escuier tant fust preu ne hardi 15
aujourdui par vne nouuelle mutacion sera conuaincue et soubzmise aux lachs
d'amours. La belle damoiselle dont nostre compte fait mencion c'est assauoir
Soredamours est assise ou bateau face a face deuant Alixandre . et veulle ou
non il comuient qu'elle le regarde. Et par ce quelle le voit trop beau et de
trop ferme maniere . il fault qu'elle adjuge a soi mesmes et die que sa beaulte 20
precede les plus beaulz hommes du monde. ¶ Lors le fiert amourz de la
saiette ferree d'pr . voir au millieu du cuer . et au naurer elle mue couleu
par pluseurz facons et nullement tenir ne se puelt de regarder Alixandre r
dont elle achata a vng seul coup les reffus qu'elle a fait de pluseurz nobles,
hommes. [fol. 9ʳ] Le ruide entendement de ceste damoiselle n'aguerez 25
obstine en indignacion enuers lez hommes par vng ray soudein des vertus
d'amours . est corrompu et rendu serf a remirer la beaulte d'Alixandre . si deues
sauoir qu'au desracinement de ceste malditte obstinacion que Soredamours
auoit enuers lez nobles qu'il conuenoit bien a amours monstrer patentement
ses vertus . comme il fist. ¶ Car non obstant que son cuer fust enrudi . et 30
resistant aux vouloirs de nature . commandemens et semonces d'amours . voire
et a raison attendu qu'elle cuidoit nul homme estre suffisant pour paruenir a
sa bonne grace. Toutesuoies en soubit par ce ray qui descendi du soleil
estant ou ciel d'amours d'autant qu'elle estoit rebelle et non daignant personne amer . d'autretel tant et plus fust elle engrant d'amer et fermee en telle 35
resolucion . qu'elle seroit bien heureuse se vng tel escuier vouloit incliner son
amour a elle. [fol. 9ᵛ] Non pas toutes voiez qu'elle par pluseurs moyens
ne die qu'elle se deffendera encontre les assaulz qu'amours lui fait . car je ne
dirai ja qu'elle ne tinst assez bonne maniere durant lez batailles qu'amours
et orgueul faisoient en elle l'un contre l'aultre. 40

Comment Alixandre fu enporte de amer Soredamourz la demoiselle.

Se Soredamourz est grandement pensifue et melancollieuse. Alixandre
ne l'est pas moins. Il voit incessamment ceste belle damoiselle et
en pensant a sa beaulte. Amours le fiert et soudeinement lui conmence a

11. soudeinememt. 22. voir] vour.

faire cest aduertissement. ¶ Mon filz pren a regarder la plus doulce creature
qui viue. Tu es bel et bien admesure et me samble que tu seroies bien
heureux se tu pouoies paruenir a si hault bien comme a la plus des plus
belles. [fol. 10r] Quant Alixandre entend les admounestemens qu'amours luy
5 fait il ne fault pas demander de ses maintiens. Il eslieue son cuer a remirer
la courtoisie de ceste tant gente pucelle et ne cesse de fonder soupirs et
sangloux correspondans a ceulx de celle qui l'ayme. ¶ Moult est ceste amour
lealle et naissait d'une vraie fondacion et lumiere amoureuse par la quelle
Soredamours n'est pas engignee et ausi n'est Alixandre . car en vng instant
10 aux cuers de deux amans ne se puelt plus grandement estendre leaulte sans
ce qu'ilz sacent le vouloir l'un de l'aultre . mais combien qu'ilz ne parlent
point ensanble lez manieres qu'ilz font demoustrent asses leurz pencees et qui-
conquez se donrroit garde de leurz fais il pourroit clerement concepuoir leur
maladie douloureuse selon le cas.

15   *Comment le roj Artus arriua au port de la petite Bretaigne et parle*
     ci dez fais de Soredamourz.

Tant s'entregardent Soredamours [fol. 10v] et Alixandre que Genieure la noble reyne aulcunement s'apercoit que leurz doulx regars
sont les messages et ambassadez d'amours. Car elle lez voit tressalir apalir
20 et rougir souuent si n'en dist rieus mes elle n'en pence pas moins. Et des
deux amans elle ne blasme nul . car bien lui plairoit l'assamblee . et cuide
bien qu'ilz aient autresfois parle ensamble que non et ainsi s'en vont ilz
par les diuers gouffres et bras de mer singlans radement tant qu'ilz se treuuent
au port de la petite Bretaigne. ¶ Le roy met pie a terre et a grant joie du
25 peuple est conuoie en vng sien chasteau . ouquel il prent par pluseurs jourz
son deduit en chasse de grosses bestez et en gibier. Mes pour ce que cez
besongnez ne toucent point nostre matiere nous les lairons et maintenant
vendrons a parler des fais des deux amans Soredamours et Alixandre qui par
force de pencer l'un a l'aultre ne pueent reposer nuit ne jour.

30   [fol. 11r] *Comment Alixandre parle par soi et se tance son cuer sur*
     le fait de ses amours.

Dist l'istoire que de heure en heure Alixandre qui porte honneur
et fait hommage au hault dieu d'amours pence et pose deuant son
noble cuer la tres exellente beaulte de celle qui pour l'amour de luy soupire.
35 Mais ores est il ainsi que honte et crainte lui deffend . qu'il ne descouure
son angresse a personne et mesmement non pas a celle le die qui lui a son
cuer emble . laquelle comme son souuerain mire par vne seule parolle d'esperance lui puelt allegier et supporter la plus part de son martire. ¶ Pareillement est demenee la belle damoiselle Soredamours · ilz n'endurent de parler
40 l'un a l'autre mes puis qu'ilz ne sceuent aultre chose faire ilz tournent leurs
yeulz et doulcement s'entreregardent par [fol. 11v] vng doulz acoeul qui se-
mond aux cuers des deux amans qu'ilz s'entretiengnent et perseuerent a la
continuacion de leurs entreprises. Et quant ce vient a la nuit qu'ilz se
poeuent veior chascun sa partie . lors ont ilz leurz entendemems appresses
45 d'ymaginacions diuerses et pencees mclancolieuses. ¶ Et de fait Alixandre

soy cuidant reposer en son lit ne puelt . car il est constraint comme tresar-
dant ou desir de veior s'amie de pencer a la beaulte d'elle . laquelle lui samble
tant bien escripte qu'il ne la puelt oublier. Et quant il considere son fait et
il regarde qu'il n'ose parler a elle . il se tient pour fol et dist : ¶ Poure affolle
que veulz tu faire quant tu n'oses reueller ton tourment . veulz tu languir in- 5
cessamment en paine miserable quant tu n'as corage ne hardement . de demander secourz a ceste griefue malladie . qui ne poeult estre [fol. 12ʳ]
allegee se ce n'est par la doulceur de la plus belle du monde voire· et qui a
mon grei trespasse les beaultes dont les femmes pueent estre douees. ¶ O
comme est celluy malheureux et lache quant par paresse de demander alle- 10
gance il ne puelt obtenir secourz de ce qui le griefue. Il fault dire que je
laboure en vain se je n'ose demander la parolle de celle qui par vng doulx
mot en seulle responce puet allegier mon infermete et pestillence tant meruilleuse a garir . que a sa garison ne pourroit suffire herbe ongnement racyne
ne liqueur aulcune . et qui bien considere le mal d'amours il est plus dur 15
a porter que nul aultre. Car je suis sceur que se amours ne m'est fauourable et prochainement prendant pitie et compassion de mon cuer . il pourra
estre murtri en soy par non auoir la gracieuse medecine qu'il appete a cause
d'amours qui ainsi le veult faire . et pour ce [fol. 12ᵛ] [. . .] de remedier a la playe
qu'il a faicte sur moy son tresleal seruant . puis que nul sinon vne seule 20
personne ne me puelt soulacier voire encores par son commandement . je me
complainderai de luy. Car comme nagueres je fusse comptend d'obeir a son
vouloir . c'estoit en esperance d'auoir mieulx cuidant que en son seruice je
n'eusse se plaisir et joie non . mes au contraire en lieu de ceste tresdesiree
plesance je suis occupe de toux les anuyeux tourmens dont fortune puisse 25
tourmenter cuer de jeune homme en ce cas. ¶ Nul ne scet que c'est d'amer
s'il ne l'espreuue et si m'ayst dieux se j'eusse pence au premier coup que je
regarday la belle que pour ce seul regard j'eusse este enserre en ceste paine
dolloureuse . je fusse aincois contre le vouloir de mon oeul tourne a l'aultre
les s'il s'eust peu faire pour eschieuer ce dangier. Et cuide bien moi que 30
je [fol. 13ʳ] feroie grant sens se plus a elle ne penssoie . si ne scay comment
le puisse faire . car amours espoir me veult chastier et monstrer sa puissance
sur moy ad cestui mien commencement et cuide bien moy que amours qui
est juste juge . apres ceste griefue souffrance aydera a consoler mon cuer qu'il
i trespercie de son dart. Trespercie . que dis je comment se puelt il faire . 35
ar la plaie ne pert point par dehors . Aroit il jamais enuoie son dart par
'eul. Nennil certez . car il seroit creue . et dieux merci j'ay l'eul net et sain .
lont il est impossible que ce ait este par celle part . dont je m'esbahis et
aroie voulentiers . comment amours m'a en mon coeur si trescruellement
raure sans faire au corps playe apparente. A ces parolles vint deuant l'en- 40
endement d'Alixandre vn enseignement qui lui dist. Mon beau fils qui
nquiers comment amours te puisse auoir feru au cuer . saces que ses euures
ont si soubtilles qu'elles ne sont pas a asauourer magnifestement du premier
oup . et saches que lors que premierement tu gettas tes yeux pour veior
ol. 13ᵛ] Soredamours et elle te samblat belle . lors amours te regarda de 45

32. monſter.

19

son haultain siege imperial et par le millieu de ta pencee getta sa saiette
qui dedens ton cuer entra sans blecier le corps comme le soleil passe parmi
la verriere sans le casser. Et pour ce ad ce propolz ne te fault ja arrester
ne occuper ton tamps . car mieux vault que tu treuuez fachon et maniere de
5 conplaire a la bonne grace de celle . pour qui ton cuer fonde tous les iours
soupirs et sangloux par cens et par milliers. Apres ces fais ne scet Alixandre que dire . il ymagine et pence comment il pourra auoir vne parolle de
s'amie . et conclud en soy qu'il attendra la bonne prouision d'amours et la
grace de la demoiselle.

10   *Comment Soredamours considera les beaultes d'Alixandre.*

S e Alixandre est a grant mesaise ad ce commencement . la pucelle
Soredamours ne l'est pas moins . elle ne puelt reposer tant soit peu .
car amours lui a le cuer enserre et enclos tant estroitement [fol. 14ʳ] qu'elle
soupire tressault et par habondance de pencees elle est tellement dolousee
15 que a pou puelt elle reprendre son allaine dont elle se prent a blasmer en
ceste maniere: O lasse comme suis je folle et musarde de pencer aux rassis
maintiens d'Alixandre. Car s'il est beaux et de bonne meson venu . ce n'est
pas pour moy et ne suis pas saige de le vouloir amer. Car il precede les
hommes en beaulte science et courtoisie . se seroie bien abusee de le hair . et
20 quant le corpz le vouldroit . le cuer ne le souffriroit pas . combien que je ne
l'ayme non plus c'un aultre et si ne me puis tenir de escripre en mon cuer
son doux regart. Dont il fault dire que c'est amours . car mon ocul ne se
tourneroit james a remirer ses doulx et rassis maintiens se j'estoie de lui non
amoureuse. Car non obstant que je me veulle reposer et cesser de pencer
25 a lui . ce ne me vault . car amours m'a trop asprement enuahie et conuient que
je amodere mon corage et que je obtempere aux soudains commandemens
d'amours . [fol. 14ᵛ] ausquels j'ay longuement contredit et resiste que plus
faire ne puis. Il me conuient rendre et faire ce qu'amours me anonce c'est
assauoir beau samblant au plus gracieux damoisel qui soit soubz le ciel . et
30 plus encores amours veult que je lui soie amiable lealle courtoise et obeissant. Si fault se je ne veul estre repputee orguilleuse fiere rebelle et sans
doulceur aulcune . que je atenrie mon cuer et que je tourne souuentesfois
mes yeulz vers la beaulte de mon desirier. Et puis que raison me denonce
que il me conuient vne fois acquittier enuers amourz . je ferai ce que mon
35 nom m'enseigne. Car 'sore' vault autant a dire comme couleur de l'or qui
plus est sor et plus est affine [...] et l'aultre partie d'amours auec ce premier mot
sore doit estre dit 'sororee d'amours' c'est a dire la plus especialle qui james
fut toucant les fais d'amours. Je ne suis pas trop eslongee des termes rai-
sonnables se je fais ce que mon nom me segnefie et pour ce [fol. 15ʳ] james
40 ne me deporteray d'amer cellui de qui je puis mieulx valloir toute ma vie.
Et ne fut vanite qui me vient au deuant . je deisse que je le priasse . mes sur
ma foi je seroie trop habandonnee se je requeroie ce dont j'ai este requise
et a quoi non obstant supplicacions quelconques je ne me vaulz oncques consentir. Dieux me gart de mesprendre . et en verite les dames ne auront ja re-
45 proce de moy ne je croy que fortune n'agrenera point tant mon martire qu'il
faille que je requiere vng honme de amours.

Comment le roy Artus fit du conte de Guinesores qui se vouloit contre lui rebeller.

Q uant Soredamours a dit en son coeur ces parolles et elle voit amours qui l'assaut ainsi a toutes poissances . il ne fault pas demander des ymaginacions qui lui souruiennent. elle ne puelt reposer et le plus 5
sens qu'elle puisse faire c'est de tancier soy mesmes [fol. 15ᵛ] disant. O que
poure est mon noble et leal cuer quant par pencees anuyeuses et agues il ne
cesse de soupirer pour vng seul rayssement du chault et ardant soleil d'amours
qu'il a fait reluire et espandre sur moy. Si m'aist dieux je ferai tieulx samblans a mon tresame que s'il n'est ausi dur comme pierre il se entremetra 10
de moy prier. Car amours par vng soudein desir naissant de la fontaine du
cuer s'il le ataint vne fois vifuement . il le fera aduancier et par curieuse
attente procurer continuellement que il soit en ma bonne grace moiennant
foi et leaulte qu'il me promettra. Je ne scey point son talent dist elle . mes
au fort je prie dieu qu'il me veulle aidier ausi bonnement qu'il scet que 15
j'en ay grant besoing. En pluseurs aultres parolles furent les deux amans
passans longue espace de tampz. ¶ Mes comme le roi Artus eust par les
chasteaux citez et [fol. 16ʳ] fortresses vacquie enuiron de .iiij. a .v. mois .
messages vindrent de Londres et Cantorbie . qui moult esfreement dirent au
roy que le conte de Guinesores auquel il auoit laiessie la grant Bretaigne a 20
garder auoit assamble plente de hommes d'armes et qu'il s'estoit mis en la
ville de Londres . disant qu'il en seroit sire et maistre . et qu'il garderoit et
tenroit la ville contre toux. Desquelles nouuelles oyr le roy s'esmeruilla
grandement et non obstant qu'il en fut marri il appela sez barons plain de
grant ire . et affin qu'ilz soient attainnes de prendre vengance de la rebellion 25
de son subget . il leur dist qu'ilz ont meffait de lui auoir consillie qu'il laissat
sa terre a vng rebelle faulx et trahitour malues qui veult seignourier ad ce
dont il n'est pas digne d'estre varlet. Ausquelles parolles ceulz de Bretaigne
et de pluseurz aultres pays jurent qu'ilz l'en vengeront et que jamaix ilz ne
seiourneront jusques [fol. 16ᵛ] pugnicion soit faicte du malfaiteur. Pour les- 30
quelles promesses le roy prent bonne esperance et fait publier par toute sa
terre de Gaulle que chascun viengne a son mand en armes pour le secourir
encontre ses subges de la grant Bretaigne qui contre lui se veullent rebeller.
Si deues sauoir que au jour qui leur fu denonce toute la cheualerie de Gaulle
qui maintenant est nommee France fu esmeue et conuenue en la petite Bre- 35
taigne a la court du roy Artus qui voiant son ost apreste' et ses nefz mises
en point . il acompaignie de la reyne et de tout son barnage se part et entre
en mer a grant noblesse desirant d'auoir vengance prise de son ennemi.

Comment la reyne donna a Alixandre vne chemise.

Q uant Alixandre voit ceste assamblee tant grande qu'il semble que 40
tout le monde y soit , il dist [fol. 17ʳ] qu'il vouldra estre fait
heualier. Il appelle ses gens de Grece . et lui qui le cuer a ouuert de
ioie . par vng hault vouloir qui l'eslieue il vient deuant la personne du roy

---

1. fit *schwarz über rothem* du conte (*viell.* sot. nouuelles).

Artus disant. Sire comme il soit ainsi que je soie venu en ton seruice pour
aprendre et obtenir de ta main le degre de cheualerie . je te pri qu'il te plaise
par ta grace moy adouber se je suis propice ad ce . et dieux doint que ce
soit a mon honneur et a ton proffit. Auquel respond le roi qu'il le fera
5 cheualier de bon cuer et mesmement toux ceulz de sa mesnie ausi. Lors
furent ilz toux atournes d'armeurez escus heaulmes et haubers . le roi les fist
cheualiers et a chascun chaigni l'espee et premiers au noble cheualier Alixandre a qui bien aduenoit a porter son harnois. De ceste besongne furent ceulx
de Grece moult joieux. Ilz se baignerent en la mer par deffaulte d'aultres
10 baings et la reyne Genieure qui bien amoit Alixandre d'amour lealle prinst
a son escrin vne [fol. 17ᵛ] rice chemise . belle et blance . toute de soye . et
l'auoit faicte Soredamours a coutures d'or . si y auoit enlacie vng cheuel auec
le fil d'or . pour sauoir lequel dureroit le plus ou l'or ou le cheueil. La reyne
ennoia ceste chemise a Alixandre qui la recut à grant joye et la vesti apres
15 ce qu'il eust fait son plesir en la mer. Puis quant il fu atourne de ses ha-
billemens . il alla celle part ou estoit le roy et la reyne. Dieux scet qu'il fist
bien les honneurs et remercia doulcement la reyne de sa courtoisie . mais de
ces fais atant se taira nostre compte et laisera Alixandre pencer a sa dame
et Soredamours a son ami . disant que le roy Artus tant exploita en mer
20 qu'il arriua au deuant de la ville de Londres.

*Comment le conte de Guinesores s'embla par nuit de la ville de
Londres.*

Dist l'istoire doncques en ceste presente partie que les paysans
[fol. 18ʳ] d'enuiron le circuite de la ville de Londres ja voyans
25 leur roy arriue au port a belle armee ilz se vindrent rendre a luy armes et
montes l'un bien l'aultre moins au mieux qu'ilz pouoient . dont le roy fust
asses comptend . et jura de soy jamais non partir d'illenc jusques il aura
prins la ville de Londres par amours ou par force. Le conte de Guinesores
est monte a vne fenestre du palais et voit ceste grant ost dont il s'effroie .
30 et voit bien que mourir ou fuir le conuendra. Ores lui est il besoing de
tróuuer les manieres de sauuer sa vie . il assemble sez complices et par le conseil d'iceulx quant vient au soir que le jour a perdu sa clarte il prent toux
les tresors de Londres . et sur celle nuyt celleement se emble atout grant
nombre de traiteurz et s'en fuit a son chasteau de Guinesores qu'il auoit bien
35 forteffie de murs et de toutes choses. Il entre dedens . puis lieue les pons et
dist lors qu'il est asseeur et qu'il n'a garde du roy ne de [fol. 18ᵛ] tout le
monde. Car endementiers que le roy estoit en la petite Bretaigne lui qui
estoit garde des grans tresors les auoit enfondrez et auoit fait ouurer a sa
place [. . .] seant sur vne roce bien fondee tellement que toux ouuriers qui vou-
40 loient besongnier estoient celle part receus pour achieuer son euure laquelle
fu faicte a tresbles murs enuironnes de parfondz fossez . a la muraille desquelz
batoit la mer . et quant il n'y eust eu que la basse court si sambloit elle
imprenable d'asault et de force.

Comment le pueple de la ville de Londres pria merci au roi Artus .
qui s'en alla mettre le siege deuant Guinesores.

L'endemain que ceulx de Londres matin se leuerent comme ilz veissent ceux de la faulse garnison au traytre conte de Guinesores
enfuis par crainte ilz furent moult joieux et par vng commun acord s'en ale-   5
rent nuds chiefz sans armes aulcunes prier merci [fol. 19r] eulx excusans du
trahiteur qui par viollence de force les subiugoit et lez auoit voulu suppe-
diter . auec ce qu'il lez auoit tailliez et fait paier grant somme de deniers.,
Le roi prent son pueple a merci et lors qu'il est acertene que son ennemi
est a son chasteau de Guinesores il ne cesse oncques de tirer en voie jusquez   10
il est venu au port. Il voit la place bien fondee . garnie de parfondz fossez
d'engins d'artillerie . si congnoit bien qu'elle n'est pas a prendre du premier
coup. Il fait illeuc arrester son armee . si veissies pauillons vers indes ver-
maulx blans pers et de toutez couleur[z] tendre et apointier . tant que c'est
noble chose de veioir le solel raissant dessus les faire reluire et estainceler   15
contenans de place plus d'une lewe de long. Bien cuident estre asseur ceulx
du chasteau . oultrecuidance les sourprent et comme ceulx [fol. 19v] qui ne
doubtent riens ilz issent du chasteau . montes sur bons cheuaulx et pourueus
chascun d'escu et de lance seullement . et ainsi comme s'ilz vouloient dire au
roy Artus qu'ilz ne craindent pas son sens sa force ne son grant monceau   20
de cheualiers . ilz saultent et virent sur le grauier comme s'ilz se vouloient
esbanoyer.

Comment Alixandre se combat contre ceux du chasteau et en ocist
plente.

Encores n'estoient pas les trahiteurs toux issus du chasteau quant   25
Alixandre qui les voit s'arreste et dist a sez hommes qu'en
esprouuant [fol. 20r] son corpz il vouldra essaier leur force et hardiesse.
ad ce qu'il puisse faire parler de lui et monstrer qu'il est plain de francise
et bon vouloir. Il se fait armer et sez compaignons pareillement disant. Or
tost mes cheualiers . a ceste heure conuient que nous demonstrons par expe-   30
rience nostre corage ad ces rebelles qui nous tiennent pour si cuerfaillis qu'ilz
viennent impourueus d'armeures behourder deuant nous. ¶ O que grande
presumpcion lez esmeut dist Alixandre . alons a eux emploier nos lances espees
et escus et nous faisons valoir a nostre premier aduenement . car nous en
auons tampz et espace. ¶ A cez parolez sont Alixandre et sez cheualiers   35
montes sur leurz bons destriers et quant ilz se voient bien mis en point ilz
se monstrent et laissent courre vers ceulx qui sont au conte de Guinesores .
lesquelz comme folz qu'ilz sont ne s'en fuient pas . ains baissent les lances et
l'une part et d'aultre s'en [fol. 20v] vont joustant par telle facon que chascun
les Gregois fait son homme widier des arcons et cheioir par terre. Dont ceux   40
lu chasteau sont toux esperdus quant ilz voient lez plus fors abbatus d'un
oup de lance . ilz tournent le dos cuidans aller querre leurs armes . mes c'est
rop tart pour lez aulcuns . car Alixandre et sa mesnie les poursuiuent si ra-

Nach 22 sieben leere Zeilen in Hs.

dement et au trenchant des espees en occisent plente [non] sans pou de trauail.
Car ceux de Guincsores nagaires cuidans faire merueilles ne se sceuent de quoi
garantir se n'est par force de courre tant qu'ilz puissent preuenir au chasteau .
ce a quoi ne paruient point la plus part . ains sont occis et ratains jusques a
5 la tierce partie . et mesmes le ressidu conuoies jusques a la porte du chasteau
sans ce qu'il y eut homme qui deuant eulx se osat trouuer sinon a sa male-
mesceance. Alixandre entre lez aultres prist [fol. 21ʳ] quatre des plus asseures cheualiers et a son honneur et grant loange s'en retourna de ceste
escremie deuers le roy et la reyne qui bien l'auoient veu besongnier. Ilz le
10 reccureut a grant joie et le festoieret treshaultement auec ceux de sa sorte .
et Alixandre humblement se mist a genoulz deuant la reyne et lui presenta
sa premeraine cheualerie c'est assauoir les .iiij. prisonniers . mais vous deues
sauoir que toux ceulx de l'ost prisoient Alixandre et le looient exepte le
roy qui ne disoit mot a cause qu'il estoit marri de ce que il ne auoit lez
15 prisonniers pour les faire mourir. Il lez requist a la reyne laquelle lui [l]es
acorda et endementiers qu'ilz furent mis en fers la reyne prist Alixandre ja
desarme et le mena en la tente aux pucelles. Il entre leans et a toutez salutacions fist grandement son deuoir . puis s'assit de coste Soredamours en la
regardant doulcement rougissant et muant souuentesfois couleur . et pour ce
20 qu'il a [fol. 21ᵛ] chault . il descouure sa poitrine jusques a la chemise de
soi[e] que la reyne lui a donnce . puis couce son chief sur sa main et bais[s]e
sa face comme pensif . dont Soredamours qui le regarde est moult marrie de
ce qu'il ne l'arraisonne d'aulcunes parolles. Elle choisit la chemise qu'il a
a vestue par son cheuel qu'elle y mist qu'elle recongnoist lequel reluist plus
25 fort que le or . si dist: De bonne heure soiez tu faicte chemise quant le plus
gentil cheualier du monde est pare et aduestu de toy . Atant s'est elle leuee
et vng petit se pourmeine . puis comme esprise d'amours se vient soir d'en-
pres Alixandre pensant quel sera le premier mot qu'elle lui dira . si enquiert
en soi s'elle le nommera par son nom ou aultrement s'elle l'apellera ami.
30 Ce mot ami dist Soredamours est le plus doulx que je sace et se je l'osoie
ami clamer le mot seroit beau . mes je doubte que ce ne fust menconge se
seroie trop [fol. 22ʳ] dolante se je le surnonmoie . car il vault bien d'estre
nonme par son droit nom et toutesuoies je ne scey s'il me ayme . combien
que de moy ne mentiroi je pas et ausi il ne s'abuseroit mie s'il me nonmoit
35 amie. Son nom Alixandre est long a proferer quant a vne pucelle et pour
ce sur mon ame je vouldroie qu'il fust ami nomme . voyre et il me eust
couste la plus part du sang de mon corps. ¶ Tandis que Soredamours
estoit en ce pencer Alixandre ala veioir le roy . qui bien le conjoy et lui ordonna .ijᵒ. cheualiers a conduire prometant qu'il lui fera pluseurz biens s'il
40 perseuere longuement ainsi qu'il a encommencie . et deslors il lui deliura lez
.ijᵒ. cheualiers qu'il vouloit qu'il eust et oultre plus lui bailla il .vᶜ. archiers
et autant de sergans. Alixandre remercia le roy cent mille fois . puis se parti
et ordonna des sez besongnes [fol. 22ᵛ] affin que se l'en auoit affaire de lui
qu'on le trouuast prest a toutes heures.

Nach 44 eilf leere Zeilen in Hs.

Comment l'en assailli le chasteau et comment les .iiij. prisonnierz furent detrais a .viij. cheuaulx.

Quant vint a la journee ensuiuant le roy voult assalir le chasteau . si fist sonner que chascun se mist en armes. Si eussies veu che-ualiers armer et archier[s] saisir toursses et bons ars . et d'aultre [part] varlets en- 5 seller coursiers et destriers sur lesquelz ces hommes [fol. 23ʳ] d'armes montent . lesquelz prestz et atournez de toutez armes pour conmencier bataille le roi les fait tirer vers le chasteau . mais il n'oublie pas ses prisonniers. Ilz font grant bruit a l'esmouuoir. Ceulx du chasteau s'en donnent garde . si se met-tent pareillement en point et font les quennonniers venir auant . lesquelz a 10 l'aborder gettent canons bonbardes culeuurines crapaudeaux weuglairez feu gregois . et mesmez les archierz et arbalestriers bendent leurz arcs et font voller saiettes et telz manieres de besongnes tant espessement que [. . .] si hardi d'aprocier et qu'il y a honneur a aller deuant. Non obstant ce le roi fait deuant soi venir les .iiij. prisonniers et adiuge qu'ilz soient atachies aux 15 queues de cheuaulx par pies et par mains et qu'en ce point ilz soient detray-nes tant que mort s'en ensuiue. Le bourreau les ampoigne . puis les atache comme dessus est [fol. 23ᵛ] dit. Et a mesures qu'ils sont loies il chasse lez cheuaulx au loingz . si s'en vont courant ci lez vngz la les aultres par mon-taignes rociers chardons ronces ortiez espines . tant que lez .iiij. meschans 20 hommes furent executez a mort et qu'ilz furent tellement deffigures qu'il ne leur demoura membre nul entier. Le conte de Guinesores par vng pertruis lez voit morir et par grant admiracion lez monstre a ses complices disant que trop est cruel le roy Artus et que s'ilz ne se deffendent qu'ilz n'en auront pas moins . si tirent et bien samble qu'ilz aient boin cuer. Le roi Artus 25 finablement aproce du chasteau . et par bareulx et naueaulx de cuir il fait tant que grant nombre de sez gens trespassent lez fossez et mettent pie a la muraille. Lors se recommence l'assault de plus belles. Ceux du dehors drescent eschielles et ceux de [fol. 24ʳ] leans a fourcques de fer rabbatent lez eschiellez et les hommes ausi aulcunesfois es fosses . si veisses bel assault 30 car l'en n'eust pas oy dieu tonner. Il sambloit que le ciel deust fendre. ¶ Pionniers y sont venus qui de grans picqz despiecent la muraille a leur pouoir . mes ilz n'ont force d'y meffaire . car lez murz sont espes machonnes de bise pierre . et auec ce tant bien deffendus que james ne fu veu plus bel assault . car par les creniaux l'en gettoit grossez pierres et mesmes lez femmes 35 apportoient eaue oille poix et cendres chaudes et boullons. Et par lez grossez tourz bachicolees l'en ruoit et faisoit saillir dardz jauelotz canons flesches virtrus . et toutez lez choses que l'en pourroit ymaginer et faire a vng assault et deffence . car ceux qui leans sont ont paour de perdre leurs vies et pour ce qu'ilz sont garnis de viures ilz se deffendent par vng tel hardement que 40 l'en ne voit que pierres [fol. 24ᵛ] rondes et quarrees descendre et assoir ausi espessement comme se c'estoit pluye. Et ainsi se deffendent ceulz du chasteau contre les assaillans qui ne finent toute jour jusques ad ce que le vespre les sousprent . car lors les conuient il departir. Artus fait sonner la

13. *Lücke dem· Sinna nach; viell.* [il n'y a].

retraicte et quant il est repairie il fait crier a son de trompe qu'il donrra l'endemain une coupe d'or a cellui qui fera le plus beau fait a l'assault . mes encores s'il est cheualier qu'il ne saura demander chose nulle qui ne lui soit ottroiee . exepte sa couronne et chose qui soit touchant encontre son honneur et aultre rien ne rescrue il.

5   *Comment la reyne parla a Soredamours de la chemise d'Alixandre.*

Ains que la criee fu faicte Alixandre s'en ala veior la reyne . comme il auoit acoustume . et apres les reuerences faictes la reyne le prist par la main et delez elle le fist soir. Soredamours seyoit a l'aultre les 10 et voulentiers regardoit Alixandre. La reyne vist le cheueil de Soredamours [fol. 25ʳ] dont la chemise d'Alixandre estoit cousue . si se prist doulcement a soubzrire dont il ne fust pas bien a son aise et requist a la dame et reyne qu'elle lui dist la cause pour quoi elle ryst s'elle fait a dire. ¶ La reyne appelle Soredamourz et elle vient a elle soy enclinant gracieusement . et 15 Alixandre qui la voit tirer vers lui en est si honteux qu'il ne l'ose pas regarder. ¶ Mes vous deues sauoir que Soredamours craint encores plus que ne face Alixandre. La reyne voit de ceste heure les maintiens des deux amans et congnoist bien ad ce qu'elle leur voit souuent changier couleur que ce sont accidens d'amours procedans. Elle faint de soi non aperceuoir de 20 leur maladie. Et conclusions furent telles que sitost comme Soredamours fu relleuee que la reyne lui demanda s'elle sauoit point ou la chemise que le cheualier auoit vestue fut faicte. ¶ Plus que deuant se hontoie la damoiselle . elle lui congnoist finablement qu'elle a cousue la chemise [fol. 25ᵛ] de son cheueil . mais elle s'en excuse disant que ce fust par mesaduenture ou 25 mespresure.

    Comment Alixandre couca entre ses bras sa chemise.

De ces motz oyr moult fu Alixandre joieux soubitement . il ne scet que faire et pou s'en fault qu'il ne le baise voians tous. Au fort comme homme qui ne scet qu'il doibue faire tantost il s'est parti et a 30 prins congie de la reyne dames et damoiselles . et quant il est a son recoy il se desuest et cent mille fois baise et acolle sa chemise et mesmes par nuyt il la couce entre ses bras disant qu'il est le plus heureux cheualier du monde . et atant se taira nostre compte des remerciemens que Alixandre fera aux dieux et dieuesses pour le cheueil qu'il a de Soredamours 35 et maintenant vendra a parler des trahiteurs de Guinesores qui toute nuyt [fol. 26ʳ] songent et inmaginent conment et par quelle facon ilz pourront greuer les gens au roy Artus.

    Comment ceulx de Guinesores conclurent d'assaillir par nuit leurz ennemis.

40   Raconpte l'istoire que le premier assault fini et passe . le conte de Guinesores a qui dieux veulle donner puignicion de ses peschies assambla sez hommes et delibera auec sez complices qu'il saulroit sur ses ennemis celleement a heure prefiquie c'est assauoir a .iiij. heures apres my-

38. muit.

nuit comme cil qui cuidoit bien trouuer le roy et son ost endormi et impourueu d'armes . par quoi il esperoit d'en faire telle occision qu'il en seroit
a james perpetuelle memore.   Comme il conclud il fu fait.   Toux ceux du
chasteau se mirent en armes . puis enuiron a l'aube du jour creuant ilz issi-
rent [fol. 26ᵛ] et par le commandement de dieu qui nuist selon justice aux   5
pecheurz le ciel fu enlumine bien heure et demie plus tost que le courz de
nature n'auoit acoustume de faire.   Les escherguetcurz de l'ost voient aulcunement de loingz lez armeurez de leurz ennemis qui sont clerez et fines .
si s'en vont radement par lez loges des cheualiers crians: Aux armes sus frans
cheualiers legierement . car vos ennemis viennent celle part a grande puis-   10
sance pour vous sourprendre et nuirre par ceste cautelle.   A ces parolles
chascun sault sus comme il en est besoing . ilz se atournent et montent tandis
que les trahiteurz qui sont deuises en pluseurz parties aprocent desirans de
achicuer leur entreprise comme ceulx qui se cuident ferir en l'ost du roy
Artus sans nulle deffence.   Mes dieux les engardera . car comme ilz soient   15
en belle place pour commencier l'estour [fol. 27ʳ] . ceulz de la partie au roy
(qui) se rengent et a belle bataille lez vont le deuant pour rencontrer.

   *Comment ceulz de Guinesores se combatent contre ceux de l'ost du
roi Artus.*

   Dieux comment sont esperdus ceux du chasteau . quant ilz voient   20
   leurz ennemis ilz ne daignent fuir . ains comme desesperes mettent
leurz vies en aduenture . et coucent bonnes lances a l'encontre de ceulx de
Bretaigne qui [fol. 27ᵛ] en eulz s'espandent si ruidement que pluseurz en tre-
buscent a terre d'un les et de l'aultre . car ce samblent lions affames courans
apres leurz proyes . et ne y a nul qui soit ataint de ceulx de Bretaigne qui   25
ne soit merquie par telle facon que trop sont durez lez enseignes puis qu'il
comuient que mort s'en ensuiue.   ¶ A ceste premiere cnuahie n'est pas le
roy Artus ne la plus part de sa cheualerie . mes Alixandre y est des premiers
qui fait droites merueillez et tant bien s'esprouuera aujourdhui qu'il sera
digne d'auoir la coupe d'or.   Et quant vient a mettre main aux espees dieux   30
scet que chascun s'efforce de bien faire.   ¶ Les trahitres tangrement assaillent
et ceux de l'ost se deffendent si cheualereusement que bien doit suffire leur
ouurage . car ilz occisent plus de .vᶜ. de leurs ennemis en moins d'un quart
d'heure.   ¶ Entre les aultres Alixandre bien s'espreuue . [fol. 28ʳ] il court et
racourt fiert et rue par les plus drus et la ou il voit que l'en donne les gre-   35
gneurz coupz il s'adresse par telle facon que rien n'a contre lui duree.   Il
treuue vng cheualier a vnes indes armes faisant ses fringes et les rens trambler
enuiron soi . dont il a grant talent de l'essaier . si tire vers luy et a son bien-
uignant lui fiert de l'espee sur l'espaulle de telle randonnee qu'il lui se-
pare du corps l'espaulle auec le chief tout en trauers et mort le trebusce a   40
terre.   Puis serche plus auant s'il trouuera aulcune aduenture et de fait vng cheualier lui vient assoir l'espee par derrier sur le heaulme pour ce qu'il lui
auoit veu occire le cheualier aux armez indez.   Quant Alixandre a sentu ce
coup . il se retourne et se lance soudeinement contre cil qui l'a feru par si

grant air . que au hurter il le fait choir la teste desous si durement qu'il lui
descire le col et que son cheual [fol. 28ᵛ] chiet sur luy.   Apres ces fais
s'arreste Alixandre . il voit le seneschal au conte traytre qui fait grant proesse
de cheualerie.   Alixandre n'en est pas bien comptent et pour ce qu'il le veult
5 paier de son bien faire et il voit qu'il fault qu'il passe aincois parmi plus
de .vᶜ. traytres.   ¶ il eslieue son corage et de seraine face il en soi esuer-
tuant picque [son] bon destrier et en la plus [grande] presse s'en va courant
comme tempeste ferant et batant tant radement qu'il n'y a homme qui deuant
lui ne face voie jusques il est venu au seneschal qui l'atend et le cuide bien mater
10 et desconfire.   ¶ Alixandre haulce l'espee et fiert le traytre sur le heaulme.
mais ce coup guency de coste.   Le seneschal ne lui failli pas . il le cuida ferir
au plus hault . mes Alixandre qui se coupuri de son escu a vng aultre coup
d'espee trenca au seneschal la moitie du col auec le harnas et widier lui fist
les arcons.   Lors plus [fol. 29ʳ] de .c. archierz vindrent enuironner Alixandre
15 et tellement le assaillirent de trait qu'ilz occirent son cheual soubz lui . lors
commencerent ilz vng hault cri que messire Gauain entendi bien . il y acourut
a toute haste et comme il veist le bon cheualier Alixandre qui tenoit pie
a tant d'archiers . il s'aduentura et de ferir ne cessa jusquez il eust aidie a
remonter Alixandre du milleur cheual qui fust en la place.

20   *Comment Alixandre entra ou chasteau de Guinesores.*

Q uant Alixandre fu remonte lors se cheualier fist james merueilles
il les fist . car des archiers n'en demoura pas vingt qui ne fussent
toux mis a l'espee par le bien faire d'Alixandre et messire Gauain.   Le conte
de Guinesores vit le labeur [que] ces deux cheualiers faisoient dont il eust telle
25 paour qu'il s'en fui par vne [fol. 29ᵛ] voie secrete.   Alixandre le vit quant il fu
enuiron deux arpens ou mesures de terre loings . si dist en soi mesmes qu'il
pouruerra a son malice mes que dieux lui consente son entreprise achicuer.
Jl voit que le grant tas des traytres est descreu et fort amoindri et voit ausi
que ceux de sa partie n'ont garde . car le roy est asses pres d'illeuc qui re-
30 garde la merlee prest de secourir sez hommes s'il le fault.   Il appele vne
partie de sez hommes et leur fait mettre sus leurz escus et prendre ceulx de
leurz ennemis qui gesoient a terre et mesmes apres ce prendent il leur cheuaulx . puis quant ilz s'ont mis es armes de leurz aduersairez il se tire en vng
destour secret de coste vng buisson et dist a sez hommes.   Ad ce dist il que
35 nous puissons entrer ens le chasteau de Guinesores qui maintenant est garde
[fol. 30ʳ] du conte malues acompaignic d'aulcun pou de cheualiers lasces et recreans . je vous ai fait armer des escus de leurz gens affin que quant nous
vendrons a la porte qu'en cuidant que nous soions de leurz amis elle nous
soit ouuerte et habandonnee . et nous entres leans moiennant la grace de
40 dieu puissons prendre et loier le desleal homme a qui fortune soit ennemie
et fauourable a nous qui auons juste cause de ce faire.   ¶ Suiues moy dist
Alixandre et s'a vous ne tient aujourdui nous obtendrons l'honneur de la
journee.   ¶ Atant se sont ilz mis a voie . ilz viennent a la porte du chasteau
et ceux qui lez voient cuidans que ce soient ceux qui nagueres en estoient

24. que] de *Hs.*   33. s'ont *vgl.* 289, 30.   35. panssons *Hs.*

issus les laissent entrer dedens paisiblement sans ce que nul les arraisonnat
jusquez ilz eurent passe le tiers pont [fol. 30ᵛ] le troisiesme mur et la tierce
porte de fer et qu'ilz se trouuerent en la grant court ou estoit le conte et
pluseurz sergans et cheualiers desquelz il n'en y a pas .viij. qui ne soient
armes de sallade haubert ou jacque.   5

Comment Alixandre enuahy ceux du chasteau et en occist plente.

A lixandre soi trouuant comme dessus est dit en la grant court il
veult achicuer son entreprise . car il voit sez ennemis en belles.
Primers il fait clorre lez trois portes et leuer les pons puis occirre le
portier et le getter es fosses pardessus la muraille . et quant il a ce fait il 10
escrie sez ennemis 'a mort a mort'. A ces parollez il saillent sus crians:
Trays trays sonmes nous. Toy nostre prince pren tes armes et pence de
garder ton chief . car tu es en aduenture [fol. 31ʳ] de mort. Atant s'est
affichie Alixandre en ses estriers. Il escrie 'a culx a eulx' . puis couce la lance
et de prime abordee il en tresperca l'un ocist le second et autant qu'il en feri 15
il en occist et mist a mort. Pareillement sez hommes se porterent et firent
valloir. Le conte en a grant duel si voit Alixandre et pour le milleur cheualier le choisit . il couce la lance et jouster en vient contre l'escu d'Alixandre
par telle vertu qu'il l'a tronconne en plus de six parties. ¶ Lors est Alixandre inpourueu de lance quant il voit celle de son ennemi rompue contre son 20
escu . il lui va audeuant et a l'aborder d'escu de corpz et de puissance tellement le hurte qu'il l'abat cheualier et cheual en vng mont. De ce coup
souffrir est tout cuer failli le conte . il ne scet son sens et tant voit ces .x. cheualiers de Grece vaillanment besongnier qu'il non plus sachant desquelles
[fol. 31ᵛ] [. . .] pensant de soi sauuer jusques secours luy viengne s'en fuit auec 25
plente de ses hommes en vne salle perilleuse a y entrer . car le passage est
estroit. Ceulx qui ne poeuent asses a tampz venir a la porte de la salle se
mettent a merci et Alixandre lez meine aux creniaux et du hault en bas
les fait saillir . se sauue qui puet . mes ad ce que le conte ne s'en puisse fuir
il y conuient deux cheualiers fermes et biens asseures.   30

Comment Alixandre vaincqui pluseurs gens du chasteau.

A pres ces entrefaictes Alixandre cerche tant qu'il treuue bien .xx.
hommes armes en vng cauain qui illeuc s'estoient mis pour reposer comme ceulx qui auoient toute la nuit veillie . il lez escrie 'a mort' dont
ilz s'esueillent et tirent bonnes espeez disans qu'ilz n'ont garde de .viij. hommes. 35
ilz viennent ireement a l'encontre d'Alixandre qui se prent a ferir [fol. 32ʳ] de
tant grande puissance qu'il samble que coupz ne lui coustent riens. Il en occit
l'un et le .ije. a deux coupz seullement . dont les aultres cuidans qu'il soit vng
ennemi a lui se rendent. Alixandre prent leurz espees . puis lez fait monter
aux creniaux et comme il a fait aux aultres pour le guerredon de leur rebel- 40
lion et maliuolence il les fait saulter es fosses . esquelz ylz meurent miserable-
ment. Lors s'en est Alixandre reuenu a la premiere porte et y treuue plente
d'ommes d'armes lasses et recreans . ilz crient qu'ilz soient mis dedens et atant
veci vng des portierz qui pour sauuer sa vie se mest a genoulz audeuant
d'Alixandre et lui dist que s'il le veult recepuoir a merci il trouuera moyen 45

par lequel il luy liurera toux lez chiefz de ceulx qui vouldront entrer ens.
Alixandre lui acorde et atant le portier [fol. 32ᵛ] se monstre a ceulx de
dehors et leur dist que s'ilz veulent entrer ens qu'il conuient que ce soit par
la poterne et affin que nulz ennemis ne se merlent auec culx qu'ilz (o)mettent
5 bas leurz heaulmez et viengnent vng a vng l'un apres l'aultre. ¶ Ceux de
dehors sont complens qu'ensi soit fait. Le portier abaisse la plancquette de
la poterne et tient bien l'uis serre et autant qu'il y en vient a mesurez qu'ilz
entrent ens il lez maine en vne sale ou est Alixandre et a toux leur trence
lez testez . et par ainsi sauua il sa vie. ¶ Conclusions: apres tresgrant occi-
10 sion dez trahiteurz Alixandre trouua en sa voie vng grant tynel . si rebouta
l'espee ou feurre . saisit ce tynel et s'adresca deuant la salle ou estoit le conte
ẹet y auoit vng grant glouton qui se combatoit contre sez cheualiers. Alixandre le voit . si haulce le tynel et au glouton donne tel coup qu'il le acrauante
[fol. 33ʳ] en vng mont et fondre le fait a terre. Lors mest Alixandre vng pie
15 dedens l'estroit passage . et quant il a du tiers quart et quint deliure la voie et
il voit le conte qui se musce contre vng postel atout vne grant hace en poing .
il rehaulce le tinel et apres longue chasce . car le conte tournoit tousiours
autour du postel . il sault vng coup auant et fiert le conte sur le sommet du
heaulme par tel vertu qu'il l'estonne et comme estourdi reculer le fait jusquez
20 aux parroix de la salle contre qui il s'arreste et chiet en vng mont aiant
perdu sens et memore.

*Comment Alixandre desuesti tout nud le conte de Guinesores sur la
muraille et lui dist pluseurz iniures.*

Quant Alixandre voit son ennemi lasse mat et sans nulle force il le
25 ampoigne et le prent prisonner et les aultres Gregois ja aians
gaaignie [fol. 33ᵛ] le passage s'aduancent. Ceus de dedens voient leur chief conuaincu . si sont mis en desroy pris saisịs et menes a la muraille(s) puis saillis es
fossez comme les aultres et ainsi remaint le conte prisonnier seul et esgare entre
la main de ses ennemis. Je passe les fais de messire Gauain et des noblez princes
30 du roi Artus qui apres pleniere victoire comme ils trouuassent les armes
d'Alixandre sur vng corpz mort ilz cuiderent que ce fust il . si en demenerent
grant et angoiseux doeul et longuement plorerent la mort de cestui Alixandre
qui de ceste heure estoit monte a la muraille et monstroit a ceulx de la ville
leur conte qu'il auoit loye de cordes et despoullie tout nud en belle chemise.
35 Qui vouldroit trouuer vng homme sans vne seule dragme de joie il pourroit
bien licitement prendre ce conte traytre qui voiant soi estre escheu es las de
ses ennemis [fol. 34ᵣ] il maldist l'heure qu'il fu oncques nes . il desprise sa
miserable orde et mescheande vie . puis en errant contre la foi il' dist: O
comme fortune m'est contraire . quant elle me aseruist et subgecte a la planette
40 rengnant a l'heure et minute que je fus engendre. Je croi que dieu a permis
des qu'il me procrea de la masse de terre que je seroie le plus meschant
qu'oncques fut qui soit ne qui james sera et samble que je soie fait a celle
intencion que je ne doibz auoir en ma vie si non temptacionz diabolicques
par lesquelles ce mal meschief honte perte et dampnacion me sont venus voir
45 a ma tresmiserable fin. Lors a il tourne sa face vers Alixandre disant: Toy
qui me tiens loye de gros et ruides loyens occis moy malheureux ad ce que

ie soie deliure pour vne fois de ce que j'atens a recepuoir. Tant de bien ne
te doit pas aduenir dist Alixandre. justice sera [fol. 34ᵛ] (sera) prise par tampz
du grant nombre de tes mallefices . qui es cause de la destruction et perdicion
du grant pueple qui aujourdhui pour et a cause de ton irraisonnable propolz
furnir a este execute et mis a mort apres plente de son sang espandu.' Or 5
regarde dont de com grande affliction et martire ta charongne doit estre tour-
mentee pour la reconpensacion de ton delict et de celle grant perte de monde
que tu auoies seduit enchante et suborne par tes faulces parolles. Ceulz de la
ville voians leur prince nud loie et lesdenge villainement voire et monstre au
doi ilz prient merci a Alixandre qui leur enjoingt qu'ilz s'en voicent au roy 10
Artus lui conter que Alixandre tient le conte prisonnier. ¶ A ces motz s'en
alerent ceulx de la ville tirans vers la bataille . si veirent d'aduenture ceux de
Bretaigne victorians [fol. 35ʳ] et acourans vers le chasteau apres aulcuns
cheualiers complicez au conte qui bien cuidoient eschaper. Conclusions: lez
nouuellez sceues que Alixandre tenoit la fortresse et le conte prisonnier le 15
roi et vng chascun tourna son pleur en leesse et prinrent bon cuer . ilz trouuerent leurs ennemis au pont regardans la malheurte du conte et en ce faisant
ilz furent sourprins et mis a mort. Je ne di pas que pluseurz n'eschapassent
par leur bien fuir. Mes Alixandre voiant le roi il lui fist ouurir lez portez
du chasteau et quant ilz furent entres leans l'estandart fu plante au plus hault. 20
Alixandre liura son prisonnier au roy qui trencier lui fist la teste et escar-
teller . puis fichier la dicte teste ou bout d'une lance ou millieu de la premiere
porte. Ce fait il ne fault pas demander quelle fu la loange que l'en fist a
dieu pour [fol. 35ᵛ] le bien faire du tresprudent cheualier Alixandre . la coupe
d'or lui est donnee par le consentement d'un chascun. Et oultre plus le roi 25
lui prie qu'il le requiere d'aulcune chose et que le don ne saura estre si
grant qu'il ne lui oltroie son honneur sauue. ¶ Alixandre l'en remercie cent
mille fois comme cil qui bien le scet faire . mes ausi va qu'il ne ose requerre
son desir et si scet bien que s'il le requiert qu'il n'y fauldra pas. Et pour
qu'il doubte qu'a aulcun ne desplese sa requeste c'est assauoir que le roi lui 30
donne a femme Soredamours il demande vng jour de respit que le roi lui
acorde.

Comment la reyne interroga Alixandre de ses amours.

O r a Alixandre la coupe d'or si dist qu'il en fera aulcun bon ami
et par grant courtoisie ou qu'il tienne messire Gauain il la lui 35
presente et tant de fois l'en prie qu'il la prent dont [fol. 36ʳ] Alixandre est
moult joieux. ¶ De ces fais fu partout esparse la nouuelle. Soredamourz le
sceut et elle qui nagueres auoit oy compter la mort de son ami par quoi
elle machinoit pencees tendans a pleurz et grossez larmes . maintenant se res-
ioit si grandement que le triste pencer et le grant annuy qu'elle auoit presen- 40
tement est deboute et mis au derriere. ¶ Elle torce sez yeux et laue sa
face esploree disant a son cuer qu'il s'esioisse . mais trop lui est la longue
demouree d'Alixandre anuyeuse. Pareillement a Alixandre tarde il trop qu'il
n'est voiant sa belle dame en amours et de fait par le grant desir qu'il a au

---

13. victorians] *über* ians *steht noch die Abkürzung* ᵔ.

plus tost qu'il est retourne a ses trefz il se adresce aux tentez de la reyne
. qu'il rencontre et honnorablement la salue. La reyne qui ne scet comment
elle puisse asses festoier Alixandre lui rend son salu . puis l'enmaine en vne
rice tente et elle congnoissant quel est le plus [fol. 36ᵛ] grant plesir que faire
5 lui sace . maintenant appelle Soredamourz sa niepce et de coste elle le fait soir .
puis commence a mettre en parolles le cheualier en ceste maniere. ¶ Or ca
Alixandre tresleal seruiteur . qui sercez ton aduenture et enquiers par toy
facon et moyen de paruenir a aulcune haultesse . saces que a ton gracieux
maintien je ay ferme congnoissance que les vertus d'amours labourent ad ce
10 que par curieuse estude tu veulles exerciter son seruice par remirant le sens
beaulte et courtoisie d'aulcune damoiselle de hault lieu. Et pour ce que j'ay
pitie de toy veul je sauoir . se je ta secretaine et aduocate en ceste maniere
te pourray aidier comme celle qui voulentiers et de bon cuer me exposerai
a vous aidier ad ce besoing. ¶ Quant Alixandre voit que la reyne congnoit
15 son fait il rougit et non plus veullant celler son corage lui dist. ¶ La vostre
merci madame [fol. 37ʳ] de l'offre que vous me faictes . je ne le vaulz pas et
au regard des amours que vous aues mises en termes . je ne me veul pas excuser . ains ottroie voz parollez estre veritablez et me tiens subget au dieu
d'amours. Et puis madame qu'il vous plest sauoir de mon estat en ce cas .
20 je confesse que voirement est mon cuer naure de l'amour de la plus gracieuse
damoiselle qui puisse estre choisie entre cent mille dames de quelconquez
beaulte dont elle soient douees. Se n'est pas sans cause se mon cul tient
mon cuer en seruitude pour acquerre la bonne grace de la belle . et se j'estoie
de si bonne heure ney qu'elle voulsit auoir pitie de moy . je pren sur dieu
25 et sur mon ame que je cuideroie [estre] le seruiteur mieux guerdonne d'amours
qu'oncques fussent nulz cheualiers. Hellas madame je ne puis plus celler
mon corage . ains conuient que je vous face sage de celle que j'ayme. C'est
assauoir ma tresexellente et souueraine mestresse [fol. 37ᵛ] desiree . Soredamours . quy ci est presente a laquelle et a vous ausi prie je tant comme je
30 puis que poureu soit a mon angoisseux martire.

Comment la reyne parla a Soredamourz de prendre Alixandre a mari.

Disans ces parolles Alixandre et la damoiselle .c. fois changent
couleurs . et plus de mil soupi[r]s enuoient deuers le cuer l'un de
l'aultre pour faire par ambassade semonce de leurz vouloirs. La reyne con-
35 gnoit le fait de Soredamours qui jamaix aultre cheualier n'ama . si le veult
questionner en disant: O ma belle fille . comme il soit ainsi que tu aiez ouy
la treshumble supplication du plus des plus . qui muert pour acquerre ta
bonne grace a laquelle nul aultre ne poult oncques paruenir. Or est cestui
le tresparfait de beaulte et te requiert a espouse dame et mestresse. Con
40 sidere qu'il est de hault lieu et se ton desdaing n'est conuaincu d'amours
[fol. 38ʳ] que james tu ne paruendras a si bon sort comme en cellui . qui par
dessus toux lez cheualiers de le vniuersel monde est renomme pour preu vail-

13. pourray] plray *H.* 32. *Initiale fehlt H.* 33. soupis *so H.* 35. si
(la *durchstrichen*) le *H.* 37. humble *H. — Nicht etwa Lücke, wie:* du
plus des plus leaus cheualiers; *sondern vgl.* 305, 30, l. la plus des plus.

lant et de bon lignage. ¶ Hellas madame comme me tendrois je heureuse
se je estoie si bonne que ce cheualier me daignast amer. Se ce grant bien me
aduient de bonne heure soit ce et ja dieux ne plese que je le reffuse . car en
ce monde je ne pourroie mieux estre assenee a mon samblant. ¶ Atant a
la reyne mande le roy messire Gauayn et les baronz lesquelz venus et ayans   5
oy recorder le cas des deux amans ilz ne furent oncques si joieux. Le roi
les fist fiancer et espouser . mais des metz dancez tournois et esbatemens se
taist noſtre compte. L'en fu trescomptent de leurz amours et mesmes le roy
tinst sa table roonde et fist a Alixandre tous les honneurz qu'il sauoit pencer
et faire . [fol. 38ᵛ] et pour la faire briefue Alixandre et Soredamourz conuenus 10
en vng entier vouloir il multeplierent tellement lez cuurez de mariage que au
chief des .ix. mois Soredamours se deliura d'un tresbeau filz qui fu nomme
Cliges et duquel nous ferons ceste presente histoire.

Comment Alix se fist couronner en empereur par le raport d'un menteur.

Tandis que Cliges estoit a nourrice et que Alixandre se tenoit a la 15
court du roi Artus . furent expires de vie l'empereur et la reyne
de Constantinople ainsi comme en vng tampz . et lors que les exeques de l'empereur furent fais . lez noblez sachans que Alixandre estoit hiretier ilz trans-
mirent messages pour lui aller semondre qu'il venist prendre possession de
l'empire. Les messages entres en mer ils perirent toux par infortune exepte 20
[fol. 39ʳ] l'un qui retourna au palais de Constantinople . et dist aux noblez
que Alixandre atout sez hommes estoit peri en la mer par vng orage de
tampz et que de toux ceulz qui auec lui estoient il n'en estoit eschape que
lui. De laquelle nouuelle chascun fist grant duel par la cite . mais au fort
Alix se couronna et prist honmage et feaulte de sez hommez. ¶ Mes dist 25
l'istoire que Alixandre tantost apres eust nouuelles de la mort son pere . si
prist congie du roy de la reyne et de messire Gauain et leur racompta que
l'empereur son pere estoit mort . disant qu'il iroit prendre saisine et pocession
de l'empire. Par quoi le roi fu assez comptend. Il lui deliura nefz hommes
viurez or et argent . et a grant plente de larmes se mist Alixandre en la mer . 30
menant o soi sa femme et son chier filz Cligez . mais atant cessera nostre
compte a parler [fol. 39ᵛ] du roy Artus et de sa mesnie . et pour achieuer les
fais d'Alixandre . vendra a dire que icellui mis a voie . il se trouua au port
de Constantinople et trouua que Alix son frere portoit la couronne de˙
l'empire. 35

Comment l'apointement fu fait entre Alix et Alixandre.

Quant Alixandre sceut que son frere auoit apprehende et applicquie
a soy le droit qui ne luy apartenoit pas il n'en fu pas comptend .
si lui manda qu'il lui rendist le roiaulme ou si non qu'il pouruerroit de remede. Alix sachant que Alixandre estoit vif . il ne sceut que dire . et en son 40
cuer fu moult dolant. Il assambla le conseil et par deliberacion il fu con-
streint de soi humilier denant son frere. Et fu l'apointement fait entre lui

8. *Nach* fu *ist* tresioyeux *schwarz und roth durchstrichen.* 19. *H.* zu-
erst possession du roi[aume], *dann gebessert.*

et Alixandre par telle condicion que Alix porteroit seulement la couronne
et jamaix ne prendroit femme . et Alixandre [fol. 40ʳ] d'aultre part aroit les
proffis et seroit honnoure comme empereur . moiennant certaine somme de
deniers qu'il deliureroit a Alix son frere durant sa vie chascun an. En ceste
5 maniere rengnerent Alix et Alixandre longuement. ¶ Mes aduint finablement
que Alixandre et Soredamours escheurent en malladie. Soredamourz morut et
Alixandre soi sentant aggreuer de malladie appella son enfant Cliges ja par-
creu et venu en eage et lui dist: ¶ Cliges mon filz le resioissement de mon
cuer . soies seur que tu ne paruendras ja a honneur se tu ne vas seruir le
10 roy Artus . si te pri que se aduenture t'y maine tu te gouuernes saigement
et te facez congnoistre a messire Gauain ton oncle . car entre les aultres il a
le plus grant bruit et est cellui qui pour l'amour de moy voulentiers t'aduan-
cera. Il n'a pas fine [fol. 40ᵛ] (fine) ces parolles quant l'ame se part du
corps . dont Cliges et Alix meinent grant duel et le font solempnellement
15 mettre en terre. Et ainsi fina sa vie Alixandre pere de Cliges duquel nous
auons fait vng petit traictie et maintenant commencerons le second en la maniere qui s'ensuit.

*S'ensuit la seconde partie de ceste histoire et contient ce chapitle:
Conment les consilliers conseillent a Alix qu'il prende dame a espouse.*

20 Apres la mort d'Alixandre et de Soredamourz Alix tinst [fol. 41ʳ]
longuement sa promesse qu'il ne prendroit jamais femme a mariage.
Mes pour ce qu'il n'est riens que le tampz ne face oublier . aulcuns consilliers
de Alix . voire jeunes et non raisonnablez . le enhorterent tellement de soi
marier qu'il oublia son serement et fu comptent de prendre femme . mes
25 qu'elle fust belle oultre mesure. ¶ Les consilliers respondirent qu'il ne ten-
droit pas a si pou de chose . et par enquisicion qu'ilz auoient faicte ilz
estoient aduertis que l'empereur d'Alemaigne auoit vne fille belle a droit
entre cent mille. Ilz racomptent a Alis ce qu'ilz sceuent de la belle pucelle.
Et Alix ja esprins de l'amour d'elle hastiuement enuoye sez ambaxateurz
30 deuerz l'empereur pour requer[re] la belle fille en son nom. Lesquelz partis
et mis a voie . ilz se trouuerent en la ville de Tenebourc . en laquelle seiour-
noit lors l'empereur. Ilz vont vers luy [fol. 41ᵛ] et a brief parler apres la
reuerence faicte ilz requierent a l'empereur Fenice sa fille pour estre donnee
a mariage a l'empereur de Constantinople. Cil d'Alemaigne respond qu'il
35 parlera voulentierz a s[a] fille et a son conseil et lors qu'il entend de son
conseil et de sa fille qu'il ne y aroit que bien s'il paracomplissoit ceste alliance .
il ottroye aux anbaxateurz sa fille pour et ou nom de l'empereur de Constan-
tinoble. Dont ilz sont moult joieux et grandement remercient l'empereur qui
bonne chiere leur fait et apres le conioissement tant en parollez samblans
40 mengers comme en dancez dons et esbatemens l'empereur lez assamble et
leur dist: Or ca beaux seigneurs et amis . puisque la chose est ainsi tournee
que je vous ay donnee ma fille pour estre parchonniere et dame de l'empire
de Constantinople . par quoi il fault qu'elle soit de ma maison emmenee en
Grece . j'en suis moult [fol. 42ʳ] joieux. Mais or est ainsi que le duc de

Nach 17 acht leere Zeilen in H. 35. sa] son *H.*

Saxonne le m'a requise par pluscurs fois ct la vcult auoir a femme . si ne la
pourriez emmener s'il le sauoit . sans ce que vous fussies plente de gens pour
la deffendre contre lui s'il la vouloit arrester. Et pour ce vous retournerez
deuerz l'empereur vostre sire et lors que vous le aures salue de par moy . vous
lui dires que s'il veult auoir mon enfant . qu'il fault qu'il y viengne en per- 5
sonne pour la cause dessusdicte.

Comment l'empereur de Constantinople ala en Allemaigne pour espouser
Fenice.

Q uant ceux de Grece ont oy l'empereur . ilz lui prometent de bien
furnir le message. Ilz prendent congie de lui et de Fenice . puis 10
se mettent a chemin et par la bonne dilligence qui est en eux . ilz se treuuent
[fol. 42ᵛ] en pou de tampz retournes en Constantinople deuerz leur(z) maistre .
auquel ilz font les recommandacionz et raconptent leur exploit et pour ce
qu'il fault qu'il y voit en personne il fait faire robez de liuree et commande
ses cheuaulz estre pares de nouueaux harnas toux couuers d'orfauerie perles 15
et ricez platines d'argent dorees. Lesquellez choses faictes et sez gens
assemblez il se part a grans ponpes et tire en voie tant qu'il arriue en la
ville de Coulongne . ou l'empereur d'Alemaigne estoit descendu pour tenir sa
court a vne feste qui s'i faisoit. L'empereur d'Alemaigne sachant la venue
de cil de Constantinople . il lui va au deuant a noble baronnie et quant ilz 20
sont venus deuant le palais . Alix descendu . cil d'Alemaigne le prist par le
bras et en sa salle l'enmena. Lors fu Fenice amenee deuant son pere
[fol. 43ʳ] reluisant en tant exellente beaulte que l'en ne scaroit tant dire de
beaultes feminines qu'en elle n'en soient plus trounes. Et pour ce que je ne
suffiroie pas a descripre la figure et tresautentique forme de ceste belle da- 25
moiselle . je m'en deporte disant que chascun s'esmeruilloit de la veior.

Comment Fenice et Cliges se entreregarderent premierement.

L e nom de la pucelle ne lui mentoit pas . elle estoit nonmee Fenice .
et ainsi que le fenix qui est seul oiseau de son plumage impareil
a toux aultres . pareillement est il de la damoiselle. Car elle est la plus des 30
plus . sans per et sans ce que nulle aultre dame soit digne d'estre comparee
a la tierce partie de sa haultaine beaulte. Et au vray dire chascun disoit
qu'il n'estoit pas possible a nature . non obstant qu'elle soit soubtille . qu'elle
sceust aduenir [fol. 43ᵛ] a composer de toutes choses vng chief d'euure pareil
ad ceste. Et pour reuenir a nostre propolz . elle entra ou palaix en chief 35
descouuert . tant que chascun pouoit voir sa face bien admesuree. En passant
son chemin elle vey Cliges qu'elle regarda voulentiers. Car il estoit bien
faconne de toux menbres auec ce qu'il estoit en la fleur de son amoureux
uage . c'est assauoir de .xvij. a .xviij. ans. Mais Narcisus qui son vmbre ama
en la fontaine . ne fu pas plus beau de cestui Cliges qui tant aduenant estoit 40
que les beaux donz de nature sambloient en luy amassez . et de tant comme
l'or passe la coulour du cuiure . d'autretant et plus excedoit Cliges lez belles
ormes des aultres hommez comme cil qui de belle fleur estoit issu. Ses crins

15. couuers] conuiers Hs., also couuiers.

estoient tieulx comme ceux de sa mere. Sa face estoit fresce comme la
ro[se] en may et oultre [fol. 44ʳ] plus. De nes bouce yeulx sourcilz front
corpz gambes et bras estoit il tant bien tourne . que nature en vng million
d'hommes ne sauroit aduenir a en faire vng de telle four[m]e . n'estoit par la
5 permission de cellui dieu a cui rien n'est impossible. Quant Fenice est venue
deuant son pere . elle deprimefnce lui fait autant grande reuerence comme s'il
estoit dieu. Elle fu assise decoste l'empereur son pere. Cliges qui la voit
en ceste honneur ne se puelt contregarder qu'il ne faille que amours vertisse
et tourne ses yeulx vers elle . et elle pareillement enuers Cliges qui tant est
10 de beau maintien qu'elle est esprise de son amour non pas sans cause mes
a bon droit . car par raison il est cil empereur de Constantinople a qui elle
est donne. Et samble selon mon ente[nde]mend que dieux ne veulle pas
qu'elle soit dechupte. Toutesuoies cil pouruerra a son fait qui son vouloir
en puelt faire. [fol. 44ᵛ] Plus voit Fenice l'asseure maintien de Cliges . et
15 plus l'ayme. Elle lui ottroye son cuer comme Cliges fait le sien a elle
disant: A com grande fellicite m'esleueroit dieux se je pouoye estre de si
bonne heure cy venue que je peusise paruenir a l'amour de cellui qui trespasse en toutez facons lez plus parfais hommes de la terre. ¶ Samblablement
parle par soi Cliges . dont je puis bien dire que amours fait leurz deux pencees
20 conuenir en vng seul et arreste desir et me samble qu'ilz soient attains des
trais d'amours egalment et a juste mesure. ¶ D'un parfait vouloir et d'une
seule pencee tournent leurz yeux et entendemens Cliges et Fenice a remirer
la doulceur beaulte et haultain ouuraige dont chascun de culz est parfait
quant a forme corporelle. Mes atant nostre compte les laissera entreregarder .
25 et maintenant vendra a parler des fais au duc de Saxonne qui estoit [fol. 45ʳ]
tant amoureux de Fenice que non obstant qu'il eust par pluseurz fois este
escondit . il auoit transmis son nepueu et bien .vᶜ. hommes auec lui pour venir
encores de rechief parler a l'empereur du mariage de sa fille.

Comment Archadez desfia lez empereurs et Cliges lui rendi responce.

30 En ceste presente partie dist l'istoire que le nepueu au duc de
Saxonne arriua a Coulongne la journee mesmes que l'empereur de
Constantinople y estoit descendu . et pour furnir son voiage il se trouua ou
palais et deuant la face de l'empereur disant: Sire dieu te sault et acroisse
ton honneur . se tu veulz condescendre a la supplicacion que te fait le duc
35 de Saxoinne. Comme il soit ainsi que par pluseurz fois il ait requis ta fille
a mariage veullant exaucier le bien et prosperite d'icelle et tu ne lui en
ayes [fol. 45ᵛ] voulu donner responce . ad ceste fois veult il sauoir le faire
ou le laissier. Et se tu la me daignes ottroyer il t'aymera . ou sinon il
mouuera guerre contre toi et ton pueple. ¶ Aux parollez duquel ne a empe-
40 reur cheualier ne aultre qui responde . et font ce par desdaing. Le nepueu
au duc de Saxonne voiant ce les desfie. ¶ A laquelle desfiance nul ne se
moeut . et pour ce que Cliges a voulente de monstrer sa puissance il s'adresse
deuant cil de Saxonne nomme Archades et lui dist: Toy cheualier de grant
entreprise qui desfies l'empereur mon oncle . ou a qui tu veulz auoir par haul-

2. rose] roy.   4. fourme] fourne *Hs.*

sage ce qui lui est ottroic . va t'en d'ici et pren .iij^c. de tez compaignons et
moy atout deux^c de [. . .] recepueray et aujourdhuy esprouueray a l'espec et aux
fers de lances lequel aura milleur droit ou toi d'assaillir ou moi de deffendre.
A cez parollez s'est parti Archadez . [fol. 46^r] pour faire ce que Cliges lui a
chergie. Lequel Cliges est promptement enuironne de cheualiers pour le har-   5
dement que l'en a veu en luy. Il en prent deux .c. des moindres et ains
qu'ilz soient adoubes d'un les et de l'aultre . les empereurz et la belle fille
auec dames et damoiselles sont venus aux creniaux au deuant d'une praerie
en laquelle conuindrent lez cheualiers d'un les et de l'aultre.

Comment ceux de Grece et de Saxonne se combatent ensamble.   10

Q uant Cliges et Archades sont apprestes pour ce [fol. 46^v] qu'ilz
voient qu'il est heure du besongnier . ilz laissent courre l'un
contre l'aultre et dieux scet qu'ilz n'espargnent lances ny escus. Cliges est
d'une part qui bien s'espreuue et de l'aultre est le cheualier de Saxonne qui
fait asses bien son deuoir de percier escus rompre lances et chargier de·grans   15
coupz cez heaulmes et haubers. Cliges voit ce . si tourne celle part courant
comme vent et fendant tout deuant luy et la ou il voit Archades qui orguil-
leusement se combat . il lui va audeuant et tellement le fiert d'un coup de
lance que perdre lui fait lez arcons et le porte sur le herbage de la plaine.
Puis s'espaint Cliges en la grant presse et ains que lance lui faille il en fait   20
tant que nul aultre cheualier ne l'eust mieux sceu faire. ¶ Toutesuoiez il la
rompi contre vng cheualier arme de cuir boulli a maniere de Turc . si tira
l'espec de laquelle il fist tant de testes bras et poingz voller que toux ceulx
qui le veioient ce faire [fol. 47^r] s'esmeruilloient comment force d'omme
pouoit souffire a abatre tant d'hommes et cheuaulz verser et cheioir comme   25
faisoit Cliges. Car d'occirre lez milleurz cheualierz de Saxonne il ne faisoit
neant plus de compte ne ce ne lui greuoit non plus qu'a vng aultre faisoit·
ferir vng coup. Par quoi sez vertus obscurcissoient lez entreprinsez de
tous ceux de ceste merlee comme (conme) l'or obscurcit les .vj. especes de
metaulx.   30

Comment Cligez faisoit merueillez d'armez en la bataille ou behour-
dement.

T andis que Cliges si bien le faisoit . ceux de Saxonne auoient grant
paine a ressourdre Archadez . laquelle chose ne se fist pas sans
la mort de plus de .xl. cheualiers ou escuiers . car il fu par .v. fois rabbatu   35
ains qu'il peult estre remonte et a chief de ceste escremie il s'esuertua et fist
tant par la bonne ayde de sez hommes qu'il fu monte sur vng tresbon
lestrier. [fol. 47^v] Archades s'enorguilli lors et par grant despit jure qu'il
se vengera de sa honte. Il s'est embatu en la plus grant presse et au mieulx
qu'il puelt il se venge contro ceulx de Grece qui si cheualereusement le ren-   40
contrent que pour la journee il ne pueent mais auoir deshonneur. Car com-

2. *Lücke dem Sinne nach, etwa:* mes compaignons te.   6. moindres]
wohl miaudres (*st.* milleurs) *zu bessern.*   9. *Nach* 9 *acht leere Zeilen in H.*

bien qu'ilz ne soient que deux contre trois . Cliges lez enhaiette et leur fait
tenir pie a estache contre leurz ennemis si rigoreusement que Saxonnois ne
poenent trouuer facon de les faire vne seule fois ressortir. Dont Archadez
est mout courrecie quant il treuue ces Gregois si bien asseurez de la guerre.
5 Il court et racourt et par les rens serce tant Cliges qu'il le treuue et lui voit
oster espeez des poingz escus des cols et heaulmes des testes. Il en est plus
anuie que deuant et de fait il lui vient courre sus et lui donne vng tel coup
d'espee sur son escu · qu'il en enporte bien demi quartier. Cliges n'en est
pas [fol. 48ʳ] bien comptend. Il le recongnoist a ses armes . si haulce et tant
10 radement le sallue de l'espee sur le heaulme qu'il l'estonne et secondement
le fait coucier a terre. Voians ce ceulx de Saxonne ilz ne sceuent que faire .
mes au fort a toutes puissances ilz aident a remonter Archades qui reprent
son corage et rallie et rassamble sez gens au son de son cor . et tiercement
s'embat en la bataille a la malle aduenture de ceulx qui le suyuent. Car
15 plus y en va plus en y a de abatus par le[s] coups que Cliges leur depart.
Leur grant nombre descroit et apetisse. Ils n'ont plus hardement de eulz
desfendre . ains les comuient ressortir villainement par la proesse de ce seul
escuier Cliges et secourz de sez hommes. La belle damoiselle Fenice est
aux creniaux qui voulentyers regarde Cliges et dist bien en soy que ou corpz
20 de lui a vng vaillant champion. Saxonnois tournent le dos et baillent hardement a ceux [fol. 48ᵛ] de Grece qui sur eulx ont l'aduantage et les pour-
chassent et conuoient jusques a vne petite riuiere qu'il leur conuient passer.
Cliges sault celle part et tant en fait baignier dedens qu'il en y eust plus
de .c. lesquelz sauuerent leurz vies par ceste maniere . car Cliges ne lez daigna
25 plus auant querir . car il dist en soi qu'il acquerroit pou d'honneur a occirre
ces cuers faillis . attendu qu'ilz n'ont pas puissance de desfendre leurz vies et
qu'il leurz voit gecter leurz espeez au loingz.

Comment Thessala interroga Fenice de la cause de sa doleance.

30
Comme dessus est dit laissa Cliges ceux de Saxonne releuer l'un
l'aultre de la riuiere a quoi il les auoit abbatus. Il se mist au
retour sain et haitie . et a l'heure qu'il passa deuant ceux de Grece et d'Allemaigne . la belle Fenice pour son bien faire le paya [fol. 49ʳ] d'un doulx et
amoureux regard [. . .] comme Cliges fist elle par l'enhortement d'amours. Quant
chascun fu retourne au pallais . les deuises se tindrent toutes sur le fait de
35 Cliges et demandoient dames et damoiselles a ceulx de Grece qui estoit le
gentil damoisel Cliges qui tant bien l'auoit fet. Par l'interrogacion desquelles
Fenice fu aduertie qu'il deuoit estre empereur de Constantinople se droit lui
estoit fait et que son oncle Alix lors portant la couronne de l'empire faulsoit
son serement de la vouloir auoir a femme par ce qu'il auoit creante a
40 Alixandre de soi non james marier a cause qu'il possessoit de la couronne
iniustement. Dieux comme est surprinse Fenice de l'amour de Cliges.
O lasse dist elle que je suis de malle heure nee . se ce faulz et desleal pariure paruient ad ce a quoi il pretend. Certes quelque chose [. . .] [fol. 49ᵛ] je
suis determinee et resolue en telle conclusion que j'aymerai Cliges a qui je suis
45 donnee . attendu qu'il doit par raison auoir la juridicion et empire de Constantinople. ¶ Lors pense elle comment elle pourra conuenir de son entreprise

et quant elle y a longuement pence et elle n'y scet trouuer moyen . james
pucelle ne fu plus dolante. Thessalla la mestresse de Fenice la regarde et
combien qu'elle soit instruite en la science de nigromancie et bien experte
en enchanteries . elle ne scet d'elle mesmez concepuoir la douleur de Fenice .
si tourne vers elle et lui prent a dire: ¶ Ma fille je m'esbahis de veior ta 5
doulce face . car elle est maintenant blance et prestement vermeille et samble
qui bien regarde ton maintien qu'en toi n'ait se tristresse non et pour ce je
pri que je sace ton inconueniend et je ne fai nulle doubte que je ne remedie
bien a ta malladie [fol. 50r] . car oncques Medea n'aultres ne sceurent les
tourz que je fai en medicine voire et en science inuisible magicalle et 10
enchanteresse . dont vous ne me oystes parler. Mes par la foi que je
vous doi . il n'est chose que je ne feisse pour vous donner allegance et vostre
honneur garder.

Comment Thessala enquist a Fenice la cause de sa malladie.

Fenice oyant Thessala parler asses gracieusement . encores ne lui ose 15
elle descoupurir sa pencee doubtant qu'elle ne lui desloc ce qu'elle
veult amer Cliges. Si redoubte de l'aultre part qu'elle ne la sace par enchan-
temens et pourtant elle prent le serement de sa mestresse qu'elle lui sera
secrete et que de chose qu'elle lui die elle ne le reuellera a personne pour
perte ne gaingne ne pour bien ne pour [fol. 50v] mal . Et lors que Thessala 20
lui a creante qu'elle lui sera secrete et feable . Fenice lui prent a dire: A vous
doncques ma mestresse qui interroguies moi vostre fille sur le fait de ma
doleance . soubz condicion de leaulte vous declaire je que la douleur que je
rechoi me samble doulce et angoiseuse et ne vouldroie pour nulle rien nee
que je n'eusse ceste malladie qui me vient de telle aduenture que se je m'en 25
vouloie garir, et l'expurgier le cuer n'en seroit pas comptant. Car il me dist
que le mal que j'endure ne me puelt greuer combien qu'il me soit amer . car
j'en seuffre maintenant douleur et misere et tantost sur vne mesmes heure
joie et leesse. ¶ A ces parolles congnoist bien Thessala que Fenice n'a pas
en amours ce qu'elle desire si lui respond: O ma fille j'apercoi bien qu'il 30
n'est chose plus certaine que amours vous tient a son seruice tant serreement
que [fol. 51r] les douleurs que vostre corps porte par le moyen d'esperance
a la fois vous samblent confictez de doulcez oilles et emmiellees. Car c'est
la nature du mal d'amourz qu'il samble vne heure le plus plesant de jamais
et l'aultre heure le plus grief que personne puisse souffrir ne porter. Se me 35
conuient ainsi entendre que vostre paine est causee d'un accident d'amours.
Et toutesuoiez se vous ames je ne veul pas dire que ce soit mal fait . car
dame sans amer ne paruendra ja a joie ne plesir . ains sera dure mourne
inhabille et de gros et ruide entendement . si mise en non challoir que nul ne
tendra compte d'elle. Confessez moy vostre cas ma fille . et s'il est possible 40
que nulle dame vous puisse aidier j'en ferai tant que vous en seres comptente.
Madame dist Fenice comme il soit ainsi que j'aye fiance en vous je vous dis
que je suis trop marrie de [fol. 51v] (de) ce que monseigneur mon pere me
donne a femme au faulx pariure le viellart de Constantinople que je ne pour-

15. Fenice] Senice *Hs.* 38. mourne] mourme *Hs.* 43. monß* *Hs.*

roie cherir ny amer. Car mon amour est assise par cas de nouuellete sur le
plus aduenant homme qui rengne soubs la cape du ciel . c'est assauoir Cliges .
se ne scey conment je puisse faire . car j'ameroie mieulx estre desmembree
que mon corpz fu .villene et corrompu de deux honmes comme fu cil d'Yseult
5 l'amie de Tristan qui tousiourz fu abandonne a deux voire le corpz et le
cuer non . car l'amour ne seroit pas juste et si m'aist dieu cil qui de moi
aura le cuer seullement il sera sire par soi du corpz . mais lasse je ne say
comment je le puisse donner a celluy a qui le cuer veult adrescier . car je
n'ose contredire a mon pere qui fiancee m'a a aultre que mon-tresame. Et
10 lui qui est homme a vng mot vouldra necessairement [fol. 52ʳ] tenir sa prom-
messe dont je ne scay que faire doie et vous prie madame que consillier
me veullies. Et affin que ne cuidies pas que j'aie malle cause et que je mef-
fesse . je vous aduertis que Cliges est filz a feu Alixandre frere ainsne de
Alix . qui tient contre droit l'empire laquelle appartient a Cliges et vous
15 saues que je suis donnee au droit empereur . pour quoi je veul conment qu'il
soit que le don tiengne. Car Cliges nonobstant qu'il soit priue de son droit
vault bien d'auoir vne pucelle belle et de grant facon et j'espoire que dieux
luy aydera. Fenice n'a pas achieue son propolz quant Thessala lui promet
que par poisons et coniuremens elle fera tant que l'empereur malues ja ne
20 lui toucera quant elle sera auec lui couchie . neant plus que s'il y auoit vng
mur entre eulz deulx et ce par vng beuurage dont [fol. 52ᵛ] elle fera gouster
a Alix . aiant telle vertu que james voulente ne lui prendra de baesier n'acoler
femme si non en dormant . car lors cuidera il veillier et prendre grant plesance
auec elle.

25 *Conment Fenice fu espousee et Thessala apointa le buurage.*

De ceste responce fu Fenice en grant esperance resconfortee et jura
a sez yeux et a son cuer qu'elle ne leur fauldra pas de promesse
et pour nul autre n'eschangera Cliges . car il lui samble bien digne d'auoir
belle dame. Et a briefue conclusion la nuit se passa et l'endemain fu le
30 mariage parfait de Fenice et de Alix . dont le palais fu tout rempli de joie.
Et endementierz que les dames dansseront et cheualiers et escuierz jousteront
et tournoieront . nous vendrons a parler de Thessala la mestresse de Fenice
[fol. 53ʳ] qui comme elle auoit promis(t) appresta son beuurage enchante et
confict de doulces espices pour estre plus deliccieux au boire.

35 *Comment Cliges seruist son oncle du buurage enchante.*

A heure competente Thessala eust mis en point l'enchantement et
lors qu'elle vit soir les empereurz a table et elle eust aguette
par qui elle puisse furnir son fait . elle ne choisit homme plus ydoine ne plus
propise pour ce cas faire que Cliges qui seruoit son oncle a table . a qui
40 les messages debuoient adrescier. Fin de compte Thessalla guigna a Cliges
qui vint parler a elle . laquelle l'endoctrina tresbien et lui bailla son buurage
pour en mettre en la coupe d'or de Alix et l'en seruir seulement . disant qu'il
estoit fait [fol. 53ᵛ] pour gens nouueaux maries et qu'il se gardast bien d'en
baillier a aultrui de son oncle . mes premierement affin que Cliges ne fist
45 nulle difficulte de ce faire. Thessalla en essaia comme celle qui bien sceut pour-

ucior a la uertu du buurage. Cliges doncquez seruist son oncle du vin
enchante. Il lui sambla bon et en but tresuolentierz, car il luy randissoit
parmi le corps et lui sambloit qu'il eust le cuer ouuert par ce que le buurage
labouroit en luy.

Comment Alix songea qu'il baisoit et acoloit Fenice.   5

Apres souper dances et esbatemens cessez voire et le lit beneyt
Fenice fu desatournee et menee en sa chambre. puis coucee ou
lit selon bort. Tantost apres Alix se vault coucier. mes il ne fu pas aualle
tout dedens lez lincheux. quant il s'endormi [fol. 54ʳ] et par la vertu du
buurage commenca a songier en cuidant tenir s'amie entre sez bras. Il lui 10
samble qu'il le baise cent mille fois et qu'il mennie ses tetins. mes elle(s) se
desfend et lui samble qu'elle ne le veult baisier n'acoller comme ne font lez
aultres pucelles la premiere nuit qu'elles coucent auec leurz maris. mes aux
conclusions il lui samble qu'elle s'acorde autant par amour que par force et
lui est aduis qu'il n'eust james graindre delectacion qu'il a auec elle. Puis 15
lui samble qu'il l'a laisse aller et qu'en soi tournant arriere d'elle il s'endort
et quant il se resueille a la bonne foy. il se lieue moult joieux et treuue la
belle pucelle paree et ordenee qui ne se couce de la en auant jusques son
mari est endormi et tousiours se lieue ains qu'il soit esuillie. [fol. 54ᵛ] Et
en telles rederies est il et sera demene sans ce qu'il ait vng seul baisier d'elle. 20
Car il n'en fait compte par jour comme cil qui en cuide prendre assez en
songeant. Vng petit se taira nostre compte des fais de Fenice et Alix et
maintenant vendra a parler du conte de Saxonne.

Comment Archadez racompta sa malheurte au duc son oncle.

Dist l'istoire doncquez que Archadez apres sa desconfiture s'en re- 25
tourna en Saxonne dolant et marri et racompta au duc son oncle
qu'il ne s'atendist plus a Fenice et qu'elle estoit promise et ottroiee a l'empereur de Constantinople qui moult est puissant et a vng nepeu en sa
compaignie qui moult est vaillant de son corpz et de fait il en bataille
[fol. 55ʳ] arreste a occis pluseurz de mes cheualiers et tant durement nous 30
malmena qu'il fut en son vouloir de faire son plesir de moy. O comme est
ce duc marri et dolant. Il ne scet son sens et jure qu'il mourra ou il aura
vengance de ceulz de Grece. ¶ Il assemble toute sa puissance et par pluseurz
chemins enuoie ses cheualiers en embusce pour leur empeschier le passage et
mesmement il conmet espies qui de jour en jour vont a Coulongne sauoir 35
des nouuelles et lui racomptent tout ce qui est fait et ordene a la court des
empereurz qui aians mene grant feste joieuse et solempnelle tant au jour de
nopces comme en pluseurs jourz ensuians. Alix partir se vault pour retourner
en Grece et a tresgrant compaignie de l'empereur et des barons d'Alemagne
[fol. 55ᵛ] se mist a voie emmenant Fenice sa femme qu'il aime chierement et 40
elle non lui. ains se tient a cellui qui pour l'amour d'elle n'a vne seulle
heure de repos.

---

8. aualle] aualla *Hs.* 34. chemins] 1. *Hand über durchstrichenes* passagez.
35. *Nach* conmet *ist eine Rasur; auch am* t *ist schon radirt und korrigirt.*
Nach 42 *acht leere Zeilen in Hs.*

Comment Cliges ocist Archades nepueu au duc de Saxonne.

Tant ont exploitie ceulx d'Alemaigne et de Grece qu'en vng jour enuiron a '.v. heures du vespre ilz passent la riuiere de la Dunoe et sur vne praerie prendent leurz herbe[r]ges . si font tendre [fol. 56ʳ] leurz tentes
5 et pauillons et meinent si grant bruit que le duc de Sexonne qui garde ce passage et est atout grant ost en vne forest seant pres de celle plaine les entend. Il enuoye Archades son nepueu pour veioir et enquerir quelz gens ce sont. Cestui Archades mis en armes lui .vjᵉ. se part et conme il venist aupres du bort de la forest il vit Cliges qui pensant a sez amours pourmenoit
10 son cheual auec deux de ses escuiers. Archades le voit en belles . si le recongnoit et dist qu'il se vengera de luy. Pour laquelle chose faire il tire en chemin et si couuertement selon vng larris destendi que Cliges ne le vey jusques il fu au ferir. ¶ Lors s'aduanca le cheualier de Saxonne et Cliges en soi retournant fu ataint sur l'escu qui se desmenti desoubz le fer de la
15 lance. Cliges atant apreste du jouster rencontra par tel ayr son ennemi qu'i[l] le tresperca tout oultre et mort le rendi entre lez aultres [fol. 56ᵛ] Saxonnois qui tramblans de paour se mirent en fuite. Et Cliges de les suiuir comme non aduerti de l'embuscement . et de fait il en occit deux . et tandis les aultrez eurent espace d'aler deuers le duc qui oyant racompter la mort de son nepueu
20 Archades . il appelle vng sien cheualier Terri auquel il promist donner grant cheuance s'il lui pouoit vne fois aporter le chief de Cliges. Terri dist qu'ad ce faire ne tardera il ja se le cheualier le ose attendre . et atant lui soi confiant en sa force . car il estoit grant ·jeune et esleue . voire et estoit reppute la machue au duc . apres l'enseignement qui de congnoistre Cliges lui fu donne
25 il se mist a voie et trouua Cliges en la vallee ou il auoit occis Archades. Or estoit il seulet . car ses escuiers s'en estoient fuis compter aux empereurs son (l)aduenture. Terri s'aproce de Cliges et au plus tost [fol. 57ʳ] qu'il puelt il lui escrie en ceste manie[re] comme fol et oultrecuidie. O toy meschant homme qui nagueres as occis monseigneur Archades . fui t'en d'ici se tu puelz .
30 car conme je te puisse ferir . bien scey que tu en mourras . si te trencherai de ceste heure le chief et en ferai present au duc mon maistre qui aultre chose n'en veult auoir pour et en la recompensacion de la mort que tu as pourchassiee enuers son tresame nepueu. Vassal dist Cliges quant de ta main tu auras occis le seruiteur qui par l'entreprise d'amourz s'entremet a l'exercite
35 d'armes . lors sera il en toi de ta plaisance faire du chief. Mes ainsois il te conuendra conquerre au cours de la lance . ou trenchant de l'espee . et se je puis je te garderai de ce faire. Lors picquent ils bons cheuaulx et mettent escus a point . s'affichent es estriers . baissent les [fol. 57ᵛ] [lances] et s'entreuiennent de toute leur force. Tierri rompt sa lance et Cliges conduit la sienne par
40 si bonne maniere et force sur la poiterine de son ennemi qu'il la conduit droit au cuer et le fait cheior sur l'erbage. Lors s'est Cliges mis a pie . il deslace au cheualier le heaulme . puis lui trenche le chief et l'enfiche au bout de sa lance . et oultre plus il prent le cheual heaulme et escu de son ennemi et s'en atourne et se mest en voie telle que ceulx de Grece et Constantinople

10. en belles *so Hs.; vgl.* 299, 8. 25. *Nach* occis *ist* led *durchstrichen.*

le voient . dont ilz ont grant duel . car au veior de loings ilz cuident que ce
soit le chief de Cliges . si courent apres . et Cliges qui veult veior la bataille
du duc et de son oncle s'en va tousiours le grant chemin tant qu'il vient au
deuant de l'ost au duc qui le voit et cuide bien que ce soit Thierri . si le
monstre a ses hommes et en a grant [fol. 58r] joye. Cliges voit tantost ceulx   5
de Grece rengies comme pour lui courre sus et aux Saxonnois qui d'aultre
part voians leurz ennemis se mettent en point . Cliges est ou millieu des deux
poisseurs sans mot dire . il se veult faire congnoistre et si tost qu'il voit le
duc de Saxonne . il picque vers lui lance baissee et atout la teste le va ferir
et presenter tellement que se le fer eust este a deliure . il l'euist naure dure- 10
ment. A ces fais s'escrie Cliges au duc: Toy qui mon chief as voulu auoir
pren et rechoi ce coup auec cil de ton seruiteur . car tu en as bon aduantage.
On ne prent pas tieulx oiseaulx au fille. Atant ceux de Constantinople
ayans oy et veu Cliges s'aduancent et quant ceux de Saxonne voient que
deffendre les conuient . ils leur vont au deuant et a la rencontre font grant 15
[fol. 58v] tamboissement des lances encontre les escus que mort s'en ensuit a
pluseurz et qu'il en y a plente de trebuschies a terre . car de changles frains
rennes poitraulx y a il grans romptures. Le duc voit Cliges qui fait merueilles et a encores le chief du cheualier au bout de la lance . il en a grant
despit et sur lui court tant radement que toux deux ilz frocent les lances 20
contre les escus . puis s'entrehurtent de toutes leurz puissances tant rade[ment]
que le conte de coste est esleue et consequammant enuoie sur la plaine la teste
desoubz. Lors est Cliges sailli sur son destrier qui tout estoit blanc et le
milleur qu'on eust sceu choisir entre tous les bons cheuaulz d'Arabe. Quant
Cliges est monte desus . il tire la bonne espee et en la plus grant merlee 25
s'embat faisant les rens trambler deuant [fol. 59r] lui. Et atant laisserons
nous vng petit a parler de celle bataille qui moult est fiere et orguilleuse et
vng petit vendrons a parler d'une aduenture qui durant l'estour aduint a la
pucelle Fenice lors estant seulle demouree auec les dames et damoiselles.

Comment Fenice fu emblee et baillie a .xij. cheualiers en garde.   30

C omme doncques le duc qui de barat et tricherie sauoit le stille veist
ceux de Grece eslongies de leurz tentez et pauillons . lui qui nagueres estoit chut en reprenant son allaine s'apenca d'enuoier .c. cheualiers
pour aller prendre et saisir Fenice par amour ou par force. Lesquels cheualiers mis a voie pour acomplir la cautelle de leur maistre . iceulx arriuez 35
aux trefz ils adrescerent ou estoit Fenice et occirent toux les [fol. 59v] escuiers
varletz et sergans qui y estoient . puis bongre malgre chargerent Fenice et
dedens le bois l'enmenerent par voiez imhabitee[s] en vng lieu ouquel ilz auoi[en]t
autresfois repairie. Laquelle illeuc enmence comme vous aues oy elle fu
baillee a garde a .xij. cheualiers et lez aultres s'en retournerent et aux gardes 40
dirent que ilz ne se meussent de celle place jusques ilz orroient sonner le
cor au duc qui lors estoit en la bataille faisant tresbien son deuoir pour
l'esperance qu'il auoit de coucier la nuit auec la pucelle . ce dont dieux le
saura bien garder. Quant les cheualiers saxonnois furent reuenus au lieu ou
estoit la merllee et ilz eurent compte leur exploit au duc . il(z) en fu joieux a 45
merueilles. A celle heure s'esconsa le soleil . chascun fist sonner la retraicte

disans qu'ilz reuendroient l'endemain l'un contre l'aultre . si s'en [fol. 60ʳ]
retournerent toux a leurs pauillons exepte Cliges qui demoura derriere pour
sauoir s'il trouueroit quelque bonne aduenture.

Comment le duc de Saxonne sonna son cor et .vj. cheualiers qui auoient
5 Fenice en garde saluerent Cliges.

Quant le duc de Saxonne sceust que ses ennemis pouoient bien
auoir passe la forest . il sonne son cor si haultement que ceulx
qui gardent Fenice l'entendent.   ¶ Ilz se partent et Cliges les voit tantost
venir par vne lande . si se arreste.   Les cheualiers le voient et pour ce qu'il
10 est monte sur le destrier de leur duc . ilz cuident que ce soit il . si en vient
six audeuant de lui qui haultement le saluent disans: Duc de Saxonne . dieux
te sault et te doint ce que ton cuer desire.   Conforte toi . tu as bien cause
d'estre joieux. [fol. 60ʳ] car le jour et l'eure est venue que nous te baillerons
en saisine et possession le corpz de celle tant belle dame que tu as amee
15 des le commencement de ta jeunesse.

(10 leere Zeilen in IIs.)

Comment Cliges occist .xj. cheualiers en vne lande et recouura Fenice.

Dieux que grandement est Cliges angoisseux et trouble en corage .
quant il entend des cheualiers qu'ilz ont emblee la pucelle . il
cuide forssener et tant esprent son cuer de yre et grant maltallent [fol. 61ʳ]
20 que oncques liepart tygres ne lyon ne fut plus engrant de deffendre ses faons
que Cliges est entallente de deffendre la pucelle sa dame.   Il veult mettre
sa vie en aduenture et jamais ne lui chault de viure s'il ne la rescout.   Dont
sans mot dire il broce le destrier d'Arabe et au premier cheualier qu'il encontre il fait widier les arconz . pareillement en fait il du second tiers quart
25 quint et sixte . et par telle condicion leur rend leur salus qu'il les occist a
pou de parolles toux l'un apres l'aultre . et tellement esprouua ici sa proesse
qu'il sambla auoir la force de Sanson . car ilz ne lui arresterent neant plus
que feroient six agneaux deuant vne louue familleuse.   Quant il a deliure la
place des .vj. primerains . il n'a rien fait s'il ne va aus aultres.   De plus belles
30 il esprouue le bon destrier qui tost a fait vng sault et apres ceulx qui tiennent Fenice court tant radement qu'il les rataint et sans barguegnier les assault de fresce trace [fol. 61ᵛ] plus aigrement qu'il n'a fait les aultres.   Et
lui qui veult exploitier de bien en mieulx . a vng poindre fiert le premier et
le second d'un espie par telle facon que tous deux les fait trebuschier.
35 Voiant ce les aultres quatre ils en sont moult marris et s'en viennent toux
sur Cliges ferir a vng coup de leurz lances sans ce qu'ilz le facent desmarcier
vng seul pas.   Lancez faillies Cliges tire du feurre l'espee fourbie et va rencontrer cez quatre cheualierz par tel hardement [qu']il fait voller le chief d'un
les et le corpz de l'aultre.   Dont sez compaignons s'en fuient . mes dez .iij.
40 n'en eschapa que l'un qui ne fussent toux occis.   Lequel eschape a quelque
meschief est deuant le duc conuenu . si luy a racompte son aduenture . de laquelle oir et entendre il fu moult marri.   ¶ Quant Cliges se voit deliure de
ses ennemis . lors il deslace le heaulme et s'aproce de Fenice de laquelle il
prent doulcement vng baisier.   O que Fenice [fol. 62ʳ] est joieuse quant elle voit
45 son ami Cliges qui l'a baisie . durant lequel elle fist vng grant soupir et remercia

son chier tenu cent mille fois comme celle qui deslors lui eust voulenticrs
ottroie son amour s'il l'en eust requise. Mais Cliges a pou n'ose pas parler
a elle . tant craint que par ses parolles il ne la courrouce. Ce qu'il ne feroit
pas s'il lui descouuroit sa lealle pencee . mais auant l'esiouiroit et la metteroit
au chief d'une grant paine. Sans parler de chose qui touchast leurz amours   5
Cliges a seurement radmenee Fenice saine et entiere toute esploree aux pauillons des empereurz . qui nagueres reuenus et aians oy compter que Fenice
estoit de cent cheualiers emblee . la graindre joie qu'ilz feissent c'estoit de
gemir et lamenter sur la perte qu'ilz cuidoient auoir ou corpz de Fenice.
Nonobstant ce duel toutesuoies les empereurz torcerent leurz yeux quant 10
ilz veirent [fol. 62ᵛ] Cliges amenant deles soy Fenice. Ilz lui alerent audeuant et comme il leur eust racompte son aduenture . james ilz ne furent plus
joieux . ains loerent dieu . crierent 'noel' par toute l'ost et donnerent loange au
gentil vassal Cliges qui tant bien auoit exploitie.

Comment Cliges fu desfie de champ de bataille contre le duc de Saxonne. 15

A tant se taist nostre compte des conioissemens qui furent fais a
Cliges et maintenant vient a parler de cellui de Saxonne qui
oyant racompter la mort de sez .xj. cheualiers et la destoursse de Fenice . il
cuida soubitement enragier et fut plus de demie heure sans soi releuer de
la terre ou il chey . voire et toute la nuit ne cessa il de tirer sez crins et 20
sa barbe . de maldire sa vie et de mener les contenances d'un homme fol.
Tant [fol. 63ʳ] que la nuit dura le duc ne prist repos comme honme tourble
en cuer pencee et corage. Et a brief parler il enuoya l'endemain matin aux
tentes de l'empereur . et lui acertene que Cliges lui auoit fait ce desroy . il le
fist desfier pour comparoir personnellement deuant luy en champ mortel sur 25
la querelle qu'il se complaindoit de Cliges . disant que a tort il lui auoit
guerpie la pucelle. ¶ Les empereurz oyent la nouuelle et en sont moult
marr[i]s respondans que Cliges ne furnira point le duc. Lequel Cliges ne ac-
cepte point ces parolles . il chiet aux pies de son oncle lui priant qu'il soit
comptend de lui laissier faire les armes. ¶ Le hault vouloir de Cliges en- 30
tendu et considere a sa supplicacion . il est fait cheualier et obtient de l'en-
pereur qu'il face sa voulente. ¶ Si s'adresce vers le herault et lui dist les
parolles qui s'ensieuent. Toy qui me es venu desfier en champ de [fol. 63ᵛ]
bataille au conmandement de ton maistre le duc de Saxonne . va et lui di
(va et lui di) que moy le cheualier seruiteur aux dames le furniray . ains que 35
vne heure soit passee . moiennant qu'il vendra a miuoie et la seront sez
Saxonnois et ceulx de ma partie sans armes nulles regardans noux deux faire
nostre besongne et laissans chascun conuenir au mieux qu'il poulra.

*Comment le duc de Saxonne et Cliges sont en champ de bataille as-
saillans l'un l'aultre.* 40

E n ceste maniere fu fiancee la bataille d'une partie [fol. 64ʳ] et
d'aultre . et lors que Cliges et le duc furent atournes en vne mesmes espace . ilz couindrent au lieu deppute et y fu amenee la belle Fenice

15. Cliges *durchstrichen in Hs. Nach 38 acht leere Zeilen in Hs.*

pour veioir la fin des deux champions et par especial de Cliges . car elle delibere en soi et determine que se son ami a son honneur ne isse de son entreprise . elle se occirra elles mesmes se mourir ne puelt de couroux. Quant
les deux cheualiers se voient prestz de commencier les armes . chascun am-
5 poigne la lance et tant asprement brocent les destriers qu'il samble que tout
doibue fendre deuant eulz . si s'entrefierent par tel vertu que lez lances brisent
et que le duc wide lez arcons et Cliges chiet de l'aultre les par les changles
du destrier qui rompent.   Mais combien qu'ilz soient chutz . ilz sont habillement sallis sur pies et ont tost saisies bonnes espees . du trencant desquellez
10 ilz fierent l'un l'aultre [fol. 64ᵛ] en telle maniere que des heaulmes et haubers
ils font estinceller feu et samble qu'ilz doibuent occirre l'un l'aultre a chascun
coup.   Or sentent ilz pluseurs coupz lourz et pesans . chascun pence de
sauuer sa vie . et Cliges qui tresbien se acquitte . vng coup donne a son ennemi tel que cliner le fait et desmarcier vng pas.   Le duc qui par orgoeul
15 gringne les dens . lors cuide creuer de grant ire . il haulce l'espee et en baille
telle entortillie a Cliges sur le heaulme que par force il lui fait mettre vng
genoul a terre.   Ceulx de Grece en sont moult marris et mesmement Fenice.
Fenice qui l'a veu ferir en est sourprise de telle douleur qu'elle s'escrie :
Dieux aye . et non plus n'en dist . car atant elle chiet toute pasmee . mes vous
20 deues sauoir qu'elle fu tantost recuellie.   Cliges a entendu ce doux mot qui
.de la langue dolente de Fenice est procede.   Cuer et corage lui en croit . car
lors congnoist [fol. 65ʳ] il que Fenice l'ayme aulcunement . et non obstant
qu'il ait mis le genoul a terre . il le relieue et le ressourt vistement et comme
cil qui espoire d'auoir vne fois guerredon de son seruice et qui ne chasse
25 qu'a auoir bruit et honneur . il s'esuertue et d'estoc et de taille . contre vng
coup qu'il ruoit nagueres il en donne deux et tant s'efforce et trauaille de
soi vengier que de son bien faire le duc s'esbahit et ne scet que pencer . car
il voit ce cheualier plus fier et plus nouuel qu'il n'estoit au commencement
et qu'il se sent lasse et affoibloie de recepuoir les grans coupz que Cliges
30 luy depart . et le plus beau remede qu'il sace pencer est tel qu'il veult traictier
de paix par ceste couuerte maniere.   Mon beau filz dist le duc a Cliges .
j'ay pitie de toy quant il fault que je te occise.   Dont ce sera donmage pour
le grant bien de prouesse qui te poulroit aduenir . se tu viuoies aage d'homme.
Et pour ce que je [fol. 65ᵛ] suis ja viellart . je me hontoie et me fains de te
35 donner trop grans coupz ad ce que tu considerant ma force me pries merci
et je puet estre aurai pitie de toy et te pardonnerai les durz desplesirz et
grans inconueniendz que tu as pourchassies enuers moy.   Combien que en
l'aage de jeunesse je ne soie guerez aduancie . dist Cliges . et que je soie
estoffe de foible matere au regard de toy . voire et que tu me ayez chargie
40 de grans coups par longue espace . affin que tu ne cuides pas que je soie
craindant ta poissance . je te respons que ja ne m'aduendra que je [me] mette en
ta merci . ains verrai conclusion de nostre bataille soubstenant ma querelle que
iniustement tu me as deffie et assailli et s'il le fault je monstreray que moy
jeune enfant ay vng cuer d'omme a quelque perte que ce soit.   Quant le duc

25. destoc et de taille] destoc ou de taille *Hs.*, *wobei* ou de *korrigirt
ist aus* out.

entend de Cliges qu'il est prest d'achieuer son entreprise . lui qui mieux
aime viure en deshonneur que mourir en loange [fol. 66ʳ] . il met l'espee
bas et conme craintif chiet aux pies de Cliges et voians toux (et) dist:
Sire cheualier je me rens a vous congnoissant que j'ay grandement offense
et mesprins enuers vostre haulte noblesse. Je vous prie merci suppliant 5
que en faueur de gentillesse et de cheualerie vous aies pitie de moy et
je serai vostre seruant durant ma vie. Cliges lors commeu de pitie le
relieue et lui donne congie . puis a grant honneur s'en retourne deuers
ceulx de Grece qui lui font la reuerence et cil de Saxonne s'en va lascement
enuers ses seruiteurs qui sont moult joieux de ce que la guerre est finee par 10
si bon moyen.

[*Der Rubricator vergass die Kapitelüberschrift zu schreiben.*]

En ceste journee mesmes l'empereur d'Alemaigne laissa cil de Grece
conuenir de sa fille et se [fol. 66ᵛ] parti d'illeuc tirant vers son
pays. D'aultre part Cliges voiant que jusques en Grece son oncle ne pouoit 15
auoir encombrier quant au fait de guerre . il prist voulente d'aler en la grant
Bretaigne acomplir la requeste de son [pere] et sitost qu'il eust obtenu licence de l'empereur il tira vers Fenice et chief encline vers la terre en face
couuerte de larmes il lui fait la reuerence. Fenice est moult marrie de le
veioir plorer . et Cliges s'aduance de faire sa requeste et lui prie qu'elle lui 20
donne licence de soi en aler a la court du roi Artus . car dist il j'ay voulente de moy applicquier ou noble mestier d'armes et pour ce que vous estes
ma dame souueraine et que a vous seruir j'ay abandonne le cuer et le corpz n'y
veul ge pas aler sans vostre consentement. Fenice ne met pas ces doulcez
parollez en oubli et combien que la departie lui griefue elle lui dist qu'elle 25
est comptente qu'il face son plesir . mes ce n'est pas [fol. 67ʳ] sans ce qu'elle
ne se prende a larmoier. Cliges s'est atant departi d'elle . puis comme ses
escuierz soient prestz . lui acompaignie de .iiij. pages montez sur trois destriers
de diuersez manierez . il se part a grant pleur. Nostre compte laissera a
parler des journees que Cliges fist durant son voiage et endementier parlera 30
de Fenice la belle qui remaint auec Alix moult melancollieusement. Car
deuant son cuer viennent lez gracieux mots dont Cliges l'a seruie a son
departir . c'est assauoir qu'il la nomma sa souueraine dame et mestresse
du corps et du cuer. O dist elle que douces parollez . je ne suis pas
abusee . car a son maintien a sez euurez et a sez dis il a monstre qu'il 35
est mon leal ami . et puis qu'il s'en va . je ne scay mais que je feray .
sinon qu'en attendant sa tresdesiree reuenue que dieux veulle abregier il
me conuendra prier qu'il ait bonne aduenture. Et au fort puis que je voy
[fol. 67ᵛ] que fortune veult esprouuer combien je suis lealle en amou[r]s
j'endureray ceste souffrance moi monstrant ferme et non variable . priant 40
amours que s'il fist oncques riens a la requeste d'une sienne seruiteresse
qu'il veulle donner a mon souuerain desir la recoupurance du tresgentil
cheualier qui pour mon honneur sauuer par pluseurs fois s'est mis en aduenture ou dangier de mort.

Comment Cliges arriua a Galinguefort et ala a vng tournoy que lez gens du roi Artus faisoient.

Des regretz de Fenice ne ferons nous nulle mencion pour ce qu'il est tampz que nous parlons de Cliges qui tant chemina par mer
5 et par terre qu'il arriua a Galinguefort vne ville de la grant Bretaigne. Lors demanda il apres le roi et comme il fust acertene qu'il estoit assez pres d'illec en la ville de Ossenefort pour faire vng tournoy. luy qui ne demandoit pas mieulx fist [fol. 68ʳ] faire .iij. manieres d'armes c'est assauoir lez premierez noirez les secondes verdes et lez tiercez vermeillez. et ainsi parmi celles qu'il
10 auoit eu en la bataille contre le duc de Saxonne lesquellez estoient blances d'un os d'olliphant. il en eust quatre. et quatre destrierz dont il(z) fist apres tresbonnes besongnes. Car au premier jour du tournoy lors qu'il oy dire que lez cheualiers aloient commencier les joustez. il se mist en point et tira deuers Osenefort par voies qui de son hoste lui furent enseignees. Quant il
15 fu venu en la plaine et il eust regarde a son venir lez deux parties qui tournoier deuoient l'un contre l'aultre. il se tira deuerz lez plus foiblez. mais il ne fu pas arreste quant Sagramors s'aduanca sur la praerie pour jouster. car chascune journee il y auoit pris qui se donnoit au cheualier qui mieulx emploioit vng courz de lance. Sagramors estoit grant fort et redoubte. si n'y
20 auoit [fol. 68ᵛ] cheualier qui lui osast furnir. Cliges voit que nul ne s'esmeult. si dist en soi qu'il ne demourra pas sans auoir de lui vng coup de lance et atant il (il) esperone le destrier noir et couce bonne lance. puis s'affice sur les estriers et en ce point il tire en voie pour commencier la feste.

Comment Cliges vaincqui Sagramors et le rue par terre.

25 Sagramors voit Cliges aux armes noirez tirer vers luy. si lui va audeuant et au rencontrer s'entredonnent si grans coups que lancez ｊeur faillent et est Sagramors porte par terre. dont chascun loe Cliges. Atant suruint Aguichans le roi d'Escoce qui de la lance le feri en l'escu. mais elle ronpi contre et Cliges l'ala hurter de toute sa force par telle radeur
30 qu'il abbati le cheualier et le cheual. Lores commenca [fol. 69ʳ] vne grant huee sur Aguischans et de toutez parz saillirent cheualiers rompans et cassans lancez escus heaulmes et haubers. Plente de cheualiers furent portez par terre. et lors que lancez furent ronpues. tout a coup veci lez espeez ampoignees dont ilz firent grans proessez. Cliges tient la sienne fermement et
35 es plus drus se fiert. si fait lez rens trambler et samble qu'il n'ait point de pareil au monde et n'y a homme qui le congnoisse qui seul a seul le veulle enuahir. Guiuret le petit le voit ainsi besongnier dont il a grant enuie. Il s'assamble luy vᵉ de cheualiers et de toutes parz vont enuironner et assaillir Cliges qui soi voiant souprins et enclos il picque bon destrier et au
40 premier qu'il attaint. second et tierz. il fait baisier la plaine. si espart tellement la mesnie que lez plus hardis s'en fuirent et le laisserent. [fol. 69ᵛ] si demoura Cliges non plus sachant a qui besongnier. Le tournoi cessa a la

---

1. Galinguefort] *korrigirt aus* galingriefort. 7. Ossenefoit *Hs.* 8. .iij.]
Hs. .iiij., *der erste Balken durchstrichen.* 38. vᵉ] vjᵒ *Hs.; j ist durchstrichen.*

loange du cheualier aux armes noirez. Cliges qui voiant que tout estoit
failli . il se mist hors de voie et s'en entra en sa chambre . puis mist sez
noirez armez hors de la voie et monstra ses verdez affin qu'il ne fut recongneu.

Comment Cliges abbati Lancelot du Lac a vng cours de lance.

Quant vint au soir chascun en sez deuisez ne parloit que du che- 5
ualier aux armes noirez. Le roi l'enuoia cerchier . mais on ne
lui en sceut parler . dont il s'esmeruilla . et l'endemain comme chascun fust
apreste du tournoier . Lancelot du Lach sailli en par et n'y eust gueres
seiourne quant veci Cligez aux armez ve[r]dez courant et batant qui arriue
en la plaine. Il voit Lancelot du Lach attendant . si dist qu'il l'esprouuera 10
[fol. 70ʳ] et qu'il ne gaaignera pas le pris sans coup ferir. Et atant il s'es-
moeut et chascun qui le regarde juge et depose que cestui aux armes verdez
semble d'ausi bonne facon comme cil aux (aux) armes noirez de la journee
precedente. Que vous diroit on plus? Sitost que Lancelost du Lach voit
Cliges coucier lance . il couce pareillement la sienne . puis s'entreuiennent 15
tant cheualereusement que Lancelot tronconne la lance et Cliges s'affute contre l'escu de Lancelot en telle force qu'il le percoie . puis l'eslieue vng petit
et a tout gaster il le poulse par terre. Dont chascun s'esmerueille et dient
que passe long tampz ilz ne veirent venir a la court cheualier de plus grant
facon. Ce fait les deux parties assamblerent et ne fault pas demander les 20
fais de pluseurz nobles cheualiers qui tresuaillamment se maintindrent . mes le
souuerain bruit emporta Cliges et ne demoura homme feru de sa main qu'il
ne ruast jus de la selle . [fol. 70ᵛ] et tant que les milleurz cheualiers voians
qu'ilz ne pouoient rien faire contre Cliges . ilz laisserent le tournoier et se re-
trayrent tant que Cliges demoura tout seul. Lors se mist il en chemin et 25
retourna sus son hoste secretement . puis mist lez armes vermeilles a l'huis de
sa chambre.

Comment Cliges vaincqui Perceual le Galois.

Comme en la journee precedente l'en parlast des fais au noble Cliges .
en ceste nuyt ne parla l'en que du cheualier aux armes verdes . et 30
quant vint a l'endemain que l'heure fu venue de tournoier . Cliges atout ses
armez vermeillez se trouua en la plaine . ou estoit Perceual le Galois atendant
la premiere cheualerie. Cliges doncquez qui se veult faire valloir apres ce
qu'il a veu que personne n'enuahit ce cheualier . il broce le cheual et autant
qu'il en puelt tirer il s'adresse vers Perceual et [fol. 71ʳ] tel coup lui donne 35
de la lance qu'il l'enuerse et fait cheior cheualier et destrier en vng mont.
Si eussiez lors veu les aultrez cheualiers culx rengier . coucier lancez et rencontrer et abbatre l'un l'aultre par telle radeur que l'en ne veioit que lances
brisier escus fendre et cheualierz verser a terre. ¶ Les cheualiers de la
table roonde voient a Cligez faire merueillez . si s'assamblent et atous lez 40
[aultres] accueillent Cliges . mais combien qu'ilz se trauaillent fort a ferir .
Cligez leur tend son escu et habandonne son hauberg sur quoi ilz ne font

---

6. cerchier] cerc'. _Hs._ 19. grant] _Hs._ ran _unterpunktirt; cfr._ 320, 38.
38. lances] _Hs._ lancer.

neant plus qu'ilz feroient sur vne grosse tour machonnee a cyment et n'y a
homme qui sourprendre n'eslocier le puist. Et lors qu'il a vne grant espace
souffert et endure lez coups des cheualiers . vng soudein vouloir lui vient tel
qu'il s'esuertue et de l'espee commence a ferir tant qu'il se deliure de toux
5 ceulx qui enuiron [fol. 71ᵛ] lui sont. Apres laquelle deliurance fina le tour-
noyement. Cliges s'en repaira a son hostel et le roy Artus d'aultre part a
sa court et quant le roi se donne garde du cheualier aux armez verdez et
[de l'aultre aux armes] noirez . qui ne reuiennent point au tournoy et il pence
leur maniere de faire et celle du cheualier aux armes vermeilles de ceste
10 journee . il congnoist que ce n'est c'un seul cheualier qui ainsi fait sez frin-
gues affin que l'en ne le congnoisse . et pria le roi messire Gauain qu'il entre-
preist la premiere jouste de l'endemain pour esprouuer ce cheualier . Messire
Gauain respondi qu'il le feroit voulentiers non obstant qu'il se doubte bien
d'estre abbatu au cours de lance . mais apres il a esperance que s'il fault
15 venir a ouurer de l'espee . qu'il lui fera dire qui il est. ¶ La nuit se passe
et lors que chascun est l'endemain mis aux armes . cestui messire Gauain ne
atend que le jouster . et atant veci [fol. 72ʳ] Cliges atout ses armes blances
monte sur le blanc destrier d'Arabe qui s'en vient virant radement. Il entre
en la plaine a grant regart et si tost qu'il voit messire Gauain appreste du
20 jouster . il baisse la lance et laisse courre vers cestui messire Gauain qui a
pointe d'esperon lui reuient a l'encontre et tant isnellement font les deux
cheualiers esmouuoir les destriers qu'il samble qu'ils soient portes en l'air et
quant il fault lances baissier et brisier . ilz ne faillent pas au ferir. Ilz rompent lancez frains changles poitraulx et rennes . par quoi il conuient qu'ilz
25 chieent toux deux a terre. Ilz se relieuent habillement ampoignans les espees
fourbies cleres et reluisans . puis sans non plus seiourner s'en viennent entre-
ferir et commencent vng tournoiement entre eulx deulz asses fier et dur a
entretenir. Car messire Gauain est moult enflamboie et entallente de bien
faire pour [fol. 72ᵛ] congnoistre Cliges qui tant est vaillant que entre toux
30 lez milleurz cheualiers de l'uniuerselle terre il pourroit estre esleu sans re-
proce franc cheualier courtois et bien maniant vne espee. Lors pense il a
Fenice sa belle dame . si eslieue son corage et tant fait que messire Gauain
ne le puelt vaincre . quelque paine ne trauail qu'il prengne pour ce faire.

Comment Cliges se fist congnoistre au roy et a messire Gauain.

35 Quant le roy Artus et sez baronz voient ceste bataille . ilz en aprocent vng petit et s'arrestent pour les regarder et par lez bonnes
manierez qu'ilz voient en iceulx d(i)eux ilz jugent et congnoissent qu'en l'un
et en l'aultre pourroit on trouuer deux cheualiers de grant facon . car par
pluseurs manierez de l'espee ilz s'entreassaillent et fendent pourfendent ou
40 desmentent leurz bons escus et oultre plus sur lez heaulmez [fol. 73ʳ] font
ilz les espees bondir guencir et saillir feu par force de ruer tant que le roy
ne se scet auquel tenir. Et pour ce qu'il ne veult la destruccion de l'un ne
de l'aultre et qu'il voit Cliges expert ou stille de bien ouurer d'une espee .
voire et non plus lasse au desrain qu'au premier . il ne veult plus que leur
45 tournoiement s'entretiengne . ains les fait cesser et dist a messire [Gauain]
qu'il face paix auec le cheualier et qu'il le remercie et prie de soi venir

esbatre a la court auec luy. Messire Gauain fait le commandement du roy et lors que Cliges a acorde d'aler a la court . messire Gauain en est moult joieux. Le tournoi cesse pour venir bienuignier Cliges aux armez blancez lequel manda a son escuier qu'il lui aportast sa robe chapeau chainture chaussez saullers et aultres abillemens. Cliges fu desarme et son escuier ja venu il 5 le atourna de vestemens fais a la maniere des Bretons. Il entra en salle et a sa bien venue chascun lui courut au deuant [fol. 73ᵛ] et non obstant que ilz ne l'eussent james veu en face mie . toutesuoiez a la beaulte de lui sitost qu'il sourdi en la salle . il fu congneu sans nulle autre enquisicon que c'estoit le cheualier qui si bien l'auoit fait. Il n'est ja besoing que je die lez haulz 10 bienuignans que le roi messire Gauain et toux lez aultrez cheualiers en general lui firent . mes trop bien affiert (bien) a racompter . que le roi et messire Gauain le pinrent par la main et apres le examinacion de son estre ilz le coniurerent qu'il leur dist s'il congnoissoit neant cil aux armez vermeillez noirez et verdez qui les journeez precedentes auoit tournoye. Auquelz Cliges 15 soy voiant interesse et opresse de congnoistre son fait il leur en dist la verite et qu'il estoit filz d'Alixandre et Soredamourz. Dont le roi ne fu james plus esioy ne messire Gauain . ausi ilz le baiserent et acolerent doulcement et ausi fist la reyne . puis lui presenterent toux leurz biens et le aymerent autant chierement [fol. 74ʳ] comme s'il eust este leur propre enfant . et lui 20 bailla le roy cheualiers et escuiers pour le seruir . auec plente de chiens et oyseaulx pour soi deduire et passer le tamps . desquelz il se deduist et par pluseurz jours s'exercita ad ce noble vsaige de voller et chassier.

Comment Cliges trouua vne dame en vng lieu sollitaire plorant apres son ami qui d'elle s'estoit eslongie. 25

Comme doncques Cliges de jour en jour emploiast sa jeunesse a serchier joustez tournois behourdz et aultrez telz ordenances ou entretenances du noble mestier d'armez . et il eust este par pluseurz contrees et regions qui trop seroient longues a racompter . esquelles ilz fist parler grandement de soi . aduint vng jour qu'il chassoit en vng bois . comme il fust 30 bien auant entre . que fortune le mena et conduisi si auant que il ne trouua mais voie ne sentier . car [fol. 74ᵛ] en ce boscage conuersoient pou de gens a cause qu'il estoit loingz de villes et de maisons . s'estoyt ainsi c'un desert et n'y auoit que deux ou que trois grans chemins . par lesquelz il conuenoit aucunes gens passer . pour aler de ville a aultre. Quant Cliges se trouua 35 illeuc tout seul . car ses gens estoient bien arriere de luy chassans la sauuaigine . il ne sceut pencer et eust bien voulu auoir este en la compaignie de sez hommes. Toutesuoiez il se mist a escouter s'il orroit riens et tantost veci vne damoiselle plorant en vng lieu sollitaire ou hermitage . qui se prinst a escrier tout hault en ceste maniere cuidant que nul ne l'oist: O lasse! dieux 40 qui est cellui qui poulra donner vne seule esperance a moy fenme priuee de toute joie et fellicite qui plorant m'en viens la plus part dez jours de ma vie par ce bois comme esgaree et la seule dolante de mes amours. [fol. 75ʳ] Hellas est il douleur plus griefue ne qui puist estre acomparee a la mienne

43. mes *Hs. von erster Hand über ausgestrichenes* ses.

Crestien de Troies I. Cligés. 21

impareille. ¶ Nennil certes . et ausi .je me reppute la treschetiue et entre
les plorans leur infortune et vie malheuree la dame . qui plus amerement la-
mente apres mon chier ami qui jadis me laissa et s'en alla serchant son aduenture. Or ne scay je s'il est mort viſ ou s'il a fait aultre amie de moy .
5 par quoy il ne lui chaille plus de retourner. O que ne sauoit il ma voulente
quant il se parti. Hellas se je luy eusse descellee . il ne s'en fut pas alle .
mais espoir il reuendra quant il plaira a dieu que j'aye essez fait ma peni-
tance en ce bois par quoy je vaille de paruenir a son amour. Or me suis je
rendue fuitiue . car on m'a voulu marier . et fault que malgre moi je me tiengne
10 en ce lieu . jusquez j'aye quelque bonne nouuele. Car en mon payz n'oseroi
je pas retourner . dont il fault dire que je [fol. 75ᵛ] suis celle poure damoiselle . exillee de toux lieus pour le departement du tresgentil cheualier apres
qui j'ay pieca enuoye mon secretaire et si ne reuient. Hellas dieux le me
veulle ramener a joye ausi bonnement qu'il scet que mon mal le desire et
15 requiert . et atant s'apaisa la pucelle. Et Cliges qui s'esmeruilla de celle voix
ouir, . eust pitie d'elle et la quist tant qu'il la trouua en vng buisson espez
et massis . dedens lequel auoit vne logette en laquelle elle estoit pignant sa
cheuellure belle et blonde. A l'aprocier Cliges lui fist la reuerence et elle
a luy toute honteuse de ce qu'elle veioit cest homme qui trouuee l'auoit si
20 lui escria. ¶ Haa sire cheualier je te requier merci et pour l'amour de dieu
sauue l'honneur de celle pucelle adollee . qui atendant nouuellez d'un cheualier son ami pleure jour et nuit requerant sa venue ou la mort que dieux
m'enuoie . s'il ne me reuient . car [fol. 76ʳ] c'est le plus grant bien que je vueille
auoir s'il ne me rachate de ceste vie contemplatiue . et exil anuyeux. N'aies
25 paour madamoiselle . dist Cliges . car sur dieus et mon ame j'ameroie mieulx
estre mort que auoir pence ne ymagine de procurer enuerz vous blame . mes
pour l'amour dez dames vous vouldroie faire seruice et honneur . se vous
m'en requeries comme cil qui congnois vostre leaulte d'amourz enuerz vostre
ami a qui dieux doint bonne aduenture. Confortes vous ma belle amie et
30 soiez sceure que dieux vous aydera . car il est juste et raisonnable. Si saroie
voulentiers qui vous estez et quel est le nom de vostre ami affin que moy
qui long tampz ay serui le roi Artus se j'en scay aulcunes nouuelles que je
vous les die. La damoiselle preste de respondre lui nomma son ami duquel
Cligez auoit bonne congnoissance et lui en dist du bien beaucoup. Mais
35 dist la pucelle . sire cheualier vous me tendrez pour excusee s'il vous vient
[fol. 76ᵛ] a plesir . et au regard de ce pour vous aduertir de mon fait . je qui
suis de royal lignage plorant conme j'ay dit apres mon ami le bon cheualier
dont vous me auez donne bonnes enseignes ay voue de jamais non reueller
mon nom mon estre ne ma contree a nulle personne tant que dieux me aura
40 secourue . car de jour en jour je suis quise par lez gens d'un roy qui me
veult malgre moi et oultre ma voulente auoir a fenme . par le ottroiement
de mon pere . ce a quoi dieux me gard de consentir car ja n'aduendra que
mon cuer faille de promesse aleul . qui pluseurz fois a semondz mon ami de
parler de ce qui plus lui touce au cuer dont je suis assez acertencee. Et
45 soiez sceur que nul ame ne scet mon repaire sinon vng mien parent et leal

---

29. amie] *Hs.* aniee.   43. aleul *Hs.;* leaul?   *Viel.* a lui (*u.* ai *st.* a sem.).

escuier . qui s'en est alle compter mon aduenture a mon ami que dieux gard.
De laquelle responce fu Cliges trescomptend . il resconforta la [fol. 77ʳ] pucelle par pleuseurz doulces parolles et comme pencif et anuieux se parti d'elle
et se prinst a retourner vers sez gens aux cris des chiens qu'il oy glatir et
abbayer. Mais ains qu'il arriuast a sez hommes . il se prist a dire lez parollez   5
qui s'ensieuent. ¶ O comme est l'amour d'une femme bonne et lealle sur
cellui a qui elle s'adonne.   Je congnoi que le pleur de ceste damoiselle est
digne de grant merite voire et d'ausi grant guerredon qu'est le pleur d'un
homme leal en ce seruice d'amours.   Hellas! ad ce qu'elle a propose d'auoir
cite son ami par son doulx regard je puis entendre que Fenice par ses yeux   10
m'a appelle a son amour . car je ne cuide pas que je languisse tous les iourz
pour l'amour d'elle sans cause . et a ceste heure j'ay souuenance de Thessalla
qui le jour qu'elle espousa mon oncle . elle me fist bonne chiere et me bailla
d'un buurage dont je seruis [fol. 77ᵛ] mon dit oncle et en le moy baillant
me dist Thessalla que s'il en goustoit qu'il m'en seroit de mieulx vne fois   15
enuers aulcune dame.   Si ne scey sur ce que pencer . se non qu'il me samble
maintenant quant g'i pence que Fenice tousiourz auoit l'oeul sur moy . dont il
fault par lez manierez d'amours que les femmes tiennent que je die qu'elle
me ayme. ¶ Hellas or n'eux je piesca nouuellez d'elle et s'elle faisoit comme
ceste ci . il me conuendroit mourir de destresse . car tout le mal que je orroye   20
racompter qu'elle auroit souffert redonderoit contre mon cuer tant angoisseu-
sement qu'il ne me seroit pas possible de resister a la mort se lez vertus
d'amours ne ouuroient et monstroient leur poissance en moi.   Et pour ce james
ne seiourneray jour ne nuit jusquez je verray madame et lui auray compte
ce que j'ay sur le cuer.   Disant cez parollez Cliges arriua a sez escuiers.   25
[fol. 78ʳ] d'aultre part s'en alla et d'illcuc chemina tant qu'il vint a la court
du roy Artus.   Il prist congie du roi . de la reyne . de messire Gauain et de
tout chascun disant qu'il vouloit vng petit ret[ou]rner en son payz et lors
qu'il eust son oirre prest . il entra en mer et a belle compaignie arriua au
port de Constantinople et fist sauoir a l'empereur son oncle sa venue . qui   30
eust grant joie et le peuple ausi . mes l'empereris Fenice greigneur qui naguerez souspirant pourra tantost repaistre son leal cuer d'un seul regard qu'elle
prendra ou corpz de Cliges.

[*Conment l'empereur et Fenice alerent audeuant de Cliges.*

Encores n'estoit pas Cliges entre dedens la ville quant l'empereur   35
et Fenice atout la baronnie lui vindrent audeuant.   Il baisa Fenice
doulcement . qui le baisier ne reffusa pas . mais elle seruist Cliges [fol. 78ᵛ]
d'un parfond sourir . tandis que les deux boucez s'entrejoindoient.   Et apres ce
Cliges comme bien apris ala acoler et baisier toutez les dames et damoisellez
qui lui firent de bellez reuerencez et le bienuigna vng chascun haultement   40
comme il appartenoit.   Puis il fu mene et conduit a grant solempnite au palais. ¶ L'empereur reflorca sa court en joie et tinst table roonde a toux
venans . mes dez esbatemenz bienuignans disners et souperz qui furent fais

---

3. anuieux] *Hs.* anuieux.   10. par *ist Hs. durchstrichen, aber notwendig.*
24. seiourneray] sicrourneray. — nuit] nut.   32. tontost *Hs.*

324

a ceste bien venue se taist nostre compte et vient a parler de Cligez et Fenice qui tenir ne se pouoient de tourner leurz yeux l'un vers l'aultre. ¶ Par
pluseurz fois se trouua Cliges seul a seul auecques Fenice . car l'empereur n'y
souspeconnoit rien.   Mes orez ne scet Cligez que faire.   Il n'ose descouurir
5 sa pencee a sa tresdesiree dame de paour qu'il ne mesprende . et que Fenice ne l'escondisse . par quoi a la fois Cliges ne scet sa maniere . tant est
en grant [fol. 79ʳ]mesaise.   Long tamps fu Cliges languissant pour l'amour
de la belle qui de paine n'auoit pas moins que Cliges.   Et a chief de piece
aduint que ce leal seruiteur Cliges vng jour entre les aultres se trouua en la
10 chambre de Fenice qui seule estoit laquelle apres lez salutacionz elle le prist
par la main et sur vne fenestre se trayrent a recoy pour parler de ce qui
leur toucoit.   Et primez apres l'inquisicion de son voiage de Bretaigne et de
l'estat du roi et des princez comme elle venist a parler de la reyne damez
et damoiselle[s] . elle lui enquist s'il y avoit point choisi aulcune dame a la-
15 quelle il eust son cuer donne.   Hellas madame . dist Cliges . je eusse fait ce
a grant paine . car puis que je me partis de vous . non cuer ne me tiust compaignie . ains demoura et le corpz s'en alla c'est assauoir auecques vous madame desiree.   Et pour ce que je ne pouoie en Bretaigne viure par la sepa-
racion du cuer et du corpz . reuenir m'en a [fol. 79ᵛ] conuenu en ceste terre
20 a toute haste pour sauoir se recoupurer le pourray.   Et vous madame s'il
vous plaist cy me direz qu'il vous samble de cest empire et se vous y estes
bien a vostre plaisance et aues este jusques a cy . car non obstant que ce
ne soit riens de moy je toutesuoiez selon ma petite faculte et poissance seroie bien joieux de vostre grant bien . et s'il vous failloit aulcune chose a
25 quoi je peusse pourveir . je le feroie voulentiers et de bon cuer.

Comment Fenice respondi a Cliges sur le fait de sez amours.

C ertes Cliges mon tresame cheualier . dist Fenice . de ma joie ne de
mon plaisir n'est il ja besoing de enquerir . car il n'a este nul et
se vostre corpz ne fust retourne par deca . bien scey que mon cuer fu peri et
30 mort temprement.   Lequel naguerez soupirant et lamentant apres vous ne pouoit
estre radmene a joie si non par [fol. 80ʳ] le moyen que j'ay trouue en vous
regardant.   Et dieux merci puis que vous auez conffesse que vostre cuer a
tousiours auec moy este je puis bien dire qu'il est mien et du mien pouez
ausi jugier qu'il est plus que vostre . par lez soudaines et bonnes acointances
35 dont amourz lez a anexes et tellement addonnez ensambre . que le mien est
a vous et le vostre a moy . se me puis bien repputer entre les dames la tres-
heureuse veu que amourz a fait la permutacion de nos deux cuerz sur vne
lealle querelle et ferme vouloir tel que je ne tendis oncquez a amer homme
sinon vous et ce des la premiere journee que vostre oncle oultre mon grei
40 m'espousa lequel par vng buurage que vous lui baillastes ne me congnut oncquez . ains pour le bien que j'ay oi dire de vous qui deues porter la couronne
de l'empire par juste droit . je considerant vostre tresparfaicte beaulte bonte
proesse et [fol. 80ᵛ] noblesse . concludz et delibere en moy de non amer durant

2. pouoient] pouͤ̄t (u *o.* eı *o.* ů ?).   14. choisi *v. erster Hand über durchstrichenem* fait.   21. ceste, *letztes* e *durchstrichen.*   29. *vor* perj *ist* esp *durchstrichen.*   38. homme *von erster Hand über durchstr.* dame.

ma vie aultre que vous. Or me suis ge par ce moyen gardee chastement en
experant de mieux auoir . si vous pri Cliges mon ami que vous pencez ad
nostre fait qui bien serà entretenu au plaisir de dieu . mon honneur sauue .
car aultre chose ne desire je.

Comment Fenice et Cliges parlerent de pluseurs choses et Fenice con- 5
clud de faire la morte.

Ma treshonnouree dame dist Cliges combien que je ne soie pas
assez bon d'estre en vostre bonne grace attendu que vous deues
estre mienne par le mariage qui fu fait en telle maniere que vous fustez
donnee a l'empereur de Constantinople a mariage dont je doi porter la cou- 10
ronne . toutesuoies puis que mon seruice vous aggree je mercie dieu de ceste
tant bonne fortune . et puis qu'il plaist dieu et amourz que lealle acointance
soit secretement et fermement [fol. 81ʳ] entretenie. Il me samble soubz co-
rection qu'il seroit bon que je vous enmenasse en Bretaigne. Car je suis cer-
tain que vous y series receue a graindre joye que Hellaine la belle ne fu des 15
Troyens quant Paris la rapui et enmena. Et affin que je ne soie reppute ne-
gligent et lasche en mes affaires au regart de moy . je me presente a faire tout
ce qu'il vous plaira dire ou proposer. O mon ami dist Fenice il nous fault
bien aultrement faire la besongne. Car se vous m'emmeniez l'en parleroit de
noux deux par tout le monde comme l'en fist de Yseult et de Tristran dont 20
sur ma lealute je seroie mout desplesante s'ensi aduenoit et ne seroit nul
honme qui ne me tenist et reputast trop baude et vous trop fol. Mais ad
ce que nostre amour soit continuee je vous diray que nous ferons . quant est
de moy je fainderay d'estre malade et par consequent d'estre morte . durant
laquelle fiction de malladie vous [fol. 81ᵛ] feres faire vng sarcus par telle 25
facon qu'il y aura aulcuns pertruis par lesquelz je auray air quant je sere
mise dedenz . et ce fait au soir vous me vendres querre celleement et o vous
m'enmerres en habit incongneu sans ce que je soie dame n'empereris se vous
n'estez le sire et empereur. Car se je suis selon mon deuis de vous enmenee
en lieu ou nul ne me congnoisse . je serai la plus heureuse dame du monde. 30
¶ Madame dist Cliges loe soit dieu de vostre bon sens et engin. Il me
samble que vostre proposition est bien et soubtiuement trouuee . si vous en
conseillerez a Thessala vostre mestresse . et s'elle conseille du faire . le plus
beau sens qui soit en nostre fait c'est de l'abregier. Et quant au regard du
sarcus ne tendra il pas . car j'ay en ceste ville vng seruiteur le plus soubtil 35
qui piesca me fu vendu qui soit desoubz lez cyeulx. Car il n'y a ouurier
en nulle contree qui face a regarder contre lui . si l'esprouuerai [fol. 82ʳ]
premierement et par bien payer s'il veult estre secret . je aiant receu de luy
la fiance le metterai en ouurage s'ensi vous plaist.

Comment Thessala promist a Fenice de lui baillier de l'endormie telle- 40
ment qu'elle samblera morte.

Cliges mon ami dist la dame tout ce que vous ordonneres je le ten-
dray pour bien fait et ai telle fiance en vous que je vous laiesse
dutout conuenir. Lors prendent congie l'un de l'aultre lez deux amans. Cliges

13. entreteme. 22. *Vor* fol *ist* folle *durchstr.*

se part et Fenice remaind qui mande~Thessalla sa mestresse laquelle venue
Fenice le tire a part et lui dist: Or ca ma dame . voyr est que je me fie en
vous pour ce que je vous sens lealle et secrette . si saues aucques asses de
ma· malladie telle que nulle rien ne puelt conforter mon jeune cuer se la
5 presence de Cliges son doulz parler et son franc corage n'est audeuant et
n'est chose dont mes yeulx s'esioissent si non de vne seulle personne veioir .
c'est Cliges qui me [fol. 82ᵛ] ayme et jou luy et de fait il m'en a requise
tant que pour son amour je ai determine abonent luy de faindre d'estre en-
ferme mallade et de moy faire la morte . se conuendra bien que se vous
10 saues aulcune rien faire que vous le monstres . car sans voʒtre science je ne
puis paruenir a mon entreprise . si vous vouldroie bien deprier que vous me
feissiez fiances conuenancez ou seremens de moy aidier a toux mes affaires et
d'estre lealle enuers moy et mon amy . Ma treschiere fille fet Thessala par
moy ne sera ce pas que vostre conduite soit empescie et desci je vous asseure
15 sur mon ame dieu sains et saintes . puis qu'il fault que je m'en entremette
que je ferai si bien la besongne . que vous seres comptente de ma dilligence.
Et vous ferai vng tel beuurage que nul homme qui vous verra n'osera dire
ne affermer que la vie ne soit de vous separee . car il aura telle vertu qu'il
vous fera froide pale matte . et sans ce que poux ne allaine puist estre sur
20 vous sentue tant conme vng jour et vne nuit durera . durant laquelle espace
chascun cuidera certeinement que vous soie[s] exente d'ame et de vie . par
quoi nostre besongne vendra a bonne fin se dieux plaist.

*Comment Cliges declaira son fait a Jehan son ouurier qui luy promist
d'estre secret.*

25   **B**elle maistresse dist Fenice je vous remercie et quant est de moy
oyez vos parolles je me abandonne tont plainement a faire ce que
vostre bonne discrecion ordennera . et pour ce que je veul commencier et
mettre en exploit mon desirier . vous direz a mes fames dames et damoiselles
qui en ceste chambre verront que je ne suis pas bien a mon aise . Il en y estoit
30 venu ja piega grant plente et de cheualiers . ausi Fenice fist samblant d'estre
mallade . et commanda son lit estre apprestre . [fol. 83ᵛ] si n'eust pas finie sez
parollez quant Thessala sailli sur pies demenant bonnes manieres d'estre courrecie et s'en vint chiere baissee deuant lez dames disant. ·¶ Or tost cheualiers dames et damoisellez departez vous d'ici . Car madame est deshaetie . si
35 veult pencer d'elle et a commande que vous allez en vne aultre salle tant
qu'elle se puist vng petit reposer . ¶ A cez parollez chascun s'est departi
demenans vng non acoustume duel tresangoisseux . mes nostre compte se
taira du pleur qu'ilz demeuerent et maintenant vendra a parler des manierez
que Cliges tinst enuers son ouurier.

40   **D**ist l'istoire que Cliges apres ce qu'il se fust parti de Fenice serca
tant Jehan son machon et entailleur qu'il le trouua et le mena
en lieu secret . puis lui dist ce qui s'ensuit: Mon ami et mon honme Iehan .
qui te sces deduire de faire toutez manieres de chosez pour le grant bruit

8. abonent]? *Hs.:* ab̂oent.   26. vostres]? *Hs.* v (*oder eher*) r̂os.

que [fol. 84ʳ] tu as par tout le monde. Et ausi pour ce que tu es mon serf
parquoy tu me doibz foy et leaulte . je en toute confidence t'ay mande pour
achieuer vne besongne que j'ay entreprise . mais ains que je le te declaire tu
me feras seremens et fiancagez et je te prometteray de toy faire tant de biens
vne fois que toy et ton lignage en vauldra de mieux. A ces parolles Jehan 5
leua la main aux sains jurant de acomplir celleement toutes choses quelconques qu'il lui commandera sans nulles reserues voire s'il est en sa puissance .
Et pour ce dist il declairiez moy vostre pencee et par la foi que je vous doi
je m'enploieray a l'acomplir de bon cuer. Puis doncques dist Cliges a
l'ouurier que tu me asseures de non reueller ce que je te d[i]ray voire et ce 10
a pou que je n'ose pas dire de ma bouce je en toute fiance te ferai sage de
mon fait. C'est assauoir qu'il conuient que tu me faces vng sarcus bel
[fol. 84ᵛ] ouure par telle facon que quiconques sera mis dedens il n'y sera
ja estaint ains y aura bon air. Car mon ami c'est pour mettre le corpz de
Fenice qui selon droit appartient a moy par pluseurz manierez . laquelle fain- 15
dera d'estre morte pour l'amour de moy . et elle mise ou sarcus dont j'ay fait
mencion je la poulray se dieux plaist par bons moiens prendre et emmener
en aulcune estrange terre. Cest ouurage saurai je bien faire dist Jehan . mes
ja ne vous sera besoing de l'emmener ailleurz de vostre meson que vous me
aues baillie ja picca s'il ne vous plaist . car il y fait autant plesant qu'en nul 20
lieu ou dame puisse estre menee. Alons y dist Cliges et se le lieu est tieulx
comme vous dittez il vous en sera de mieulx. Lors entrerent ils en la maison
qui joingnoit aux murz de la ville et Jehan le mena es sales verres et paintes
d'or d'azur d'argent de sinople violet vermeil [fol. 85ʳ] voire et de toutes
couleurz . puis il le mena en vng reduit par vng estroit passage qu'ilz trou- 25
uerent tantost bon et bien fait pour y mettre dames ou damoiselles. Ce lieu
auoit l'huis fait d'un grant marbre paint a mainiere de blance pierre tant
soubtillement que nul honme n'eust sceu dire qu'en ce mur eust eu ouuerture.
Toutesuoiez Jehan l'ouuri dont Cliges s'esmeruilla. Et quant ilz furent entres
dedens ilz trouuerent belles fontaines doulcez et cleres comme argent ma- 30
chonnees de porfire a manierez de pipez . entailliez de plus de cent facons
de diuerses bestez et oiseaux . qui par leurz gueulez rendoient l'eaue de cez
fontainez et d'illeuc venoit une petite riuere qui par dessoubz terre s'en alloit
rendre a vne aultre. Apres ilz trouuerent baingz estuues piscines chambres
vaultees clerez et plaisanz garnies de lis encortines et de mestierz [fol. 85ᵛ] 35
a ouurer de soye ou il ne falloit quelque estoffe du monde . car ilz en estoient
garnis. Et qui ja me demanderoit comment cest homme auoit peu faire ce
lieu si plaisant tout seul . sans ayde de personne . voire et l'auoit tant ricement orne que nul plus beau ne pourroit estre fait . respond l'istoire que
l'ouurier qui estoit soubtil auoit troue en ceste maison vne miniere d'argent 40
par la vendicion de laquelle il s'estoit gouuerne bien .viij. ans sans entendre
se non a son ouurage (et auoit pou daultre chose et) auec ce auoit il trouue
ce lieu vaulte de prime face . si n'auoit en a faire si non a agencyr et a y
faire besongnes soubtillez pour soi racheter vne fois du seruage ou il estoit .

32. gueules] *eher* greules *Hs.*   42. (et . . et) *ist roth durchstrichen.*
44. ou *über durchstr.* aquoi.

ce a quoy il est maintenant paruenu . car son intencion est tournee a bon
effect. Cliges est moult joieux d'auoir trouue ce plaisant lieu manoir et ha-
bitacle. Il affrancist Jehan et lui ottroie tout ce qu'il lui demandera [fol. 86ʳ]
priant qu'il s'abregece de faire le sarcus et qu'il luy ayde a son pouoir a
5 conduire son fait . tant que sa dame puist leans estre logee. Jehan dist qu'a
son ayde ne tendra il pas et lui certefie bien qu'il lui aidera ad ce besoing .
se sa science y puelt suffire et deslors il se prent a charpenter taillier et composer fort et ferme le sarcus qui aultrement puelt estre appelle tombeau.
¶ Et Cliges le laisse et s'en entre ou palais ouquel il treuue chascun menant
10 grant duel . pource qu'ilz cuident que Fenice soit mallade laquelle a deffendu
que l'en ne laisse nul entrer en sa chambre si non l'empereur et Cliges aus-
quelz elle ne l'oseroit reffuser comme elle dist.

*Comment Cliges parla a Fenice en son lit de ce qu'il auoit trouue en
Jehan.*

15   **D**e la murmure que Cliges voit demener ne des lamentacions qu'il
    voit faire gueres [fol. 86ᵛ] ne lui chault . car il congnoist bien
le mal pour qui ce pleur sourt et est fait. Il hurte a la chambre de Fenyce
et Thessalla la vielle lui euure l'huis et Cliges qui treuue sa dame en son lit
coucee . la salue et apres' pluseurz regars lui compte la maniere comment il
20 a besoingnie auec son ouurier . dont Fenice est moult joieuse et apres aulcunes
conclusions prinses affin que l'en ne s'aparcoiue de riens elle se prent a crier
en hault. Cliges departez vous de ma presence . car mon mal tant est dur et
engresse . que souffrir deuant moy plus ne vous pourroie. ¶ Oyez ces parollez Cliges qui bien scet faire du courrouce faintifuement se part marri par
25 samblant et joieux de fait et samble bien qui le regarde qu'il soit entre les
autres le tresdesconforte pour la matte chiere de laquelle il couure sa parfaicte plaisance pour ce qu'il voit que sa belle amie scet bien faire son personnage. [fol. 87ʳ] Elle se geste et degeste puis ci puis la souuentesfois .
et l'empereur y acourt et quant il la voit appallie et plaindant de tous sez
30 menbrez non veullant gouster d'aulcunez viandes il commence a plorer et lui
demande s'il enuoiera querre les medecins. Medecins . dieux! dist Fenice.
Hellas sire estez vous saoule de ma vie et me voulez vous mettre es mains
de ceulx qui pour l'amour de vostre argent auoir mourir me feront? Sur ma
foi ja homme ne me medecinera se celluy non qui faire me puelt viure ou
mourir . par lequel je puis eschaper de ceste griefue souffrance se sa voulente
35 s'i addonne. Ou sinon je prenderay bien en pascience ce qu'il luy plaira moy
enuoier . car vne fois morir me fault. Quant l'empereur entend lez parolles de
Fenice il cuide qu'elle attende la voulente de dieu qui de chascun fait sa
plaisance . mes cez parollez sont a deux [fol. 87ᵛ] ententes. Car l'empereur
entend de dieu . et Fenice de Cliges qu'elle reppute et par couuertez manieres
40 le nonme son mire comme vray est.

*Comment [Thessala] prist l'orine d'une vielle femme et la monstra a
l'empereur disant que c'estoit de Fenice.*

    A chief de regrets et admonnestemens que l'empereur fist a Fenice
    il s'en departi par le conmandement d'elle . triste et doloureux.
45 Or auoit lors vne anchiane femme chartriere en la ville que Thessalla aloit

touslesiourz visiter tandis que Fenice fist la mallade et tant que vne fois entre lez aultres par vne matinee elle l'ala veior et prist de son orine . si congnust qu'elle deuoit mourir . ains que le soir fut venu. Elle fist samblant de le getter au loingz . mes elle le retinst et s'en reuint dire a Fenice comment elle auoit l'orine de la cartriere qui mourir debuoit en la journee. Fenice 5 en fu moult [fol. 88ʳ] joyeuse et lui commanda qu'elle l'alast monstrer a l'empereur son mari. Thessala au commandement de Fenice ala monstrer ceste orine a l'empereur qui manda lez medecins pour la veioir. Lesquelz venus a luy il leur prie qu'ilz lui dient et adjugent du mal de sa femme la con-clusion. Auquel ilz respondent que Fenice est prochaine de la mort et 10 qu'elle ne viuera jamais oultre nonne de ce jour. O que dures nouuelles pour cest empereur marri! il se laisse choir tout pasme et la plus part de ses barons ausi et se dolousent par grief et tendre pleur. Tandis que Thessala qui voit que ouurer le conuient se part d'illeuc et habillement s'en va me-stionner son buurage et enuiron a .xij. heurez qu'il est brasse . en la presence 15 de l'empereur Fenice demande a boire. Thessala lui en aporte de cellui qui lui sert et enuiron [fol. 88ᵛ] demi heure apres lors que son buurage a en elle prins sa vigueur . elle a pluseurz soupirz clot les yeux et la bouce . puis deuient palle froide et entend pies bras et gambez tant qu'il samble qu'elle soit morte dont l'empereur se pasme souuent. 20

Comment l'empereur se complaindi a dieu de la mort.

Tantost que Fenice fu endormie comme dessus est dist . l'en alla publier et rapporter par pluseurz lieux qu'elle estoit morte. Dont james ne fu plus angoisseux pleur demene . et par especial l'empereur ne scet qu'il face . ains fiert son coeur de sez poings et par enragee desplesance se 25 prent a compleindre en disant: O tresmalheure homme! comment pourra ton cuer souffrir veior ta dame bien amee . mort sans ce qu'il se crieue de duel et pourfende d'annueux souuenir. ¶ O fortune qu'as [fol. 89ʳ] tu fait enuers moy quant tu me desimes priues exillez et enchasses de ma souueraine plai-sance mondaine. ¶ Hellas hellas . vray et bon dieu! que ai je mesfait en- 30 contre ta diuinite . quant tu permetz que la mort dure cruelle inhumaine . non constante et abhominable . occie ma joie soulas leesse et celle belle dame qui me faisoit remaindre en vie . par le regard de sa tresexellente beaulte. Disant cez parolles il se laiesse choir comme demi mort et d'aultre part le commun du palaiz . cheualiers dames damoiselles . attenuiez de nouuel et 35 non acoustume seruice de tritresse . en debatant leurz poiterinez . ilz se pren-dent a faire ceste exclamacion contre la mort: ¶ O mort mort . qui te moeult de pourchaissier enuerz nous ce contraire et ceste inportune pestil-lence. Tu es trop aigre de mesfaire . quant tu nous priues de la mieux condicionee [fol. 89ᵛ] dame que nulle aultre. O lasse toi . le dieu qui tout 40 gouuernez et as regard sur toutez bonnes creatures . cest merueilles comment tu as lessie effacier le cuer d'une princesse de tant haulte facon parfaicte en toutez bonnez meurs par la mort oultrageuse qui pour ce grant donmage a desserui d'estre tenue pour murdriere cruelle . quant elle a defforme le plus hault ouurage ou oncques ouurast nature. 45

Comment trois medecins passans par Constantinople et voians le puelple plorer enquirent de leur doleance.

Entre les larmes cris pleurs soupirz et lamentacions que l'empereur
lez dames et le pueple faisoient . pour la mort de Fenice . arri-
5 uerent deuant le palais de Constantinople [trois] cirurgiens chanus et viellars
venans de Salerne. Ilz voient le lieu et la court plaine de gent esploree . si
s'arrestent et enquierent pour quoi ilz pleurent et crient [fol. 90r] discor-
deement disans: O vous gens troublez en corage . s'il vous vient a plesir ra-
comptes nous la cause pour quoy vous demenes ce duel angoisseux . affin que
10 nous passans le chemin sentons du mal que vous portez et que nous acom-
paignons de nos soupirz se faire le deuons.   Vous qui passes par ceste voie
respondirent ceulz de Constantinople . attendez et voiez s'il est douleur sam-
blable a la nostre et ad ce que vous enquerez du gemissement que nous en-
tretenons . affin que vous ne cuidiez pas que sans cause nous detordons nos
15 membrez aggreues de ce commun labour . nous vous respondons que bonne
raison nous moeult de ce faire. Car la tresenragee et folle mort par mespresure nous a aujourdui tel dommage pourchassie que de son dart sanglante
et de poison confict par venin mortel elle a trespercie le cuer de nostre tant
bonne et noble princesse . [fol. 90v] ou corpz de laquelle dieu et nature auoient
20 tant mis de lumiere qu'en tout le sexe feminin com grand qu'il soit n'en y a
pas aultretant . se n'auoies pas nos ieulx explores sans juste droit.   Nos
cuers ne sont pas conuenus en commun pleur sans cause.   Ilz ne sont pas
esmeus contre la mort iniustement ne nous ne nous complaindons pas de
ceste infortune abuseement.   Car en elle reposoit beaulte humilite courtoisie
25 largesse et toux lez dons de sapience.   De ceste responce sont lez medecins
moult marris et dient qu'ilz iront voir la dame disans que s'elle n'est oultree-
ment et sans respit trespassee qu'ilz lui donrront sante.   Ilz entrent plus auant
et par la licence de l'empereur ilz aprocent du corpz de Fenice ja ensepuelli
et en pluseurz lieux le tastent et dient l'un a l'aultre qu'elle n'est pas morte .
30 si en y a l'un le plus expert en medecine qui escrie a l'empereur.   Sire conforte [fol. 91r] [toi] et a ma parolle metz fin a ton pleur oppresse . car sur mon
chief je pren que ta femme n'est pas morte et que je la te renderay en vie
ains qu'elle eschape de mes mains.

Comment lez medecins parlerent a Fenice et la desensepuellirent.

35 **M**aintenant s'est le deul et le cri abaissie et chascun tend l'oreille
escouter ce que l'empereur et lez medecins ordenneront.   Aux
parollez du mire viellart a l'empereur ressourt la face encline a tritresse et
par triste parolle il lui respond: Toy qui me as escrie que je me conforte et
que ma femme n'est pas trespassee de ce monde . tu me donnes grans mer-
40 ueilles.   Pren garde que tu dis . car se tu n'apreuuez ce que tu as recite en
ma presence grant mal t'en vendra.   Dieux te doint grace de bien besongnier
et s'il est ainsi que tu m'as dit je te ferai rice homme et te donrray la plus
part [fol. 91v] de mon tresor ou sinon vif escorcier ou pendre te ferai.   Sire

7. sarreffent *Hs.*   23. *Das zweite* ne nous *ist in Hs. durchstrichen.*

dist le medecin a la barbe florie . je acorde lez condicions que tu m'as bailliez. Mez ores fault il que chascun wide de celle place si non mes deux
compaignons qui me ayderont a achieuer mon entreprise. L'empereur en est
contempt . si fait chascun departir de ce lieu et lui mesmes s'en isse . ce a
quoi Cliges eust voulentiers contredit s'il eust ose. Et ainsi demorerent les 5
.iij. medecins auec Fenice . mes amourz les gardera de faire parler la dame .
et pour la paine qu'ilz lui feront . il comme juge en leur deserte mourir lez
fera de mort villaine. Quant ilz ont cloz et serre l'huis . ilz s'aprocent de la
dame et de prime face sans cousteaux ne rasoirz a force de poingz ilz la
desensespuellissent descirans le linchoeul a quoi elle estoit enuollepee . puis 10
comme ilz soient acertenez qu'elle contrefait la morte . ilz lui dient en ceste
maniere : [fol. 92ʳ] Dame qui cy faictes la morte . leues vous et a nous parles
sceurement . car nous sommes certains que vous viues . si soies sceure que
vous n'eschaperes pas par ce moyen. Nonobstant toutesuoiez que nous auons
pitie de vostre fresce char tendre et plesant et seroit donmage se vous estiez 15
en fleur de vostre aage mise en terre morant enrageement pour aulcun des-
plaisir s'on vous en a fait . et pour ce se vous voulez parler et ouurir lez
yeulx . nous vous assceurons toux trois . de vous aidier a coupurir vostre
mallice le plus beau que nous pourrons . prometans de vostre honneur garder
en toux cas. 20

Comment les medecins batirent Fenice de leurz couroies.

A insi parollent a Fenice les villarz cuidans que par leurz couuertes
parollez bien attraianz elle se veulle conuertir . mes c'est pour
neant. Car elle a en son ayde [fol. 92ᵛ] amours qui l'admonneste de non
soy remouuoir tellement qu'ilz ne pueent auoir d'elle vne seule parolle . si le 25
commencent a martirizier durement de poings et de buffes tant que c'est
pitie de ouyr lez coupz qu'ilz lui donnent . et a brief parler . il se lassent de
ferir sur ceste belle dame qui toute deuient noire par force de batre . et en
reprenant leurs parolles ilz l'arraisonnent disanz que s'elle ne leur crie merci
qu'ilz la tourmenteront du plus grief martire dont oncquez fust dame tiran- 30
nisie. Plus parolent ces medecins . et Fenice mains en fait . si se desuestent
et prendent leurz coroiez dont ilz conmencent a ferir sur ceste dame cruelle-
ment et tant battent doz et ventre que le sang randonne ruicelle et decourt
de toutez pars . nonobstant lequel assault et dur martire Fenice ne se remuet .
ains tant fermement se maintient qu'elle samble trop mieulx [fol. 93ʳ] morte 35
que viue.

Comment les medecins fondirent du plonc sur les palmes de Fenice.

A pres le grant tourment que lez felons medecins ont fait a la belle
Fenice . il ne leur suffit pas de auoir deschire sa char fresce
blance et tendre . mais oultre plus ilz prendent du plonc qu'ilz fondent en 40
vng petit vesseau et sy chault qu'il boult ilz le mettent es paumes de Fenice
qui grant mal a a souffrir ce tourment . mais se s'entretient elle par l'enhortement d'amourz. Quant ilz voient que ce ne leur vault . lors lui fondent ilz
de l'uille sur la fourcelle et a chief de tourmens ilz appointent vng gril et
grant feu de charbon mettent desoubz . si dirent par leur inhumanite comme 45

maluaix loudierz viellas chanus et sans pitie qu'ilz la rotiront ou parler la
feront et ja ilz auoient Fenice mise sur le gril . quant aux [fol. 93ᵛ] dames
sambla que lez medecins mettoient trop a faire leur exploit . si regarderent
par vng petit pertruis et comme elles veissent lez medecins qui vouloient
5 rostir Fenice icellez esprinses de grant ire sur lez mires . s'escrierent et a
force bouterent et hurterent tellement a l'huis de la salle qu'elles le frain-
dirent et entrerent ens . dieux scet a grant pitie de ce qu'ellez veioient Fenice
en durez comme morte . . lez flammez et chaleur du charbon.

Comment les dames firent saillir les medecins par lez fenestres et les
10 *occirent.*

Comme dessus est dit les damez abbatirent l'huis de la salle et The-
salla voiant Fenice courut a elle et l'embraca plorant a grossez
larmes . si le mist vng petit a point . tandis que les aultrez dames et damoisellez s'adrescerent aux trois medecins et les acquellirent durement [fol. 94ʳ]
15 en griffant leurz facez flestries arrachans leur cheueulz chanus en detordant
leurz barbes grises et apres ce qu'elles les eurent chocquies et pilles par les
parrois ellez lez prinrent par lez espaulles et par lez fenestres leur firent faire
le sault de hault en bas tant qu'au cheior leur membres foiblez et debilitez de
viellune furent fondriez et enfondrez en telle maniere qu'ilz morurent soudei-
20 nement et qu'ilz n'eurent pas loisir de eulx excuser enuerz l'empereur qui
fist leurz corpz pendre au gibet. La vengance dez medecins prinse des dames
par soudeine deliberacion saufuez leurz raisons et deffences . elles oignirent
et embasmerent le corpz de ceste martire d'amourz . qui oingt et rensepuelli de
nouuelle jusquez a la face jamais ne fu veu mener plus grant duel . L'empe-
25 reur et sez nobles a triste compaignie sont illeuc souruenus resforcans leurz
angoisseux cris et s'ilz estoient naguerez dolans sans [fol. 94ᵛ] comparison
ilz le sont plus.

Comment Fenice fu mise ou sarcus et porte a l'eglise.

Que vous feroit on plus long racomptement des cris que chascun
30 faisoit pour l'amour de Fenice . Nous laisserons plorer Cliges
qui ne scet comment Fenice se porte et vendronz a telle conclusion que
l'empereur manda Jehan pour auoir vng sarcus et pour faire sa tombe bien
et ricement. Jehan lui dist que de sarcus et de quanquez il lui failloit le pouruerroit il bien. Il enuoia au palaix le sarcus et a toutez hastez s'en alla
35 machonner le lieu . ou Fenice deuoit estre mise et tant bien et justement
mist la lame dessus que l'en n'eust sceu s'il y auoit pertruis ou non. Jehan
ja ayant appreste la tombe de Fenice qui estoit mise ou sarcus et ja lez
clochez de toutez les eglisez sonnans elle fu aportee [fol. 95ʳ] a grant effusion
de larmes en l'eglise. Et lors que son seruice fu fait et que Jehan l'eust
40 mise ou lieu machonne que nous nommons tombeau . la lame ja dessus posee .
lors se redoubla la doleance de l'empereur dames et cheualiers . qui souuentesfois se pasmerent et a chief de piece ilz la laisserent et se mirent au retour
deuers le palais . maldissans la · dollante journee. Mesmement Cliges qui ne

33. *eigentlich* pouruëroit (= pouruenroit).

scet comment s'amie se sent il est a grant destroit et fait telle lamentacion
qu'a chascun soupir il samble que l'ame doibue issir du corpz et est merueilles qu'il ne se ocist . mais toutesuoiez a quelque paine que ce soit il dist
qu'il attendera jusques il sara la verite d'elle . c'est assauoir jusques ad ce
qu'il le aura prise et mise hors du sarcus et tombeau . quant la nuit sera 5
venue. A l'auesprement de laquelle l'empereur enuoia .xxx. hommes d'armes
pour veillier ce corpz dont Cliges fust [fol. 95ᵛ] a grant mesaise . mais amours
de sa grace lui donrra secours.

Comment Cliges et Jehan alerent prendre le corps de Fenice entre trente
hommes d'armes. 10

Q uant lez trente hommes d'armez furent autour du corpz de Fenice .
l'empereur leur enuoia bons vins et bonnes charz et illeuc fu fait
vng grant feu de charbon . mes comme dieux le voult ilz burent tant du vin
et mengerent si largement qu'ilz s'enyurerent et toux l'un apres l'aultre s'en-
dormirent enuiron a .xj. heurez de celle nuyt. Or est Cligez en grant penser . 15
il se emble de sez honmes et au plus tost qu'il puelt il vient a Jehan son
ouurier a qui il racompte des .xxx. honmes armes. Jehan oyant ce il le fait
armer pareillement affin que s'ilz sestoient endormis d'auenture et apres ilz
se [fol. 96ʳ] esuilloient qu'ilz ne se doubtassent de luy. Cliges fu arme de
pie en cape et lui acompaignie de Jehan vint a la porte . il la trouua serree . 20
mais par vng pertruis il vit tout dedens . car il y auoit plente de cierges et
torsses ardans donnans si grant clarte que Cliges aparcut toux lez hommes
d'armes endormis. Il en eust bonne esperance . mais il ne scet comment il
pourra entrer dedens et a chief de piece lui qui ne scet comment veioir
a tampz s'amie il sault a la muraille dont l'eglise estoit emuironnee et a l'ayde 25
d'amourz qui l'embrase il gripe si bien au mur qu'en peu d'espace il se treuue
a deux pies dessus . puis par vng bois descend ou cymetiere et secretement
s'en vient ouurir la porte a Jehan son ouurier qui entre dedens. Ilz s'adres-
cent au sepulture de Fenice et entre lez trente hommes d'armez qui illeuc
sont Jehan euure la lame et Cliges entre dedens le tombeau [fol. 96ᵛ] et ou 30
sarcus prent Fenice entre ses bras tant joieux qu'il ne scet s'il est ou non.
Il la baise cent fois et acolle cent fois et d'illeuc l'enporte. Jehan remet la
lame bien et gentement. Ilz se partent a bon exploit et par la grant porte
s'en issent et tirent l'huis aprez laissans les gardez du cymetiere dormans par
yuresse ou par le commandement d'amours qui ne veult pas que Fenice la 35
martire et Cliges son gracieux ami aient en vain laboure . ains a cest heure
veult que leur entreprise soit celleement parfaicte . Car Fenice fu transportee
en la maison de Jehan sans ce qu'aulcun empescement leur fust fait. ¶ Jehan
mena Cliges au lieu vautis ouquel il deschargea illeuc Fenice . mais il n'eust
pas reprins son allaine quant il descendi le suaire de Fenice . si la trouua 40
palle et descoloree sans ce qu'elle se remut tant soit pou . dont honme ne fu
oncques plus adolle que fu Cliges qui cuida qu'elle fut morte . [fol. 97ʳ] dont
il se laissa par pluseurz fois choir tout pasme a terre en arrousant sa tendre
face de grosse larmes et finablement il se prist a complaindre et dire.

29. *vielleicht* sepulcre *zu bessern, oder* a la s.

Les lamentacions que Cliges fist contre la mort.

Hellas treshaultaine poissance d'amours quel est le lieu ou il conuient que mon cuer vertisse pour reparer par griefues lamentacions
et penances la mort de ma dame et souueraine mestresse. ¶ O que deuenra .
5 qui soubstenrra ne que fera mon adolle cuer . puis qu'il connuient que a mes
yeux je voie mon bien m'amourx ma plesance tournee en mal anui et deses-
perance par ce que ma tresdesiree est morte par grief martire pour mon
amours. Toi fortune adjuge tos le lieu de tumbres ouquel je reffonderay par
longue espace de pleurz et de cris ceste grant perte pour moy auenu. (Sur
10 mon) Sur ma foi il n'est pas possible que je [fol. 97ᵛ] puisse aulcunement
satisfaire au tresangoisseux tourment que ma dame a a cause de moy endure .
quant je ne fineroie james nul jour de ma vie au triste vsage de lamenter.
O la mort la faulse iniuste et deslealle . com grandement as tu offence
d'auoir affaitie le leal cuer de celle qui tant me amoit. O fortune cruelle
15 decepueresse . que veulx tu faire de moy . quant tu as a mon plus grant affaire
enuoie lez viellas qui madame ont occise . j'amasse mieux que tu m'eussez
enuoie la mort . et elle fust demouree viue. Disant ce desrenier mot Cliges
se pasme et chiet decoste Fenice qui lors se reuient et n'a plus en elle vertu
le buurage . si euure sez yeux et a l'ouurir la bouce ist d'elle vng tant grant
20 soupir que Cliges l'entend et combien qu'il soit pasme il haulce la face marrie en soursault. Il la voit mais parler ne puelt. Et Fenice a cui le com-
mune stille de parler est rendu tourne sa langue a dire [fol. 98ʳ] veullant
resconforter son doulx ami Cliges.

Comment Fenice resconforta son ami Cliges.

25 Mon tresleal ami Cliges . je vous pri regardes moy et cesses a la
recouurance de ma parolle et de mon sens vng petit vostre dol-
louser . car combien que je soie en peril de mort . ce daugier ne m'est pas si
dur comme est le pleur que je vous ay oy demener. Et la merci de dieu et
amours puis que cy je me puis veioir nonobstant qu'il me faille mourir je pren
30 en gre ceste infortune et ayme mieulx yci o vous languir que viure ailleurz.
Certez madame dist Cliges il ne seroit pas en moy de donner vne seule heure
de repos a mon affolle cuer jusquez je sace comment vous le faictes. Hellas
mon ami dist Fenice . je me sens tant durement aggreuer que je ne ay nulle
esperance d'eschaper de mort . [fol. 98ᵛ] mais se ma maistresse pouoit jusques
35 cy venir pour moy medeciner . elle scet tant bien le stille de medecine qu'il
n'est mire au monde qui en scache plus d'elle. A cella ne tendra il pas dist
Cligez . il mande secretement Thessalla qui vint deuerz Fenice et apres lez
baisierz et salutacions elle promet de le liurer saine et garic ains qu'il soit
.xv. jourz passee. ¶ Lors prent elle ses ongnemens desquelz elle adoube
40 Fenice le plus souef qu'elle poeult et tant bien pence d'elle que au xiijᵉ jour
Fenice fu saine et entiere. Cliges en eust grant joie et tous les jourz il
venoit leans de nuit et de jour prendant occoison d'entrer en ceste maison
pour vng sien faucon et aultrez oyscaulx qu'il y auoit mis . si n'y auoit nul
qui se sceut donner garde de son fait. Car soubz vmbre de veioir son oiseau
45 il aloit voir sa dame qui de sa venue s'esioissoit moult . la quelle a pou n'eust
pas voulu estre [fol. 99ʳ] (estre) en paradis a cause du grant bien ou elle

auoit par longue espace de tampz pretendu . qui lors lui estoit donne et ottroye.

Comment *Fenice requist a Cliges d'auoir vng vergier.*

Vng an et plus demoura Fenice ou lieu repost sans en issir . mais comme elle sentist le tampz resioir . lez vens abaissier et les 5 oisillons chanter diuersement et mellodieusement a cause des belles robez . dont ilz veioient aux arbrez prendre liurec dez dons de nature . elle par vng matinet oy le rousignol chanter deuant le point du jour et demener grant jargonneis. ¶ Or estoit elle auec Cliges . mes non obstant qu'ilz se deuisassent de leur aduenturez d'amours . le bien chanter du roussignol leur fist cesser leur 10 parlement et fu la dame comme rapuie en esperit et renouuellee de joie . si ne se poult tenir [fol. 99ᵛ] de dire a Cliges. ¶ O comme est nature subtille et de meruilleuse facon . car moy qui suis cy en vng lieu inhabite et non conuersable se de vous et de moy non suis esmeue en mon naturel sentement pour la renouuellite du tampz pour lequel lez bestes insensiblez mesmement 15 en leur entendement considerent la pourete qu'ilz ont soufferte durans lez briefz jourz et longues nuiys du tampz d'iuer . et pour le bien qu'ilz espoirent a auoir ilz s'esioissent en ce commencement que lez arbrez se parent et aduestent de verdure donnans fleurz et rainceaux doulz et gracieux . si me constraingnent de prendre vng non acoustume souuenir apres mes temptacionz 20 martirez et souffrances et me samble que james nulle aultre rien ne me faudroit que vng vergier de plaisance ouquel je me poulsisse consoler et passer joieusement le tampz entre lez armonieux chans des oyseaulx. Madame dist Cliges s'il est possible qu'on vous en puist faire vng [fol. 100ʳ] bien scay que Jehan ne me fauldra pas ad ce besoing. Et pour ce qu'il n'est plaisir au 25 monde qu'a vostre cuer je ne voulsise faire je desirant de vostre plaisance augmenter en feray mon plain pouoir.

Conment *Cliges et Fenice entrerent ou vergier de plaisance.*

Lors alla Cliges querre Jehan son ouurier et l'admena deuant Fenice. Cliges lui requist d'auoir vng verger . lui priant que pour l'amour 30 de Fenice il en face vng promptement. ¶ En verite monseigneur dist Jehan . de verger ne suis je pas impourueu commes vous verres tantost. Il les mayne par vng reduit bien machonne a l'huis du vergier et n'ont pas mis deux pies ens quant ilz prendent a regarder ce plaisant [vergier] pare de toutez facons de fleurs ou millieu duquel a vne ente florie duite par telle maniere que lez 35 brances de [fol. 100ᵛ] verdure et belles fleurz couuertes descendent par compas jusques a terre rendans vng gracieux vmbre a vng praiel bel ouure . qui est scitue emuiron la circuite ou maistre estoc de l'ente autant grandement que lez rainceaux de l'ente s'espardent. Et est ce preiel couuert de margerittez . arrouse d'un ruisseau venant dez fontaines du lieu vautis qui 40 cour de si bonne facon que l'eaue samble argentee dont ces deux amans se delictent grandement a veior ce lieu serain priue et mieux conduit que nul aultre. Ilz vont de parquet en parquet et de renc en renc visiter les bellez

---

18. *nach* en *ist durchstrichen:* leur naturel sent. 20. acoustunne *Hs.*

flourettes . puis entrent ou praiel . et illeuc se coucent acolans et baisans l'un l'aultre . acomplissans chascun la voulente de sa partie.

[*Der Rubricator hat die Kapitelüberschrift ausgelassen.*]

5 En celle journee mesmes aduint conme vng cheualier [fol 101^r] nonme Bertrand s'en alast apres disner jouer aux champz et il vint droit au deuant de la muraille du vergier ou estoit Cliges et Fenice . que pour faire aulcune necessite qu'il cuidant baillier son oyseau a son page . ad ce page d'aduenture il eschapa et s'en alla soir droitement sur la maison de Jehan. Bertrand fu moult marri quant il vist son oyseau eschaper . mes toutesuoiez 10 il dist qu'il ne le perdroit pas et que s'il pouoit vne fois entrer ou vergier que son oyseau vendroit legierement a son reclaim. Il mist main a la muraille et comme habille qu'il estoit il sailli ens et ne fu guerez auant quant il vit desoubz le ente florie Cliges et Fenice acolans l'un l'aultre . dont il s'esmeruilla et a par soi prist a dire: O quelle et conme est diuerse mon inmagi- 15 nacion . car il me samble atoutesfins que je voie Fenice auec Cliges et sur mon ame se [fol. 101^v] elle ne fust morte et enterree passee vng an je deisse que c'est elle . car a proprement parler sa face belle oultre mesure me juge et denote que c'est Fenice en corps et en ame . si ne scey que ce puelt estre et en ma vie ne vis chose si meruillable. Disant cez parollez Fenice haulca 20 vng petit la face et prestement elle vist ce cheualier Bertrand qui ententieue- ment la regardoit . dont elle fu toute honteuse . si le monstra a son ami Cligez qui sans mot dire sailli sus et prinst sa bonne espee qu'il auoit o soi aportee . laquelle traicte du feurre Bertrand voiant Cliges le grans pas tirer vers lui . il lui tourne le dos et ja il fust monte a moitie du mur voire et metoit vne 25 gambe par dehors quant Cligez le rataindi et pour ce qu'il ne pouoit aduenir a la teste . il lui trenca la gambe tout oultre et il chut soudeinement entre sez hommes qui toux furent esbahis quant ilz lui virent la gambe coppee. [fol. 102^r] Ilz le releuerent a grant meschief et de coeuurechiefz lui loierent le genoul . puis le monterent sur vng pallefroi et lui enquirent de sa male 30 aduenture . mais il respondi qu'elle ne seroit ja racomptee tant qu'il le auroit ditte a l'empereur. Il tira vers le palais et comme le pueple le veist affolle d'une gambe qui encorez sennoit a grant randon . ilz vindrent toux apres lui tant qu'il se trouua deuant l'empereur. ¶ Auquel il racompta qu'il auoit veu Fenice sa femme auec Cliges qui lui auoit trenchie la gambe disant qu'il 35 l'auoit cuidie occire. De ceste nouuelle s'esmeruillerent l'empereur et les barons et tandis que par conseil l'en alla ou tombeau ouquel l'en l'auoit mise voir se elle y seroit trouuee. Thessalla s'en vint a la meson de Jehan et trouua Cliges et Fenice qui ja estoient montez a cheual. Cligez monta Thessala derriere luy . puis se partirent et tirerent radement en chemin et d'aultre part 40 [fol. 102^v] comme l'en ne trouuast rien ou sarcus de Fenice . l'empereur s'en vint en la maison de Jehan et ou le vergier entrerent ausi aulcuns . si quis- rent bien demi jour Cliges et Fenice cuidans qu'ilz y fussent encores . mais comme ilz ne les sceussent trouuer . l'empereur fist saisir Jehan et lui jura

6. muıraille.   7. ad *über durchstrichenem* que.   14. *Wahrscheinlich Lücke nach* quelle.

qu'il lui feroit trencier la teste s'il ne luy cognoissoit verite. ¶ Quant Jehan
se voit ampoignie dez sergans et il ot l'empereur qui le menace de mort . il
lui racompte de chief en chief tout le affaire de Fenice. Mes dist il. Toy
l'empereur sans droit et sans raison . ad ce que tu saces que je n'ay pas mort
deseruie . je declaire que je lui suis serf et que par droit je ne lui ai deu ne   5
doy reffuser rien dont il me requiere.   Car premierement ceste maison est
sienne et descy s'il y a homme qui veulle dire ne soubstenir que monseigneur
Cliges ait mesprins enuers toi je suis comptent de aduenturer mon corpz pour
sauuer l'honneur de mon maistre.   Et au fort se tu me [fol. 103ʳ] voeulz
iniustement faire mourir . je auant ma mort excuseray monseigneur disant que 10
les ambassadeurz pleuirent et fiancerent Fenice pour et ou nom de l'empereur
de Constantinople.   De laquelle imperiale seignourie par directe succession de
lignage doue en doit estre Cligez et ou qu'il soit il en est sire combien que
tu le ayez et son pere ausi a grant tort deshirete et affin encorez que tu
portassez la couronne tu auoies jure et promis de non jamais prendre fenme . 15
lesquellez chosez debatues ou cuer de Fenice qui en oy faire le raport elle
conclud de soy ottroier a son vray seruant qui par la permission d'amours
des la premiere fois qu'il le vist oncquez il s'enamoura d'elle et elle de luy .
comme dieu et raison le vouloient. Si sacez que tu fus au jour des [noces]
abuure d'un buurage de telle vertu que tu n'as pas tousiourz este couchiet 20
quant tu t'endormoies et cuidoiez faire ce que tu ne fis oncques ne ja ne
feras.   Et non plus ne t'en dirai . fay de moi ce [fol. 103ᵛ] que bon te samble.
O conme est marri l'empereur quant il entend ces mos . il fait mettre Jehan
en prison disant que mourir le fera auec Cligez et qu'il ne y aura ville cite
chasteau ne forteresse ou il ne le face querir et prendre s'il est troue voire 25
et finablement execute a mort.   Et des lors il transmet et enuoie hastiuement
sez honmes apres prometans grans dons a ceulx qui le trouueront et luy
amerront . mes tieux y va qui aydera voulentiers Cliges a furnir son entreprise s'il a besoing.

Conment Cliges arriua a le court du roi Artus et conffessa son aduen- 30
ture de Fenice.

Iusques au .xxviije. jour depuis le departement des deux amans ne
cesserent ceulx de Grece de les querir et serchier . mais Thessalla si
secretement les conduit par sez enchanteriez qu'ilz ne sont point trouuez . ains
s'en vont sceurement sans trouuer rien [fol. 104ʳ] qu'a racompter face tant qu'ilz 35
vindrent a Londres en Bretaigne ou estoit le roy Artus et lez barons qui
eurent grant joie de la venue de Cliges . mes encorez l'eust le roy graindre
quant il oy compter le fait de Fenice.   Il dist qu'il le vengera de l'empereur
Alix et qu'il yra en Grece a si grosse armee pour restablir Cliges en son
siege imperial que son oncle ne s'osera tenir nulle part deuant luy.   Il mande 40
sez barons et ja il a assamble grant ost et a appreste tresbelle compaignie
de nefs barges galles et de toux vesseaux de mer . quant messagez venans de
Grece arriuerent illeuc et tant demanderent apres Cligez qu'il vindrent deuant
sa presence ou estoit le roi Artus.   Ilz lui firent les reuerencez conme a leur
empereur . puis Jehan s'aduanca et luy racompta que Alix son oncle estoit 45
mort de duel enrageement . apres ce qu'il eust este acertene du fait de lui

[fol. 104ᵛ] et de Fenice. Et pour ce dist il . monseigneur que ceulz du payz
me ont trouue leal enuers vous . ilz me ont enuoie auec cez noblez barons
pour vous dire qu'ilz sont prestz de vous recepuoir comme empereur et de vous
faire hommage et conuenance de vous aidier a toux voz affaires. ¶ De cez
5 nouuellez fu le roi Artus Cligez Fenice et lez baronz moult joieux. Le roi
renuoia sez genz d'armez qu'il auoit mandez et au plus tost que Cliges peult
il fait apprester son oirre . puis prent congie du roy et de ses amis et entre
en mer a bon vent . si ne cesse de tirer en chemin tant qu'il se treuue arriue
au port de Constantinople. De la venue duquel la cite est incontinent emplie .
10 si viennent au deuant de luy a belle procession et a grant honneur le rechoip-
uent et mainent ou palaix. Il espouse Fenice et est couronne et elle ausi ¸a
grant gloire . car il ne ·y a nul qui ne soit [fol. 105ʳ] bien comptend de
Fenice. A l'aduenement duquel Cliges furent fais pluseurs chosez bonnes
pour le bien publicque . mais des dancez et aultrez esbatemens se taist nostre
15 compte . mais nous verrons a conclusion de ceste histoire . par le contenu de
laquelle Cligez fu bien ame de son pueple et ausi fu Fenice. Ilz fonderent
pluseurz chapellez durant leur vie et par leurz bellez ausmonnez il furent
tant ames de dieu qu'ilz eurent de beaux enfans lesquelz venus en aage
Cligez et Fenice trespasserent en paix de ceste vie et leurz enffans voire
20 l'aisne filz se fist couronner. Duquel nous ne ferons nulle mention . mais atant
finerons ceste presente histoire transmuee de rime en prose le .xxvjᵉ. jour de
marz .iiijᶜ et liiij.

Explicit.

19. ensfans.

ANMERKUNGEN.

I. Einleitung.

S. XIX. XX. Mit Recht hat Wilmanns in ZfdA VII, 277. 293 die Fassung der unserm Cliges entsprechenden Episode in der Spruchdichtung als die ursprüngliche aufgefasst, von wo aus sie in die Strophenredaktion interpolirt ist.

XXIII. Sicher ist, dass der Verfasser des Partenopeus den Cliges gekannt und ihm, ebensowie den andern Gedichten Christians, mancherlei entlehnt hat. Vgl. Cliges S. 166 f. und Part. II, 164: der Schreckensruf der Geliebten giebt dem Liebhaber im Kampf neue Kraft; die Wendung im Part. 7471 *Quar ele avroit en un sac gris sor totes autres dames pris* erinnert uns sofort an Cliges 4788 *Se cil estoit armez d'un sac* u. s. f. Ebenso dürfte Part. II, 31 ff. dem Löwenritter 2804—3135 nachgebildet sein: der von Liebesunglück getroffene wird wahnsinnig von einer Samariterin gefunden und geheilt. Part. II, 90 f. und Karrenr. 5436 ff. sind ebenfalls identisch: der gefangene Ritter wird von der Frau des Kerkermeisters gegen Ehrenwort zum Turnier entlassen.

XXV. College Wilmanns verweist mich auf den analogen Fall mit Blanscheflur, vgl. ZfdA XXI, 319, so dass kein zwingender Grund vorhanden ist, die Existenz einer ältern deutschen Ueberarbeitung a priori zu leugnen.

II. Christian's Gedicht.

Z. 21. Die Kathedrale in Beauvais ist eine Peterskirche und die jetzige ist freilich erst 1227 angefangen; aber die 1118 verbrannte wird schwerlich anders geheissen haben. Vgl. Louvet, Histoire et antiquitez du diocese de Beauvais 1631 passim und Desjardins, Histoire de la cathédrale de Beauvais 1865, passim, bes. 5 ff. — *Pere*, Nebenform des regelmässigen *Pierre* = *Pĕtrum*, vgl. den Reim 6098 (: *anperere*). Das Wort gehört zu den wenigen, deren aus betontem *ĕ* entstandenes *e* mit jenem aus *a* reimt. Vgl. Vollmöller zu Octav. 4658, der Wilh. 107 citirt; ebenso Charr. 3452 (: *pere*), Guiot 755, 1071. Livre des man. 638, Alexis *S* 1128. An *pere* = *patrem* ist nicht zu denken. — *Biauveiz* mit ausl. -*z*, durch Reim gesichert; ebenso Rou 2389 (: *faiz*).

29 l. *siegle* (mit *A*).

41 f. Statt *ne dit an mes* haben *SPTR* die Form der *praeteritio* eingesetzt, aber jede eine andere. In 41 giebt *meis* ebenso guten Sinn, wie *car*; ich habe letzteres gewählt, um *meis .. ne dit an meis* zu vermeiden.

22*

48. *richece* s. Einl. § 28.

95. *covoitier* s. Einl. § 21.

123. *deu,*

129. *demain,*

131. Imperativ; *devres* 132 ist schlecht gestützt und passt nicht; Präs. *devez* kann mit Fut. *-oiz* nicht reimen.

141. *de ce,*

199 macht Schwierigkeiten. Die V. L. ist so zu ändern: nach *Ki a i tant B* ist einzuschieben [*d'autres*] *autrui C, de B.* — Die Ueberlieferung verlassen eigenmächtig *S* und *P*; *TR* hat *est tant (tant est) d'autre bien* (also: *estre bien de qu.* 'mit J. gut stehen'), während *A* das richtige (ähnlich *B*: *a itant de bien*) hat: *a tant d'autre bien*, woraus *C* durch ein Missverständnis gemacht hat: *atent autrui bien*, was sinnlos ist. Der Sinn im allgemeinen ist klar: 'Wo kennte man einen Menschen, der bei aller Macht, die er besässe, nicht getadelt würde, wenn er dabei geizig ist (die Macht also giebt noch kein Ansehen)? Dagegen ist die Freigebigkeit (vgl. 201—207) im Stande, Jedermanns Werth (vgl. bes. 213—215) zu vermehren'. Dies muss in 199 stecken, welche Zeile ganz klar wäre, wenn nicht die Präcisirung von *grace* Schwierigkeiten machte. *Autre bien* ist im folg. mit *hautesce, corteisie* u. s. f. exemplificirt. Aber was ist *sanz grace?* „*Grace,* die göttliche Gnade, ist *finis bonorum* (so erklärt mit Recht S u c h i e r), von der muss abgesehen werden". So heisst es denn 199: 'Wer besitzt so viel von andern Vorzügen — von der göttlichen Gnade seh ich ab —, dass für ihn Freigebigkeit nicht ein Lob wäre?' Wer Freigebigkeit besitzt, für den sind andere Tugenden kaum noch ein Lob, wohl aber bleibt Freigebigkeit eine Auszeichnung auch noch für den, der alle andern Tugenden besitzt. Aber *sanz grace* : die göttliche Gnade freilich steht hoch über allen Tugenden, und selbst über der *largesce.*

217. 8. Ueber den reichen Reim s. Einl. § 21, Anm. Vgl. dagegen *meitié* : *pitié* 3785.

300 l. *De soz (soz* gehört zu *H.),* anders als 287.

307 l. *escuiier.*

365. l. *et je le cuit, Que vos soiiez fil* . . .

443 l. *solemant* und so in der Folge sowohl in *sole* als *solemant*; s. Einl. § 10, *β,* 2).

487 l. *D'Amor.*

494 f. Falknerausdruck. *Reclamer* (Subst. *reclaim* 'Lockruf') ist das Zurückrufen des aufgeflogenen Falken zum Köder, damit er sich wieder auf seinen Ruhesitz, die Faust, setze. „Wenn seine Schönheit meine Augen lockt und meine Augen diesem Lockruf folgen — ". *Traire a reclaim* oder *au* (so *PC) reclaim* (die Handschriften schwanken) h. gewöhnlich *venir a* (oder *au) r.,* z. B. Erec 2073 (fünf Hdschr. *a,* eine *au),* wie auch hier *P* hat.

552 l. *Amors,* um die Scheidung von *amer (amare)* deutlicher zu machen. Die zwei Schuldigen *li dui* in Z. 555 (freilich logisch nur ein Begriff), der Liebesgott und das Lieben, schieben die Schuld auf den dritten, das Meer.

603. Die an und für sich mögliche Form *çoile* kommt im Reim nicht vor, s. Einl. § 6.

620. Die in den Text aufgenommene Leseart erklärt allein die Verschiedenheit der Hdschr.; ein *navrer* hätte jeder Copist verstanden und daher dasselbe nicht ersetzt durch das seltene *esgener*, das *B* allein erhalten hat, während *esleuer A* nur daraus entstanden sein kann. *P* hat den Sinn durch sein *vevé* sehr gut wiedergegeben. *Esgener* steht in DuC., und seine durch vier Stellen völlig gesicherte Bedeutung (*frauder qu de qc*)* stimmt völlig zu unserer Stelle. Vgl. noch Ps. Oxf. 36, 25 (= Ps. Camb. 36, 24), 101, 11 (Camb. 10), 136, 12, 145, 7, wo es ein *collidere, allidere, elidere* übersetzt und *degener* in Liv. des Man. 542. 592.

631. *celer* von *P* giebt den in *panser* liegenden Sinn gut wieder, greift aber der Argumentirung vor (es ist aus 634 voraus genommen) und ist schlecht gestützt. „Ich bin ein Thor, wenn ich meine Gedanken nicht zu offenbaren wage; denn dieses Verschweigen kann die Sache verschlechtern. Aber (ich kann es nicht sagen, denn — [also kein *Se á*] ich habe meine Gedanken auf Thörichtes gerichtet. Ist es da nicht besser, es bei mir zu behalten (in Gedanken), als dass man mich obendrein schelte? Nein, nie werd ich es verrathen. Aber soll ich denn keine Hilfe für mein Uebel suchen?"

639—642, die in *SCTR* fehlen, sind wohl interpolirt. Man muss gestehen, dass die kühle Anführung der Erfahrungsregel im Munde des leidenschaftlichen Liebhabers hier nicht am Platze ist. Dazu kommt, dass *la* in Z. 643 sich nur auf *santé* 638 beziehen kann, was nur beim Fehlen der Verse möglich ist. Daher hat *A* logisch das *la* in ein allgemeines *le* (*preu* 670) geändert, (*le* in *T* ist pik. = *la*), während *P* deshalb 643. 4 auslässt.

658. *griés*, nämlich 'der Arzt' 656.

702. Punkt nach *comant* zu setzen(?).

734, *luiserne* h. nicht 'Lampe', wie das lat. *lucerna*, sondern 'Licht, Strahl', so schon Rol. 2634 u. s. f.

745. *li miens*, d. h. *mireors*. Bekannt dass *mireor* (*miratorem*) neben *mireoir* (*miratorium*) gesichert ist.

767. *acompaignier* h. hier 'Jem. sich beigesellen, in seine Gesellschaft aufnehmen'.

780. *devise* 'Begrenzung, Scheidelinie'.

781. *greve*, neufrz. *raie*, Scheitel im Haar, die Linie, welche sich beim Kämmen nach zwei Seiten bildet.

793 l. *precïeus*, ebenso 805, und 806 *anvïeus*. — 793 und 794 ist die Interpunktion zu vertauschen.

816 l. *poïlt* (*s* beim Druck abgesprungen).

836. *mervoille* gehört zu der kleinen Zahl der Fem. auf *-e*, die im Geschlecht schwanken. Als Fem. gesichert durch 2732. 5969. 70. Vgl. 6143 *S* und 6274 *PBTR*. Doch kann in *estre merveilles* (sonst *à m.*) letzteres adverbial gebraucht sein. Vgl. *memoire* 3876, das oft belegt ist.

842. *chevesce* 'der Halsrand des Kleides'.

859. *reis* = *radius*.

862. *festuz*] wegen *z* s. Einl. § 27, Schluss. *Rompre le festu*, vgl. Charrete

---

* Man gestatte mir die Beibehaltung dieser kurzen, deutlichen Ausdrucksweise durch die **modernen Sigel**.

(Tarbé) S. 170, Des aniaus 4086, Sachsenroman II, 185 (*Or est li festuz roz que ne puet renoër*), j. *rompre la paille* 'die Freundschaft, Vertrag oder ähnliches brechen'. Vgl. J. Grimm, deutsche Rechtsalterth.³ S. 1267.

894 f. Das im Text stehende entspricht zwar der besten Ueberlieferung (*SCT*), befriedigt aber wenig; 895 nimmt dann als epexegetische Apposition *Son panser* 894 wieder auf. *A* ist sinnlos, *M* vermeidet die Schwierigkeit. Vielleicht hat *P(B)* doch das richtige: *El torner a f. atorne Tot son panser.*

941. *il* 'der Liebesgott'.

942 l. *par amor* 'in Güte', im Gegensatz zu *par force* 944.

947. *Qui m'aprandra? — Amors. — Et quoi?* in *MB* ist sehr gut, doch zu wenig gestützt.

976. In der V. L. ist hinter *Toz iorz AMPBC* einzusetzen: *amors APC, amor M.*

1022 l. *gracïeuse.*

1060. *Que = * lat. *quam (Brittaniam). contrester* ist hier transitiv (dem Sinne nach neufrz. *contester*), also *qc à qu.* Sonst findet sich *contrester qu., qc.*, dann abs. *contrester à qu* und *à qc.*, und endlich absolut; vgl. prov. und ital. — Deswegen wird Rol. 2511 *Por ço nes puet nule gent cuntrester* von Th. M. und Gaut. falsch mit *ne s'* erklärt, es ist = *nes*, d. h. *ne les*, d. h. *les Franceis.*

1136. *d'un pris* h. 'gleichwerthig'; *de pris* h. allgem. 'werthvoll', was besser passt.

1186 l. *Les vaslez.*

1242. *soschier = *suspicare*, ebenso Erec 3446, *susch(i)er* QLdR S. 338; vgl. *souchier*, das bereits Henschel richtig erklärt.

1280 l. *aprés.*

1282 l. *Licoridés* (nach Analogie von *Etioclés*), ebenso 1287 *Parmenidés*; aber *Acoriöndes*, s. den Reim 2459.

1339. Punkt nach *espees.*

1372 l. *tuit.*

1452 l. *Amis,*

1510 l. *Mestiers*, vgl. 5291.

1520. Strichpunkt nach *feire.*

1535 l. *pris:*

1540. *açoper à qc.* 'bei E. straucheln', neufrz. (pik.) *achopper*, das eig. *asouper* lauten sollte.

1563 l. *vosist* und 1567 *chevos.*

1736. *venir la riviere*, wie *v. le chemin.*

1747. Strichpunkt nach *reprochent.*

1778. In V. L. zu lesen: *debat BCTR.*

1876. Die Zeile ist beim Umbrechen des Textes statt oben auf die Seite zu unterst gekommen, und deshalb die anfangs richtige Interpunktion geändert worden; setze also Z. 1901 als 1876 oben an und Komma nach *s'anclinent.*

1877 l. *duelent* und 1878 *vuelent.*

1901 (S. 77). *trois* ändere in *huit*, vgl. 1884.

1925. *eslochier*, noch neufrz. *locher*, s. Littré und Diez, 'durch Schütteln oder Werfen E. von seiner Stelle verrücken'. Gäbe es kein Simplex oder könnte dies bei gleicher Bedeutung mit *eslochier* aus diesem durch Abfall des *e(s)* entstanden sein, so könnte man es auf *exlöcare* ('verstellen') zurückführen, das durch *vochier* = *vocare* gestützt wäre. Aber die Grundbedeutung ist 'schütteln, rütteln', und so muss von dem Simplex ausgegangen werden. Die Nebenform *logier* (neben *lochier*) Hiob 355, 7 schliesst Diezens Etymologie aus und wir kommen auf einen Typus *lŏt(d)icare.

1942. *estaucier* 'beschneiden', besonders von der Tonsur; falsch DuC. *estauceure*.

2056. In V. L. füge ein: (*M* setzt wieder ein).

2077 ff. Wegen der Namen vgl. 1281 ff.; nur so konnte *Cornix* und *Torins* aus der wüsten Ueberlieferung herausgeschält werden; 2079 haben fünf Hss. den ersten Namen dreisilbig genommen, aber ein Vergleich mit 1281 und 1288 zeigt, dass es einen solchen Namen nicht giebt, mithin *Et T.* gelesen werden muss. Grammatisch hängt der Vers in der Luft, und kann nur einfach als 'und (ebenso thaten) T. und A.' gefasst werden.

2083 l. *Parmenidés.*

2135 l. *pesanz.*

2153 l. *chiés.*

2297. St. *covrez* ist das besser gestützte *celez* (vgl. 2300) in den Text zu setzen, trotzdem der reiche Reim verloren geht.

2298. Komma nach *ovrez.*

2303. Text gesichert, mir unverständlich, wiewohl der Sinn klar ist: 'Kämpfet nicht gegen die Liebe an'. Die Lesart von *T*: *force* ∥ *en volente* (Hiatus, vgl. zu 2488) wäre klar: 'Sucht nicht Gewalt anzuthun bei (gegen) dem Willen der Liebe'. Aber die Ueberlieferung verlangt *ne*, und dies erklärt Suchier: 'Suchet weder die Liebe in euch gewaltsam niederzukämpfen noch sie mit Willen hervorzurufen', wörtlich: 'Erstrebet weder Gewalt über die Liebe noch den Willen zur Liebe'.

2389. *entredeus* 'inzwischen', adverbiell gebraucht, von der Zeit (so hier) Bernh. f. 35ᵛ (*entredous*), Blonde S. 86 oder vom Ort, Brut (Vollm.) 6.

2422 l. *Artu*, wie 570 und sonst, s. Einl. § 32, α).

2477 l. *volanté.*

2488. Der leidlich gestützte und durch *estre* erleichterte Hiatus (ich kann bis jetzt keine andere Stelle finden, wo er so gesichert wäre, s. zu 3194) ist leicht auszumerzen, entweder mit *Que* (*B, T*) oder *devoit* (*PC*) oder das schwache *bien estre* in *A*. Allein eben die Verschiedenheit der Mittel, ihn auszumerzen, stützt den Hiatus in *SM*. Vgl. zu 2303. 3149. 4060. 5267.

2490. Komma nach *biens*, ebenso 2527 nach *ces*, 2569 nach *mie*, 2615 nach *n'aies.*

2534 l. *nes* und so überall, wo es einsilbig ist.

2538 l. *Et(c)ioclés* wegen Ἐτιοκλῆς.

2541. Plötzlicher Uebergang aus der indirekten in die direkte Rede.

2577. *eschevir* ist durch die Ueberlieferung besser gestützt, als *escharir* oder *escherir* (s. Henschel *escarir* und *escharir*), aber dem Sinne nach bedeuten beide dasselbe. S. Parten. 2928 ff. Vgl. *eschevir* V. 3184, wo alle Hss. übereinstimmen (*T* hatte das Wort in der Vorlage nicht verstanden und den Raum frei gelassen) und besonders die deutliche Stelle Ch. lion 6624—6:

A l'eschevir del seiremant   Rien de son preu n'i oblia   Cele qui eschevi li a,
wo gleichfalls Aumale (und *F* nur 6626, zuerst hat er verlesenes *estenir*)
escharir haben (vgl. noch DuC. s. v. *escheuta* und *eschivire*); ferner Rou 2425.
3805. 10841. Die Bedeutung ist klar; es h., 'den Eid J. vorsagen und ihn
demselben abnehmen'. Vgl. Grimm Deutsche Rechtsalterth.[3] S. 902.

2593 unklar, Ueberl. will: *Par lui et par l'autre* (also wohl Alis).

2718. Hier heisst *com* nicht, wie einige Hss. es aufgefasst haben, 'als
wenn' = *con se*, wobei der Conjunctiv stehen müsste; dies zeigt das folg.
2719. 20, mithin thatsächlich. Es heisst also: 'Sie war so schön, wie Gott
selbst sie erschaffen hat, der daran Gefallen gefunden hatte...'

2727. Zu *fenix* vgl. Part. 10333 ff.

2743. 4 sind wohl interpolirt, trotzdem sie gut gestützt sind, da Christian
kaum 2744. 5 verbunden hätte.

2762. V. L. *une*] *dune S.*

2770. V. L. *an*] *lan S.*

2784. Streiche in V. L. (— I), denn *S* hat: *Que tot i mist a u. c.*

2810. Komma nach *buens*, 3036 nach *veïsse*, 3060 nach *mis*, 3127 nach
seüre, 3135 nach *savroiz*.

2825. Könnte ebenso gut *voir* stehen, s. Einl. § 32, α) Anm.; *M* hat
veir, alle andern *-s*.

2848. 'Bloss deshalb, weil er um den Willen des andern weiss'.

2879. *anhatir* nahm ich wegen *A* auf, der auch ebenso Z. 3460. 4804
und *anhatine* 4970 und Ch. lion 4247. 4698, ebenso jedesmal im Karrenr.,
liest, wo die andern Hss. *aatine* geben. Es ist dies ein mit *in* (st. mit *ad*)
gebildetes Compositum desselben Simplex. Mit *aatine* wird oft in den Hss.
ataine (etym. verschieden, aber der Bedeutung nach sehr nahe kommend) ver-
wechselt.

2960. *passage* hier wie oft = *droit de p.*, und das dafür fällige Geld.

3024. *artetique* (st. *arcetique* [so!] in *A*) 'Gelenkkrankheit, Gicht', von
ἄρθρον, also st. *artretique*, griech. ἀρθριτική. In der Form *arcetique*, wie
in *A*, in Jehan le Bel, Ars d'am. II, 309 und Roi Dancus S. 4, wo es als
Art der *goute* angeführt wird, ebenso S. 20 *goute arcetique*, ebenda S. 5 *arcetique* 'der damit behaftete' (vgl. Godefroy). Vgl. *artetica* ital., span. u. portg.

3025. *quinancie*, das am besten überliefert ist, habe ich aus stark ab-
weichenden Varianten in den Text aufgenommen. Es ist dies die 'Hals-
bräune', griech. κυνάγχη, ebenso *cynanche* bei Caelius Aurel. (s. Georges),
dann wohl mit dem Suffix *-ia* latinisirt *cunancia* oder *cynancia, kinancia*,
Formen, die sich bei den lat. Aerzten nicht nachweisen lassen. Man findet
bei Cass. Felix p. 82. *synanche*, 81. *synanchicus*, also von der griech. Nebenform συνάγχη. Wegen des Uebergangs von griech. κυ in latein. *qui*
bemerkt College Bücheler, dass „der Wandel allen Analogien gemäss
sei, so *Diogenes quiamicos* = *cynicos* Varro bei Nonius p. 358, 10, sonst
quiriace = κυρ..., *yosquiamus* = ἑοσκύαμος, *quiatus* = κύαθος, *colo-
quinta* = κολοκύντη, Quitte aus *cydonia, conquilia* = κογχύλια u. ä., wie
denn auch die Griechen umgekehrt lat. *qui-* mit κυ- wiedergeben, z. B. Κυ-
ρῖνος, Κύντος, -ία, Κυντιανός u. s. f." — [Vgl. echt lat. *Quirites, Quirinus* aus
älterem *cur-*.] College C. Binz verweist mich auf engl. *quinsy* und auf

Häsers Geschichte der epidemischen Krankheiten (1865), S. 386 fg., wo
aus der Chronik von S. Denis *equinancie* (= *squinancia*) citirt wird (zum
Jahre 580). Zu dem engl. *quinsy* bemerkt J. Zupitza: 'Skeat giebt als
ältesten Beleg für *quinsy* eine Stelle aus Dryden aus einem Werke, das
erst 1700 erschienen ist. Ich finde aber *quince* bei Halliwell aus einer Hs.
angeführt (*Archaic et Prov. Dict.* 659), deren Datum ich nicht kenne, die aber
noch dem 15. Jahrh. angehören dürfte. Häufig ist in früherer Zeit *squinancie*
(s. o.), *swinacie*, *squynacy*, *swynesy*, *swynsy*, *squinance* u. s. w." — Vgl.
esquinancia span., portg. — *cuerpous*, bestehend aus *cuer* und *pous* = *pûlsus*,
'Herzklopfen', vgl. Méon II, 297, also eine Krankheit mit stürmischem
Herzschlag. Doch findet sich in Guiot 2572 *corpeus* (als Adj.) neben *pala-
zineus*, das die Herausgeber auf *corpus* zurückführen in der Bedeutung *cor-
pulentus*. Sollte es nicht vielmehr durch ein Missverständnis von unserm
Wort abgeleitet sein? [Godef. hat aus Herman Bible: *Dont ot fievre quar-
taine et le corpos molt grant*.]

3079. Punkt oder Doppelpunkt nach *vient*.

3122 l. *taing*.

3126. Besser gestützt ist *parlez*, weshalb *apelez* des reichen Reims wegen
nicht einzusetzen war.

3194 (vgl. 2488 und 3637). Auch hier haben vier Handschriften den
Hiatus, der ausser dem Ausgang auf Cons. + *re* noch durch die Pause er-
leichtert wäre.

3201. 2. (s. Einleitung) sind nothwendig, denn das Mittel wird weiter
nicht erklärt, vgl. 3251 *le poison*.

3204. *ansanble lui* ohne *o* in *S*, *e. o lui* in *A*, die andern weichen ab.
Dass *ensenble* präpos. gebraucht wird, ist bekannt, bes. häufig im Bernh. und
Ezechiel, vgl. noch Nouv. XIII. siecle 45. 75. Atre per. 872, ein Beispiel
bei Burguy II, 352. Doch da mir im Christian kein zweiter sicherer Fall bekannt ist, wäre *o lui* besser.

3207. Uebergang in die direkte Rede (vgl. 2541) zuerst in *S* allein,
dann 3215 auch *P*.

3245. Strichpunkt, ebenso 3273.

3296. Besser *l'esprovastes*.

3331. Punkt nach *beneir*, Komma nach (3332) *gehir*, ebenso nach
(3367) *prise*.

3394 l. *Sessoingne*.

3406 l. *de la*.

3477 fgg. Die in den Text aufgenommene Ueberlieferung (3479 ist st.
de besser *ne* oder *n'a* zu lesen) widerspricht dem Zusammenhang, da nicht
Cliges, sondern der Fremde zu reden beginnt. Daher vielleicht, da 3477
wegen der Wiederholung des Namens 'Cliges' sich mit dem vorausgehenden
nicht gut verbinden lässt (dann 3477 *Que* (mit *C*) und 3479 Punkt nach *failli*
zu setzen und derselbe 3480 nach *assailli* zu streichen), Z. 3477 st. *le voit* zu
bessern *voit tot seul*, wobei Cliges Acc. und der Fremde Subj. ist (das
freilich dann nicht im Vordersatze, sondern erst im Nachsatze stünde), und
3480 Punkt nach *assailli* zu tilgen.

3595. Wenn das Simplex *clice* sich nicht aus *esclice* mit Abwerfung der Vorsilbe entwickelt hat, müsste ein neues Etymon dafür gesucht werden.

3719. *aroté* h. hier nicht 'beisammen', sondern in der urspr. Bedeutung, die aus dem oft bei dieser Wendung stehenden *l'uns aprés l'autre* klar wird.

3732. *tot* = *tollit*.

3742 l. *s'esleisse*,

3750. *SCR* geben ein *maleüré*, das ich nicht kenne.

3802. *tronpe* 'Kreisel', vgl. Méon I, 15 und s. Littré *trompe* 2.

3820 l. *travaille.*

3850. *tortre* kann hier nicht 'Turteltaube' bedeuten, da der Biber zu diesen in keine Beziehung tritt; denn 3849. 50. 51 wird die verkehrte Welt dadurch exemplificirt, dass die Opfer ihre Verfolger nun ihrerseits angreifen. Allein was jagt der Biber (*bievre* aus **bĭbrum*, wie *genievre* aus *junĭperum*, *antie(f)ne* aus *antĭphona* durch Ablaut, bewirkt durch die Labialis, ganz wie bei *juevne* aus **jǫvenem* = *jŭvenem* u. s. f.; ähnlich bei *trǫver*)? Wir wissen, dass er sich von Pflanzenkost nährt, das Mittelalter mag ihn für einen Fischfresser gehalten haben. Damit stimmt *troite* in *C*, also Forelle, und aus DuC. s. v. *turtur* 2, wo auf eine bezeichnende Stelle, die unter *trucha* citirt wird, hingewiesen ist, sehen wir, dass *turtur* und *tructa* gleichbedeutend sind. Im class. Latein bezeichnete *turtur* eine Rochengattung.

3852. *maigle* hat *M* (und vielleicht *S*, der den Vers übersprang) nicht verstanden. Es steht Rusteb. II, 482 neben *maçue*, vgl. Lacurne und ist identisch mit *magle* s. DuC. unter *maglius* (woher es Lacombe, Roquefort und Hippeau haben), wo es mit *marre, sorte de houe à labourer la vigne* erklärt wird.

3923. 3926. Punkt.

3942 l. *L'anpererriz.*

4060. Vielleicht besser mit Hiatus zu lesen: *Haut et bas, juevre et chenu*, s. die V. L. und vgl. 2488.

4079. *favarge* s. Einl. § 1, vgl. Hiob 369, 9. Wegen *favergier* s. Dial. anime, Rom. XI, 4. 5, *fauricher* Ps. Oxf. 128, 3 (Cott. *fauercher*).

4112. Wohl besser statt des schlecht gestützten *Quelque* zu lesen: *Quel sanblant que ele feïst.* In der V. L. ist zu lesen: „wiederholt *S* (*Que iu s.*); *Que que s. R*(—1).

4126. Strichpunkt nach 4126, Punkt nach 4130 und 4181, Strichpunkt nach 4182.

4220 habe ich mit *APR* gegen die bessere Ueberlieferung in den Text gesetzt: *A son oncle et au roi parler* (4221 *les*), weil streng genommen nur Gauvain, nicht aber Artus der Onkel Cliges' ist; denn Soredamors ist eine Schwester Gauvains (vgl. 467), mithin selbst Nichte Artus'; daher ist Artus nur Grossonkel des Cliges. Aber da auch 5062 Cliges unter die Neffen von Artus gezählt wird, andererseits 5304 Artus ausdrücklich (diesmal in allen Hss.) Onkel des Cliges genannt wird, so ist auch in Z. 4220 zu lesen: *A son oncle, le roi, parler* und 4221 *le.*

4298. *Ausi com* 'als wenn' (st. des logischen *con se*), stets mit Conjunctiv, sehr häufige, bekannte Wendung; ebenso 5248, wo, ebenso wie hier, einige Handschriften das *se* hineincorrigirt haben.

4449 Punkt, 4453 Strichpunkt.

4532 fgg. Eine Stelle, die schon den alten Copisten viel Kopfzerbrechen gemacht. *T* liess den ganzen Excurs aus. Im einzelnen vgl. zu 4532 Gunbaut 2314: *Gauvains ne fu mie esperdu, Qui bien li sot oster le plume, De bieles paroles l'enplume, Que il avoit ases u prendre.* Wegen *enplumer* s. Méon I, 49, wo es neben *decevoir* steht, in demselben Sinne Sachsenr. II, 173.

4535. Dieser Vers hat den Copisten viel zu schaffen gemacht; alle fassten *plume* (Subst.) als *plumé* auf, worauf sich jeder den Vers nach seiner Art durch besondere Aenderungen zurecht machte. Dass die in den Text aufgenommene Lescart die ursprüngliche ist, zeigt das Handschriftenverhältnis und vor allem der Umstand, dass sie das allen Gemeinsame enthält oder wenigstens allein die verschiedenen Aenderungen erklären kann. *S* verfuhr am glimpflichsten, der nur ein *a* (eine Silbe zu viel) nach *il* einschob, aber den Sinn völlig verkehrte. *M* hat den Sinn gewahrt, und schob *oste* nach *plume* ein (da eine Silbe zu viel da war, warf er das leicht zu entbehrende *il* aus). Eine geistreiche Emendation hat *R*: *Quant la plume n'apert defors*, womit er den Gedanken, dem im folg. ausgeführt wird, scharf traf. Alle übrigen haben das dunkle *la plume* gewaltsam in *laplanoie* u. ä. geändert, eine bestechende Conjectur, die den ursprünglichen Sinn sehr hübsch wiedergiebt. Schwierigkeiten macht allein die Verbindung von 4534 und 4535, die bei *ABC* viel glatter ist; allein *quant* ist zu gut gestützt, als dass man es anrühren dürfte. Dazu kommt, dass die Einsetzung von *car* sofort das Präsens verlangt, wobei *la plume* in *le p.* geändert werden müsste.

4553. *quainses* bedeutet (wie Suchier, der es mit QLdR 409 *quenses* und P. Meyer, Rapport S. 90 *queinses* (von P. Meyer mit einem 'sic' versehen) belegt, herausgefunden hat, *quamsi*, mit und ohne *que* gebraucht. Das seltene Wort findet sich noch Part. 4495 *quanses*, Var. *quainses*, von Henschel ohne Erklärung citirt, und ebendaselbst, von Henschel übersehen, 2452, wo im Text das Komma nach *q.* zu tilgen ist. Eine Vertretung des *quasi* durch *quam si* ist im Latein bis jetzt nicht nachgewiesen; doch bemerkt Bücheler, dass im ältern Latein sich umgekehrt *quasi* nach Comparativ statt *quam si* findet, so bei Plautus, Brix zu Trin. 265. Die ganze Stelle versteh ich nun also: Der schmarotzende Höfling muss stets bei seinem Gönner sein und ihm die Federn (die Redensart stammt wohl von den beim Schlafen aus dem Federkissen in die Haare gelangten Federn) aus dem Haar nehmen, auch dann, wenn er keine drin hat (als Zeichen der besondern Aufmerksamkeit und Dienstbeflissenheit). Aber einen Haken hat die Geschichte: Wenn der Schmarotzer ihm die Federn, die ihm äusserlich anhaften, herausgesucht hat und der Gönner innere, geistige Flecken hat, wird derselbe (der Schmarotzer) nicht so offen sein, dass er es ihm heraussagt; vielmehr macht er ihm glauben, dass Niemand ihm an innerer Trefflichkeit gleichkomme (vgl. 5386), und jener glaubt es. Der kennt sich selbst schlecht, der einem andern glaubt, der ihm vormacht, dass er etwas besitze, was gar nicht in ihm ist. Denn wenn der Gönner auch alle möglichen innern und äussern Fehler besitzt, so wird doch Mancher ihn ins Gesicht loben, der ihm hinter dem Rücken eine Fratze schneidet; aber so lobt er ihn nur vor seinen Ohren (wenn der Herr es hört), wenn er (der Höfling) über ihn (den

Herrn) mit einem dritten spricht und dabei so thut als wenn der Herr von dem, was sie unter sich reden, nichts hörte; aber wenn er (der Höfling) glaubte, dass der Herr ihn nicht hört, dann würde er nichts sagen, was ihm (dem Herrn) Freude bereiten würde'.

4561. Ueber *ongier* = *hanter* s. Holland's Ch. lion.[2] S. 107.

4568 fg. Verbinde besser: *m. ne faus Mes cuers, tant* . . .

4572. *verve* (= *verba*) 'Sprichwort', s. meinen Excurs in ZfrPh. IV, 381 f.

4594. Schwer zu bestimmen, ob *SB* mit 'fünfzehn' oder die andern mit 'vier' Recht haben. Das Turnier dauert zwar wirklich nur vier Tage und darnach könnte die zweite Gruppe geändert haben), aber es wird 4966 von Artus abgebrochen, vgl. bes. 4980. 1; doch ist '15' zu lang.

4710. *que*, in 4716 wieder aufgenommen.

4737. Besser mit *A*: *savomes qu'il devint.*

4750. *fantosme* haben alle bis auf *T*, auch sonst (z. B. Descon. 641) — wohl wegen des femininen Ausgangs — finde ich die Form ohne *s*; das Wort selbst ist masc. (z. B. Guil. d'Engl. S. 43), nur im prov. auch fem., s. Rayn. — *se devient*, typische Parenthese, welche wie *puet cel estre* u. s. f. zu einer adverb. Bestimmung herabsinkt: 'wenn es geschieht' = 'möglicher Weise'; so Rou 10822 *Mais nel fereis pas, se devient*, S. Sage 2224 *Et se devient il l'ocirra*; ebenso *s'esdevient*, das *MC* haben, und das sich ebenso Besant 2663 findet. *Devenir* 'werden' wird sowohl absolut (wie neufrz.) als reflexiv (z. B. 5183) gebraucht.

4753. *fois* (*fides*) = *fiances* derjenigen, die sich ihm ergeben hatten; vgl. 5003.

4804 und **4970** s. zu 2879.

4826. Besser *Del ranc* (vgl. 4833).

4865. *soille* von *solvere* 'zurückzahlen'.

4878. *les blanches* habe ich gegen *SAT* in den Text aufgenommen, trotzdem kein *armes* vorausgeht und der Gebrauch des blossen Adj. sehr auffällig ist. *Armes AT* wäre vorzüglich, wenn es nicht 4880 wieder vorkäme; doch auch so wäre die Verbindung besser. *Blanches* ist vielleicht die Correctur eines Schreibers, der dem Sinne nach das in der Vorlage stehende *armes* specialisirte.

4911 ist durch die Ueberlieferung in dieser Gestalt schlecht gestützt; allein *Einsi ostoit et remetoit*, auf das *SAPB* führen, ist auf Gauvain bezogen nicht klar. Es könnte höchstens heissen: *Einsi ostoit* (*del pris de Cliges*) so mäkelte er an seiner Tüchtigkeit, dass Cliges nämlich im Schwertkampf unterliegen würde) *et remetoit* (*a son pris*) und so pries er wieder seine Tüchtigkeit, da er (Gauvain) im Lanzenbrechen den Kürzeren ziehen dürfte.

4919. Der in den Text aufgenommenen Fassung steht *SR* ebenbürtig gegenüber: *Ainz point et broche, si s'avance, Et de quanque il puet s'ajance.* *Avancier* und *avancir*, *ajancier* und *ajancir* lassen sich ebenso oft belegen.

4938. *esloissent* = *exlūxant.*

4970. In V. L. 1. *Nafiert AP.*

5062. s. zu 4220.

5111 1. *cité.*

5116. *Grifonie*, wie auch sonst 'Griechenland'.

5162. *acotez*, vgl *cote* im Reim Ch. lion 5193. 5353.

5198. 5236. *ainz* = *ain(c)s*.

5219. 20 reimt (in *S*) ein Wort mit sich selbst; trotzdem dies ein Hilfs-zeitwort ist und gerade bei diesen solch eine Freiheit am ehesten sich findet, ist die Leseart aller übrigen Handschriften doch vorzuziehen: *Deus, que nel soi! Se l'i seüsse*, ...

5225 bessere den Druckfehler in der Versziffer.

5248 ist das schlecht überlieferte *mes* (st. *ses*) doch in den Text auf-zunehmen, da der Sinn der folg. Zeile es verlangt.

5259—62 in *PACR* stören den Zusammenhang mit Z. 5263, die sich dagegen an 5258 sehr gut anschliesst. *ACR* haben den Uebergang durch starke Aenderungen (5263. 4) ermöglicht; vgl. Einl.

5267 l. *puisse* (mit Hiatus nach *estre*), weil besser gestützt und vgl. zu 2488.

5317. *ne ne doit*, dem Sinne nach besser *ne devroit*.

5322. *estapé* neben *baut*, kann ich nur noch mit Gaut. Coinci 215, 192 *fot et estapé* belegen. *P* hat *estaplé*, welches Wort ich nur vom öffentlichen 'feilbieten' kenne.

5324. Dass sich die sonderbare Moral bei Paulus nicht findet, braucht wohl nicht eigens erwähnt zu werden. College Mangold verweist auf I Cor. 7, 9, welche Stelle mit 10, 32 combinirt, jene dolose Auslegung veran-lasst haben mag.

5422. 3 hab ich *ST* in den Text aufgenommen, obwohl *la ou je suel* wenig befriedigt; *PR* geben 5422 nachweislich falsches; denn *conseil* kann nicht mit *dueil* reimen. *APC* geben einen besseren Sinn: *Vos savez bien por coi je voil (vigilo) Et que je pans et que je vuel.*

5448. Plötzlicher Uebergang in die direkte Rede, vgl. 2541. 3207.

5486 l. *isnelemant.*

5493. *et*] besser *ou*.

5523. Komma nach *chose.*

5546. *on*] l. *hon.*

5561 Punkt, ebenso 5565.

5564. *soutain (solitaneum)* s. meine Anm. zu Lyoner Ysopet 3421.

5588. *eslaisier*, das *PBR* (*eslaissiee*) nicht verstanden haben, ist sowohl der Bedeutung als Herkunft nach durchsichtig. Es h. 'ausweiten, E. er-breitern' und kommt von *laise* s. f. 'Breite', QLdR. 255. 266, letztere Stelle die Uebersetzung von Reg. III, 7, 2, lat. *latitudo* wiedergebend. Dazu gehört *alaisier* Greg. Dial. 105. 7: *li corages del veant fut alaisiez*, lat. *videntis animus est dilatatus*, ferner unser *eslaisier*, das sich bereits Ps. Oxf. 80, 9 (*dilatare*), ebenso Corb., Cambr. findet, während QLdR. 207 die Nebenform *eslaisir* vorkommt.

5748 l. *soient.*"

5788. In V. L. ist vor *B* ein *P* zu setzen.

5793. *englove* (diese Form ist durch die Ueberlieferung besser gestützt, als *deluve*, vgl. Einleitung) 'gierig' kann ich sonst nicht belegen. [Nachträglich finde ich in Godefroy zwei Stellen aus einem Prosatext, wo das Adj. *engluve* und das Subst. *engluveté* vorkommt, und eine Stelle aus Errats Bibel, wo

das Zeitwort *engluver* — *engluve* (3. Präs.) reimend mit *deluve* — sich findet.]
5794 muss *love* (*lüpa*), nicht *deluve* stehen, wegen der folgenden Zeile. Dass
deluve sich ebenso in der Form *delouve* (regelm. aus *dilūv(i)um*, während
deluve durch Umlaut aus *dilūvium* entstanden ist) findet, ist bekannt.

5796. *golee* h. eigentl. 'grosser Bissen', wozu *doner* 5797 nicht passt,
daher *PB haper* haben; allein der Bissen ist nicht 'schlecht', im Gegentheil!
Es ist also *golée* anders, übertragen, aufzufassen, s. die Beispiele bei Littré,
wo es neben *estoutie* u. ä. steht.

5800. *la miauz painte* bezieht sich auf die Z. 5799 erwähnte *biauté*.
La plus sainte der zweiten Gruppe liesse sich mit Bezug auf 6096 halten.

5992. Doppelpunkt nach *sort*, Komma nach 5998 *giteront* und Punkt
nach 5999 *facent* setzen.

6015. Besser *maumetre*, damit nicht *metre* mit sich selbst, sondern mit
einem Compositum reime.

6018 l. *milier*,

6068—70 ist schlecht überliefert. *S* hat den Knoten zerschnitten, indem er 69. 70 ausliess und 68 dem Sinne nach gewaltsam änderte. *APBCR*
geben ein sinnloses: *La ou* (*l'*)*an l'a renseveli*, *En un blanc paile de Sulie*,
L'ont les dames rensevelie. *T* ersetzt den in diesem Zusammenhang störenden
und überflüssigen Vers 70 durch einen selbstgeschmiedeten: *Et se ne fu pas
fort loye*, wo sich der Nordfranzose sofort durch seinen Dialekt (*loïe* = *lïiée* :
Sulie) verräth. Ich habe nun 68 aus *T* mit 70 aus *APBCR* combinirt:
'Dorthin, wo sie sie (früher) eingewickelt hatten, nämlich in ein weisses
syrisches Lacken, haben sie die Damen jetzt wieder eingehüllt'. Dabei konnte
68 auch in der den Hss. *APBCR* näheren Form nach *T* gebessert werden:
La ou l'an ot anseveli.

6098. Ausserhalb der Stadt, nicht in der Sophienkirche inmitten derselben.

6103. *la la* = *illac illam*.

6119. *fosse* ist die Höhlung des Sarges.

6121. Die Nebenform *paroche* findet sich mit demselben Reime Perc. 7821,
Guiot 1228, Gir. Viane 889 und vgl. wegen der Variante *barroche* in *A* noch
Littré's Hist., wo neben *paroiche*, *paroche* sich gleichfalls *baroche* (daraus
basoche?) findet.

6150 fg. 'Aber ausser Jehan (der dies thut) befassen sie sich selbst
nicht mit dem Verschliessen des Sarges, — und sie konnten ja nicht einmal
dabei sehen, fielen vielmehr in Ohnmacht — und so konnte Jehan thun, was
ihm gefiel'.

6157. Das Grab war ja leer.

6190. Sicher ist nur der Schluss der Zeile: *antrer li estuet*. Die ersten
drei Silben lassen sich nicht durch die Ueberlieferung mit Sicherheit ermitteln.

6237. *ot* = *audit*.

6260 muss trotz der schlechten Stütze durch *B* st. *je dui*] *ne dui* gelesen werden; sonst müsste man es ironisch auffassen.

6407. Komma nach *beissoient*.

6419. *an sor jor* war den meisten Copisten unklar. Richtig verstanden
es nur *SC*, während die andern *sor jor* mit *sorjor* verwechselten und die
gew. Nebenform *so(e)jor* einsetzten, während *A* und *T* änderten. *Sejor* passt

nicht neben *lit* ('Bett zum Aufenthalt'), und so muss man *sor jor* 'den Tag
über' als éinen Begriff fassen, der dann von *en* regiert wird ('Nachts' schlafen
sie im Zimmer). So gebraucht finde ich einfaches *sor jor* nur Part. 10368. —
Den Var. *an sorjor* (*sejor*) könnte man auch einen Sinn abgewinnen: „in
behaglicher Ruhe", *a sejor* hiesse: „zum behaglichen Aufenthalt".

6432. *machet* muss ein mit dem Sperber gejagter Vogel sein, den ich
nirgends finden kann. Vielleicht hängt es zusammen mit einer Eulenart,
machette oder *machotte* s. Du Cange, Cotgrave, Honnorat und Sachs; doch
ist mir nicht bekannt, ob Eulen mit Sperbern gefangen wurden. Es schreibt
hierüber Freund Baist: „Es wurden gelegentlich alle Eulenarten gejagt: die
Jagd auf die *lechuza* ist Juan Manuel 86, 21 als *muy sabrosa e muy plazen-
tera* hervorgehoben. Das Vergnügen muss man in der Kampfweise der Eule
gefunden haben, die sich auf den Rücken wirft und mit vorgestreckten Krallen
grimmig vertheidigt. Es will indess nicht recht stimmen, dass der mir unbekannte *machet* mit der Lerche auf eine Linie gestellt ist, die ja mit den
kleinsten Falken, bes. dem Schmerl gejagt wird. Doch mag man den
Sperber z. B. auf *strix otus* noch haben stossen lassen, wenn auch nicht
ohne ihn sehr zu gefährden". — Was die Etymologie des *machet* betrifft, so
kann es nur auf ein **maccitus* von **maccus* zurückgehen, wie *sachet* auf
saccus; für *maccus* verweist Bücheler auf das alte lat. Wort = „Hanswurst,
Tölpel".

6533. *arbaleste a tor*, grosse, nur mit einem Dreh-Mechanismus
'Winde' (*tor*, prov. *torn*) spannbare Ambrust, im Gegensatz zu der kleinern,
die mit der Hand gespannt wurde; s. DuC. s. v. *balista*, 552b. c; *balistae
grossae a turno*, daselbst die Stelle aus Raim., *balistae a tour, ad tor,
de torno, a turno* u. s. f.; Glossar Settegast's zu Thuim, Schulz, höf.
Leben II, 174.

6539. 'Die er (stillschweigend) geduldet, d. h. zugegeben hat'.

6565. *gorgiée* (von *gorgier* s. DuC.-Henschel, Burguy), s. meine Bemerkung zu Alban 523 im Lit. Cent. 1876, Sp. 764.

6603. *enteimes* 'zumal', mit der Negation 'nicht einmal', bei Hippeau
ohne Beleg (mit unpassender Erklärung: *au contraire*), bis jetzt belegbar Desc.
3089, S. Gille 2904, Poire 1538. 2240 (bei Godefroy finde ich nur die beiden
ersten Citate). Hängt das räthselhafte *N'enteis* Liv. d. Man. 1155 damit zusammen? Vgl. noch *Nenteins* Brandan (Suchier) 332, wo Ashburnham *Nen-
teimes* giebt. Ueber die Herkunft des Wortes vermag ich nicht einmal eine
Vermuthung aufzustellen. Suchier denkt an **intimas* (= *intime*) mit der
bei der Endung *-imus* üblichen Accentverlegung (vgl. 1. Pl. der 3. Conj.,
Ordin., Formen wie *grandeime* QLdR. 360, *plusemes* Dial. Greg. 188.
63. 294).

6640 1. *vitance.*

6701. 2. *Alixandres* : *Flandres* s. Einl. § 32 α).

6704. *jusqu'as porz d'Espagne*] Reminiscenz an die Chansons de Geste,
also 'Pässe'.

6784. In V. L. Z. 4 v. o. setze nach Yvain: *B.*

III. Proşatext*

(in der Schriftsprache abgefasst, mit mehrfachen, scharf ausgeprägten pikardischen Zügen).

283, 3. **285,** 11. **287,** 37 l. *toutesuoies.* — **283,** 18. *vng.* — 19. *vne.*
— 27. *gendre* 'Geschlecht'.

284, 30. Nach *l'angoisseuse* ist wohl *departie* einzuschieben, ebenso 41
nach *voiage* ein *haster* oder *avancer* o. ä. — 42. *precheux = paresseux.*

285, 24 l. *arriua.*

286, 4, l. *aultres.* — 10. l. *embatu.* — 14. 15. l. *recepuoir.* — 18. l.
que tu me facez. — 31. Nach *debonnaire* fehlt ein Satz, etwa 'leistet ihm
oft Gesellschaft'. — 33. Gegen die Handschrift ist zu lesen *aagies de soy,
il.* Solch eine Trennung von Vorder- und Nachsatz findet sich öfters. —
39. *nc*] l. *ne.*

287, 6. l. *es aultres vesseaux.* — 8. l. *mariniers.* — 11. l. *aues* und
roj. — 19. l. *qu'elle.* — 22. l. *couleur* (das *r* ist herabgefallen), ebenso 23.
der Punkt nach *Alixandre,* der 24 nach *nobles* steht. — 26. *obstine* st. *-ee*
kommt oft vor und wird weiterhin nicht mehr notirt. — 33. *Tout.* ist der
Nachsatz zum vorausgehenden; vgl. zu **286,** 33; wird fernerhin nicht mehr
bemerkt. — 34. Komma nach *d'amours.* — 41. l. *enhorte.*

288, 8. *naissait* (so!) — 17. l. *s'entreregardent.* — 19. l. *font.* —
20. l. *riens.* — 25. l. *pueple.* — 39. Punkt nach *Soredamours.* — 44. l. *oppresses.*

289, 19 und **290,** 36 muss die Lücke nicht nothwendig angesetzt
werden.

292, 39 schiebe ein: [*vng chasteau*], doch scheint wegen *a sa place*
noch E. zu fehlen.

294, 1. Vielleicht besser *sans p[r]ou de t.,* 'ohne viel Mühe'.

297, 15 l. *en gardera.*

299, 8. *en belles,* elliptisch, vgl. 312, 10; 332, 8. — 22. Besser wäre *abat.*

307, 6. Besser *milleurs,* da *miaudres* sich nicht belegen lässt.

311, 8. *selon bort.* so Hs. — 29. Mit *de fait* geht die Erzählung aus der
indirekten Rede in die direkte über.

312, 12. *destendi* mit deutlichem *t.*

313, 16. *tamboissement* (so Hs.) mir unbekannt.

314, 40. *qui*] bessere *qu'ils.*

316, 33. Oder *a age*(?); doch vgl. *aage* 316, 38, so dass es als Accus.
des innern Objects oder der Zeit sich halten lässt.

319, 8. *en par*] wohl = *ou* (*el*) *parc.*

321, 24 fgg. Während der Text bisher zwar einzelne, aber unbedeutende
Abweichungen vom Original aufwies (da sie für das Gedicht bedeutungslos
sind, unterlasse ich deren Aufzählung; sie sind aber bedeutsam für den ver-
änderten Geschmack der späteren Zeit), ist diesmal eine grobe Interpolation

---

* Auslautendes *s* und *z* sind oft in einer gewissen, zwischen beiden in
in der Mitte stehenden Form von einander nicht zu scheiden, während an
anderen Stellen ihre Gestalt scharf geschieden ist. — Die Interpunktion des
Codex ist beibehalten, nur in E. nach analogen Fällen vermehrt.

einer ganzen Episode zu verzeichnen, da dem Prosaiker die Sehnsucht und Rückkehr Cliges' offenbar nicht motivirt genug schien.

322, 14. *mon mal* 'mein Unglück, meine traurige Lage'. — 43. viell. ist doch *a l'eul* gemeint, wenn er auch sonst, z. B. 323, 17 *oeul* schreibt.

323, 3. *pleuseurz* Hs. — 11. l. *languisse.*

324, 10. Punkt nach *estoit.* — 16. l. *mon* und *tinst.*

325, 13. *Il* beginnt den Nachsatz. — 32. *soubtiuement,* so Hs. (gegen 327, 28), also Suffixvertauschung, vgl. Nom. *soutius.*

326, 8. Die Bedeutung von *aboner* ist so elastisch, dass sich ein Sinn wie 'zustimmen' herausschlagen lässt; sonst könnte man *avouant* bessern. — 19. nach *matte* schiebe ein: [83ᵣ]. — 25. Punkt nach *moy.* — 26. l. *tout.* Nach 39 ist die in der Hs. Z. 23. 4 stehende Kapitelschrift zu setzen. — In der letzten Zeile (V. L.) ist st. *vostres*] zu lesen *vos*].

327, 23. *verres* (so Hs.), **vitratas.*

328, 4. *s'abregece* 'sich beeile'.

329, 41. l. *c'est.*

330, 21. Bessere: *se ne voies.*

331, 4. *isse,* nach Analogie der *A*-Verba, st. *ist* (dies 334, 19).

332, 23. 4. *oingt' et rensepuelli'* bezieht sich auf Fenice, also Partic. abs.; im folg. ist *ne fu veu* neuer Satz mit verschiedenem Subjekt.

333, 19. *de luy*] bessere *d'euls.*

334, 8. *tubres* Hs., wohl = *tomb(r)e,* cf. wegen *u = o vmbre* 334, 44. — 39. *passee* (st. *passe*) so Hs.; ebenso 336, 16.

335, 41. *cour* (st. *court*) Hs.

337, 42. *galles* Hs. = *gallees.*

• Halle, Druok von Ehrh. Karras.